园 冶

——乡村现代化暨休闲农业与乡村旅游研究辑刊

王明星　倪根金　刘少和　主编

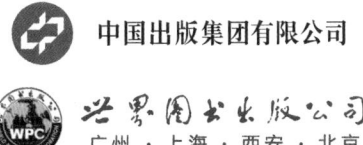

中国出版集团有限公司

世界图书出版公司
广州·上海·西安·北京

图书在版编目（CIP）数据

园冶：乡村现代化暨休闲农业与乡村旅游研究辑刊／王明星，倪根金，刘少和主编. —广州：世界图书出版广东有限公司，2023.12

ISBN 978-7-5232-1001-7

Ⅰ.①园… Ⅱ.①王… ②倪… ③刘… Ⅲ.①观光农业-研究-中国 ②乡村旅游-旅游业发展-研究-中国 Ⅳ.①F592.3 ②F592.3

中国国家版本馆 CIP 数据核字（2023）第 246489 号

书　　名	园冶——乡村现代化暨休闲农业与乡村旅游研究辑刊 YUAN YE XIANGCUN XIANDAIHUA JI XIUXIAN NONGYE YU XIANGCUN LÜYOU YANJIU JIKAN
主　　编	王明星　倪根金　刘少和
策划编辑	陈　洁
责任编辑	冯彦庄
装帧设计	广州市广知园教育科技有限公司
责任技编	刘上锦
出版发行	世界图书出版有限公司　世界图书出版广东有限公司
地　　址	广州市海珠区新港西路大江冲 25 号
邮　　编	510300
电　　话	（020）34201967
网　　址	http://www.gdst.com.cn/
邮　　箱	wpc_gdst@163.com
经　　销	新华书店
印　　刷	佛山家联印刷有限公司
开　　本	889 mm×1194 mm　1/16
印　　张	24.5
字　　数	666 千字
版　　次	2023 年 12 月第 1 版　2023 年 12 月第 1 次印刷
国际书号	ISBN 978-7-5232-1001-7
定　　价	150.00 元

版权所有　翻印必究

（如有印装错误，请与出版社联系）

编委会

学术顾问：骆世明　程　萍　谭元亨　魏小安　王先明

主　　编：王明星（执行）　倪根金　刘少和

编　　委（按姓氏笔画排序）：

王银田　王福昌　牛白琳　龙镇辉　刘红斌　刘利平　关　晶　杨宏烈

杨智文　吴宗建　周志红　赵　飞　秦　学　桂拉旦　倪雄飞　高春平

郭盛晖　盛　革　康玉庆　梁　勇　熊　强　冀满红

《园冶——乡村现代化暨休闲农业与乡村旅游研究辑刊》学术支持单位

广东省景区行业协会

广东青年发展现代农业促进会

广东省佛山市农村经济学会

广东省岭南农耕文明重点实验室

广东省番禺职业技术学院全域旅游智库

仲恺农业工程学院现代农业研究所

肇庆市肇庆经济社会与历史文化研究院

广州市智慧兴农科技服务有限公司

广州市健坤网络科技发展有限公司

康勒克斯（香港）国际有限公司

广州暨悦旅建规划设计有限公司

广东山海连合文化旅游发展有限责任公司

学术顾问简介

骆世明

广东台山人,教授,博士生导师,华南农业大学原校长。我国著名农业生态学家和农业文化遗产的重要开拓者。研究领域为农业生态系统结构与功能、农区化感作用、稻田生态系统模拟和农业文化遗产等。发表论文约200篇,主编全国高等农业院校优秀教材《农业生态学》、Agroecology in China 等12部,获国家科学技术进步二等奖等国家、省部级奖励。历任国际化感学会执行副主席、亚洲化感学会主席、中国农学会副会长、中国生态学会副理事长、全球重要农业文化遗产专家委员会副主任委员、广东省科协副主席等职。被授予全国教育系统劳动模范、有突出贡献的中青年科技工作者和高等学校教学名师称号。

程 萍

广东电白人,二级教授,博士生导师,仲恺农业工程学院原校长。现任全国政协常委、民革中央常委、民革广东省委会主委。中山大学、华中农业大学兼职教授和博士生导师,兼任民革中央孙中山研究会和中国辛亥革命研究会理事会副会长、广东省微生物学学会副会长。曾先后在华中农学院农学系(本科)、武汉大学生物系(硕士研究生课程)、华中农业大学生命科学学院和美国普度大学生物系(高级访问学者,完成博士论文)学习。曾先后在湖北民族学院园艺系、珠海市农业科学研究所、广东省农业厅和仲恺农业工程学院任教任职。

谭元亨 广东顺德人，二级教授，博士生导师，华南理工大学客家文化研究所所长。湖南省青年联合会、湖南省政协委员，广东省人民政府参事，广东省珠江文化研究会常务副会长，中国作家协会会员，享受国务院政府特殊津贴。已出版文、史、哲各类专著206种、3000余万字，部分作品已被译成英、法、日、朝鲜等文字，在世界各地广泛传播。著有长篇小说《后知青女性三部曲》《客家魂》等，影视剧本《客家女》等近100部（集），理论专著《元亨文存》12卷、《十三行史稿》3卷、《广府文化史》3卷、《客家文化史》、《中国文化史观》等，此外还撰有《城市建筑美学》《南方城市美学意象》等建筑与景观理论著作，并主持设计仿古建筑与园林景观。

魏小安 湖南衡阳人，旅游经济和管理专家，世界旅游城市联合会首席专家，中国旅游协会休闲度假分会会长。主要学术专长为旅游经济、旅游政策、旅游规划等。历任中国社会科学院财政与贸易经济研究所助理研究员，国家旅游局（现为文化和旅游部）政策法规司政策研究处副处长、处长、副司长等职务。改革开放以来参与中国旅游业发展的诸多重大决策，起草国务院关于旅游发展的各项重要文件，参与各项旅游法规的制定。自1988年至1993年，为历年全国旅游工作会议主报告及国家旅游局其他主要文件主要起草人之一；1993年后，制定旅游行业管理的主要文件和各项标准，组织实施了旅游标准化、饭店星级评定、旅行社质量保证金、旅游质量监督管理所、中国优秀旅游城市、旅游区（点）质量等级评定等重要工作。

王先明 山西屯留县人，南开大学特聘教授，博士生导师。国务院历史学科评议组专家，国家教材委员会历史学科专家委员，中国义和团研究会会长。主要从事近现代中国乡村史研究，已出版学术著作16部，代表作有《乡路漫漫：20世纪之中国乡村（1901—1949）》《百年中国乡村建设的思想与实践论集》《走向社会的历史学——社会史理论问题研究》等。在《中国社会科学》《历史研究》《近代史研究》《中国史研究》《世界历史》等权威历史学杂志发表论文150余篇。主持5项国家社科基金重大、重点项目和省部级项目。曾获全国优秀教师奖章、第三届全国高校青年教师奖，并获得省部级教学、科研奖励。

主编人员简介

王明星

山西代县人,博士,应用经济学三级教授,硕士生导师。曾先后在山西大学、复旦大学和澳门科技大学学习,并分别获得史学学士、经济史学硕士和管理学博士学位。曾任肇庆学院旅游学院院长、旅游科学研究中心主任,仲恺农业工程学院现代农业研究院院长。现任广东省休闲农业与乡村旅游研究院院长、岭南文化创意产业研发中心主任,民革广东省委会常委暨省委会"三农"委员会主任。主要学术研究领域是区域经济、休闲农业与乡村旅游、现代农业、文化产业、市场营销与非遗(端砚)学。先后在《光明日报》《中国社会经济史研究》《当代亚太》《中国流通经济》等刊物发表学术论文120余篇,出版各类学术著作(含主编)有《商旅悟境》《绿色市场营销研究》《区域旅游的理论与实践》《文化旅游:经营·体验·方式》《珠江流域西部文化旅游发展研究》《图说羊城:红色传承》《寻味羊城:海上丝绸之路今昔》《羊城蝶变》《广东数字农业发展报告2021》等15部。主持国家、省市厅各类科研项目40余项。

倪根金

江西南昌人,三级教授,硕士生导师。现任华南农业大学农业文化与乡村旅游研究中心主任、广东省岭南农耕文明重点实验室主任、中国农业文化遗产研究会副会长、中国林业史研究会副会长、广东历史学会副会长。曾任华南农业大学中国农业历史遗产研究所所长、人文学院副院长,中国农业历史学会副理事长,广东省政协委员。主要从事农林史、农业文化遗产和历史文献的研究。主持国家社科基金重大项目等各级项目30多个,出版专著(含主编)《救荒本草校注》《中国历代蝗灾及治蝗研究》等20多部;在《中国史研究》《自然科学史研究》《中国农史》《清史研究》等刊物发表论文130余篇;获广东省哲学社会科学优秀成果二等奖等各类奖励20余项。

刘少和

湖南永州人,管理学博士,教授,硕士生导师、MBA导师。现任广东财经大学岭南旅游研究院暨规划设计院教授,旅游管理、现代服务管理学科方向带头人。主要研究领域为旅游度假休闲调适、旅游吸引物创新、产文旅融合创新、服务业现代化等。在《旅游学刊》《经济地理》《热带地理》《中国旅游报》等报刊上发表学术论文60多篇。出版专著《旅游度假:如何调适生活压力并增进整体健康?》,合编国家级规划教材1部,合著1部。主持和参与国家级项目3项、省部级项目1项、市厅级项目8项;主持、负责各类横向项目60多项。

编委会成员简介

（按姓氏笔画排列）

王银田 男，暨南大学文学院历史系考古学教授，博士生导师。曾任大同市博物馆副馆长，兼任中国魏晋南北朝史学会理事、中国辽金史学会理事、山西省考古学会理事。

王福昌 男，博士，教授，硕士生导师。华南农业大学中国农业历史遗产研究所所长、广州农业文化遗产研究重点基地主任、中国农业历史学会副理事长、中国科学技术史学会理事。主持国家社科基金重点项目等课题，出版《明清以来闽粤赣边的农业变迁与山区环境》《秦汉江南经济述略》等著作3部，发表论文60多篇。获广东省第八届哲学社会科学优秀成果二等奖等奖项。

牛白琳 男，博士，教授。曾任山西广播电视大学副校长，兼山西师范大学硕士生导师。在《教育理论与实践》《戏曲研究》《中华戏曲》《艺术学界》等刊物发表高等教育学和中国古代文学方面学术论文，著有《明清时期太原府剧场考论》等。

龙镇辉 男，教授。现任肇庆学院经济与管理学院学术委员会主任，曾任肇庆学院经济与管理学院副院长、肇庆市人民政府专家库专家、端州区人民政府顾问。兼任广东省人力资源研究会副会长、广东省科技管理研究会常务理事、广东系统工程学会常务理事、肇庆市经济与管理学会副会长兼秘书长。主要研究方向为乡村振兴、创新管理和人才管理。在《系统工程》《南方经济》《科技管理研究》等刊物上发表学术论文30多篇，合作出版著作8部，主持和参与省市（厅）各类科研课题40多项。

刘红斌 男，研究员。现任华南农业大学艺术学院党委书记、华南农业大学文化创意与协同创新中心执行主任。广东省文旅厅旅游安全专家，广东省休闲农业与农村旅游产业联盟专家委员会主任，广东省非遗文化促进会常务理事。

刘利平 男，博士，教授。云南师范大学历史与行政学院副院长，博士生导师。美国加州大学洛杉矶分校访问学者，中国明史学会理事。主要从事中国经济史研究，在《中国经济史研究》等刊物发表学术论文40余篇，出版著作3部，主持国家社科基金项目及省部级项目多项。

关　晶　男，中山大学管理学博士。现为仲恺农业工程学院经贸学院讲师、会展经济与管理系主任。研究方向主要为休闲农业与乡村旅游、乡村发展与规划、会展经济与管理。在 Sustainability、《旅游论坛》、《中国旅游报》等国内外报刊发表10余篇学术论文。主持广东省社科规划项目及广东省"百千万工程"研究课题各1项，参与各类旅游规划、农业规划近10项。

杨宏烈　男，博士。广州大学建筑与城市规划学院教授，研究生导师。曾任广州十三行研究中心副主任，广州发展研究院旅游文化研究所所长。

杨智文　男，历史学博士。现任仲恺农业工程学院专任教师。主要学术研究方向是珠三角城乡区域历史与社会发展，公开发表论文近10篇，出版学术专著1部。

吴宗建　男，教授。广州美术学院城市学院副院长，科技部、教育部新农村发展研究院分布式服务站专家，广东省首届粤乡印迹创新设计大赛专家评委，中国农村发展中心全国科技特派员培训教材专家。

周志红　男，博士，规划师。广东省景区行业协会秘书长，国内知名旅游规划专家。韶关市重大行政决策咨询论证专家，广州大学（中法）旅游学院客座教授、硕士生校外导师。主要从事旅游规划与策划、旅游政策研究等方面的工作。

赵　飞　男，博士，副教授。现任华南农业大学历史系副主任、农业文化与乡村旅游研究中心副主任，主要研究方向为农业遗产与乡村旅游，公开发表论文30余篇。兼任中国农业历史学会理事、广东省可持续发展研究会理事等。

秦　学　男，博士，教授。广东财经大学文化旅游与地理学院教授，硕士研究生导师、旅游管理学术带头人，美国旧金山州立大学高级访问学者。近年主要从事旅游开发与管理、休闲经济与文化等领域的研究、教学与实践，主持或参加各类科研项目40多项。

桂拉旦　男，博士，副教授。广东财经大学岭南旅游研究院、旅游管理与规划设计研究院（院士专家工作站）党支部书记、副院长（主持工作），硕士生导师。主要从事文旅融合发展、数字经济与服务管理、区域旅游规划等相关领域的教学科研工作。

倪雄飞　男，博士，教授。仲恺农业工程学院人文与社会科学学院院长。在《现代法学》《河北法学》等杂志发表学术论文30多篇，主持或参与各类省部级、厅级项目近10项。

高春平　男，二级研究员。曾任山西省社会科学院（省政府发展研究中心）党组成员、副院长。兼任中国明史学会副会长，山西省历史学会副会长，山西省晋商文化研究中心副主任。主要研究方向为明清晋商、明代监察制度等。出版各类学术著作20余部，发表论文100余篇。

郭盛晖　男，博士，二级教授。现任广州番禺职业技术学院旅游商务学院院长，兼任广东省高职旅游大类专业教指委主任委员、广州市重大行政决策论证专家。获评"广东省教学名师""南粤优秀教育工作者"。

盛　革　男，管理学教授。肇庆学院管理学学科带头人，现任肇庆学院肇庆经济社会与历史文化研究院院长、肇庆市专家博士协会会长。主持完成国家社会科学基金及省级科研项目4项，出版学术专著有《制造强国》《协同营商》《企业跨国经营》等，发表学术论文60多篇。

康玉庆　男，三级教授。曾任太原大学旅游系主任，主要从事旅游文化、旅游开发方向的教学和研究工作。兼任山西省历史学会理事，山西省古都学会秘书长，山西省职业技术教育学会旅游教育委员会副会长。

梁　勇　男，博士。现任仲恺农业工程学院人文与社会科学学院教授，硕士生导师。主要从事农业文化遗产保护与农村发展研究，近五年来主持完成国家社科基金等省部级以上相关科研项目3项，在《中国生态农业学报》《自然与文化遗产研究》等刊物发表论文近20篇，出版著作3部，获得省部级优秀成果奖研究成果3项。

熊　强　男，博士，副教授，硕士生导师。仲恺农业工程学院何香凝艺术设计学院副院长（主持工作），广州市包装技术协会设计委员会副主任，广州市创意产业协会副会长。主持省、市、厅级科研项目9项，发表学术论文30余篇。

冀满红　男，博士。暨南大学历史学系教授，博士生导师，曾任历史学系主任。研究领域为中国近现代史。参加清史工程等国家级项目，著有《近代人物论稿》《晚清史探略》等著作十余种，在《史学理论研究》《中国行政管理》《清史研究》等杂志发表学术论文70余篇。

前言

中华文明屹立于世界文明已有五千年，其之所以历久赓续不坠、长久辉煌，原因在于农业文明发展阶段，诸如汉、唐、宋、明等朝代创造的物质文明和精神文明成果均举世瞩目，同时代其他国家难以望其项背。宋元两次外族入侵之后，中华文明虽容纳外族文明并改造、汇通，经济与社会继续前行，但行至近代，在与西方工业文明相遇时，再无力与之拮抗。之后，先进的中国人试图"师夷长技以制夷"，但在学习、模仿和消化的过程中，又常常被不同的"老师"所欺凌。最终，中国共产党将马克思主义基本原理与中国具体实际相结合，才找到了救国救民之道路。1949年10月1日在北京天安门举行的开国大典，意味着中华民族重新屹立于世界民族之林。

然而，站起来并不意味着立刻走向富强，更不意味着已经完成了中国式现代化。1949年后，毛泽东、周恩来等中共第一代领导人提出努力实现工业、农业、国防和科技"四个现代化"之宏伟目标；改革开放之初，以邓小平为核心的中共第二代领导人提出"在社会主义初级阶段，经过若干年的努力，在中国建立一个小康社会"的目标；随之相继的江泽民、胡锦涛等中共第三、四代领导人为实现中国现代化的目标，又提出了"三个代表"重要思想和科学发展观；2012年，中共十八大召开之际，以习近平同志为代表的新一届中央委员会，明确提出"人民对美好生活的向往就是我们的奋斗目标"，赋予中国式现代化新的内涵。40余年的改革开放发展历程，使得中国式现代化在城市建设、工业发展、国防科教等诸多方面和领域有所体现。但中国乡村幅员辽阔、人口众多，在中国式现代化的进程中，有许多涉及"三农"领域的问题并没有得到完全解决。从中共十九大、二十大提出国家发展战略及方针政策，乃至今后一个相当长的历史阶段，"乡村振兴"仍是中华民族实现中国式现代化进程中必须逾越的关坎和必须完成的任务。

在明代，著名造园大师和造园理论家计成先生（明万历十年即1582年生），把实践经验理论化而写成一部划时代的造园专著——《园冶》，在明崇祯七年（1634年）付印。该书全面阐述了中国园林从规划、设计、房屋建筑到门窗、墙垣、地面式样，以及选石、堆山诸多方面的实践而形成的理论，是中国古代最重要的一部园林理论著作。在《园冶》开卷《相地篇》中，他分析了山林、城市、村庄、郊野、傍宅等不同造园环境的特点，提出了造园"有法而无定式"的重要原则，认为园林建造要依据自身的特点，曲折中要有条理，端正整齐又不必拘泥于一定之规。他还论述说，造园要遵循自然的法则，不论在城市、乡村，园林建造的最高境界就是要做到"虽由人作，宛自天开"，也就是说人造的风景园林能达到天工开辟的自然情境，才是中国造园最高水平的体现。今人同济大学的陈从周先生有《说园》，提出了"造园又名构园，重在构字，含义至深"。"冶"本指金属慢慢锻造、熔炼，"构"主要指建筑的构造和组合。两位大师分别用"冶""构"这两个字来说明中国园林从设计到完成是一个反复思考、不断沉淀的过程。

人类社会发展至今，已进入信息化、人工智能时代。当宇航员在浩渺的太空回望地球时，会发现我们祖国是一个明显的三级台地的巨型"园林"：从8000～4000米的青藏高原到4000～2000米的云贵、黄土高原，再到2000米乃至以下的东北大平原以及黄河、长江和珠江三角洲冲积平原。高耸的山峰、奔腾的江河、辽阔的海洋、沃野千里的平原、繁华的都市、星罗棋布的乡镇村落……造物主遗留的自然景观和我们的祖先千百年来创造的人文景观共同组成了当今世界独一无二的"中华园"。陈从周先生说："山贵有脉，水贵有源，脉源贯通，全园生动。"中华民族在实现中国式现代化的进程，以及实现"乡村振兴"战略目标的过程，也是一个不断治、构"中华园"，从而实现高质量发展的造园过程。清代有学者汪春田谈到造园之艰难与成功，有诗曰："换却花篱补石阑，改园更比改诗难；果能字字吟来隐，小有亭台亦耐看。"现在看来，虽时间流逝，时代变迁，但园林的造成、事业的成功，均无跨越、速成之理。

探究、编撰乃至记录中国乡村现代化的发展历程，是笔者几十年来一个学术梦想和目标，无奈学术浅陋、人孤势单，经年累月，此事一直没有发展到规划执行阶段。近两三年来，与诸多学术前辈、挚友、知音往来交谈，又谈到此事，得到他们的共鸣与赞许，故决定谋划本学术文集的编撰，并设想集一出后，集二、集三……续而不止。

还是那句老话："法不孤起，仗境方生。"因有无数有缘人的共同努力，所以才完成了这本记录、分析和探究中国乡村现代化发展历程的文集。"路漫漫其修远兮，吾将上下而求索"，愿我们一直努力下去。

王明星
2023年暑期于广州仲园

目 录

上篇　乡村现代化与乡村旅游研究

在"领会中共二十大精神，纪念建校九十五周年推进乡村现代化学术论坛"的致辞（一）/程　萍 …… 004

在"领会中共二十大精神，纪念建校九十五周年推进乡村现代化学术论坛"的致辞（二）/张知干 …… 005

中国现代化进程与"三农"困境的突破/王先明 …… 007

都市与乡村经济现代化——近代上海的启示/戴鞍钢 …… 013

农业文化遗产与农业生态转型/骆世明 …… 017

历史的遗憾：从十三行谈起/谭元亨 …… 025

"阿者科计划"与乡村旅游和乡村振兴/保继刚 …… 030

发展乡村休闲产业，推动乡村振兴/梁明珠 …… 035

和美乡村与文旅融合/张伟强 …… 038

乡村旅游的未来：田园养生与旅游疗愈/杨振之 …… 042

探索以设计创建乡村文旅新范式/陈少明 …… 046

新山水·新城乡——乡村振兴的山水四策/利　征 …… 049

农业"三产融合"与"三个转变"/袁　野 …… 051

深化乡村风貌带与乡村产业带融合发展的"一园一市"策略研究——以新会陈皮产业为例/吴宗建 …… 053

粤字号农产品区域品牌塑造/熊　强 …… 062

《广东省乡村休闲产业"十四五"规划》解读/王明星 …… 066

中篇　区域研究与规划

"十四五"时期培育壮大乡村特色文化产业研究/课题组 …… 071

广东省休闲农业与乡村旅游"十四五"规划调研报告/课题组 …… 079

韶关市加快文化产业发展对策研究/课题组 …… 106

广东省乡村休闲产业"十四五"规划/课题组 …… 157

肇庆市文化产业发展规划（2012—2020年）/课题组 …… 175

001

四会市乡村振兴战略规划（2018—2022年）/课题组 …… 203
河源市连平县元善镇乡村振兴总体规划（2021—2035年）/课题组 …… 243
连山壮族瑶族自治县永梅古村农文旅融合发展规划（2018—2030年）/刘少和　桂拉旦 …… 265

下篇　区域发展专题研究

广东省休闲农业与乡村旅游质量等级认证现状及规范管理研究/刘少和　孟颖　高浩杰 …… 288
广东省民宿发展的现状及对策研究/秦学 …… 295
旅游电子商务助力乡村振兴的思考/余艳　郭盛晖 …… 304
南粤古驿道定向大赛与乡村振兴/曾小云　张新安 …… 308
广东省乡村研学旅行现状及发展对策研究/李艺　赵鑫 …… 314
泮塘五约古村落的历史及其现代化改造/杨智文　黄勇 …… 327
农村基层干部主导下的新型乡村集体经济发展模式探析——以陕西袁家村为例/关晶 …… 333

附录一：国家近年发布的休闲农业与乡村旅游政策文件 …… 343
附录二：广东省近年发布的休闲农业与乡村旅游政策文件 …… 347
附录三：广东省休闲农业与乡村旅游研究院简介 …… 350
附录四：广东省休闲农业与乡村旅游研究院近年学术活动概述 …… 353
附录五：华南农业大学中国农业历史遗产研究所简介 …… 361
附录六：广东财经大学旅游管理与规划设计研究院简介 …… 362
附录七：仲恺农业工程学院岭南文化创意产业研发中心简介 …… 363

跋：中国式现代化、乡村现代化与文化重建 …… 364

CONTENTS

Part One Research on Rural Modernization and Rural Tourism

Professor Cheng Ping, President of Zhongkai College of Agricultural Engineering, delivers a speech ········ 004

Zhang Zhigan, Party Secretary and Chairman of the Guangdong Federation of Social Sciences, delivers a speech
·· 005

China's Modernization Process and a Breakthrough in the Dilemma of "Agriculture, Rural Areas, and Farmers" / Wang Xianming ·· 007

The Modernization of Urban and Rural Economies: Implications of Modern Shanghai / Dai Angang ········ 013

Agricultural Cultural Heritage and Agroecological Transformation / Luo Shiming ················ 017

Historical Regrets: Starting with Shisanhang / Tan Yuanheng ·· 025

The "Azhako Project" with Rural Tourism and Rural Revitalization / Bao Jigang ···················· 030

Development of the Rural Leisure Industry and Promotion of Rural Revitalization / Liang Mingzhu ········ 035

Integration of Beauty Countryside and Cultural Tourism / Zhang Weiqiang ·························· 038

The Future of Rural Tourism: Pastoral Health and Tourism Healing / Yang Zhenzhi ················ 042

Exploration of Design to Create a New Paradigm of Rural Cultural Tourism / Chen Shaoming ········ 046

New Landscape, New Urban and Rural Areas-Four Landscape Policies for Rural Revitalization / Li Zheng
·· 049

"Integration of Three Industries" and "Three Transformations" in Agriculture / Yuan Ye ········ 051

Research on the "One Garden, One City" Strategy for Deepening the Integrated Development of Rural Landscape Belts and Rural Industrial Belts-Taking the Xinhui Tangerine Peel Industry as an Example / Wu Zongjian ·· 053

Regional Branding of Cantonese Agricultural Products / Xiong Qiang ································ 062

Interpretation of the "14th Five-Year Plan" for the Rural Leisure Industry in Guangdong Province / Wang Mingxing ·· 066

Part Two Regional Research and Planning

Research on Cultivating and Expanding Cultural Industries with Rural Characteristics during the "14th Five-Year Plan" Period / Research group ········· 071

Research Report on the "14th Five-Year Plan" Plan for Leisure Agriculture and Rural Tourism in Guangdong Province / Research group ········· 079

Research on Measures to Accelerate the Development of Cultural Industries in Shaoguan / Research group ········· 106

"14th Five-Year Plan" for Rural Leisure Industry in Guangdong Province / Research group ········· 157

Zhaoqing City Cultural Industry Development Plan (2012−2020) / Research group ········· 175

Sihui City Rural Revitalization Strategic Plan (2018−2022) / Research group ········· 203

Rural Revitalization Master Plan for Yuanshan Town, Lianping County, Heyuan City (2021−2035) / Research group ········· 243

Agricultural Cultural Tourism Integrated Development Plan for Yongmei Ancient Village, Lianshan Zhuang and Yao Autonomous County (2018−2030) / Liu Shaohe, Gui Ladan ········· 265

Part Three Special Study on Regional Development

Research on the Current Status and Standardized Management of Leisure Agriculture and Rural Tourism Quality Certification in Guangdong Province / Liu Shaohe, Meng Ying, Gao Haojie ········· 288

Research on the Current Situation and Countermeasures of Homestay Development in Guangdong Province / Qin Xue ········· 295

Thoughts on Tourism E-commerce to Help Revitalize the Villages / Yu Yan, Guo Shenghui ········· 304

Nanyue Ancient Railway Station Road Orienting Competition and Rural Revitalization / Zeng Xiaoyun, Zhang Xinan ········· 308

Research on the Current Situation and Development Strategies of Rural Research Tourism in Guangdong Province / Li Yi, Zhao Xin ········· 314

The History and Modernization of Wuyue Ancient Villages in Pantang, / Yang Zhiwen, Huang Yong ········· 327

Analysis of a New Model of Rural Collective Economic Development under the Leadership of Rural Grassroots Cadres—Taking Yuanjiacun, Shaanxi as an Example / Guan Jing ········· 333

Appendix 1: Leisure Agriculture and Rural Tourism Policy Documents Released by the State in Recent Years ······ 343

Appendix 2: Leisure Agriculture and Rural Tourism Policy Documents Issued by Guangdong Province in recent years ······ 347

Appendix 3: Introduction to Guangdong Leisure Agriculture and Rural Tourism Research Institute ······ 350

Appendix 4: Overview of Recent Academic Activities of the Guangdong Institute of Leisure Agriculture and Rural Tourism ······ 353

Appendix 5: Introduction to the China Agricultural Historical Heritage Research Institute of South China Agricultural University ······ 361

Appendix 6: Introduction to the Institute of Tourism Management, Planning and Design, Guangdong University of Finance and Economics ······ 362

Appendix 7: Introduction to the Lingnan Cultural and Creative Industries Research and Development Center of Zhongkai University of Agriculture and Engineering ······ 363

Postscript: Modernization with Chinese Characteristics, Rural Modernization an Culture Reconstruction ······ 364

上篇 乡村现代化与乡村旅游研究

上篇提要

学术探讨，理论先行。"中国式现代化"乃至"乡村现代化"都是得到较多关注、过往比较长久的学术话题。从梁漱溟撰写的《乡村建设理论》到他发起的乡村建设运动，从晏阳初发起的平民教育运动到陶行知提出的"中华平民教育"和创办晓庄学院，乃至陈翰笙和薛暮桥发起的中国农村社会调查以及主办《中国农村》杂志，及至于改革开放之初，罗荣渠先生撰写的《现代化新论》等，无数学界先贤对近代以来尤其是五四运动以来有关中国文化的趋向和乡村现代化的发展道路问题进行了探讨和论争。改革开放40余年后的今天，在中华民族走向伟大复兴的历史时刻，有着近百年建校历史和文化积淀的仲恺农业工程学院于2023年1月3日举行了"领会中共二十大精神，纪念建校九十五周年推进乡村现代化学术论坛"，校内外参会专家在线上、线下分别做了有关乡村现代化与乡村旅游的学术报告。

仲恺农业工程学院副校长肖更生代表程萍校长致欢迎辞，指出在新的一年，在广东省社科联的指导下，学校将推动农业绿色与可持续发展，立足全省农业产业发展布局，促进乡村全面发展，把成果应用在实现农业农村现代化的伟大事业中，努力为广东省乡村全面振兴提供深厚的学理支撑和决策参考等科研成果。广东省社科联党组书记、主席张知干指出："这次学术论坛旨在深入交流探讨学习习近平新时代中国特色社会主义思想和党的二十大精神的体会，深刻领悟总书记在中央农村工作会议上的重要讲话精神，更好掌握习近平新时代中国特色社会主义思想的世界观和方法论，科学解答全面推进乡村振兴、加快建设农业强国的一系列重大理论和实践问题，努力为推进中国式现代化建设贡献务实良策，具有重要学术价值和重大现实意义。期待广大专家学者贯通历史、现实、未来，讲清道理、学理、哲理，深刻阐明强国必先强农、农强方能国强蕴含的理论逻辑、历史逻辑、实践逻辑，助力全党、全社会更好汇聚起强农兴农的磅礴力量。"

南开大学历史学院的王先明指出，中国现代化首先是工业化进程的启动，实发端于晚清的洋务运动。中国传统的文明形态与成为世界主流的现代化文明是一种对立相克的关系，由此产生一个所谓"现代化的悖论难题"，并指出在工业化、城市化和现代化趋向中，中国"城乡背离化"趋势隐然发生；他还对中国式现代化道路与新农村建设战略进行了梳理，认为中国共产党带领全国人民通过乡村振兴战略的全面实施，农业强、农民富、农村美的"新三农"的梦想已然实现，将从根本上突破近代以来百余年的"三农"困境，从而解决中国现代化发展中的悖论问题。复旦大学历史学系的戴鞍钢指出，自近代上海开埠通商和崛起以来，郊县的手工业依托上海的贸易、金融和工业中心的地位及现代都市经济，在面临洋货竞销时，得以通过调整生产结构、流通渠道和市场取向等重要环节，较快地转向附着于直接与世界资本主义市场沟通的内外贸易，在一定程度上避免了在国内其他地区所常见的一旦传统手工业趋于衰落，普通农家生计便陷于困境的窘况，上海郊县区域的农村传统经济也没有因此发生大的动荡。这些变化所体现的发展趋向无疑是积极的，也是富于启示的。华南农业大学的骆世明梳理出欧亚大陆东西方传统社会变迁的差异，阐述了农业生态转型与传统农业的关系，指出工业化背景下的农业出现问题的关键在于仅仅追求产量与利润，忽略了农业的健康安全、环境生态、精神文化等服务功能，其发展的外部性方面出了问题，并通过将联合国粮农组织评定的全球重要农业文化遗产和中国农业农村部评定的中国重要农业文化遗产作为案例，生动地诠释了从传统农业到生态农业转型的必要性；最后，以中国重要农业文化遗产保护和发展传统农业所蕴涵的生态智慧为案例指出，只有吸取好工业化农业发展的经验教训，逐步走向生态型、智慧型农业转型发展阶段，才能走向可持续发展的现代农业。华南理工大学客家文化研究所的谭元亨对明清以来的国朝政策和世界发展局势进行了分析后指出，存在于广州十三行的商人，作为中国通商口岸的一个特殊群体，给当时迈入近代化的西方欧美许多国家带来了发展机会，也获得了巨大的经济效益，并为我们阐述了当时中国与美国、英国及瑞典等国贸易发展的案例，但是当时的中国明清政府并没有抓住这样一个好机会，致使产生了历史遗憾；基于历史的回顾和反思，我们如何看待和利用好广州十三行这样一个历史遗产，是值得广大国人深思的。

中山大学经济与管理学部的保继刚分别从旅游产业促进乡村共同富裕、乡村治理促进人才振兴、乡村公共文化服务促进乡风文明三个方面，指出发展乡村旅游是乡村振兴的一种重要路径，并通过由中山大学旅游学院团队实施的位于世界文化遗产所在地的云南省元阳县哈尼梯田代表地——阿者科村的"阿者科计划"，为我们生动地诠释了如何通过高校师生助推乡村旅游产业，实现智力扶贫。暨南大学旅游研究所的梁明珠在报告中首先梳理了国家与广东省乡村振兴与乡村旅游政策，其次为我们阐述了旅游融合发展与新业态的模式，最后指出乡村旅游开发不能牺牲农业，只能叠加旅游功能，讲求锦上添花，关注居民利益，突显乡土特色，营造乡野氛围，注重文化创意活动空间和内容的文创体现。广东财经大学岭南旅游研究院的张伟强分别从文旅融合的历史过程、和美乡村的内涵与认知、理论思考与前瞻三个方面指出了和美乡村建设是中国式乡村现代化的重要体现；乡村文旅融合项目绝不能仅限于旅游休闲体验，更要注重第一、二、三产业的深度融合发展，夯实产业振兴的基础，否则难以吸引各类资本持续投入。四川大学旅游学院的杨振之分别从改革开放以来乡村旅游发展的迭代演变、田园养生是疗愈身心的理想途径、构建旅游疗愈体系的实践探索三个方面，为我们指出了田园乡野是现代都市人最理想的旅游疗愈场景。广州美术学院视觉艺术设计学院的陈少明以开平碉楼文化遗产为个案，结合团队丰富的实践经验，阐述了如何利用华侨乡村传统历史街区改造成乡村博物馆群社区的现代艺术展示设计，达到未来发展"以文塑旅，以旅彰文"的目的。山水比德集团的利征从梁漱溟先生的乡村建设理论切入，并以山水比德集团近年来在国内所做的多种实践，生动地诠释了"绿水青山就是金山银山"的理念。广州中洲国际会展有限公司的袁野从近年来公司对乡村振兴所做的帮扶工作，特别是帮扶贵州省纳雍县进行产品促销，阐述了企业在消费帮扶过程中的一些经验：一是创造并实施"三个转变"；二是采取"双联盟"和"双专班"模式；三是落地"三专一中心"运营模式；四是脱贫农产品的直播和展销。广州美术学院城市学院的吴宗建指出，广东省在乡村振兴示范带的建设中可将"一园一市"策略结合起来，解决乡村风貌带与乡村产业融合发展的问题。以"产业美"提升乡村风貌整体水平，让广大农民在产业发展中获益，并成为维护和提升乡村风貌的新生力量，为乡村振兴注入新活力。仲恺农业工程学院何香凝艺术设计学院的熊强根据丰富的艺术设计专业实践，阐述了全国与广东省区域农业品牌塑造的现状，认为未来资本市场和消费市场中人们最为看中的是品牌价值，并从树品类、抓主体、建生态三个方面阐述了品牌赋能粤字号农产品的价值和意义。仲恺农业工程学院现代农业研究院的王明星作了解读《广东省乡村休闲产业"十四五"规划》的学术报告，其作为项目负责人，从项目缘由与研究过程、项目背景、主要内容、产品体系与主要任务四个方面分别对规划进行了详细的阐述。

在"领会中共二十大精神,纪念建校九十五周年推进乡村现代化学术论坛"的致辞(一)

程 萍

(仲恺农业工程学院原校长,二级教授,博士生导师)

尊敬的张知干主席、刘纪昌会长、郑志雄处长及各位专家学者:

大家上午好!

岁序更替,华章日新。2023年的钟声已经敲响,新的曙光已经照亮。在这万象更新之际,由广东省社会科学界联合会和我校共同主办的"领会中共二十大精神,纪念建校九十五周年推进乡村现代化学术论坛"正式召开,请允许我谨代表仲恺农业工程学院,热烈欢迎来自全国的各位领导、各位专家学者们,并向你们致以最美好的新年祝福和崇高的敬意!

2022年是党和国家发展史上极为重要的一年。这一年,党的二十大胜利召开,描绘了全面建设中国特色社会主义现代化国家的宏伟蓝图。这一年,我国关键核心技术实现新突破,科技体制改革向纵深推进,战略科技力量加快壮大,科技创新成果丰硕。这一年,在农业方面,我们攥紧了"中国种子",取得多项重大突破性进展,多年生水稻喜获丰收,农业自主创新成就喜人,发挥了压舱石、稳定器的作用。

仲恺农业工程学院是一所以农、工学科为优势,农、工、理、经、管、文、艺、法等多学科协调发展的省属本科大学。学校是1925年由近代民主革命先驱何香凝先生等提议、为纪念廖仲恺先生爱护农工的意愿而决定创办的,于1927年3月正式招生。95年来,我校以立德树人为根本,以强农兴农为己任,以培养新型知农爱农人才为目标,在推进农业农村现代化、确保国家粮食安全、全面推进乡村振兴方面取得了丰硕的成果。

2022年初,广东省社会科学界联合会同意我校设立粤港澳大湾区农产品数字物流研究中心研究院、广东省休闲农业与乡村旅游研究院等6家涉农研究基地。一年来,研究基地在理论研究、宣讲阐释、咨政建言等方面,开展了一系列卓有成效的工作,取得了一些标志性成果。

在新的一年,我们将在省社科联指导下,推动农业绿色与可持续发展,立足农业产业发展布局,加强科技创新、产品创造和模式创作,精准高效地推进区域农业现代化,开展农村环境治理、数字乡村治理与规划、农村产业经济与改革等研究,促进乡村全面发展,把成果应用在实现农业农村现代化的伟大事业中,为我省乡村全面振兴提供深厚的学理支撑和决策参考。

在此,我衷心希望各位专家学者热烈交流、深入研讨,围绕年度主题深入讨论,碰撞思想火花、提出真知灼见,为推进广东乡村现代化建设,为推动建设一个更加多彩、更有活力的大美广东贡献出我们的智慧力量。

最后,预祝本次学术论坛圆满成功,谢谢大家!

在"领会中共二十大精神,纪念建校九十五周年推进乡村现代化学术论坛"的致辞(二)

张知干

(广东省社会科学界联合会党组书记、主席)

尊敬的宋垚臻书记、尊敬的程萍校长,
尊敬的各位领导,各位专家学者:

新年伊始,我们相聚仲恺农业工程学院,举办"领会中共二十大精神,纪念建校九十五周年,推进乡村现代化学术论坛"。这是我们紧跟总书记、奋进新征程的有力体现,是我们立足新起点、担当新使命的主动作为。在此,我谨代表广东省社科联对仲恺农业工程学院建校95周年表示热烈祝贺,对95年来一代代仲恺人矢志强国兴农的执着追求表示由衷赞赏,并借此机会,向长期以来关心支持广东社科事业繁荣发展的广大专家学者和各界同仁,表示衷心感谢!

贯彻落实党的二十大精神,是当前和今后一个时期的首要政治任务,是社科界全部工作的重心。仲恺农业工程学院把深入贯彻落实党的二十大精神作为纪念建校95周年的鲜明主题贯穿始终,传承初心跟党走、齐心兴中华的红色基因,演绎奋进新征程、建功新时代的蓬勃朝气,诠释了高度的政治站位、强烈的使命担当、充沛的创造活力,令人钦佩,催人奋进。我们这场学术论坛,旨在深入交流探讨学习习近平新时代中国特色社会主义思想和党的二十大精神的体会,深刻领悟总书记在中央农村工作会议上的重要讲话精神,更好掌握习近平新时代中国特色社会主义思想的世界观和方法论,科学解答全面推进乡村振兴、加快建设农业强国的一系列重大理论和实践问题,努力为推进中国式现代化建设贡献务实良策,具有重要学术价值和重大现实意义。因此,在新征程上,我们真诚期待广大专家学者,贯通历史、现实、未来,讲清道理、学理、哲理,深刻阐明强国必先强农、农强方能国强蕴含的理论逻辑、历史逻辑、实践逻辑,助力全党全社会更好汇聚起强农兴农的磅礴力量。我们真诚期待广大专家学者,坚定不移围绕中心、服务大局,忠实践行以人民为中心的研究导向,深入实际调查研究,着眼管用开展重大理论政策研究和决策咨询服务,不断提出真正解决问题的新理念新思路新办法,切实让学术赋能高质量发展更具张力、活力和塑造力。我们真诚期待广大专家学者,顺应历史大势,把握历史主动,坚定学术自信,破除西方迷思,一刻不停推进知识创新、理论创新、方法创新,加快建构中国自主的农业农村现代化知识体系,持之以恒,让富有中国特色、中国风格、中国气派的农业农村现代化知识体系赢得世界、造福世界,更好推动构建人类命运共同体。

各位领导,各位专家学者!习近平总书记最近在中央农村工作会议上强调:"没有农业强国就没有整个现代化强国;没有农业农村现代化,社会主义现代化就是不全面的。"要求我们要铆足干劲,抓好以乡村振兴为重心的"三农"各项工作,大力推进农业农村现代化,为加快建设农业强国不懈奋斗。在这个伟大的奋斗征程中，广大涉农高校责无旁贷要发挥基础性、战略性支撑作用，切实把教育、科技、人才三位一体的最佳组合持续塑造成全面推进乡村振兴的新动能、新优势。特别是仲恺农业工程学院，集云山之神秀、汇珠水之灵气，盛世谱华章，奋进正当时，当仁不让要走在最前列，贡献大智慧、铸就新辉煌。省社科联作为省委省政府联系广大社科工作者的桥梁纽带，竭诚为大家服务是我们的天职。只要是有利于高校社科事业高质量发展的事情，我们都会坚定支持、全力扶持，尽心竭力通过增进广大专家学者的成就感来体现社科联的存在感，共同为推动我省社科事业全面繁荣、走在前列做出新的更大贡献。

最后，衷心祝愿仲恺农业工程学院社科工作繁荣兴盛，祝愿学校高水平应用型大学建设事业更上一层楼！

谢谢大家！

中国现代化进程与"三农"困境的突破

王先明

（南开大学特聘教授，博士生导师）

越来越明显的是，中国的社会和文化传统已经被纳入新的秩序之中。毫无疑问，这将会发挥巨大的影响，不仅影响中国人自身的命运，而且会决定人类将来的命运。我们用几十年的时间走完了发达国家几百年走过的工业化历程，发展成为世界第二大经济体，以中国式现代化道路历史实践的成功，为世界现代化的发展提供了一个新途径、新选择和新范例。无论是以世界历史进程的宏阔视野，还是以中国历史发展脉络的深度解析而言，中国现代化发展的历史进程都是一个内涵丰厚、论旨厚重的命题。在今天，它几乎是引动全球关注，尤其是大国之间聚焦的全球化进程的问题了。

这个论题，几乎可以从多个角度切入展开讨论；我们在此所论，只是基于中国历史发展内在脉线的视角，为我们认识中国发展及其现代化进程中的瓶颈课题，即现代化道路选择与"三农"问题的解答，提供一点自己的思考。

一、现代化的启动与悖论的形成

中国历史发展有着自己的轨迹，但这一历史演进轨迹或者说历史发展方向的根本性改变，则始于1840年的鸦片战争，即所谓"三千年未有之大变局"。然其中之大变局，或者说更为深刻和持久的历史变动，则是由传统农耕社会向工业社会的历史性转变，即现代化进程的展开。严格意义上的中国现代化首先是工业化进程的启动，实发端于晚清的洋务运动。"我国机器工业，肇始于同光，建设于清季。"[①] 由此开始，以大机器为生产手段的近代工业的引入，不仅仅意味着新的生产方式的出现，而且为整个社会经济的发展明示了历史趋向。更为重要的是，它将一向被藐视的"夷技"上升到西学的层面，为中西学的融通提供了学理性基础。1866年12月奕䜣提出在同文馆开设天文算学馆的奏折中说：

> 开馆求才，古无成格。惟延揽之方能广，斯聪明之士争来……洋人制造机器火器等件，以及行船行军，无一不自天文、算学中来。现在上海、浙江等处，讲求轮船各项，若不从根本上用着实功夫，即学习皮毛，仍无裨实用。[②]

以引入"西技"为起点并由此延伸到"西学"的洋务运动，首先关注的就是西技和西学的"致用

---

① 龚骏编：《中国新工业发展史大纲》，商务印书馆，1933，第1页。
② 《筹办夷务始末·同治朝》卷四六，第3页。转引自王先明《中国近代社会文化史论》，人民出版社，2000，第247页。

性"。"洋器"既可"平内患"又能"勤远略",这是曾国藩在实践中形成的认识,由此开始他采纳容闳所提的"觅制器之器"建议,从而办成了江南制造局,并将一大批具有"实学"科技人才(如华蘅芳、徐寿等人)汇集其中,开创"求西学于域外"的局面。大规模地接纳西学,并将其与"求强求富"的自强实践结合起来,就使输入的西学摆脱了与中学的隔绝,从而也摆脱了与中国社会隔绝的尴尬态势,在实践层面上实现了中学与西学的沟通与融合。西方坚船利炮体现出来的实际效用,成为致力于自强运动的洋务大员们最直接的追求目标。李鸿章毫不隐讳地申明学习西学的目的:

> 鸿章以为中国欲自强,则莫如学习外国利器。欲学习外国利器,则莫如觅制器之器,师其法而不必尽用其人。欲觅制器之器与制器之人,则或专设一科取士,士终身悬以富贵功名之鹄,则业可成,艺可精,而才亦可集。①

接纳西学而谋求自强,既是面对变局力求经世致用的现实态度,也是应对时局比较可行的抉择。在持续十多年的"中西之争"中,事实上洋务派并不能否认反对派"礼义为道""人心为本"的原则,而顽固派实际上也无法从根本上推翻洋务派"西学为用"的学理。倭仁尽管具有扎实的理学根底,但对奕䜣提出的"仅以忠信为甲胄,礼义为干橹等词,谓可折冲樽俎,足以制敌之命,臣等实未敢信"诘难,也无法正面回答,而只能采取退避之策。影响近代中国历史进程和路向选择的"中西之争"的历史大文章,最终还是做在了"中体西用"的历史结论上。②

"千古变局"并不仅仅是出乎人们意料之外的时变,而是从根本上改变了人们赖以生存的社会环境、生活方式乃至文化规范的世变。尤其在洋务运动之后,随着现代机器生产体制的引入和生长,"机器制造一事,为今日御侮之资,自强之本""洋机器于耕织、刷印、陶埴诸器皆能制造,有裨民生日用,原不专为军火而设……逮其久,风气渐开……臣料数十年后,中国富农大贾必有仿照洋机器制作以自求利益者"。③

洋务新政实际上开辟了以工业化为主导的现代化历史进程。它所引动的历史变迁既是久远的,也是深刻的。尤其在第二次鸦片战争后,"我朝士夫被此莫大之耻,专务掩匿覆盖,以绝口不谈外事为高",转而"决然舍其所学,而学所谓洋务者"。④ 甚且,"每发一论,动为数十年以前谈洋务者所不能言;每建一义,皆为数十年以后治中国者所不能易"⑤ 朝野上下均谋求"或变通旧制,或创行新法"⑥,群以开铁路、设银行、开民厂、造机器、开矿、创邮政、练陆军、设学堂等为谋富图强的现代化路径选择。

问题在于,中国如果严格按照西方的方式走现代化之路,中国面临的代价将是五千年文明史面临中断的危机,而中国五千年的文明恰恰是基于农耕经济、以乡村为载体的文明。"中国传统的文明形态与成

---

① 《筹办夷务始末.同治朝》卷二五,第10页。转引自王先明《中国近代社会文化史论》,人民出版社,2000,第247页。
② 王先明:《近代新学:中国传统文化的嬗变与重构》,第2版,商务印书馆,2005,第109页。
③ 中国史学会编《洋务运动》(四),上海人民出版社,2000,第14页。
④ 薛玉琴、徐子超、陆烨编《中国近代思想家文库·马建忠 邵作舟 陈虬卷》,中国人民大学出版社,2015,第4页。
⑤ 同上,第3-4页。
⑥ 同上,第330页。

为世界主流的现代化文明是一种对立相克的关系",由此产生一个所谓的"现代化的悖论难题"。[1]一方面,在现实的逼迫下,"今日即孔孟复生,舍富强外亦无治国之道,而舍仿行西法一途,更无致富强之术"[2];另一方面,却不免"抛开自家根本固有精神,向外以逐求自家前途,则实为一向之大错误,无能外之者"[3]。而这一历史悖论更突出地体现为近代中国城市与乡村的"背离化"发展态势,即"三农"问题不断累积和加剧的困境。

二、乡村危机与"三农"问题

"治天下必自治一国始,治一国必自治一乡始,治一乡必自五家为比、十家为联始。"[4] 乡村治而天下安,此乃中国文化根系之所在,这与基于工业化主导的西方文化截然不同。中国"所有文化,多半是从乡村而来的,又为乡村而设,法制、礼俗、工商业莫不如是"[5],亦即传统中国社会发展乃城乡一体化发展模式。"上流社会人士仍力图维持一个接近自然状态的农村基础。在乡村,小传统并没使价值观和城市上流社会的大传统产生明显分离。"[6] 然而,这一模式伴随着现代化以及工业化和城市化的进程而破解了。

"从19世纪60年代开始掀起了洋务运动,清政府中的洋务派通过引进西方的军用民用生产技术,创建了一批军事工业和民用企业,使中国产生了资本主义生产力;而这些新的生产力,又主要集中在城市之中,从而使中国某些城市开始向近代化起步。"[7] 由现代化进程导致的社会结构变化主要体现为工业化和城市化的同步启动。这些城市逐步以工业文明代替农业文明,成为半殖民地半封建、有近代化特点的城市。近代新兴城市的崛起及其区位分布和功能的变化,从根本上改变了传统社会的城乡结构关系。许多明代以来盛极一时的运河沿岸城市,从清中叶开始,不再沿着正常轨道发展下去,而逐渐走向衰落,有的甚至蜕变成为偏僻的县城。究其直接原因,固然不免"一是社会动乱,二是经济地理条件的改变"[8],但开埠通商和洋务新政所启动的工业化进程却是时代性导因。

在19世纪期间,中国城市人口总数以极缓慢的速度增长,其增长率和中国总人口的增长率大体相当,而在1900年至1938年,城市人口的增长显然加快,其增长率几乎是总人口增长率的2倍。尤其"在中国6个最大的城市——上海、北京、天津、广州、南京、汉口","在30年代,每年以2%~7%的人口增长率在发展"。[9] 19世纪30年代后期,人口100万至200万的城市增长33%,人口10万至50万的城市增长61%,人口5万至10万的城市增长35%。[10] 可以说,"1900年后城市工厂和欧洲意义上的无产阶级的兴起,才产生了这样一种运动",即"农村贫困家庭向核心区移动"。[11] 持续了30年之久的这种逆向移动过

---

[1] 张孝德:《大国之本:乡村振兴大战略解读》,东方出版社,2021,第1-2页。
[2] 邵作舟:《变法自强疏》,载《中国近代思想家文库·马建忠 邵作舟 陈虬卷》,第322页。
[3] 《中国民族自救运动之最后觉悟》,载:梁培宽、王宗昱编《中国近代思想家文库·梁漱溟卷》,中国人民大学出版社,2014年,第161页。
[4] 陆世仪:《论治邑》,载清徐栋辑《保甲书》卷四《广存》,张霞云点校,安徽师范大学出版社,2011,第91页。
[5] 梁漱溟:《乡村建设理论》,载《梁漱溟全集》第2卷,第150页。
[6] 费正清:《剑桥中华民国史》(上),中国社会科学出版社,1993,第33页。
[7] 王守中、郭大松:《近代山东城市变迁史》,山东教育出版社,2001,第684页。
[8] 同上,第99页。
[9] 费正清编《剑桥中华民国史(1912—1949年)》上卷,第36页。
[10] 王先明主编《中国近代史(1840—1949)》,第532页。
[11] 〔美〕彭慕兰:《大分流:欧洲、中国及现代世界经济的发展》,史建云译,江苏人民出版社,2003,第234页。

程，事实上也是乡村衰落并走向危机的聚积过程。

显然，在工业化、城市化和现代化趋向中，中国"城乡背离化"趋势隐然发生。在以工业化为导向的现代化进程中，无疑"产业界根本的变动，件件是发展都市的"。因此，乡村危机是对应于城市发展或城市繁荣的具有特定区位性的一种危机，"农村则终年勤苦生产，完全供给都市人们之生活费，至其本身破灭而止……结果都市日愈繁荣，农村日益衰落"，"从都市到农村切断了农工商相互间的纽带"，"大都市作了病态的繁荣"，"农村相继破产"，①抑或称之为"都市膨胀和农村枯竭"②。

近代以来，"农村问题虽是随着时代和场所而变迁，但考察其本质，不能不承认是近代文明的产物"，因农村问题之发生，"必须以国民经济或国际经济发展至某种程度为前提"。③20世纪30年代之际，"农业的中国已开始进入工商业化的时代，于是农民的困苦比从前更甚"④。时人或称之为"农村崩溃""农业恐慌""农村凋敝""农业破产"等，只不过是概要言其某一个侧面而已。实际上，其时的乡村危机是一种全面危机，是一种"农村总崩溃"。⑤其最突出的表征是，农民逃亡，农业衰落（或农地荒废），农村破产，以至于造成"农村凋敝，国本动摇"⑥之险峻情势。

如没有对近代工业化、城市化和现代化进程中的"城乡背离化"演进矛盾的揭示，根本不可能触及近代乡村危机的历史本相。⑦"都市的发展，其反面就是农村的崩溃。使农村加速崩溃的种种事实，同时就是使都市发展的事实。"总而言之，"中国近几十年都市发展的事实，恰恰是破坏农村的。农村加速度的崩溃，便促成了都市的发展……过去几十年的事实却是如此的。"⑧说到底这就是伴随着工业化、城市化发展进程而出现的乡村社会急剧衰退的一种危机，是近代历史上"三农"问题累积的历史结果。

无疑，如何应对这一历史性困境，是百年来中国历史发展中必须面对的时代性问题。

三、现代化路径选择的思考与探索

"从清末曾左的'洋务'运动到现在，我们新文化建设运动的方向，一直是在朝着欧化的路上走……但事实上几十年努力的结果，却不仅未能'致中国于富强之境'，反而给予了我们以不少的痛苦……"⑨现代化进程中的悖论之困不能不引起道路选择的追问："我们今后究竟应当怎样走呢？"30年代之际相继兴起的中国本位文化建设的论争和乡村建设社会运动，实际上就是对这一历史选择的回应。

"中国自鸦片之战以后……忽而学东洋，忽而学西洋，今日忙这样，明日忙那样，但都没有把根本认清"⑩，其结果是以工业化为主导、以城市化为中心的现代化进程导致中国立国之本——农村和农业崩溃。

---

① 周谷城：《中国社会之变化（1930年）》，1989年影印本，上海书店出版社，第7、45—47页。
② 吴正：《农村问题》，作为中央军校特别训练班教材，第18页。
③ 曾济宽：《怎样解决中国农村问题》，《中国建设》1933年11月第8卷第5期，第9页。
④ 《农民问题与中国之将来》，《东方杂志》1927年8月第24卷第16号，第3页。
⑤ 古楳：《乡村建设与乡村教育之改造》，《东方杂志》1933年11月第30卷第22号，第6页。
⑥ 曾济宽：《怎样解决中国农村问题》，《中国建设》1933年11月第8卷第5期，第10页。相类似的提法还有"农业凋敝，农村破产，农民涂炭"，见徐钦：《勘查万家埠实验区之经过》，《农村》1932年12月第1卷2期，第77页。
⑦ 王先明：《试论城乡背离化进程中的乡村危机——关于20世纪30年代中国乡村危机问题的辨析》，《近代史研究》2013年第3期。
⑧ 周谷城：《中国社会之变化（1930年）》，第181页。
⑨ 吴忠亚：《关于中国本位文化建设问题》，《中国文化建设讨论集·中编》，第94页。
⑩ 晏阳初：《中国农村教育与农村建设问题》（1935年3月25日在北大第二院的演讲词，原载《民间》1卷轴3期，1935年4月），载宋恩荣编《晏阳初文集》，教育科学出版社，1989，第120页。

"在以都市支配农村的经济组织系统下,抛却了都市与农村的关系"。① 另一方面是农村、农业和农民地位的急剧下滑。"从前的工匠,现在变成了工程师和制造家,从前的市侩,现在变成了商业家庭资本家。但是农民呢,他们的生活一天一天的变坏,他们的地位一天一天的降低,被旁的阶级的同胞压迫和讪笑了。"② 另一方面却是以"新政"为名的各种税费层层叠加为农民的负担,并从根本上危及农民的生存状况。③ "大都市作了病态的繁荣"而"农村相继破产"。④ 面对困境,20 世纪 30 年代之际,在"经济建设应采的途径"上,"则或主重工,或主重农,莫衷一是",曾纷扰迭起。⑤

梁漱溟概括说,世界历史上"可以称得起乡村破坏史的"就是"一部中国近百年史",而近代中国之所以如此者,"关键全在要走都市文明的路而未成之一点"。⑥ 从某种意义上看,乡村建设思潮的勃兴可谓直接导源于对于破坏乡村的建设取向的反思与纠谬。"都已觉悟了中国摹仿西洋之未必有成;而我们社会组织的机构,既自有其树立之道,我们民族前途的开辟,亦自有其应循之辙。即所谓人类正常文明的创造,必须从这三十万个乡村作起,并须靠此百分之八十五的农民自动的肩负起这个责任来。"⑦ 1939 年的《乡村建设运动共同信念初草》再次申明:"我们深信:乡村建设运动在使农业和工业达到合理的建设乡村和城市,泯除畸形的发展。"⑧

当然,在特定历史条件下乡建派执拗的以乡村建设为本位的理论是否可行为另一问题,但其所提出的必须考虑城乡一体化发展的现代化路径选择是值得珍视的思想资源。

四、中国式现代化道路与新农村建设战略

如何走出具有中国特色的现代化道路,并从根本上破解这一困境,一直是中国共产党复兴中华的历史使命之一。在总结和记取近代以来中国现代化发展进程中的经验和教训基础上,中国共产党开辟了独特的道路选择。我国现代化同西方发达国家有很大的不同。西方发达国家是一个"串联式"的发展过程,工业化、城镇化、农业现代化、信息化顺序发展,发展到目前水平用了二百多年时间。"我们要后来居上,'把失去的二百年'找回来,决定了我国发展必然是一个'并联式'的过程,工业化、信息化、城镇化、农业现代化是叠加发展的。"⑨

中国现代化取得了历史性成就,令世界瞩目。1952 年,中国的 GDP 总量仅 679.1 亿元,人均 GDP 仅 119 元,2021 年中国的人均 GDP 突破 1.2 万美元,达到中等偏上收入国家水平,并预计在 2025 年之前跨入高收入发展阶段国家行列(按世界银行标准)。改革开放以来,在 1978 年到 2020 年的 42 年里,中国的 GDP 年均增长率达到 9.2%。在如此短暂的时间里,实现如此连贯、高速、稳定的并联式、叠加式的赶

---

① 《乡运者的话:对于农村建设的意见》,《乡村建设》1936 年第 6 卷第 5 期,第 2 页。
② 杨开道:《我国农村生活衰落的原因和解救的方法》,《东方杂志》1927 年第 24 卷第 16 号,第 5-6 页。
③ 程树棠:《日趋严重的农村摊款问题》,《东方杂志》1935 年第 32 卷第 24 号,第 54 页。
④ 周谷城:《中国社会之变化(1930 年)》,第 45-47 页。
⑤ 吴正:《农村问题》,第 5 页。
⑥ 梁漱溟:《乡村建设理论》,《乡村建设》1936 年第 5 卷第 1 期,第 7 页。
⑦ 《乡运者的话:对于农村建设的意见》,《乡村建设》1936 年第 6 卷第 5 期,第 8 页。
⑧ 《乡村建设运动共同信念初草》(1939 年 7 月 29 日),转自《卢作孚研究》2013 年第 1 期,第 53 页。
⑨ 《在十八届中央政治局第九次集体学习时的讲话》(2013 年 9 月 30 日),https://www.guancha.cn/XiJinPing/2017_07_13_417887_2.shtml。

超，无疑是一个伟大的奇迹。[1]

从现代化发展战略看，中国共产党始终围绕建设社会主义现代化国家，基于国情变化和发展阶段提出具体的现代化目标和战略，并将之以"五年发展规划"形式贯彻实施，动态性地协调城市与乡村、工业与农业的平衡发展。1952年底，党中央提出了逐步实现国家的社会主义工业化，并逐步实现国家对农业、对手工业和对资本主义工商业的社会主义改造的"一化三改"目标。1956年党的八大后，社会主义建设全面展开，发展道路的探索进入新的历史阶段，党开始明确提出"建设社会主义新农村"的思想。1964年，党中央提出把我国建设成为一个具有现代农业、现代工业、现代国防和现代科学技术的社会主义强国，即"四个现代化"的历史任务。新农村建设思想在历史的演进中不断充实和完善，并在新时代的战略规划中获得了新的高度。

跨入新世纪不久，在新的历史背景下，党的十六届五中全会再次提出"建设社会主义新农村"思想，具有更为深远的意义和更加全面的要求。2005年，中共中央、国务院正式提出："全面建设小康社会，最艰巨最繁重的任务在农村。加速推进现代化，必须妥善处理工农城乡关系。构建社会主义和谐社会，必须促进农村经济社会全面进步……'十一五'时期，必须抓住机遇，加快改变农村经济社会发展滞后的局面，扎实稳步推进社会主义新农村建设。"[2]"新农村建设"的诉求被融涵在社会主义制度建设之中，从而在根本制度、时代内容和道路发展上，为解决"三农"的历史困境奠定了基础。

正如习近平总书记强调的："工业化、城镇化、信息化、农业现代化应该齐头并进、相辅相成，千万不要让农业现代化和新农村建设掉了队，否则很难支撑全面小康这一片天。""小康不小康，关键在老乡。""如果不把社会主义新农村建起来，不把农业现代化搞上去，现代化事业就有缺失，全面小康就没有达标。"[3]

在扎实、持续推进的乡村振兴战略的实践进程中，新农村建设的思想内涵在不断创新中更加丰富、完善和科学。农业要更强，必须建设现代农业，加快转变农业发展方式。农民要更富，必须促进农民增收，加大惠农政策力度。农村要更美，必须围绕城乡一体化，深入推进新农村建设。建设生态文明是关乎人民福祉、关乎民族未来的大计，把生态文明建设融入经济建设、政治建设、文化建设、社会建设各方面和全过程，建设美丽中国，建设美丽乡村，已经成为新农村建设的时代内涵。特别是脱贫攻坚战取得全面胜利，完成了消除绝对贫困的艰巨任务，为人类减贫事业做出巨大贡献。通过新时代乡村振兴战略的全面实施，农业强、农民富、农村美的"新三农"的梦想已然实现；它从根本上突破了百年"三农"困境，从而解决了现代化发展中的悖论问题。

---

[1] 黄群慧、杨虎涛：《中国式现代化道路的特质与世界意义（深入学习贯彻习近平新时代中国特色社会主义思想）》《人民日报》，2022年3月25日9版。
[2] 《中共中央、国务院关于推进社会主义新农村建设的若干意见》（2005年12月31日），载《十六大以来重要文献选编》（下），第140页。
[3] 《习近平重访兰考：焦裕禄精神是永恒的》，www.cpc.people.com.cn/n/2014/0318/c64094-24661412.html。

都市与乡村经济现代化——近代上海的启示

戴鞍钢

（复旦大学历史学系教授，博士生导师）

我今天报告的题目是《都市与乡村经济现代化——近代上海的启示》。刚才王先明教授强调了一点，近代中国因为特定的历史环境，出现了城乡背离的一个总体性的状况，这是一个非常精辟的论断，事实上也确实如此。但是如果就局部的地区来讲，特别是从上海的角度来讲，它有些特殊性，这种特殊性不能改变全局性的问题，但是它预示着，或者提醒我们，从历史发展的一个角度，或许有一种历史的启示。所以我今天的报告就是追随先明教授整体性考察的一个个案的具体论述。

我今天的报告有五个部分：一是引言；二是上海郊区手工业的转型——新型的产销方式；三是都市经济与乡村经济的互补——投入产出核计；四是都市经济对乡村劳动力的吸纳——聚焦建筑业；五是结语。

一、引言

历史是最好的老师，大家都非常清楚。我看了本次研讨会的一个征稿启事，归纳得非常好，所以我就直接引用了。它有这样一段话："近代以来，中国历史进入了一个亘古未有的社会大变革时期，中国社会从传统古老的农业文明向工业文明，从自然经济向市场经济过渡转型。这场既广泛而又深入的社会大变革至今仍在继续。"这是本次会议主办者所归纳的，非常精炼，特别强调这场既广泛而又深入的社会大变革至今仍在继续，刚才先明教授也是强调了历史和现实的连续。

就我这几年研究比较多的近代上海的角度来看，这种社会变革在近代上海表现得比较早，演进得比较快。所以我想回眸这段历史变迁，很有启示。限于时间，我今天侧重手工业的考察，因为只有半个小时，不可能面面俱到。但是我还是要强调一点，刚才先明教授强调的整体性城乡背离的趋势，其实上海也有，但它的表现和中国其他地区相比，有它的独特性，而这种独特性是值得我们细细琢磨的。接下来大概介绍一下近代上海史研究的状况。

大家都知道，近代上海是1843年开埠的，今年正好是180周年。鸦片战争以后有5个通商口岸：广州、福州、厦门、宁波、上海。在5个通商口岸中，上海行政级别最低，它只是个县城，广州是个省城。但是1843年上海开埠以后，它崛起的速度、规模，它的能量非常地引人注目。一般认为，1843年到1863年，近代上海是中国的第一贸易大港，也成为外国资本主义势力在中国开展他们经济、政治活动的一个主要据点。所以在这样的情况下，上海相继形成了中国的工业中心、中国的商业中心、中国的金融中心。这种状况使得对近代上海的研究一直是中外学术界的一个热点，成果非常多。大家很熟悉的熊月之先生，他的团队在这方面建树很多。总体而言，目前的近代上海史研究大多是侧重城区的，对郊区的经济社会历史变迁的论述，相对是薄弱的。在这个过程中，如果把上海和郊区联系起来考察，我们可以发现，在清末民初，上海郊区相继出现了一批有别于传统小农家庭棉纺手工业生产方式的新型手工业。比如嘉定的黄草编织业，南汇的织袜业，嘉定、川沙的毛巾织造业，川沙、上海、宝山等县的花边编织业，以及川沙的建筑业。它们都颇具规模，名闻遐迩。

我刚才列举的这一些手工业，大家一看就知道，这些其实是和外贸紧密相关的。所以我刚才讲了上海有它的特殊性。上海是中外贸易第一大港，在大港的大树下，上海郊区的传统手工业有可能通过与世界市场的接轨而有一种比较平稳的转型，也就是我刚才讲的一种新型的产销模式。这在整个中国或许不具有普遍性，但是在上海和上海郊区有它的特殊性。这有点像广州开埠以前和外贸和外贸业相关的一些手工业。待会儿谭元亨先生会讲十三行，其实十三行的出口，在传统中国，在广东地区，它实际上也带动了一些手工业，外向性的手工业发展。所以我的结论就是：它们的发生、发展，与上海开埠以后内外贸易繁盛和城市经济发展的有力推动紧密关联；这种转型，为郊区农家在面对外来经济持续冲击时提供了新的谋生途径。所以，上海这样一种历史新的现象，尽管有它的特殊性，但是它在某种程度上代表了近代中国农村现代经济可能的出路。

二、上海郊区手工业的转型——新型的产销方式

上海，或许对上海有所了解的人都知道，传统的上海，也就是开埠以前的上海，其实手工业是相当发达的。有一句俏皮话叫"衣被天下"，也就是说上海地区出产的土布供销到全国各地，所以叫"衣被天下"。但是外国资本主义的入侵，实际上使得这种传统的土布业生产面临着危机。这个在过去学术界是讲得比较多的，但是因为上海开埠以后成为国内外贸易中心，成为工商业和金融中心，所以有这样一种特殊的机遇，使得上海郊区的手工业在传统的土布业面临整体性冲击的同时，它有可能、有机会或者有条件逐渐转向了直接与国际贸易及国内市场衔接的新型的产销方式。这种转型缓解了开埠通商对从事传统农作的小农的生计所带来的冲击。

我们举些例子，在清末的1910年前后，上海四郊的乡镇，已有一些以外包加工为主的针织小厂或手工工厂的开设。它们的特点是什么？它们的特点是由外包的商人垫资或者发放原材料，相当于农妇零成本地从事刺绣或做花边等手工生产。也就是说，因为有外贸的需求，因为有这种需求带来的盈利，所以城市资本有兴趣先出资，或者先发放一些原材料，贫困的农妇就靠体力、脑力从事外贸出口产品的生产，从而在这个生产过程中获取一些微薄的利润来维持日常生活。这种状况以后有所发展，就是品种有所发展，所以有编织的网袋、绒线、手套、毛巾、袜子，等等。这个是近代上海的一种新型产销方式的具体表现，在传统的上海是不可能出现的。这一些手工业生产多数无须支付成本，工序简单，又可以在自家工作，还能兼顾日常的家务乃至农活，而且收入又要比原来的织土布稍微要丰厚一些，销路也和生产者无关，所以除了上海远郊的一些农户中的老年人继续其熟悉的手工织布之外，很多人陆续地转向从事这种新型产销方式的手工业生产。

我们可以看到，我一开始列举的都是名闻遐迩的黄草编织业，比如像草帽业、南汇的织袜业、毛巾业、花边编织业等，这都是和上海的内外贸易渠道直接关联的。但我还是要强调一点，这种渠道是中国当时其他地方的农村很难受益的，也就是说很难关联。我们不能以偏概全，但是我们也不能以全掩盖了局部的状况。所以我们既要有全局的、宏观的一种考察，同时也要有一些局部的、特殊性的、细致的

分析。

我这里引用美国《纽约时报》的一段话:"1908年上海的对外贸易出口1000多万美元,其中草编织物业就是其中的一项,这个是直接销往美国的。"然后我们再看,浦东的三林镇是以刺绣闻名的,这个刺绣当然是和中国传统的农家日常生活无关的,它直接和外贸相关,所以它的生产者的目的就是借此谋生,补贴家用。这个需求是比较广泛的,在上海、香港、南洋等地开设了多家专卖店,专销浦东出产的刺绣。

我们再看嘉定。到清末,纺纱织布业慢慢被黄草的编织业所取代,而且大家应该特别关注的是,这和商业资本的大力推动相关。也就是说,如果没有外贸渠道,没有商业资本的介入,乃至技术的传播,像刚才这样一些手工业的转型是很成问题的,单靠乡村自身的一种努力,或者自身的一种实力,是很难比较快地出现这样一种手工业转型的历史趋向。我们看到了一些具体的,比如讲直接到农村去建立了商业的机关,建立了一些手工业的传习所,手把手地教一些当地的农家妇女学习编织。我们再来看,因为有这样的推动力,这增长的规模还是引人注目的。我们不得不承认,当地农家的生计是有所受益的。为什么?因为在土布业遭遇全面冲击的状况下,如果没有一种新的替代的手工业出现,农家经济无疑会陷入困境,而因为依托上海特殊的优势地位,其周边的农村有可能在遭遇危机的同时找到了机遇,这种机遇就是传统手工业的转型。

三、都市经济与乡村经济的互补——投入产出核计

我们从手工业角度看到的乡村和都市经济互补,它的基础是什么?双赢。也就是说,这不是单方面的投入,也不是单方面的产出,而是在总互补状况下的双赢。城市从中受益,乡村从中受益。毛巾业是外来的一种手工业生产方式,在土布衰落的同时,毛巾业兴起。而毛巾业的兴起是直接有工业资本或者说是有城市的工商业资本直接引进技术,投入资金,在郊区开设的。我举个例子,比如1900年川沙一家毛巾的工厂,因为盈利状况相当好,所以迅速地跟进,从1家变成10多家,然后又变到70多家,从业人员有3000多人,又不断地增长。到了1937年,一个县居然有毛巾厂202家,从业人员有8600多人。这样一种状况,也就是说,乡村的手工业转型,它的优势从乡村的角度来讲是离土不离村;从城市的角度来讲,它是一种廉价的劳动力。所以上海的一些工厂,即使有能力用机器生产,也一直沿用手工制造或发料加工的经营方式。从工业生产的角度来讲,这是一种历史的局限性,也就是说,中国农村大量廉价的劳动力限制了中国工业现代化的程度。但是换一种角度来考察,这样一种状况的形成有它深刻的社会环境的土壤。也就是说,农村有大量廉价的劳动力,在传统手工业面临全面冲击的同时,他们急于要找寻一种新的谋生途径,这也就吸引了工业资本,以这样简单化的劳动生产方式来生产现代的和外贸相关的工业产品。这里我举一个三友实业社的例子,它尽管有电力的机器,但是它还是在上海农村继续发展手工织布业、手工织毛巾的工厂,继续向农民发料加工,它并没有再添置电力的、织毛巾的机器。

历史就是这么复杂,我们既要看到它进步的一面,也要看到它局限的一面,更应该重视、剖析它这种局限性背后深刻的社会历史条件。这样一种状况下的产品,在国内还颇有市场,甚至销往东南亚各国,类似的例子很多,我们就不去列举了,总体的趋势都是类似的。也就是说,城市和乡村经济的互补性就表现在:当时的中国农村由于历史条件的限制,通过和外贸的接轨,以及和工业资本的联手,进行了现代化的尝试。我们再看各种各样的花编业、刺绣业、绒绣业等,它们一个共同的趋向就是和外贸相关。

四、都市经济对乡村劳动力的吸纳——聚焦建筑业

大家来过上海就知道，上海有一个建筑的别称，就是"万国建筑"。也就是说，在近代上海发展进程中，各种各样的外国建筑样式在上海都有所呈现，但是过去我们津津乐道的是哪些设计家，很少有人会追问哪些人建造了这些万国建筑，那就是我今天要提一下的建筑业。所谓的"十里洋场"，林林总总新式的建筑，它就是由上海郊区或者主要由上海郊区的能工巧匠所建造的，他们非常聪明，凭着一个图纸就可以建造他们从来没有建造过的一些外国建筑，而且这些建筑直到今天还屹立在上海。这里面最重要的还是浦东。浦东其实是直接受益于上海都市经济，就像我们今天浦东开发一样。现在讲到近代上海建筑业，自然而然地，首先要提到来自浦东远近闻名的川沙帮。1907年，川沙帮在上海老城厢就建立了一个公所，在20世纪二三十年代，川沙一个县就有建筑工人15000人，大多在上海就业。他们的生计与上海建筑市场的需求是息息相关的。可见近代上海的崛起和城市经济的发展，在很大程度上改变了周围农村经济旧的运行机制，促使其逐渐将自己纳入、归附资本主义现代经济体系运行的轨迹，这是一个基本的状况。当时的地方志里面就有一句结论性的话："川沙人民生计之艰难，将与上海市场之衰落成正比。"

五、结语

最后，通过刚才的介绍，我们可以体会到上海的特殊性就在于上海开埠通商和它的迅速崛起，使得郊县的手工业有可能依托上海的贸易和工业中心的地位及都市经济，在面临洋货竞销的状况下，可以通过调整生产结构、流通渠道和市场取向等重要环节，较快地转向世界市场，在一定程度上避免了在中国其他地区所常见的，一旦手工棉纺织业趋于衰落，农家生计便陷于困境的窘况，农村经济也没有因此发生大的动荡。我个人认为这些变化所体现的发展趋势是积极的，也富于启示。但是，它毕竟是局部性的，不是全局性的。

我的报告就到这里，谢谢各位！

农业文化遗产与农业生态转型

骆世明

（华南农业大学原校长，博士生导师）

我今天很高兴参加仲恺农业工程学院庆祝成立95周年的这个论坛。仲恺农业工程学院跟华南农业大学是兄弟院校了，而且也是以农业为特色的。我们两校之间有很频繁的师资交往和学术交流，我也与仲恺农业工和学院很多老师和领导有良好的个人关系。借此机会，我在这里也祝贺仲恺农业工程学院成立95周年。

今天我讲的题目是《农业文化遗产与农业生态转型》。

一、欧亚大陆东西方传统社会的变迁差异

在2022年12月刚刚结束的中央农村工作会议上，习近平总书记指出："农业强国是社会主义现代化强国的根基，满足人民美好生活需要、实现高质量发展、夯实国家安全基础，都离不开农业发展。建设农业强国要体现中国特色，立足我国国情，立足人多地少的资源禀赋、农耕文明的历史底蕴、人与自然和谐共生的时代要求，走自己的路，不简单照搬国外现代化农业强国模式。要依靠自己力量端牢饭碗，依托双层经营体制发展农业，发展生态低碳农业，赓续农耕文明，扎实推进共同富裕。"这里既讲到了农耕文明，也讲到了生态低碳农业。

为了更好理解这个思想，我们放眼到整个欧亚大陆。欧亚大陆的东方与西方是非常不一样的。世界重要的农业起源地与古代农业文明中心有位于现在伊朗、伊拉克一带的巴比伦文明，有中华大地上的华夏文明，有位于中美洲的玛雅文明，有位于南美洲的印加文明，还有位于南亚印度河流域的哈巴拉文明以及北非的古埃及文明。

请大家注意，在欧亚大陆的最西端，它不是最重要的农业文明起源地。其实这里出现的古代希腊文明十分依赖航海和贸易。在地中海的克里特岛是古希腊米诺斯文明的起源地，但是由于地中海气候冬天下雨，夏天干旱，它适宜种的是葡萄和油橄榄之类。很多粮食需求要通过地中海周边的农业起源地的贸易获得，主要是北非尼罗河流域和中东两河流域的新月形地带。再看看东亚，气候情况就不一样了，雨热同季，像在中华大地的黄河流域和长江流域都有很多本土驯化的农产品，能够自给自足。

南欧农区和华夏农区的北部有一个欧亚大草原。大草原上的游牧民族和南部农耕民族之间的矛盾由来已久。有研究表明，随着气温下降，大风干旱就比较频繁，由于草地生产力下降，为了生存，游牧民族不惜开战也要南迁到农区。历史的资料表明大气温度下降幅度与游牧民族南侵的加深是相关的。为此，农耕民族为了保卫自己，纷纷建起长城。在中国建了万里长城，在欧洲也有英国境内的"哈德良长城"和德国境内的"上日耳曼·雷蒂安边墙"。然而，欧亚大陆东西两边的游牧民族入侵造成的结果却很不一样。一方面，寒潮入侵欧亚大陆时，它往往首先突破的是东亚这一边，但西边还比较暖，结果游牧民族

往西边进攻的频率就比东亚这边高。另一方面，农区的缓冲能力不同，处于南欧地中海边上的意大利、希腊这一带古农耕区域的迂回空间很小，但是中华大地农耕区的东西跨度南北跨度都很大，它有承压的能力和弹性。尽管游牧民族最终都入侵，甚至完全占领了农耕区域，但是在欧洲南部，游牧民族就摧毁了农耕文明，逐步形成了以游牧、海洋和商贸为特色的文明传统。古希腊文明的典籍几经周折，幸运地在阿拉伯世界得到保存，然后又辗转通过希腊再传到意大利，并助力了欧洲文艺复兴。在欧亚大陆东部，游牧民族进到农区以后，无论是北魏，还是元朝、清朝，都欣然接受了先进的农耕文明，而且继续把它发扬光大，形成了东方以农耕文明为核心，多元一体的传统文明。

在 2005 年，联合国粮农组织（FAO）启动了全球重要农业文化遗产（GIAHS）工作，到现在评选出 60 多个遗产项目，其中亚洲仅东亚地区就有 44 个，中国 18 个，占了一大半。中国的这些 GIAHS 项目里面，其中有 9 项都和粮食生产有关，如水稻、小米、旱作等；但是欧洲仅仅有 1 项农林牧复合系统与粮食沾边，其他的就是葡萄、橄榄种植和海盐生产了。中国的传统农业和我们的饮食需求密切相关，但是南欧很难支撑自己的需求，必须通过商贸。越过了渔猎采集之后的农业发展从传统农业，然后到工业化农业阶段，农业的目标也从最基本的不挨饿，发展到了获取更多资金和利润。然而，工业化农业出现的问题最终推动现代农业要进行生态化转型，要追求可持续发展，更加重视农业所展现的精神文化功能。（见图 1）所以现在无论各国处于传统农业阶段还是处于工业化农业阶段，都在往生态农业方向发展。

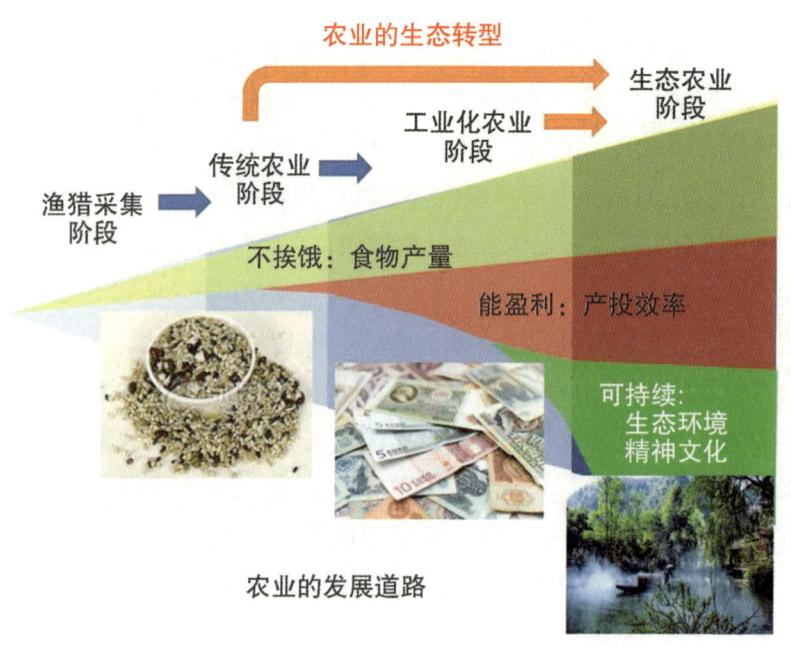

图 1　农业的不同发展阶段及农业的生态转型

二、农业生态转型与传统农业的关系

现在提出农业生态转型，是因为全世界的农业生态系统都要面对出现的资源耗竭、环境污染和食品不安全的严峻问题，即农业生态转型面对的主要矛盾。（见图 2）

农业出现问题的关键在于仅仅追求**产量**与**利润**，忽略了农业的**健康安全**、**环境生态**、**精神文化**等服务功能，让其外部性方面出了问题

图2　农业生态转型面对的主要矛盾

联合国2015年提出了2030年要达到17项可持续发展目标（SDG）（见图3），生态农业就是有利于实现这些可持续发展目标的一种农业方式。早在2014年，联合国粮农组织就召开了首届国际生态农业研讨会，后来分别在世界各地召开了一些地区会议后，2018年又开了第二届国际生态农业研讨会。第二届研讨会的主题是"更广泛推进生态农业，实现可持续发展目标"（scaling up agroecology to achieve the SDGs）。研讨会的目标是进一步形成共识，落实行动，更加广泛地推动生态农业在全球的发展。出席这回会议的人特别多，中国也派了代表团，我和石嫣都受邀做了大会发言。会上FAO还提出了生态农业的十大特征（见图4）。

图3　2015年联合国提出了2030年要达到的17项可持续发展目标（SDG）

多样性　　共同创新与知识分享　　协同　　　效率　　　循环

弹性　　人与社会价值　　文化与饮食传统　　负责任的管理　　循环与关联经济

图4　FAO提出的生态农业十大特征

我很高兴地注意到，我国历代领导人都非常支持农业的生态转型。习总书记还在浙江当省委书记的时候，就在《人民日报》发文章说要大力发展高效的生态农业。2022年他在《求是》杂志第7期发表文章，其中有这么一个说法："农业是一个生态产业，农村是生态系统的重要一环。"同年4月在海南五指山市水满乡毛纳村考察时，他进一步说："乡村振兴要在产业生态化和生态产业化上下功夫。"这是个非常重要的思路。绿水青山怎么变成金山银山，那就要生态产业化。同年6月，他在四川考察的时候提出了要积极发展绿色农业、生态农业、高效农业。刚刚才结束的中央农业工作会议也提出了生态低碳农业，而且提出要赓续农耕文明。一个生态低碳，一个农耕文明，同时表述，它们之间有什么关系呢？中国的传统农业在村落里面的资源是十分有限的，每户人家就是那么几亩（1亩≈666.67平方米）地，农民对生活的理想就是"两亩地一头牛，老婆孩子热炕头"。为了生活安逸和家族繁衍，人们就只能在有限的资源里面做文章，一方面，想方设法节约利用、勤俭持家；另一方面，处理好家族与邻里关系，通过合作，取得共赢。在农业工业化的社会，投入的化肥农药和农业机械所依赖的资源好像是无限的。在依赖海洋和商贸的西方传统文明中，人们眼里看到的是全球的能源和矿藏。你可以到处采矿，到处采油。然而，到了今天，大家终于发现相对于生产力发展了的人类，地球的资源蕴藏量和环境容量毕竟都是非常有限的，地球仅仅就是一个小小的"地球村"而已。从"有限"到"好像无限"，现在又认识到真的是"有限"了。在中国的传统乡村，农民绝对不会说我耕完这个地就丢掉了，耕地是要给子子孙孙留下去的。所以传统乡村的农耕生产都着眼长远。人们顺天时量地力，兼顾用地养地，践行物尽其用，企望惠及子孙。资本主导的工业化农业考虑的就不一样了。农业经营者企望在资金周转的短周期内就能获利，比如说一年、两年，最多三年。因为资金的利润率是要跟工业投资和商业投资相比较的，如果获利太慢、太少，资金就会撤离。到了生态农业阶段，吃过亏之后，人们才再次集中考虑可持续发展，考虑子孙后代了。传统的农业实践及其背后的哲理在新的条件下获得了发展机遇。

三、中国传统农业中的生态智慧

中国的传统农业方法与中医类似，都是靠经验逐步探索出来的，俗称"黑箱"方法。工业化农业依据的是经典西方科学的还原论，或者称"白箱"方法。例如，作物施肥依赖的是李比希的最小因子定律，作物栽培措施要根据植株的各种生理生化指标的分析结果。然而，传统科学的"还原论"容易出现只见树木不见森林的情况。现代科技更为重视整体观、系统论和信息系统。其实传统的"黑箱"方法就是一个用整体观和系统论观察、理解和调控农业的途径。过去的乡村生活是生产、生活、生态三位一体的。工业化农业却仅仅就是为了盈利，其他东西都丢掉了。现在终于发现老的工业化农业不行了，需要走生态农业的路，结果又重新提倡了农业的多元服务，重新把生态、生活、生产放在一起考虑了。这样就非常有意思，是否定之否定，螺旋式上升。结果传统农业使用的方法，例如生物多样性、能量多级利用、物质循环利用、景观优化等被工业化农业忽略了的实践经验到了生态农业，就如获至宝，又急需要借用这些方法和原理了。结果，传统农业中的系统结构、实用技术、农家品种、地方物种、乡村治理，甚至民间禁忌、习俗、信仰，多多少少都值得今天在农业生态转型过程中加以借鉴，让人们受到传统智慧的启发，并把它加以利用和发扬光大。

为了更好了解传统农业中的生态智慧，先让我们看看为了要让农业达到资源匹配、环境友好、食品安全，该怎么做呢？按今天的研究结果和经验总结，我们需要在农业区域与流域内需要进行景观的合理布局，在农业生态系统中要进行物质能量的多层利用和物质的循环利用，要在农业中尽量利用生物多样性带来的好处。举一个典型的珠三角农业流域的例子，生态农业的第一个关键是景观布局。整个小流域做到山地上面要有水源林和水土保持林，缓坡地可以发展多年生的果园、茶园，在坡底的村落要优化周边植被，在平原区灌溉方便，一般开辟稻田，使其成为主要耕地，在地下水位高的低洼地挖成鱼塘，或者构建基塘体系，沿海构建防风林体系和农田防护林体系，在咸淡水交界的水域对红树林实施有效保护。这就是一个合理的流域布局。生态农业的第二个关键就是建立循环体系。比如说秸秆的循环利用，粪便、垃圾、污水的循环利用。农产品加工后的有机废物和城乡的有机废物循环利用，甚至全球释放到大气的二氧化碳怎么样重新循环固定到森林、农田和海洋里。生态农业的第三个关键是生物多样性的利用。在工业化农业的眼光中生产水稻或小麦时，其他不是水稻和小麦的生物都需要铲除。在发展生态农业的时候，我们发现可以通过与各类生物建立合理的多样性关系，通过不同特性作物的轮间套作，农田周边安排有益生物的栖息植物和有害生物的陷阱植物，就可以有效减少化肥农药的使用，让产品更加绿色。

现在我们回过头来再看看传统农业，我们惊讶地发现传统农业竟然已经用了我们在生态农业建设中提倡的模式与技术体系。例如，元阳梯田是联合国粮农组织认定的全球重要农业文化遗产（见图5），它有1300年的历史了。在整个流域中，高山部分，2000米到4000米都是森林。农民有个禁忌，不能把高山上面的森林砍掉，梯田只能在2000米以下开采，村落就建立在森林和梯田中间，这是一个合理的景观布局。元阳梯田的水分是循环的，它的物质也是一样循环利用的。在元阳梯田的村落和农田之间形成了一个物质和能量的多层次利用和循环利用的格局。而且元阳梯田的生物多样性利用也是很令人感到惊讶，比如说当地传统的红米用了上千年了，后来云南农业大学的研究表明它的基因是非常多样的，几乎每一粒米的基因都有差异。但是现代品种个体间的基因是一致的。传统品种与现代品种出现的种植效果结果让人感到惊讶。传统的品种从低海拔到高海拔，产量很稳定，但是在低海拔选育出来的现代品种，从低海拔上到高海拔，产量就急剧下降了。而且，现代品种引进去才几年就严重感染稻瘟病，但是传统品种种了上百年了，稻瘟病的感病率非常低。原来基因背景一致的现代品种对稻瘟病小种要不是有抗性、易感病，那就是对稻瘟病小种完全没有抗性，一旦感染后扩散迅速。这背后就是基因多样性的影响。

图5　元阳梯田（左）及其循环体系示意图（右上）和传统红米（右下）

浙江青田的稻田养鱼也是联合国粮农组织的全球重要农业文化遗产。浙江青田的稻田养鱼有1200年的历史。从森林到村落、到梯田错落有序，也是很好的景观布局。在稻田里面养的鱼颜色多样（见图6）。浙江大学的研究表明其基因也是多样性的，而且鱼的颜色不同，食性也有差异。鱼能够吃稻田杂草，而且能够吃稻田里的害虫，鱼拉的粪便又能被水稻循环利用。一方面，水稻为鱼遮阴降温；另一方面，水稻吸收水里面的氨态氮，为鱼的生长创造良好环境。稻田养鱼体系里面有很多互利关系。现在农业农村部在推广稻田养鱼，以便实现"一水两用"。

图6　浙江青田稻田养的鱼颜色多样

再看看在浙江湖州和珠江三角洲的桑基鱼塘，前者（见图7）是全球重要农业文化遗产，后者是中国重要农业文化遗产。在景观布局上为了更好利用低洼地，就通过挖塘抬基搞了基塘体系。基上种桑养蚕，蚕沙（蚕粪和剩余桑叶）下鱼塘喂鱼，塘泥回到基上做肥，形成了很好的物质循环体系。在鱼塘里面养不同种类的鱼，其中大头鱼（鳙鱼）吃鱼塘上层的浮游生物，草鱼吃鱼塘里的草，底栖的鲫鱼和鲤鱼则是杂食性的，取食底栖生物和上层下落的其他食物碎屑。塘基上的植物也是多样化的，可以种桑、种牧草、种蔬菜、种果树、种甘蔗等。塘基上的养殖业也多样化，除了养蚕以外，还可以养猪、养鸡、养鸭。所以传统的基塘系统也注重了合理的景观布局、建立循环体系和利用生物多样性。

图7　浙江湖州的桑基鱼塘

2022年7月18日在浙江召开了全球重要农业文化遗产大会。习总书记给大会发去了贺信，提出："对农业文化遗产要在发掘中保护，在利用中传承，要共同加强对农业文化遗产的保护，进一步挖掘它在经济、社会、文化、生态、科技方面的价值，助力落实联合国2030年可持续发展议程。"联合国粮农组织认为要"为了现代和未来子孙后代对所有农业遗产体系以及它们为人类食物与生计保障提供的产品和服务实施动态保护"，而且认为"重要农业文化遗产是为了未来的遗产"。今天我们提出要保护过去竟然是为了未来，当中原因值得我们回味。重要农业文化遗产议题也进入到第二届生态农业国际研讨会上，国际社会认为全球重要农业文化遗产和生态农业都是属于那种知识密集型的农业，都重视生态服务功能，都注意饮食文化和景观及其可持续性。2012年开始我国开展了中国重要农业文化遗产的认定工作，迄今为止，全国一共认定了138项。

四、东西方文化传统的差异与相互影响

东西方文化传统有很大差异，而且在相互影响。历史上，无论是气候变动还是人口增长，社会都会遇到资源短缺问题。至于如何解决，无非是两个选择方向，一个是"向外"去寻找新的牧场、新的海域、新的大陆，甚至新的星球。这需要智勇双全，一方面，要有足够的好奇心、好胜心；另一方面，需要有足够的勇气和实力。另一个解决资源短缺的方向是"向内"提高效率、节省资源，而且把经验一代代相传。很显然，在东方的传统农耕文明里是以"内向"为主的，所以我们的农耕文明特别注重整体论，注重关系的协调，形成了天人合一、道法自然、中庸之道、尊老爱幼、家族传承、邻里照应、集体主义、以和为贵、耕读传家、重农思想等。其实中国的儒、释、道，传统中医和中国传统农业都和这个"内向"的努力方向有关。西方的传统文化是以"外向"为主，十分注重个体独立行动，冒险进取，敢于尝新，重视功利，需要靠宗教和契约来制约个人行动。文艺复兴以后，西方文明逐步发展出法治精神和科学精神。

东西方文明各有所长、各有特色。东方向西方学习是一个从"虚"向"实"、从"软"到"硬"的过程。这表现在我国的工业化过程，社会经济取得的举世瞩目成就。在这个过程中同样也出现了社会弊病，例如城乡二元化、环境污染、食品安全、贫富差异，等等。西方也不断在向东方学习，比如说在1911年美国威斯康星大学农业物理学教授、曾任美国农业部土壤局局长的一个叫F. H. King的官员来到中国和东亚其他国家，他看到了东方的可持续农业后惊讶不已，为此，他把自己所了解的东亚农业写成了一本书，书名是《四千年农民：中国、朝鲜和日本的永续农业》；1943年美国的一位土壤学家Albert Howard看了东方的农业之后又震惊了，著有《农业圣典》一书，他认为古代罗马帝国和现代西方的农业都没有注意到土壤肥力的保护和培育，这点东方的实践确实非常值得西方学习。这些人的著作激发了西方的有机农业运动和后来的农业生态转型。西方向东方学习的还不仅是农业。18世纪法国启蒙运动的领袖和导师伏尔泰（1694—1778）认为："他们帝国（中国）的组织，是世界上最好的。"他大声疾呼法国要"全盘华化"，极力主张每个法国人都应该把"己所不欲，勿施于人"（《论语》）作为自己的座右铭。法国大革命时期的领袖人物罗伯斯庇尔（1758—1794）把"己所不欲，勿施于人"写进了1789年法国的《人权宣言》和《法兰西共和国宪法》。法国重农学派的权威魁奈不仅从中国古代的农业社会受到了启示，而且特别欣赏中国的教育制度。他认为孔子的"有教无类"体现了教育平等的思想；中国从中央到地方都办学校，重视教育，"学而优则仕"的科举制度是中国传统政治制度的基础。这成了魁奈等人反对欧洲

贵族世袭制度的思想武器。他们在18世纪，就按照"中国的教育模式"倡导和推行了法国教育的世俗化和普及化，这对19世纪法国教育发展起了重大的历史作用。中国的科举制度启发了西方建立公务员制度，当然后来是"出口转内销"，倒过来我们又学习西方的公务员制度。其实东西方传统文明各有千秋，我们大可以不自卑，但是也不要自傲。

农耕社会给我们留下了丰富的遗产，不仅是物质的，还有精神的。例如物质方面的有传统农业、传统中医、各地服饰（衣）、八大菜系（食）、特色建筑（住）、乡村布局等；精神方面的有处事方法（以和为贵、中庸之道）、待人之道（仁义礼智信忠孝）、耕读传统、祖先崇拜、家风传承、婚丧习俗，民间艺术、乡贤治理、民事协调，以及道家、儒家、佛教所代表的信仰和哲理等。这里就不再展开了。

我想引用2016年11月30日习近平总书记在中国文联十大、中国作协九大开幕式上值得我们深入思考的一句话："坚定文化自信，离不开对中华民族历史的认知和运用。历史是一面镜子，从历史中，我们能够更好看清世界、参透生活、认识自己；历史也是一位智者，同历史对话，我们能够更好认识过去、把握当下、面向未来。"

五、结语

东方农耕文明是中国经过数千年农耕实践，通过不断创新、尝试、失败、改进的艰苦历程而形成的独特传统农业方式、农耕文化、价值体系和思想方法。

各国农业吸取了农业工业化的教训，陆续走向了农业生态转型阶段。东方的传统农业为未来农业可持续发展提供了宝贵的案例和启迪。

自然条件驱动和制约下历史形成的欧亚大陆东方和西方传统社会的差异一直深刻影响着近代和今天。越是民族的就越是世界的，从比较的角度挖掘我国传统农耕文明的瑰宝有利于认识自己的长处和特色，我们才能更好地交流互鉴和取长补短。

我今天就讲到这里，谢谢大家！

历史的遗憾：从广州十三行谈起

谭元亨

（华南理工大学教授，博士生导师）

谢谢仲恺农业工程学院、广东省社科联和各方面的专家，前面专家的讲座使我受益匪浅。你们讲的很多内容，好像跟我很多东西都能够衔接起来，比如上海开埠与十三行的关系。大家都知道上海，最早到上海的，包括我们谭家，谭同庆的纺织厂，还有大家更熟悉的像徐润最大的一个房地产商，他的两位叔叔都是十三行的买办，还有唐廷枢等都是在十三行被毁之后，这批人绝大一部分都跑到上海，又找到一个新的开埠的地方，这是前面一个衔接。还有就是刚才戴鞍钢教授和王先明教授说的洋务运动，洋务派跟顽固派的这种论争。其实洋务运动在某种意义上也是十三行行商的这种商业延续过来的一个过程。因为洋务运动中很多阐述的观念，都是从当年的十三行发展过来的。

今天我的题目讲的是历史的遗憾，就是从十三行讲起。我们十三行从明朝的嘉靖年间，一直到第二次鸦片战争被火焚了以后，经历了整整300年，创立的时候正好是西方的大航海时代。这300年间，本来中国有很多机会跟大航海时代的欧洲强国包括葡萄牙、西班牙、荷兰、法国、英国，后来的瑞典、美国等有很多可以接轨的地方，而且实际上这么多国家是在十三行获得了一些很好的机会，即商业贸易的机会，完成了他们资本的积累。因为十三行的三大产品——丝绸、陶瓷跟茶叶都是当年非常热销的。明朝在某种意义上，因为十三行的产品大量外销，才从粮本位制转变成为银本位制，对国家的金融政策起到很大的推动作用。但是很遗憾这个推动到后来都没有真正实现，就是我们的金融跟国际金融没有接轨。

我写《十三行史稿》的时候，同时也完成了一部《十三行世家》的文学作品，其中两位主人公在巴达维亚接触到很多西方企业包括荷兰、英国的公司。因为巴达维亚是这些公司的中转站，澳门作为十三行的外港，他们可以通过澳门接触到很多西方的信息。他们认为中国给了西方很多机会，把我们等产品送到了英、法、荷等国家，茶叶的价格到了那边翻了好几倍甚至十几倍，在某种意义上，西方的第三阶级（即资产阶级）就完成了他们所谓的"原始资本积累"，所以西方迅速地发展起来。当年的伦敦是没法跟广州比的，那是个小小的港口，而且烟尘滚滚，犯罪率很高。我们都可以从当年的狄更斯等很多文学作品当中可以看到。后来他们迅速发展起来，当然大家都知道。直到道光年间，中国的GDP还占全世界的32.9%，但这已经是十三行走向衰落，清政府开始走下坡路的时候，我们的GDP还那么高。为什么中国没有抓住这样的机会呢？就像我们两位主人公一样，我们给了世界机会，世界也给了我们的机会，但是我们拿不到这样一个机会，最后列强来了，我们开始落后挨打了。

桑园围，大家都知道这是中国非常著名的农业灌溉遗产，这次就进入了世界农业文化遗产的水利灌溉工程遗产。桑园围有一句民谚讲述了整个桑园围跟十三行的关系，那句民谚就是这样的："一船蚕丝去，一船白银回。"当年的蚕丝价格多么高，一船蚕丝从十三行开运出去，就可以换到满满的一船白银，那么白银对应当年是什么价格意义呢？我看了亚当·斯密的《国富论》，里面提到中国人民很可怜，他们的农业生产获得的价值都是很少的，不到一个银元的那样一个价值。如果是一船白银回来，那么它的价值有多大？所以后来为什么珠三角发展了缫丝业、基竹（"竹"是竹虫）业，甚至后来发展到了冯如的飞机、詹天佑的铁路等，这都是在珠三角桑园围的范围之内发展起来的。而当年的明朝，我看到一个文献说为十三行的行商翻译做交易的一个小小的便条，就可以拿到上十两银元，但是农民一年的收入，连一个银元都不到，这就是中国。所以亚当·斯密就讲中国的劳动价值，中国的劳动分工都是处于一种非常落后的状况，这恐怕也是一个发展的一个瓶颈吧，造成这么一个危害。其实，如果我们当年能够抓住这些机会，用这些大量进入中国的银元来举办我们像西方的某些制造业等，我们的发展应该是很迅速的。

英国的工业革命也好，光荣革命也好，都发生在清代的十三行时期。清代的十三行初中期，英国的珍妮纺纱机、针织机都是在那个时候出现的，而且当年它的金融网络已经开始逐渐遍布全球了，甚至它那个码头工人都可以是东印度公司的一个股东，哪怕钱再少，他都可以当股东，但是在中国是不可思议的事情。其实中国的行商也接受了这些观念，买了很多股票，但是这些股票是哪里的呢？全部都是西方的远洋贸易船只的股票。买了这些股票，如果我们国内也有这种体制，包括汇票，他们也不需要把银元运来运去，像潘家当年就说买了很多先进的科技，马戛尔尼来中国的时候带了很多先进的科技，我们都把它当作玩物。像热气球，皇帝都是拿到避暑山庄去玩的。当年马戛尔尼可能还是一片好心，介绍很多新的科技过来，结果白费心机，我们都不吸收。在这个时候，康熙是一个相当开明的皇帝，他养了很多的西方传教士，像白晋、张诚这些传教士，而且他也亲自去学习西方的数学、力学等。但是他把这些东西都局限在皇室里面，认为作为一个驾驭国家的权势一样，没有让我们广大老百姓、让我们自己的人来学习一些进步的东西。同时，白晋也把中国的几十部典籍翻译成法文，送到了法国，在法国引起了巨大的反响。刚才骆世明校长也讲到了，法国大革命旗帜上面的那八个字"己所不欲，勿施于人"就是从这些书里面来的，还有其他更多的东西。其实西方的船只也是吸收了中国的先进技艺的，过去的西方船只是没有隔舱的，只要碰破一个洞，就会沉没下去。但是中国的船只在郑和下西洋的时候就已经有隔舱了，西方学了这个，它们的造船技术也就迅速发展起来了，而我们的船、造船业就很难说了。康熙在1884年开海的时候，他还坚持明代的那个观念，只允许中国的船有2个桅杆，500石的排水量，这样对于中国的船的约束就很大了。西方的船那时候已经发展到了七八百吨，加上隔舱技术的引进，包括它们的这个帆都是七八片帆，甚至十几个帆，能够很快运作。当然中国行商也没办法，实际上他们也造了大船，但是没办法在中国造，只能跑到印尼，跑到加里曼丹岛去造船。当时其实行商有几支很著名的船队，中期的像严家的船队，这是很有名的行家，晚期有伍家的船队，但是他们都没有好好利用，中途就把货物调换到小船运过来。这对中国航海业本身造成了非常大的约束。

当然这还是技艺上面的东西，那么更重要的还是思想理念方面、精神方面的东西，尤其是包括我们说的这种我们今天看起来还是很新鲜的金融业。我们的金融业直到改革开放后才开始重新起步，但是在十三行时期，金融业已经非常发达。实际上中国的行商都已经融入了整个世界的金融网络当中，还在一七零几年的时候，也就是18世纪的时候。4个世纪之前黎家的船队黎启光，中央电视台把那个黎启光搞错了，变成潘启光，其实潘启光应该是半个世纪以后才出现的，黎启光自己就有一艘船，那条船打的是荷兰的牌子，结果在途中就失事了。他就告诉荷兰的大班们："你们千万不要在国内说，你说了我就倒霉了，那还要罚我。船沉了我就已经倒了大霉了，再罚我，我就要彻底破产了。"可见他在那个时候就已经把自己投入到了西方的荷兰船只当中来，进行这种大的商业往来。同时，叶家行商的蜡像也在英国的蜡像馆出现，如果他没有对英国经济有重大的贡献，他是不可能会被放进去的。我们查了一下，其实叶家进入十三行是1786年，也就是康熙宣布开海之后，也就10年时间。叶上林来到了广东，来到了南海扎根，并且迅速地发展起来，在一七零几年的时候就有了蜡像。可见他的商业网络发展得多么快，但是这些我们过去都不掌握，都不知道。

世界当时是给了我们机会的，但是我们没有抓住这个机会。我们包括行商那么发达，经济上在世界上那么有名，但是这个在中国一无所为。而且他们经常要遭到盘剥、要捐款等，包括打鸦片战争，400万两银子伍家就被迫缴了160万两白银，这只是其中的一些。但是尽管有种种压制，在整个十三行时期，从1700年到1840年之前，据当年的统计，航运船只的数量都发展了十几倍，甚至更多。也就是说，开始1700年的时候来到中国做贸易的船只每个国家就是一两艘。1699年第一艘法国船来了，1700年第一艘英国船来了，后来美国是很晚的，到一七八几年才到中国来。法国在中国的贸易，因为英法战争打得比较厉害，总是断断续续的，东印度公司的编年史里面记载的不是很多。但是我们知道有一本三四百万字的博士论文，就是法国17世纪跟中国经贸往来的那个博士论文，但很可惜，到现在都没有翻译出来。他当年是本身要做研究，接受了这个任务，结果大概做了两年，不久就去世了，后来不知道是谁在做了。但从它已经翻译出来披露的一些内容来看，估计也还是有一些新东西的。这是法国。英国在某种意义上是最大的一头，开始它是比较弱势的，因为刚开始海上称霸的是葡萄牙人、西班牙人、荷兰人，甚至它还在法国人之后。但是英国人后来居上，通过东印度公司发展得比较快。

到了最后，美国更加是后来居上，因为美国立国比较晚了，已经是1778年的时候。它第一艘来中国的"中国皇后号"可能我们在座的老师教授都比较熟悉了。他们为了讨中国官员的喜欢，给这条船起了个名字叫"中国皇后号"，认为中国的貂皮可能会畅销，就采购了很多貂皮，带到中国来。当然他们还是算错了一点点，因为广州这边毕竟是亚热带地区，貂皮的销量并没达到他们的理想目标。而不管怎么样，当年美国独立战争以后，英国对它进行了经济封锁。美国人为了打破这种经济上的封锁，就想到了这一招。他们认为从中国的贸易打开了，就能够打破英国的经济封锁。果然也就这样，他们就靠"中国皇后号"，后来"大土耳其号""小土耳其号"，还有很多的船只都先后来到中国。后来大家都知道，美国在航运量上面都超过了英国。

那么，我这里再讲一个瑞典跟中国的贸易。瑞典当年北方战争以后，它是被打败了，被俄国人打败了，打败了以后整个国家就衰败、没落了。想振兴当中经济的瑞典人决定发挥他们的所长，专门发展造船业。在整个欧洲造船业里面，最大的造船行业应该还是瑞典，它的造船业特别发达，很多国家都买他们的船只。那么他们自己就开始造船，而且这里面有一个具体的数字，当年瑞典来到中国的总共有37艘帆船。大家都知道，瑞典的仿古商船"哥德堡三号"曾经2006年来到了中国，停泊在黄埔港，很多人都去参观了，那条船还是非常大的，至少有七八百吨。当然它第一艘来到中国的船不是"哥德堡号"，而是另外一艘船，是雍正年间来的。它第一艘船来到中国做完生意以后回到瑞典，整个船的收入就相当于它当年整个国家GDP的一半以上。也就是这种帆船的贸易，使他们迅速翻了身，重新振兴起来。瑞典一共造了37艘船，但是如果我们不查资料的话，我们也没想到其中30艘船是潘家出资来制造的，也就是十三行的潘家是这些船的股东，或者说是大股东；另外7艘船也有潘家的投资在里面。那么这就不难解释为什么瑞典的国王当年亲自在斯德哥尔摩接待了潘启光。同样也不难理解当年的2006年瑞典"哥德堡三号"

来到广州的时候，瑞典的国王坐飞机来到广州，到了船上，亲自来表示谢意，而且跟中国的官员们接洽贸易方面的事情，可能是追思当年的故事吧。也就可见当年的帆船贸易对整个瑞典的经济复兴起到了多大作用。"哥德堡三号"来中国在某种意义上是一次感恩之旅，感谢中国帮他们走出了难关。这就如同美国的"中国皇后号"，美国在财政非常困难的时候，就凭借"中国皇后号""大土耳其号""小土耳其号"这样的贸易，在财政上终于摆脱了，打破了英国对它经济的封锁。

当年大概2002年的时候，我们《广东社会科学》上面曾经发表过穆素洁的一篇文章，关于十三行时期的世界网络的一篇文章，里面就特别提到了伍家，那我讲讲伍家吧。伍家跟潘家、叶家同样都是来自福建泉州的。其实潘家来的时候还是比较穷，潘振承是在陈家里面打工，当账房以后再发展起来的。叶家来的时候已经发展得比较厉害了，严家它更是明代的时候就已经在广州发展，所以它是比较早比较富的一家行商之一。伍家发展起来是比较慢的，来得比较晚，直到1792年它才正式成为十三行的行商。请大家注意1792年，再过一两年乾隆皇帝就要逊位了，因为他自己当皇帝的时间不能超过他的爷爷康熙的60年，就逊位当太上皇去了，后来他没当几年太上皇就死了。那么在这时候，从1792年一直到鸦片战争还不到半个世纪，伍家为什么发展得这么厉害，成为世界首富？因为当年的《纽约时报》就把它当作中国、当作全世界的首富来宣传过，我想大家都知道这个事实。这么短的时间，它主要就是跟美国人做生意，它跟其他商行都做得很多。道光年间（1820年左右）的广州就流传着这么一条民谚："潘卢伍叶，谭左徐杨，龙凤虎豹，江淮河汉"。这句民谚证实了广州十三行八大家"潘卢伍叶谭左徐杨"曾经的显赫，也表明了大航海经济时代，十三行行商的国际视野、市场意识、金融观念等已经远远走在时代前列。那么这句谚语是什么时候发生的呢？1804年的时候，叶家已经全身而退。大家都可能知道有个叶梦龙，当年非常著名的书法家、收藏家和诗人，在历史上很出名的，他其实就是最后一位行商的儿子。他退出的时候是1804年，而这个时候八大家都还存在。也就是说，这八大家的名声就是他退出之前就已经形成了的。那么伍家为什么1792年到1804年之间才12年时间，它的排位就排到了第三位？后来它跃上了第一位，到最后实力最强的还是伍家，它这种发展为什么那么快？它主要就是在跟美国做生意，跟美国的其他商行做的生意。

我这里想说明一下，就是当年的鸦片战争把伍家的人抓起来、绑起来，让他们跪在英国的商馆前面，磕头要英国人赶快把鸦片交出来。很多人就会产生这么一个错觉，似乎伍家跟英国人做鸦片生意有关系。其实从历史上来说，就是一个误会。因为当年十三行的政策是"以官治商，以商治夷"，就是官方从周代开始，官员是不能够跟商人打交道的，那么只有靠中国商人来管理夷商，就是西方的商人。而且伍家主要是跟美国、英国做生意的，当时最大的商人还是英商，所包的商船主要是英国的商船。英国是通过什么渠道把鸦片运入中国的？当然伍家也很叫屈，它也不知道他们什么渠道，他们秘密地在外面、在外岛上面就想办法把鸦片给搞走了。这里面西方的文献记载讲得很清楚，无论任何一个行家、一个行商都很自律，没有沾过鸦片的生意。我这里多讲这么一句，确实是这样的。只要沾鸦片生意，对朝廷（来说）是十恶不赦的。在鸦片战争之后，所有的行商都离开了十三行。像我们家，有的到上海，有的到了南洋，我们直系的这一家有的到了马来西亚，当时叫马来亚的关丹，现在马中工业园所在的地方。像徐润呐他的家族也到了上海，吴建章很早就到上海了，他们在上海由于比较熟悉跟外商打交道，所以在上海也发展得比较快。我需要强调一点，当年美国的太平洋铁路，它的投资商就是伍家。太平洋铁路是世界七大工业奇迹之一，从东海岸到西海岸，东海岸这边主要就是很多中国劳工、契约劳工到了旧金山一带参加修建铁路。

中国的行商包括伍家的银元都没有出路,他们不可能在中国投资什么东西,甚至只要发现他们有钱可能就(被官方)采取各种方式给盘剥掉了。他们像伍家都干脆就投资到国外,美国太平洋铁路中去。到底数量有多少?我们还看不到一个比较具体的数字,但是有一个数字是非常具体的,伍家每年从太平洋铁路能够拿到的利息都有20万两银元,大家想想看当年的20万两银元有多少。也就是说,铁路是中国人修的,铁路的钱也是中国人出的,变成这个样子,这也是历史上一个非常大的遗憾。大家都知道,太平洋铁路以后差不多40年,中国才开始修铁路,那修第一条铁路还不能够用那个火车头去拖,说震动了"龙脉",最好用马去拖那个车厢,这是一个笑话,大家都很熟悉的。那么,我要讲的这种历史的遗憾,就是说在十三行时期,西方很多先进的东西,包括他们的金融网络、期票、股票、会标这么先进的金融技术,我们都没有接受和应用。我们完全就是排斥掉了,这直到洋务运动的时候才有,这个时间就已经耽误掉了一两百年。那么还有十三行时期大量的金钱,我们没办法投资在中国实业上面。有的行商没办法,就只好到外国投资,推进了西方制造业革命、工业革命。我们经过改革开放,才知道股票、期票、汇票这些东西。这距离十三行时期已经400多年了,我们为什么会后知后觉这么多?在历史上,我们应该总结怎样的教训?改革开放以后,就像现在广州最早提出金融这个问题的时候,是1988年广州市的"双月会",但是1989年以后这个全部都没有了,直到又过了20多年,又再重新提起金融改革。这些耽误的时间造成了历史的遗憾,对于十三行先进的金融业,或其他制造业的这些东西,我们又为什么这么麻木,会造成这么多历史的遗憾?这就是我今天想讲的,希望大家能够明白的一些内容。

这就是我所要讲的,谢谢大家。

"阿者科计划"与乡村旅游和乡村振兴

保继刚

（中山大学教授，博士生导师）

乡村振兴战略必须坚持"产业兴旺、生态宜居、乡风文明、治理有效、生活富裕"20字方针。首先是产业兴旺。乡村没有产业，就会空心化，会慢慢弃耕、弃农。全球化对地方的影响是剥夺了大部分特别是边缘落后地区发展工业的机会，所以这时旅游业反而有优势，但并不是每个地方都能发展旅游。发展旅游是乡村振兴的一种途径，旅游产业可以促进乡村产业兴旺、共同富裕，进而带动乡村公共文化设施建设、乡村治理，促进人才振兴、乡风文明。

那怎么样通过旅游产业来实现乡村振兴呢？我带着团队在云南省红河哈尼族彝族自治州元阳县做了一个旅游减贫与乡村振兴的实践。哈尼梯田是全世界最壮观的梯田，菲律宾、印尼、日本、泰国，包括中国的湖南、广西、江西等所有的梯田都没有这个地方壮观。正是哈尼族祖祖辈辈在为生存而奋斗的过程中，无意中形成了这种梯田景观。这个项目地特别偏远，已经接近中越边界了，从广州过去要两个多小时的飞机再加上坐七八个小时的汽车才能到达，早上出发大概晚上才能到那个村里面。外面的摄影家都特别高兴能看到这个地方，但实际上这里的贫穷是没有几个摄影家知道的。

2018年1月，我带了7位老师和1位外籍专家、52名学生，包括20多名当地会讲哈尼语的学生，一起做了一项针对当地5682户人家的调查。这一非常细致的调查显示，当地确实非常贫困。那这么好的地方为什么没搞起旅游？2008年开始是有一个大型国有公司在搞旅游的，但是一直到我们进去的时候，十年间农民没有分过一分钱，所以这就是一个问题——创造了旅游吸引物的农民没有获得任何收益，这就是我们要解决的问题。"富饶的贫困"是我们对这个地方写照的简要总结：富饶的文化景观，贫困的创造景观的哈尼族人，贫困的元阳县传统民居——蘑菇房，实际上就是茅草房。当地非常地贫困，用"家徒四壁"形容一点都不为过，居民家里除了有点腊肉就没有什么值钱的东西了，孩子也成了向游客讨要索取钱的工具，学龄前儿童早早地就学会拿出鸡蛋向看梯田的游客兜售。

我们对当地农业做了一个特别深的分析。我们抽取几个村，对他们所有的成本，从物质资料到人工、畜力、机械作业、土地成本等费用进行了统计，包括传统三犁三耙以及简化版的一犁一耙成本，最低成本一亩田大概1836元投入，那一亩田300多公斤水稻红米也就能卖2000多块钱，即大部分村民种田是不可能有钱的。从社区参与旅游的分析来看，我们发现这里缺乏顶层设计及社区决策参与的机制。这里的哈尼族比我们之前去过的广西龙胜的壮族以及其他地方的村民更加朴实，虽然之前有公司在这里修了观景平台赚钱，村民即使分不到钱，也没有任何闹事；但如果在其他地方，村民可能会通过抗争来争取自身的利益。

经过调研，我们发现这里实际上要解决的核心问题是利益分配不公，社区参与旅游的信息渠道不畅。作为世界文化遗产区，这里存在很多问题：一个是农业发展不可持续，这里既有成本问题，也有收益问题；另一个则是跟旅游相关的问题。这两大问题阻碍着乡村发展。梯田这种景观作为世界文化遗产来说，国家确实要保护，但它又是劳动者创造出来活的遗产，它和泰山、黄山、丽江古城、八达岭长城、颐和园、故宫等不同，上述文化遗产都是静态的，只有梯田是活态的。问题是活态的梯田景观保护责任、保护主体是不相关的，梯田是农民种的，当没有收益时，农民就慢慢不种了。所以要增加农民收益，有以下几种思路：一是让田里面产生更多的收益，政府提供了鱼苗、鸭苗，把稻、鱼、鸭混合生长在同一块田里面，以产生更多的收益。二是从旅游中得来的间接效益，但是目前得到旅游效益的村民特别少，于是选择了一个叫"阿者科村"的65户人家村庄进行试验。进去之前这个村庄还没开发，我们与县委县政府商量，专门拟了个"阿者科计划"，通过旅游收益来使村民对文化遗产保护成为一种自觉行为，包括对这个村落的蘑菇房以及梯田种植的生活方式的保护。

阿者科村有65户人家300多人，留守老人、儿童居多，掌握汉语的人较少，大部分没上过学或上过小学，有一定的空心化。每户人家只有60平方米的宅基地，人均居住面积小。这里跟其他地方不一样，村民的宅基地用在山上，宅基地都较小。阿者科传统的蘑菇房，实际上就是茅草房。这个村不通公路，所有建筑材料靠马、靠人来背。当年的县长、后来的县委书记答应，如果世界文化遗产申请到了就把公路修到他们村，但申请到了后，县委书记想，如果把公路修进去，这些老房子就更保不住了，所以一直拖着没修，最后是通过"阿者科计划"让农民得到收益来告诉农民保护这个村落的意义。在这个村里，每家每户可能最值钱的就是腊肉了。村里人每年都会杀猪，家家都杀，条件好的一家杀一头，条件差一点的两家合起来杀一头。

2000年，我在桂林龙胜梯田开始做研究，从社区旅游、社区参与、社区增权，一直到制度增权、旅游吸引物权，我把这些年的研究应用到了"阿者科计划"中。跟县里面谈"阿者科计划"的时候，我们就提出村民用旅游吸引物入股占70%，政府出资300万占30%，我们来做智力援助（项目模式见图1）。政府分配的30%不拿走，留在这个村集体公司里面滚动，支持乡村后续投资建设，而村民70%的股份利润就分给村民。另外还制定了乡规民约，即新的公司制度，让村民都签字按了手印，对村民来讲，按了手印就是一种承诺。这一模式最关键的就是旅游吸引物成了一个可以入股的东西，并且达到70%，由中山大学跟元阳县地方政府两方参与，模式最终要达到遗产保护、旅游发展与乡村振兴的目标。同时公司还规定了不租不售、不引进社会资本、不放任村民无序经营、不破坏传统4条底线。不引进社会资本受到很多人的诟病，他们说："资本进来不是村民会活得更好吗？"资本进来后，尽管村民会得到一笔钱，然后全部被搬走，但他们得不到任何发展。这是我们在全国很多地方的调研所得到的结论：村民因为有了这块宅基地，成了一个食利者阶层，对能力提升没有太大意义。

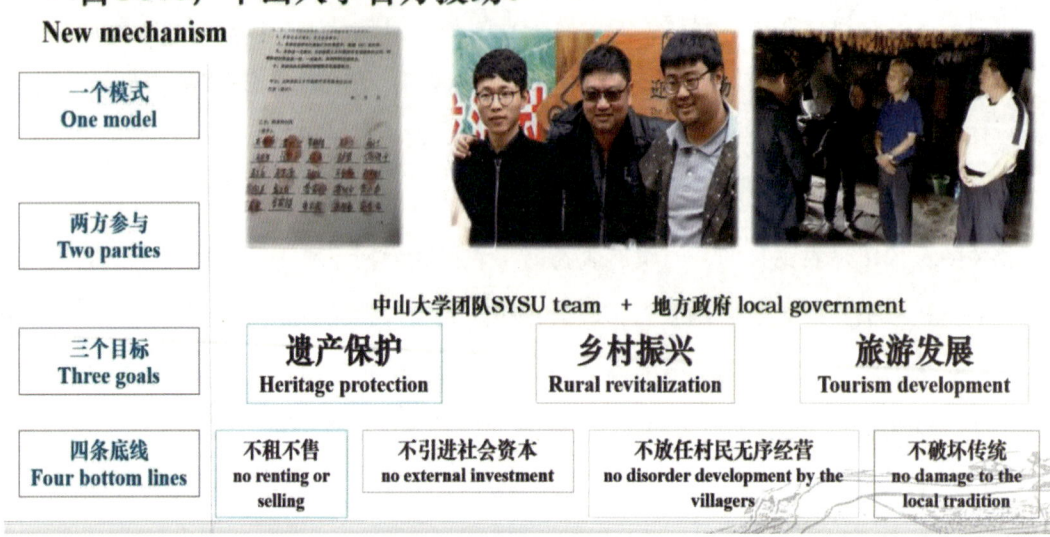

图 1　项目模式

这个村很穷,当时连开个村民大会的地方都没有。我们把"阿者科计划"的分红细则刻了两块木板放在村门口,让所有的人天天都可以看到,游客也可以看到。到现在派了 10 批 20 名研究生,其中 19 名女生 1 名男生。这个男生最艰苦,一个人在那里住了 14 个月,整个"阿者科计划"启动之后,后面的女生都是 2 个结伴进驻执行的。这里的游客中心原是一个旅游厕所,但没使用,被改建成了一个游客中心,并重新建了个厕所。没有钱,咱们研究生就自己拍抖音、自己录像、自己编辑做宣传,很多人通过"阿者科小杨"这样一个抖音号就知道了阿者科村。

该项目 2018 年 6 月正式启动,2019 年 3 月 8 日第一次分红每人 1600 元,之后村民对驻村团队就特别信任。拿到真金白银后,村民真的很感谢我们的付出,有些老人家一辈子可能第一次拿到 1600 元现金。项目到 2019 年 8 月进行了第二次分红,每人 1840 元;2020 年 1 月 21 日第三次分红,每人 2000 元,因为疫情这年就分了一次红。我们还动员了中山大学口腔医院医生做义诊,让孩子们从此开始刷牙注重口腔卫生,同时也留下了一些卫生用品,由驻村研究生们监督他们继续保持口腔卫生。2021 年 3 月,第四次分红,每人 3000 元;2021 年 10 月第五次分红,每人 3000 元。疫情三年中,2021 年是经营得最好的一年,总共给村民分了 6000 元;2022 年只分了 2600 元,是非常艰难的一年;2023 年疫情好转,收入很可观,共两次分红,一次 2400 元,一次 9300 元。

公司收入主要来自门票和体验活动。体验活动包括田里抓鱼、纺纱织布、长桌宴等。收入主要还是来自门票,门票 30 元一人,一年大概两三万游客,总共也有 60 万~90 万元收入。咱们团队给他们每家捐了一个粮仓,总共花了不到 2 万元,因为村民们分了钱后,反映没有粮仓。公司分配机制是"4-3-2-1",即传统民居有 40%,种田有 30%,居住在村里面有 20%,户籍在这里有 10%。这个分配机制是提前做好的,不然得不到 100%村民认同,村民就会闹事。截至 2023 年 8 月,"阿者科计划"一共举行 8 次乡村旅游发展分红大会,累计分红 143.66 万元,全村 65 户平均累计分红 22101 元,其中 43 户累计分红

25740元。（项目措施与成效见图2）这43户实际上是相对较穷的，他们还住着传统民居。

项目措施与成效
建立**旅游分红**机制，绑定遗产保护与村民利益
Combining villagers' tourism dividend with heritage protection

户主	情况说明	合计	第一次分红	第二次分红	第三次分红	第四次分红	第五次分红	第六次分红	第七次分红	第八次分红	汇总
普*朴	钢筋水泥房	60%	960	1100	1200	1800	1800	1560	1440	5580	15440
马*贵	房屋已租，不在村住	60%	960	1100	1200	1800	1800	1560	1440	5580	15440
高*伟		100%	1600	1840	2000	3000	3000	2600	2400	9300	25740
高*语	无房，不在村居住	40%	640	735	800	1200	1200	1040	960	3720	10295
卢*	已修复回传统民居	100%	1600	1840	1900	3000	3000	2600	2400	9300	25640
普*农		100%	1600	1840	2000	3000	3000	2600	2400	9300	25740
高*明	钢筋水泥房	60%	960	1100	1200	1800	1800	1560	1440	5580	15440
普*贵		100%	1600	1840	2000	3000	3000	2600	2400	9300	25740
高*祥	房屋已租，不在村住	60%	960	1100	1200	1800	1800	1560	1440	5580	15440
马*文		100%	1600	1840	2000	3000	3000	2600	2400	9300	25740
普*芬	无房孤儿户，公司补分	60%	1600	1840	2000	3000	3000	2600	2400	9300	25740
卢*木	房屋纠纷已解决	100%	0	0	2000	3000	3000	2600	2400	9300	22300
		5520%	88960	102235	112300	168000	168000	145600	134400	517080	1436575

至今，已举行**八次**乡村旅游发展分红大会，累计分红**143.66**万元，全村65户平均累计分红**22101**元，其中43户累计分红**25740**元

图2 项目措施与成效

这个项目之于乡村振兴的成效，除上述产业外，实际上还带动了就业与创收。公司解决了14个人就业，有些老人家会被请出来做体验，他们尽管不是公司的正式员工，但参与体验活动后也会得到一定的报酬。乡村治理就是基层民主，什么事情都是一事一议，形成决议后签字按手印形成一个规则，下一次就按照规则来，每天收入公开透明，个个都知道，在微信群里、黑板上、广播里，所以天天大家都知道公司的收支。我开玩笑说这个公司是没有纪委委员的，不需要纪委委员来监督，家家都是纪委，包括清洁工分工都是村民自己分成七段，通过抽签来分配地段把卫生做好。我们还教村民电脑，教他们记账，教他们讲普通话；还建了乡村图书室，研究生每个周末会让孩子们到图书室，教他们读书、朗读、看电影，教他们弹琴、画画；卫生也搞得很好，给他们建了个洗澡浴室，因为很多家庭家里不能洗澡；还把传统农具修复好，如织布机、碾米机、水车等。

2021年7月，在中国共产党与世界政党领导人峰会中的8分钟暖场大片《携手，为人民》中，有1分钟是讲阿者科村的；我也在世界遗产青年论坛中对"阿者科计划"做过报告；新华社《中国减贫密码》6个故事里面，有一个是我们的。项目还入选了世界旅游联盟"全球百强旅游减贫案例"，获得了教育部第四届直属高校精准扶贫十大经典项目第三名，阿者科村还在2021年成为了一道10分高考大题，被选入13省使用的全国高考题地理卷。2023年2月，CCTV-13《新闻调查》栏目用45分钟深度报道"阿者科计划"，人民日报、新华社等主流媒体也曾多次报道。

"阿者科计划"作为一个全球旅游减贫的一个中国方案，是一个社会科学实验田，政府承认旅游吸引物权，高校通过智力援助使村民得到能力提升。

总的来说，在乡村振兴的五个方面，"阿者科计划"在旅游产业、乡村治理、乡村公共文化等方面都

做到了同时发力。如今,经过实践探索和检验而来的"阿者科模式"正在传播:2020年,云南省红河县撒玛坝梯田开始引进"阿者科计划"模式,邀请团队为1万亩梯田设计产权模式,涉及25个村庄;2022年,新疆大学与中山大学共建"吐峪沟工作站",尝试在新疆吐峪沟村推广"阿者科计划"。

发展乡村休闲产业，推动乡村振兴

梁明珠

（暨南大学教授，博士生导师）

从旅游学角度来看，旅游与乡村振兴存在密切联系。尤其是在城市化背景下的农文旅融合推动乡村休闲产业发展，将在乡村振兴中发挥重要作用，担当重要角色。

一、乡村振兴与乡村旅游政策

乡村振兴战略是国家一项顶层设计，集中为20个字总体要求，即"产业兴旺、生态宜居、乡风文明、治理有效、生活富裕"，其中最关键的是产业兴旺。从2016年到2022年，连续多年来中共中央、国务院都在发布以乡村振兴为主题的一号文件，明确提出了很多目标性的任务要求，国务院发布的《"十四五"推进农业农村现代化规划》里也特别提出乡村休闲旅游业发展问题，且给出了具体目标。在2021年，文化和旅游部发布的《"十四五"文化和旅游发展规划》也明确提出要推动乡村旅游工作。

在国家政策文件的指导下，广东省在2022年4月12日出台了《关于做好2022年全面推进乡村振兴重点工作的实施意见》，实施意见的第六条和第七条特别指出：要聚焦产业去促进乡村发展，要着力打造乡村振兴示范带和乡村振兴综合体。在众多指示文件中可以发现"乡村休闲旅游"这个新的产业概念，具体来说可以通过田园休闲、康养度假、乡村文化、农业基地等开发模式作为核心产业导入乡村振兴工作中。（见图1）在众多文件要求中，乡村振兴工作都离不开乡村休闲旅游的助力发展。

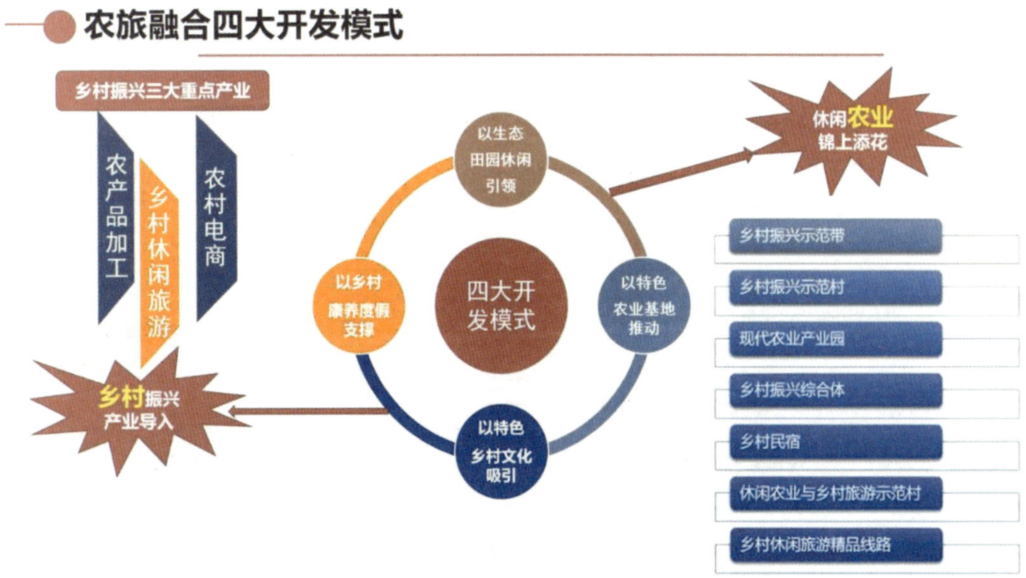

图1　农旅融合四大开发模式

二、文旅融合发展与新兴业态

文旅融合发展及新兴业态是指文旅之间，以及文旅与其他产业要素之间相互渗透、交叉融合或整合重组，逐渐突破原有产业边界或要素领域，相互交融形成新的共生关系的现象和过程。现在可以看到很多"旅游+"和"+旅游"的例子，目前"夜经济"在旅游融合过程中发挥了重要的作用，夜经济融入了美食、小吃、非遗、文创、国潮、娱乐、游乐等新兴业态，在时间和场景上延伸了消费链条。过去以往很多人都认为"夜经济"可能在乡村振兴和乡村旅游里不一定有很大的发展空间，但现今它向我们展示了旺盛的生命力。

三、乡村休闲产业发展与案例借鉴

乡村休闲产业是农业功能拓展、乡村价值发掘、业态类型创新，横跨一二三产业、兼容乡村生产生活生态、融通工农城乡的综合性产业体系，包括发掘生态康养产品，培育乡村文化产品，打造乡宿、乡游、乡食、乡购、乡娱等乡村休闲体验产品以及发展关联支撑产业。

首先，乡村休闲产业最核心的问题是"三农"问题，在农文旅融合发展的背景下，乡村休闲产业发展可以借助生产基地将产区变景区、田园变公园、农房变客房、劳作变体验。过去的乡村扶贫是输血的过程，现在的乡村振兴是造血的过程，需要休闲旅游产业作为路径导入这个过程。

乡村休闲产业导入到乡村振兴可以通过乡村自然环境、乡村农事体验、农业田园景观、乡村风情与饮食、乡村土特产品、乡村康体养生等路径（见图2）。不管是哪一种路径，在推动乡村休闲旅游及乡村休闲产业发展过程中一旦建立，都应该有一个实际的运营机构负责项目的运作和转型升级。如果这个实际的运营机构不建立起来，可能就会出现一种现象，即某个项目在当地很出名，很受群众欢迎，但是多年来却一直评不上A级景区或获得其他称号。因为这些项目都是村民自发去做运营的，没有实际的运营机构，所以最后连评A级景区的资格都没有。因此在乡村休闲产业导入过程当中要特别注意各种条件构建，要有实际的运营机构去推动项目发展。

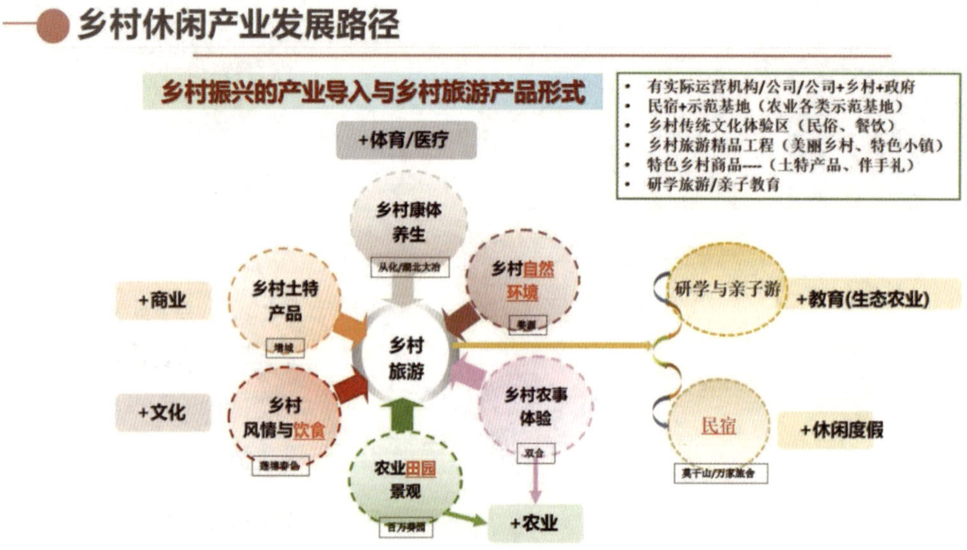

图2 乡村休闲产业发展路径

乡村休闲旅游与旅游扶贫、田园花海、农业基地、绿道/康养、餐饮/小吃、民俗、研学课堂、文创IP等相结合产生了很多优秀案例，如浙江鲁山村、湖南石堰坪村、湖北莫岭村、广西怀洪村等。中央电视台和文旅部联合推出的文旅探访节目《山水间的家》就在讲述这些优秀的案例故事，每一期都有自己的特点，都在讲述乡村振兴过程中乡村休闲产业如何助力乡村发展，以及需要注意哪些问题。

其次，乡村休闲产业发展也有一些需要注意的事项，比如要选择适合发展乡村旅游的村落，不宜遍地开花，要因地制宜；把握好发展定位，要策划文创IP；培育竞争力，要选择启动项目和产业类型，注重乡村文化遗产传承，科学规划乡村空间和功能，选择村民受益的方式，注重环境保护；等等。同时在推动项目发展的时候要摸清六大发展条件：经济发展基础、土地资源基础、区位交通基础、泛旅游业资源、农业影响因素、乡村基础设施，要根据这些条件对项目做一个科学分析和甄选。在项目推动过程中一定会涉及土地问题，要特别清楚国家规定的"三区三线"（"三区"指生态、农业、城镇三类空间；"三线"指根据生态空间、农业空间、城镇空间划定的生态保护红线、永久基本农田和城镇开发边界三条控制线），这是不能违规、不能触碰红线的问题。

最后，在推动乡村休闲产业发展的时候，一定要依托农业做锦上添花的事情。要关注当地居民的利益，切忌城市化发展，要注重文化创意创新，并且一定不能忽略生态保护问题，因为这是可持续发展的基础。

和美乡村与文旅融合

张伟强

(广东财经大学教授,博士生导师)

党的二十大提出了一个新概念——"和美乡村",本文将之与文旅融合相结合来理解二者之间的互动关系。一是从文旅融合的历程看,自古以来文化与旅游的互促融合关系都是存在的;二是从和美乡村的内涵认知看,二者也是密切相关的;三是从未来发展看,二者互动融合乃未来趋势。

一、文旅融合的历史过程

自古以来,文化与旅游之间的互促融合关系都存在,人在迁徙、迁移与旅游,文化宛若附体的魂魄,也在迁徙、迁移与旅游。旅游与文化之间不是一般意义上部分与整体的静态关系,而是彼此之间不断地充实、转化的动态关系。从历史上看,中国历史时期正统的经世致用传统中,"旅行"要素不被重视,重"游"者一般不入正史,深受"父母在,不远游"(《论语·里仁》)的影响,但民间"游"文化源远流长,鲲鹏者"不知其几千里,怒而飞,其翼若垂天之云"(《逍遥游》)。

我国文旅融合的历史过程可以概括为三个阶段(见图1):第一个阶段是历史时期,是民间文旅自觉融合的原生状态;第二个阶段是1949年到2018年,这个阶段主要是政府主导的分流管理,即文化事业由文化部门管理,旅游事业由旅游部门管理;第三个阶段是2018年至今,是由政府主导推动的融合和深度融合。

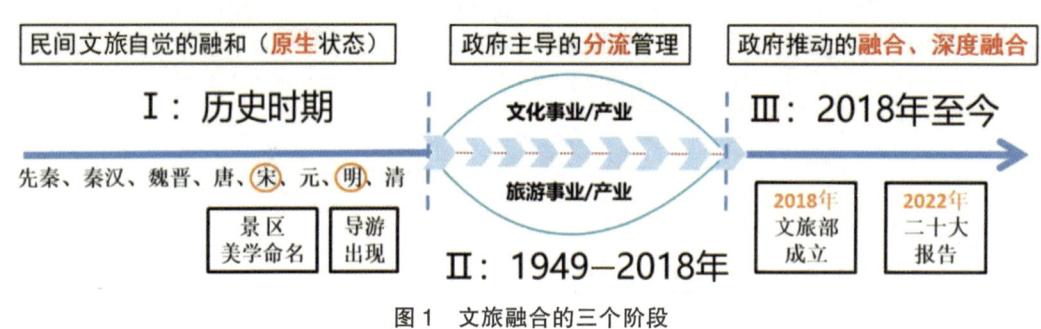

图1 文旅融合的三个阶段

(一)原生阶段

文旅融合真正的标志体现在宋代"区域+景色"的命名,如杭州的苏堤春晓、三潭印月,湖南的潇湘夜雨,都是固定的格式。区域特色的景观群落,即是用一种景组(如潇湘八景、羊城八景、西湖十景),创造性地组合成一组富有区域特色的景观群落。

(二) 文旅融合：分流阶段

新中国成立以后，国家的文化、外事接待分属不同政府机构管理。改革开放至2018年，受经济建设为中心发展的影响，文化经历了文化事业、文化产业属性的定位变化；旅游也经历外事接待（政务、侨务）、旅游业（国内游、出境游、入境游）即产业属性的定位变化。

(三) 文旅融合：融合阶段

2018年以后进入融合阶段。由于国家文旅部的成立及其提出的"宜融则融、能融尽融、以文促旅、以旅彰文"的工作思路，文旅融合发展步入快车道。"十四五"发展规划确定了文旅融合的具体内容，包括业态融合、产品融合、市场融合、服务融合、交流融合。二十大报告明确提出，"以文塑旅、以旅彰文"，推进文化和旅游深度融合发展。这次提法与之前略有不同，即要通过化学反应，形成兼具文旅特色的新产品、新服务、新业态、新引擎。

二、和美乡村的内涵和认知

党的二十大报告明确提出了中国式现代化全面推进中华民族伟大复兴的奋斗目标，提出了全面推进乡村振兴，强调建设宜居宜业和美乡村，首次提出"和美乡村"的概念。

(一) 岭南历史上乡村发展的内在机制

不同自然资源禀赋、不同文化背景的乡村，都存在着自身一套社会共生规则、共生经济体系和文化逻辑秩序，但山区与平原、沿海地区存在明显的差异，后两者更加凸显出的是资本、族群在资源争夺中的影响力。在山区，历史上村中的风水林、祠堂、庙宇等是共有的村里土地，有集体占有的祠堂、宗族"族田"，也有个人占有的"私田"，社会秩序、经济体系更多体现自给自足的共生经济。而珠江三角洲地区，人多地少，在商业化的地区政治经济背景下，乡村更多属于商品农业经济，资本、族群在经济资源的争夺中占有主导地位。

(二) 中国式现代化的和美乡村

中国式现代化的和美乡村包括有人的现代化、物的现代化、治理的现代化，以及人与自然的和谐共生。人的现代化自然会与文化的现代化相关联，物的现代化就会与现代乡村产业体系相关联，治理的现代化与数字乡村相关，人与自然的和谐共生与生态伦理、文化秩序相关。

(三) 中国式现代化的文旅融合视角

从文旅融合的角度来看，中国式现代化可以分为人的现代化和文化的现代化。人的现代化会涉及生活方式和生产活动，旅游是上述活动的一种载体。中国式现代化的文旅融合也可以从城市和乡村融合过程视角来考虑，乡村文旅融合是和美乡村的重要支撑和体现。

三、理论发展与前瞻思考

(一) 和美乡村的发展本质就是人类命运共同体问题

和美乡村发展是全球性的问题，其核心要义包括什么是发展，什么在发展（WHAT）；为什么在发展，为什么有发展（WHY）；发展为了谁，谁在选择、决定和控制发展（WHO）；一个地方如何发展，发展如何改变一个地方（WHERE）。再进一步来看，需要明确什么是高质量发展，什么在高质量发展的问题。

和美乡村发展本质上就是命运共同体的发展。

(二) 和美乡村建设的目标图景 (见图 2)

和美乡村建设要从城、乡两端共同着力,从乡的层面要遵循决策共谋、发展共建、建设共管、效果共评、成果共享的"五共"原则,同时要坚持留住乡亲、记住乡愁、护住乡土的"三乡"要义。随着城镇化浪潮加快,城乡之间的交流更多。在城乡交流中,要注意人才、产业的保留和引进。在人才交流中,原住民会流向城市,城市中也会有部分新乡贤、新村民流向农村。同时也会存在产业交流和引进,新村民、新乡贤会回到传统村落创业,带动乡村的发展。

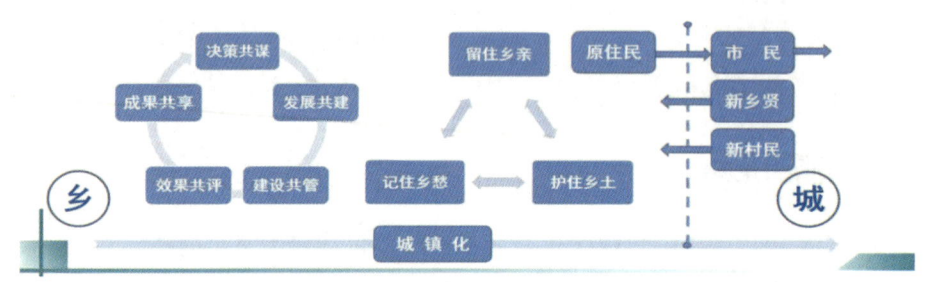

图 2　和美乡村建设的目标图景

(三) 和美乡村建设关键是如何破解土地的"共有/个人占有"问题

广东乡村总体上人多地少,土地的产权、物权比较复杂,碎片化十分严重,社会背景还有"侨乡"因素。国家有关乡村土地改革,如联产承包责任制、土地确权、土地"三权分置"、"三块地"改革(正在试点)等。土地改革意在积极破解土地的问题,如果土地问题不解决,就会制约和美乡村发展。

(四) 所有制理论与公地悲剧

20 世纪 90 年代以来,中国学者围绕马克思"重新建立个人所有制",亦即经济学中的"哥德巴赫猜想"展开了激烈的认知讨论。1867 年,马克思在《资本论》中说:"从资本主义生产方式产生的资本主义占有方式,从而资本主义私有制,是对个人的、以自己劳动为基础的私有制的第一个否定。但资本主义生产由于自然过程的必然性,造成了对自身的否定。这是否定之否定。这种否定不是重新建立私有制,而是在资本主义时代成就的基础上,也就是说,在协作和对土地及靠劳动本身生产的生产资料共同占有的基础上,重新建立个人所有制。"哈丁 (G. Harding) 曾认为公共财产实际上没有确定的所有权,结果大家都作为理性人吃公家,最后导致"公地悲剧"。因此,要厘清所有制理论在中国农村中的运用,最大限度地避免公地悲剧的发生。

(五) 前瞻思考

中国式现代化,和美乡村建设是重要体现。和美乡村成功的关键在于平衡土地产权(物权)的"共有/个人占有"之间的关系,引导资本有序进入但要约束其"逐利天性"。破解资本进入的难题,一是要加快农村"三块地"改革实施推广;二是要关注诸多农村没有或极度缺乏集体性经营用地的问题及其解决之路。

和美乡村建设,文旅融合是可以助力的。总体趋势处于波动上升期,但这种作用是有"天花板"的。首先项目数量上只有为数不多的村落、传统村落才有可能成为国家 A 级景区;其次项目质量上提升也是有难度的，毕竟乡村投融资的能力和渠道都有制约。

和美乡村建设，乡村文旅融合项目绝不能仅限于旅游休闲体验，更要注重一二三产业的深度融合发展，夯实产业振兴的基础，否则难以吸引资本持续投入。乡村文旅项目的投资是自己掏腰包还是借助整合力量，是一个需要考量的问题。整合力量包括政府资金、借贷融资、资产重组和招商引资。在资本引入的过程中要避免出现资本的力量过于强大，村民收益有限的问题。在城市化浪潮的作用下，乡土人才流失和乡村工艺失传问题严重，究其原因是没有真正遵循"村民变股东、资源变资产、资金变股金"的原则。土地产权制度创新改革目标就是当下"三块地"（城镇规划区内建设用地、农村耕地和乡村建设用地）的目标。

和美乡村建设，文旅融合的数智赋能是发展方向和趋势。应加快引入人工智能、元宇宙、大数据、区块链、物联网等现代信息技术的赋能作用，尤其在人的现代化、文化的现代化、治理现代化方面的应用，实现高质量发展，成为人类命运共同体的发展典范。

乡村旅游的未来：田园养生与旅游疗愈

杨振之

（四川大学教授，博士生导师）

今天，我给大家讲一下乡村旅游的未来：田园养生与旅游疗愈。

一、乡村旅游的发展正在迭代演进

第一个方面我跟大家讲一下，乡村旅游发展是如何迭代演进的。乡村旅游的发展是必须在原乡图景下以一种原真生活方式来呈现的。那么，我们看它主要是有这样一些资源：优美的自然风光、丰饶的乡土物产、原真的地域民俗、质朴的人际关系、充裕的户外空间、隐逸的人居氛围、变化的四时四季。这些都是乡村丰厚的资源，这些资源在我们都市里边是稀缺的。

乡村旅游的发展也跟我们经济的发展同步，而且由浅入深，不断在迭代演进。我们知道最早的乡村旅游形式农家乐是在成都诞生的，诞生以后经过多年的发展才出现民宿，以及现在的乡居。我在 2007 年就提出了，未来乡村旅游的发展应该是乡居、田园养生和乡村度假这样一个未来发展的趋势，就是不断从观光农业、休闲农业变成一种度假的物业，或者是养生的这样一种业态。尤其在沿海地区，像广东、浙江、江苏这些地区已经开始不断地迭代。实际上乡居就是我提出的"诗意地栖居"这样一种现实体验。城市人要买回空间，在国外叫"买回空间运动"，那么城市人要到乡下去居住就叫"买回空间运动"，实际上就是为了体验一种在乡村的诗意地栖居。

我们看旅游的本质，它是源自人类的一种精神诉求，即是我提出的"诗意地栖居"。因为人在现实生活中，处于不断的繁忙当中，所以人们要逃避繁忙去旅游，而且旅游的很大一部分游客是要往乡村跑。所以在旅游当中通过体验来激发自我，认识到本我，感悟到天地人神归于一体，通过忘记世俗生活获得本我的回归，这个就是人们能够真正体悟到"人诗意地栖居在大地上"，这是我提出的人的旅游的本质。那么从理论上讲，诗意地栖居到现实当中在乡村的乡居，它是这样一个人自我不断完善的过程。

作为常人，我们往往是通过更常态化的旅游方式来获得诗意地栖居。这种方式可能是一种乡居的方式，通过乡居的全过程体验，使人寻找到了自我，这是常人都能够获得的一个便捷途径。因为按照"诗意地栖居"的理论来说，就是我们一般哲学家、诗人、艺术家他可以不通过旅游获得"诗意地栖居"，但是繁忙的普罗大众他达不到那种境界，他要不断通过旅行来获得"诗意地栖居"。我们看去乡村旅游的话，离开自己生活的城市到乡村去旅游，它通过很多种方式去获得，比如说户外运动、观光休闲、科普文化体验、人际交流，等等。

其实我们一般的很多旅游活动，它让我们理解到生活的意义，感受到自然的奥妙和历史的本源，这些主要是以知识性的一种旅游方式解决我们对世界认知的问题。有的旅行可以帮助人们发现人的潜能，寻找到自我，还可以改变人生，让人们体会到生命的意义，最终实现了自我人生价值。所以其实人的旅行也是要分层次的。

乡村度假地，人们小乡居去作为度假生活，实际上它是人们回归乡村、回归自然、回归本我非常重要的方式，所以乡村度假它是一个基于目的地的系统工程。在这个系统工程里面，我们看得出来，在国际上一些很著名的目的地，其实基本上都是乡村旅游来支撑着的，就像日本的北海道、法国的普罗旺斯、意大利的托斯卡纳，这些都是非常著名的乡村度假地，包括澳大利亚、新西兰很多地方。其实美国也是一个大农村，走出城市都是农村，很多度假地皆可列入乡村度假地范畴。

目的地的体系是乡村度假的一种必然载体。要形成一个度假旅游目的地，它首先要有自己的度假区，要有这个度假风情味的村落，要有度假城镇，形成一个完整的体系。这个体系的构建就是依托一个大的乡村背景来构建的。所以依托田园、村舍、山林、水体等乡村资源，以景观乡道为轴带，以地域文脉为支撑，会建立一系列的度假小镇、度假村落和度假区，形成一个完整的体系。在这个体系里面，从供给系统上来说，它会提供一个目的地级的产业体系。目的地级的产业体系，比如要有很多精品的住宿，各式各样的，不仅仅是民宿，还有乡村酒店、星级酒店、度假酒店、度假公寓，等等。很多精品的住宿形成了户外运动、自然探索、康体疗养、专题研学、非遗体验、慢行交通、特色餐饮、集市活动这样一些完整的产业体系。乡村度假是立足产业，田园养生它的宗旨就是回归人本的一种终极体验。所以，最终是要依托田园来养生，而养生的目的是疗愈身心。

二、田园养生是疗愈身心的一种理想途径

第二部分我给大家讲一下，田园养生是疗愈身心的一种理想途径，就是回归田园和自然。"旅游疗愈"是我2021年10月在《旅游学刊》年会上发表主旨演讲的时候提出来的，后来我也发表了几篇文章，专门论述了旅游疗愈，我们团队也在大力地研究旅游疗愈，旅游疗愈与田园养生是一种天作之合。我当时提出"旅游疗愈"的概念，主要是通过非医药干扰的这种旅游活动，或在旅游场景中通过医药干扰来恢复游客的身心健康，能够提高人们的生命质量和幸福感。

旅游对游客的身心健康是具有疗愈功能的。我原来都讲过，它实际上从脑神经系统、感官类系统、运动系统、循环系统、呼吸系统和消化系统进行，这6大系统都有大量的实验数据来证明。游客通过旅游使他的生理心理健康得到大大的提升，有大量的数据；同时也有数据证明人们回到乡村以后，人们的生理指标、身体健康指标会获得更大的提升。我们认为，旅游对游客的心理健康和社会健康是具有疗愈功能的。首先是旅游活动对情绪，旅游活动对焦虑、对抑郁症，还有旅游活动与反应力、旅游活动与专注度、旅游活动与敏感度、旅游活动与社会交往、旅游活动与交流态度、旅游活动与承担合作，以及旅游活动与快乐感与幸福感、旅游活动与核心素养等这些之间都有非常大的关联。现在我们团队也都在研究这些问题。

田园乡野是最理想的旅游疗愈的场景。我们通过研究发现，回归就是回归自己的家乡，回归心灵的家园，回归自然田园。那么这种回归它是旅游疗愈最好的一种场景，除了空气质量、水的质量、自然的舒适度、气候的舒适度，以及各种体验活动、各种户外运动等，还有农业的四时与农作及农作物农产品之间的关联，在《黄帝内经》里面也早就阐述过了。

接下来就是田园养生。现在根据这样一种趋势和我们刚才的研究，我们认为未来田园养生将是一个

大趋势。田园养生作为度假生活一个很重要的部分，它实际上是旅游高质量发展，尤其是乡村旅游高质量发展的一个非常重要的表征。由于人口城镇化和老龄化水平日益提高，非医疗性的公共医保服务范围和能力不足，多重因素让公众健康意识大幅度提升，公众大健康消费能力和意识显著增强，旅游高质量发展急需消费场景的创新，从这几个方面推动未来田园养生的发展，所以我们希望在中国沿海地区经济发达的地方，能够在城市群周边尽快地往这方面去推进，达到真正实现高质量发展的目标。

我们来看看乡愁。我们刚才也有老师提到它是田园养生里面最重要的一个内容。在西方国家，17世纪以来人们都对乡愁进行了研究，他们认为这个乡愁其实是可以对生理病症、心理的现象和现代化进行反思，从这三个方面进行了研究。还乡、乡愁它是可以医疗人们身心疾病的，这个是从心理学、医学上、神经医学上都进行了研究，我就不具体讲了。

三、构建旅游疗愈体系的实践探索

那么，国家语境下的乡愁其实基本上跟他们也是一致的。不管是空间的乡村载体，还是乡愁本身的一种文化的回归和体验，其实都是把乡愁当成了一个既是文化的一种身份认同和文化的回归，同时也是一种疗愈。乡愁在美丽乡村建设和田园养生当中的应用也是这样。乡愁与地方文化保护，这个也有不少人做了研究。既然要留得住乡愁，就要对传统的文化进行保护和利用。乡愁与村镇建筑园林、乡村园林这样一些场所空间也要进行不断的塑造，同时也要注意乡愁与医疗保健的关系。

我们看这个乡愁对人们心理的调节，对对抗消极心理方面的作用，包括焦虑情绪的缓解，它都会起到很大的促进作用。所以乡愁现在已成为当代公共心理健康的一个问题，原乡既是问题之源，又是解决之道。所以当代人的乡愁就是对原乡故土的一种距离产生美，对原乡的一种回归。因此当代人的乡愁可以基于笔者提出来的"旅游疗愈"理论，在田园养生的乡村途径和生活方式当中得到解决。所以我们说从乡居到田园养生，再到乡村度假的发展，其实不管是从资源产品到体验，再到我们刚才说的回归田园、回归故乡，实际上是回归心灵的故乡，找到身心不健康的一种根源。

回归乡村最终起到一种疗愈的作用。现在我们团队在进行旅游疗愈的一些探索，这些实验探索首先我们在理论上展开了一些研究，也发表了一些论文，然后从市场导向上全维度的旅游疗愈的一个体系构建也开始了。我们自己投资的王岗坪景区既是一个度假区，又是一个4A级景区。景区的风光就是一种疗愈，它是非常具有神圣感的。你看到日照金山的时候，你就想要向它下跪，对神山进行崇拜，你就完全把自己身心都托付给大自然了。所以实际上，除了那些观光之外，我们现在把当地的康养资源进行了一系列的梳理。梳理下来以后，就是在非医药干扰的原则下进行四位一体来构建山乡的旅游疗愈体系。

这个体系一个是山地的动养，一个是人文的心养，一个是精致的食养，还有生态的林养，就是森林疗养，提供了4套疗愈体系的产品。我们去年做了一个初步的试验，市场效果挺好。首先是一些旅游步道，全部保留乡间这种原生态的味道。这个是我们投资的滑雪场，是户外运动的一个场所。然后就是食养，我们把当地的食材和中药材进行了组合，根据人体的9种体质特征对食养产品重新进行开发。食养产品开发出来以后，在度假酒店里面针对人群进行了细分，依托不同的体质打造出9种不同的食物。

森林养生体系，我们提出了在王岗坪景区将森林康养与中医药进行无缝的相融，就是森林疗法、中医药养生、智能体验。比如在滑雪之前、滑雪之中、滑雪之后，通过穿戴式的智能设备来获取数据，可以知道你整个身心健康的这些数据，这个也是我们后面做很多研究的一个重要依据。这样我们就构建了我们的森林康养基地。

四、结语

  旅游疗愈的终极愿景是回归"诗意地栖居"。这个过程就是"诗意地栖居",它是人的一种理想承载方式,从日常生活再回归到公众诉求。然后具有身心疗愈功能的是现代旅游的关键进化,旅游的疗愈功能提升了人们的生命质量,最终回归到人们的存在价值,使人们真正获得"诗意地栖居"。

探索以设计创建乡村文旅新范式

陈少明

(广州美术学院教授，博士生导师)

今天有幸受到仲恺农业工程学院的邀请，来到学校参加有关乡村振兴的研讨会议，甚是荣幸。

我毕业于广州美术学院工艺美术系装潢美术专业，毕业后从事建筑设计、环境艺术设计，展示设计。工作中不免在美术教育和设计教育中萌生一些思考，特别是在担任集美设计工程有限公司项目经理、设计顾问期间，主持或参与一些项目的设计和施工管理工作，从中体会到学科交叉的必要性。

切入今天所讨论的乡村文化旅游话题，我拟从最近带领研究生团队开展的一项研究开始，相对于与会的各位专家的专业严谨性，我的风格更趋以一种比较感性的方式。往往，我会在设计项目调研的起始，都会把自己放在调查对象的前列，罗列出研究调查的类、项，从基础的统计——性别、年龄、受教育程度、职业、收入、志趣和可支配时间，大致上可以判断出人们对于文化旅游的需求程度。如果需要安排一次旅游（旅行或度假），那么接下来需要考虑的是什么？是时间、路程、花费、设施、环境（自然或人文）。然后跟拟结伴同行的伴侣商议，筛选并找到能够匹配以上条件的目的地，尽量做到让每一个人都能得到对信息量的接受和满足的结果，然后做好攻略。

针对客户，文化旅游项目应该怎么想、怎么做，是我们文旅人对项目精确定位的核心问题。如集吃、住、玩、研学和体验，设定项目全程的时段及客单价，如何控制信息点与信息点的间距和节奏，在体能付出和信息量的接受如何分层，周边设施的配套和医疗、安全的保障等。

这次的研究对象是开平楼岗长沙街的文旅规划和相关博物馆的规划设计工作，我们联合了广东省科学院广州市地理研究所，设计研究的基础是人文地理和历史，有相关专业的研究员参与，项目必将渗透到视觉效果底层深处的文化现象。

乡村文旅首先是文化格调体验。开平的非物质文化遗产达47项之多，但是，大多都被"圈养"在开平文化馆的玻璃展柜里面，导致原本丰富多彩的文化遗产一直处于消亡的过程之中。这种现象很普遍，于是我们给乡村文旅的策划提出一系列的问题：保护、复原、修旧如旧、发展等，关键在于如何活化，如何利用原有的资源使其成为生机勃勃的文旅元素资源。其实，开平的文旅基础非常丰厚，尤其独特的历史文化资源，它的地方民俗民风文化历史悠久，鼎盛时期可追溯到清末民初。仅从开平碉楼的建筑形式和装饰构件，就可以看到包括北美、澳洲、东南亚乃至欧洲各地的建筑形式语言，说明当年旅居华侨在海外凭着他们的勤劳和智慧不断发展壮大，积累了巨大的财富，在光宗耀祖意识的驱使下，他们不惜动用人力、物力、财力，将他们认为值得推崇的文化艺术引进家乡以回馈乡里，光宗耀祖。这无意识间形成了一座集世界建筑艺术大全的博物馆，同时结合文化底蕴丰厚的本土文化，展现出多姿多彩的民俗活动，比如纸扎龙头、赛龙舟、赶墟街市等。于是，乡村文化旅游在非物质文化遗产活化方面成为我们思考的重点。结合当地实际，我们提出一个"大博物馆"的概念。

自改革开放以来，开平碉楼就逐渐成为文化旅游的热点。我们跟深圳九州十里商业管理公司的卓总在一起深入讨论，他们受当地的政府委托，一直在开平地区开展调查研究，操作运营了开平古城等诸多项目，团队前期的很多工作包括开发民宿、筹备写生基地、旧区拆迁和移民安置等工作，但是经过这么大的投入和如此长的时间跨度，依然没有获得理想中的客群流量。除了疫情原因，也涉及一个传统文化街区与现代生活方式和审美有机融合的问题：好的传统文化资源需要匹配当代审美，营造恰当的体验感受。

我们邀请广东省科学院广州地理研究所的研究员共同指导项目的研究工作，以疍家文化丰富的文献理论研究为基础，使研究小组成员分别开展深入挖掘工作。基于"大博物馆"的概念，以一个开平非遗文化博物馆为中心（见图1、图2），让更多有希望活化的非遗单项项目分散安插在街区的街铺，在地方政府获得部分房屋产权的基础上，规划并设计这些非遗单项的活化运营，引导当地居民重新拾起非遗技艺，把非遗资源用来养家糊口，若能赚钱才能有效地保护和发展。同时通过系统整合，在游客层面上形成一个特色体验的中、短期旅游项目规划设置，使他们能观赏季节的色彩，能研学碉楼特色文化，并参与特色民俗活动，尽可能让每一类游客都能在项目中享受到不一样的体验。

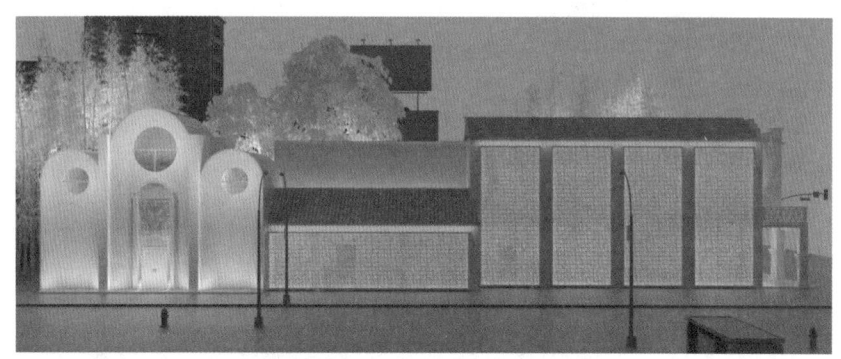

图1　开平非遗文化博物馆改建工程侧立面

图2　开平非遗文化博物馆改建工程正立面

从研究内容和设计方法来说，团队必须具备基本视觉审美，注重相对应空间五感体验意识，思考当代人对空间尺度的感受和理解并融入人体工程学理论，运用科技手段在老旧的建筑体系里置入新的功能。关于对待古典元素的再开发方面，我们认为首先尊重历史，研究当年的物料和建造技术，保护原汁原味的特色，最大限度地呈现当年的风采。其次是找到综合的元素规律，把无法复原的部分做"金善"填补，根据规划的需求，增补元素要做到巧妙和有机融合。再者是根据现代审美和对功能的需求，对项目策划分级规划、整合，增补一部分"点睛"之作。

调研中，同时也发现对应一些展演类非遗项目，缺乏形成一个标志性文化演绎中心。于是我们在非遗博物馆后院的一片临街空地，规划和设计了一方"戏院"，能够满足非遗中说、拉、弹、唱等展演项，建立起人流聚集和精神文化核心场所。

新增项目中的民宿，以参数化仿生设计建筑群，使游客沉浸式地体验开平湿地环境的疍民生活方式（见图3、图4）。

非遗文化博物馆作为"大博物馆"的中心，我们重点规划了它的改造和空间再设计工作，使其可以容纳47项非物质文化遗产和文物的展示，设想其功能设置可以承担服务总台的功能。依此，我们把服务辐射到包括民宿的每一处单项的运营空间。

图3　开平疍家非遗文化体验湿地民宿效果图之一

图4　开平疍家非遗文化体验湿地民宿效果图之二

此工作也是申报国家社科艺术基金项目的一个组成部分，接下来研究团队还将进一步对研究资源开展信息的搜集、整理、归纳和整合。相信该项目在广东省科学院广州地理研究所和深圳九州十里商业管理公司团队的支持下，我们广州美术学院师生研究团队能把开平乡村文化旅游推向新的高度。

新山水·新城乡——乡村振兴的山水四策

利 征

(广州山水比德设计股份有限公司董事长、副总裁)

基于国家领导人关于山水与乡村振兴的理论指导，山水比德进一步完善新山水在乡村振兴中的方法论意义与实践指导作用，以"新山水"为基础，提出了"乡建理路"策略。

山水比德始于孔子《论语·雍也》中的"知者乐水，仁者乐山"，君子比德于山水，意为将自然山水草木形貌与人的品德意象化，从而使得自然风貌与人的气质沟通，达到天人合一之境界。公司项目涵盖乡村文旅、市政公共、产城融合、社区四大领域，深入挖掘当地的人文、人脉和文化底蕴，通过实践沉淀"新山水"理论，以思考所做的项目是否具有理论性和指导性。结合当下的社会语境，山水比德深入地思考过去的乡镇改造的依据是什么。

首先，提出乡建的历史镜鉴，进行乡建实验。20世纪二三十年代，中国掀起了一次乡村建设实验，于今而言，仍旧有相当大的借鉴意义。尤其是以梁漱溟为代表的乡土文化改造路子与以费孝通为代表的乡土工业改造路子，是当下乡村建设极为重要的"镜子"。梁漱溟先生认为，当时中国乡村问题的关键在于文化失调，解决之道在于以文化改造为基础的重建社会。费孝通先生认为，农民收入低下，是中国乡村的基本问题，解决之道在于发展起能够惠及农民的乡村工业。两个学者从"文化改造"和"乡村工业"两条路子出发，基于中国乡村的一些基本问题进行相关的理论延展。两条路子的成败给我们的启示可以概括为，乡村建设不是单线形式的改良，更不是知识分子上山下乡的一厢情愿，而是事关乡村主体的自上而下的一次系统性重构。从中国上下几百年的一个历史来讲，今天所提出来的乡村振兴不是一个新的课题，而是随着生产力的发展过程中一个不同阶段的系统性重构。山水比德作为一个以设计为主体的平台和企业，担负着使命，将过去前辈所思考过的上山下乡的做法进行传承与创新。

其次，乡建的现实指导为"两山理论"，即绿水青山就是金山银山。作为一项系统性工程，顶层设计不可或缺。习近平总书记借由山水重新审视并提出新时代乡村建设与振兴的新思路，高屋建瓴地将顶层设计进行了系统性的阐述与指导。要将"两山理论"进一步融入到实践当中，对具体的项目进行指导，理论和实践的交互是企业和高校之间充分联动的必要存在。如何将理论更好地实践出来，或者在实践的过程当中，进行系统的梳理。而山水比德的初衷与"两山理论"是十分契合的，公司强调设计改造的生态性和原生性，与2005年习近平总书记在浙江省安吉县考察工作时提出"两山理论"所强调的系统多样性不谋而合。依托现有山水脉络的独特风光，让乡村建设融入大自然，让乡村居民望得见山、看得见水、记得住乡愁，传承文化，发展有历史记忆、地域特色、民族特点的美丽城镇。乡村振兴，可以理解为诗意栖居，山水比德在成立发展的十多年里，也将此作为一个美好愿景。

当代中国乡村建设的走向是以见青山见绿水保护乡村的生态，以青金山绿银山发展乡村的生产，以改善生活条件为振兴乡村基础，以记得住乡愁为传承文化的目标，这是一个系统性工程，是一个吁求系统的方法论。"两山理论"在具体的工作实践当中要细分下去，成为设计的一种方法论，更多地站在景观全维度的角度，在项目实践中，将新山水的思路和理论不断落实。

再次，从乡建的个体性思考，探索"新山水"方法论。在习近平总书记关于山水与乡村振兴的理论指导下，需要进一步完善山水在乡村振兴中的方法论意义与实践指导作用。由此，山水比德首席设计师孙虎所著的《迈向新山水》一书探讨了"新山水"方法论，以时代格局和关键状况为立足点，在回望历史的深邃遗产且瞭望未来的无限潜能的基础上，运用场地再现、形式语言、时空连续体、新型技术材料和系统连通性为设计方法和规划策略，共同打造出符合山水文化意象、生态可持续、社会功能完善的人居环境。该书提出了对"新山水"的理解，回归本土的地域精神。新，指的是时间在线的当代性需求和当下的生活尺度；山水，则于空间维度上暗合着回归本土的地域精神，以及尊重自然的场地精神。借此提出"新山水"的原则和主张。尊重自然的场地精神，但是不排斥用新的工艺、材料和施工的方法，实践我们当下对于诗意栖居的一种必要性。用现在的价值手段去营造一种更合理的未来美好的生活，这样才符合"此时此地此人"的原则。

通过以史为鉴和前人的探索、"两山理论"的现实指导和乡建的个体思考三个方面的阐述研究，提出了乡村振兴的山水四策方法论，让理论落地。具体为设计实践助力乡村振兴、技术革命助推乡村振兴、人才振兴支撑乡村振兴和产业运营，保证乡村振兴。

以此为策的乡村振兴中的景观设计，是根植于乡村中人与自然动态关系进行动态的长期更新，并希望促进乡村生态和生活的可持续发展，助力乡村文化回归的一次尝试。设计实践以点带面，对乡村建设有着重要的引导作用，主要包括了设计策略、实施方法、虚实载体（"实"指真乡村、真遗产、真生活；"虚"指文化景观，一般乡村聚落与传统文化村落）三个方面。在快速推进的乡村更新过程中，不可回避的现实问题有乡村同质化、乡村城市化、乡村守旧化、乡村布景化、监管体制单一等。这意味着，设计实践需要对各个不同类型的乡村项目进行更为细致和精准的实践类探索，应用到以下的设计策略中去，如场所精神、生态景观、在地材料、运维活动、多方协作、精确提炼、系统保护、创新运用、巧妙导入、共建共营。立足于项目本身，运用当地的场所资源、内容、文化、载体、人文等来进行共赢和共建，使设计策略因地制宜，一个项目一个策略。

最后，跟大家分享山水比德近年实践的五个项目案例，对应上文所提出的设计策略，分别是乡村文化案例——大师小作·广州白云区望岗旧村改造，乡土材料案例——山东日照白鹭湾樱花小院、乡土空间案例——贵州龙里望乡，乡土植物案例——贵阳中铁云湾，山水田园艺术社区案例——广州南平静修小镇。山水比德坚定地秉承并践行着"两山理论"，以理论引导实践，以实践验证理论，助力我国乡村振兴事业发展，促进实现农业农村现代化。

两山藏山水，山水在比德。

农业"三产融合"与"三个转变"

袁 野

(广州中洲国际会展有限公司董事长)

今天,我很高兴应邀来到仲恺农业工程学院出席这次"领会中共二十大精神,纪念建校九十五周年推进乡村现代化学术论坛"。在此,请允许我代表中洲农会对仲恺农业工程学院成立95周年和乡村现代化发展论坛的成功举办表示热烈祝贺,也对与会的各位领导和各位专家表示深深的敬意。习近平总书记在党的二十大报告中指出,建设社会主义现代化国家最艰巨、最繁重的任务仍然是在农村。因此,要坚持农业农村优先发展,坚持城乡融合发展,畅通城乡要素流通,发展农业特色产业,拓展农民增收致富渠道,巩固脱贫攻坚成果,增加脱贫地区和脱贫群众内生发展动力等。

我们公司成立于2017年,由袁隆平院士题名,同年创立了"中洲农会"品牌,以"产品+文化+品牌+体验+展览+互联网"的运营模式,专注于致力脱贫攻坚和乡村振兴服务工作。我们中洲农会作为广东省、广州市东西部协作、消费帮扶定点单位,广州市消费帮扶联盟会长单位,广东省重点龙头企业以及广州市消费帮扶服务中心,我们有责任,也有信心投入到乡村现代化发展大潮中,为全面建设社会主义现代国家做出贡献。我们中洲农会在脱贫攻坚和乡村振兴帮扶的工作中做了7年,主要就是帮助农产品出山,游客进村。我们7年的工作用一个字总结就是"卖",用三个字总结就是"卖卖卖",我觉得营销无论是在原来的脱贫攻坚的工作中,还是现在和将来的乡村振兴的战略中,都是一个极为重要的环节。下面我主要从四个方面谈谈我们在消费帮扶过程中相对成功的一些经验:一是创造并实施"三个转变";二是采取"双联盟"和"双专班"模式;三是落地"三专一中心"运营模式;四是脱贫农产品的直播和展销。

一、创造并实施"三个转变"

第一,将扶贫农产品转变为商品。基于市场销售反馈的信息,把农产品洗干净、设计包装,使之标准化和规范化,提升农产品的附加值。我们中洲农会在脱贫攻坚过程中这一点基本上做到百分之八九十,还有一小部分没有转变。第二,将品质转化为品牌。我们一直在通过电商直播、利用包装设计等途径,讲好农产品背后的故事。我们知道每一个地区的农产品都有文化烙印,也有地域特色,应把当地的特色文化融入到农产品的附加值中,更多地发挥中西部协作和相互帮扶的政策,做好宣传和推广工作。第三,将产销转变为产业。我们中洲农会原来一直是卖,在卖的过程中发现了一些问题:我们光卖原材料,但它的附加值不高。那么我们通过产销转变为产业,加大在当地的加工力度,可以把一头牛卖出两头牛的价格,一只鸡卖出两只鸡的价格。特别是在做贵州省纳雍县滚山鸡的时候,我们就采取了这种办法。原来我们把鸡杀掉了,去了毛,卖到广东来88元一只,附加值不高,收益并不是很好,那么我们通过产销变产业，将其分解为鸡心、鸡翅、鸡腿等，另外我们还做成了熏鸡、腊子鸡，品类增多了，也提升了经济效益。所以"三个转变"，其实说明的就是一二三产融合的理念，它们是互相渗透的，并通过各种渠道销售出来，这样就能够很直接地增加农民的收入。

二、采取"双联盟"和"双专班"模式

主要在产销两地政府的支持下，成立产区、销区扶贫专班，分别同步引导，组建产区产业联盟和销区渠道联盟。比如说我们一直卖了4年的梅州大埔柚子，在产区与梅州的柚子生产基地成立了生产者联盟，而在广州就成立了销售柚子的经营者联盟。通过政府的帮扶干部，我们有成型的专班，通过专班对联盟进行指导。在9—10月产区柚子熟的时候，我们就把产地的价格做一个预估，比如说我们成本价是2元，那么当年整体产地的柚子是2元的成本，在广州我们通过联盟，销售按照4元零售价，包含了包装运输、成本和利润的核算。所以当时很多农产品就成了订单式的销售，在销售过程中降低了成本，减少了相互信息不对称和互相猜想的情况，对当地农产品，特别是对时令农产品没有构成滞销。

三、落地"三专一中心"运营模式

我们中洲农会与广州市协作办共建"广州市消费扶贫服务中心"，在广州各区设立"专馆、专区、专柜"网点达200余个，集中品鉴、展示农民的产品，对销售起到互动作用和提供及时性的帮助，特别是对品牌的打造起到很重要的作用。

四、脱贫农产品的直播和展销

主要通过文化直播和展览会销售农产品。我们中洲农会自2020年以来，先后在广州成功举办了三届乡村振兴展览会。特别是在2022年乡村振兴展览会上，我们民革省委给予了很大支持。前三届的参展面积达到了4万多平方米，参展商累计有1700多家，现场成交额约1.3亿元，订单金额达到了19.58亿元。

五、结语

2023年，我们中洲农会在民革广东省委会的领导下，着手在佛山禅城区通过旧厂房的改造，将其打造成一个建筑面积达11万平方米的大湾区乡村振兴产业园。项目约投资2个亿，主要是服务于乡村振兴。大湾区乡村振兴产业园是我们东西部协作过程中的一个东部据点，也是我们乡村振兴的城市桥头堡。

深化乡村风貌带与乡村产业带融合发展的"一园一市"策略研究——以新会陈皮产业为例

吴宗建

（广州美术学院教授）

一、研究背景

党的二十大报告指出，坚持农业农村优先发展，巩固拓展脱贫攻坚成果，加快建设农业强国，扎实推动乡村产业、人才、文化、生态、组织振兴，促进区域协调发展，深入实施区域协调发展战略、区域重大战略、主体功能区战略、新型城镇化战略，优化重大生产力布局，构建优势互补、高质量发展的区域经济布局和国土空间体系。

广东省美丽乡村建设成效显著，建设成果主要集中在单个示范点和乡村环境整治、基础设施和公共服务完善、村容村貌提升等农村人居环境改善方面。从2014年先后开展省级连片示范工程建设、2277个省定贫困村创建社会主义新农村、全域推进农村人居环境整治和生态宜居美丽乡村建设、"千村示范、万村整治"工程、珠三角"五美"专项行动、全面推进农房管控和乡村风貌提升等6项工作。

同时，美丽乡村建设也存在一些问题：①前期建设特色不足。美丽乡村建设缺少个性，建设特色不突出。②后期管护不到位。随着美丽乡村建设的推进，后期管护费用也在不断增加，建设成果难以长期持续巩固。③乡村风貌建设与三产融合程度不高。主要体现在二者"各自为政"，导致整体风貌建设乏力，再加上农业还处在为其他产业提供要素和产品的时期，各行业之间的相互影响、相互结合的水平不高，对工业化与城市化的发展方式过分依赖，这就导致了在乡村地区具有地方特色的乡土文化、地域风貌在产业建设过程中遭到严重破坏。④建设资金缺口较大。目前美丽乡村建设的资金来源主要为政府财政补贴、村级自筹等，建设资金缺口较大，加之产业"造血"弱，在产业发展方面所形成的集聚效应和联动效应仍不明显，导致问题愈发明显。

二、主要观点

实现乡村振兴示范带持续高质量发展，关键在于乡村风貌与乡村产业的融合，实现共同富裕。在一个地区的发展过程中，乡村产业有两种力量，一种是集聚，另一种是扩散，这就导致了这两种力量之间的相互作用、相互影响，互为制约。起始阶段，具有优势条件的区位开始了极化过程，对农业产业而言，通过集聚加强，则竞争优势越大；反之，将会导致竞争优势的递减。对推动现代农业产业园发展最好的做法就是不要把有限的资金、时间和资源平铺，要将资源投注于最具竞争优势的产业环节，以持续地维护其竞争优势。产业融合型农产品市场（简称"一市"）以特色农产品加工销售为核心，通过产业联动、技术渗透、设计创新和资源要素跨界配置等方式集聚各类要素资源，同时将农产品加工销售、休闲农业和特色文化旅游三大功能融合，形成复合型产业结构。通过产业融合型农产品市场吸引要素集聚融合，全方位为现代农业产业园导入政策优势、市场投资、科学技术、文化创新等各方面资源，为农文旅深度融合园的发展创造更多的有利条件。当空间集聚达到一定程度时，扩散效应开始起到主导作用，中心区域对周边区域的影响主要表现为扩散效应。农文旅深度融合园（简称"一园"）以农业产业为基础，以旅游休闲为形态，以风土文化为灵魂，在乡村原有资源的基础上不断创新，重点扶持、加速发展主导产业，推动上、下游相关产业部门的联动发展，带动产业整体升级，形成"以农促旅、以旅兴农"的农文旅融合发展之路。通过建设农文旅深度融合园，实现乡村旅游、科学种植、乡村文化、自然景观有机融合，促使经济逐步走向相对均衡发展，实现共同富裕。把以产业融合型农产品市场和农文旅深度融合园建设（以下简称"一园一市"）实施策略作为"组合拳"进行建设，能够实现乡村产业集聚效益和扩散效应的有机整合。

农村工业在地区发展中，既有集聚又有扩散，这使得农村工业的"极化"过程和"扩散"过程相互影响、相互制约。在初始阶段，有利条件的地区启动了一个极化的过程，对于农业行业来说，集群效应愈强，其竞争优势愈大；相反，企业的竞争优势会逐渐减弱。对现代农业产业园发展来说，最好的办法就是不要将有限的资金、时间和资源平铺，要将资源投入到最具竞争优势的产业环节，以持续地保持其竞争优势。"一市"是指以农产品的加工与销售为中心，通过产业连接、技术渗透、设计创新、资源要素的跨境配置，实现农产品加工与销售、休闲农业、特色文化旅游三大功能的有机结合，构成了一个复合的产业体系。利用产业融合型农产品市场，来吸引要素的集聚和融合。

在"一园一市"策略中，应先集中区域优势资源建设极具标志性特征的融合型农产品市场。

三、整体策略

（一）以广东省乡村振兴示范带建设为契机

目前，广东省各地正大力打造乡村振兴示范带，全省累计建成肇庆封开等5条省际廊道，打造了广州"花漾年华"、佛山"百里芳华"、茂名"精彩100里"、汕尾"蚝情万丈"和陆丰"滨海走廊"等200多条美丽乡村风貌带、570多条美丽乡村精品线路。据统计，到2022年初，我省规划中的乡村振兴示范带合计213条，在建设中合计487条，已初步建成长度3420.5公里。（见表1）

表1　广东省乡村振兴示范带建设情况统计表（2022年）

市	规划中/条	在建设中/条	已初步建成长度/公里
广州市	37	51	320
深圳市	5	1	5
珠海市	4	5	20
汕头市	2	10	25.2
佛山市	7	9	183

续表

市	规划中/条	在建设中/条	已初步建成长度/公里
韶关市	12	36	302
河源市	15	31	130
梅州市	24	51	256.1
惠州市	8	19	154
汕尾市	11	40	480
东莞市	12	51	250
中山市	4	33	112
江门市	2	11	163
阳江市	14	16	129.8
湛江市	17	8	55.8
茂名市	7	18	161.2
肇庆市	5	14	210
清远市	12	34	246.93
潮州市	0	7	64.2
揭阳市	12	9	20.27
云浮市	3	33	132
合计	213	487	3420.5

资料来源：广东省农业农村厅《广东省乡村振兴示范带建设情况调研报告》。

（二）以产业振兴为抓手

"乡村振兴示范带是以产业兴旺、生态宜居、乡风文明、治理有效、生活富裕为目标，以改善环境为基础，以提升风貌为标志，以发展产业为核心，以特色文化为内涵，以农民增收为目的，在整合优势资源、发挥集聚效应、推动县域经济、实现共同富裕等方面发挥引领带动作用，连线成片建设产业、人才、文化、生态、组织五大振兴的先行示范区，主导产业是乡村振兴示范带的核心。"[①] 产业振兴是乡村振兴的基础，在整个乡村振兴示范带里面，产业强不强是乡村振兴示范带能否建好的重要指标。

（三）以调研为基础，以问题为导向

从2012年开始对广东近百个产业园和村镇进行现场调研和资料查询，深入分析广东省内乡村振兴示范带的风貌带与产业带发展融合情况，总结其发展特点：

---

① 习近平：《决胜全面建成小康社会 夺取新时代中国特色社会主义伟大胜利——在中国共产党第十九次全国代表大会上的报告》，2017年10月27日。https://www.gov.cn/zhuanti/2017-10/27/content_5234876.htm。

1. 粤西、粤北等乡村风貌带与产业带发展融合度较低的地区，以普宁南径镇（蔬菜种植）、化州大岭村（化州化橘红现代农业产业园）等低融合程度地区为例。其所在位置为村镇相距 6 公里内的城乡交界地域，此范围内的乡村农业产业开始兴建，乡村人居环境的改善与产业建设矛盾突出。

2. 以湛江徐闻县（徐闻菠萝省级现代农业产业园）、韶关北乡镇（北乡马蹄文化公园）等为代表的中融合程度地区。但随之发展也陆续带来乡村农业综合竞争力低、特色农产品价格高、产值低、产业建设与旅游发展相互分开的问题。

部分本身资本充足和规模化产业经济已成型的地区，实现了乡村风貌带与产业带的高度发展融合。以新会江门（新会陈皮国家级现代农业产业园）、南海西樵镇松塘村（松塘翰林文化古村落）等为代表的高程度融合发展地区，乡村风貌带和产业带融合高度发展地区为两者发展不协调、不契合、不匹配的地区提供了成功经验和借鉴，反之，融合程度较为薄弱的地区存在的问题和不足，为日后乡村风貌带和产业带融合发展指出了改进之处和理应避免的地方。（见表 2）

表 2　广东省产业带与风貌带调研情况汇总表（2022 年）

序号	产业园名称	位　置	规划总面积/百亩	级别	农产品交易市场建设状况	农产品交易市场建设形态	是否有农产品展馆
1	江门市新会陈皮国家现代农业产业园	广东省江门市新会区	6450	国家级	建设完成	集陈皮产业服务平台、特色餐饮、休闲养生、文化旅游于一体的大型特色商业综合体	已建陈皮文化博览中心
2	茂名高州市荔枝国家现代农业产业园	高州市根子镇、分界镇，涉及茂名市根子、分界、泗水、谢鸡、金山 5 个镇街以及电白区和茂南区	3960	国家级	交易市场项目的基础设施建设已基本完成	结合展示、加工与销售功能的荔枝文化展示、物流配送集散区、微商电商专业街与世界荔枝交易集散中心	茂名市荔枝国家现代农业产业园子项目（科技创新与展示）中国荔枝博览馆建设中
3	恩平市丝苗米省级现代农业产业园	江门恩平市牛江镇、沙湖镇和良西镇等	1050	省级	规划建设中	现代农业物流交易中心	已有农业展馆
4	湛江市雷州菠萝省级现代农业产业园	湛江市雷州市龙门镇、雷高镇、覃斗镇、英利镇和调风镇	47.3	省级	规划建设中	物流仓储中心	建设中
5	阳江市阳春市春砂仁省级现代农业产业园	阳江市阳春市春城街道七星林场	400	省级	规划中	融合农产品交易、文化展示、休闲旅游三大功能的建设形态	已有展览馆，新展馆在规划中
6	广州市从化区花卉省级现代农业产业园	广州市从化区	150.4	省级	规划中	花艺展示馆、花卉交易馆、衍生品交易馆和精品花市形态	规划中
7	江门台山市鳗鱼省级现代农业产业园	江门市台山市斗山镇、端芬镇、广海镇、冲蒌镇	10419	省级	规划建设中	鳗鱼仓储物流基地	无

续表

序号	产业园名称	位置	规划总面积/百亩	级别	农产品交易市场建设状况	农产品交易市场建设形态	是否有农产品展馆
8	开平市家禽省级现代农业产业园	开平市中南部	6080	省级	未建设	无	无
9	阳江市阳西县荔枝省级现代农业产业园	阳江市阳西县儒洞镇	172.8	省级	规划建设中	融合农产品交易、文化展示、休闲旅游三大功能的建设形态	建设中
10	茂名市沉香省级现代农业产观业园	茂名市电白区珠镇大榕村	12	省级	规划建设中	沉香原料交易市场	建设中
11	茂名高州市龙眼省级现代农业产业园	高州市沙田镇	1620	省级	规划建设中	融合农产品展示、体验、销售为一体的建设形态	建设中
12	韶关市仁化县柑橘省级现代农业产业园	韶关市仁化县	1210	省级	规划建设中	农产品加工物流区	计划建设中
13	河源市紫金县茶叶省级现代农业产业园	河源市紫金县	380	省级	规划建设中	交易物流中心	计划建设中
14	茂名化州市化橘红省级现代农业产业园	化州市官桥镇	12798	省级	规划建设中	融合农产品交易、文化展示、休闲旅游三大功能的建设形态	建设中
15	河源市连平县鹰嘴蜜桃省级现代农业产业园	河源市连平县上坪镇	600	省级	规划建设中	物流园与交易中心	无
16	惠州市博罗县柏塘山茶产业园	惠州市博罗县柏塘镇	230	市级	已建设	商铺型小规模市场	无
17	惠州市博罗龟产业园	惠州市博罗县杨侨镇	3.1	市级	未规划	无	龟文化展馆建设完成
18	恩平市筋菜产业园	恩平市恩城街道和大槐镇	4275	市级	未规划	无	无
19	阳江市阳西县程村蚝产业园	阳江市阳西县程村镇东红光村	400	市级	规划中	专业批发市场	规划中
20	广东裕茂农业开发有限公司	开平市赤水镇白石塘村与台山交界处	23	省级	未规划	无	无
21	汕头市濠江区丹樱生态旅游区	汕头市濠江区河浦大道中段	40	省级	未规划	无	已规划，但未落实建设场地
22	汕头市濠江区金寿生态园	汕头市濠江区南阳路	10	省级	未规划	无	无
23	汕头市澳士兰牧场公司	汕头市濠江区河浦燎原村	10	无	未规划	无	计划中

续表

序号	产业园名称	位 置	规划总面积/百亩	级别	农产品交易市场建设状况	农产品交易市场建设形态	是否有农产品展馆
24	台山神秘果基地	江门台山市三合镇	12	正在申请市级	未规划	无	计划中

(四) 以"一园一市"为实施策略

1. 以"一园一市"建设为实施策略。农文旅深度融合园是乡村风貌带和产业带融合发展的核心,产业融合型农产品市场是乡村风貌带和产业带融合发展的关键,两者共同推动乡村从一时美到长久美、从外在美到内在美、从风貌美到风尚美、从环境美到发展美。在"一园一市"策略中,应先集中区域优势资源建设极具标志性特征的融合型农产品市场。

2. 以钻石理论建设"一市"。从2012年开始,江门市集中区域优势,规划建设极具标志性特征的融合型农产品市场。钻石理论实施要点是选择好具有金刚石质地的实施主体企业。实施主体企业不是为了创建而临时拼凑起来的,很多时候,企业组织稳定的架构保障了决策的稳定性和实施的有效性。钻石有众多切割面,先从哪块入手? 在创建具有示范性、标志性的现代农业产业园,融合是最优角度。在新会陈皮产业园围绕第一产业打造综合性产业体系基础上,陈皮村交易市场以销售为核心融合加工仓储、特色旅游等功能业态,创新性拓展农业经营理念,跨越式转变农业经济的属性,使现代农业产业园具备了融合产业的功能和特征,是集陈皮交易、特色餐饮、休闲养生、文化旅游于一体的特色农产品商业文化综合体。①(见图1) 经过分步切割打磨,陈皮村钻石般的吸睛效果,如同聚光灯打在身上,让普通市民对新会陈皮从不认识到了解,再到形成持续的消费力,让投资者对新会陈皮这一传统行业的不看好到摸清行业发展态势,最终形成成熟的市场投资等,将新会陈皮推上市场高潮。2015年,新会陈皮村在三产融合示范上取得成效,切实推进政府对新会陈皮产业的总体发展规划,培育农业产业化龙头企业和联合体,进一步推动新会陈皮国家现代农业产业园的申报创建。② 2022年,新会陈皮全行业年产值达到约190亿元,③ 比2014年新会陈皮全行业年产值约8亿元增长了近24倍。

---

① 吴宗建:《新会陈皮村三产融合理论实践与创新》,光明日报出版社,2021年。
② 陈娅:《发展陈皮产业 带动乡村振兴——江门新会市陈皮村调研分析》,《教育教学论坛》2019年第11期,第83-84页。
③ 江门市人民政府:《新会陈皮产业全面发力 奋力描绘高质量发展新画卷》,2023年3月9日。http://www.jiangmen.gov.cn/home/sqdt/xhzx/content/post_2813304.html。

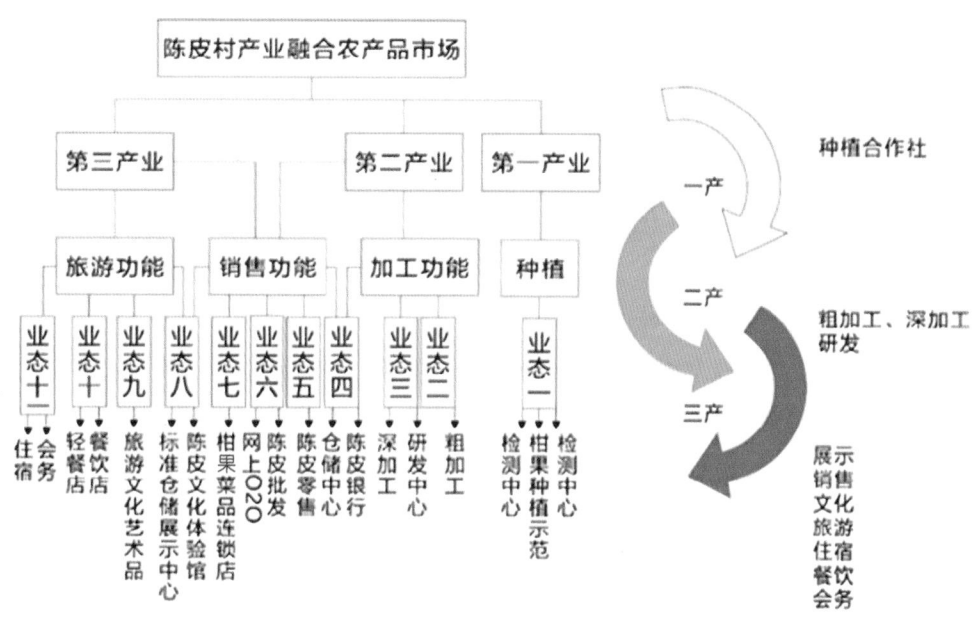

图 1　新会陈皮村三产融合示意图

新会陈皮基于"药食同源"属性形成全产业链生产，依托毗邻中心城区规划经济发展区，打造"一轴、两带、三基地、四中心、五园区"的新会陈皮产业带，实现新会陈皮一、二、三产业融合发展，推动新会陈皮产业建设与新会乡村风貌协同发展。

3. 乡村风貌带与乡村产业带融合发展有党建、有内容、有谋划、有亮点，正朝"侨、带、管理、高度"方向出发。各镇（街）以示范点为引领，整体谋划、连片打造乡村振兴产业带、风貌带，不断实现资源共享。利用新会的文化资源禀赋，从高位、长远谋划布局，打造城乡融合的示范中心。其中圭峰会城充分发挥区域优势、产业优势和基础优势，注重生产、生活、生态"三生"融合，以江门大道和英洲海水道为纽带，形成"一带连八村六片区"的规划结构。睦洲镇将以"一桥两廊三园四区"的发展思路，打造集党建、文化、生态、旅游、科技、产业融合发展的乡村振兴示范带。双水镇围绕"香、侨、甜、食、趣"五大核心板块，打造包含 1 条综合发展轴、4 个节点的乡村振兴示范带。大鳌镇坚持走"党建红"引领，"产业蓝"与"生态绿"融合发展的路子，重点建设红棉主题岛等。

（五）以"党建引领+文化铸魂+艺术赋能+五力并举"为路径

1. 党建引领突出"红色引领、绿色生态、特色产业"发展理念，以夯实村级党组织为关键，加快建立"一核多元"的组织网络，推广"支部+企业""支部+合作社"等模式，推进党员干部直接联系服务群众，拓展乡镇干部"岗位在村、重在服务、责在联心"制度内涵。要加强党员群众服务中心硬件建设，强化"多务合一"功能，让党员群众服务中心成为村级政治引领中心、便民服务中心。推动党建"示范点"向党建"示范带"转化，切实将党建优势转变为发展优势，将党建资源转变为发展资源，将党建成果转变为发展成果，为推动基层党组织全面进步、全面过硬赋能添彩。

2. 文化铸魂是按照科学的定位精准地谋划，既要注重乡村振兴的塑形，也要铸魂。乡村文化的地域性、特殊性以及民族性本身就是重要的资源，具有促进生产力发展的作用。文化引领铸魂策略以产业为载体、以乡村为根源、以文化为核心，通过聚焦产业文化提炼，提升产业集群核心竞争力；以乡村传统文化为底蕴，打造农业产业时代新文化；乡村文化与产业文化两者兼容，形成崭新面貌的乡村文化，让村民在共享产业与文化发展成果中凝聚起来，重拾自信。

3. 艺术赋能策略是让艺术的"魂"融入乡村的肌理，让艺术的"血液"融入乡村的根脉。以"艺术+""+艺术"的方式，对乡土资源进行挖掘与利用，以巩固乡土文化的本源，唤醒与激活乡土文化。艺术赋能结合乡风文明建设、乡村传统文化传承和农业产业文化，因地制宜地艺术化改造乡村丰富的历史文化资源、民俗文化资源和生态文化资源，使文化艺术融入乡村生产生活，提高资源开发深度和文化创意精准度、产业融合粘度，促进当地产业的本土化、个性化、特色化、品牌化和标准化的发展。

4. 五力并举全方位发展策略从低成本、可复制、全覆盖、可持续四个方面入手，以资金支撑、科技加持、实施主体、组织筹划、品牌塑造五大方面，多措并举全面推进乡村风貌和产业带融合发展提升。（见图2）

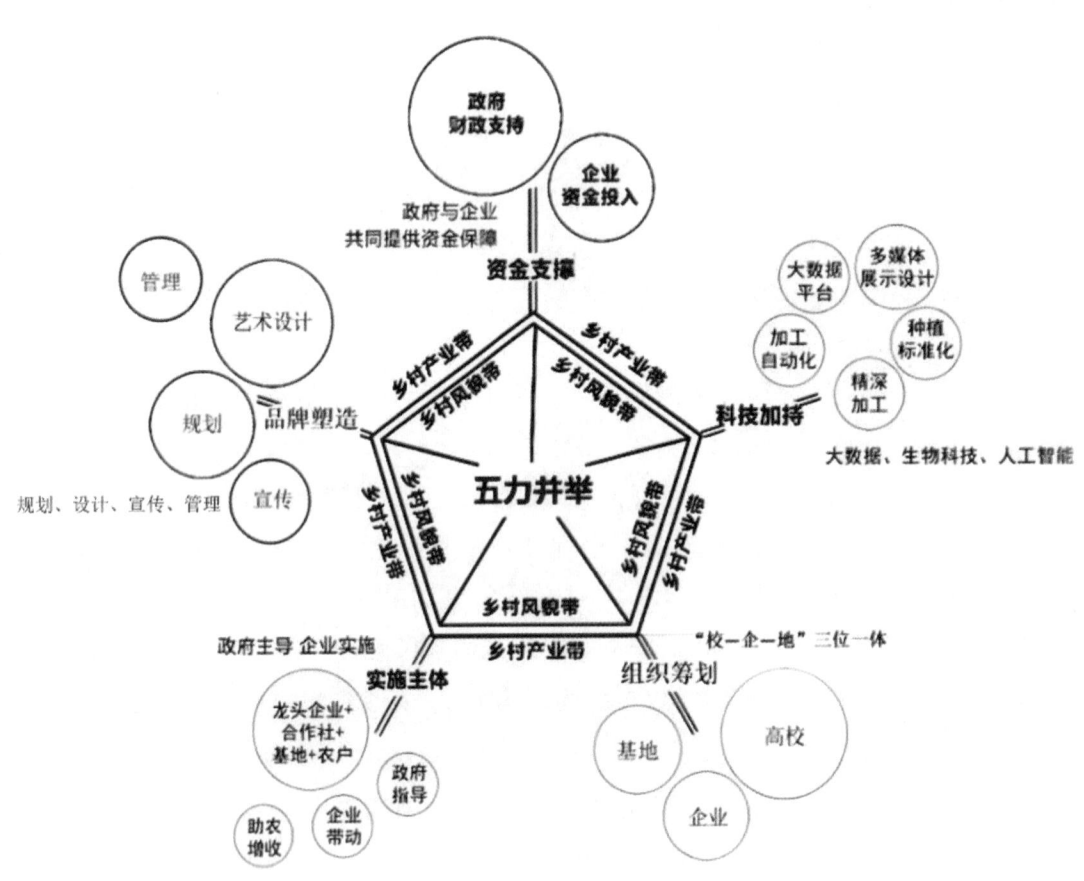

图2 五力并举理论

（六）"三步走"步骤

第一步：景观跟着业态走。以各地的资源禀赋和区域功能定位为基础，对产业进行科学规划，因地制宜，有序推进景观跟着业态产业走，提升乡村风貌规划水平、设计品质、建设标准。第二步：产业跟着市场走。业态产业需以农业供给侧结构性改革为主线，认清现状，整体策划，以市场体系建设推动农业的产业化发展，充分发挥市场配置资源的作用。第三步：市场跟着联农带农走。市场跟着联农带农走需以联农带农利益联结机制为动力，促进各类农民孵化新型合作社、协作体和产业联盟，以标准连结，在整合资源、搭建服务电商销售平台等方面，帮助农产品走出产区，发挥其积极的作用。调动农民群众的积极性、主动性、创造性，让农民更多分享产业增值收益，实现农民增收。

四、总结

现阶段，广东省在乡村振兴示范带的建设中可将"一园一市"策略结合起来，形成推动乡村风貌带与乡村产业融合发展的系统性策略，解决乡村风貌带与乡村产业融合发展的问题：一是依托乡村振兴示范带建设契机，推动"一园一市"的建设；二是聚焦农村三产融合发展，明确"一园一市"的重要作用；三是落实"一园一市"乡村建设用地，采取积极的土地性质转变政策；四是提供"一园一市"专项政策资金扶持，落实项目资金和有效管理；五是加快区域产业集聚，重点建设百个特色农产品市场。以"产业美"提高乡村风貌整体水平，让广大农民在产业发展中获益并成为维护和提升乡村风貌的新生力量，为乡村振兴注入新活力。

粤字号农产品区域品牌塑造

熊 强

（仲恺农业工程学院副教授）

今天，我想从品牌塑造的角度为乡村振兴提供新的思路，为大家带来主题为"粤字号农产品区域品牌塑造"的分享。分享主要分为四个部分：一是区域品牌现状；二是区域品牌战略三部曲；三是区域品牌系统构建方法；四是粤字号区域品牌塑造探索。

一、区域品牌现状

首先，关于区域品牌的现状问题。从 2021 年的中国农产品百强标志性品牌发布中看到，全国的百强品牌中，广东占比较少。2022 年的农业农村部发布的《农业品牌打造实施方案（2022—2025 年）》中提到，到 2025 年要重点培育 300 个精品农产品区域公用品牌，带动 1000 个核心企业品牌和 3000 个优质农业品牌，强调品牌文化赋能的战略思路。实际上，我们的品牌建设从无到有，再到优质农业品牌的华丽蜕变，在近几年已经呈现出百花齐放的状态。而我们的团队也有做农业品牌企业的评估标准，也在做一些企业品牌的咨询和战略报告，其中就包括了企业品牌的市场潜力、企业荣誉、公众认知度、品牌核心优势、市场占有率、大众口碑、产品特色，以及媒体报道等。

这些因素让我们反思农业品牌，尤其是广东的农业品牌应该怎么发展。根据农业农村部网站检索到的 2008—2020 年各省（市）"农产品地理标志"品牌数存量结构中的数据看到，广东的数据偏后，仅 44 个。（见图 1）基于这一数据的判断，其实在品牌建设当中，广东的整体背景相对来说较弱。而由于农产

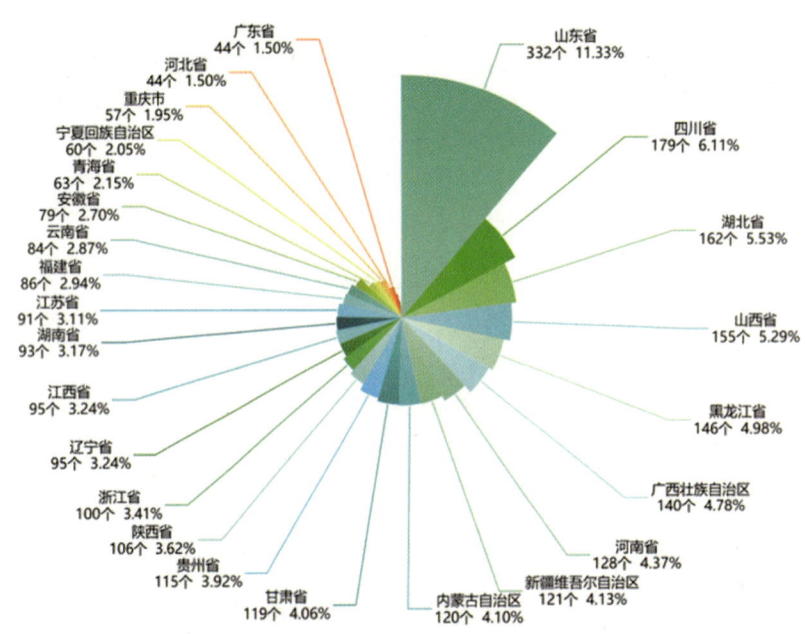

图 1　2008—2020 年各省（市）"农产品地理标志"品牌数存量结构图（数据来源：农业农村部）

品的地理标志品牌本身具有优势，作为区域品牌的建设有着非常好的基础，所以在存量结构中，广东排名较后。虽然"2022中国区域农业产业品牌影响力指数TOP100"中广东也入围了三组，但在整个全国区域农产品的地域分布数量里，我们还是较为偏后的；在整个产业结构中，果品和茶叶的数量是比较多的。而"2022中国区域农业形象品牌影响力指数TOP100"中，广东三组入围。

基于以上数据，谈到其中存在的问题。广东省作为一个农业大省，还有很多发展空间，在农业区域品牌建设中，它其实还存在以下6个问题：①搭顺风车，抢吃大锅饭。我们很多时候做品牌最怕的就是跟随别人，而做一流的品牌一定是引领市场的，所以我们要思考的问题是怎么做出引领市场的东西。②千家万户小生产者与千变万化大市场之间的矛盾。从第三次农业普查数据中发现，小农户数量占农户经营主体的98%以上，中小农户经营耕地面积占总耕地面积70%，小农户从业人员达到90%，说明这是碎片化的生产。中小型种植农户非常多，大型龙头企业占比比较小，缺少龙头企业带动小农户整合产业资源来达成区域品牌。③组织力量发挥不够。④经营的主体相对较弱，产业龙头发力不够。⑤品牌建设总是走老路和弯路，很多企业家找到设计者都是仅仅做个包装或标志，这并不是真正的品牌。很多农业企业和从事者对品牌的理解仅仅停留在表面。⑥全品类模式建设也是不可取的。很多企业今天做一个品类、明天做一个品类，这种全品类模式建设会分散精力。

因此，农业的竞争实际上是品牌的竞争，那么我们是应该做赚钱的农业还是做值钱的农业？这是很多企业家都没有想明白的问题。在未来一定是做值钱的农业，而不是赚钱的农业。我们在跟企业和政府洽谈的过程中，发现很多人为了养活自己，认为赚钱就足够了，就不谈品牌的问题。因此，未来资本市场看中的是品牌价值，一流的农业企业是值钱的，二流的农业企业是赚钱的，三流的农业企业是赔钱的。所以我们在和农业企业培训时，让企业对标自己的所处阶段。现今的农产品大多数都在做差异化的定位，有了差异化的产品定调才能做出引领行业的品类，而不是跟随市场和复制市场。这是我们农业品牌目前面临的一个最大困难。

中央一号文件近几年都在提到品牌打造。品牌兴，产业旺；产业旺，则国家强。未来二十年，世界看中国，中国看农业，农业看品牌。而区域品牌中，又存在区域公用品牌和区域公共品牌。区域公用品牌，指这个品牌是有组织地进行创建塑造，符合条件的经营者只有经过授权方可使用；区域公共品牌则是自然形成的，这个品牌并不是由某个组织专门地创建和塑造，因此使用时也无须经过授权。但无论是公用品牌还是公共品牌，都是为了打造一个区域单品。区域公共品牌建设应是政府和企业双轮驱动的模式，由政府做主导，在品牌工作中起到主持和引导作用，做好顶层设计，夯实产业基础，创建区域公用品牌。具体包括战略定位、产业规划、产业管理、品质提升，以及区域公用品牌创建和公共共享资源平台的搭建，等等。因此企业在参与过程中应联合政府，将两个"齿轮"转动起来，才能将品牌做好。同时，我们作为科技特派员去到地方，在做相关指导的过程中也发现一些相关的问题，如政府的一些思路和想法可能会存在一些矛盾，双方在合作过程中应该不断促进和融合。因此在区域品牌建设中，一定是从单品的思路去切入，有很多案例类似涪陵榨菜、乌江榨菜、德庆贡柑、徐闻菠萝、梅州金柚等。

二、区域品牌战略三部曲

区域品牌的战略应分为三步走。第一步是树品类。区域品牌占率中最重要的是品类的建立，一定是一个区域加一个单品，类似于刚才的例子。品类的原则是优品种、提品质、创品牌、拓业务和搭建平台。

创品牌过程中，应以政府为主导，联合龙头企业来共创联合品牌；拓业务指业务布局要合理，便于品类和产业快速发展，把单品的这个品类实现一、二、三产业融合发展；搭建平台，搭建的是产业政策、金融政策平台，整合技术、科研、质检、标准、评奖保护平台，溯源信息服务平台，外部金融资本、渠道资源、电商销售服务平台，借势传播推广平台等。

第二步是抓主体。先立龙头，政府主导、社会参与、团队参股，产业资本、金融、协会、合作社、商业、技术专家及销售平台、机构都可以参与进来。制定的战略一定要非常清晰，具有可持续性，具有生态的理念。塑造品牌则是指结合区域品牌的基础上，联合企业建立联合体企业品牌，这是农产品区域品牌建设的核心问题。在拓市场的过程中，包括具体的销售工作、提炼价值、创意设计、价格定制、渠道搭建、媒体传播、市场推广等。

第三步是建生态，它十分关键。生态，其实就是打通一、二、三产业一个非常重要的思路，也就是从产品、品牌和产业优势的"点"到产业的"面"，再到整个区域经济的"面"，指导繁荣和壮大整体区域经济建设。建生态过程中其实就是一、二、三产业的融合，包括了农业综合体，有种、养、加工、销售服务、旅游观光、休闲、养老、采摘、亲子文旅等延伸价值，能实现有科学、健康、可持续发展的生态，壮大区域经济。

三、区域品牌系统构建方法

接下来谈区域品牌建设的系统。品牌是什么？品牌是我们既能想得到，还能买得到的，这是很重要的。那么应该怎么做呢？并不是简简单单地说说就能做得到的，它一定是一个系统性的工程。我们所看得到的这个品牌的所有东西都是冰山一角。品牌底下这部分其实是一个非常庞大的系统，由于时间关系今天不展开说明，但品牌底层是关于战略的部分，包括竞品分析、企业分析、行业分析、品牌计划、营销思路、价值提炼、品牌塑造以及品牌战略定位。那么冰山底下看不到的那部分我们应该怎么去塑造？对整个品牌的战略来说，这是一个非常完整、系统的、多方面的、全维度的打造。这里面又分成四个层面，分别是精神层面、制度层面、行为层面、物质层面，即农产民品牌系统构建的四个层面。另外，上文提到的整个战略系统，其实品牌基础就是冰山的底下部分。这部分又分别包括企业文化、地域文化、产品文化，消费者分析、竞品分析，产品定位以及视觉输出，即我们所看得到的。而冰山上半部分则包括标志、包装、VI（视觉设计）、网站、口号、公众号，等等。那么上面提到的百强品牌应该怎么去做评估？其实就是从影响力、检索力、公众口碑以及新闻价值等去做延伸。所以我们在做农业品牌评估的时候，基本上是从这个模型当中去思考它的底层建设、中层建设以及未来的传播建设是不是一个完整的一个体系。塑造一个好品牌需要五个方面，即品牌产品的质量是根本，品牌的准确定位是关键，品牌的宣传媒介是手段，品牌物有所值是动力，以及品牌的坚持不懈是保障。

四、粤字号区域品牌塑造探索

那么，粤字号区域品牌应该怎么塑造？我用我带领团队完成的《西关香香》农业品牌项目作为案例进行讲解。这个项目是受乡村振兴文化产业园的委托，做了与咨询相关的设计，他们把整个字号区域品牌，通过这个系统分析去做定位。定位里面他们将广东省农业农村厅2018年发布的《广东省农产品加工业发展规划（2018—2025年）》进行分析，其中包含了9个重点发展的农产品品类对象，分别是粮食类、茶叶加工类、南药加工类、水果加工类、植物油脂类、水产品加工类、畜禽产业加工类、蔬菜加工类、以及其他特色与优势农产品加工业。其中包括了里面的各个品种，这些品种其实有几个已经进入前面提到的全国百强具有影响力的品类。因此做粤字号的品牌，一定是不能离开文化的。所以团队从文化载体上，基本梳理了广东省的国家级非遗、省级非遗的文化载体，进行了一个大致的策划，比如丝苗米等农产品还结合了岭南建筑，包括骑楼文化、西关大屋等，使文化更好地融入。

做品牌离不开文化，那么粤字号的文化来自什么？是来自我们的岭南文化。因此，在梳理了整个视觉文化载体后，团队以"粤有好礼"为总主题，并根据9大品类延伸出"粤有毫米""粤有好茶""粤有好果""粤有好渔""粤有好药""粤有好腊""粤有好花""粤有好油""粤有好菜""粤有好厨"，整体进行了大致的规划，把相关LOGO以及IP都呈现出来了。其中IP"西关香香"的文化定位是西关小姐，因为西关小姐是清朝广州一口通商时期西关地区富家女子的一个统称，包括有女医生、女学生、女运动员和女革命家，延伸性非常好，所以团队选择西关小姐为元素。同时，西关小姐也曾经进行过评选，吸引了国内外的关注，所以以西关小姐为主题，以"香香"为名。"香"有好闻、味道好、睡得香等多种含义，正好与当下农业品牌IP定位不谋而合。由此，团队又从粤字号农产品品牌的IP中研发出1个主要形象和9个不同的角色形象。这9个角色形象分别代表着9个不同的产业，9个产业分别拥有农产品的品牌甄别官，让IP融入到广东省各地区的活动当中。

《西关香香》的品牌发布会已经完成，但还没完全推广。这个概念和文化，以及整个对于粤字号品牌IP的打造，是一个亮点，也是一个品牌年轻化的思路，已经渗入到渔业、种植业，等等。团队把整个的IP，包括相关的农产品、表情包，以及相关活动，也做了相关的包装。其中"粤有好茶"是把4个地区的茶叶综合到一起，包括潮州、英德等，其实是做成一个粤字号的手信。9大品类用一个IP串联起来，从插画到包装，再到整个结构，是一个非常完整的主体。

五、结语

前面所讲到的思路，第一，区域农产品的这个建设一定是通过龙头组织带动的模式，推进我们农产品的品牌发展。第二，加上我们农产品的质量监控，实现品牌标准化管理。第三，推进科技创新，奠定品牌质量基础，这一点其实是非常重要的。阿里集团已经做了关于农业大脑的一个数字农业的计划，他们的智慧农业，可以把种植、养殖、病虫害的防治、监控个体大小都融入其中，以及想达到什么样的标准能够出品，已经是非常标准化、无人化了。所有采集的设备，包括土壤、水分的监控，以及植物的生长过程，都已经能溯源，做到可视化了。阿里集团从事研发好几年了，这并不是我们纯粹的只看看视频而已，它可以通过系统完全实现。因此数字化农业发展在品牌界当中以及未来的科技当中，是一个非常重要的方向。第四，通过文化营销提升品牌的文化价值。其实文化IP概念的植入已经早有先例，像日本的熊本熊。熊本县本身就是一个农业县，但是这个无人问津的农业县，通过熊本熊IP的塑造，它的产业已经超过了农业的产值。短短三年时间里面，这个文化IP已经超过了农业产值收入，而且带动了当地的农业发展，这是一个从文化IP导入来带动农业发展非常成功的先例，非常值得我们学习。第五，建立绿色品牌形象，提高品牌农产品的竞争力，发展无公害产品，包括绿色食品和有机食品的紧密结合。这是最根本的。第六，注重品牌的整合传播，加强农产品品牌营销。其实就是各种农事会直播、网络营销、短视频，这些便是前面提到的冰山架构体系中最上面那一部分，底下的文化基础建设好后，上面所有的推广活动都是有文化的、有内容的，而且是聚焦的。

《广东省乡村休闲产业"十四五"规划》[①] 解读

王明星

(仲恺农业工程学院教授,硕士生导师)

今天,我主要讲述三个方面的内容:一是《规划》缘由与研究过程;二是《规划》的背景;三是《规划》的主要内容。

一、《规划》的缘由与研究过程

首先,《规划》的缘由。我简单说一下为什么会产生这样一个规划?2019年,广东省农业农村厅让我组织了广东省休闲农业与乡村旅游产业联盟以后,做了一些工作。到了2020年12月,他们希望我们来做一个广东省乡村休闲产业"十四五"的发展规划。于是我们于2021年1月23日,组建课题组,在广州从化召开了项目开题研讨会。首先,我们这个项目有两个顾问,一位是我们仲恺农业工程学院校长程萍教授,另一位是华南理工大学客家文化研究所所长谭元亨教授,这两位都是二级教授。而我本人是规划的项目负责人。其他课题组核心成员有:广东财经大学岭南旅游研究院刘少和教授、广东财经大学文化旅游与地理学院秦学教授、华南农业大学中国农业历史遗产研究所所长倪根金教授、华南农业大学艺术学院党委书记刘红斌研究员等。其次,我简要概述一下我们课题的研究过程。我们课题组在开题后,就立即着手对全省的休闲农业与乡村旅游发展情况进行深入的调研。为了使调研工作科学、高效,经过研究,课题组将全省划分为珠三角地区、粤东沿海地区、粤西沿海地区和粤北地区4个片区来进行调研工作。我们在省农业农村厅和各地相关部门的协助下,历时10个多月的时间,对河源市、惠州市、潮州市、汕头市、汕尾市、湛江市、茂名市、阳江市、清远市、韶关市等10个地级市的休闲农业与乡村旅游发展状况进行了深入的实地调研考察与交流。最后,项目的结题。我们的《规划》于2021年12月10日,在广东省农业农业厅进行了评审与鉴定会,并于2021年12月20日完成结题验收。

二、《规划》的背景

首先,从政策方面来看。在国家层面上,从习近平总书记在党的十九大中提出实施乡村振兴战略,再到党的二十大提出建设农业强国,中共中央、国务院、农业农村部、文化与旅游部等部门都出台有关政策文件,大力支持乡村振兴、乡村旅游、休闲农业的发展。在广东省层面上,广东省作为改革开放的前沿地,经济发展水平在我国居于前列,城市居民的生活消费不再仅仅满足于衣食住行,而开始转向多样化的休闲、文化、旅游、娱乐等活动。由于城市土地面积、景区无法满足城市居民休闲旅游的需求,

---

[①] 《广东省乡村休闲产业"十四五"规划》,本文简称为《规划》。

加之生活压力的增大，人们产生了回归大自然、向往田园生活的强烈欲望。党的十九大以来，我们广东省也出台了一系列的文件，推动农村一二三产业融合发展。但这三年的疫情不仅对城市的旅游，也对乡村的旅游产生了极大的影响。

其次，从广东省经济社会发展来看。其一，人口与经济。在人口方面，我觉得我们广东省发展乡村旅游和休闲农业产业有一个巨大的优势，就是我们的人口比较多，我们的区域比较广，有21个地级市、20个县级市、34个县、3个自治县、65个市辖区、1123个镇、11个乡（其中7个民族乡）、467个街道办事处，这是我们一个发展的基础。我们广东从2010年到2021年，在全中国人口增长是最多的，增长了2000多万人口，从珠三角、粤西、粤北都有一定的增加，但是大家可以看到粤东和粤北还是有一点点负增长的。在经济方面，2021年，广东省GDP总量达12.1万亿元，全国排名第一，已经成为国内首个GDP破12万亿元的省份，连续33年排在全国首位，人均地区生产总值98285元。其二，国家战略。当然我们广东也有几大国家战略的支撑，一个是粤港澳大湾区国家发展战略，还有一个深圳社会主义先行示范区战略。粤港澳大湾区的区域是"9+2"，其中已经有4个城市GDP已经超了万亿元，广州、深圳、佛山和东莞；香港和澳门又有独特的地域优势。我们把2021年粤港澳大湾区各地的GDP以及财政收入也罗列出来，说明广东是全中国，也是全世界人口最为密集、经济最为发达、财富最为集中的一个地方。所以广东省也最需要乡村的休闲产业，也就是今天杨振之教授提出的需要旅游疗愈和田园养生。其三，现代农业产业。广东省目前已构建起"跨县集群、一县一园、一镇一业、一村一品"的现代农业产业体系，累计创建18个国家级、288个省级、73个市级现代农业产业园，实现主要农业县、主导产业和主要特色品种全覆盖。

再次，从发展的现状来看。其一，广东省乡村休闲产业资源丰富，消费群体潜力巨大，乡村基础设施发达，风景美丽基础坚实。其二，广东省乡村休闲产业业态类型丰富。涌现出农业公园、田园综合体、特色小镇及其他休闲农业园区模式。其三，广东省乡村休闲产业品牌效应凸显。我们的学生把我们广东农业产业的各种平台给大家收集整理出来了，已经整理到2022年的10月。部级层面，全省共有全国休闲农业与乡村旅游示范县（区）10个，中国美丽休闲乡村32个，中国重要农业文化遗产5项，向全国推介24条乡村休闲精品线路。省级层面，持续开展省级休闲农业与乡村旅游示范镇示范点创建活动，全省共创建休闲农业与乡村旅游示范镇147个、示范点407个，认定了550家广东农业公园。

最后，从发展的机遇与挑战来看。机遇方面：其一，党和政府大力提倡发展休闲农业与乡村旅游产业。这个没得说，党和政府的提倡，全国以及我们大湾区的这种市场的规模，甚至全中国的人口我们预计开始下降，但是我们广东省还会继续增长，这是最为大利好的消息。其二，全国休闲农业与乡村旅游市场将达万亿规模，市场行业发展潜力巨大。其三，这几年疫情致使我们的游客在旅游心理方面发生了变化，促使休闲农业与乡村旅游蓬勃发展。挑战方面：其一，人口增长与国土面积不变产生矛盾。人口增长、土地面积的不变使得广东省乡村休闲产业高质量发展迎来巨大挑战。其二，省内——其他旅游方式的替代。广东经济发展活力持续保持，五大都市圈体系逐步完善，但省内周边区域乡村休闲娱乐不是唯一的选择。其三，省外——旅游大省的挑战。江苏、四川、江西、湖南、山东、浙江、福建等周边旅游大省资源丰富，休闲活动替代效应吸引着广东游客。

三、《规划》的主要内容

我们做的规划是在2022年3月31日正式发布的，共有6章的内容，那么我这里就由点带面地把最主要的几点提一下。

第一，规划的原则。一是立农一定要为农服务；二是要用绿色生态的思想进行引领；三是要有创新融合的理念，四是，要统筹发展。

第二，规划的定位。我想特意说明一下，这个是我们课题组反复讨论最终形成的 12 个字，就是我们觉得广东省的乡村休闲旅游一定要凸显这 12 个字。一是大湾区它的经济、科技、创新、文创综合的优势，要在我们乡村休闲旅游产业里面体现出来，所以要凸显"湾区引领"这样一个定位。二是我们广东拥有独具地域特色的广府、潮汕、客家、雷琼文化等，也包括热带、亚热带的农业，一定要凸显"岭南特色"的文化底蕴。三是我们要做出广东的样板，广东的模式来，凸显"广东样板"。

第三，空间布局。我们根据广东省"一核一带一区"发展布局，规划了广东省乡村休闲产业"4321"的空间布局。"4"为"四边"，即城边、景边、海边、村边；"3"为"三道"，即交通干道、碧（绿）道、南粤古驿道；"2"为"两特"，即少数民族特色居住区、古镇古村特色村落；"1"为"一园"，即农产品加工旅游园区。

第四，产品体系。我们希望突出特色，一个是地域性的特色，另一个是季节性的特色。一是突出特色，设计季节性主题产品。在春季，突出播种、赏花、踏青主题；在夏季，突出"双抢"[①]、亲水、纳凉主题；在秋季，突出丰收、采摘、登高主题；在冬季，突出"民俗、温泉、赏雪"主题。二是拓展功能，开发农业生产季节休闲产品。要推进农田、果园、茶园、牧场变公园，推进劳作变体验，做大做优农事节庆活动。三是发掘价值，开发农闲季乡村休闲产品，培育乡村体育休闲产品，培育农产品加工旅游休闲产品；要推进闲置设施复合利用。同时，加强宣传推介等工作。

第五，主要任务。一是夯"基"完善配套设施。我们要充分利用乡村的碎片化，因地制宜打造"四小园"，即小菜园、小花园、小果园、小公园，激发产业发展新动能。二是创"品"培强"三品一标"[②]。丰富业态品种，发掘生态涵养产品，提升产品品质，培育品牌体系。三是促"融"创新发展模式。我们要促进"农业+文化""农业+教育""农产品加工业+文化"等业态发展。四是，强"链"推进全产业链发展。实现"美丽乡村"向"美丽经济"转化。五是，引"智"培育人才队伍。我们向省农业农村厅乡村产业处提出，我们一个智库是不够的，必须大力加强把全省的智库普及进来。他们听取了我们的意见，成立了由保继刚教授、张伟强教授、梁明珠教授等组成的专家组，比我们水平更高的专家也引进到智库里面。得到了大家的认可和支持，我觉得非常欣慰。

---

① "双抢"是一个农业活动，指农村夏天抢收庄稼和抢种庄稼。
② "三品一标"是指无公害农产品、绿色食品、有机农产品和农产品地理标志。

中篇

区域研究与规划

中篇提要

区域，是人类社会一切经济社会活动得以进行的空间，它通常是指特定的地理空间范围。就目前的情况来看，国内划分的区域有两种基本类型：一种是与行政区域一致的经济发展区域；另一种是非行政区的，按一定主观意志组合的经济发展区域。本篇的"区域"主要是指前者。规划，是个人或组织制定的比较全面长远的发展计划，是对未来整体性、长期性、基本性问题的思考和考量，设计未来整套行动的方案。对区域经济社会发展的各类规划来说，规划包括产业规划和形态规划两种类别，两者的关系是相辅相成的：产业规划是形态规划的前提和基础；形态规划会促进或影响产业规划。

本篇内容分两部分。第一部分属于产业规划研究。分别是：王明星主持的 2019 年中共中央农办、农业农村部委托的软科学专项课题《"十四五"时期培育壮大乡村特色文化产业研究》，该研究在分析了我国乡村特色文化产业的发展现状、趋势和面临的问题之后，总结出其在东中西部代表性省份的发展模式，提出了"十四五"期间我国乡村特色文化产业发展的总体思路、实现路径和政策措施；王明星主持的 2021 年受广东省农业农村厅委托的《广东省休闲农业与乡村旅游"十四五"规划》研究项目之调研报告，该报告立足对全省的休闲农业与乡村旅游发展的现状调研，分别从综述、发展现状、发展问题、发展的挑战与机遇、发展对策几个方面对广东省乡村旅游与休闲农业进行了阐述；王明星主持的 2018 年韶关市重大决策咨询科研项目《韶关市加快文化产业发展对策研究》，该研究通过借鉴国内优秀文化产业的发展经验，找出文化产业的不同发展模式，利用文化产业与旅游产业的结合，为区域文化产业的发展提供新思路，从而产生具有韶关特色的新型文化业态，使之兼具传统性、创意性，以及可持续性。

第二部分属于形态规划，有省级、市级、县（市、区）级、乡镇级、村级五个层面的规划。分别是：王明星主持的受广东省农业农村厅委托的《广东省乡村休闲产业"十四五"规划》，该规划从发展形势、总体要求、构建"4321"空间布局、优化时令乡村休闲产品体系、主要任务及保障措施六个方面，对广东省乡村休闲产业在"十四五"时期的发展进行了高屋建瓴、深入全面的系统梳理和规划；王明星主持的受肇庆市政府、市委宣传部委托的《肇庆市文化产业发展规划（2012—2020 年）》，该规划分别从形势研判、指导思想、发展目标与发展战略、重点产业、空间布局和结构优化、重点基础设施与重点建设项目、政策引导、投融资机制、远景展望等方面，深度剖析了肇庆市文化产业的发展现状及问题，并针对肇庆市文化产业的现状，给出了相应的产业规划；王明星主持的受四会市政府委托的《四会市乡村振兴战略规划（2018—2022 年）》，该规划立足乡村振兴全面发展、优先发展、融合发展、创新发展、分类有序发展，按照产业兴旺、生态宜居、乡风文明、治理有效、生活富裕的总要求，统筹提出今后五年四会市乡村振兴的总体目标和具体目标，以推进乡村振兴五大领域的全面振兴；刘红斌主持的《河源市连平县元善镇乡村振兴总体规划（2021—2035 年）》，该规划从元善镇实际出发，立足国家政策背景，对元善镇乡村振兴进行了基础评估，并提出了发展目标及"一核两轴五区"的发展格局，同时对元善镇乡村振兴进行了要素提升、与行动计划和保障措施；刘少和、桂拉旦主持的乡村振兴公益项目《连山壮族瑶族自治县永梅古村农文旅融合发展规划（2018—2030 年）》，该规划从永梅古村实际出发，对其农文旅融合发展的条件、现状及吸引物构建进行了解读，提出了"二心六站，二廊四区"的空间布局及其发展目标，并对其分区规划及项目策划、产业链条及业态组合、民族文化融入及系列展示、道路游线及服务设施、品牌构建及营销推广、运营规划、保障措施等农文旅融合发展给出了专题性的规划。

"十四五"时期培育壮大乡村特色文化产业研究[①]

课题组[②]

一、我国乡村特色文化产业的概念特征和研究思路

(一) 文化产业

联合国教科文组织将"文化产业"定义为:"按照工业标准,生产、再生产、储存以及分配文化产品和服务的一系列活动。"国家统计局(2018)颁布的《文化及相关产业分类(2018)》将"文化及相关产业"概念界定为:"为社会公众提供文化产品和文化相关产品的生产活动的集合。"其领域包括文化核心领域(新闻信息服务、内容创作生产、创意设计服务、文化传播渠道、文化投资运营和文化娱乐休闲服务)和文化相关领域(文化辅助生产和中介服务、文化装备生产和文化消费终端生产)。

(二) 乡村特色文化产业

国家《乡村振兴战略规划(2018—2022年)》指出,乡村特色文化产业是以乡村社会为生成土壤、以广大乡民为参与主体、以乡村文化资源为重要依托的文化创意、文化生产和文化服务等经营活动。并提出发展乡村特色文化产业的要求,主要涉及农耕文化产业、农村地区传统工艺(主要指传统手工业)、传统节日文化用品、民间艺术(武术、戏曲、舞龙、舞狮、锣鼓等)、民俗表演项目等。不同于一般意义上的文化产业,乡村特色文化产业的载体是农业,主体是农民,阵地是乡村,市场是城乡。乡村特色文化产业是围绕乡村民间文化传统和独特文化资源,利用现代经济理念和产业经营模式而开展的经济活动。外延是乡村民间艺术、乡村耕织、乡村旅游、乡村美食等行业;内涵是地域专属性、资源独占性、知识创新性、福利服务性和绿色生态性的乡土文化。充分体现了乡土特质和民俗特色,所释放的文化生产力源于乡村又反哺于乡村,所经营的产品以具有乡村历史传承特色的文艺演出、民间工艺、农业生态、生态旅游、生活体验等为主要内容。

(三) 研究思路

基于以上,本文认为文化产业是以文化为基础,按照工业化生产标准,运用市场运作、产业管理等一系列现代经济管理方法,综合开发文化的经济价值和社会价值,为人类提供文化产品和文化服务的各行业门类。文化产业的产生、发展应该区分为城市和乡村两种地域类型,以往学者对文化产业的研究多集中于城市,而对乡村特色文化产业的关注度较少。本文正是以乡村特色文化产业作为研究的切入点,

---

[①] 2019年中央农办、农业农村部委托课题。主持人:王明星。
[②] 课题组成员:王明星、赵鑫、王亚琼、刘红斌、吴宗建、刘小勤、关晶、苏诗岚、郭丽冰、牛冬梅、陈丽云、陈晓文、卢广辉、侯兵、王韵、汤洁、杨欣仪、解廷鑫、冯瀚玄。

认为我国乡村特色文化产业主要包括乡村文化旅游、非物质文化遗产的传承与挖掘，以及传统种养植业经科技、文化元素融入产生的新型文化产业业态等三个组成部分。它的良好发展为乡村振兴战略中"乡风文明"的建设提供必要条件，而"乡风文明"建设又为乡村特色文化产业健康持续发展提供不竭源泉。培育乡村特色文化产业能够激活全国乡村发展的内生动力，同时也能满足城市居民对传统农耕文明衍生出的文化产品的需求和消费。基于此，本课题的研究在分析了我国乡村特色文化产业的发展现状、趋势和面临的问题之后，总结出其在东中西部代表性省份的发展模式，提出了"十四五"期间我国乡村特色文化产业发展的总体思路、实现路径和政策措施。

二、我国乡村特色文化产业的发展历程和面临的突出问题及新趋势

（一）乡村特色文化产业的发展历程

乡村特色文化产业上个世纪在全国各个地域发展并不明显，所以，其发展初期，我们以乡村文化旅游的发展作为其初步发展期、快速发展期和规范提升期。

1. 初步发展期（20世纪80年代后期—2001年）

这个时期的乡村文化旅游只是农民在乡村自然、人文环境优势的基础上，利用自身丰富的农家旅游资源，再结合自娱自乐的乡土文化吸引城市市民，对自家院落进行改造而直接将其转变为经营接待场所的一种较为简单、粗放式的所谓"农家乐"的模式。其以家庭经营为主，农民是乡村旅游的创业主体，既是老板，又是服务人员，极大地发挥了农民自身的创新动力。但是旅游服务内容比较单调，规模普遍都比较小，也显得比较零散。而且，这时期的农家乐大都没有提供住宿和现代化的度假设施，游客也只是前来乡村休闲体验农家文化的零散的城里游客。

2. 快速发展期（2001—2012年）

进入新世纪之后，随着改革的深化和国家加入世界贸易组织，我国城乡居民收入贫富差距更加明显，城乡二元经济结构依然稳固。同时，国家开始高度重视乡村发展问题，党的十六大开始大力提倡城乡要统筹发展，并在十六届三中全会把统筹城乡发展列为国家五大统筹发展战略之首，十七大推进社会主义新乡村建设，乡村特色文化产业也进入了新的发展进程之中。

3. 规范提升期（2012年至今）

这个时期的乡村特色文化产业有规范化发展的乡村文化旅游、非物质文化遗产资源挖掘和开发，同时还有从传统种养植业经科技、文化融入产生的新型文化产业业态三个部分。此阶段也是真正意义上融入了乡村特色文化产业发展的阶段。

（二）乡村特色文化产业发展的突出问题

1. 从发展观念来看，城乡居民对乡村特色文化产业的认识还比较滞后

一直以来，城乡二元结构的存在，并且在改革开放中由于贫富差距加大，人们对乡村的认识就是落后、贫穷和脏乱差。依然承载着6亿人口的乡村，实际上是中国未来三十年最大的经济增长极。城乡之间的商品要素其实是双向流动的，但是，城乡居民由于思想观念滞后，他们认识不到乡村是一个庞大的商品消费市场，同时也是一个特色文化产业、产品都很巨大的原产地。当我们提及乡村振兴或乡村特色文化产业的时候，他们就以为是向乡村单向的输血，就好像扶贫就是主要是拿资金给贫困地区。

2. 从全国范围来看，乡村特色文化产业的规模化程度还不够高

作为传统文化与现代产业融合发展的新业态，规模化、集约化发展是乡村特色文化产业的必然要求。当前，全国乡村在发展休闲农业、乡村旅游、现代农业产业园区建设的过程中，均体现出一二三产业融合发展的趋势，但是农产品深加工等规模化发展技术和管理水平不足，科学种植的设施农业、智慧农业等现代农业比例较少。目前，除少数比较典型的产业园代表（如广东新会陈皮产业园、翁源兰花产业园）外，当今小规模、零散的农庄、种植园等是不符合发展要求的，也就使得乡村特色文化产业发展的规模化程度不够高。

3. 从全国来看，城镇化加速和诚信机制的缺失，导致对地域特色文化、传统文化的挖掘和传承力度还不够强

当前，首先对农耕文化中的饮食文化、民间工艺文化、民俗文化的挖掘是不够的、不全面的，也不深入的。其次对乡村中传统的思想观念、道德规范、人文精神的传承和弘扬不够，甚至有所缺失。当然这个和四十多年改革开放以来中国的城镇化速度和诚信机制某种程度上的缺失相关，如农民种养植农副产品是为了快速收成、急功近利，肆意地对土地施加化肥和农药，造成土地的无机质化和农产品的质量和安全得不到基本保证。

4. 东、中、西各区域省份还没有形成优势品牌的矩阵格局

在全国，每个省（市）都有已经树起来的乡村文化特色品牌，而且也是现代企业化运营的管理模式，如陕西省的袁家村、山西省的皇城相府等。但是，这些是典型，并不是普遍。现代企业的运营不仅在生产过程讲求集群化和科技化，而且在营销和市场方面还讲求品牌化的运作，而很多乡村文化企业没有商标注册意识，更没有品牌操作化运作经验，那么其品牌资产就无法得到有效保护和开拓。长此以往，产品容易被模仿，不能形成以品牌为核心的竞争力优势。

5. 乡村特色文化产业整体发展的科技含量不高

在乡村振兴战略规划中，农业科技进步贡献率到2020年要达到60%，2022年要达到61.5%，虽然全国很多地区，如广东、浙江、江苏和山东等省份，已经开始提倡数字化农业，着力于构建农业农村数字平台体系，把大数据、人工智能、物联网等现代信息技术应用于农业发展全过程。但不可否认的是，依然是东、中、西部发展不平衡，城乡发展不平衡的问题。在中西部地区，在很多偏僻山区，种植还是面朝黄土背朝天的方式，运营还是面对面的线下管理方式，将现代科技、文化元素融入乡村特色文化产业之中，依然是"路漫漫其修远兮"。

6. 乡村特色文化产业面临的共同难题："人、地、钱"

改革开放四十多年，乡村不断地向城市输送各种人才、资金和普通劳动力，导致现在乡村人才和普通劳动力数量急剧减少。虽然近几年国家提出乡村振兴，掀起一股技术下乡和新农人下乡创业的热潮，但是更多的技术人才和文化产业人才还是喜欢去城市发展。传统的土地利用分类体系对农村建设用地缺乏统一的分类标准、规范和投放机制，导致一些产业融合、土地功能复合运用的新产业新业态难以明确用地性质，影响了项目审批落地。全国的乡村包括2800个县、4万多个乡镇、58万个行政村，近6亿农民。乡村振兴需要各种生产要素和制度保障，乡村特色文化产业的发展更是如此。

(三) 乡村特色文化产业的新趋势

1. 集群化、规模化、产业化是乡村特色文化产业发展的方向

首先，全国各类现代农业产业园区都是农业人才、科技、产业的方向标，集群化发展、规模化发展是必然的要求。其次，在农业高科技化、大数据化和人工智能化过程中，也必然要求农业产业园规模化。再次，现代农业对物流的依靠，也必然反过来要求农业要走规模化、产业化的道路。最后，农产品的加工对农业产业化和规模化提出要求，利用先进技术对农产品进行粗加工、精深加工和综合利用加工，实现农产品多层次、多环节转化增值也是必然趋势。

2. 挖掘各地域传统文化资源是乡村特色文化产业的必然趋势

首先，挖掘各个地域中国传统优秀文化作为乡村特色文化产业的思想精髓，如讲仁爱、重民本、守诚信等，在此基础上传承并创造性地对其转化、创新型发展。其次，乡村是生态价值的输出地，挖掘生态价值、重新回归中国传统是当今乡村特色文化产业必经的道路。最后，激发乡村文化自信和生命力，推动以文化为动力的振兴发展，也促进整个乡村产业结构的调整。

3. 三产融合发展是乡村特色文化产业的必然归宿

首先，三产融合解决了小农经济中松散化、小型化的缺陷，让农业往规模化方向发展。其次，三产融合解决了农民的就业问题。最后，三产融合真正解决了农民和消费者因距离导致农民受益低的问题，让农民直接和消费者接触，是解决城乡发展不平衡、不充分的法宝。

4. 公司化经营、品牌化运作是乡村特色文化产业的必由之路

首先，公司化经营是现代经济产业发展的一种必然要素，能使文化元素的挖掘和应用、文化旅游活动、餐饮接待设施、民俗开发更加专业。其次，在文化产业的各个流程、服务游客的各种项目、对工作人员的培训等方面的管理，公司显得更加专业。再次，在整个产业的战略发展规划、对生态环境的保护方面，公司会更专业。最后，当文化特色产业发展壮大起来，国际化是必然趋势，那么公司的运作优势也就体现出来了。在公司化运作的前提和发展下，品牌化运作也是必然趋势。如陕西袁家村，刚开始对整个村子的小吃进行规范化管理，随后在小吃中加进了文化体验，当袁家村形成一个远近闻名的优势品牌后，就在全国的中心城市开设袁家村品牌店，开始对文化产业品牌进行输出。

三、我国乡村特色文化产业东中西部发展的典型模式

(一) 东部：广东省乡村特色文化产业发展模式

1. 现代农业产业园成为乡村特色文化产业新基地

近年来，广东省积极构建"一核一带一区"（珠三角经济核心区、沿海经济带和北部生态发展区）区域发展新格局，着力增强珠三角地区辐射带动能力，以及东西两翼沿海经济带和北部生态发展区内生发展动力。截至 2019 年 12 月，广东省已创建 10 个国家级、119 个省级、55 个市级现代农业产业园，基本实现了省级现代农业产业园覆盖主要农业县区，形成了国家级、省级、市级现代农业产业园梯次发展格局。如江门市新会区充分发挥产业龙头企业引领效应，以龙头企业为支点，深化产学研和一二三产融合，逐渐形成以陈皮加工为基础的大健康文化产业，深挖陈皮的保健、休闲、文化价值，不断创新发展"陈皮+科技+文化"的产业模式。

2. "一村一品、一镇一业"成为乡村特色文化产业新方向

2019年起,广东省连续3年整合筹措省级及以上财政资金超过30亿元,支持"一村一品、一镇一业"建设。每年扶持1000个村发展农业特色产业,到2021年全省扶持3000个村发展农业特色产业,形成200个特色农业专业镇,通过推进"一村一品、一镇一业",带动粤北、粤东和粤西欠发达地区乡村的振兴。如今,广东的乡村游、周边游成为幸福标配和生活刚需。借鉴"一村一品、一镇一业"的模式,乡村旅游向多元复合型产品转变,在全省乡村旅游共建有农业类景区1648个,基本涵盖了目前休闲农业和乡村旅游观光、体验、康养、度假、休闲、旅居、红色、研学等各种旅游产品形态。

3. 农业公园成为乡村特色文化产业新选择

广东农业公园以经营公园的理念,以特色地域田野和岭南村落为载体,以特色农业、民俗风情、传统农耕文化为基础,依托农业种养生产基地、田园风光、农耕体验、特色产业等要素,融入绿色循环的发展理念,将岭南特色农业与广东民俗风情、农耕文化相结合,打造成集岭南特色农业景点、良好休闲设施、景观道路、乡土文化、农耕体验、绿色循环、接待设施和服务设施等配套功能较为齐全的乡村旅游综合体。2019年,广东省农业农村厅、文化和旅游厅授予广州市番禺区海鸥岛农业公园等50个农业公园"广东农业公园"称号。建设农业公园不仅能为城乡居民提供休闲观光场所,也助力"十四五"时期我国乡村特色文化产业的发展。

(二)中部:山西省乡村特色文化产业发展模式

1. 以文化资源开发为基础的旅游产业与文化产业互动发展

山西文化资源种类多样,各具鲜色。全省现存有3500余处文物古迹,从古代建筑到名人故居,再到近现代历史文化遗存,种类齐全,特色鲜明。共有452处国家重点文物保护单位,位居全国第一,有367处古代建筑,占全国70%以上的宋代以前木结构建筑等,这些在全国都是独一无二的。文化与旅游之间是"灵魂"与"载体"、"内涵"与"外显"的关系,具有天然的耦合性。这决定了文化产业与旅游产业具有很强的融合性,可以在融合中达到相互提升和共赢。文化产业与旅游产业的这种互动关系决定了山西省乡村特色文化产业的开发利用必须采取旅游产业与文化产业互动发展模式,使其在融合中实现提升。

2. 以古建筑和古遗址为主的保护性开发

山西省有着非常丰富的文化宝藏资源,尤其以古建筑、古寺庙和古遗址为典型,以木构建筑为主的雕塑艺术和彩塑艺术的完美结合,堪称"中国古代建筑艺术的宝库"和"彩塑艺术博物馆"。这些古建筑和古遗址由于人为破坏较少,因而遗留较多。大多数旅游业发展依托的景点都是不可移动的文物古建,山西省的优势是其他省区无法相比的。因此,山西文化产业发展的形象定位体现在古朴厚重和品高质纯方面,特别是山西文化资源的文物古建这些不可复生的精华。

3. 以影视、演艺和民间艺术为主的市场性开发

山西的影视剧发展有一定基础,近年来已经推出了一批文学艺术精品图书、剧目,包括话剧《立秋》、舞剧《一把酸枣》、电视剧《乔家大院》、京剧《走西口》等在全国各地演出均已达500场以上,票房均突破亿元。除了发展影视业之外,还大力发展歌剧、舞剧、音乐会、交响乐等市场,用世界水准的歌舞形式铸就山西历史文化的鲜明特色。《又见五台》和《平遥印象》实景剧以五台山塔院寺、菩萨顶和平遥古城等实景环境作为衬托,是能够突出山西特色文化的大型表演剧目,成为市场需求很大的非常有意义、有价值的创意文化产业项目。

（三）西部：云南省乡村特色文化产业发展模式

1. 从"优秀民间传人"切入，整合民间传统知识系统及人才技能资源

从自然地理来看，云南处于东亚大陆、南亚次大陆与东南亚半岛的交接点；从人文地理来看，云南处于中华文化圈、印度文化圈与东南亚文化圈的交汇点。云南省通过扶持和引导各民族的优秀民间文化传人成为类似"科技示范户"那样的新型产业带头人，以他们独有的技艺绝活开发特色文化产品，通过市场的作用产生经济效益，实现各民族优秀文化传统良性循环的自我传承和保护发展。

2. 从特色民族文化村镇切入，整合局部相对优势的乡土特色文化资源

云南省促使并帮助各类特色民族文化蕴涵深厚的村寨、乡镇作为各类乡村特色文化产品生产的"专业村镇"走向市场，摈弃传统工业生产的开发模式，鼓励创建民俗文化旅游、民族艺术展演、民间工艺品产销等特色文化产业的新型乡镇民营文化产业企业。如丽江、大理等地都是多民族杂居的地区，该地由于文化资源丰富多彩、底蕴深厚，在民族文化传承与文化资源开发中具有独特的优势。

3. 从知识产权入股切入，整合特色产品生产创造原产地品牌

云南省致力于民间文化产品的技术化、组织化设计定型，组织特殊技艺、特色产品申请专利权或著作权，以知识产权入股建构公司法人，形成原产地品牌，获得有形或无形资产增值，实施特色文化产品品牌名牌的资本化运营。

四、培育壮大我国乡村特色文化产业的总体思路、发展路径与政策措施

（一）发展乡村特色文化产业的总体思路

1. 用好地域非遗资源，培育乡村特色文化产业

从文化资源作为生产要素的角度来看，可以深入挖掘乡村特色文化资源，借助新型文化创意、科技手段、市场化发展机制，实现文化资源的产品化转化，全面发展乡村特色文化产业，依托特色文化资源建设乡村文化新空间，塑造乡村特色文化品牌。民间工艺技艺，甚至各种表演形式等非物质文化遗产，在这轮乡村振兴中都是各地凸显特色个性的重要文化资源。南方省市国家级非遗项目多于北方省市，尤其是中西部省市非遗项目多于东部省市。非物质文化遗产在非遗保护利用方式中就有一种生产性保护的理念。运用产业化方法来保护和传承非物质文化遗产，体现国家级非遗传承过程中的产业化保护示范引领作用，一定会对乡村振兴有促进作用，从而使其成为发展乡村特色文化产业的重要资源依托。

2. 用活城乡两个市场，壮大乡村特色文化产业

通过活化城乡两个文化市场，将乡村文化资源的链条延伸拉长，推动乡村特色文化产业等综合性产业发展。乡村市场的活化运用可通过挖掘农业文化资源来实现，如吐鲁番的坎儿井与河南林州的红旗渠，如今都是品牌性地方特色旅游产品。乡村文化遗产资源的旅游价值产业化开发，可以将特色文化资源潜在经济价值转化为现实价值，把特色文化产业变成乡村可持续发展的产业支撑。乡村振兴要立足农村经济基础，借助特色文化资源内涵挖掘和突出区域特色，着力打造一批特色文化主题村镇，凸显乡村特色文化品牌。充分利用城乡两个文化市场，开展乡村特色文化活动，实现地域特色文化资源产品化转化。

3. 利用城乡工商资本和政府财政资金，解决乡村特色文化产业发展的资金需求

培育壮大乡村文化产业过程中，必须要关注和解决其资金的需求，积极联动城乡工商资本和政府财政资金资源，建立产学研用协同创新机制，立足本土优质产品积极延伸拓展产业链，培育提升当地特色

文化产业品牌，加强农产品地理标志管理和农业品牌保护，推动农业品牌提升，培育一批土字号、乡字号乡村特色文化产业产品品牌。

（二）积极探索发展乡村特色文化产业的路径

1. 乡村文化旅游的实现路径

一是组织开展乡村歌舞、乡村竞技、乡村风情等表演活动，为外来游客提供具有浓郁乡土气息的文化服务。二是组织开展乡村休闲娱乐、地方风味餐饮、感受乡村生活等活动，为城市老年人、外地旅游者提供居家式服务和自助式生活服务。三是各地要普遍组织开展乡村文化展览，生动系统地反映农耕文化、游牧文化、渔猎文化的特色和历史，建设以中小学生为对象的乡村文化教育研学基地。

2. 传承与挖掘非物质文化遗产的实现路径

一是注重乡土文化特色的挖掘，加大无形文化资源的转化，有计划、分阶段地启动实施传统工艺振兴计划。二是培育具有民族和地域特色的传统工艺产品，培养乡村非物质文化遗产传承人，弘扬和践行工匠精神，促进乡村传统工艺提高品质、做大品牌。三是通过设计导入、整理风貌、微调空间、再造功能，将近郊乡村打造成文化遗产活态博物馆和艺术家村落，将远郊乡村辟建为现代都市农业公园和休闲观光度假区，以此挖掘与传承非物质文化遗产。

3. 发展新型文化产业业态的实现路径

以体验经济展现乡村特色文化的魅力，通过将乡村生产、生活、民俗等系统加以连接，将传统种养形式融入科技、文化等内容，构建乡村新型文化产业业态链条，创造新的价值增长空间。一是调整文化产业结构，加大科技投入，大力发展新型文化业态下的现代农业，实现一、二、三产业融合、联动发展。二是在发展乡村特色文化产业过程中，要处理好新、旧文化产业的关系，要在做好传统乡村文化旅游的基础上，提高现代新型文化业态比重，提升文化产品科技含量，让传统产业向新型文化业态过渡。这方面比较典型的代表是广东新会陈皮产业园和翁源兰花产业园。三是加快新技术的开发与运用，提高自主创新能力，通过相应的制度设计，支持和鼓励新技术的有机运用，提高产品的技术含量，促进技术与文化的紧密结合。

（三）发展乡村特色文化产业的政策措施

1. 通过现代农业文化产业园区来发展乡村特色文化产业

2017年，我国开始筹备创建现代农业产业园。发展至今，一些现代农业产业园通过与新型文化产业业态的融合成为现代农业文化产业园。打造全新的现代农业文化产业园可以帮助挖掘农村当地的农业特色文化，拉动当地经济，也是现代农业产业园实现提质升级最好的方法。建设现代农业文化产业园，可以集合力量发展当地优势主导文化产业，并有效地帮助文化产业形成一定的规模，打造特色文化品牌，达到经济效益最大化，让农业文化产业园成为乡村文化产业兴旺引领区。在贫困地区建设现代农业文化产业园，也能很好地实现精准扶贫，并使之成为稳定脱贫长效机制的重要平台。全国各地要坚持"姓农、务农、为农、兴农"建园宗旨，加强创建指导，加大政策支持，推进规模化种养基地建设，促进一二三产业融合发展，建成一批产业特色鲜明、要素高度集聚、设施装备先进、生产方式绿色、经济效益显著、示范带动有力的国家现代农业文化产业园区，使之成为引领乡村特色文化产业的排头兵、乡村产业兴旺的新样板。

2. 通过"一村一品、一镇一业"来提升乡村特色文化产业

国家《乡村振兴战略规划（2018—2022年）》提出打造"一乡一业、一村一品"的发展新格局。

2018年，广东省乡村振兴工作会议提出以"一村一品、一镇一业"为抓手，发展特色产业。在提升乡村特色文化产业过程中，应积极学习"一村一品、一镇一业"建设经验，对于具备条件的村镇需加快推动一二三产业融合发展，不具备条件的村镇要提高生产加工的水平。最终形成一批主导产业突出、区域特色优势明显、市场前景较好、组织化程度较高、农民增收效果显著的专业村镇，促进地方特色文化产业由资源变产品、产品变商品、商品变名品，带动产品开发、产业发展，富裕一方农民，振兴一方经济。

3. 通过工商金融资本的运作来扶持乡村特色文化产业

国内文化企业只有加快兼并重组，做大做强，才能经受住国际资本入局的挑战，通过金融资本的运作来扶持乡村特色文化产业。一是积极完善乡村文化产业投融资体制机制，为乡村特色文化产业的发展提供足够的资金支持。认真落实国家和省政府支持文化产业发展的各项财税金融政策，出台符合本地文化产业发展的财政扶持、税收优惠、金融贷款贴息等优惠政策。二是把乡村特色文化产业重点建设项目纳入各地重点项目予以优先扶持，通过财政拨款、企业赞助、社会捐助或设立专门的建设发展基金予以保障。三是像在城市发展文化产业一样加大对乡村特色文化产业的帮扶力度，运用各种形式广泛吸纳社会资本进入文化产业，通过民营企业家、政府以及金融资本的运作来保障乡村特色文化产业的可持续发展。

4. 通过人才培养、培训与交流来支撑乡村特色文化产业发展

人才是乡村特色文化产业发展的支撑，乡村特色文化产业发展需要专门的培训机构来培养人才。一是加强与高校联合培养机制。农林类高校毕业生是我国发展现代农业、建设社会主义新农村和培育新型职业农民的新生力量，高校可设立乡村文化产业管理类相关专业和建立乡村文化产业研究机构，力求培养一支高层次、高素质的乡村文化产业人才队伍。二是加强国内外文化交流。邀请国内外有关专家进行交流或培训，也可选派优秀学生去国外进行交流学习，以开阔视野。如日本实行了依据本地资源、地方特色的"一村一品"运动；德国实行了循序渐进的村庄更新运动；瑞士推行了以乡村社会生态价值、文化价值、休闲价值、旅游价值、经济价值的相互融合，改善乡村生活质量的多价值平衡等模式。三是与培训机构联合培养。企业可进行短期的培训合作，加强对在职人员的培训，建立符合市场规律的价值评价机制、劳动分配机制。建立乡村文化产业人才信息管理系统，加强人才存储结构分析、人才流量流向分析、人才资源储量分析、人才需求预测分析等乡村文化产业人才战略和政策研究。

广东省休闲农业与乡村旅游"十四五"规划调研报告[①]

课题组[②]

休闲农业和乡村旅游是指把农业、乡村与旅游业结合在一起，利用农业景观和农村空间吸引游客前来观赏、游览、品尝、休闲、体验、购物的一种新型农业经营形态。党的十九大以来，休闲农业与乡村旅游已成为全国乡村产业的新亮点、城乡居民休闲度假的重要目的地和农民增收的新途径。在此背景下，2020年12月，广东省农业农村厅特委托广东省休闲农业与乡村旅游产业联盟理事长、仲恺农业工程学院现代农业研究院院长王明星教授作为项目负责人，组织课题组进行编制《广东省休闲农业与乡村旅游"十四五"规划》。现将课题组对我省休闲农业与乡村旅游的调研情况总结报告如下：

一、综述

（一）规划背景

国家层面。2017年10月18日，习近平总书记在党的十九大报告中提出实施乡村振兴战略，按照"产业兴旺、生态宜居、乡风文明、治理有效、生活富裕"的总要求，要实现产业、人才、文化、生态、组织五大振兴。乡村振兴战略是以习近平同志为核心的党中央着眼党和国家事业全局，深刻把握现代化建设规律和城乡关系变化特征，顺应亿万农民对美好生活的向往，对"三农"工作作出的重大决策部署，是新时代做好"三农"工作的总抓手。休闲农业与乡村旅游是农村一二三产融合业态的主要载体，城乡融合发展的重要平台，乡村风貌整治转化为乡村美丽经济的基本抓手，拓展了农业生态涵养、休闲体验、文化传承等功能，凸显了乡村的经济、生态、社会和文化价值，在带动农民增收和促进乡村全面振兴方面发挥了越来越重要的作用。党的十九大以来，党中央、农业农村部等部门纷纷出台扶持休闲农业与乡村旅游产业发展的政策措施。如2017年国家发展改革委等14部门发布的《促进乡村旅游发展提质升级行动方案（2017）》、2018年农业农村部关于《开展休闲农业和乡村旅游升级行动的通知》、2018年文化和旅游部等17部门印发《关于促进乡村旅游可持续发展的指导意见》的通知等，这些政策的发布和实施，从资金、土地、人才等多方面为乡村休闲产业提供了发展指引。2019年，全国休闲农业与乡村旅游接待游客约32亿人次，营业收入8500亿元。2020年新冠疫情突如其来，使旅游业面临极大风险和挑战。游客的旅游需求、旅游偏好、旅游范围受到疫情的影响，广阔的乡村地区是游客近期消费心仪的选择。2020年，受新冠肺炎疫情影响，全国休闲农业与乡村旅游接待游客约26亿人次，营业收入6000亿元，吸纳就业1100万人，带动农户800多万。2020年，农业农村部发布的《全国农村产业发展规划（2020—2025年）》指出，预计到2025年，我国休闲农业和乡村旅游年接待游客40亿人次，营业收入超过1.2万亿

[①] 广东省农业农村厅委托项目。主持人：王明星。
[②] 课题组成员：王明星、文龙振、陈俊桦。

元。休闲农业与乡村旅游已成为促进乡村产业兴旺的新亮点、城乡居民休闲度假的重要目的地和农民增收的新途径。

广东省层面。广东省作为改革开放的前沿地，经济发展水平在我国居于前列，城市居民的生活消费不再仅仅满足于衣食住行，而开始转向多样化的休闲、文化、旅游、娱乐等活动。由于城市土地面积、景区无法满足城市居民休闲旅游的需求，加之人们生活压力的增大，人们产生了回归大自然、向往田园生活的强烈欲望。而广东省广阔的客源市场——城市人口及其旅游需求，也为广东省休闲农业与乡村旅游的发展提供了强大的市场驱动力量。近年来，广东省委、省政府等相关部门立足乡村振兴战略，紧抓粤港澳大湾区战略和深圳中国特色社会主义先行示范区双区建设的重大机遇，以农文旅融合发展为抓手，形成了广东省休闲农业与乡村旅游高质量发展的强大引擎。如发布的《广东省实施乡村振兴战略规划（2018—2022年）》《广东省人民政府办公厅关于印发广东省促进全域旅游发展实施方案的通知》《广东省农业农村厅"一村一品、一镇一业"建设工作方案》等政策文件，重点支持开发和完善了一批休闲农业与乡村旅游项目，进一步推动了广东休闲农业与乡村旅游产业的发展，为广东省高质量推进乡村振兴战略，实现农业农村现代化提供了强有力的保障。

（二）广东省基本概况

1. 地理区位概况

广东省，古属"百越""南越"之地，"越"与"粤"通，因此广东省简称"粤"。广东省地处祖国大陆南部，自东至西依次与福建省、江西省、湖南省、广西壮族自治区接壤，毗邻香港、澳门特别行政区，西南端隔琼州海峡与海南省相望。陆地最东端至饶平县大埕镇，最西端至廉江市高桥镇，东西跨度约800千米；最北端至乐昌市白石镇，最南端至徐闻县角尾镇，跨度约为600千米。截至2020年12月底，广东省全省合计有21个地级市，20个县级市、34个县、3个自治县、65个市辖区、1123个镇、11个乡（其中7个民族乡）、484个街道办事处。全省陆地面积为17.98万平方公里，约占全国陆地面积的1.87%，其中岛屿面积1592.7平方公里。全省沿海共有面积500平方米以上的岛屿759个，数量仅次于浙江、福建两省，居全国第三位，全省大陆岸线长3368.1公里，居全国第一位。

2. 人口与经济概况

人口。2021年5月公布的《广东省第七次全国人口普查公报》数据显示，截至2020年末，全省常住人口126012510人。与2010年第六次全国人口普查的104303132人相比，十年共增加21709378人，增长20.81%，年平均增长率为1.91%。珠三角核心区人口为78014335人，占61.91%；沿海经济带东翼地区人口为16321051人，占12.95%；沿海经济带西翼地区人口为15758245人，占12.51%；北部生态发展区人口为15918879人，占12.63%。

经济。广东省是我国经济第一大省，从1989年至2021年，广东省经济总量连续33年居全国第一。2022年2月公布的《2021年广东省国民经济和社会发展统计公报》数据显示，2021年广东实现地区生产总值（初步核算数）124369.67亿元，比上年增长8.0%。其中，第一产业增加值5003.66亿元，增长7.9%，对地区生产总值增长的贡献率为4.2%；第二产业增加值50219.19亿元，增长8.7%，对地区生产总值增长的贡献率为43.0%；第三产业增加值69146.82亿元，增长7.5%，对地区生产总值增长的贡献率为52.8%。三次产业结构比重为4.0∶40.4∶55.6，第二产业比重提高0.9个百分点。人均地区生产总值98285元（按年平均汇率折算为15234美元），增长7.1%。（见表1）

表1 改革开放以来广东省主要年份地区生产总值和人均地区生产总值表

年份	GDP/亿元	人均GDP/元
1978	185.85	369.69
1980	249.65	481.48
1985	577.39	1025.91
1990	1559.02	2484.11
1995	5940.34	8139.09
2000	10810.21	12817.47
2005	21962.99	23997.16
2010	45944.62	44668.92
2015	74732.44	64516.23
2020	110760.94	88210.04
2021	124369.67	98285.00

数据来源：根据历年广东省统计年鉴整理。

3. 现代农业概况

从2018年以来，广东省将建设现代农业产业园作为实现农业现代化的主要抓手和实施乡村振兴战略的牵动力。截至2020年底，共创建了14个国家级、160个省级、55个市级现代农业产业园，主要农业县实现省级现代农业产业园全覆盖；全省共建成116个国家级"一村一品"示范村镇、1322个省级专业村、200个专业镇，基本形成了"跨县集群、一县一园、一镇一业、一村一品"的现代农业产业格局。创建的国家、省、市三级现代农业产业园已成为广东推进农村一二三产融合发展的"主阵地"。2021年，广东实现农林牧渔业产值8369亿元，同比增长9.0%，创34年来最高增速。全省粮食播种面积、单位面积产量及总产量分别为3319.55万亩、386千克/亩和1279.87万吨，同比分别增长0.4%、0.6%和1.0%，粮食产量创近9年最高水平。经济作物持续较快增长，全省蔬菜产量同比增长4.0%；园林水果产量增长4.0%，其中，柑橘橙产量增长3.0%，荔枝产量增长12.2%，龙眼产量增长12.0%，火龙果产量增长22.6%；茶叶产量增长8.8%；中草药材播种面积增长11.5%。

（三）调研计划

受广东省农业农村厅委托，广东省休闲农业与乡村旅游产业联盟理事长、仲恺农业工程学院现代农业研究院院长王明星教授率领课题组一行，于2021年1月23日开始对全省的休闲农业与乡村旅游发展情况进行调研。为了使调研工作科学、高效，经过研究，课题组将全省划分为珠三角地区、粤东沿海地区、粤西沿海地区和粤北地区四个片区来进行调研工作。在广东省农业农村厅乡村产业发展处及各地市有关部门的协助下，课题组前后历时8个多月的时间，对河源市、惠州市、潮州市、汕头市、汕尾市、湛江市、茂名市、阳江市、清远市、韶关市等10个地级市的休闲农业与乡村旅游发展状况进行了深入的实地调研、考察与交流。（见表2）

表 2　课题组对广东省各地市休闲农业与乡村旅游调研一览表

序号	调研时间	调研城市	调研地点
1	2021 年 1 月 23 日	广州从化	在从化召开项目研讨会+开题、从化荔博园调研+座谈
2	2021 年 3 月 1、2 日	河源市	桃花谷及桃乡民宿、麒麟山广东农业公园、春沐源小镇、福源果场等
3	2021 年 3 月 3、4 日	惠州市	清水湖农庄、客家婆景区、上良民宿生态旅游区、盛华田园综合体等
4	2021 年 3 月 24、25 日	潮州市	溪东种养专业合作社、广东绿太阳生态旅游度假区等
5	2021 年 3 月 25、26 日	汕头市	南澳县深奥镇后花园生态旅游村、深奥镇后兰村、深奥镇三澳村等
6	2021 年 3 月 26、27 日	汕尾市	螺洞村世外梅园、墩仔寨、竹林生态旅游区、海丰县莲花茶业有限公司、新山村等
7	2021 年 4 月 28 日	湛江市	螺岗小镇、金龟岭农业公园、茗上茗茶叶有限公司等
8	2021 年 4 月 29 日	茂名市	牙象大地艺术公园、广垦热带农业公园、杏花村、中国荔枝博览馆、贡园、红荔阁等
9	2021 年 4 月 30 日	阳江市	丰多采生态农业旅游基地、谷寮艺术度假村、广东海上丝绸之路博物馆("南海一号"博物馆)等
10	2021 年 7 月 16—18 日	茂名市茂南区	好心湖畔国家田园综合体、牙象大地艺术公园等
11	2021 年 8 月 23、24 日	清远市	新桥民宿村、清城区花卉小镇、英九庄园、金坑森林小镇、欧家梯田等。
12	2021 年 8 月 25 日	韶关市	财领头生态园、誉马葡萄酒庄园,乳源县西瑶彩田、乌石岭民俗村等。

二、广东省休闲农业与乡村旅游产业发展的现状分析

(一) 历史阶段

广东省休闲农业与乡村旅游发展随着我国改革开放而兴起,主要经历了萌芽兴起、规模发展、规范发展、提档升级四个阶段。

第一阶段(1978—1989 年)为萌芽兴起阶段。这一阶段随着改革开放的深入、家庭联产承包责任制的确立以及经济特区、沿海经济开放区的创办,经济逐渐稳步提升,农民收入有所增加。此时在靠近城市郊区和风景名胜区的少数农村地区的农民,依托当地的旅游资源,自发地使农业生产要素与休闲观光业进行原始结合,形成一些以观光、采摘、品尝为主的农庄,如农家乐。这个阶段的特点是自发且分散、小规模经营、收入单一。典型代表有深圳市郊区小农场的荔枝采摘与品尝、从化的农民采用荔枝园吸引广州旅游者的活动。

第二阶段(1990—2001 年)为规模发展阶段。这一阶段随着中国特色社会主义市场经济体制的建立,

农业产业结构得到优化，扩大了农民就业的机会。此时一些投资规模较大、功能较全、综合性较强的观光农业景区（点）相继开发，开始形成以某一地域特色为主题，发展形式出现差异化和多样性。这个阶段的特点是规模化，政府采取"先发展、后规范"的措施。典型代表有以岭南特色水果为主题的瀛洲生态公园。

第三阶段（2002—2012年）为规范发展阶段。这一阶段随着中国加入世界贸易组织，扩大了产品流通与贸易渠道，人民对体验类型旅游的欲望有所增长，极大地丰富了农业旅游产品。休闲农业和乡村旅游也从零星分布向集群分布转变。政府也积极关注和支持休闲农业与乡村旅游的发展，组织编制休闲农业与乡村旅游发挥规划，制定评定标准和管理条例等，广东省休闲农业与乡村旅游开始走向规范化管理阶段。这个阶段的特点是规范化、多样化。典型代表有广东丹樱生态园。

第四阶段（2013年至今）为提档升级阶段。党的十八大以来，随着新发展理念的贯彻、全域旅游政策的实施、乡村振兴战略的实施、脱贫攻坚的深入与取得全面胜利，以及粤港澳大湾区建设和深圳中国特色社会主义先行示范区创建，人们的休闲意识更加强烈，绿色消费意识也逐渐增强，农业旅游开始注重与绿色环保相结合。这一阶段广东省休闲农业与乡村旅游发展迅猛，区域品牌日益突出、农文旅产业逐渐融合、市场竞争尤为激烈、产品较为单一、建设用地紧张，整个行业面临着机遇与挑战并存的压力，因此政府出台相关政策帮助其品牌提档升级。这一阶段的特点是品牌化、特色化。典型代表有高州市分界镇杏花村、茂南区大地牙象大地艺术公园、汕尾陆河县水唇镇螺洞村等。

（二）全省发展现状

1. 产业规模不断扩大

2019年，广东省休闲农业与乡村旅游产业接待人数1.35亿人次，营业收入168.52亿元。截至2020年底，全省已创建"全国休闲农业与乡村旅游示范县（区）"10个、"省级休闲农业与乡村旅游示范镇（点）"554个，其中示范镇147个，示范点407个。

2. 品牌效应显著体现

"十三五"时期，广东省休闲农业与乡村旅游呈多样化发展，创建了多种新型业态，品牌效应显著体现，极大带动了全省乡村经济的发展，为广东全省乡村振兴做出了巨大贡献。截至2018年5月，共有乡村旅游景区141家、占全省A级景区的43.5%。截至2019年年底，全省共有"中国美丽休闲乡村"24个、"全国乡村旅游重点村"32个、"广东省文化和旅游特色村"202个。截至2020年底，全省共有"广东农业公园"50个、"中国历史文化名村"25个、"广东省历史文化名村"56个、"中国传统村落"160个、"广东省传统村落"186个；全省共有乡村旅游精品线路150条，共评选出"广东美丽乡村"20个、"广东美丽乡村特色名村"50个、"广东特色产业名村"10个、"广东粤菜师傅名村"10个；全省共有"广东省农业产业强镇"42个，"广东省旅游风情小镇"50个，"国家级全域旅游示范区"5家、"广东省全域旅游示范区"44家。

3. 交通瓶颈等基础设施极大改善

"十三五"期间，广东省公路、铁路等交通基础设施不断完善。2019年广东提出《加快构建现代化综合交通运输体系，打造粤港澳大湾区"12312"交通圈》，交通基础设施快速发展。截至2019年底，广东省共新改建农村公路约2.88万公里，全省农村公路通车里程达18.3万公里，全省1134个乡（镇）、19412个建制村均已通行客车。全省基本形成以县城为中心、乡镇为节点、建制村为网点，遍布农村、连接城乡的农村公路交通网络。2020年广东高速公路通车总里程突破1万公里，连续7年保持全国第一；全省铁路运营里程达4742公里，其中高快速铁路里程2027公里。粤港澳大湾区现代化交通体系不断完善，大湾区"1小时生活圈"基本形成。

4. 业态类型丰富多样

广东省休闲农业与乡村旅游业态呈现多样化、多元化的发展模式，为全省经济发展和乡村振兴做出了巨大贡献。基本形成四种发展模式：

第一，观光（产品）采摘类。以生态风光、田园风光、乡村公园进行生态观光采摘体验。如连平上坪镇桃花风光区园、雄达农业生态园、崇志茶叶生态园、博罗县上良民宿生态旅游区、陆河县竹林生态旅游区等。

第二，文化（研学）体验类。以古村古镇、民宿、特色村镇、文创馆和一些特色农产品体验类为主的乡村休闲旅游。如河源灯塔盆地民宿、河源连平麒麟生态农庄、湛江螺岗小镇、阳江谷寮大宋古渔村、河源福源果场、惠州清水湖农庄等。

第三，健康（体育）养生类。以度假村、温泉、体育、康养为体验的乡村休闲旅游。如河源桃乡民宿、和平县热龙温泉、叶园温泉旅游区、潮州紫莲度假村和南粤古驿道等。

第四，红色旅游类。以乡村红色纪念馆、红色遗址为主的红色旅游体验。如梅州梅县叶帅纪念园、梅州大埔三河坝纪念馆、汕尾海丰彭湃故居等。

5. 扶持政策逐渐强化

近年来围绕产业融合、农业公园、民宿、"一村一品、一镇一业"、乡村旅游用地等方面，广东省委、省政府、省农业农村厅等相关部门先后出台了《广东省农业农村厅广东农业公园建设标准及评价指标体系》（粤农农规〔2019〕1号）、《广东省农业农村厅"一村一品、一镇一业"建设工作方案》（粤农农规〔2019〕2号）、《广东省民宿管理暂行办法》（粤府令第260号）、《广东省自然资源厅广东省农业农村厅关于印发贯彻落实省委省政府工作部署实施乡村振兴战略若干用地政策措施（试行）的通知》（粤自然资规字〔2019〕1号）、《关于支持省级现代农业产业园建设的政策措施》（粤办函〔2019〕289号）等相关政策文件来支持休闲农业与乡村旅游发展。由于政策保障力度不断强化与完善，全省休闲农业与乡村旅游的政策管理体系初步形成。

（三）"一核一带一区"发展现状

1. "一核"：珠三角核心区

珠三角核心区位于广东省中南部，是广东省平原面积最大的地区，范围包括广州、佛山、肇庆、深圳、东莞、惠州、珠海、中山、江门9个城市，总面积5.6万平方公里。珠三角地区是我国开放程度最高、经济活力最强的区域之一，在国家发展大局中具有重要战略地位。珠三角地区还是广东重要的农业生产地，盛产水稻、甘蔗、蚕茧、黄麻，以及香蕉、菠萝、木瓜、荔枝、龙眼、橙、柠檬等，水稻单位面积产量在中国名列前茅，淡水渔业亦称发达。此外，珠三角人民还创造了桑基鱼塘、果基鱼塘、蔗基鱼塘等立体农业结构形式，既利用了优越的自然条件，又护养了农业生态系统，成为中国生态农业的典范。在休闲农业与乡村旅游发展方面，珠三角地区同样走在广东的前列，尤其是近年来的发展十分迅速，涌现出了诸如上坪镇四星级桃旅综合体——桃花谷及桃乡民宿、麒麟山广东农业公园等一批产业特色鲜明、发展理念先进的单位。

(1) 广州市

广州市主要经济社会发展情况。广州市地处中国大陆南方、广东省的中南部、珠江三角洲的北缘，接近珠江流域下游入海口，总面积为7434.40平方公里，占全省陆地面积的4.21%。广州市是我国最大、历史最悠久的对外通商口岸，是海上丝绸之路发祥地、近现代革命策源地、岭南文化中心地、改革开放前沿地，现辖越秀、海珠、荔湾、天河、白云、黄埔、花都、番禺、南沙、从化、增城11个区。广州又是京广、广深、广茂、广梅汕和武广、贵广、南广铁路的交汇点和华南民用航空交通中心，与全国各地的联系极为密切。因此，广州有中国"南大门"之称。2021年，广州市实现地区生产总值（初步核算数）28231.97亿元，按可比价格计算，比上年（下同）增长8.1%。其中，第一产业增加值306.41亿元，增长5.5%；第二产业增加值7722.67亿元，增长8.5%；第三产业增加值20202.89亿元，增长8.0%。第一、二、三产业增加值的比例为1.09:27.35:71.56。第一、二、三产业对经济增长的贡献率分别为0.8%、28.1%和71.1%。人均地区生产总值达到150366元（按年平均汇率折算为23307美元），增长6.7%。根据《广州市第七次全国人口普查公报》数据，全市常住人口为18676605人。与2010年第六次全国人口普查的12700800人相比，十年共增加5975805人，增长47.05%，年平均增长率为3.93%。

广州市休闲农业与乡村旅游产业基本情况。近年来，广州市休闲农业与乡村旅游的发展保持了不错的发展势头，所占农业总产值和旅游业的收入比重逐渐增加。随着国民经济的发展、居民收入的提高，国家乡村振兴、美丽乡村建设的政策落地，城市居民对休闲消费的需求日益高涨，着力打造农业的休闲功能为居民提供了旅游观光、休闲度假、科普教育的好去处，成为拓展农业多功能的有效途径。目前，广州市休闲农业与乡村旅游发展主要集中在北部山区地区（花都区、增城区、从化区）。各区根据自然特色、区位优势、文化底蕴、生态环境和经济发展水平，先后形成了形式多样、功能多元、特色各异的休闲农业模式和类型。据不完全统计，目前全市拥有1000多家休闲农业企业，吸引近万名附近的农民在当地就业。近年来，广州市以发展观光休闲农业示范镇村、观光休闲示范园、特色小镇等为重要抓手，使产业规模逐年扩大。截至2018年底，共有5个省级休闲农业与乡村旅游示范镇，17个省级休闲农业与乡村旅游示范点，8个省文化和旅游特色村，8条省乡村旅游精品线路，5个省级农业公园，30个市级特色小镇。通过30多年的发展，广州市休闲农业与乡村旅游逐步从零星分布向规模化集约发展，从单一功能向休闲、教育、体验多功能扩展，从单一产业迈向多产业一体化经营，从农民自我发展向政府规划引导转变，形成了"三类型、六模式"的发展雏形。

"三类型"：一是依托农村自然优美的田园风光，集悠闲、娱乐、体验为一体的观光休闲农业村，譬如花都区红山村、从化区溪头村、番禺区大稳村等；二是以设施农业为基础发展起来的集休闲度假为一体的观光休闲农业园区，譬如从化区宝趣玫瑰世界、大丘园，花都区香草世界，南沙区东升农场等；三是利用农家庭院、农家生活和农耕文化，为游客提供餐饮、品茗、避暑度假等服务的农家乐和特色农庄，譬如从化区田心农家乐、白云区世外桃源等。

"六模式"：一是"农家乐"旅游模式，这是广州目前最主要的观光休闲旅游形式，普遍分布在各乡村郊区；二是生态休闲旅游模式，主要集中在花都区、增城区和从化区；三是农业科技旅游模式，近年来观光休闲旅游发展的新趋势，大部分分布在番禺区、南沙区、白云区；四是农耕文化旅游模式，主要是探索文化内涵，如向人们展示传统农耕工具的使用，学习传统耕作技巧等，带动农业旅游发展；五是民俗风情旅游模式，主要分布在增城区和从化区，多为少数民族聚集地；六是村落乡镇旅游模式，主要分布在南沙区、花都区、增城区和从化区。

（2）深圳市

深圳市主要经济社会发展情况。深圳，又称"鹏城"，位于南海之滨，毗邻港澳，是粤港澳大湾区的核心引擎，是一座充满魅力、活力、动力和创新力的国际化创新型大都市，全市面积1997.47平方公里。是全国经济中心城市、科技创新中心、区域金融中心、商贸物流中心。深圳地处珠江三角洲前沿，是连接香港和中国内地的纽带和桥梁，在中国的制度创新、扩大开放等方面肩负着试验和示范的重要使命，在中国高新技术产业、金融服务、外贸出口、海洋运输、创意文化等多方面占有重要地位。2021年深圳实现地区生产总值30664.85亿元，比上年增长6.7%。其中，第一产业增加值26.59亿元，增长5.1%；第二产业增加值11338.59亿元，增长4.9%；第三产业增加值19299.67亿元，增长7.8%。第一产业增加值占全市地区生产总值的比重为0.1%，第二产业增加值比重为37.0%，第三产业增加值比重为62.9%。人均地区生产总值173663元（按年平均汇率折算为26918美元），增长5.0%。根据《深圳市第七次全国人口普查公报》数据，全市常住人口为17560061人。全市常住人口与2010年第六次全国人口普查的10423973人相比，十年共增加7136088人，增长68.46%，年平均增长率为5.35%。

深圳市休闲农业与乡村旅游产业基本情况。截至2021年底，深圳市具有省级休闲农业与乡村旅游示范点4个：深圳市光明农场大观园、深圳市鹏城农夫生态农业有限公司、深圳市旺泰佳农业开发有限公司、深圳华侨城光明小镇·欢乐田园农业观光园；广东农业公园1个：天子山农业公园；广东省乡村旅游精品线路4条：艺术乡村休闲游、大鹏古城滨海休闲游、深圳围村改革开放历程体验游、龙岗客家民居风俗精品游；广东省"国家历史文化名村"1个：深圳市龙岗区大鹏镇鹏城村。2018年12月16日，深汕特别合作区正式揭牌。深汕特别合作区是深圳市唯一拥有农村的区域，位于汕尾市海丰县，是深圳市实施乡村振兴、发展乡村休闲旅游业的主要区域，下辖鹅埠、小漠、鲘门、赤石4镇，5个社区34个行政村，涵盖187个自然村。近年来，针对深汕特别合作区自然条件，深圳市政府出台了《深圳市深汕特别合作区全面推进乡村振兴战略打造"五光十色"都市乡村示范带（2021—2023年）工作方案》，包括鹅埠城乡融合示范带、绿道山水康养示范带、百安沙滩旅游示范带、大安现代农业示范带、小漠文旅港城示范带。

（3）珠海市

珠海市主要经济社会发展情况。珠海市位于广东省中南部，东与香港、深圳隔海相望，南与澳门相连，与澳门相距9公里，横琴新区与澳门隔江相望。西邻江门市，北与中山市接壤。设有拱北、九洲港、珠海港、万山、横琴、斗门、湾仔、珠澳跨境工业区、港珠澳大桥珠海公路口岸等国家一类口岸9个，是珠三角中海洋面积最大、岛屿最多、海岸线最长的城市，素有"百岛之市"之称。珠海市现有面积1711.24平方公里，设有香洲区、金湾区、斗门区3个行政区，下辖15个镇、9个街道，并设立珠海市横琴新区、珠海高新技术产业开发区、珠海保税区、珠海高栏港经济区、珠海万山海洋开发试验区5个经济功能区。珠海是珠江三角洲中心城市之一、粤港澳大湾区重要节点城市、省域副中心城市之一、中国最早设立四个经济特区之一，是全国唯一以整体城市景观入选"全国旅游胜地四十佳"的城市，中国海滨城市、新型花园城市。2021年珠海全市实现地区生产总值3881.75亿元，同比增长6.9%。其中，第一产业增加值55.02亿元，增长7.1%；第二产业增加值1627.47亿元，增长6.5%；第三产业增加值2199.27亿元，增长7.2%。在第三产业中，批发和零售业增长9.1%，住宿和餐饮业增长11.2%，金融业增长8.3%，房地产业增长6.2%；现代服务业增加值1551.46亿元，增长7.0%，占地区生产总值的40.0%。根据《珠海市第七次全国人口普查公报》数据，全市常住人口为2439585人。与2010年第六次全国人口普查的1560229人相比，十年共增加879356人，增长56.36%，年平均增长率为4.57%。

珠海市休闲农业与乡村旅游产业基本情况。近年，珠海市充分发挥山海相拥、陆岛相望、城田相映的自然禀赋优势，紧紧围绕粤港澳大湾区建设和港珠澳大桥通车的历史性机遇，以"三清三拆三整治"环境整治为重点的美丽乡村建设为抓手，以打造"粤港澳大湾区乡村旅游目的地"为目标，依托西部农村特别是斗门的美丽山水、田园风光、水乡文化、岭南特色、乡村美食，坚守"望得见山、看得见水、记得住乡愁"，大力发展以"农事体验、农家休闲、农业观光、乡村美食、古村落旅游"为主体的休闲旅游农业，使休闲农业逐步成为珠海市农民增收致富的新亮点，农村逐步成为农民的幸福家园、城市居民休闲旅游度假的乐园、传承农耕文明的新载体。据统计，2018年珠海市乡村旅游共接待游客950多万人次，同比增长10.5%，乡村旅游收入突破15亿元。目前，珠海市共有1个全国休闲农业与乡村旅游示范县（市、区），3个省级休闲农业与乡村旅游示范镇，7个省级休闲农业与乡村旅游示范点，2个省级农业公园，2个省文化和旅游特色村，4条省乡村旅游精品线路。乡村旅游取得了一定成效，斗门区获评"全国休闲农业和乡村旅游示范区"，南门村、莲江村获评"中国乡村旅游模范村"，万山村获评"全国特色景观旅游名村"，东澳岛和外伶仃岛获评4A级景区。创建7个省级休闲渔业示范基地。制定《珠海经济特区旅游条例》，对民宿管理进行规范。改造乡村民宿88家，床位近2000个，涌现出静云山庄、鼎元农庄、停云小镇、天天惦记、禅意等一批精品民宿。

（4）佛山市

佛山市主要经济社会发展情况。佛山市位于广东省中部，地处珠三角腹地，毗邻港澳，东接广州，南邻中山。辖禅城区、南海区、顺德区、高明区和三水区，全市总面积3797.72平方公里。佛山是我国重要的制造业基地、国家历史文化名城、珠三角地区西翼经贸中心和综合交通枢纽，也是粤港澳大湾区重要节点城市。截至2018年，佛山市常住人口765.67万人，其中户籍人口419.59万人。佛山还是著名的侨乡，祖籍佛山的华侨、华人近80万人。2021年全市地区生产总值（初步核算数）为12156.54亿元，比上年增长8.3%。其中第一产业增加值210.55亿元，增长9.5%；第二产业增加值6806.95亿元，增长9.3%；第三产业增加值5139.04亿元，增长7.0%。在第三产业中，交通运输、仓储和邮政业增长18.6%，批发和零售业增长11.3%，住宿和餐饮业增长14.0%，金融业增长4.2%，房地产业下降1.1%，其他服务业增长8.1%。三次产业结构为1.7∶56.0∶42.3。现代服务业增加值3220.55亿元，增长5.8%。根据《广州市第七次全国人口普查公报》数据，全市常住人口为9498863人，与2010年第六次全国人口普查的7194311人相比，十年共增加2304552人，增长32.03%，年平均增长率为2.82%。

佛山市休闲农业与乡村旅游产业基本情况。佛山自古有精耕细作的传统，历史形成的桑基、蕉基、蔗基鱼塘闻名于世，素有"鱼米之乡"的美誉。农业生产上，佛山以高值花卉和优质水产两个拳头产品为主，还兼有部分畜产品和蔬菜。目前，佛山建成市级现代农业园区47个，市级以上"菜篮子"基地62个，拥有市级以上农业龙头企业112家，农民专业合作社190个，已成为全国最大的蝴蝶兰生产基地和鲮鱼罐头加工基地、全省最大的供港鱼和北运淡水鱼供应基地。"中国鳗鱼之乡"、"中国淡水鱼苗之乡"和"中国花木之乡"相继落户佛山，佛山市被评为全国首批农业产业化示范基地市。近年来，佛山市以休闲农业与乡村旅游为抓手，深入推进农旅融合发展，通过"旅游+乡村"模式，已经探索出了一条独具特色的乡村振兴之路，对促进农村经济发展、农业结构调整、农民创业致富起到了积极的促进作用。目前，佛山市共有2个省级休闲农业与乡村旅游示范镇，8个省级休闲农业与乡村旅游示范点，3个省文化和旅游特色村，4条省乡村旅游精品线路，5个省级农业公园，30个佛山市农业公园。

(5) 惠州市

惠州市主要经济社会发展情况。 惠州市位于广东省东南部，属珠江三角洲东北、东江中下游地区。市境东西相距152公里，南北相距128公里。东接汕尾市，南临南海，并与深圳市相连，西南接东莞市，西交广州市，北与韶关市、西北与河源市为邻。现辖惠城区、惠阳区、惠东县、博罗县、龙门县，设有大亚湾经济技术开发区和仲恺高新技术产业开发区两个国家级开发区。2021年惠州市地区生产总值为（初步核算数）4977.36亿元，比上年增长10.1%。其中，第一产业增加值为232.54亿元，增长10.2%；第二产业增加值为2652.76亿元，增长14.4%；第三产业增加值为2092.06亿元，增长5.3%。三次产业结构调整为4.7∶53.3∶42.0。人均地区生产总值82113元（按年平均汇率折算为12728美元），增长9.3%。根据《惠州市第七次全国人口普查公报》数据，惠州市常住人口为6042852人。全市常住人口与2010年第六次全国人口普查的4597002人相比，十年共增加1445850人，增长31.45%，年平均增长率为2.77%。

惠州市休闲农业与乡村旅游产业基本情况。 截至2020年底，惠州市共有1个全国休闲农业与乡村旅游示范县，11个省级休闲农业与乡村旅游示范镇，27个省级休闲农业与乡村旅游示范点，2个3A级广东农业公园，2个5A级景区，11个4A级景区，24个3A级景区，2个2A级景区。全市农业投资总额约36.06亿元，休闲农业投资总额约6.2亿元，休闲农业政府扶持金总额7695.7万元；休闲农业占地面积约5.6万亩。休闲农业经营主体个数1986个；休闲农业营业收入约28.7亿元，其中农副产品销售收入1.6亿元，休闲农业经营利润总额约2.35亿元；接待人次912.71万人，休闲农业从业人数2.33万人，其中农民从业人数1.96万人；休闲农业从业人员人均工资额15.81万元；带动农户数38935户；休闲农业相关培训人数8738人次；休闲农业相关节庆活动举办次数126次/年。

(6) 东莞市

东莞市主要经济社会发展情况。 东莞市位于广东省中南部，珠江口东岸，东江下游的珠江三角洲。因地处广州之东，盛产莞草而得名，共4街道28镇。全市陆地面积2460.1平方千米，海域面积97平方千米。毗邻港澳地区，处于广州市至深圳市经济走廊中间。2021年东莞市荣获"中国最具竞争力会展城市"称号。2021年东莞实现地区生产总值（初步核算数）10855.35亿元，比上年增长8.2%。其中，第一产业增加值34.66亿元，增长11.8%，对地区生产总值增长的贡献率为0.4%；第二产业增加值6319.41亿元，增长10.5%，对地区生产总值增长的贡献率为73.0%；第三产业增加值4501.28亿元，增长5.1%，对地区生产总值增长的贡献率为26.6%。三次产业比例为0.3∶58.2∶41.5。人均地区生产总值103284元（按年平均汇率折算为16009美元），增长7.8%。根据《东莞市第七次全国人口普查公报》数据，全市常住人口为10466625人。全市常住人口与2010年第六次全国人口普查的8220237人相比，十年共增加2246388人，增长27.33%，年平均增长率为2.45%。

东莞市休闲农业与乡村旅游产业基本情况。 近年来，东莞以农业传统优势产业和新兴特色产业为依托，以创建休闲观光农业示范点、推介休闲采摘线路、打造农业文化创意项目、开展系列休闲农业与美丽乡村旅游精品宣传等为抓手，扎实推进休闲农业发展，取得了初步成效。2019年以来，东莞市农业农村局会同旅游部门积极向国家、省申报全国乡村旅游重点村、乡村旅游精品线路等项目，其中麻涌镇水乡美食休闲游线路获评2019年"全国100条乡村旅游精品景点线路"和"广东省100条乡村旅游精品线路"，麻三村入选2020年"中国美丽休闲乡村"。2020年，东莞市农业农村局会同麻涌镇、洪梅镇、横沥镇打造了"美丽乡村""万里碧道美丽麻涌""东莞西站美丽洪梅""乡村美幸福里"4个创意稻田项目。

目前，全市共有全国休闲农业与乡村旅游示范点2个，中国美丽休闲乡村1个，全省休闲农业与乡村旅游示范镇7个，全省休闲农业与乡村旅游示范点14个，全市30亩以上休闲农业场所120多个，经营面积超过2万亩。2020年全年接待游客607万人次，创造就业岗位约2000个，经营主体实现经营收入超2亿元。东莞着力打造特色优势品牌，一方面，推动"莞荔"休闲采摘。依托东莞荔枝资源特色，筛选适合发展休闲采摘的无公害绿色食品认证的荔枝基地。市农业农村局协同市荔枝协会对市民推介荔枝休闲采摘点，2014—2021年共推介190次，平均每年吸引约5万人次到场采摘。另一方面，拓展"田园郊享乐"休闲线路。充分挖掘东莞市名特优新农产品资源，打造"田园郊享乐"农业休闲品牌，推介一批别具产品特色、休闲条件成熟、综合功能齐备的农业休闲观光点。据统计，2016—2021年，"田园郊享乐"累计推介景点159个次。

(7) 中山市

中山市主要经济社会发展情况。中山市位于广东省中南部，珠江三角洲中部偏南的西江、北江下游出海处。北接广州市南沙区和佛山市顺德区，西邻江门市区、新会区和珠海市斗门区，东南连珠海市，东隔珠江口伶仃洋与深圳市和香港特别行政区相望。下辖15个镇、8个街道，区域内含有1个国家级开发区——中山火炬高技术产业开发区和1个经济协作区——翠亨新区，辖127个社区和150个行政村。2019年1月19日，中山市通过国家气候标志专家评审，获国家气候中心评定为中国气候宜居市，成为广东省首个获得国家气候标志的地级市。2021年中山实现地区生产总值（初步核算数）3566.17亿元，比上年增长8.2%。其中，第一产业增加值90.81亿元，增长20.4%，对地区生产总值增长的贡献率为5.5%；第二产业增加值1761.78亿元，增长11.0%，对地区生产总值增长的贡献率为64.0%；第三产业增加值1713.58亿元，增长5.0%，对地区生产总值增长的贡献率为30.5%。三次产业结构比重为2.5∶49.4∶48.1，第二产业比重提高1.6个百分点。人均地区生产总值80157元，增长7.2%。根据《中山市第七次人口普查公报》数据，全市常住人口为4418060人。与2010年第六次全国人口普查的3120884人相比，十年共增加1297176人，增长41.56%，年平均增长率为3.54%。

中山市休闲农业与乡村旅游产业基本情况。近年，中山稳步推进休闲农业与乡村旅游发展深度融合，建成省级休闲农业与乡村旅游示范镇5个、示范点18个，省AAA级农业公园3家、市级农业公园12家，国家AAA级休闲农业景区2个，年接待游客超418万人次、经营收入逾2亿元。市级以上农业龙头企业60家，带动农户9.08万户，带动农户增收总额33.6亿元，户均增收3.7万元。建成西北部、东北部和古神公路百里绿色园艺长廊片区，成为华南地区最大的绿化苗木交易市场，小榄镇、横栏镇、古镇镇获"中国花木之乡"称号。创建横栏花木、东升脆肉鲩2个省级现代农业产业园区。聚力打造优势特色产业集群创建，培育国家级"一村一品"示范镇2个，省级"一村一品、一镇一业"专业镇6个、专业村16个。黄圃镇成功入围2020年国家级农业产业强镇建设名单。此外，中山积极培育名标名牌，现有省名特优新农产品区域公用品牌4个，经营专用品牌26个，黄圃腊味和神湾菠萝入选"粤字号"县域名特优新农产品区域公用品牌百强榜。石岐鸽、神湾菠萝两个农产品通过国家农业农村部专家评审，成为农产品地理标志产品。

(8) 江门市

江门市主要经济社会发展情况。江门，别称"五邑"，位于珠江三角洲西部，濒临南海，毗邻港澳，是粤港澳大湾区重要节点城市，珠江三角洲西部地区的中心城市之一，总面积9505平方千米，辖蓬江、江海、新会3个市辖区和台山、开平、恩平、鹤山4个县级市。江门是我国著名侨乡，祖籍江门的华侨、华人和港澳台同胞近 400 万人，遍布全球 107 个国家和地区，有"中国第一侨乡"的美誉。2021 年江门实现地区生产总值（初步核算数）3601.28 亿元，比上年增长 8.4%。其中，第一产业增加值 294.89 亿元，增长 9.8%；第二产业增加值 1640.66 亿元，增长 11.1%；第三产业增加值 1665.73 亿元，增长 5.7%。三次产业结构比重为 8.2∶45.6∶46.2，第二产业比重提高 1.9 个百分点。人均地区生产总值 74722 元（按年平均汇率折算为 11583 美元），增长 7.5%。根据《江门市第七次人口普查公报》数据，全市常住人口为 4798090 人。与 2010 年第六次全国人口普查的 4448871 人相比，十年共增加 349219 人，增长 7.85%，年平均增长率为 0.76%。

江门市休闲农业与乡村旅游产业基本情况。近年来，江门市按照立足农业、依托农村、规划引领、政策支撑、示范带动、融合发展的思路，大力发展休闲农业和乡村旅游，全市涌现出一批具有岭南风韵、侨乡特色的休闲农业点和美丽休闲乡村，成为农村社会经济发展的新业态、新亮点，全市休闲农业与乡村旅游提质增效明显。2018 年底，江门市休闲农业与乡村旅游经营主体近 200 家，全年休闲农业接待游客约 1000 万人次，营业收入约 6.5 亿元。截至 2020 年底，江门市共有 4 个省级休闲农业与乡村旅游示范镇，6 个省级休闲农业与乡村旅游示范点，4 个省文化和旅游特色村，4 条省乡村旅游精品线路。江门市已创建台山斗山、开平金鸡 2 个一二三产业融合示范农业产业强镇。

（9）肇庆市

肇庆市主要经济社会发展情况。肇庆市位于广东省中西部，东部和东南部与佛山市接壤，西南与云浮市相连，西及西北与广西壮族自治区梧州市和贺州市交界，北部及东北部与清远市相邻。全市行政区域总面积 148.91 万公顷，设端州区、鼎湖区、高要区，辖广宁县、德庆县、封开县、怀集县，代管四会市，设 91 个镇、12 个街道、1 个民族乡、1255 个行政村和 296 个社区。肇庆历史悠久，文化底蕴深厚，曾是西江流域政治中心和军事重镇，既是岭南土著文化和广府文化的发祥地，也是中原文化与岭南文化、西方文化与中国传统文化最早的交汇处。1994 年 1 月被国务院公布为第三批国家历史文化名城。2021 年全市实现地区生产总值（初步核算数）2649.99 亿元，比上年增长 10.5%。其中，第一产业增加值 458.46 亿元，增长 7.6%，对地区生产总值增长的贡献率为 13.5%；第二产业增加值 1101.48 亿元，增长 15.3%，对地区生产总值增长的贡献率为 56.3%；第三产业增加值 1090.04 亿元，增长 7.5%，对地区生产总值增长的贡献率为 30.2%。三次产业结构比重为 17.3∶41.6∶41.1。人均地区生产总值 64269 元，增长 10.0%。根据《肇庆市第七次人口普查公报》数据，全市常住人口为 4113594 人。与 2010 年第六次全国人口普查的 3918085 人相比，增加 195509 人，增长 4.99%，年平均增长率为 0.49%。

肇庆市休闲农业与乡村旅游产业基本情况。截至 2020 年 11 月底，全市共有休闲农业和乡村旅游经营主体 338 个，占地面积 25576.8 亩，年均接待 211.86 万人次，营业收入 32301 万元，经营利润总额 820.55 万元，从业人数 1.16 万人，带动农户 40975 户。截至 2020 年底，肇庆市累计创成中国美丽休闲乡村 2 个、全国乡村旅游重点村 2 个、中国乡村旅游金牌农家乐 20 家、广东省休闲农业和乡村旅游示范镇（点）18 个、广东省文化和旅游特色村 5 条、广东省乡村旅游精品线路 6 条。累计认定肇庆市乡村旅游示范项目 20 个、肇庆市星级农家乐 89 家、肇庆市特色旅游民宿 20 家。怀集县华辰玫瑰-百香果园在研发玫瑰、百香果深加工产品的基础上，开发玫瑰观赏、百香果采摘功能，大力发展休闲农业，被授予 3A 级广东农业公园和 3A 级旅游景区。封开打造了以"六道合一+赛会+节庆"等共同构筑美丽乡村示范带+农业产业观光带——贺江碧道画廊。四会打造了以"旅游、餐饮、生态、文化、水系+农业"为一体的桔子小镇；鼎湖区打造了以"香蕉+文化+健康+研学教育+田园"为一体的产业融合体验式研学旅游目的地。

2. "一带": 沿海经济带

沿海经济带分为东西翼两个片区,共有7个城市。东翼范围包括潮州、汕头、汕尾、揭阳4市,西翼包括湛江、茂名、阳江3市。总面积4.74万平方公里,占全省的26.6%。多年来,广东的经济增长主要靠珠三角沿海片区这个"火车头"带动,粤东粤西沿海地区经济发展一直较为滞后。目前这种局面正逐步改变,2017年12月,《广东省沿海经济带综合发展规划(2017—2030年)》出台。规划提出以汕头为中心,加快推进汕潮揭同城化发展,建设资源共享、一体化融合发展的汕潮揭特色城市群;以湛江为中心,推动湛茂一体化发展,建设湛茂都市圈;构建东极以汕头为中心、西极以湛江为中心的"一心两极双支点"发展总体格局,打造东西两翼沿海经济增长极。

(1) 潮州市

潮州市主要经济社会发展情况。潮州市地处祖国南疆,位于韩江中下游,是广东省东部沿海的港口城市。东与福建省的诏安县、平和县交界,西与广东省揭阳市的揭东区接壤,北连梅州市的丰顺县、大埔县,南临南海并通汕头市和汕头市属的澄海区。2021年全年潮州市地区生产总值为1244.85亿元,同比增长9.3%,两年平均增长5.2%。其中,第一产业增加值为115.04亿元,同比增长7.4%,两年平均增长5.9%;第二产业增加值为602.08亿元,同比增长10.6%,两年平均增长5.9%;第三产业增加值为527.73亿元,同比增长8.4%,两年平均增长4.4%。据潮州统计局发布的《潮州市第七次全国人口普查公报》数据,潮州市常住总人口为2568387人,占全省人口比重为2.04%,与2010年第六次全国人口普查的2669844人相比,十年共减少101457人,下降3.80%。

潮州市休闲农业与乡村旅游产业基本情况。潮州市目前有桥东街道、钱东镇、意溪镇、铁铺镇、凤凰镇等5个镇(街道)被认定为广东省休闲农业与乡村旅游示范镇。潮州饶平绿岛旅游度假区、潮州市联饶瓦岗寨生态旅游庄园、饶平县樟园生态山庄、潮州市吉骏农业观光公园、潮州市紫莲度假村、潮州市玉瑶山庄生态旅游有限公司、潮州湘桥中志休闲农业园、潮州潮安区凤翔峡生态旅游区、潮州市广东绿太阳生态旅游度假村、潮安区归湖镇狮峰村、潮安区溪东种养专业合作社、潮州市爱田园文化传播公司、饶平县绿源农业发展有限公司等13个单位被认定为广东省休闲农业与乡村旅游示范点(其中潮州饶平绿岛旅游度假区和潮州市紫莲度假村被认定为全国示范点)。湘桥区意溪镇桂坑村被认定为2020年中国美丽休闲乡村,是广东省8个入选村落之一,也是粤东地区唯一一个入选的村落。2020年,全市规模以上休闲农业经营主体个数87个,休闲农业投资超3.3亿元,接待游客约687万人次,休闲农业营业收入超1.3亿元,带动农民就近就业约2100人。潮安区凤凰镇成功通过"首批广东省旅游风情小镇"验收认定,潮安区狮峰村、叫水坑村、饶平县永善村、湘桥区社光村认定为"广东省文化和旅游特色村",潮安区大坑村、饶平县英粉村、湘桥区大坑村等20个村认定为"市级文化和旅游特色村",潮安区凤凰镇、玉瑶山庄、樟园生态山庄、狮峰村等乡村旅游点成功创建为省级乡村休闲旅游业示范镇示范点。潮安新农村茶乡之旅、饶平地质风光生态休闲游2条线路已被省文化和旅游厅公布为广东省乡村旅游精品线路,潮安清新休闲之旅等4条线路认定为市级乡村旅游精品线路。

(2) 汕头市

汕头市主要经济社会发展情况。汕头,位于广东省东部,韩江三角洲南端,北接潮州,西邻揭阳,东南濒临南海。境内韩江、榕江、练江三江入海,大陆海岸线长217.7公里,海岛岸线长167.37公里,有大小岛屿82个。汕头是全国主要港口城市、中国最早开放的经济特区、海西经济区重要组成部分。汕头港于1860年开埠,素有"岭东门户、华南要冲"和"海滨邹鲁、美食之乡"美称,是中国优秀旅游城市、中国投资环境百佳城市、中国品牌经济城市、国家知识产权工作示范城市、国家电子商务示范城市。2021年汕头实现地区生产总值（初步核算数）2929.87亿元，比上年增长6.1%。其中，第一产业增加值125.05亿元，增长2.1%；第二产业增加值1412.56亿元，增长4.3%；第三产业增加值1392.25亿元，增长8.5%。三次产业结构比重为4.3∶48.2∶47.5，第三产业比重提高0.9个百分点。人均地区生产总值53106元，增长5.8%。据汕头统计局发布的《汕头市第七次全国人口普查公报》数据，汕头市常住总人口为5502031人，占全省人口比重为4.37%，与2010年第六次全国人口普查的5391028人相比，十年共增加111003人，增长2.06%。

汕头市休闲农业与乡村旅游产业基本情况。截至2020年底，汕头全市累计发展全国休闲农业与乡村旅游示范点1个，省级示范镇4个、示范点20个，中国最美休闲乡村1个，中国美丽休闲乡村2个，建设休闲农业与乡村旅游经营主体80个，年营业收入超过1.5亿元，农业功能不断向二、三产业拓展，农民收入渠道不断拓宽。潮阳区金灶镇桥陈村被评为"2019年中国美丽休闲乡村"；南澳县后花园村和潮南区东华村获评"2019年度广东美丽乡村特色村"，南澳县海韵乡村精品线路获评"广东美丽乡村精品线路"。广东丹樱农业公园、汕头市濠江区金寿农业主题公园被评为4A级、3A级2019年广东农业公园；金平区沟南社区等10个单位获评"汕头市十佳美丽乡村"；濠江区"滨海古韵乡村休闲游"线路入选农业农村部2020年中国美丽休闲乡村旅游精品景点推介线路。据统计，2021年全市休闲农业经营主体66个，年营业收入近2.8亿元，休闲农业经营利润总额1650多万元，接待人次400多万，休闲农业从业人数4300人，带动农户数10000多户。

（3）汕尾市

汕尾市主要经济社会发展情况。汕尾市位于广东省东南沿海，东邻揭阳，西连惠州，北接河源，南濒南海。2019年，汕尾市辖1区、2县，代管1市，另设2个管理区或功能区（1个区：市城区；2个县：海丰县、陆河县；1个代管市：陆丰市；2个管理区或功能区：红海湾经济开发试验区、汕尾华侨管理区）；辖区内设有40个镇、14个街道办事处，共有150个社区居委会、723个村委会。2021年汕尾实现地区生产总值（初步核算数）1288.04亿元，比上年增长12.7%。其中，第一产业完成增加值175.08亿元，增长11.4%，对地区生产总值增长的贡献率为12.7%；第二产业增加值498.96亿元，增长16.8%，对地区生产总值增长的贡献率为48.9%；第三产业增加值614.00亿元，增长10.0%，对地区生产总值增长的贡献率为38.4%。三次产业结构为13.6∶38.7∶47.7，第二产业比重提高1.7个百分点。人均地区生产总值48095元（按年平均汇率折算为7455美元），增长12.7%。根据《汕尾市第七次全国人口普查公报》数据，全市常住人口为5502031人，与2010年第六次全国人口普查的5391028人相比，十年共增加111003人，增长2.06%。

汕尾市休闲农业与乡村旅游产业基本情况。截至2020年底，汕尾全市共有省级现代农业产业园6个，"一村一品、一镇一业"项目113个，国家级电子商务进农村综合示范县2个，省级电子商务进农村综合示范县3个；建有10个淘宝镇、4个淘宝村；创建8条乡村振兴示范带，沿线已建成美丽宜居村67个、3A级景区村庄7个、精美特色村19个，开办民宿36家、农家乐85家。陆河共光村获评"广东十大美丽乡村"，陆丰下埔村获评"广东文化旅游名村"，市城区晨洲村获评"广东特色产业名村"，海丰县湾区红色文化体验示范带获评"广东美丽乡村精品线路"。在深圳的对口帮扶下，汕尾市按照"一带一主题、一村一特色"的原则，规划了"红色文化体验""生态农旅"等不同主题的10条乡村振兴示范带，发挥红色文化、特色产业优势，推动乡村振兴。

(4) 揭阳市

揭阳市主要经济社会发展情况。 揭阳，别称"榕城"，位于广东省东南部，地处粤港澳大湾区与海西经济区的地理轴线中心。揭阳素有"海滨邹鲁""国画之乡""小戏之乡""龙舟之乡""华侨之乡"之美称，是潮汕文化的发祥地，粤东古邑，广东省历史文化名城，全国著名侨乡，有华侨320多万人。全市陆地面积5240平方公里，海域面积9300平方公里。现辖榕城区、揭东区2区和惠来县、揭西县，代管普宁市（县级），并设立蓝城区管理委员会、揭阳空港经济区、普宁华侨管理区、大南山华侨管理区和大南海工业区，赋予部分县级管理职能。全市共有63个镇、2个乡、22个街道办事处。2021年全市实现地区生产总值2265.43亿元，同比增长6.1%。其中，第一产业增加值205.50亿元，同比增长4.4%；第二产业增加值831.53亿元，同比增长3.1%；第三产业增加值1228.41亿元，同比增长8.6%。三次产业结构比重为9.1∶36.7∶54.2，第三产业所占比重比上年提高1个百分点。人均地区生产总值40470元，增长6.3%。根据《揭阳市第七次全国人口普查公报》数据，全市常住人口为5577814人。全市常住人口与2010年第六次全国人口普查的5877025人相比，十年共减少299211人，下降5.09%。

揭阳市休闲农业与乡村旅游产业基本情况。 截至2020年底，全市共有全省休闲农业与乡村旅游示范镇4个，全省休闲农业与乡村旅游示范点9个，广东省乡村旅游精品线路8条。全市各部门通力合作，大力实施乡村振兴战略，扎实推动农业农村发展。以产业振兴为重点，坚持集约节约用地，优化农业加工生产工艺流程，大力发展观光农业、林下经济，积极开发旅游产品，加快推进农业产业与加工业、服务业相结合。加快建设农业产业项目，全市4个省级、10个市级现代农业产业园累计共投入资金8.49亿元，累计建设"一村一品、一镇一业"项目153个，基本形成了"一县一（多）园、一镇一（多）业、一村一（多）品"农业产业发展格局。加快补齐农业产业短板，在全省率先试点探索实施农业产业链"链长制"。目前，全市已规划建设了首批10条市级农业产业链，谋划建设项目214项，项目总投资75.89亿元，链均年投资1.5亿元；同时示范带动创建10条县级农业产业链。

(5) 湛江市

湛江市主要经济社会发展情况。 湛江，旧称"广州湾"，别称"港城"，位于中国大陆最南端雷州半岛上，地处粤、桂、琼三省（区）交汇处，南濒南海，隔琼州海峡与海南省相望，西临北部湾，背靠大西南，东与茂名市相连。辖3个县级市、5个区和2个县。湛江是粤西和北部湾经济圈的经济中心。2021年湛江市实现地区生产总值（初步核算数）3559.93亿元，同比增长8.5%。其中，第一产业增加值640.94亿元，增长7.8%，对地区生产总值增长的贡献率为17.9%；第二产业增加值1373.18亿元，增长11.3%，对地区生产总值增长的贡献率为46.9%；第三产业增加值1545.81亿元，增长6.7%，对地区生产总值增长的贡献率为35.2%。三次产业结构比重为18.0∶38.6∶43.4，第二产业比重提高3.2个百分点，人均地区生产总值50814元，增长8.1%。据《湛江市第七次全国人口普查公报》数据，湛江市常住总人口为6981236人，占全省人口比重为5.54%，在广东各市人口排行中，居第五名。全市常住人口与2010年第六次全国人口普查的6993304人相比，十年共减少12068人，下降0.17%。全年接待旅游总人数1058.39万人次，比上年下降15.6%；旅游总收入147.60亿元，比上年下降26.8%。

湛江市休闲农业与乡村旅游产业基本情况。 截至2020年底，全市累计创建国家级现代农业产业园4个，省级现代农业产业园14个，农业产业强镇3个，实施"一村一品、一镇一业"项目189个。认定遂溪油塘村、雷州那毛村、徐闻愚公楼村为全国"一村一品"示范村，廉江长山镇和良垌镇为全国"一村一品"示范镇。累计建成全国乡村旅游重点村2个，省级休闲农业与乡村旅游示范镇2个、示范点25个，省级农业公园 3 个，全市休闲农业与乡村旅游接待人数超过 500 万人次。

(6) 茂名市

茂名市主要经济社会发展情况。 茂名，广东省辖的地级市，省域副中心城市，位于广东省西南部，鉴江中游，东毗阳江，西临湛江，北连云浮和广西壮族自治区，南临南海。全市陆地面积 11427 平方千米，约占广东省陆地面积的 6.4%，海域面积 75 平方公里。茂名市是全省农业经济比较发达的城市，盛产龙虾、对虾、海参、鲈鱼、膏蟹等，全市水产品产量居全省第一。"三高农业"蓬勃发展，荔枝、香蕉、龙眼等岭南佳果驰名中外，是中国水果生产基地；水产养殖享誉盛名，是"中国罗非鱼之都"。是中国华南地区最大的石化基地，为中国南方重要的石化生产出口基地和广东省的能源基地。2021 年茂名实现地区生产总值（初步核算数）3698.10 亿元，比上年增长 7.6%。第一产业增加值 648.85 亿元，增长 6.8%；第二产业增加值 1319.24 亿元，增长 7.8%；第三产业增加值 1730.01 亿元，增长 7.9%。三次产业结构比重为 17.5∶35.7∶46.8。人均地区生产总值 59648 元（按年平均汇率折算为 9245 美元），增长 6.8%。据《茂名市第七次全国人口普查公报》数据，茂名市常住总人口为 6174050 人，占全省人口比重为 4.9%，在广东省各市人口排名中，排第六名。与 2010 年第六次全国人口普查的 5817753 人相比，十年共增加 356297 人，增长 6.12%，年平均增长率为 0.60%。

茂名市休闲农业与乡村旅游产业基本情况。 近年来，茂名市大力发展休闲农业和乡村旅游，延长产业链、提升价值链、完善利益链。截至 2020 年底，全市共有 17 个 A 级景区，其中 4A 级景区 8 个，3A 级景区 9 个。创建国家级"一村一品"示范镇 8 个、省级休闲农业与乡村旅游示范镇 7 个、省级休闲农业与乡村旅游示范点 25 个、省级农业公园 4 个。信宜市镇隆镇八坊村入选全国首批乡村旅游重点村，高州市根子镇柏桥村等 6 条村入选广东省首批文化和旅游特色村名录，高州入选中国乡村旅游发展名县（区）案例。目前，茂名市共有 10 条乡村获"广东省文化和旅游特色村"称号，分别是信宜市镇隆镇八坊村、高州市根子镇柏桥村、茂南区金塘镇牙象村、化州市笪桥镇柑村、滨海新区电城镇山兜村、电白区罗坑镇里平村、高州市长坡镇旧城村、信宜市东镇街道高城村、化州市平定镇大岭村、滨海新区博贺镇尖岗村。6 条省级旅游精品线路，分别是信宜西江温泉天马山观光一日游、高州大唐荔乡游、化州橘红之乡康养度假之旅、南海环岛渔村观光一日游、信宜"锦江画廊"碧道乡村寻味之旅、电白洗太故里乡村文化体验游。2 条全国乡村旅游重点村，分别是信宜市镇隆镇八坊村和高州根子镇柏桥村。现有 3 个省级旅游风情小镇，分别是信宜市钱排镇、滨海新区博贺镇和高州市根子镇。

(7) 阳江市

阳江市主要经济社会发展情况。 阳江，位于广东省西南沿海，紧邻珠三角，扼粤西要冲，海域面积 1.23 万平方公里。是中国著名的旅游滨海城市，有"平安城市"、最佳生态旅游城市、国家园林城市、"中国风筝之乡"等荣誉，素有"北有潍坊、南有阳江"的"南国风筝之乡"称谓。全市共有 10 个街道办事处，38 个镇，137 个居民委员会和 710 个村民委员会，设海陵岛经济开发试验区和阳江高新技术产业开发区。2021 年阳江市地区生产总值 1515.86 亿元，比上年增长 8.3%。其中，第一产业增加值增长 2.8%；第二产业增加值增长 14.4%；第三产业增加值增长 5.9%。2021 年阳江市人均地区生产总值 58005 元，增长 7.7%。根据《阳江市第七次全国人口普查公报》数据，全市常住人口为 2602959 人。与 2010 年第六次全国人口普查 2421812 人相比，十年共增加 181147 人，增长 7.48%，年平均增长率为 0.72%。全年旅客运输总量 531.61 万人，下降 66.7%。

阳江市休闲农业与乡村旅游产业基本情况。 自 2014 年开始，阳江市开始大力建设美丽乡村，至今已经验收了 220 个"美丽乡村",其中,阳春市有 87 个"美丽乡村",阳东区有 46 个,江城区有 23 个,阳西县有 44 个,海陵区有 10 个,高新区有 8 个。根据阳江市农业局资料,截至 2020 年底,阳春市已有 1 个省级休闲农业与乡村旅游示范点,有 2 个景区获评"广东最美乡村旅游景区";阳东区内有 2 个省级休闲农业与乡村旅游示范镇,9 个省级休闲农业与乡村旅游示范点,1 个"广东最美乡村"。阳江市成功创建了罗非鱼国家级跨县产业集群、8 个省级现代农业产业园和 4 个市级现代农业产业园,创建全国"一村一品"示范村镇 5 个、省级专业镇 18 个、省级专业村 121 个。

3. "一区":北部生态发展区

北部生态发展区包括河源、清远、韶关、梅州、云浮 5 个地级市,均属于山区城市,总面积 7.67 万平方公里,占全省面积 42.2%。2019 年 7 月,广东省委和省政府印发的《关于构建"一核一带一区"区域发展新格局促进全省区域协调发展的意见》正式将粤北山区定位为"北部生态发展区",是全省重要的生态屏障;明确了要集中力量在韶关和清远打造连片的、规模较大的生态保护区,不断增强水源涵养、生物多样性保护等功能,筑牢粤北生态屏障。优越的自然环境,加上政策的大力支持,近年来粤北山区休闲农业与乡村旅游的发展十分迅速,涌现出很多的优秀代表。

(1) 河源市

河源市主要经济社会发展情况。河源市位于广东省东北部,地处东江中上游,东靠梅州市,南接惠州市,西连韶关市,北邻江西省赣州市,与广州、深圳及香港的直线距离均在 200 公里以内,是粤东西北唯一同时近距离接受三个国际都市辐射带动的地级市。河源下辖城区、东源县、和平县、龙川县、紫金县、连平县,另设市高新技术开发区、江东新区,有 95 个乡镇、6 个街道办事处,1251 个村委会、190 个社区居委会。2021 年河源市实现地区生产总值(初步核算数)1273.99 亿元,比上年增长 8.0%。其中,第一产业增加值 153.81 亿元,增长 8.0%,对地区生产总值增长的贡献率为 12.0%,拉动地区生产总值增长 1.0 个百分点;第二产业增加值 463.15 亿元,增长 11.1%,对地区生产总值增长的贡献率为 47.9%,拉动地区生产总值增长 3.8 个百分点;第三产业增加值 657.02 亿元,增长 6.1%,对地区生产总值增长的贡献率为 40.1%,拉动地区生产总值增长 3.2 个百分点。人均地区生产总值 44886 元,增长 8.2%。根据《河源市第七次全国人口普查公报》数据,河源市常住人口为 2837686 人。全市常住人口与 2010 年第六次全国人口普查的 2953019 人相比,十年共减少 115333 人,下降 3.91%。

河源市休闲农业与乡村旅游产业基本情况。河源市目前有热水镇、佗城镇、埔前镇、凤安镇、新港镇、南岭镇、新回龙镇、船塘镇、上莞镇等 9 个镇被认定为全省休闲农业与乡村旅游示范镇;河源市东源贝叶园温泉旅游区、河源市融和生态农业休闲农场、河源市东兴旺农业发展有限公司、河源市黄龙岩畲族风情旅游区、河源市石坪顶休闲农业乡村旅游景区、河源市源城区福源果场休闲果园、河源东源富强农业观光园、河源和平地隆山农业观光园、河源和平东水马增生态茶园、河源龙川绿誉农业观光园、河源源城崇志生态农业园、河源紫金鹿飞生态农业园、河源市连平县麒麟山现代农业生态园、河源市阳光绿源生态农业观光园、河源市友诚香车农业生态产业园、河源市紫金六和庄园、河源市东源县万绿谷休闲度假旅游区、河源东源县梨花屋舍、河源市源城区高塘村雄达农业生态园、河源市紫金县黄花村黄花庄园等 20 个单位被认定为为全省休闲农业与乡村旅游示范点。河源市龙川县赤光镇大洋村被认定为 2019 年中国美丽休闲乡村,是广东省 8 个入选村落之一。截至 2020 年底,全市农业投资总额 20.3 亿元;休闲农业投资总额约 5.12 亿元;休闲农业政府扶持资金总额 3975 万元;休闲农业占地面积约 9.9 万亩。本地现有休闲农业与乡村旅游园区 964 个;本地休闲农业与乡村旅游经营企业数量共 446 个,其中市级以上农业龙头企业有30个；本地经营休闲乡村旅游的农户数量1806户。休闲农业营业收入14.54亿万元，其中农副产品销售收入约9.8亿元，休闲农业经营利润总额约3.26亿元；接待人次211.43万人次；休闲农业从业人数2.08万人，其中农民从业人数1.69万人；休闲农业从业人员人均工资额3.22万元；带动农民户数17650户，休闲农业相关培训人数7479人次；休闲农业相关节日活动举办次数109次/年。

(2) 清远市

清远市主要经济社会发展情况。清远市位于广东省的中北部，北江中下游、南岭山脉南侧与珠江三角洲的结合带上。清远市土地总面积1.9万平方千米，约占全省陆地总面积的10.6%，是广东省陆地面积最大的地级市。清远市辖2个县、2个自治县、2个市辖区，代管2个县级市，有80个乡镇、5个街道、1022个村委会、178个社区居委会。清远旅游资源丰富，五大类资源各具特色，分布在各景区内的点达58处之多，是广东省旅游资源大市之一，素有"中国温泉之乡""中国龙舟之乡""中国漂流之乡""中国优秀旅游城市""中国宜居城市"等美誉。2021年全年清远市地区生产总值为2007.4亿元，同比增长8.1%。其中，第一产业增加值为303.8亿元，同比增长9.2%；第二产业增加值为794.3亿元，同比增长10.5%；第三产业增加值为909.4亿元，同比增长5.8%。根据《清远市第七次全国人口普查公报》数据，全市常住人口为3969473人。与2010年第六次全国人口普查的3698394人相比，十年共增加271079人，增长7.33%，年平均增长率为0.71%。

清远市休闲农业与乡村旅游产业基本情况。近年来，清远市农业农村局以实施乡村振兴战略为总抓手，深入开展休闲农业、美丽乡村建设、农房管控和风貌提升、三产融合等重点工作，推动美丽乡村转化为"美丽经济"，休闲农业产业发展取得积极成效。一是积极创建休闲农业与乡村旅游示范镇、示范点。韶关市已经成功创建国家级休闲农业与乡村旅游示范点1个，省级休闲农业与乡村旅游示范镇12个、示范点29个，数量居省前列。二是积极打造休闲农业与乡村旅游精品活动（路线）。结合各地各种节庆、节气、农事等开展了多种形式的"农业+文化+旅游"推介活动，全市成功举办了清城区清远鸡美食旅游文化节、连山雾山梯田稻香节、连州菜心节、连南稻田鱼文化节、阳山柚子节等主题活动，不仅展现了本土特色风情和风俗文化，也展示推介了各地名特优新农产品。其中，连南县"稻田鱼文化节"被认定为"国家级示范性渔业文化节庆（会展）"。全市9条精品线路入选2020年广东休闲农业与乡村旅游精品线路。三是积极建设农业公园。全市已成功创建省级农业公园3个；同时制定出台了《清远农业公园创建指南（试行）》等文件，开展了市级农业公园创建工作，已创建市级农业公园17个。四是积极建设美丽乡村。按照"五个梯度"开展美丽乡村创建。截至2020年底，全市累计创建美丽乡村9269个，占全市自然村总数的64.56%。

(3) 韶关市

韶关市主要经济社会发展情况。韶关，古称"韶州"，得名于丹霞的名山韶石山，位于广东省北部，地处五岭山脉南麓，北江中上游地区，内连珠三角，外接湘赣，是广州"1小时生活圈"内城市，中国南方的交通要冲，素有"广东的北大门"之称。总面积18218.06平方千米，下辖3个市辖区、4个县、2个县级市、1个自治县。韶关有着两千多年的城建历史，被誉为"古虞名郡"，是广东省历史文化名城，文化遗产丰富，地方特色浓郁，历史文化积淀深厚，是客家人的主要聚居地之一。2021年韶关实现地区生产总值（初步核算数）1553.93亿元，比上年增长8.6%。其中，第一产业增加值215.33亿元，增长13.1%，对地区生产总值增长的贡献率为22.0%；第二产业增加值572.94亿元，增长8.9%，对地区生产总值增长的贡献率为35.7%；第三产业增加值765.67亿元，增长7.2%，对地区生产总值增长的贡献率为

42.3%。全年人均地区生产总值54377元,增长8.4%。三次产业结构比重由2020年的14.5∶34.5∶51.0调整为13.8∶36.9∶49.3。根据《韶关市第七次全国人口普查公报》数据,全市常住人口为3969473人。与2010年第六次全国人口普查的3698394人相比,十年共增加271079人,增长7.33%,年平均增长率为0.71%。

韶关市休闲农业与乡村旅游产业基本情况。近年来,在韶关市委、市政府的正确领导和省农业农村厅的大力支持下,韶关市各级农业农村部门加大农业多种功能开发力度,大力发展休闲农业、乡村旅游,促进一二三产融合发展,取得了一定的成效。截至2020年底,已成功创建全国休闲农业和乡村旅游示范县2个,中国美丽休闲乡村5个,全国"一村一品"示范村镇11个,广东省休闲农业与乡村旅游示范镇15个,广东省休闲农业与乡村旅游示范点34个。南雄市和翁源县成功创建为全国休闲农业与乡村旅游示范县;曲江区小坑镇曹角湾村、乐昌市九峰镇茶料村、翁源县江尾镇南塘村、南雄市珠玑镇灵潭村和始兴县马市镇红梨村成功创建为中国美丽休闲乡村;乐昌市九峰镇茶料村(九峰山奈李)、仁化县黄坑镇黄坑村(黄坑贡柑)等11个村镇成功创建为全国"一村一品"示范村镇;仁化县丹霞街道、南雄市珠玑镇等15个镇成功创建为广东省休闲农业与乡村旅游示范镇;新丰县大丰观光休闲农场、仁化县五马寨生态园、乳源一峰生态度假庄园等34个单位成功创建为省休闲农业与乡村旅游示范点。在发展休闲农业与乡村旅游示范县(镇)、示范点的同时,积极培育休闲农业亮点,韶关市推荐的南雄市"广府原乡·银杏染秋"乡村休闲之旅线路获评2019年中国美丽乡村休闲旅游行100条(秋季)精品景点线路之一。据不完全统计,2020年全市休闲农业经营主体共有1009家,从业人数共2.85万人,其中农民就业人数1.54万人,带动农户数共26448户。年接待游客约718.96万人次,2020年营业收入达80558.71万元,其中农副产品销售收入45007.74万元。

(4) **梅州市**

梅州市主要经济社会发展情况。梅州,广东省省辖地级市,位于广东省东北部,地处闽、粤、赣三省交界处。是粤闽赣边区域性中心城市,全国生态文明建设试验区、广东文化旅游特色区,也是广东省的重要电力基地之一。面积15876.06平方公里,下辖梅江区、梅县区、兴宁市、大埔县、丰顺县、五华县、平远县、蕉岭县2区1市5县。梅州是客家人比较集中的聚居地之一,被誉为"世界客都",同时也是国家历史文化名城,中国优秀旅游城市、国家园林城市、国家卫生城市、全国双拥模范城、中国自驾游最佳目的地、中国十大最具安全感城市、中国十佳绿色环保标志城市、广东首个宜居城乡示范城市。2021年梅州市实现地区生产总值(初步核算数)1308.01亿元,比上年增长5.5%。其中,第一产业增加值251.35亿元,增长5.9%,对地区生产总值增长的贡献率为20.6%;第二产业增加值409.13亿元,增长2.6%,对地区生产总值增长的贡献率为15.4%;第三产业增加值647.53亿元,增长7.3%,对地区生产总值增长的贡献率为64.0%。三次产业结构比重为19.2∶31.3∶49.5,第三产业比重提高1.2个百分点。人均地区生产总值33764元,增长6.1%。根据《梅州市第七次全国人口普查公报》数据,全市常住人口为3873239人。与2010年第六次全国人口普查的4240139人相比,十年共减少366900人,下降8.65%。

梅州市休闲农业与乡村旅游产业基本情况。近年来,梅州市依托美丽乡村建设契机,盘活旅游资源,连片区域发展旅游业,形成资源合力。充分发挥乡村山水美景、田园风光、客家民居、绿色食品和客家民俗等具有浓厚乡土风情的特色资源优势,积极引导社会资本参与投资建设乡村旅游项目。重点打造梅州柚、客家米、嘉应茶等观光农业产业带,高度融合休闲农业与乡村旅游。截至2021年底,全市有3村

4线1风貌带获评"广东十大美丽乡村"、"美丽乡村精品线路"和"美丽乡村风貌提升示范带"。累计创建国家级现代农业产业园1个、省级25个，全国"一村一品"示范村镇17个，省"一村一品、一镇一业"专业镇26个、专业村234个，粤港澳大湾区"菜篮子"生产基地及加工企业104个。截至2021年底，共创建有全国乡村旅游重点镇1个、全国乡村旅游重点村3个、省级休闲农业与乡村旅游示范镇13个、省级休闲农业与乡村旅游示范点24个、广东省乡村旅游精品线路10条。

(5) 云浮市

云浮市主要经济社会发展情况。云浮，又名"石城"，为广东省地级市，位于广东省西部，西江南岸，西面与广西交界。云浮市辖云城区、新兴县、云安区、郁南县，代管罗定市，全市面积7779平方公里。云浮市盛产大理石（云石），主要是加工大理石，素有"石材王国"之称。2021年全市实现地区生产总值（初步核算数）1138.97亿元，比上年增长8.1%，两年平均增长6.1%。其中，第一产业增加值209.96亿元，比上年增长9.7%，对地区生产总值增长的贡献率为22.2%；第二产业增加值377.90亿元，增长8.3%，对地区生产总值增长的贡献率为33.3%；第三产业增加值551.11亿元，增长7.4%，对地区生产总值增长的贡献率为44.5%。三次产业结构比重为18.4：33.2：48.4。2021年，全市人均地区生产总值47685元（按年平均汇率折算为7391美元），比上年增长7.9%。根据《云浮市第七次全国人口普查公报》数据，全市常住人口为2383350人。与2010年第六次全国人口普查的2360128人相比，十年共增加23222人，增长0.98%，年平均增长率0.10%。

云浮市休闲农业与乡村旅游产业基本情况。近年来，云浮市依托云浮特色农业、自然风光等资源禀赋，以山水田园风光和现代特色农业为载体，大力发展休闲农业，推动乡村旅游蓬勃发展。云浮市充分发挥高端文旅智库的引领作用，创新推动"智库入云"工程，探索乡村旅游云浮模式，在云浮分片布设首批6个"乡村旅游智库工作站"，为乡村旅游高质量发展把脉定向、提供智力支持。截至2021年底，全市共建设2个国家级、15个省级现代农业产业园，获全国产业强镇示范项目5个，全国"一村一品"示范村镇13个，中国美丽休闲乡村3个，省级休闲农业与乡村旅游示范镇、点38个，省级乡村旅游精品线路6条，省级现代化美丽牧场6个，数量均排在全省前列。形成了粮食、畜禽、南药、花卉、水果、茶叶等主导产业，相关生产加工、冷链物流、科技研发及文旅服务等业态相应布局，农工贸互促、业态逐渐丰富、产业链不断拉长，一二三产业融合发展格局基本形成。

三、广东省休闲农业与乡村旅游产业发展存在的问题

（一）规划方案参差不齐，产业布局仍需优化

第一，全省乡村休闲旅游业目前大多仍然处于自由发展状态。乡村休闲旅游业发展的规划，从省级层面的顶层设计，到市、县、镇、村乃至景区、农庄，是一个要求比较复杂的综合体。此外，休闲农业具有一定的特殊性，由于它既是农业，也是休闲，在管理层次上就涉及农业农村、文化和旅游等部门的职能定位以及综合协调等问题，需要多方协调管理。这就会使休闲农业发展定位的一致性意见难以统一，各个部门都按各自的理解和权限制订规划和行业标准，比如有些地方推出休闲农业基地星级认证，片面强调旅游接待的设施设备完善及服务标准化，忽视了休闲农业的农业特色、农民特色，导致规划定位不清。第二，一些景区（点）的选址、建设、经营随市场盲目进行。没有结合内外部环境进行景区规划或在发展过程中未能按照规划进行建设，出现景区主题不突出、布局不合理等问题。个别景区资源开发过

度，没有使景区得到可持续的发展。第三，规模较大的乡村休闲旅游业经营主体示范带动作用不强。乡村休闲旅游企业未能形成合作机制，进行连片整体发展，没有形成串点成线、串线成群系统发展。中心城市休闲农业与乡村旅游集群未能融合，形成特色发展。

（二）建设用地缺乏，资源配置仍需健全

土地问题可以说是广东省休闲农业与乡村旅游发展最大的"拦路虎"。调研发现，当前大湾区休闲农业项目在土地使用过程中存在较多困境，缺乏建设用地指标、用地成本高、配套用地政策难落实等问题尤其突出。第一，农业设施用地及建设用地指标有限。用地政策不明朗，开发整合力度不够，乡村旅游设施用地缺乏保障。因此，在景区产业布局上，缺乏土地利用分项规划，用地不规范现象较为突出。2018年10月以来，国家开始全面清理"大棚房"，目前已拆除13.5万亩休闲农业上的各种违规建筑。应该看到，这种违规"大棚房"是各种原因造成的，大多数是多年来坚守农业的经营者积累起来的财富，是休闲农业发展的重要推动力量。"一刀切"清理"大棚房"的情况势必影响投资休闲农业的预期，制约休闲农业的进一步发展。第二，建设用地缺乏导致企业规模难以扩大，制约企业长远发展。个别成长性景区规划或运营新项目时，因缺乏用地指标，项目迟迟未能开工建设，比如发展民宿、研学等均受到限制，招商引资也因为用地问题而导致项目难以落地。

（三）产品类型挖掘不足，品牌意识仍需提高

第一，乡村休闲旅游业旅游产品单一。个别景区定位不准确，特色意识淡，缺乏创意，经营模式、内容单一，千篇一律，同质化现象较为普遍。仅限于在观光、餐饮、住宿方面，可持续发展能力差，没有结合本地风情进行深度挖掘，彰显不出地方特色。休闲农业和乡村旅游旅游对农耕文化、红色文化、民俗文化、滨海文化、乡土记忆、非遗文化、绿色农业等各类旅游资源内涵挖掘不够，旅游八要素（吃、住、行、游、购、娱、摄、品）配套不完善，档次低。第二，近年来乡村研学旅游和民宿旅游是景区开发的重点资源，发展迅速，不少休闲农业与乡村旅游经营主体都积极申请和开发中小学生研学基地，但研学旅游资源开发能力不足，缺乏有针对性、有特色的研学产品，研学过程安全保障问题缺乏举措。截至2020年底，全省共有民宿客栈44999家，各地民宿发展迅速，特色民宿类型多种多样，但形成著名品牌的比例极少。第三，较少形成一、二、三产业融合发展的新格局。单纯靠观光，无法形成产业链，休闲农业和乡村旅游项目开发与文化、林业、渔业、商业等相关产业融合程度不高，旅游资源与文创、康养等结合度不够，发展创意动能不足。

（四）经营人才短缺，招商引资难度较大

近年来，我省休闲农业与乡村旅游发展较快，但乡村旅游人才（尤其是高水平的旅游管理人才）匮乏的问题日益凸显。第一，乡村休闲旅游业管理落后，人才匮乏。招聘有志青年难度大，即使聘用下来，许多经营主体没有较好的发展平台和机会，难留住人才，尤其是聘用中层管理人员比较困难。企业没有形成固定的经营价值观，缺乏对员工进行相关的经营培训，导致专业经营管理人才缺乏，员工素质普遍不高。人才短缺影响了休闲农业与乡村旅游的整体发展水平。第二，随着我省粤港澳大湾区整体建设的步伐日益加快和休闲农业与乡村旅游的持续兴起，懂管理、懂技术、懂营运、懂政策的专业人才及导游队伍匮乏的问题日益突出，已成为制约我省休闲农业与乡村旅游发展水平的关键因素，亟须解决。

（五）基础设施滞后，配套体系仍需完善

第一，基础设施建设配套制度体系不完善。尤其是县乡道路上乡村旅游景区（点）的标识系统等基

础设施建设很不充分，乡村旅游景点通达能力弱，交通标识系统瓶颈亟须统一突破，乡村旅游环境仍需改善。第二，与乡村景区的配套不能满足游客需求。如乡村道路、旅客服务中心、旅游公厕、停车场、餐饮服务和农产品销售网点、娱乐设施等建设比较滞后。

（六）资金回收期长，经营效益不理想

近年来，在国家的大力提倡下，休闲农业与乡村旅游日益成为社会的热点。在城市地产降温的大背景下，很多工商资本下乡，盲目流转土地发展休闲农业，对农业投资周期长、市场波动大的特点认识不足。课题组调查发现，广东省休闲农业项目的盈利率并不高，究其原因，我们认为主要有以下几个方面：第一是休闲农业自身属性和农地制度限制，休闲农业经营者很难提供符合金融部门要求的有效抵押品，导致其获得的银行信贷支持有限，也很难直接从资本市场融资，需要经营者雄厚的资本作为支撑，投资量大；第二是乡村旅游季节性强，客源分散，旺季客源多了接待不了，日常费用高；第三是乡村旅游产品单一，对项目地文化缺乏深度挖掘，同质化问题严重；第四是农地产权不稳定，休闲农业缺少投资价值；五是农产品市场风险大，对自然灾害、传染性疾病等不可控因素的抵御能力低。

四、广东省休闲农业与乡村旅游产业发展的机遇与挑战

（一）机遇

第一，党和政府大力提倡发展休闲农业与乡村旅游产业。"十四五"时期是我国全面建成小康社会、实现第一个百年奋斗目标之后，乘势而上开启全面建设社会主义现代化国家新征程、向第二个百年奋斗目标进军的第一个五年。"十四五"时期推动广东省休闲农业与乡村旅游高质量发展，必须立足新发展阶段、贯彻新发展理念、构建新发展格局。回顾"十三五"时期，党中央、农业农村部、文化和旅游部以及各级地方政府纷纷出台扶持休闲农业与乡村旅游发展的政策措施，从财政、税收、信贷、土地、用水用电、政府采购等多个方面支持休闲农业与乡村旅游的发展。特别是，国家出台的《乡村振兴战略规划（2018—2022年）》《粤港澳大湾区文化和旅游发展规划》《关于大力发展休闲农业的指导意见》等政策文件，均有提到促进休闲农业或乡村旅游发展的内容。国家战略支持的休闲农业与乡村旅游迎来巨大的发展机遇，在"十三五"时期，休闲农业和乡村旅游产业的迅速崛起，带动了农村一、二、三产业的融合发展并全面促进农村经济的快速增长。广东省在发展实践过程中，提出《广东省实施乡村振兴战略规划（2018—2022年）》、《广东省人民政府办公厅关于印发广东省促进全域旅游发展实施方案的通知》（粤府办〔2018〕27号）等政策文件，重点支持开发和完善了一批休闲农业与乡村旅游项目，进一步推动了广东休闲农业与乡村旅游产业的发展。广东省委、省政府不断提出新的乡村旅游与休闲农业发展举措与建设目标，如申报认定全国休闲农业重点县、省级休闲农业与乡村旅游示范镇、全域旅游示范市、县，打造推介广东省休闲农业与乡村旅游精品路线等。

第二，全国休闲农业与乡村旅游市场将达万亿规模，市场行业发展潜力巨大。2019年休闲农业和乡村旅游实现营业收入8500亿元；休闲农业和乡村旅游接待人数32亿人次。根据《全国乡村产业发展规划（2020—2025年）》，预计到2025年，休闲农业与乡村旅游年接待游客人数40亿人次，经营收入超过1.2万亿元。2020年广东省乡村旅游接待游客人数达5.2亿人次，乡村旅游总收入达2200亿元。这对于助力乡村全面振兴、实现农业农村现代化意义重大。国际经验表明，一个国家或地区人均GDP超过5000美元时，就会形成休闲度假的消费需求。2020年全省人均地区生产总值8.78万元，居民人均可支配收入4.1

万元。居民休闲旅游消费能力显著增强，并呈现多元化发展趋势，为休闲农业和乡村旅游带来了强劲的发展需求。根据《广东省国土空间规划（2020—2035年）》，预计2035年广东省省常住人口规模1.3亿，其中珠三角地区8440万、粤西地区1650万、粤东地区1800万、粤北地区1510万，珠三角地区将会继续大规模地集聚人口。目前粤港澳大湾区常住人口、地区生产总值、旅游收入分别占广东及港澳地区总数的66.1%、84.4%、74.4%。紧抓"粤港澳大湾区"和"深圳中国特色社会主义先行示范区"建设的重大机遇，以粤港澳大湾区为主平台，引领带动全省形成推动休闲农业与乡村旅游高质量发展的强大引擎，更高水平参与国内大循环和国内国际双循环，打造新发展格局的战略支点，为广东全面乡村振兴提供更有力支撑。

第三，疫情致使游客旅游心理发生变化，促使休闲农业与乡村旅游蓬勃发展。随着旅游市场不断恢复，旅游消费日益升温。游客的旅游需求、旅游偏好、旅游范围受到疫情的影响，广阔的乡村地区是游客近期消费心仪的选择。乡村地区的农文旅融合的新业态能满足游客食、住、行、游、购、娱、教、养等各类需求。这让休闲农业与乡村旅游的发展迎来新的机遇，休闲农业与乡村旅游产业得到进一步的发展。

（二）挑战

第一，人口增长与国土面积不变产生矛盾，广东省休闲农业与乡村旅游高质量发展迎来巨大挑战。对比全国第六次人口普查，广东全省常住人口增加2170.94万人，增长20.81%，平均每年增加217.09万人，年平均增长率为1.91%。预计2030年广东省人口规模将会达到1.4亿以上。广东省休闲农业与乡村旅游如何整体规划布局、整合乡村资源、创新旅游模式，走出一条具有广东特色的休闲农业与乡村旅游的发展路径，使得乡村地区能容纳巨大人口规模的休闲旅游，这是值得思考的现实问题。

第二，广东经济发展活力持续保持，五大都市圈体系逐步完善，但乡村休闲娱乐不是唯一的选择。依据《广东省国民经济和社会发展第十四个五年规划和2035年远景目标纲要》，在质量效益明显提升的基础上，全省GDP年均增长5.0%左右，到2025年GDP约为14万亿元。广州、深圳、珠江口西岸、汕潮揭、湛茂五大都市圈体系将逐步完善，城乡融合体系及城市发展格局将持续优化。人们生活水平进一步提高，其休闲娱乐方式会发生改变。城市的休闲娱乐活动，如室内农事体验、城市旅游将抢占休闲农业与乡村旅游的市场。如何提高广东休闲农业与乡村旅游吸引度，应对城市休闲娱乐活动的多样化，将会是重大的挑战。

第三，城市旅游市场活力充沛，周边旅游大省资源丰富，休闲活动替代效应吸引着广东游客。改革开放经过40多年的发展，广东省内的城镇化率已达到80%以上，GDP达2万亿元以上的有深圳、广州；GDP达1万亿元左右的有佛山、东莞。其他地级市的城市亦有巨大的进步。城市产值和人口的大幅增加，使得城市旅游和城市休闲活动、场所大量增加。它们均有可能成为休闲农业和乡村旅游的替代产品。同时，近年来，广东周边的省（区）如海南、广西、江西、湖南、福建等的休闲农业与乡村旅游发展动力强劲，并形成了一批被认可的旅游品牌与模式，受到游客的青睐，在国内具有较高的知名度与市场号召力。从数据上看，江苏、四川、山东、浙江等旅游大省市场规模逐渐与广东接近（见表3），若广东省未能应对挑战，则会流失部分市场。目前广东的休闲农业与乡村旅游总体发展水平处于中低端，完成转型升级、高质量发展休闲农业与乡村旅游成为迫切任务。如何把握新发展阶段、贯彻新发展理念、构建新发展格局，促进广东省休闲农业与乡村旅游高质量发展成为当前阶段的重要挑战。

表3 全国旅游大省及周边省份旅游经济统计表

省份	常住人口	地区生产总值/亿元	人均生产总值/亿元	旅游总收入/亿元
广东	126012510	110760.9	87897	15157.95
江苏	84748016	102719.0	121231	14321.6
四川	83674866	48598.8	58126	11594.3
山东	101527453	73129.0	72151	11087.3
浙江	64567588	64613.3	100620	10911
湖南	66444864	41781.5	57746	9762.3
江西	45188635	25691.5	56871	9596.7
福建	41540086	43903.9	105818	8101.21
海南	10081232	5532.4	55131	1057.80

数据来源：根据各省统计年鉴整理。说明：常住人口为全国第七次人口普查数据；地区生产总值来源于2020年各省地区生产总值；人均生产总值总源于2020年各省人均生产总值；旅游总收入来源于2019年各省旅游总收入。

五、广东省休闲农业与乡村旅游产业发展的对策

（一）针对全省层面

1. 加快总体规划布局

作为起步较早、发展程度较高的区域，广东省休闲农业与乡村旅游发展规划已滞后于其发展实际，结合国家已出台的相关政策，按照新农村、产业、土地、公共服务和生态规划"五规合一"的要求，完成规划课题《广东省"十四五"时期乡村休闲旅游业产业发展规划》。从区域布局、产业功能、产业结构、发展模式等多个方面对休闲农业与乡村旅游进行合理规划，提高规划的整体性、前瞻性和延续性。

在管理方面，形成"自我挖掘先行、专业规划跟进、乡贤投资加持、团队运营发展"。由文旅部门、农业农村部门牵头，以县（市、区）或乡镇、街道为单位，率先自我或外聘专家对本区农业、文化、旅游资源及环境展开调研、摸清家底，并依据国家《旅游资源分类、调查与评价》标准、广东省《旅游资源分类、调查与评价》试行标准，委托相关科研机构或采取政府购买第三方服务方式，进行系统的休闲农业与乡村旅游资源普查，然后建立"广东省休闲农业与乡村旅游资源数据库"，为区域休闲农业与乡村旅游招商引资、规划策划、项目建设、运营管理、营销推广奠定基础。

2. 重点解决用地问题

一是加强休闲农业用地规划保障。为休闲农业项目配套和落实一定比例的建设用地指标，是休闲农业长远发展的最根本出路。按照2018年中央一号文件《中共中央国务院关于实施乡村振兴战略的意见》的要求，可以"预留部分规划建设用地指标用于单独选址的农业设施和休闲旅游设施等建设"。具备农业发展条件的城市在进行城乡发展规划时，要给休闲农业发展预留足够的空间，在建设用地计划指标中配套一定比例的休闲农业用地指标，比如每年计划5%的建设用地指标支持休闲农业发展。二是推广完善"土地银行"模式。长期来看，发展休闲农业还需要建立稳定的土地租赁关系。为了提高休闲农业项目的

可持续性、降低土地流转不稳定给经营者带来的不确定性，可以积极推广完善"土地银行"模式。三是制定休闲农业建设标准，保护经营者合法权益。制定新的建设标准，基本目标是要防止农地的综合生产能力受到根本性破坏。在遇到粮食供给严重不足的特殊情况时，应能够顺利地恢复为可生产粮食的耕地。在开发的同时，要"藏粮于地，藏粮于技"，以防不测。同时，要保护经营者合法权益，稳定社会投资预期，吸引社会资本进入，保障休闲农业健康发展。大体上可按"限材料、限规模、易复垦"的要求制定建设标准。"限材料"就是使用对农地不产生永久性、不可恢复性伤害的材料，比如木制材料或新开发出的特种材料；"限规模"就是明确休闲农业项目中农用地承担休闲功能的比例上限和面积上限；"易复垦"就是允许农用地上搭建易移走或复垦的建筑物，比如移动小木屋、集装箱或者易拆除的钢结构小型住房等。四是加强部门联动性。政府应联同农业农村、文化旅游、发改、财政、自然资源等部门和金融机构等研究制定行业发展政策，做好相关部门的上下衔接工作，力争成立由上述多部门共同组成休闲农业与乡村旅游领导协调机构或联席会议制度，对土地问题进行统筹谋划和协调推进。

3. 建设健全人才保障体系

经过调研和研究，课题组认为广东省可以通过创新人才引进制度、完善人才培养机制、强化人才管理办法等措施，建成休闲农业与乡村旅游发展的人才库，以支撑推动休闲农业与乡村旅游的建设发展。

人才引进。一是特聘专家顾问，引进战略指导人才。聘请一批乡村旅游规划发展、战略运营、投融资等方面的高端人才，授予休闲农业与乡村旅游发展特聘专家顾问证书，定期邀请专家进行休闲农业与乡村旅游发展战略方面的咨询与指导。二是开展创客行动，引进创意创业人才。加大对创新创业人才的政策倾斜，持续开展"百村万人休闲农业与乡村旅游创客行动"，引导外籍人员、大学生、返乡农民工、青年创业团队等各类"创客"投身休闲农业与乡村旅游发展。三是以大项目为平台，引进高端管理人才。出台各项优惠政策扶持地方龙头休闲农业与乡村旅游项目，并以大项目为平台，吸引和集聚一批高端管理人才，提高休闲农业与乡村旅游产业管理水平。

人才培养。一是夯实旅游院校基础，优化休闲农业与乡村旅游人才培养源头。推动高校（尤其是职业院校）开设乡村旅游相关课程，并根据市场变化升级教学课程，丰富、完善乡村民俗文化和职业素养方面的基础课程。二是强化政策资金激励，丰富休闲农业与乡村旅游人才培训方式。充分利用相关政策资金，采取"学校+农户""政府+农户""研究机构+农户""公司+农户""旅游协会+农户"等多种培训模式。三是借力行业企业平台，提升休闲农业与乡村旅游人才培训水平。加强与休闲农业与乡村旅游相关的专业培训机构、咨询服务机构、行业协会等开展培训合作，采取课堂讲授、案例分析、现场模拟、实习观摩，专题讨论等相结合的方式，对乡村旅游景区、农家乐、民宿的管理服务人员进行实用技能培训。

人才管理。一是建立休闲农业与乡村旅游人才信息库。二是规范化执行休闲农业与乡村旅游人才持证上岗制度。三是开展人才评优评奖活动。

4. 提供财政金融支持

不管是农家乐、民宿、休闲农庄还是休闲乡村，每一种产业可持续发展的基点都要建立在经营主体能够盈利的基础上。从事休闲农业的经营主体，本质上是从事市场经营活动的企业，只有具备创收能力，才能承担起带动农民发家致富、提升乡村产业品质和繁荣乡村经济的历史责任。目前，广东省大多数乡村仍是以初中文化程度以下的农民为主、较为贫困和落后的广大区域，农业和农民仍然处于弱势状态，发展休闲农业与乡村旅游需要财政金融支持。

在财政上，应创新融资模式，鼓励利用PPP模式（政府和社会资本合作模式）、众筹模式、"互联网+"模式、私募债券等方式，引导社会资本投入。采取以奖代补、先建后补、财政贴息、产业投资基金等方式进行财政支持，整合财政资金向休闲农业与乡村旅游方面倾斜；金融政策上，应加大对休闲农业与乡村旅游的信贷支持，帮助经营主体解决融资难、融资贵的问题，建立银企对接平台，扩大抵押担保物范围，提高信贷额度。

5. 大力推进农文旅的融合发展

文化是旅游的灵魂，旅游是文化的载体。现代意义上的乡村旅游，已经不再是简单地观赏乡村美景、体验农家风情，而是蕴藏了更多层次的文化内涵。文化正是休闲农业转型升级、突破目前瓶颈的一个关键因素，虽然不是一朝一夕实现的，但也不是无所作为。

要实现休闲农业与乡村旅游的文化升级，一是充分挖掘和活化利用农业文化遗产。展示乡土文明，传承农耕文化。二是积极发展创意农业，以产品创意、节庆创意、园区创意、产业创意、功能创意为载体，提高农业的文化附加值和休闲农业吸引力。例如，惠州市博罗县一家名为"禾肚里"的民宿，因"长"在稻田上，吸引了众多游客，成为当地近郊乡村游的新宠。"禾肚里"的走红，充分说明了理念和创意在发展乡村旅游中的重要作用。近年来，乡村旅游成为引爆农村经济的热点，然而也面临同质化竞争、开发层次低等发展瓶颈。乡村旅游不能只停留于满足游客"吃吃农家饭、住住农家屋、做做农家活"这些初级层面，而要向更深、更广层面掘进，如此才能满足城乡居民日益增长的观光休闲需要。无穷的创意是乡村旅游转型升级的重要驱动力。要加强对农耕文化的梳理和挖掘，推动历史、文化、生态等资源创造性转化，促进一二三产业深度融合，突出区域特色，寻求差异性发展。三是开发利用农村民俗文化资源，逐步使民俗文化成为休闲农业与乡村旅游项目的一大卖点与核心。此外，乡村游不能光是春秋两季，应该增加看点和玩点，让一年四季都有人来、有钱赚。

（二）针对区域层面

1. 粤港澳大湾区——推进品牌创建，实施精品战略

目前，广东省的城市主题公园式的休闲旅游产品主要集中在广州、深圳等大湾区中心城市，如广州的长隆主题公园系列、深圳的华侨城主题公园系列等，但是还没有一个社会各界公认的具有都市休闲农业功能的拳头或知名品牌和产品。课题组认为，广东省应充分利用粤港澳大湾区上升为国家战略的政策优势、整体的经济优势和毗邻港澳的区位优势，结合传统农业基础，深耕珠三角农耕文化资源，由表及里地结合地域文化内涵、乡村景观、旅游娱乐、旅游商品开发等内容，逐步培育和建设一批精品休闲农业品牌景区（景点），并对标国内京沪和国际欧美巨型城市的先进标准，推动现代农业一二三产业与创意产业的深度融合，培育都市休闲农业"湾区标准"体系建设，使得大湾区都市休闲农业实现整体提质升级。

2. 粤东西两翼沿海经济带——积极开发利用海洋休闲渔业，延伸滨海旅游产业链

传统休闲农业的发展模式在沿海地区布局时要考虑更加全面，因为沿海地区与内陆相比，其自然环境有很大差异，而且自然灾害较多，如2017年的台风"天鸽"和2018年的台风"山竹"，就给沿海地区休闲农业发展带来了很大的影响，很多休闲农业企业损失惨重，甚至被迫关闭。因而，课题组认为粤东西沿海经济带应积极发挥其得天独厚的区域位置和其他地区不存在的海洋资源，积极开发休闲渔业度假旅游。可以把海洋休闲渔业作为一种全新的休闲农业模式进行开发，将渔家特色美食、海洋捕捞体验、渔家文化等各要素充分融合,将海洋休闲渔业模式发展成为沿海地区休闲农业中的特色模式,如水产养殖观光休闲、海上垂钓、捕捞体验、渔业文化、休闲渔庄、鱼餐品尝等,还可以以大海为载体,开发海上观光、海上冲浪等运动项目,充分延伸滨海旅游产业链,提高经济效益。

3. 粤北山区——结合现代农业养生功能,发展"康养+旅游"产业

现阶段,我国正迈进老龄化社会。我国养老产业有 2 万亿的市场空间,到 2050 年,我国每 4 个人中将会有 1 个是 60 岁以上的老年人。农村空气清新、自然风光优美,农业劳动不仅可使人们生活变得丰富,而且身体也能得到锻炼,同时可提供足够的优质绿色农产品。可以预见,在未来以农业农村为依托的养老项目市场潜力与发展空间非常广阔,面向"夕阳"的产业将会变成未来最值得期待的朝阳产业,休闲农业与乡村旅游的发展市场可谓大有可为。结合广东省委、省政府印发的《关于构建"一核一带一区"区域发展新格局促进全省区域协调发展的意见》对粤北山区——"北部山区发展区"的战略定位和粤港澳大湾区日后火爆的养老市场,课题组认为粤北山区应积极发挥其突出的生态环境优势,提前进行布局,重点发展"康养+旅游"产业,并突出农业养老特色,使粤北山区能够"既有绿水青山,又有金山银山"。

韶关市加快文化产业发展对策研究[①]

课题组[②]

前言

党的十九大报告指出："要满足人民过上美好生活的新期待，必须提供丰富的精神食粮，推动文化事业和文化产业发展。健全现代文化产业体系和市场体系，推动产业融合创新引领，创新生产经营机制，完善文化经济政策，培育新型文化业态，做大做强现代文化产业体系，建设社会主义文化强国。"2018年韶关市政府工作报告指出："大力发展全域旅游，突出四大景区龙头带动效应。把大力发展旅游业作为实现韶关全面建成小康社会的重要抓手，通过紧抓大丹霞、大南华、大南岭、大珠玑四大重点工作，以点带面，带动区域旅游经济发展。"韶关作为粤北门户、大珠三角城市群的北部战略节点，交通便利，有着充足的人力、物力资源和悠久的历史文化，发展文化产业的潜力巨大。近年来，随着产业发展的优化升级，韶关文化产业整体发展迅速，创造了很多优秀案例，但同时也存在不少问题，与国内文化产业发达地区相比还有不小的差距。基于此，如何让韶关的文化产业整体发展更加融合、健康、有序，对其进行发展思路与对策研究就显得十分必要。本文研究韶关文化产业的思路：分析现状—找出问题—提出对策。通过借鉴国内优秀文化产业的发展经验，找出文化产业的不同发展模式。利用文化产业与旅游产业的结合为文化产业发展提供新思路，从而产生具有韶关特色的新型文化业态，使之兼具传统性、创意性以及可持续性。

从2018年5月上旬开始，仲恺农业工程学院王明星教授带领着他的学术团队，通过查阅大量文献资料，在各县（市、区）有关负责人的协助下，先后对韶关市区及仁化县、始兴县、乳源县、南雄市、翁源县以及省内外其他城市的文化产业发展状况进行了调研。调研工作前后历时3个月，至2018年8月上旬结束。选择在这几个区域进行调研，是因为这几个县（市、区）历史悠久，文化资源丰富，具有良好的文化基础，是韶关市发展文化产业的重点区域。特别是近年来国家提出大力发展文化事业和文化产业的政策后，在韶关市政府有关部门的有力引导和大力支持下，各县（市、区）积极倡导传统产业向文化产业发展。经过艰辛的努力，各县（市、区）充分发挥自己的产业优势，形成了"大丹霞、大南华、大南岭、大珠玑"四大文化旅游品牌，成为韶关文化产业发展的新亮点。现将调研情况总结如下：

一、相关概念与研究综述

（一）概念内涵

1. 文化产业

《辞海》第六版中对"文化"词条的定义是："人类在社会实践过程中所获的物质、精神的生产能力

[①] 2018年韶关市重大决策咨询研究公开招标课题。主持人：王明星。
[②] 课题组成员：赵鑫、王焰安、吕晓庄、牛冬梅、颜琳、黄美玉、王雅雪、叶蓓蓓、侯兵、曾强、邹智娴、叶志琴、张建明、王亚琼、马天天、汤洁、王韵。

和创造的物质和精神财富的总和，狭义上是指精神生产能力和精神产品。"联合国教科文组织对文化的定义是："社会或某一社群在精神、物质、智力和情感特征方面的与众不同的倾向，除了艺术、文学、生活方式和生存方式之外，还包括信仰、传统和价值系统。"

虽然现代文化产业已有半个多世纪的历史，但是至今并没有统一的定义，甚至没有形成统一的称谓。它在美国叫版权产业，在英国叫创意产业，在西班牙叫文化休闲产业，在中国、日本、德国、荷兰、韩国等许多国家叫文化产业，此外还有内容产业等称呼。"文化产业"的概念最早是由德国法兰克福学派的代表人物阿多诺和霍克海默提出的，他们特别强调，文化产业必须和大众文化严格区分开来。联合国教科文组织将文化产业定义为"按照工业标准，生产、再生产、储存以及分配文化产品和服务的一系列活动"。尼古拉斯·加纳姆认为文化产业是指那些使用工业化大企业的组织和生产模式，生产和传播文化产品和文化服务的社会化机构。日下公人认为文化产业的目的就是创造一种文化符号，然后销售这种文化和文化符号。我国第一次在正式文件中使用"文化产业"这一概念，是党的十五届五中全会通过的《中共中央关于制定国民经济和社会发展第十个五年计划的建议》。中国文化部制定下发的《关于支持和促进文化产业发展的若干意见》，将文化产业界定为"从事文化产品生产和提供文化服务的经营性行业"。文化产业是与文化事业相对应的概念，两者都是社会主义文化建设的重要组成部分。文化产业是社会生产力发展的必然产物，是随着中国社会主义市场经济的逐步完善和现代生产方式的不断进步而发展起来的新型产业。国家统计局对"文化及相关产业"的界定是为社会公众提供文化娱乐产品和服务的活动，以及与这些活动有关联的活动的集合。李向民和王晨认为，文化产业是将"纯精神产品"向"准精神产品"转化的产业，创意产业是将"准精神产品"向"泛精神产品"转化的产业。邓晓辉提出文化创意产业是以现代科学技术和文化资源为基础，通过个性化的创造过程来生产、复制和传播以文化内容为核心的商品与服务的营利组织的集合体。国务院常务会议审议通过了我国第一部文化产业专项规划，标志着文化产业已上升为国家战略性产业。国家统计局颁布的《文化及相关产业分类（2018）》，将文化及相关产业概念界定为"为社会公众提供文化产品和文化相关产品的生产活动的集合"；分类标准将原来的大类由10个修订为9个，中类由50个修订为43个，小类由120个修订为146个。其领域包括文化核心领域和文化相关领域，具体内容见表1：

表1　文化及相关产业分类表

领　域	内　容
文化核心领域	新闻信息服务、内容创作生产、创意设计服务、文化传播渠道、文化投资运营和文化娱乐休闲服务
文化相关领域	文化辅助生产和中介服务、文化装备生产和文化消费终端生产（包括制造和销售）

资料来源：国家统计局《文化及相关产业分类（2018）》。

综上所述，本文认为文化是人类所独有的，通过一定方式获得的物质财富和精神财富的总和。文化产业是一种可叠加的新型业态，具有高附加值和文化内涵。它源自文化创意的积累，与传统产业既相适应，又相对立。通过对智慧财产的形成运用，为市民提供文化产品和文化服务。

2. 旅游产业

传统产业从生产的角度出发，将生产相同产品或者提供相同服务的企业定义为一个产业。旅游产业则从消费的角度定义，即与旅游消费相关的企业属于一个产业。旅游产业是一个分散在社会经济各个层面又高度关联的特殊行业，旅游活动也就是联系各相关行业的纽带。联合国旅游大会1971年最早对"旅游业"做了如下定义："旅游业是指为满足国际国内旅游者消费，提供各种产品和服务的工商企业的总和。"鲍威尔提出，旅游业包含了产业和满足社会需要的双重责任，其生产包括满足旅游者需求和旅游经历的各种服务的要素。张凌云指出，从满足同一类需求方面来考察，凡是生产或提供满足旅游消费者在旅游过程中所需要的食、住、行、游、购、娱等方面的产品和劳务的部门或企业的集合，称之为"旅游产业"。张辉认为旅游产业是以旅游活动为中心而形成的配置行业，凡是为旅游活动提供直接或者间接服务的行业和企业，都成为这个配置产业的组成部分。曾国军认为旅游产业包括与旅游相关的交通运输、通信、住宿、游览、餐饮等行业的集合，其覆盖面广、关联性强。国家统计局2015年颁布的《国家旅游及相关产业统计分类》将旅游业及其相关产业划分为三层：第一层为大类，第二层为中类，第三层为小类。

综上所述，本文认为旅游产业是借助旅游资源和旅游设施等媒介，专门为旅游者提供旅游产品和服务的行业。

3. 文化旅游

世界旅游组织1985年对"文化旅游"做了如下定义：人们出于文化动机而进行的移动，诸如研究性旅行、表演艺术、文化旅行、参观历史遗迹，研究自然、民俗和艺术、宗教朝圣的旅行及节日和其他文化事件旅行。国外最早提出文化旅游的概念学者为Mcintosh，他认为文化旅游包括旅游的多个方面，旅游者从中可以学到他人的历史和遗产，以及他们当代生活和思想。持有类似观点的国外学者还有Reisinger、Jamieson等人，Reisinger更强调文化旅游的体验性及旅游文化内容的综合性，如遗产旅游、历史旅游、生态旅游、体育旅游以及农业旅游等。而Jamieson则强调文化主流的概念及文化旅游的综合性等内容。究其实质，后两位学者的基本观点及研究指向并无本质的区别。Urry认为文化旅游是一种对"异质"事物的瞬间消费，经销是比较异常的"那一个"。国内学者魏小安是我国最先指出"文化旅游"这一定义的人。蒙吉军等认为，它是以学习、研究、考察游览国（地区）文化为主要目的的旅游产品，具体包括历史文化旅游、文学旅游、民俗文化旅游等。李巧玲认为，它是旅游者为实现特殊的文化感受，对旅游资源文化内涵进行深入体验，从而得到精神和文化享受的一种旅游类型。吴芙蓉和丁敏认为文化旅游是集文化、经济于一体的一种典型的特种旅游形态，具有民族性、艺术性、神秘性、多样性和互动性等特征。朱桃杏和陆林等人则是立足于广泛和狭隘两个角度讨论了文化旅游的定义，他们认为广泛意义上的文化旅游是表示一种特别兴趣旅游，是建立在找寻和体验全新文化根基上的，而狭隘意义上的文化旅游则表示人们脑海里正在逝去的生产生活场景和地方的特殊之处。王明星给"文化旅游"做了如下定义："狭义而言文化旅游是指旅游者作为旅游主体，借助旅游中介和旅游目的地等外部条件，通过对信仰、精神、知识、艺术、语言、风俗、习惯、历史、传说和自然遗产、人文遗产等旅游课题的某一类或几类旅游资源的观察、鉴赏、体验和感悟，从而得到一种文化享受和收获的旅游活动。广义而言，文化旅游如同人生的行旅，表面看人的一生浮光掠影，是大千世界的匆匆过客。实际上人的一生又如一趟旅行，有开始和结束，之间的过程短暂而又丰富，或喧闹、或安静，犹如一个哲学层面的文化旅行。"刘为民认为文化是旅游的灵魂，旅游是文化的载体，文化和旅游具有共同的目的——满足人民群众精神文化需求。

综上所述，本文认为文化旅游是文化与旅游的结合，它不同于传统的观光旅游，是一种高层次的旅游。具有一定文化涵养的旅游者为了寻求新的知识，而对旅游产品进行有意识的观察、鉴赏、体验、感悟，从而获得文化享受或收获。

4. 新型文化业态

新型文化业态是与传统文化业态相对的概念，是指伴随着现代科学技术发展而催生的新的文化业态。文化在传承的同时，也会随着时代的发展而发展，伴随着新时代必然会涌现出新的文化形式和内容，产生新的文化业态。新型文化业态形态从旧的文化产业形态之中脱胎而来，既继承了旧的文化产业形态的某些特征，同时又具有旧的文化产业形态不具备的新特征。新型文化业态的"新"字可以说与科学技术的进步直接相关。日新月异的科技进步使得文化产业的业态、种类和格局发生了深刻的变革。目前我们所说的新型文化业态主要包括创意设计、网络文化、文化装备制造、影视传媒、综合性版权贸易、文化类信息增值服务、现代文化产品物流服务等。熊澄宇认为新型文化业态的核心是文化内容，只有具备原创、不可替代以及非再生性的文化内容才能形成新型文化业态，其将新型文化业态定义为文化内容、科学技术和资本相结合的产物。范玉刚认为新型文化业态的培育和创新，主要依托科技创新，特别是先进适用性技术的普及。当前，数字化技术创造了很多契合时代特征的新型文化业态，主要显现为一系列颇具竞争力的网络文化产品。李向民认为文化产业新业态包括三个层面：一是新媒体和新行业的出现；二是新型数字信息技术对传统文化行业进行改造；三是文化产业化过程中，传统产业加入文化内容后产生的新盈利模式。这三个层面的集中，形成了文化产业新业态的核心内容。吕庆华等人认为文化业态是一种企业经营管理模式和企业运营形态，具有交叉融合、分工专业、独特和动态的特性。推动文化业态演化的诸多动力中，外部环境、文化产业、文化企业三个方面交叉演进、相互作用。文化业态演化主要包括新业态的产生、个体业态演化和业态集体演化三方面，遵循基于数量与质量的演化规律和基于产业关联的演化规律。随着高新技术发展和消费需求提升，我国文化产业进入新的发展阶段，新的文化产业不断涌现，文化业态呈现多样化、专业化、优化升级的态势。

综上所述，本文认为新型文化业态是传统文化产业的发展形式，是伴随着人类文明的进步而形成的。它是信息时代的产物，涵盖多个领域，具有高科技、高智慧、高层次、高效益的特点。随着文化与信息的融合发展，未来必然会出现一批全新的文化业态。

（二）研究综述

1. 国外研究进展

西方发达国家对文化产业研究的时间较长，已经形成了比较成熟的研究系统。近几十年来，各国对文化产业的研究都十分重视，许多国家都成立了相关的文化产业研究和决策机构。国外对文化产业的研究主要内容包括：第一，文化产业的概念和文化产业的具体内涵、产业定位、特征、功能及其价值等；第二，发展文化产业引发的各种问题研究与分析；第三，发展文化产业的对策研究；第四，有关区域文化产业和具体行业的发展研究。虽然对文化产业进行了一些有针对性的调查研究，并且成果较多，但是对未来发展存在的问题论述还不够全面深入，缺乏具体的、系统的思路和对策，相关的研究较为分散，没有形成一个完整的体系。

国外关于文化产业的研究成果主要有：本雅明提出了20世纪二三十年代出现的一个新的文化现象，就是收音机、留声机、电影的出现带来的文化方面的变化，艺术品不再是一次性存在，而是可批量生产的，这就使艺术品从由少数人垄断性的欣赏中解放出来，给无产阶级文化带来了新的广阔天地。霍克海默和阿多诺首先使用了"文化工业"一词，并提出"文化产业"的概念，他们从艺术和哲学价值评判的双重角度对文化产业进行了否定性批判和猛烈的抨击。雷蒙·威廉姆斯提出文化研究不应只关注部分文化，还应当关注整个文化的生产过程，这是文化研究的一个重大进步。斯图亚特霍尔研究了典型的大众传媒如电视文本和传媒受众，他发现大众对文化产品的消费过程并不是一个既定意义的简单接受过程，而是一个意义选择和重构的复杂过程，这是文化产业研究的重大转折，由前期的批判性研究转向对大众传媒的具体研究。约翰·费斯克从经济学的角度对文化的产生、消费及价值交换进行解释，为文化产业理论提供了一条新的思路。英国创意产业特别工作小组认为创意产业是源自个人创意、技能和才华的活动，而通过知识产权的声称和取用，这些活动可以创造财富和就业的潜力。经济学家约翰·霍金斯对创意产业进行了一个十分宽泛但令人耳目一新的定义。他认为，版权、专利、商标和设计产业等4个部门共同构建了创意产业和创意经济。芮佳莉娜·罗马从"金字塔模型"来解释文化产业的构成，她认为文化产业有双重含义：文化的产业化和产业的文化化。斯图亚特·坎宁安通过考察文化产业概念的历史演变，进一步分析了文化产业与创意产业这两个概念之间的关联性，并强调了创意产业在新经济条件下所包含的创意特征。埃拉·雅兹尼从案例和行动研究角度对文化产业展开了实证分析。丙杜·古普塔从战略高度分析了文化产业的重要地位。弗朗西斯科·班达林对文化产业的基础地位展开了全面的分析。马塔·马库卡从创意文化产业角度对相关研究主题展开了较为系统的分析等。

2. 国内研究进展

我国对文化产业的研究起步较晚，也不如国外深入，国内学界对文化产业的研究基本是在2000年以后。国内学界研究的主要内容有基本概念、具体内涵、文化体制改革、发展文化产业的意义和作用、文化产业竞争力等方面。其对文化产业的研究贡献主要有以下几点：第一，将中国的文化产业发展问题与国外发达国家的文化产业情况进行比较，总结出中国发展文化产业的优劣势，并对发达国家文化产业的发展模式进行总结，例如总结出英美市场发展模式、日韩的国家战略推动模式、德法混合发展模式等，供中国发展文化产业的决策者借鉴；第二，对中国文化产业发展较快较好的地区和项目进行研究、分析，总结其先进经验，以供借鉴；第三，研究了中国广大农村的文化产业和文化事业发展情况。

国内关于文化产业的研究成果主要有：祁述裕、殷国俊明确了文化产业是否具备国际竞争力的一个明确的评价指标体系，对包括中国在内的15个国家的文化产业竞争力进行了综合比较测算，较全面地分析了我国的文化产业在与世界其他国家竞争中存在的优势与缺点，并就如何提高我国文化产业的国际竞争力提出了很多好的建议。胡惠林教授认为，文化产业正在以全新的方式改变着中国文化建设与文化发展的形态，影响着中国社会的发展和国家战略的创新和实现。中国社会科学院文化研究中心张晓明教授则指出，中国是文化产业最大的出口国，中国的"第一出口大国"仅仅是在制造方面，要做到文化创意的第一大国，中国还有很长的路要走。王俊昌、陈野、俞强研究了浙江省文化产业发展情况，分析了当地文化产业发展的现状及特点，并在如何做好文化体制改革工作、加强政府指导等方面提出了很多有针对性的发展对策。从学术期刊看，主要有：仝如琼、王永贵发表了《城镇居民文化消费与文化产业发展》，王家庭、张容发表了《我国文化产业发展影响因素及提升路径的区域分析》，王莉发表了《金融危机后文化产业发展研究》，黄永林、罗忻发表了《文化产业发展核心要素关系研究》，赛娜发表了《我国区域文化产业发展模式探索》，方传安发表了《海峡西岸文化产业发展问题研究——以泉州市为例》，李淑颖、李海锋发表了《河北省农村文化产业发展 SWOT 分析》，等等。这些学术论文不乏真知和灼见，有些研究成果具有一定程度的应用价值。但是，从总体上看，大多数学者发表的论文普遍存在着局限于区域性的中观或微观分析，研究视角的经济学取向明显，缺乏马克思主义中国化的宏观战略分析眼光，因而实际应用价值也具有很大的局限性。从学术著作看，目前中国关于文化产业的研究主要有两方面不同的侧重点：第一个侧重点坚持从哲学、文学、艺术的学术型角度去研究文化产业。例如，北京大学美学与美育研究主任、哲学系教授、中华美学会副会长叶朗教授主编的《北大文化产业前沿报告》、李念之出版的《创意产业哲学研究》等。第二个侧重点则注重实用性和对策性，坚持从经济以及经济相关的角度去研究文化产业。例如，上海交通大学教授、文化产业与管理系主任、国家文化产业创新与发展研究基地办公室主任胡惠林教授主编的《中国文化产业报告》和《文化蓝皮书》，欧阳坚的《文化产业政策与文化产业发展研究》等。

（三）我国文化产业发展历程与发展现状

1. 我国文化产业发展历程

我国历史悠久，文化资源丰富，一些长期积累下来和不断创造出来的文化成果在国际上具有重要的价值，成为人类文化宝藏中不可或缺的组成部分。但由于体制机制的制约，我国文化产业的形成和发展却时间不长，还处于比较初级的阶段。理清我国文化产业发展的历史脉络，对今后更好地推动文化产业发展具有借鉴意义。总的来看，我国文化产业发展历程是伴随着市场经济体制转型和文化体制改革而展开的，至今已经走过了四十年的历程，经历了四个阶段：

第一阶段（1978—1991年）：我国文化产业发展的萌芽阶段。 1978年，党的十一届三中全会在北京召开。以邓小平同志为核心的党中央作出重要指示，把全党的工作重点转移到经济建设上来，实行改革开放的新决策，实现了建国以来党的历史的伟大转折。全国人民物质生活开始丰富起来，同时在国外流行文化、通俗文化的影响下，国内的娱乐业开始日渐繁荣。1979年，邓小平同志在中国文学艺术工作者第四次代表大会上提出了促进文学艺术事业发展的一系列指导方针，解放了文化界的思想，促进了我国的文化创造。1983年国务院《政府工作报告》明确提出，要有领导、有步骤地开展文艺体制改革，尽管这一改革主要目的是打破"大锅饭"和僵化的行政管理体制，推行文化单位承包经营责任制，还没有触及文化产业市场化运作的核心机制，但是已经迈出了主要步伐。1985年国务院转发国家统计局《关于建立第三产业统计的报告》，把文化艺术作为第三产业的一个组成部分，列入国民生产统计的项目中，这就从事实上确认了文化艺术可能具有的"产业"性质。1988年，文化部、国家工商行政管理局联合发布了《关于加强文化市场管理工作的通知》，在我国政府文件中首次完整表述了"文化市场"的概念。1990年我国成功举办了第十一届亚运会，通过这次活动的举办，中国开始了体育的产业化、市场化运作。在这一阶段，我国还没有真正意义上的"文化产业"，只是零星地出现了带有"产业"特点的文化行业，文化发展仍然以"文化事业"为主要途径。

第二阶段（1992—2001年）：我国文化产业发展的成长阶段。 1992年，党的十四大明确提出要建设有中国特色的社会主义市场经济体制，由计划经济向市场经济转变，充分发挥市场的资源配置作用。同年，国务院发布了《关于加快发展第三产业的决定》，正式把文化产业列入第三产业，把文化部门由财政支出型部门定位为生产型部门，从而为文化产业的发展做了政策上、体制上的准备。1996年，中国共产党十四届六中全会通过《中共中央关于加强社会主义精神文明建设若干重要问题的决议》，明确了文化体制改革的任务和方针，提出要鼓励社会兴办文化事业，文化事业开始逐步向社会放开，为文化市场主体的形成打下了基础。2000年，中共中央《关于制定国民经济和社会发展第十个五年计划的建议》中第一次提出了"文化产业"的概念，强调要完善文化产业政策，加强文化市场建设和管理。文化产业概念的形成和提出具有标志性意义，从此我国文化市场开始快速发展，文化产品和服务的市场化、产业化运营成为产业发展的方向。在这一阶段，随着互联网的飞速发展，出现了新的文化产业形式——网络业。网络作为虚拟社会，提供了新的交流手段。网络经济具有高知识、高技术的特点，是智力密集型、信息密集型的产业，也是知识经济时代和信息技术时代的主要经济增长点，发展较为迅速。

第三阶段（2002—2011年）：我国文化产业发展的成熟阶段。2001年，我国加入世界贸易组织，大量外来文化涌入我国，刺激了我国文化产业的发展。2002年，党的十六大报告提出积极发展文化事业和文化产业，深化文化体制改革。2003年，党的十六届三中全会对文化管理体制改革和健全文化市场体系提出了新的要求，提出要逐步建立"党委领导、政府管理、行业自律、企事业单位依法运营"的文化管理体制，建设有富有活力的文化产品生产经营体制。2006年，《国家"十一五"时期文化发展规划纲要》中把文化产业体系建设作为"十一五"时期文化发展的重点。2007年，党的十七大报告明确指出"大力发展文化产业"，而国家文化部已经将发展文化产业摆在文化工作的重要位置，要求重点扶持文化产业、旅游产业等具有先导性、支柱性的优势产业。2009年，国务院通过了《文化产业振兴规划》，将发展文化产业提升到国家战略的高度。

第四阶段（2012年至今）：我国文化产业发展的繁荣阶段。2012年，党的十八大提出要将文化产业培育成为国民经济支柱性产业，深化文化体制改革、推动社会主义文化大发展大繁荣、建设社会主义文化强国的重大战略目标。2013年党的十八届三中全会明确提出建设社会主义文化强国，增强国家文化软实力，把文化建设纳入中国特色社会主义事业"五位一体"总体布局。2017年，党的十九大报告提出要坚定文化自信，推动社会主义文化繁荣兴盛。十九大报告作出了"中国特色社会主义进入新时代"的重大判断，文化产业必将成为我国经济发展的新亮点，成为国民经济支柱产业之一。

2. 我国文化产业发展现状

我国文化产业发展起步较晚。十一届三中全会后，我国确立了以经济建设为中心，大力实行改革开放的战略，文化产业的发展逐渐步入正轨。20世纪90年代，我国国民经济一直保持着高速稳定的发展。至2003年，我国人均GDP首次超过1000美元，城镇居民和农村居民的恩格尔系数已经分别下降到40%和50%以下，居民消费也开始由温饱型向享受型、发展型转变。我国消费者对文化类产品的需求开始迅速增加，带来了我国文化产业的快速发展。目前我国已进入快速发展的新时期，党和政府十分重视文化的建设。根据国家统计局的统计，文化产业近年来发展迅速，所占GDP的比重逐年增加，文化产业逐渐成为我国社会经济快速发展的重要推动力量。（见表2）

表2 中国2013—2017年文化产业发展情况表

年份	文化产业增加值/亿元	占全国GDP的比重/%
2013	21351	3.63
2014	23940	3.76
2015	27235	3.97

续表

年份	文化产业增加值/亿元	占全国GDP的比重/%
2016	30785	4.14
2017	35462	4.29

数据来源：国家统计局。

我国文化产业发展成就斐然，体现在文化产业在国民经济发展中发挥了积极的带动作用，出版发行、演艺表演、电影电视等主要行业蓬勃发展，在扩大就业中起到了重要作用。我国社会的主要矛盾已转变为人民日益增长的美好生活需要和不平衡不充分的发展之间的矛盾。当前人们的物质生活已经基本得到满足，更需要的是文化产品和精神上的满足。文化市场不断发展，产业集聚度日益提升，文化园区如雨后春笋，文化产品在国际市场上开辟了一定的市场份额。这些成就既显示了我国文化产业的活力，也为文化产业的进一步发展打下了基础。

(四) 广东省文化产业与旅游产业发展现状

1. 广东省文化产业发展现状

广东省是全国发展文化产业的先行省份之一。依托本省发展传统工业中形成的产业基础、经济实力以及创意人才和文化资源优势，大力发展文化产业。由于文化产业对人才、文化资源、科技、资金等有更高的要求，所以广东文化创意产业主要集中于珠三角地区。广州、深圳、佛山、东莞已经形成本市发展文化创意产业政策体系，并根据各自的优势和特色提出了不同的发展战略和发展目标，"广深佛莞文化创意产业圈"基本形成。广东文化产业呈现裂变式发展态势，连续14年居全国各省市区首位，正成为广东国民经济的支柱性产业。广东省2012—2016年文化产业情况见表3：

表3 广东省2012—2016年文化产业发展情况表

年 份	文化产业增加值/亿元	占全省GDP的比重/%
2012	2706	4.74
2013	3011	4.84
2014	3552	5.24
2015	3648	5.01
2016	4256	5.26

数据来源：广东省统计局。

广东省共有21个地级市，从2016年各市文化产业经济总量观察，文化产业发展极不平衡。文化产业最为发达的地区是珠三角，以深圳和广州为龙头，文化产业增加值分别为1490.2亿元和976.7亿元，东莞、佛山紧随其后。惠州文化产业发展呈现逐年增长态势，2016年文化产业增加值为168.3亿元，文化产业集聚效应更加明显，其中家用视听设备制造、玩具制造、工艺美术品制造、包装装潢等领域集聚效应十分突出。湛江的文化产业增加值低于周边的海口、北海等北部湾城市，文化产业对经济发展的贡献率较低，但湛江市文化产业增加值64.10亿元，总量为韶关的2倍。潮州文化产业增加值为53.2亿元，以潮州文化为核心的文化产业迅猛发展，成为潮州经济的重要组成部分。韶关文化产业增加仅值为32.8亿元，占全省比重为0.8%，在全省各市总量排位为第16位，处于中等偏下的位置。（见表4）

表4 广东省各地级市2015-2016年文化产业增加值情况表（亿元）

地区	2016年	2015年	增长/%	全省排位
全省	4256.6	3648.8	16.7	—
深圳	1490.2	1010.1	47.5	1
广州	976.7	913.3	6.9	2
东莞	340.3	320.4	6.2	3
佛山	336.4	313.2	7.4	4
汕头	212.5	165.8	28.1	5
惠州	168.3	166.0	1.4	6
中山	105.9	110.4	-4.1	7
珠海	75.9	80.1	-5.2	8
肇庆	70.3	68.3	2.9	9
揭阳	70.0	74.4	-5.9	10
江门	67.5	68.9	-1.9	11
湛江	64.6	59.1	9.4	12
潮州	53.2	50.6	5.1	13
茂名	46.1	55.0	-16.2	14
汕尾	45.8	51.5	-11.1	15
韶关	32.8	30.7	6.9	16
清远	24.7	22.8	8.5	17
梅州	23.8	21.1	12.4	18
河源	23.2	25.9	-10.3	19
阳江	20.7	34.4	-39.7	20
云浮	7.8	7.0	11.5	21

数据来源：清远市统计局。

广东共有五个山区市，分别是河源、韶关、云浮、梅州和清远。从全省五个山区市来看，2016年韶关文化产业增加值和占本地区GDP的比重为第1位，发展态势良好。（见表5）

表5　广东省2015—2016年各山区地级市文化产业增加值情况表

城市	企业认定总数/个 2015年	企业认定总数/个 2016年	文化产业增加值/亿元 2015年	文化产业增加值/亿元 2016年	占本地区GDP的比重/% 2015年	占本地区GDP的比重/% 2016年
河源	54	57	25.92	23.13	3.2	2.6
韶关	46	52	30.69	32.39	2.7	2.7
云浮	28	30	6.96	7.64	1.0	1.0
梅州	75	82	21.14	22.79	2.2	2.2
清远	51	56	22.78	24.61	1.8	1.8

数据来源：清远市统计局。

文化产业成为国民经济支柱性产业，基本标准是文化产业增加值占到GDP的5%以上。虽然2016年广东全省的文化产业增加值占GDP比重为5.26%。但只有汕头、深圳、汕尾、潮州超过了5%，大多数市没有达到全省平均水平。韶关文化产业增加值占本地区GDP的比重为2.67%，在全省各市占比排位为第14位。(见表6)

表6　广东省各地级市2015—2016年文化产业增加值占本地区GDP比重情况表

地区	2016年/%	2015年/%	同比提高/%	2016年全省排位
全省	5.26	5.01	0.25	/
汕头	10.16	8.88	1.28	1
深圳	7.42	5.77	1.65	2
汕尾	5.49	6.76	-1.27	3
潮州	5.42	5.56	-0.14	4
广州	4.93	5.05	-0.12	5
东莞	4.9	5.11	-0.21	6
惠州	4.86	5.29	-0.43	7
佛山	3.84	3.91	-0.07	8
揭阳	3.47	3.94	-0.47	9
珠海	3.35	3.95	-0.6	10
肇庆	3.35	3.47	-0.12	11
中山	3.25	3.67	-0.42	12
江门	2.76	3.07	-0.31	13
韶关	2.67	2.67	0	14

续表

地区	2016年/%	2015年/%	同比提高/%	2016年全省排位
河源	2.58	3.2	-0.62	15
湛江	2.50	2.48	0.02	16
梅州	2.27	2.2	0.07	17
清远	1.78	1.78	0	18
茂名	1.74	2.25	-0.51	19
阳江	1.62	2.75	-1.13	20
云浮	0.99	0.98	0.01	21

数据来源：清远市统计局。

2. 广东省旅游产业发展现状

根据广东区域经济发展水平和现代服务业区域功能差异，广东被划分为穗深核心发展区、珠三角重点发展区和东西北环珠拓展区三个经济发展区域，形成以广州、深圳为龙头，珠三角地区为主体，辐射带动东西北环珠三角地区的区域旅游经济全面发展。(见表7)

表7 广东省区域旅游经济发展情况表

广东区域划分	代表城市	区域旅游经济发展水平	旅游发展模式	发展任务
穗深核心发展区	广州、深圳	高（基础设施和服务水平优势明显）	超前发展	先行先试
珠三角重点发展区	珠海、佛山、东莞、惠州、中山等	中（基础设施和服务水平较好）	同步发展	集聚优势共同发展
东西北环珠拓展区	汕头、湛江、韶关、清远等	低（基础设施和服务水平有待提高）	扶持发展	加强不同区域合作发展

资料来源：中国产业信息网。

旅游经济发展水平较高的地区主要集中在珠三角地区，包括广州、深圳、珠海、佛山等城市，这些地区旅游收入占全省旅游总收入的比重超过了70%。广东地处我国大陆最南端，地域广阔，历史悠久，具有丰富的自然和人文旅游资源。自改革开放以来，广东省是我国重要的旅游接待中心和旅游创汇中心，旅游业一直处于国内领先地位，成功地促进省内区域经济发展。截至2017年6月，广东省A级景区数量达到323个，其中2A级景区数量14个，3A级景区数量130个，4A级景区数量167个，5A级景区数量12个。

近年来广东旅游产业的发展劲头十足，2017年广东全省旅游收入为11994.8亿元，同比增长14.9%。

(见表8)从各地市来看,2017年旅游收入超500亿元的城市仅有3个,其中广州、深圳旅游收入超1000亿元。广州旅游收入最高,旅游收入3614.2亿元,同比增长12.3%,占全省比重30.1%。深圳紧随其后,旅游收入1485.5亿元,同比增长8.4%,占全省比重12.4%。佛山第三,旅游收入710.8亿元,同比增长13.7%,占全省比重5.9%。热门城市江门、东莞、汕头旅游收入分别为492.5亿元、488.9亿元和445.3亿元,增速分别为20.1%、9.6%和25.9%。韶关旅游收入为390.1亿元,同比增长20.1%,占全省比重3.3%。在全省21个地市中排名第10位,在5个山区市中排名第2位。(见表9)

表8 广东省2013—2017年旅游业收入情况表

年份	收入合计/亿元	每年增长速度/%	旅游外汇收入/亿元	国内旅游收入/亿元
2013	6716.69	15.99	1008.05	5708.64
2014	7850.57	16.88	1049.31	6801.25
2015	9080.77	15.67	1104.16	7976.6
2016	10433.81	14.9	1233.52	9200.29
2017	11994.8	14.9	1327.6	10667.2

数据来源:中国产业信息网。

表9 广东省2017年各地级市旅游业收入情况表

排名	地区	合计收入/亿元	同比增长/%	占全省比重/%	旅游外汇/亿元	同比增长/%	国内旅游/亿元	同比增长/%
—	全省	11994.8	14.9	—	1327.6	7.1	10667.2	15.9
1	广州	3614.2	12.3	30.1	426.3	1.9	3187.9	13.8
2	深圳	1485.5	8.4	12.4	336.6	6.7	1148.8	8.9
3	佛山	710.8	13.7	5.9	102.3	6.1	608.6	15.1
4	江门	492.5	20.1	4.1	87.1	19.4	405.4	20.2
5	东莞	488.9	9.6	4.1	107.8	3.9	381.2	11.4
6	汕头	445.3	25.9	3.7	10.8	38.9	434.6	25.6
7	梅州	445.2	18.2	3.7	10.4	15.9	434.8	18.2
8	惠州	439.3	20.5	3.7	65.5	5.9	373.8	23.5
9	湛江	421.4	20.4	3.5	7.3	27.9	414.2	20.3
10	韶关	390.1	20.1	3.3	1.6	0.3	388.5	20.2
11	珠海	367.7	15.8	3.1	81.7	17.2	286.0	15.5
12	茂名	328.3	35.5	2.7	1.5	52.9	326.9	35.4
13	清远	314.5	16.6	2.6	11.3	4.5	303.2	17.1

续表

排名	地区	合计收入/亿元	同比增长/%	占全省比重/%	旅游外汇/亿元	同比增长/%	国内旅游/亿元	同比增长/%
14	肇庆	308.3	7.8	2.6	23.6	8.0	284.7	7.8
15	揭阳	292.2	17.6	2.4	1.3	29.1	290.9	17.6
16	中山	287.4	16.3	2.4	23.9	31.4	263.6	15.1
17	河源	272.9	14.8	2.3	1.1	-6.4	271.8	14.9
18	阳江	267.6	25.0	2.2	2.9	2.4	264.7	25.3
19	云浮	257.6	10.4	2.1	3.4	6.0	254.2	10.5
20	潮州	134.8	29.5	2.0	19.0	23.6	215.7	30.0
21	汕尾	130.2	6.9	1.1	2.4	34.3	127.8	6.5

数据来源：广东省人民政府网。

2017年广东全省接待过夜游客44385.3万人次，同比增长11.8%。广州接待人数最多，共接待6272.3万人次，其中入境旅游人数897.1万人次，国内旅游人数5375.1万人次。深圳紧随其后，共接待6011.8万人次，其中入境旅游人数1203.4万人次，国内旅游人数4808.4万人次。从各地市来看，2017年接待过夜人数超5000万人次的城市仅有广州和深圳两个。韶关接待人数为1650.2万人次，同比增长15.4%，占全省比重3.7%，其中入境旅游人数4.1万人次，国内旅游人数1646.1万人次。在全省21个地市中排名第11位，在5个山区市中排名第2位。（见表10）

表10 广东省2017年各地级市接待过夜游客及人均停留时间情况表

排名	地方	总人数/万人次	同比增长/%	占全省比重/%	入境旅游人数/万人次	入境游客停留时间/天夜/人	国内旅游人数/万人次	国内游客停留时间/天夜/人
—	全省	44385.3	11.8	—	3645.5	—	40739.8	2.7
1	广州	6272.3	5.6	14.1	897.1	3.7	5375.1	3.1
2	深圳	6011.8	5.6	13.5	1203.4	3.6	4808.4	3.0
3	惠州	2477.9	21.9	5.6	238.9	2.3	2238.9	2.8
4	珠海	2288.6	2.8	5.2	318.3	2.0	1970.4	2.5
5	江门	2259.0	12.9	5.1	229.4	3.2	2029.6	2.2
6	湛江	2231.5	14.9	5.0	37.2	3.6	2194.3	2.8
7	东莞	2161.5	7.7	4.9	254.3	2.1	1907.2	2.3
8	梅州	2000.7	14.3	4.5	34.4	—	1966.2	2.6

续表

排名	地方	总人数/万人次	同比增长/%	占全省比重/%	入境旅游人数/万人次	入境游客停留时间/天夜/人	国内旅游人数/万人次	国内游客停留时间/天夜/人
9	揭阳	1933.9	15.0	4.4	5.5	—	1928.4	2.8
10	汕头	1879.7	15.4	4.2	29.1	4.7	1850.6	2.3
11	韶关	1650.2	15.4	3.7	4.1	—	1646.1	2.6
12	河源	1548.5	23.1	3.5	7.6	—	1540.8	2.5
13	潮州	1534.6	42.5	3.5	71.8	—	1462.8	2.5
14	云浮	1525.2	6.3	3.4	17.5	—	1507.7	2.3
15	佛山	1497.8	10.9	3.4	146.1	—	1351.7	2.6
16	中山	1333.5	19.3	3.0	66.1	2.3	1267.4	2.7
17	肇庆	1327.7	7.4	3.0	49.9	—	1277.8	2.6
18	阳江	1317.5	12.0	3.0	7.0	—	1310.5	3.0
19	清远	1192.1	8.8	2.7	17.4	—	1174.7	2.7
20	茂名	1096.3	30.0	2.5	4.5	—	1091.9	2.3
21	汕尾	845.1	7.0	1.9	5.9	—	839.2	2.9

数据来源：广东省人民政府网。

二、韶关市文化产业发展现状、SWOT分析与存在的问题

（一）发展现状

1. 韶关市区

（1）基本概况

韶关，简称"韶"，古称"韶州"，得名于丹霞的名山韶石山，取韶石之名改东衡州为韶州，之后历朝沿袭。韶关市总面积为18218.06平方公里，占全省陆地面积的10.13%。现辖浈江、武江、曲江3个区，仁化、始兴、乳源、新丰、翁源、乐昌、南雄7个县（市）。截至2017年末，常住人口297.92万人，比上年增加2.31万人，增长7.8‰。全年出生人口4.3万人，人口出生率16‰；死亡人口2.05万人，死亡率7.6‰；人口自然增长率8.4‰。2017年全市地区生产总值1338亿元，比上一年增长5.9%。其中，第一产业增加值171.7亿元，增长4.5%；第二产业增加值491.4亿元，增长1.2%；第三产业增加值674.8亿元，增长9.6%。三次产业结构由2016年的13.8∶36.6∶49.6调整为12.8∶36.7∶50.5。按常住人口计算，人均生产总值4.5万元，增长5%。分区域看，韶关市区生产总值645.9亿元，增长6.7%，占全市生产总值46.5%，人均生产总值6.2万元（9182美元）；县域生产总值742.8亿元，增长5.1%，占全市53.5%，人均生产总值3.86万元（5716美元）。现代产业中，先进制造业增加值90亿元，增长6.9%；现代服务业增加值274.8亿元，增长10.1%；生产性服务业增加值282.6亿元，增长9.5%。第三

产业中,批发和零售业增加值增长7.3%,住宿和餐饮业增加值增长4.4%,金融业增加值增长4%,房地产业增加值增长6.8%。民营经济增加值682.6亿元,增长4.2%,占全市生产总值的51%。

(2) 文化产业发展情况

2015年,韶关文化产业增加值为30.7亿元。2016年,韶关文化产业增加值为32.8亿元,这两年占本地区GDP的比重均为2.7%。其中,2016年,韶关文化产业增加值占全省比重为0.8%。依据韶关市文化广电新闻出版局提供的资料,截至2017年底,韶关市文化产业类别主要有出版发行业、广电服务业、文化艺术服务业、娱乐业、会展业、广告业、文化产品制造业等,有文化及相关行业经营单位2800多家。①新闻出版类情况。全市印刷企业96家,其中年产值达5000万元的有4家;图书发行企业379家;公开出版发行的报纸有《韶关日报》《韶关广播电视报》《韶关学院报》;公开出版发行的期刊有《南叶》《韶关学院学报》。②广播电影电视类情况。全市广播电视台共9家,其中市广电台从业人员392人;有线电视用户62万户;影剧院23个。③文化娱乐类情况。全市文化市场经营单位共432家;互联网上网服务营业场所204家;互联网文化经营单位7家;艺术品经营单位27家;演出经纪机构1家;音像制品零售出租单位90家;艺术培训机构16个;美术馆3个;保龄球馆及休闲健身机构38间;广告企业1200多家。在市区和始兴县初步形成了两大玩具企业聚集地,从业人员近5万名,所生产玩具出口到欧洲、日本、美国及东南亚各地。④重点培育的文化产业园区。如南雄罗曼水晶钢琴生产基地、珠玑文化产业园、翁源兰花文化创意产业园、始兴盛怡文具制笔产业园、新丰云髻山文化产业园。⑤重点推进的文化旅游项目。如珠玑古巷·梅岭古道景区、云门山旅游度假区、大丹霞、大南华、石塘古村乡村旅游保护区等。

(3) 中心城区发展情况

韶关中心城区包括浈江区、武江区和曲江区。中心城区是一个城市形象塑造的重要展现区域,浈江、北江和武江三江贯穿其中,滨水生活岸线是城市主要的游憩空间,其中位于北江中路的"江畔历史文化雕塑长廊"是城市的一大亮点。它以弘扬民族精神、展示历史文化、强化道德教育、提供休闲为宗旨,在长达2.5公里的江畔上建设了一系列韶关历史名人的雕像或一些中国古代典故的雕像,不仅给江畔增添风景,也成为城市的名片,向世人展现韶关的文化历史风情。城市开放空间,如西河体育健身广场、市区商业步行街仿照西方模式和复古的风格。太傅庙、南华寺对当地道教和佛教文化的传播产生一定的影响。小岛历史文化街区,有关部门提出的建设思路是"小岛风情,韶关记忆"。目前市政府相关部门还在做规划,进行城市历史街区的整理,打造中心区旅游客厅,把旅游项目、文化事业、文化产业积聚起来,使得小岛片区成为韶关市文化产业的中心和枢纽。马坝人遗址和石峡文化遗址位于韶关市曲江区马坝镇西南2公里处的狮子岩,1958年,闻名中外的"马坝人"头盖骨在此被发现。目前,马坝人遗址风景区成为山、水、洞、石兼收并蓄,集考古与旅游、知识性与娱乐性于一体的广东省著名的大型考古旅游胜地。马坝油粘米是曲江具有重要影响力的地理标志保护产品。广东联益马坝米业(曲江)有限公司作为农产品地理标志的使用企业之一,建立了与农户的密切关系,每年都与农户签订合同保价收购农民种植的马坝油粘谷,保证了原材料供应的同时,也增加了农民的收入。

(4) 代表性案例

广富新街。位于韶关市浈江区东堤北路的广富新街,始建于1915年,是华南历史上最繁华的商贸街之一,也是韶关现存最为完整的一条老街道,亦是当年赫赫有名的"老板街"。目前正处于全面修复期,以广府文化资源和韶关历史文化资源的挖掘为主导,设立广富新街历史陈列馆、广府文化剧场及文化展示厅。目前定位是核心产业+传播历史+传播文化+复活业态；管理模式是政府+协会公司+企业运营。从2018年至2019年，立足项目定位，对准目标受众，以文化展厅为载体，引入手工作坊、民宿客栈、文房四宝、古玩字画等商业业态；从2020年至2021年，整合资源合力开发广富新街特色文创产品，宣传推广广富新街运营模式品牌，建立广富新街文创产业数据平台，初步形成文创产业集群效应；从2021年至2038年，结合运营实践和战略研究，总结出区域文创产业的特色发展路径和企业培育经验，建立自主文创品牌，实现运营模式品牌输出，推动韶关特色文化走向全国乃至全球，促进韶关特色文化产业的繁荣发展。

斌庐展览馆。位于韶关市浈江区东堤中路的斌庐展览馆，是建于民国时期的一幢中西结合的骑楼建筑。它讲述了粤北抗日战争历史，见证了东街百年变迁，展示了韶关地方特色文化。它的开放能让广大市民、游客认识韶关深厚的历史文化，呼唤更多的社会热心人士关心支持优秀本土文化的传承和保护，促进韶关文化事业的繁荣发展。斌庐展览馆上、下两层共10间展厅，在一楼的5间展厅里，市民可了解韶关城建沿革、韶关现代城市介绍、骑楼建筑特色等历史文化知识；二楼则展示了韶城街道变化、桥梁建设情况、韶城烽火岁月等韶关成长足迹。2017年底，韶关市文广新局和市金财投资集团有限公司完成了斌庐展览馆的修缮和布展工程。斌庐展览馆重新对外开放，向社会公众展示，可以让韶关市民和外地游客更好地了解韶关的历史变迁。

2. 各县（市）

（1）仁化县

1）基本概况

仁化县位于南岭山脉南麓，韶关市北部，是粤、湘、赣三省交接地，总面积2223平方公里，下辖10个镇，1个街道办事处，124个行政村。截至2017年末，常住人口21.06万人，比上年增加0.16万人，增长0.72%。全年出生人口3091人，出生率15.74‰；死亡人口1397人，死亡率7.11‰；人口自然增长率8.63‰。2017年全县生产总值112.44亿元，按可比价计算，比上年增长3.8%。其中，第一产业增加值21.23亿元，增长4.2%；第二产业增加值41.88亿元，增长1.0%；第三产业增加值49.33亿元，增长5.8%。三次产业对经济增长的贡献率分别为21.4%、9.7%和68.9%，分别拉动GDP增长0.81、0.37和2.62个百分点；三次产业结构比重为18.9∶37.2∶43.9。按常住人口计算，人均地区生产总值5.3万元。在第三产业中，交通运输仓储和邮政业增长11.1%；批发和零售业增长3.2%；住宿和餐饮业增长0.7%；金融业增长0.5%；房地产业增长6.0%；其他服务业增长9.4%。全县民营经济增加值60.92亿元，增长3.5%，占全县生产总值的比重为54.17%。

2）文化产业发展情况

依据仁化县文化广电新闻出版局提供的资料，截至2017年底，全县有文化站11个，文化广场20个；文化馆、博物馆、公共图书馆、青少年宫各1个，其中公共图书馆总藏书量14.5万册；广播电视综合人口覆盖率100%；文化产业经营单位共有51家，其中文化生产企业2家；文化传播类、文化创意类企业4家；多厅数字电影院1家；网吧7家；KTV休闲娱乐场所6家；印刷厂3家；书店音像店等23家。

3）代表性案例

世界自然遗产丹霞山。世界自然遗产是指经联合国教科文组织和世界遗产委员会确认的，具有突出意义和普遍价值的自然景观与文物古迹，是人类罕见的且无法取代的财产。丹霞山（中国红石公园）位于广东省韶关市东北郊，总面积292平方千米，是世界地质公园、世界自然遗产、国家级风景名胜区、国家级自然保护区和国家 5A 级旅游区,被《中国国家地理》杂志评为"中国最美的地方"。2010 年 8 月 1 日,与国内 6 省 6 处丹霞地貌以"中国丹霞"列入《世界遗产名录》。

(2) 始兴县

1) 基本概况

始兴县位于韶关市北部,境内四面环山,县城一带为粤北最大的小平原,地势四周高、中间低,呈盆地状,依次为山地、丘陵、平原,总面积 2174 平方公里,下辖 9 个镇、1 个民族乡、14 个居委会、113 个村民委员会。截至 2016 年末,全县户籍人口 25.89 万人,增长 2.03%。全年出生人口 3926 人,出生率 14.94‰;死亡人口 1882 人,死亡率 7.16‰;人口自然增长率 8.13‰。2016 年全县生产总值 82.7 亿元,比上一年增长 8.2%。其中,第一产业增加值 18.7 亿元,增长 4.3%;第二产业增加值 32.3 亿元,增长 7.5%;第三产业增加值 31.7 亿元,增长 11.2%。三次产业的比重为 22.67∶39.08∶38.25。城乡居民收入稳步增长,生活水平不断提高。全县农村居民人均可支配收入 1.31 万元,比上年增长 10.5%;全县城镇居民人均可支配收入 2.19 万元,比上年增长 10.6%。

2) 文化产业发展情况

依据始兴县文化广电新闻出版局提供的资料,截至 2016 年底,全县文化产业增加值为 5.53 亿元,占 GDP 比重达 6.67%,达到了建成小康社会指标 5%标准。截至 2017 年底,全县共有文化产业经营单位 40 多家。文化产业园区发展起步较晚,品种不多,但园区和基地已初具规模。始兴中国制笔研发基地坐落在太平镇东湖坪村,基地建筑面积 1695 亩,总投资 15 亿元。东湖坪工业园有盛怡实业(韶关)有限公司、韶关盛怡文具有限公司、始兴县帝宝油墨科研有限公司等文化企业 8 家;娱乐场所 11 家;互联网上网服务营业场所 6 家;印刷企业 5 家;出版物发行单位 10 家;电影院线 1 家。据当地文物部门统计,有红色革命遗址 30 多处;围楼 249 座,其中保存完好的有 110 座,较好的有 43 座,较差的有 96 座。

3) 代表性案例

盛怡实业有限公司。盛怡实业有限公司成立于 2000 年,位于始兴县太平镇制笔基地。是中国制笔协会副理事长单位,行业名牌、标准委员会委员单位,是国内一家专业生产"TOYO""YOKA"系列文具产品的知名企业。公司通过了 ISO9001:2008 国际质量体系认证,"YOKA"系列产品远销欧洲、北美、南美、亚洲、澳大利亚等多个国家和地区,在国际文具市场上占有一席之地。2005 年开始,公司研制的高端金笔成为博鳌亚洲论坛几届年会的专用礼品笔。2009 年盛怡公司成立盛怡标准油墨研发中心,开始专门从事各型特种油墨研发工作,突破行业技术瓶颈,并为园区培养后备人才,成功邀请美国化工协会成员油墨专家 JANEA MURRELLS 加盟,合作油墨研发。公司研制的中国第一支太空笔随"神舟九号"搭载升空试验,"神舟十号"正式使用,填补了中国在太空书写工具技术的空白。2010 年 8 月,被中国轻工联合会授予"中国制笔研发制造基地"称号。

东湖坪客家民俗文化村。位于始兴县的东湖坪客家民俗文化村,占地面积 29 万平方米。当年的曾家祠堂如今已经开发成客家文物博物馆。电视连续剧《围屋里的女人》曾在此地取景拍摄。贞德牌坊位于正门入口前方,象征旧时对妇女道德、操守、贞洁的传统要求。里面的永成堂围楼已开放给游客参观浏览,并专辟为"客家民俗文物展览馆"。该馆内容包括婚育风情、农耕习俗、服饰艺术、生活小物品等四大类。结合多方的资料和询问当地村民,了解到围楼的用途:一是防盗,这里的"盗"不是偷盗的盗,是真正杀人劫物的匪盗、官盗;二是防日本人,当地客家人建起围楼保护家人、亲友、村民。此外,还有神秘莫测、暗藏玄机的曾氏银库及藏宝秘图，但至今无人破解。

（3）乳源县

1）基本概况

乳源瑶族自治县位于韶关市西部，溶蚀高原地貌显著，多峡谷，境内森林、水力、矿产、旅游资源丰富，总面积2299平方公里，下辖9个镇，102个村委会，13个社区居委会，1183个村（居）民小组。截至2017年末，常住人口22.66万人。全年出生人口4250人；死亡率7.08‰；人口自然增长率10.89‰；2017年全县生产总值（GDP）84.59亿元，比上年增长9.2%，GDP增速在全市排名第一。其中，第一产业增加值8.36亿元，比上年增长4.3%；第二产业增加值40.72亿元，比上年增长8.3%；第三产业增加值35.51亿元，比上年增长11.4%。人均地区生产总值4.53万元，比上年增长8.2%。三次产业结构比分别是：9.9：48.1：42。城乡居民收入增长较快，人民生活水平得到进一步改善。全年城乡居民可支配收入1.88万元，增长10.4%，其中城镇居民人均可支配收入2.39万元，比上年增长11%，农村居民人均可支配收入1.3万元，比上年增长10.8%。

2）文化产业发展情况

依据乳源县文化广电新闻出版局提供的资料，截至2017年底，有影剧院1家；文化馆1个；博物馆1个；乡镇文化站9个；公共图书馆1个，总藏书量22万册；印刷厂7家；彩石企业150家。除广告企业外，从事文化传播的企业也取得较好的发展，如印象家园广告传媒、瑶岭文化传播有限公司等。彩石加工已逐步从粗加工向深加工、提高艺术附加值转化，瑶绣也从传统服饰、传统工艺产品向家居装饰、现代服饰家具、建筑等多元产业延伸发展。同时，积极开展全国县级文明城市创建工作，提升城市形象。文化资源优势不断显现，文艺创作精品迭出。2017年新增市级非遗项目3项。2018年新增省级非遗项目1项；新增国家级、省级、市级、县级非遗传承人多名；国家非遗项目占全市总量60%。

3）代表性案例

云门山景区。云门山位于乳源县城北6公里，海拔1215米，高峰直入云天，云雾常罩峰顶。区内面积5平方公里，总投资11.3亿元人民币，依托云门山得天独厚的自然风景资源，发挥云门寺佛教文化圣地和"世界过山瑶之乡"的优势，突出体现云门禅宗文化及过山瑶民俗风情文化的特色主题。山上有著名的云门寺（也称"云门山大觉禅寺"）、桂花潭、钟鼓岩、虚云纪念堂等胜景，是休闲、参禅、旅游的绝妙圣地。云门寺是我国佛教禅宗五大支派之一云门宗的发祥地。云门宗是中国佛教禅宗五个较大支派之一，由文偃祖师创始于云门山，故取山名，以立宗名。

南岭国家森林公园。南岭国家森林公园位于南岭山脉的核心，在乳源瑶族自治县与湖南省交界地带，面积273平方公里，是广东省最大的自然保护区、珍稀动植物宝库，有超过2000种的植物，位于中国亚热带绿阔叶林中心地带，这里大片原始森林保存着最完整的自然生态系统。2012年南岭国家森林公园成为国家4A级旅游景区。南岭国家森林公园现有4大景区：小黄山景区、瀑布群景区、亲水谷景区和广东第一峰。

（4）南雄市

1）基本概况

南雄位于韶关市东北部，大庾岭南麓，毗邻江西赣南地区，自古是岭南通往中原的要道，是粤赣边境的商品集散地。全市总面积2326.18平方公里，下辖1个街道、1个园区、17个镇，239个村（居）委会。截至2017年末，常住人口33.54万人，比上年增加0.26万人，增长0.78%。全年出生人口7819人，人口出生率15.44‰；死亡人口2937人，人口死亡率5.8‰；人口自然增长率9.64‰。2017年全市生产总值143.55亿元，比上年增长3.2%。其中，第一产业增加值29.36亿元，比上年增长5%；第二产业增加值51.39亿元，比上年下降6.2%；第三产业增加值62.8亿元，比上年增长12%。人均地区生产总值4.29万元，比上年增长2.5%。三次产业结构比分别是20.5∶35.8∶43.7。全年城乡居民可支配收入2.01万元，增长10.4%，其中城镇居民人均可支配收入2.49万元，比上年增长10.5%，农村居民人均可支配收入1.3万元，比上年增长11.1%。

2）文化产业发展情况

截至2017年底，全市有文化馆（站）1个；文化站18个；博物馆1个，建筑面积2500平方米；公共图书馆（室）1个，建筑面积2000平方米，馆藏图书5.59万册；放映单位4家。全市群众文化设施建筑面积32655平方米，增长4.8%；有线广播电视用户84061户，增长0.35%；文物保护单位55个。

3）代表性案例

珠玑巷景区。珠玑巷位于南雄市，是广东省仅有的宋代古巷古道，有"广东第一巷"之誉。珠玑巷全长1.5公里，是古代五岭南北梅关古道的必经之路，其古朴风貌犹存。鼎盛期是唐宋时期，经过数代珠玑巷先民的不断开发，周围变成了宽阔平整的良田沃野，沙水河灌溉其中，宜农宜牧。虽然如今只有20多姓人家居住，但经有关专家考究，历史上大批客家人南迁，这里曾经居住过152个姓的家族。如今，珠玑巷已被供奉为千万人的桑梓之地、发祥之乡，越来越多的人前来此地寻根问祖。

梅关古道景区。梅关古道又称"庾岭古驿道"，跨越粤、赣两省，是古代连接长江、珠江两水系的最短陆上交通要道，全国保存最完好的古驿道，国家4A级景区、"中国四大赏梅地"之一。2016年12月入选《全国红色旅游景点景区名录》。梅关古道成为世界海上丝绸之路与路上丝绸之路的连接线，是中国海洋文化与内陆文化的衔接点。梅关古道所在的梅岭，既是古战场，也是革命战争年代红军多次战斗过的地方。2013年，"南粤雄关与古道"被列为国家重点文物保护单位。

（5）翁源县

1）基本概况

翁源县位于韶关市东南部，北江支流滃江上游。全县总面积2175平方公里，辖7镇1场[①]156个村委会。截至2017年末，常住人口34.89万人。全年出生人口8001人，出生率18.7‰；死亡人口2668人，死亡率6.24‰；人口自然增长率12.47‰。2017年全县生产总值104.9亿元，同比增长6.1%。其中，第一产业增加值24.9亿元，增长5.1%；第二产业增加值30.3亿元，增长1.0%；第三产业增加值49.7亿元，增长10.0%。三次产业结构由2016年的24.4∶31.1∶44.5调整为23.7∶28.9∶47.4。按常住人口计算，人均生产总值3.01万元。实现民营经济增加值62.5亿元，增长4.7%。全县城乡居民人均可支配收入1.75万元，比上年增长10.3%，其中城镇居民人均可支配收入2.37万元，比上年增长10.8%；农村居民人均可支配收入1.30万元，比上年增长10.3%。

---

① "1场"指铁龙林场。

2）文化产业发展情况

截至 2017 年底，全县有文化馆（站）9 个；博物馆 1 个；图书馆（室）1 个；剧团 1 个；电影队 2 个；调频电台 2 座；安装有线电视 4.2 万户。2018 年翁源县兰花产业园成功入选广东省第一批 15 个省级现代农业产业园建设名单。

3）代表性案例

德芳兰园有限公司。德芳兰园有限公司创立于 2002 年 5 月，公司位于广东省北部有"兰花第一乡"称号的翁源县兰花种植基地，专注于兰花生产、销售、推广及研发兰花新品种。目前公司占地面积 200 余亩地，所经营及种植的产品是以国兰及交配兰为主要品种，其中包括春兰、墨兰、春剑、莲瓣、建兰、寒兰、交配兰等，现在公司种植的兰花约有 60 万盆，每年约有 10 万盆精品兰花上市销售。

天下泽雨农业科技有限公司。翁源县天下泽雨农业科技有限公司，成立于 2011 年 3 月，是集科研、组培生产、有机种植、加工到产成品的现代农业高科技企业，公司以种植基地规模化、生产技术科学化、品质管理标准化、运营团队专业化及产品系统化、营销模式市场化等特点被广东省农业厅评定为省级现代农业园区，被韶关市评定为市级农业龙头企业。公司种植基地位于已发展成为"中国兰花之乡"的翁源县，种植面积达 600 余亩。其有得天独厚的自然气候条件，是生产种植石斛、兰花、葡萄等作物的理想基地。

（二）韶关市文化产业发展的 SWOT 分析

经过 3 个月紧张有序的调研走访，我们发现韶关市的文化产业整体上发展已日臻完善，各方面的规划建设工作正在逐步与国内其他具有代表性的城市缩小差距，但相比较国内文化产业发达的城市，仍存在不足之处。所以课题组做了韶关市文化产业发展的 SWOT 分析，以便详细了解韶关市文化产业发展的优势、弱势、机会和威胁，从而更好提出加快韶关市文化产业发展的对策。

1. 发展优势（strengths）

（1）工业基础雄厚及交通便利

韶关工业起源颇早，且有过鼎盛时期。西周晚期到春秋时代已有制陶业；唐宋时期手工业与矿冶业已有相当发展，《宋史》载："庆历（1046—1048 年）末韶州天兴铜大发，岁采 25 万斤，诏即其州置永通监。"韶州、雄州曾是当年织布丝绸中心；明代阳山为当时全国 13 个铁冶所之一，年产铁 78 万斤；清代土纸、毛笔生产兴盛一时；民国以后，开始出现一些官僚资本家经营的工矿企业，采煤业，以木炭、柴油为燃料的小火电业萌芽；新中国成立以后，韶关先后新建大小厂矿企业 63 个，迁并、扩建和改造旧企业 100 多个，韶关工业史上第一次出现重工业比重大于轻工业比重；20 世纪 60 年代，韶关工业企业发展到 1156 家，工业产值第一次占据工农业总产值的主导地位。工业总产值达 4.4 亿元，占韶关工农业总产值的 51.0%，工业总产值首次超过农业总产值；70 年代，韶关电子工业开始涉足代表世界最先进水平的电脑领域，曾名噪一时，在全省、全国享有相当声誉；80 年代，韶关工业总产值在全省位居第五，成为省内仅次于广州的重工业城市；90 年代，韶关工业总产值达 33.58 亿元，列广州、佛山、江门、深圳、汕头、惠阳之后，居全省第七，其中有色金属开采业、煤炭采选业居全省首位；21 世纪初，韶关适应新形势、新要求，一方面对污染大、效益低的企业进行关闭整顿，另一方面加大转型升级力度，推动工业持续发展；2017 年，全市工业增加值 431 亿元，形成七大支柱工业：机械工业、制药工业、钢铁工业、烟草工业、电力工业、玩具工业、有色金属工业。韶关市交通四通八达，以高速公路、铁路、内河航运为主体的对外交通网络已基本形成。公路有京珠、乐广、港澳等多条高速和骨干国道、省道贯通；铁路有京广铁路和京广高铁贯穿南北；内河航道维护通航里程386公里，其中等级航道256公里，泊位23个，港口货物吞吐量54万吨；市内公共交通系统日益完善。《韶关市政府工作报告（2017）》显示，韶关2012至2016五年间新增高速公路202公里、普通铁路117公里，改造国省道128公里，全面实现县县通高速公路，在粤东西北地区率先建成环城高速公路，形成连接珠三角城市群的高快速通道，整体纳入大珠三角"2小时生活圈"。截至2017年底，韶关交通运输、仓储和邮政业增加值91亿元。公路通车里程16629公里，公路密度90.4公里/百平方公里。按路面类型分，高级、次高级路面公路12132公里；按技术等级分，等级公路16591公里，其中高速公路539公里，一级公路222公里，二级公路828公里。公共汽车营运车辆839辆，其中浈江和武江584辆。公共汽车客运总量6339万人次。

(2) 丰富的自然资源及人文资源

韶关是全国重点林区，广东用材林、水源林和重点毛竹基地，被誉为"华南生物基因库"和珠江三角洲的生态屏障。2012年底，林业用地面积142.06万公顷，森林覆盖率73.3%，活立木总蓄积量7692万立方米。全国首批6个生态文明建设试点地区之一，车八岭国家级自然保护区晋级为世界生物圈保护区。省级以上自然保护区15个，其中国家级3个，自然保护区面积17.9万公顷。有小坑、南岭、韶关、天井山4个国家森林公园，孔江、南水湖2个国家湿地公园，1个丹霞山世界地质公园和世界自然遗产，1个芙蓉山国家矿山公园。境内著名的风景名胜有南华寺、金鸡岭、古佛岩、珠玑巷、梅关古道、客家大围、南岭森林公园、车八岭自然保护区、乳源大峡谷、南水水库、必背瑶、小坑温泉、南华温泉等。韶关境内非物质人文资源丰富，文化名人众多，比较有代表性的有：六祖慧能，继承了东山法脉并建立了南宗，弘扬"直指人心，见性成佛"的顿教法门；"诗祖"张九龄，是唐代开元宰相，以"风度"著称的政治家、文学家，首创清淡诗派，促成唐诗的革新，也开创了岭南一代诗风，被誉为"岭南诗祖""文场元帅""南天第一人"；余靖，是北宋官员，庆历四谏官之一，历官集贤校理、右正言，使契丹，还任知制诰、史馆修撰、桂州知府、集贤院学士、广西体量安抚使，后以尚书左丞知广州，有《武溪集》20卷遗世。韶关是北方中原居民南迁扎根或过境之一"关"，人口90%是客籍，客家文化是韶关传统文化的主流文化之一，并分出了客家名人文化和客家乡土文化两大方面。在新民主主义革命的历史进程中，中国共产党在粤北这块红色的土地上写下了不朽的诗篇，毛泽东、朱德、周恩来、邓小平、陈毅、彭德怀等老一辈无产阶级革命家曾率红军转战于此，留下了光辉的历史篇章、丰富的红色遗迹和精神财富。

(3) 气候条件优越及农业优势

韶关属中亚热带湿润型季风气候区，气候宜人。一年四季均受季风影响，冬季盛行东北季风，夏季盛行西南和东南季风。四季特点为春季阴雨连绵，秋季降水偏少。冬季寒冷，夏季偏热。雨量充沛，年均降雨1400~2400毫米，3至8月为雨季，9月至次年2月为旱季。年平均气温18.8℃~21.6℃。河流众多，落差大，水量、水力资源丰富。全市有集雨面积100平方公里以上的河流62条，其中1000平方公里以上的河流8条。农业优势明显，人均耕地面积在全省第一。由于近几年加强了农业农村基础设施的建设，农业生产持续增长。2017全年农林牧渔业总产值274.9亿元，增长4.5%。其中，农业增长4.2%，林业增长7.5%，畜牧业增长4.4%，渔业增长4.7%。全年粮食作物播种面积239.9万亩，增长1.8%；甘蔗种植面积8.4万亩，下降0.6%；油料种植面积72.1万亩，增长0.3%；烟叶种植面积19.5万亩，下降 0.7%；蔬菜种植面积 153.9 万亩，增长 3.9%。农村用电量 6.8 亿千瓦时，增长 30.9%；化肥施用量（折纯）12.3 万吨，增长 0.1%。韶关已形成了一批布局相对集中区域特色明显的粮油、水果、蔬菜、茶叶等产业，主要农产品产量情况见表 11：

表 11　韶关市 2017 年主要农产品产量情况表

农产品名称	计量单位	产量	同比增长/%
粮食	万吨	91.1	2
其中：稻谷	万吨	77.8	1.7
蔬菜	万吨	245.1	5.1
甘蔗	万吨	59	0.6
花生	万吨	14.5	1.7
烟叶	万吨	3.2	-0.5
水果	万吨	58.6	8.9
茶叶	吨	4803	5.7
蚕茧	吨	8655	1.8
肉类	万吨	14.9	0.8
其中：猪肉	万吨	11.9	0.8
水产品	万吨	8.7	3

数据来源：《韶关市 2017 年国民经济和社会发展统计公报》。

2. 发展弱势（weakness）

（1）经济弱势

韶关 1990—2017 年国内生产总值呈逐年增长的趋势。1990 年为 53.3 亿元，在广东 21 个地级市中排第 10 位。随着劳动力成本的增加，劳动密集型产业失去往日的优势，新型文化业态脱颖而出，成为新的经济增长点。截至 2017 年底，韶关国内生产总值为 1338 亿元，虽较 1990 年翻了 25 倍，但在广东 21 个地级市中排第 16 位。经济总量不高导致政府对公共文化事业的投入力度不足，文化基础设施建设滞后，特别是经济较落后县（市、区）和农村地区文化服务设施极其薄弱。文化创意产业对信息的需求较高，韶关市还没有建成完善的文化创意产业信息发布平台，文化企业的经营管理活动和投资者投资行为缺乏有效的信息参照。韶关 1990—2017 年国内生产总值情况见表 12：

表12 广东省各地级市1990—2017年国内生产总值情况表（单位：亿元）

地市	年份						
	1990年	1994年	2000年	2005年	2010年	2015年	2017年
广州	319.5	976.18	2492.74	5154.23	10748.28	18100.41	21503.15
深圳	135.8	567.15	2187.45	4950.91	9581.51	17502.99	22438.39
佛山	125.5	436.37	1050.38	2429.38	5651.52	8003.92	9549.6
汕头	111.4	196.65	450.16	635.88	1208.97	1850.01	2350.76
湛江	95.6	225.7	373.81	680.97	1405.06	2450	2043.78
江门	93.1	278.65	504.66	801.7	1570.42	2240.02	2690.25
肇庆	92.4	184.3	249.78	435.05	1085.87	1970.01	2200.61
茂名	73.7	219.43	417.36	738.35	1492.09	2445.6	2140.26
东莞	64.6	154.54	820.25	2183.2	4246.45	6275.06	7582.12
韶关	53.3	120.33	192.72	337.03	683.1	1149.98	1338
惠州	48.8	180.07	439.19	803.92	1729.95	3140.03	3830.58
中山	43.5	130.02	345.44	885.72	1850.65	3010.03	3450.31
梅州	42.2	110.52	180.5	314.61	612.85	955.09	1125.82
清远	41.8	100.51	157.92	323.28	869.79	1285	1055.3
珠海	41.2	165.7	332.35	635.45	1208.6	2024.98	2564.73
阳江	28.1	89.46	160.2	294.4	639.84	1256	1408.63
潮州	23.6	84.52	177.87	282.39	559.24	910.1	771.67
汕尾	22.5	61.8	128.49	205.75	465.08	780	855.37
河源	22.2	51.12	87.22	204.81	475.14	810.08	952.12
揭阳	—	151.17	311.09	414	1009.51	1890.01	1583.1
云浮	—	121.24	137.7	201.84	400.97	710.07	607.73

数据来源：广东省人民政府网。

（2）缺乏专业院校及创意人才

从教育方面来说，广东的高校基本都集中在珠三角，广州更是集结了全省80%的高校，是中国高等教育最发达的城市之一。韶关目前仅有韶关学院和广东松山职业技术学院2所全日制普通高校，且文化创意类的专业设置较少，导致人才缺乏。韶关市目前还没有专门的文化创意产业学院，文化产业没有贯穿到整个教育过程中，只是集中于少数高等教育院校和培训机构。文化创意产业需要有基本的艺术修养、懂技术、有文化管理能力的复合型人才。随着广电、出版、演艺、旅游会展等产业的发展，人才匮乏的问题日益凸现出来。韶关市位于粤北山区，经济实力不如珠三角地区发达，就业机会较少，导致韶关本地高校培养的人才外流。很多大学生毕业后会选择去珠三角的城市工作，因为那里有更多的机会。虽然政府也采取了一些挽留和吸纳人才的措施，但在人才资源的培育开发方面仍然缺乏较为有效的对策。可见，缺乏创意人才已经成为制约韶关市文化产业发展的一个重要障碍因素。文化产业要想实现产业升级，取得更广阔的发展空间，离不开人才的支持。

（3）文化企业喜忧参半及创新性不强

韶关拥有比较大型的文化企业，例如盛怡实业（韶关）有限公司和仁化县智能木业有限公司。盛怡实业（韶关）有限公司拥有完善的质量管理体系，始终以自主研发、不断致力于产品的创新作为公司长期发展的根本，不断推出具有优质实用和款式新颖的系列文具产品，产品涵盖办公、工业等各行业300多品种。仁化县智能木业有限公司是一家集玩具研发设计、生产制造为一体的玩具制造企业，其所生产的乐高玩具远销海外，主要客户为全球最大的玩具公司——美国的美泰、孩之宝公司以及瑞典的BRIO公司。但韶关市的文化创意企业大部分还是中小企业为主，在资金来源、技术研发、产品创意和营销等方面都受到限制，文化产品创意缺乏有力的物质支持，很难形成规模效应，文化产品的影响力有限，不能形成规模效应，衍生产品开发后劲不足，不能形成完整的产业链条。创新是文化产业的核心和灵魂。由于缺乏文化产业专业人才，科技创新能力较为薄弱，势必导致文化产品创新性不强。尽管有大南华文化创意产业园、东湖坪文笔特色小镇等高科技产业园区，但文化产业设施中的高技术装备欠缺，韶关本地的文化产品和服务总体竞争力不高。显然，技术力量的薄弱已经成为遏制韶关市文化产业发展的瓶颈问题。韶关市目前还没有真正建立文化产业的科技创新机制，科技投入不足，因此新产品开发能力较为薄弱。由于缺乏对核心技术的掌握，产品创意处于低端水平，原创作品有限。

3. 发展机遇（opportunity）

（1）党和政府的高度重视

进入21世纪以来，经济社会发展跃进到文化经济时期。党和政府高度重视文化建设，制定了一系列的方针政策扶持文化产业的发展。2002年，党的十六大报告提出积极发展文化事业和文化产业，深化文化体制改革。2006年，《国家"十一五"时期文化发展规划纲要》中提出要把文化产业体系建设作为"十一五"时期文化发展的重点。2007年，党的十七大报告明确指出"大力发展文化产业"，而国家文化部已经将发展文化产业摆在文化工作的重要位置，要求重点扶持文化产业、旅游产业等具有先导性、支柱性的优势产业。2009年，国务院通过了《文化产业振兴规划》，将发展文化产业提升到国家战略的高度。2012年，党的十八大提出了深化文化体制改革、推动社会主义文化大发展大繁荣、建设社会主义文化强国的重大战略目标。2013年，党的十八届三中全会明确提出建设社会主义文化强国，增强国家文化软实力，把文化建设纳入中国特色社会主义事业"五位一体"总体布局。2017年，党的十九大报告提出要坚定文化自信，推动社会主义文化繁荣兴盛。广东省政府2013年印发《关于加快文化强省建设的若干文化经济政策》，2014年印发《广东省深化文化体制改革实施方案》，2015年印发《关于贯彻落实深入推进文化金融合作的实施意见》，同年发布《广东省推进文化创意和设计服务与相关产业融合发展行动计划（2015—2020年）》，指出到2020年，全省形成一批特色鲜明的融合发展城市、集聚区和新型城镇，文化创意和设计服务的先导产业作用更加强化，与相关产业的融合发展格局基本建立，相关产业文化含量显著提升。韶关市政府也出台了一些加快文化产业发展的政策文件，如《韶关市文化事业发展"十二五"规划》《韶关市"十三五"国家战略性新型产业发展规划》《韶关市旅游产业发展规划（2015—2025年）》《韶关市城市总体规划（2015—2035）》等。国家和省政府强有力的政策支持，为韶关文化产业的发展营造了良好的环境。市政府出台的多项政策措施鼓励文化产业发展，为文化产业发展提供了统一的思想和发展方向。

(2) 科技革命与产业变革

新一轮科技创新催生新的发展动力。十九大以后，我国社会主义社会进入新时代，这是我国发展新的历史方位。我国社会的主要矛盾已转化为人民日益增长的美好生活需要和不平衡不充分的发展之间的矛盾。2017年世界GDP排名中，我国以122427.76亿美元稳居世界第二，仅次于美国。习总书记在十九大报告中说道："（我国的）经济建设取得重大成就。创新驱动发展战略大力实施，创新型国家建设成果丰硕，天宫、蛟龙、天眼、悟空、墨子、大飞机等重大科技成果相继问世。"随着中国科技力量的不断提升，网络技术等新型技术为文化创意产业提供了技术支持。网络、手机等新媒体的应用在丰富传统文化产业形式的同时，进一步催生了电子票务、网络游戏、手机文化、数字电视、三维动画等新的产业形态，完善了文化产业体系。世界新一轮科技革命和产业变革蓬勃兴起、孕育突破，以信息技术为代表的新技术与产业发展深度融合，"互联网+"深刻影响经济形态变革，将催生出全新的生产方式和商业模式。国家大力实施创新驱动发展战略，广东省列为全国全面创新改革试验区，未来科技创新的支撑引领作用将更加凸显。韶关市有较好的产业基础，专利申请量、授权量连续10年居全省山区市首位。这一轮科技革命和产业变革与韶关加快转型升级形成历史性交汇，大力实施创新驱动战略将成为韶关经济社会转型发展强有力的助推器。

(3) 珠三角城市群与粤港澳大湾区的辐射带动

珠三角城市群包括广州、深圳、珠海、佛山、东莞、惠州、中山、江门、肇庆等9个主要城市，是亚太地区最具活力的经济区之一，它以广东70%的人口，创造着全省85%的GDP。《珠江三角洲地区改革与发展规划纲要》为珠三角如何突破体制机制限制，谋求新一轮发展指明了方向。广东在这一纲要指导下，大力推进文化体制改革，进一步完善文化基础设施建设，发展文化事业，为文化产业的发展创造良好环境。粤港澳大湾区是由香港、澳门2个特别行政区和广东省的广州、深圳、珠海、佛山、中山、惠州、东莞、肇庆、江门9市组成的城市群，是国家建设世界级城市群和参与全球竞争的重要空间载体。粤港澳大湾区与珠三角城市群的强大辐射为韶关提供了广阔的融合发展空间。珠三角一体化进程加快，为珠三角地区各城市间经济合作、文化交流、资源共享、商品贸易和人员往来等提供了便利，为广东文化创意产业的发展带来了机遇。2017年，珠三角地区经济总量为75809.74亿元，广州、深圳分别是国家中心城市和全国经济中心城市，对周边地区具有强大的辐射带动力。目前，韶关市已融入广佛肇+清云韶"3+3"经济圈，东莞对口帮扶持续推进，韶关市与珠三角的时空距离进一步拉近，交通区位、生态资源、产业基础等优势更加突显，接受经济辐射带动的能力进一步增强，为韶关市与珠三角城市群和粤港澳大湾区融合发展提供了广阔的空间。

4. 发展威胁（threat）

(1) 区域竞争的威胁

马太效应认为，在经济发展过程中，强者越来越强，弱者越来越弱。韶关与珠三角等先进地区相比，在人才集聚和科技实力等方面都有一定差距，竞争力也弱。韶关地处广东的粤北山区，是珠三角连接内陆的桥头堡，与江西的赣州、湖南的郴州以及粤东西北地区在产业布局、招商引资等方面的竞争会更加激烈。此外，韶关县域经济发展不平衡，城乡二元结构和城市内部二元结构矛盾凸显，推动城乡区域协调发展的任务十分艰巨。对位于粤北山区的韶关市来说，在未来文化产业发展过程中，势必会受到来自相对发达的地区文化产业及其产品的巨大冲击。越是强势的文化产业，自然越能够扩大市场占有率；越是弱势的文化产业，越容易受到外来的冲击和威胁。文化产业的发展只能遵循优胜劣汰的原则进入竞争机制，这对刚刚起步的韶关文化产业的发展将构成现实威胁。韶关市本地文化企业只有发挥地方优势，开阔思路，找准项目，才能在残酷的市场竞争中求得生存的契机。

(2) 生态环境保护的威胁

进入21世纪以来，生态环境保护与治理成为城市可持续发展的重点。韶关是国家生态功能区，保留一定数量受人类活动影响较少的亚热带森林，这些林区不但起着重要的生态作用，而且还起着保存物种基因的作用。在经济快速发展的同时，韶关部分地区开发强度过高，单位生产总值能耗依然较高，大气、水和土壤等环境污染严重，生态系统出现退化的趋势，长期积累的生态环境问题正在集中显现。南岭国家森林公园是广东物种宝库，有广东省最完整、最大片的原始森林，有着最完整的自然生态系统。2018年4月，为切实保障广大游客的合法权益、保证游客的生命财产安全，按照相关规定和有关要求，南岭国家森林公园进行停业整顿。随着社会发展和人民生活水平的不断提高，广大人民群众对生态文明建设的期望越来越高，我国承担的国际减排责任越来越重，国家相关约束政策越来越紧，韶关节能减排和环境保护治理的压力将逐年增大，资源环境对经济社会发展的约束将更强。

(3) 社会矛盾转型的威胁

习近平总书记在十九大报告中强调，从现在到2020年，是全面建成小康社会的决胜期。目前，韶关市城乡居民收入总体水平仍然较低，人民日益增长的美好生活需要和不平衡不充分的发展之间的矛盾比较突出。人民群众对改革的要求更高，期望值也高。社会转型时期出现的社会不公、诚信缺失、道德滑坡等问题与各种社会思潮交织影响，社会治安、安全生产、食品药品安全、劳资纠纷等可能引发的矛盾和冲突不容小觑，这些都对韶关社会风险管控、社会服务管理和基层组织建设带来一定挑战。例如，2018年7月长春长生百白破疫苗造假事件，大量不合格的疫苗流入山东，对新生儿童造成了伤害。疫苗的安全关乎千万家庭婴幼儿身体健康，因此这起事件的性质极其恶劣。这与10年前发生的三鹿奶粉事件类似，疫苗造假事件引起了大规模的舆情民愤，引发了国民对食品、药品质量问题的质疑。

5. 分析结论

根据上述分析可以看出，韶关文化产业发展具有良好的政策优势，党和政府高度重视文化产业的发展。雄厚的工业基础、便利的交通条件、优越的地理位置、良好的气候环境、丰富的自然资源和人文资源为韶关文化产业发展提供了有力保障。新一轮科技创新催生新的发展动力，珠三角强大的辐射带动力为韶关提供了广阔的融合发展空间。但经济总量不高导致政府对公共文化事业的投入力度不足。文化专业院校缺乏，专业设置较少。由于就业机会较少，很多本地高校培养的大学生外流到珠三角。文化企业总体还是以中小企业为主，在资金来源、技术研发、产品创意和营销等方面都受到限制。韶关与江西的赣州、湖南的郴州以及粤东西北地区在产业布局、招商引资等方面会面临产业竞争的威胁。开发强度过高导致生态系统出现退化的趋势。社会转型时期出现的社会不公、诚信缺失、道德滑坡等问题与各种社会思潮交织影响。（见表13）

表13 韶关文化产业SWOT矩阵表

		优势（S） 工业基础雄厚及交通便利 丰富的自然资源及人文资源 气候条件优越及农业优势	弱势（W） 经济弱势 缺乏专业院校及创意人才 文化企业喜忧参半及缺乏创新
机遇（O）	党和政府的高度重视 科技革命与产业变革 珠三角的辐射带动	SO：紧抓政策机遇 发挥自身优势 挖掘资源潜力	WO：强化政府职能 重视人才培养 积极融入珠三角
威胁（T）	区域竞争的威胁 生态环境保护的威胁 社会矛盾转型的威胁	ST：增强核心竞争力 加大环境保护力度 深化文化体制改革	WT：积极开拓市场 形成自身特色 加强科技创新

（三）韶关市文化产业发展存在的问题

根据上述现状分析可以看出，韶关市的文化产业逐步形成了以佛教文化、丹霞地质文化、客家文化、瑶族文化、民俗文化、红色文化、姓氏文化、名人文化、古村落景观文化等各类文化资源为重点的特色发展格局。但文化产业发展刚刚起步，中心城区是文化产业发展的核心区域，各类文化资源分散于各县（市、区），分布不均匀，缺乏有效梳理和挖掘。存在的问题主要体现在以下六个方面：

1. 文化产业思想认识不足，发展观念滞后

新中国成立以来长期实行计划经济体制，导致老一辈的人们在思想上局限于计划经济的怪圈。思想观念的落后是造成文化产业发展缓慢的根本原因。在文化产业发展过程中，一些部门往往把它摆在一个次要的位置，对文化产业化的内容含糊不清，对文化产业化缺乏一个明晰的结论。具体表现有3点：一是对文化与经济的关系认识不清。对文化产业已成为当代经济的重要支柱之一，尤其是对文化与经济、政治相互交融，经济文化一体化的趋势缺乏深刻的认识。对文化与经济的长远协调发展认识模糊，没有充分认识到文化生产力也是社会生产力的重要组成部分。二是对文化产业的经济实体性质认识不清。没有把文化产业作为独立产业纳入国民经济发展总体规划，造成相当一些文化事业和产业单位缺乏改革的主动性和走向市场的自觉性。三是对文化产品的特殊属性认识不清。片面强调文化产品的社会效益，忽视经济效益，进而混淆文化产业与文化事业之间的区分，没有认清文化产业发展的必然性。韶关文化产业发展中文化经营者对待文化产业的观念也很落后，对发展怎样的文化产业和如何发展认识模糊，对市场化模式和产业化发展缺乏信心。目前韶关大多数市民认为文化产业就是新闻、广告、电视等传统产业，对文化产业的具体内涵认识模糊：只知道文化具有意识形态属性，不知道文化还有产业属性；只认识到文化的社会属性，认识不到文化的商品属性。一些新型的文化产业难以在市民中兴起，导致开发困难。国内外一些优秀的文化产品案例尽管通过互联网、广播电视等渠道在人们生活中传播，但并没有引起人们的重视。究其原因，一是市民对文化产业的积极性、主动性、自觉性不高；二是对文化产业的认识不到位。此外，一些单位的工作人员市场观念、经营意识淡薄，文化驾驭能力不强，缺乏必要的经营管理知识和市场工作经验，对发展文化产业的重要性、紧迫性认识不足，思想仍然局限在计划经济的小圈子里跳不出来。韶关市民对文化产业的开发意识有待提升，思想观念有待加强。

2. 中心城区文化产业发展缓慢而不成熟，文化产品稀少、单一，并缺乏档次

韶关中心城区文化产业发展缓慢。由于城市改造、文化产业、文化旅游和城市旅游等结合不紧密，导致韶关中心城区作为核心层的地位不突出。文化产业市场发育不成熟，文化产业表现出"小、散、低"的特点，在规模化、品牌化等方面不足。例如，肇庆中心城区的星湖景区作为核心产品成为肇庆中心城区的地标，而韶关中心城区旅游产品落后于周边县市，相比较周边的丹霞山、云门山、南岭来说较普通，特色性不明显。总结来说就是"星星很突出，月亮没有亮"。

3. 文化产业政策覆盖不全，文化体制改革不彻底

文化产业的发展离不开政策的支持，而韶关市文化产业政策覆盖不全，外部环境不足。近年来，国家和政府出台了许多文化产业相关政策。国务院：《关于加强文化领域行业组织建设的指导意见》《国家"十三五"时期文化发展改革规划纲要》《文化部"十二五"时期文化产业倍增计划》《文化部"十三五"时期文化产业发展规划》；广东省政府：《广东省建设文化强省规划纲要（2011—2020年）》；韶关市政府：《韶关市文化事业发展"十二五"规划》《韶关市国民经济和社会发展第十三个五年规划纲要》《韶关市"十三五"国家战略性新型产业发展规划》。这些政策文件的出台，对促进韶关市文化产业的发展起到了一定的促进作用。但是从总体上看，政策覆盖不健全，不系统。对国家、省政府出台的有关政策，缺乏宣传、支持和引导，发展空间相对狭小。文化体制改革不彻底表现在三个方面：一是在政府与文化产业单位关系上，表现为政企不分、管办不分，国有文化资产的所有者与经营者关系没有理顺，所有权与经营权没有分离，政府过多干预企业的经营管理，政府承担了"办文化"的职能。二是在文化公益事业与文化产业的关系上，界限模糊。大部分国有经营性文化单位还没有成为真正的市场主体，缺乏市场意识、竞争意识，文化公益事业单位仍然是单纯的社会服务型，自身创收能力很低，在投入不足的情况下，出现了经费短缺、设施陈旧、功能萎缩等重重困难。三是在不同部门所辖文化产业单位之间的关系上还没有打破行业垄断、条块分割、业务交错的局面，无法形成对文化产业资源的整合能力。

4. 文化产业基础薄弱，文化市场喜忧参半

尽管韶关市文化产业的发展已经步入正轨，且发展相对较快，但文化产业的基础仍比较薄弱，基层文化建设总体上仍滞后于经济建设，与整个社会经济发展现状不相适应。文化产业发展缺少多元化投融资渠道，因体制而造成的投融资机制不畅，传统的政府包办的模式又跟不上事业发展的需要。近几年，文化基础设施建设专项资金投入较少，经费划拨不足，地方资金不配套。文化产业发展缺乏基础动力和助力，地区之间、城乡之间发展很不平衡，基层文化生活特别是农村文化生活仍然比较贫乏。韶关文化产业发展目前还处在初级阶段，文化市场发育不成熟导致呈现出两极化的态势。优秀的案例，一是翁源的兰花产业园经过十几年的发展，通过现代农业示范区建设，让一个偏僻落后的山区小县变成"中国兰花第一县"；二是始兴的东湖坪文笔特色小镇，目前已完成《韶关始兴文笔小镇发展建设规划》和《韶关始兴文笔小镇创建方案》，进驻办公文具企业12家，文笔产业产值4.66亿元，工业增加值1.19亿元。而一些地区，由于缺少名优产品，缺少能够担负起示范带动作用的企业，文化产业发展滞后。市场机制不够健全，产品档次不高，产业规模较小，新型文化业态总量不大。书刊经营、音像经营等普遍存在小打小闹现象，缺少大的卖场和旗舰经营门店，在市区缺少文化产业项目的品牌企业。文化企事业单位受传统计划体制束缚影响，对文化市场的重视和调研不够，市场开拓意识不强，营销能力普遍较低，尚未形成与市场经济体制相适应的营销模式，文化产品市场占有率低，即使是优质产品也难以形成产业链，产品附加值未能得到有效挖掘。韶关文化产业的发展与深厚的文化底蕴和丰富的自然资源很不相称，一方面导致居民的文化消费能力和需求被压抑，另一方面又使得相当一部分居民的文化消费需求流失。

5. 文化产业园区建设参差不齐，发展不平衡

韶关目前已有一些特色文化产业园区，如新丰县茶叶产业园、翁源县兰花产业园等。这两所产业园都入选广东第一批省级现代农业产业园建设名单，分别获得5000万元的建设基金。另外还有大南华文化创意产业园区、大丹霞文化创意产业园，也初具规模，聚集了许多家文化创意企业，这些园区给韶关文化产业建设提供了良好平台。但目前看来，韶关市大多数产业园区定位不清，主导产业发展方向不明，园区建设更多的是停留在规划上、单个项目上。园区规模较小，园区建设还没有真正形成集群化，韶关文化产业园区集聚发展条件还不成熟，还没有像横店影视文化产业集群、景德镇陶瓷文化产业集群那样的产业集聚区。韶关市文化产业发展不平衡主要表现在两个方面：一是产业结构不平衡。韶关的自然资源和文化资源丰富，文化旅游在文化产业发展中占有很大的比重。但文化产业不仅包括文化旅游，还包括文化设计、文化传媒等相关行业，既包括传统的文化产业，也包括新型的文化产业。目前韶关市文化产业中传统文化产业比重过大，以信息化、数字化为核心的新型产业如软件业、影视业、会展业、音像业等发展缓慢，基本上以传统文化经营和加工为主。二是区域发展不平衡。韶关市区文化产业得到了较快的发展，而其下辖的乳源县和仁化县虽然也具有丰富的旅游资源，但是由于基础设施落后、政府投入不足等原因，发展较为缓慢。

6. 文化产业专业人才缺乏，创新意识淡薄

从目前来看，韶关市文化产业从业人员不仅总量偏少，结构也不合理，文化产业专业人才缺乏。韶关市文化产业从业人员大都是韶关本地人，并且从事的都是加工制造等科技含量低的行业。文化产业发展需要高技术的人才来引领，目前文化产业开发、管理、经营型的高层次人才数量远远不能适应韶关文化产业发展的需要；具有高学历、高素质的人才奇缺。究其原因，一是韶关本地的全日制普通高校只有两所，且文化产业相关专业开设较少，后备人才不足；二是韶关市对高层次文化产业人才引进和培育力度不够，虽然韶关有着深厚的文化资源，但难以吸引外地人才的进入。随着信息化技术的发展，许多工种逐渐被人工智能所取代，在人工智能大量取代人力的情况下，如何找到机器和人工的平衡点是需要思考的问题。当今社会越来越重视创新能力的培养，富有创意的以及需要思维能力的工作人工智能还无法承担。韶关市的文化产业缺乏创新意识，创建自主品牌意识薄弱，缺少技术含量。许多文化企业倾向于文化制造和商业贸易，不愿从事科技研发，拥有自主研发能力的企业较少，多数企业接受新技术和新产品的知识产权意识淡薄，品牌意识差。创意研发人才的缺乏，使得产品深度开发不够，难以形成文化产业精品。

三、韶关市新型文化业态增长点及国内文化产业发展的相关启示

（一）韶关市新型文化业态增长点

课题组经过大量的调研考察，认为韶关市的文化产业除了原有的大丹霞、大南华、大南岭和大珠玑

四大品牌之外，也有从传统产业向新型文化业态发展过渡的特色，并且大丹霞文化核心产品可衍生出多层次、多领域的文化产业。

1. 韶关文化旅游的四大品牌

韶关旅游产业与文化产业密不可分，两者相互依存、相互促进、共同发展。近年来，韶关市大力挖掘、开发文化旅游资源，形成了具有韶关特色的文化旅游四大品牌，使旅游产业显现出了生机和活力。《韶关市国民经济和社会发展第十三个五年规划纲要》明确指出，全力推进"大丹霞、大南华、大南岭、大珠玑"旅游区建设。加快环丹霞山旅游产业园"六个园区、八个结点"建设，引导旅游产业集聚，培育发展综合性旅游产业园；加快南华寺扩容建设，打造"中国第一祈福名城"品牌；以南岭国家森林公园、广东大峡谷两大景区为核心，联合南水湖、天井山森林公园等生态资源，加快建设南岭—大峡谷生态旅游区。以车八岭国家自然保护区、始兴北山梯田竹海等自然资源打造生物考察、骑行体验、摄影探险生态旅游目的地；以姓氏文化为底蕴，创意文化为特色，完善寻根问祖、民间艺术、文化创意、游览观光等功能，推出姓氏文化祭祖产品体系，加快建设大珠玑文化创意产业园。

（1）大丹霞——"丹霞地貌"的命名地

大丹霞指以丹霞山为依托的仁化县全域旅游建设项目。作为国家重点生态功能区，仁化在加快大丹霞旅游经济圈建设过程中，严格遵循仁化县情，走生态优先、绿色发展之路。按照市委市政府提出的"2+2"的工作思路，绘出大丹霞旅游发展的路线图，定出时间表。仁化县政府认真贯彻落实市委、市政府的决策部署，以大丹霞为龙头，推动仁化全域旅游的大发展。出台了《创建国家和省级全域旅游示范区三年攻坚行动方案》，发挥丹霞山辐射带动作用，力争用三年时间逐步实现旅游模式从景区旅游向全域旅游的转变，观光式旅游向体验式观光、休闲、度假并重转变。着力推动建设大丹霞旅游经济圈、发展仁化全域旅游，大力发展旅游文化产业，不断拓展发展空间和丰富旅游产品，抓好各项旅游基础设施建设，力争到2020年，游客人次超过500万人次，旅游收入超过10亿元，实现旅游业对仁化GDP综合贡献率达到15%以上。严格落实习近平总书记提出的"绿水青山就是金山银山"的生态文明建设理念，供给侧结构性改革，充分发挥丹霞山品牌效应和龙头带动作用，加快推进大丹霞旅游经济圈建设，把大丹霞打造成国内外知名旅游重要目的地、珠三角旅游休闲度假首选地。2018年韶关市政府工作报告指出，引进战略投资者共同开发建设丹霞山，"打通南门，联通北门"，加快环丹霞山南部片区开发，丰富旅游产品种类，提升核心产品竞争力，全面改进服务质量。

（2）大南华——"南宗禅法"的发源地

大南华是省、市"十一五"规划的重点项目，包括南华禅寺、马坝人遗址以及曹溪温泉等景观，规划面积约5600亩，核心项目建设面积约3100亩。"大南华"开发项目一期为1894亩，分为四个区域（南华商业区、寺前公园区、曲林憩区、文化挡墙区）。基础设施建设方面，完成了G106线禅关至曲江林场段改道工程和曹溪河4.5公里的河道整治工程。寺院自建项目方面，"曹溪讲坛"和"拈花笑处"已建成开放；总投资约3.5亿元的万佛塔已开始主塔建设，六祖文化长廊完成3.1公里建设任务，寺院基础设施的修缮工作基本完成。编制规划情况方面，完成了《韶关市大南华地区控制性规划》和《南华寺保护规划》编制，并通过评审。分区控制发展规划方面，将大南华划分为核心保护区、核心控制区、配套服务区、居民安置区和生态控制区等五个区域，核心区的规划建设由南华禅寺完成。新项目引进情况方面，大南华项目提升工程中，雕塑艺术创作方案以曹溪河为载体，以南华寺为中心，将上、下游的旅游线路命名为"曹溪之旅——禅宗源流"。2018韶关市政府工作报告指出,围绕"一寺两院"建设,加强周边环境整治,展示禅宗文化特色,推动大南华整体提升。近年来,曲江区紧紧围绕建设"国家旅游产业集聚区""广东休闲度假祈福首选地"的战略目标,积极整合文化旅游资源,以打造"大南华"品牌为依托,不断延伸禅宗文化旅游产业链。以"禅宗祖庭"南华禅寺为中心,"禅宗文化圣地""马坝人遗址"两大品牌为基底,开发禅宗文化旅游产业链,包括艺术创作、动漫创作、祈福文化旅游用品、禅修养生文化等,打造中国第一祈福名城。同时带动周边地区发展,建成集旅游、饮食、休闲、娱乐、购物于一体的佛教文化旅游创意产业园,打造主题鲜明、特色突出、基础完善、服务优良的区域性旅游服务中心和生态旅游目的地。

(3) 大南岭——"高山民族"的聚居地

大南岭包括以南岭为依托的乳源县各大旅游景区景点。近年来,随着"大南岭"生态文化旅游规划建设项目的深入开展,乳源的旅游环境焕然一新,受到了众多珠三角乃至省内外多个地区游客的青睐。首先需要正确理解"大南岭"的概念,乳源县是广东省首批"全域旅游示范区"创建单位,从全域、全景、全产业、全社会的角度来看,"大南岭"不是一个单独个体,而应该把乳源整体当作一个大景区来打造。2018年韶关市政府工作报告指出,结合粤北生态特别保护区和环南岭生态旅游公路规划建设,加强西京古道保护利用,统筹大南岭景区建设。以"大南岭"为龙头,借力"世界过山瑶之乡"少数民族风情,以及特色小镇和乡村田园综合体建设,引领大南岭、大峡谷、大云门、大瑶寨、大南湖五大景区发展,将乳源建设成为国内乃至国际著名的全域旅游目的地。目前乳源拥有国家4A级景区4个、国家3A级景区3个。而以国家级非遗项目"瑶族盘王节"文化为主体的乳源过山瑶文化底蕴厚重,可挖掘利用的空间很大,是县域经济文化产能释放的着力点。可以说,从自然生态、人文底蕴等方面来看,乳源是广东省旅游资源最富集的县域之一。乳源的旅游资源可用六个字概括——"山、水、林、瑶、禅、谷",具体分别指:以"广东第一峰"——南岭国家森林公园为代表的森林生态养生资源;以国家湿地公园——南水湖为代表的湿地湖泊资源;拥有全市面积最大的原始森林资源;以"世界过山瑶之乡"——必背瑶寨为代表的过山瑶文化资源;以中国佛教五大禅宗之一云门宗祖庭为代表的禅境度假资源;以有"地质峡母"之称的广东大峡谷为代表的地质地貌观光资源。

(4) 大珠玑——"广府人"的开基祖地

大珠玑是指以姓氏文化为借力点的"大珠玑"全域旅游建设项目。南雄市是广府文化的发祥地、广府人的祖居地,千年珠玑古巷姓氏文化底蕴深厚,从珠玑古巷迁徙出去的姓氏达179姓,其后裔有7000多万,遍布海内外和港澳台地区。珠玑巷全长约1500米,沿着驿道前行,可以一直通往梅关。作为从梅关古道南来的第一站,特殊的地理位置造就了珠玑巷的繁华。2018年韶关市政府工作报告指出,做好梅关古驿道提升工程,充分展示姓氏迁徙文化内涵,加快大珠玑景区建设。南雄市旅游景点正由"珠玑古巷、梅关古道一枝独秀"的单一形式向姓氏寻根、生态观光、休闲度假转变;旅游效益增长模式由单一门票旅游向吃、住、行、购、娱的综合产业经济转变;旅游产业发展模式由单一旅游行业向旅游与一、二、三产业融合发展转变,"山水城互动、文旅农互融、各要素配套"的大旅游发展格局基本形成。南雄旅游业在珠玑古巷这个龙头带动下,从无到有,从小到大,成为新的经济增长点。借力姓氏文化优势打响"大珠玑"龙头品牌,姓氏文化旅游是全市乃至全省不可多得的一张亮丽名片。随着大批珠玑巷后裔回来寻根问祖,修建祠堂,珠玑古巷已成为寻根问祖和观光旅游的新热点。自2014年开始,每年举办一届姓氏文化旅游节，使之成为旅游节庆品牌，着力提升南雄姓氏文化的影响力，并要求18个镇（街道）各协助一个姓氏举办姓氏文化旅游节。每届姓氏文化旅游节还举办"寻根珠玑·穿越梅岭"徒步活动、"重走长征路"活动、银杏文化旅游节、梅花节等30多场系列活动。南雄市正在着力打造以姓氏文化旅游为主的"大珠玑"旅游，带动南雄全域旅游发展。

2. 传统产业向新型文化业态转型发展案例

（1）东湖坪文笔特色小镇——打造集多功能于一体的特色小镇

东湖坪文笔特色小镇位于始兴县，占地面积29万平方米。依托始兴县在全省独具特色的文具制笔资源，以塘厦始兴民营企业创业基地及中国制笔研发制造基地为产业发展基础，着力打造全省唯一、全国知名办公文具制笔产业园。目前产业园入驻企业25家，其中文具制笔企业10家。有1500多年的古寺——上奉寺，省级文物保护单位——九栋十八厅及3A景区东湖坪客家民俗文化村。东湖坪文笔小镇将文具制笔生产加工向文具制笔产业延伸，综合东湖坪省级旅游名村打造及上奉寺发展全域旅游，打造"产、城、人、文"四位一体，推动新型工业化、城镇化、信息化和农业现代化融合发展，建立二、三产业联动的文具制笔新业态，将东湖坪文笔小镇打造成为全国知名的集制笔研发、文具电子商务、文具品牌孵化、亚太文具城、民俗体验、禅宗文化等休闲度假多种功能于一体的文笔特色小镇。文笔小镇西至小江坝，东至制笔产业园，南至墨江南北岸，北至韶赣高速，规划面积4.2平方公里。规划到2020年，文笔产业产值达到30亿元，税收1.5亿元。文化旅游产值9000万元，年接待旅游人数45万人次。盛怡实业（韶关）有限公司位于始兴县太平镇制笔基地，成立于2000年，是中国制笔协会副理事长单位，是国内一家专业生产"TOYO""YOKA"系列文具产品的知名企业，以其物美价优、产品不断出新，赢得了广大消费者的青睐。

（2）翁源兰花种植基地——依托兰花打造兰花特色小镇

翁源兰花业从1998年起步，目前国兰产量占全国一半以上，翁源成为大家公认的"中国兰花第一县"。2018年3月23日，第28届中国（翁源）兰花博览会在翁源召开，这是我国规模最大、影响最广的国家级兰花盛会，30年来第一次在县级城市办展。兰博会展馆设在翁源中国兰花博览中心，总投资约1.7亿元，占地面积约5万平方米，气势恢宏。主展厅面积有1万平方米，设有国兰、洋兰专题馆，科普展示馆等。展出的兰花除有国兰的春兰、蕙兰等品种外，还有蝴蝶兰、卡特兰、万代兰等，各类小盆栽等多达1000个品种，既有本地新培育的"韶关第一荷""仙鹤锦""九仙牡丹"等精品，还有工作人员赶赴全国各地张罗来的众多珍奇兰花，如台湾杨兰品种等，共1万盆，初步统计此次参展的兰花价值超过10个亿。目前正整合现有兰花产业，积极开展招商引资活动，以特色小镇建设作为发展休闲农业和乡村旅游的主要抓手和平台，加快推进兰花特色小镇建设。大力建设电子商务产业园，促进电商事业发展。以电子商务产业园为核心，现代物流园、绿色食品产业园为支撑，打造"三园一体""互联网+"综合服务体系产业链。加快农村金融改革，推进农村普惠金融服务。走进翁源，不仅有芬芳雅致的兰花，更有特色文化之旅：一是有屹立于瀚江中倚岩而筑的晚唐著名诗人邵谒潜心苦读的书堂旧址，建于明清时期的八卦围、八角塔；二是与兰有关的书画摄影作品层出不穷，通过兰花作品的展示，加强文化交流，促进文化繁荣；三是除了有"万盆兰花"陈列的壮观景象，还有兰花科技与产业发展研讨会、翁源兰花之夜文艺晚会、与兰花相关主题书画作品拍卖活动和各式精品美食品尝等；四是有涂志伟美术馆，该馆三面环山，一面临水，像一台钢琴镶嵌在青山绿水之间，占地面积38亩，建筑面积1.7万平方米，主要功能是收藏、陈列涂志伟美术作品。

（3）仁化县智能木业有限公司——玩具制造与文化创意协同发展

仁化县智能木业有限公司创建于1996年5月，原坐落在始兴县，2007年整体搬迁到风景优美的仁化县大岭工业园内。全厂占地面积约3万平方米，车间面积10000平方米，场内设有仓库、宿舍、饭堂等附属设施。公司不仅生产制造玩具，还包括研发设计，以开发儿童智力的木制玩具层层叠（Jenga）、听克拖（Tinkertoy）、公仔、路轨、车仔益智型玩具为主。产品远销欧美市场，主要客户为全球最大的玩具公司——美国的美泰、孩之宝公司以及瑞典的BRIO公司。

3. 丹霞系列地理标志产品的营造

（1）丹霞景区旅游产品与基本服务行业——核心层

丹霞景区旅游产品与基本服务行业构成旅游产业核心层。①长老峰游览区。由长老、海螺、宝珠三座山峰构成的连体山块，是丹霞山最早开发的游览区之一。浏览区分上、中、下三个景观层。②翔龙湖游览区。位于长老峰南侧，因其湖面轮廓酷似一条腾飞的青龙而得名。③阳元石游览区。游览面积9.6平方公里，因有天下第一奇石——阳元石（高28米，直径7米）而得名该区以发育典型的丹霞石墙、石柱和石拱地貌为特色，地质遗迹和生态环境保存完好。④锦江画廊游览区。丹霞山之秀在锦江，一江碧绿的玉液出自万顷林海，在丹霞山群中迂回南流。⑤巴寨景区。隔锦江相对，总面积40多平方千米，由锦水、田园、村落及仙山琼阁群山组成。⑥韶石景区。位于丹霞山东南部，面积100平方公里，由一系列丘陵山地组成，是一处生态环境优美、景观资源丰富的原始生态景区。⑦竹筏漂流。丹霞山竹筏漂流位于锦江石下村头至牛鼻桥头河段，游程约8公里，是丹山锦水与田园村落组合最完美的河段。⑧丹霞山索道。是丹霞山核心景区内集交通和观光工具于一体的重要的旅游配套设施。

（2）盛景明珠·绽放丹霞——外围层

丹霞片区旅游拉动了韶关市和仁化县第三产业的发展，目前有8个环丹重点旅游项目构成了环抱丹霞山的8颗明珠：①丹霞山北门水上入口综合服务区。定位为集水陆换乘、休闲购物、观光休憩、游客集散、市民活动等功能于一体的综合服务和丹霞山水上旅游入口。②广东丹霞山博士生态园项目。游船码头、生态茶园、喜头村风情小镇、休闲栈道、观景台及旅游服务配套项目。③宝能国际旅游度假项目。打造面向国际国内高端市场，融生态保护、观光游览、主题乐园、文化旅游、会议度假、休闲健身、商业购物、社区生活为一体，集山地休闲小镇风情和生态人文旅游于一身的"规模最宏大、层次最高档、产品最齐全、生态最优美、文化最丰富、人居最适宜"的国际一流大型综合性文化旅游度假区。目前，丹霞山展示中心已对外开放，42000多平方米的商业店铺正在进行招商。④梦幻丹霞项目。集五星级酒店、国际会议中心、度假村、房地产于一体的综合开发项目。首期开发项目包括五星级酒店、国际会议中心、游泳池、购物一条街；二期开发项目包括公寓式酒店、多层住宅、低密度住宅。⑤丹霞山南门古洋水乡度假项目。规划包括主题公园、度假酒店、风情商业街、锦江游船码头及航道、空中游丹霞、生态农业观光等，是未来丹霞山旅游的主要出入口。⑥升源温泉度假项目。打造4公里暖水生态休闲漂流、温泉游、观光游。利用丰富的毛竹资源，开展竹源探险体验游。⑦瀛枫温泉开发项目。项目规划包括温泉休闲浴区、保健按摩区、饮食住宿区、运动娱乐区、产权度假公寓区、农副产品商贸区。⑧项目规划由五星级温泉酒店、温泉独栋建筑群、商务中心、商业街、温泉休闲中心等部分组成。

(3) 相关生产性和服务性产业部门——相关层

相关生产性和服务性产业部门在丹霞山的发展中获益，并以主人的身份介入旅游产业，构成了旅游产业的相关层。①"丹霞彩虹"点亮美丽乡村。"丹霞彩虹"省级新农村示范片以环丹霞山大桥镇长坝村为起点，丹霞街道夏富村为终点。包括大桥镇、周田镇、黄坑镇、丹霞街道办事处等4个镇（街）的长坝村委会、古洋村委会、大桥村委会、亲联村委会、周田村委会、平甫村委会、龙坑村委会、高塘村委会、黄屋村委会、夏富村委会、车湾村委会、城南村委会等12个村委会，涉及50个自然村，2477户，10060人。五个特色主体村：长坝柚香、九龄故里、锦绣青湖、锦江人家、夏富田园。构建"一山两江、两道"（世界自然遗产丹霞山、浈江、锦江两江，沿国道106和国道323线两道）连线41公里，面积约141平方公里的示范片格局。按照将示范片当作一个系统来规划的原则，把示范片当作景点打造，致力于构建"环境空间科学布局、一二三产业整体联动、城乡一体有机融合"格局。②"丹霞仁家"特色农家乐及特色民宿。"丹霞仁家"特色农家乐是指地处乡村、水边、古村、山野等处的古村人家、山里仁家、水岸仁家，以农民家庭为基本接待单位，证照齐全，符合统一规划要求，利用环境资源、农村活动及农民生活，给游客带来"吃农家饭、住农家屋、干农家活、享农家乐"的独特体验。仁化县将重点培育一批以"丹霞仁家"为品牌的农家乐，在全县形成"既有环丹霞山项目大月亮，又有乡村生态项目小星星"的"众星拱月"旅游新格局。丹霞仁家特色民宿是指当地村民利用闲置房屋为游客提供体验当地自然、文化与生产生活方式的小型住宿设施。民宿主人参与接待，"互联网+"丹霞民宿的模式逐渐成形。目前丹霞山景区的民宿基本都实现了上网，都可以通过网络预订房间，并且与店主进行直接的交流。丹霞山景区民宿通过网站进行宣传，也通过媒体报道提高知名度，并通过微商等渠道将产品销往全国各地。比较有代表性的丹霞仁家品牌有福宝农家乐园、喜洋洋休闲农庄、丹霞印象、原色客栈、红豆兰庭。③"丹霞天雄"品味茶文化。广东丹霞天雄茶叶有限公司坐落于广东仁化高坪自然保护区，是一家集茶叶种植、加工、销售、研究推广于一身的综合性茶叶企业。仁化白毛茶是我国三大白毛茶之首，历史上以"云雾白毫"而闻名。公司致力于仁化白毛茶的传承与振兴，2014年5月参加中国（广州）茶博会，10月联合广东省农科院引用植物研究所、华南农业大学成立广东首家茶叶企业产学研研发中心——丹霞天雄产学研研发中心。依托广东省农科院茶叶研究所、华南农业大学、仁化茶叶研究所等科研教学单位，使用先进的自动制茶设备，积极开展茶业技术研究与推广，成功研制推出了"丹霞1号"和"丹霞2号"两个玫瑰香和兰香型茶树新品种，以及"玫瑰香红茶"和"兰香型白茶"两个获国家级创新名茶称号的核心产品。

4. 乡村振兴战略下乡村旅游的文化转向

（1）乡村振兴战略

党的十九大报告把乡村振兴战略与科教兴国战略、人才强国战略、创新驱动发展战略、区域协调发展战略、可持续发展战略、军民融合发展战略并列为党和国家未来发展的"七大战略"。中国过去是一个典型的农业国，中国社会是一个乡土社会，中国文化的本质是乡土文化，因此振兴乡村显得尤为重要。新的思想，闪烁着全党智慧的结晶，必然有丰富的创新理论支撑和科学严谨的思想体系；新的思想，必然提出解决中国现实和未来的宏观性、战略性、全局性、前瞻性的重大问题的总体战略，而乡村振兴战略正是其中十分重要的内容。农业农村农民问题是关系国计民生的根本性问题，必须始终把解决好"三农"问题作为全党工作的重中之重，实施乡村振兴战略。

(2) 乡村旅游

传统乡村旅游主要依托景区、景点、古村落和休闲农业等资源，现代乡村旅游则是以"旅游吸引物+创意产业"作为新的旅游资源，进行营销、宣传和发展。2017年4月13日，国务院发布的《关于做好当前和今后一段时期就业创业工作的意见》指出鼎力开展全域旅游、乡村旅游，并明确国家发改委、国家旅游局等相关部门的责任分工。2017年7月11日，国家发改委等14部门联合印发《促进乡村旅游发展提质升级行动方案（2017年）》，明确表示2017年将加大对乡村旅游扶持力度。北京乡村旅游在20世纪80年代末处于自发阶段，90年代末逐渐进入规范发展阶段，新世纪后从农业、农村旅游向全面的文化旅游转向和升级的势态愈见彰显。经过20多年发展，形成了北京市乡村旅游的区域特色、行业管理、业态创新、政府投资、社区营销、融资模式等乡村旅游"北京模式"。北京发展乡村旅游的经验，一是突出区域特色，明确功能定位；二是推行标准管理，引导行业自律；三是政府部门联动，完善基础设施；四是引入社会资本，创新融资模式。

广东省2017年共接待游客约2.1亿人次，营业收入约680亿元，分别同比增长10.5%和30.7%。广东省2018年将推动旅游业从经典旅游向全域旅游转变，从规模速度旅游向美好旅游转变，加快打造"世界旅游休闲目的地"和"粤港澳大湾区世界级旅游区"。2018年5月18日在茂名举办的中国旅游日中，省旅游局推出广东乡村八大主题40多条旅游新线路。一是红色经典游：（广州）中共三大会议纪念馆—广州起义烈士陵园—广州农民运动讲习所—黄埔军校旧址；（中山）孙中山故居—杨殷故居—翠亨村—左步村—郑观应故居—古鹤村—罗三妹山—三乡温泉。二是南粤古驿道游：（韶关）满堂客家大围—珠玑巷—梅关古道；（云浮）郁南兰寨—光二大屋—南江第一湾—南江古水道。三是滨海渔村游：（深圳）南澳—西冲—大鹏所城—情人岛—杨梅坑；（惠州）大亚湾黄金海岸—东升渔村—巽寮湾—平海古城—双月湾—海龟湾—盐洲红树林。四是古村粤韵游：（广州）花都洛场村（华侨文化、历史底蕴）—花都香草世界（香草生态旅游基地）—塱头古村；（佛山）顺德清晖园—顺峰山公园—祖庙—佛山岭南新天地。（东莞）袁崇焕纪念园—茶山南社古村—虎门威远炮台—林则徐公园—虎门黄河时装。五是瓜果飘香游：（广州）增城二龙山（薰衣草森林世界、二龙山居、天心农场）—正果镇蒙花布村。六是岭南水乡：（广州）南沙东涌水乡—永乐农庄—沙湾古镇—黄山鲁森林公园。七是山水田园游：（韶关）南岭国家森林公园—翁源兰花长廊—新丰云髻山。八是绿野仙踪游：（佛山）西樵山—高明盈香生态园—美的鹭湖森林度假区。广州周边乡村旅游成为假日出游的亮点，以从化、增城、花都为重点，在全市打造一批旅游文化特色村。例如，从化莲麻生态小镇结合流溪河源头地、红色革命遗址和客家群体聚居等特色，发展生态旅游、红色旅游、客家民俗体验和美食文化等产业；增城派潭健康小镇发挥高滩片区的生态优势，按照"生态旅游+健康服务"融合发展理念，打造旅游健康产业；花都梯面生态旅游小镇依托王子山森林公园，以红山村为中心，打造集自然景观、客家文化、盘古王文化、休闲娱乐、文化创意产业于一体的特色小镇；番禺沙湾瑰宝小镇依托珠宝发展基础，整合沙湾古镇建筑、音乐等本土民俗文化资源，打造特色产业生态圈。

(3) 打造现代农业产业园

2018年3月25日，广东省人民政府在翁源县召开全省现代农业产业园现场会，对广东省建设现代农业产业园工作进行全面动员部署。会议指出将启动创建50个省级现代农业产业园，至2020年创建100个现代农业产业园，打造若干千亿产值、具有国际竞争力的现代农业产业集群，形成"百园强县、千亿兴农"的农业产业兴旺新格局。创建现代农业产业园，是推进农业农村现代化的重大举措，也是实施乡村振兴战略的重要抓手和探索农民持续增收新机制的重要平台。以实施乡村振兴战略为总抓手，以推进农业供给侧结构性改革为主线，以绿色生态为导向，以提高农业质量效益和竞争力为中心，聚力建设现代农业产业集群，为全省农业农村经济持续健康发展注入新动能、新活力。任务是做大做强主导产业，建设优势特色产业引领区；促进生产要素集聚，建设现代技术与装备集成区；推进产加销、贸工农一体化发展，建设农村一二三产业融合发展区；推进适度规模经营，建设新型农业经营主体创业创新孵化区；提升农业质量效益和竞争力，建设农业高质量发展的示范核心区；创新城乡融合发展的体制机制，建设乡村振兴的样板区。按照省委省政府的要求，这些产业园区内，必须一、二、三产业相融合，协调发展。

2018年6月27日，广东省第一批省级现代农业产业园名单正式发布。首批入选名单有韶关市翁源县兰花产业园、韶关市新丰县茶叶产业园、河源市紫金县茶叶产业园、梅州市梅县区金柚产业园、梅州市大埔县蜜柚产业园、梅州市丰顺县茶叶产业园、汕尾市海丰县蔬菜产业园、湛江市雷州市菠萝产业园、湛江市廉江市红橙产业园、茂名市高州市荔枝产业园、茂名市化州市化橘红产业园、肇庆市德庆县贡柑产业园、肇庆市高要区南药产业园、清远市英德市红茶产业园、潮州市饶平县茶叶产业园。2018年7月19日，广东省第二批省级现代农业产业园名单正式发布。第二批入选名单有汕头市澄海区蔬菜产业园、韶关市乐昌市香芋产业园、韶关市乳源县蔬菜产业园、河源市龙川县油茶产业园、河源市和平县猕猴桃产业园、梅州市蕉岭县丝苗米产业园、梅州市平远县脐橙产业园、惠州市惠阳区蔬菜产业园、惠州市龙门县丝苗米产业园、汕尾市陆丰市萝卜产业园、江门市台山市鳗鱼产业园、阳江市阳春市春砂仁产业园、阳江市江城区绿萝产业园、湛江市遂溪县火龙果产业园、茂名市茂南区罗非鱼产业园、肇庆市广宁县油茶产业园、清远市清城区清远鸡产业园、清远市连州市菜心产业园、揭阳市普宁市青梅产业园、云浮市云城区南药产业园、云浮市罗定市肉桂产业园、广东农垦湛江垦区剑麻产业园、碧桂园华农大丝苗米产业园、省供销社怀集丝苗米产业园、温氏新兴优质鸡产业园。

（4）美的和的慈善基金会——乡村改造的愿景

改革开放以来，我国一直致力于乡村建设。从美丽乡村、新农村建设、特色小镇到提升为乡村振兴战略，农村建设一直是我国发展的重中之重。美的和的慈善基金会位于广东省佛山市顺德区北滘镇怡兴路8号盈峰商务中心，是在广东省民政厅登记注册的慈善组织，注册资金5000万元，由美的控股有限公司捐赠。基金会从事业务范围有教育、养老、体育、文化艺术、扶贫赈灾、环保及其他公益慈善事业。目前该基金会在韶关市进行村落改造的公益项目，仁化县有5个：和富村、坪岗村、车湾村、新龙村、高廉村，南雄市有4个：梅岭村、太源村、中站村、角湾村。在当前我国社会主要矛盾转化为人民日益增长的美好生活需要和不平衡不充分的发展之间的矛盾的情况下，美的和的慈善基金会致力于乡村改造的美好愿景。挖掘乡村特色、文化与故事，通过乡村改造的试点，加快农村的发展。乡村改造不仅仅是规划、建筑、景观的改造，更多的是要从当地村民的生活习俗、文化传统方面去思考。与旅游项目不同的是，它需要第一产业带动第三产业，当地政府和慈善基金会的合作是乡村改造能顺利进行的有力保障。

（二）国内文化产业发展的相关启示

1. 安徽宿州文化产业

宿州是一个有着悠久历史文化以及深厚人文气息和艺术气息的魅力之城，素有中国书画艺术之乡、马戏之乡、观赏石之乡的美誉,文化资源开发和利用前景十分广阔。宿州市文化资源形式多样,文化产品多姿多彩,文化氛围浓厚,有着诸如埇桥马戏、泗州戏、灵璧石、钟植画、乐石砚制作等影响深远的文化资源基础,其中泗州戏被列入首批全国非物质文化遗产保护名录。宿州市紧紧围绕建设文化强市的目标,坚持"传承、开放、创新"的发展方针,继承和发扬地域文化,大力倡导新型文化业态,形成了以传统文化产业为基础,以新型文化业态为导向的良好发展格局,文化产业发展正在逐步迈入兼容并蓄、科学发展的快车道。宿州发展文化产业的经验概括来说,主要有以下几个方面:

(1) 重视文化资源的开发

宿州历史源远流长,文化底蕴丰厚,文化资源丰富。传统产业有品牌化,新兴产业有创新战略。宿州有新石器时代遗址、隋唐大运河文化遗产等,自古以来便是诸侯必争的军事要地。历史名胜众多,文化名人资源丰富,如陈胜、吴广、刘邦等。宿州市是中国书画艺术之乡、中国马戏之乡、中国书法之乡、中国观赏石之乡,连续三届举办灵璧石文化节。马戏、泗州戏、灵璧石是宿州的文化名片。

(2) 大力实施"文化立市"战略

党的十八大以来,宿州市委、市政府以高度的文化自信和文化自觉,大力实施文化立市战略。围绕党的政策和理论,宿州市以学习型党组织建设为载体,充分发挥市委中心组理论学习示范带动作用,先后召开多次市委中心组理论学习扩大会议。为充分挖掘宿州市文化资源潜力,整合资源,提升宿州市文化产业在全国的影响力,结合宿州市文化资源及文化产业发展现状,宿州市委市政府召集相关部门认真研究宿州"文化立市"战略,提出了将宿州打造成为全国一流文化产业强市的战略目标。

(3) 坚持擦亮特色,推动地域文化产业科学发展

作为皖北中心城市,悠久的历史留下了奇石、马戏、书画、戏剧四大亮点。随着近年来文化体制改革的深入推进,全市所有专业戏剧院团经历了转企改制的历程,奇石文化交易日趋活跃,书画交易量逐年增长,马戏业始终在全国占有重要地位。全市11家国有专业艺术院团完成了转企改制,建立了现代企业架构,改革活力逐步显现。

(4) 坚持创新发展,鼓励新型文化业态进入

随着文化体制改革的深入,电玩、娱乐演艺、创意设计、文化电商、动漫制作等新型文化业态悄然进入宿州文化市场,科技与文化融合发展、文化与旅游融合发展的主流引导着宿州文化产业市场不断做出改变,创新发展、拓展文化产业新领域日渐成为新课题。在新型文化业态不断发展的背景下,宿州市相继出台了《关于进一步加快文化强市建设的意见》《文化强市建设专项资金管理办法暂行规定》,提出了创新发展,鼓励新型文化业态进入宿州的发展理念。

2. 浙江文化产业

经过十余年的培育,浙江省文化产业从小到大、从弱到强,呈现蓬勃发展态势,文化产业成为全省经济社会发展的亮点。2017年《浙江省政府工作报告》明确提出,将文化产业列入全省重点发展的"八大万亿产业",这一新目标预示着浙江文化产业面临无比广阔的发展前景。浙江省委、省政府高度重视文化产业发展,将其纳入"八八战略"和"两富两美"现代化浙江建设的重要内容。浙江发展文化产业的经验概括来说,主要有以下几个方面:

(1) 抓政策保障,发展氛围日益浓厚

近年来,浙江省政府出台了《浙江省文化建设"四个一批"规划》《浙江省文化产业发展"十三五"

规划》等专项规划和《关于进一步加快发展文化产业的若干意见》《关于坚持先进文化发展方向，推动国有文化企业做大做强做优的意见》《关于进一步推动我省文化产业加快发展的实施意见》《浙江省深化文化体制改革实施方案》《关于扶持我省影视产业和影视创作的政策意见》等一系列文件，从资金、税收、土地、金融、人才等方面为产业发展提供强力支撑。2015年，设立省国有文化资产管理委员会，作为国有文化资产管理的议事协调机构，推动建立管人管事管资产管导向相统一的国有文化资产管理体制。

(2) 抓市场主体培育，文化企业实力不断增强

坚持深化文化体制改革，做强做优做大文化市场主体，逐渐形成了以国有文化集团和民营文化企业齐头并进的发展格局。国有文化企业加快推进公司制股份制改造，实力明显增强。例如，浙报集团所属浙报传媒于2011年登录上海证交所，成为全国党报经营性资产上市第一例；浙江广电集团坚持实施品牌战略，建设全媒化的新型广播电视主流媒体；浙江出版联合集团坚持做强出版主业，坚守文化责任之道，成为主营业务收入、资产总额、净资产均达100亿元的文化集团。

(3) 抓重点产业发展，优势行业明显提升

2016年全省共制作电视剧57部2576集，动画片45部21574分钟，电影60部，电视剧和动画片产量均居全国第二位。拥有时代、横店、星光、雁荡等4条本土院线。至2016年，全省院线内影院515家，观影人数突破1亿人次大关，票房收入34.57亿元，位列全国第三。近年来推出的《五星红旗迎风飘扬》《向东是大海》《温州一家人》《鸡毛飞上天》《荡寇风云》等一批重大题材影片，掀起影视剧的"浙江现象"。数字出版增长迅猛，获得互联网出版资质企业62家、网络视听节目单位45家，数量居全国第3位。2017年浙江出版联合集团、浙报传媒控股集团、华策影视、宋城演艺、华谊兄弟等5家文化企业入选全国"文化企业30强"，华数传媒、思美传媒获得提名奖，入选数量名列全国第一。

(4) 抓融合发展，文化推动力显著加强

积极推进传统媒体与新兴媒体融合发展。如浙报集团推进建设由核心圈、紧密圈、协同圈三部分组成的"三圈环流"新媒体矩阵，打造国内一流的枢纽型传媒集团，浙江新闻客户端已拥有1100万用户；浙江广电集团将互联网基因融入广播电视，明确"一云、两网、三集群、四平台"总体目标和实施路径，建设全媒化的新型广播电视主流媒体；杭州数字出版基地集聚数字出版企业近200家，实现营业收入84.25亿元。

(5) 抓集聚发展，辐射带动特色鲜明

浙江省中心城市文化产业发展的集聚辐射功能进一步增强。2016年杭州、宁波、金华三市文化产业增加值规模占全省的60%左右。全省10个文化产业发展重点县（市、区）综合实力突出、产业特色明显。例如，杭州西湖区、滨江区的文创产业增加值占GDP比重超过30%；东阳市近年来文化产业增速在26%以上。全省拥有文化产业园区140多个，文化企业占入园企业总数的比重超过75%，横店影视文化产业实验区、西溪创意产业园等竞争力不断提升。如横店影视文化产业实验区共吸引包括华谊兄弟、唐德影视、新丽传媒等在内的843家影视企业和492家艺人工作室入驻，2016年实现营业收入180.9亿元，上交税费20.87亿元。全省还遴选首批22个试点单位，启动开展了浙江省文化创意街区创建试点工作，积极推动文化与相关产业融合发展。

(6) 抓文化"走出去"，不断提升中华文化影响力

积极融入国家"一带一路"建设。2016年浙江文化贸易进入快速发展轨道，全年文化服务进出口总

额达40.68亿元，同比增长29.84%，其中文化服务出口达14.68亿元，同比增长140.42%，位居全国第二。例如，浙江出版联合集团与世界近百家出版社建立出版业务联系，有1000多种图书通过版权贸易和合作出版；麦家的小说《解密》在英美等35个国家畅销，闯进亚马逊图书排行榜；温州企业家先后在美国、巴西及欧盟等国家和地区开办报刊社、网站、广播电视台达35家。中国（杭州）国际动漫节、中国（义乌）文化产品交易会、杭州文博会、宁波特色文博会、温州时尚文博会等重点文化会展品牌度和外向度持续提升。

3. 台湾文化产业

文化创意产业是把文化的创意融入当代各项产业，并蜕变为高附加价值的新兴产业。文化创意产业的发展，一方面需要充满创意的人才，另一方面需要接纳创意的社会，由此也体现出文化创意与现代经济社会紧密联系的融合精神。台湾的文化创意产业起源于台湾中华两岸文化创意产业发展协会，旨在建立社区文化、凝聚社区共识、建构社区生命共同体的"社区总体营造"。1995年，台湾文化产业研讨会将文化创意产业的营造意识扩展至全岛，台湾的文化创意产业步入发展初期。台湾地区发展文化产业的经验概括来说，主要有以下几个方面：

（1）公私协力

政府是产业发展政策的制定者，企业等经济组织则是产业发展政策的执行者。一项新兴产业过度依赖政府必然不能长久，而单由市场自由运作也可能"非正常死亡"，产业发展的关键在于政府与企业等经济组织的互动与协力合作。台湾的文化创意产业之所以能快速发展，主要是因为政府与企业等经济组织建立了伙伴关系。公私协力和政企互动，一方面能够使政府掌握可靠的产业发展信息，从而制定出科学有效的产业推动政策；另一方面提升了企业经营文化创意产业的信心，使得更多的民间资本进入该产业，经济产值日益增加。

（2）物质支持与精神支持并重

台湾为文化创意产业的发展提供了强大的物质支持，在供给面上，提供充裕的人才、技术、资金、资讯、土地等因素供给或解决其供给障碍，在需求面上，利用公共采购或其他方法来创造需求市场。文化创意产业的发展不仅需要必要的物质支持，而且还需要一定的精神激励，以营造一个有利于文化创意产业发展的社会环境。台湾的基本做法是设置各种奖项和计划。

（3）注重产业发展的数据统计分析

台湾《文化创意产业发展年报》内容十分丰富，包括：文化创意产业就业人数统计；文化创意企业数、员工人数、产值；文化创意产业组织结构；文化创意产业经营年数结构；文化创意产业资本结构；文化创意产业空间分布情形；文化创意产业销售额结构；世界各国和地区文化创意产业发展状况、策略等内容。台湾《文化创意产业发展年报》自2004年开始出版，通过详尽的调查研究，完整地呈现了台湾文化创意产业及其相关行业的发展状况及其他地区发展文化创意产业的策略和方法。一方面，为政府推动文化创意产业发展的相关决策提供依据；另一方面，可以使业界了解自身的基本条件及掌握产业发展的愿景、规划企业发展策略。

（4）培育重点文化产业开拓新创意产业

台湾在发展文化创意产业时，着重培育就业人数多、产值大、成长潜力大、原创性高、附加值高的重点产业。台湾2002年确定了视觉艺术产业、音乐与表演艺术产业、文化展演设施产业、工艺产业、电影产业、广播电视产业、出版产业、广告产业、设计产业、数字休闲娱乐产业 10 大重点文化创意发展产业。经过数年培育，这些产业已成为台湾文化创意产业的标杆，其中广播电视产业、广告产业、设计产业、工艺产业发展最为迅猛。在发展重点产业的同时，台湾也注意开拓新的文化创意产业，如设计品牌时尚产业、建设设计产业、创意生活产业等。

四、韶关市加快文化产业发展对策

根据韶关市文化产业发展的现状，梳理其目前存在的相关问题，我们课题组从三个维度给出韶关市加快文化产业发展的若干对策：

（一）思想维度：包括观念与创新、战略与规划

观念的解放与创新，树立全新的文化产业意识，是发展文化产业、提高文化竞争力的前提。文化作为观念形态的产物，与经济不一样，不从思想上突破，不从观念上变革，是不可能发展和振兴的。文化产业涉及工业、农业、旅游业、教育业、城市规划与改造等方方面面。它不光是文化局、宣传部的事情，要树立"大文化产业"理念，杜绝"唯文化产业而文化产业"。发展文化产业首先必须做好准确的战略定位，明确文化产业发展的最终目标和文化产业发展的重点，之后所有的发展均围绕此战略目标而定。如果离开正确的发展路线和目标，就容易出现盲从和跑偏现象。市政府应引导市民解放思想，突破社会主义计划经济思想的束缚，不断创新工作思路，创造性地开展工作，制定合理、有效的战略性规划。

1. 解放思想、更新观念，提高自主创新能力

（1）解放思想、更新观念

增强文化产业发展意识突出做好以下三方面工作：一是政府要发挥引导作用，增强市民对文化产业概念的理解。国内文化产业发展的经验证明，政府的引导是文化产业发展能否上一个新台阶的关键。文化产业涉及社会生活的方方面面，如电影院、文化馆和出版社等。要转变人们传统的思想观念，引导城乡居民更新消费观念，转变消费方式，提高审美情趣和鉴赏水平，增强发展意识，在全社会营造一种齐心协力发展文化产业的浓厚氛围。各级党委政府作为各项政策的具体执行者和落实者，应该高度重视文化产业发展，积极营造发展文化产业的良好外部环境。二是宣传部门要充分运用各种媒介，大力宣传发展文化产业的重大意义。通过报纸、电视、宣传栏、网络等各种宣传阵地和媒体，让各级领导干部进一步解放思想，增强危机意识、机遇意识，把文化产业发展放到突出的位置来抓。向市民宣传政府推进文化产业发展的重大决策部署，及时将国家和省、市政府加快发展文化产业的优惠政策向社会公开宣传明白、解释清楚。宣传各级加快文化产业发展的生动实践，宣传文化产业发展中涌现出的好做法、好典型，让市民积极投入到文化产业建设中来。三是新闻部门要制定详细的计划，开辟专栏、制作专题片，进行有分量、有力度的报道。大力宣传发展文化产业的重大意义、先进典型、成功经验，在全市形成大办文化产业、办大文化产业的浓厚氛围。更新观念，就要破除只重文化的意识形态属性和宣传教育功能，不注重文化的产业属性和消费娱乐功能的旧观念。树立文化具有双重属性、双重功能的新观念，就要破除就经济论经济，就文化论文化，把它们割裂开来、对立起来的旧观念，确立经济与文化相互交融、相互促进、一体化的新观念。

（2）提高自主创新能力

大力发展文化产业，把文化产业做大做强，需要提高自主创新能力。创新是文化产业得以快速发展

的关键。美国文化产业发展之所以如此迅猛，就在于创新性强，善于挖掘传统文化资源，通过创新使其焕发新的生命力。目前广东省的科学技术水平不断提高，但是自主创新能力仍然不强。作为粤北经济欠发达地区，韶关的文化创意产品处于低端水平，原创作品有限。目前拥有的文化创意人才比较匮乏，大都从事文化加工制造等科技含量较低的工作，要想实现文化产业的加速升级，就必须把创新能力的培养放到首位。加强企业的创新能力和创新步伐，充分挖掘韶关市丰富的文化资源，将文化资源与现代科技相融合，提高自主创新的能力，打造一批具有地方特色同时又具有高技术含量的知名品牌。例如，可加强对丹霞文化、瑶族文化、客家文化的研究，深入挖掘其历史和文化内涵，扶持创作一批具有影响力的文学、影视、戏曲作品，研发一批创意新颖、技术含量高、具有自主知识产权的作品。

2. 制定合理有效的战略性规划

战略性规划是管全局、管根本的谋划，是对重大的、基本的、未来的目标、方针、任务的谋划。做好韶关市文化产业发展全局性的战略性规划，发挥其对文化产业的方向性、长远性、总体性指导作用，是适应经济全球化、积极参与国际国内竞争、增强韶关综合竞争力的重大举措。例如，宿州市委、市政府以高度的文化自信和文化自觉，大力实施文化立市战略，强化思想引领，厚植道德热土，注重文化铸魂，为建设"五大发展"美好宿州提供了强大的精神动力和文化支撑。从全市的层面来做文化产业发展战略，重点发展文化旅游业、新型文化业态以及文化产业园区、历史街区和古村落等相关领域，形成一种全新的规划和布局。

（1）发展思路

按照"培育一批主导产业、发展一批龙头企业、打造一批知名品牌"的思路，实施"文化立市"战略构想，梳理和挖掘本市文化资源优势。坚持走特色化、差异化、品牌化之路，全力建设文化产业园区，培育文化产业品牌，打造文化产业链条。今后一个时期，应按照创新体制、转换机制、面向市场、增强活力的要求，以市场需求为导向，以文化企业为主体，以深化改革为动力，以政策法规为保障，以满足人民群众日益增长的文化需求为目的，调整产业布局，优化产业结构，整合现有文化资源，促进规模化经营。扶持文化产业，不断增强韶关作为粤北文化中心城市的带动力、辐射力和影响力。

（2）发展目标

全力打造韶关文化产业（链）集群，使文化产业成为调整产业结构、扩大社会就业、提高人民生活质量的关键环节和着力点。大力推动文化产业健康发展，创作更多思想性、艺术性、观赏性俱佳并且适销对路的优秀文化产品，不断满足人民群众的精神文化生活需求。①总体目标。建设"创意韶关"，即要重点发展文化产业以满足人民群众日益增长的精神文化需求。全面提升文化实力，提升韶关地域文化、特色文化的知名度和竞争力，从而推动韶关文化的国内及国际传播。②具体目标。用三至五年的时间，基本建立起与韶关经济社会发展相适应的文化发展格局，努力把韶关文化产业发展成为全省乃至全国的具有较强竞争力、承载韶关深厚文化底蕴、体现韶关地方特色的支柱产业，力争到2023年文化产业增加值占本地区GDP总额的5%。

（3）发展战略

本文在综合分析韶关市文化资源优势、区位优势、现状特点的基础上，确定适合于韶关市情的发展战略如下：①国际化战略。"创建国际旅游名城"和"走向国际的历史文化名城"，需要国际化城市品牌、国际化产业品牌、国际化项目品牌做支撑，需要有国际化的思维和运作，需要开发国际市场。②大项目带动战略。引进、开发、培育一批有重大带动作用的文化产业项目,带动文化产业相关产业链发展。③企业集团牵引战略。借助外部大企业集团,吸引更多实力强、技术先进、经验丰富的企业集团来韶关投资与合作,加快与国际接轨的步伐。培养内部大企业集团,尽快组建韶关本地大型文化产业企业集团,建立独立经营、自负盈亏的市场主体。④重点园区推动战略。通过一批文化产业聚集园区的建设和发展,推动其所在地区的文化产业发展。⑤统筹一体化战略,做好内部统筹和外部统筹。内部统筹要做好城乡统筹、三产联动、产业协调。外部统筹要做好与珠三角的战略合作,联手打造"清云韶"文化旅游圈;加强与广深在现代传媒、教育培训、影视动漫等相关领域深度合作,实现文化产业联动发展;加强与港澳台在文化领域的交流合作。⑥人才集聚战略。高素质人才是发展文化产业的第一资源,实行多层次、多渠道、多门类的人才培养计划,打破不同所有制和不同身份的界限。促进文化人才在不同地区、部门、行业之间有序、合理流动,努力吸引海内外高层次文化人才到韶关来创新创业,加快构筑人才高地。

(二)格局维度:包括政策与体制、市场与结构、城区与周边

在整个韶关的经济发展布局上面,把文化产业摆在一个什么位置,将直接决定了文化产业的发展水平。文化产业不是单独存在的,它涉及工业、农业及服务业,且凌驾于它们之上。实践证明,没有特色的文化产业,就很难生存和发展。韶关要把整个地区的经济融合调动起来,重新审视文化产业的发展,在发展工业、农业及服务业里面都要把文化产业的格局体现出来。中心城区由于城市改造、文化产业、文化旅游和城市旅游结合不紧密,导致文化产品匮乏,创新性不强。中心城区应大力发展核心层或外围层文化产品,而县城、乡镇、景区等应大力发展外围层或相关层文化产品。将文化与休闲、旅游相结合,打造以中心城区为核心向周边区县辐射的格局。

1. 完善文化产业发展政策,深化文化体制改革

(1)完善文化产业发展政策

文化产业的发展离不开良好政策的支持。市政府在2011年制定的《韶关市文化产业发展的"十二五"规划》,提出把韶关建设成为具有特色文化影响力、传播力和竞争力的区域文化中心。此外还有《国家农业科技园区发展规划(2018—2025年)》《韶关市"十三五"国家战略性新型产业发展规划》等。以上政策为推进韶关市文化体制改革和文化产业发展提供了重要保障。为促进文化产业的发展,韶关市政府应进一步制定和完善文化产业发展政策,通过规则的制定为市场的运行提供良好的保障:一是尽快制定《韶关市文化事业发展"十三五"规划》《韶关市文化产业融资办法》《韶关市文化产业扶持办法》《韶关市文化产业人才引进办法》等相关政策文件;二是进一步细化《韶关市"十三五"国家战略性新型产业发展规划》,从而为文化市场的繁荣奠定坚实的基础和保障。建议政府出台《关于韶关市加快发展新型文化业态的若干意见》,包括对文化旅游业、传统产业向新型产业的转移、历史街区的改造和古村落历史文化资源的挖掘等,拟定专门的政策。

(2)深化文化体制改革

改革是各项事业发展的源泉。按照广东省委宣传部文化体制改革试点工作的部署要求,2018年将是韶关市文化体制改革全面推开的一年。要吸取经济体制改革和文化体制改革试点的成功经验,组成多部门参与的韶关文化体制改革指导机构,开展全面调研,制定文化体制改革的总体方案,并积极稳妥地加以推进。以体制机制创新为着力点,进一步推进文化体制的改革是推动韶关市文化产业发展的必由之路。

通过深化文化体制改革，按照职能清晰、产权明晰的原则，逐步建立和完善文化领域的行政管理体系、公共服务体系和市场体系，形成科学有效的宏观文化管理体制、富有效率的文化生产服务和微观运行机制，促进文化事业和文化产业的协调发展和共同繁荣。逐步建立"党委领导、政府管理、行业自律、企事业单位依法运营"的文化体制改革目标模式。着眼于解放和发展文化生产力，大力推进文化体制改革力度：一是按照全省文化体制改革实施方案的要求，积极稳妥、不折不扣地深化韶关市文化体制改革；二是要加快政府职能转变，在文化管理体制上，实行政企分开、政事分开、管办分离，理顺主管部门与文化企事业单位之间的关系，该由政府主导的公益性文化事业，政府应加大投入；三是以建立现代企业制度为目标加快国有文化企业公司制和股份制改造，把培育新型市场主体作为文化体制改革的重要任务；四是要将工作重点放到培育文化市场、营造宽松和谐的文化产业发展环境上。

2. 加快文化市场建设，优化文化产业结构

（1）加快文化市场建设

加快文化市场建设，是文化产业发展的重要保障。文化产品的生产、流通，文化企业的发展壮大离不开健全的市场。遵循市场经济规律，强化市场意识、经营意识，充分发挥市场在资源配置中的决定性作用，把重塑文化市场主体，增强企业活力和竞争力作为当前及今后一个时期的重要任务之一。加快文化产业市场建设：一是要统筹规划建立和完善文化市场体系。文化市场包括文化产品市场、文化服务市场、文化要素市场等。韶关市要从实际出发，把建立和完善文化市场体系纳入地方经济和社会发展规划，统筹安排，合理布局，为文化产业的市场化营造良好的外部环境。要从长远的、全局的高度来规划设计文化市场，使文化市场与经济市场的规划设计相结合，文化市场建设与人们对文化产品的需求相结合，一般文化市场与特色文化市场相结合，城市文化市场与农村文化市场相结合。二是要加快培育文化市场，拓展发展空间。加快培育和完善文化产业的资金、技术、设施、人才、中介、信息等要素市场，运用市场化手段，促进各类文化生产要素在更大范围内合理流动，为文化产业的发展解决资金、人才、技术等问题。将韶关丰富的文化资源优势转化为市场优势，努力培育文化消费市场。

（2）优化文化产业结构

改革开放以前，韶关的工业举足轻重，有着辉煌的历史。改革开放以后，韶关的工业得到进一步发展，依托资源优势，积极培育以冶金、电力、烟草为主的支柱产业；进入新世纪以后，基本形成了初具特色的以采掘、有色金属冶炼、钢铁工业、铸锻件、建筑材料等资源型行业组成的重点产业；以机械制造、轻工、石油化工、电力等行业为主的加工工业；以电子信息技术、机电一体化、新材料等行业为主体的高新技术产业。随着劳动力成本的增加，劳动密集型产业逐渐失去往日的优势，重工业在经济中的比重逐渐下降。国家大力支持第三产业的发展，新型文化业态异军突起成为新的经济增长点。韶关目前比较有名的文化单位包括有盛怡实业有限公司、仁化智能木业有限公司等。图1显示了韶关近年来第一、二、三产业增加值情况。

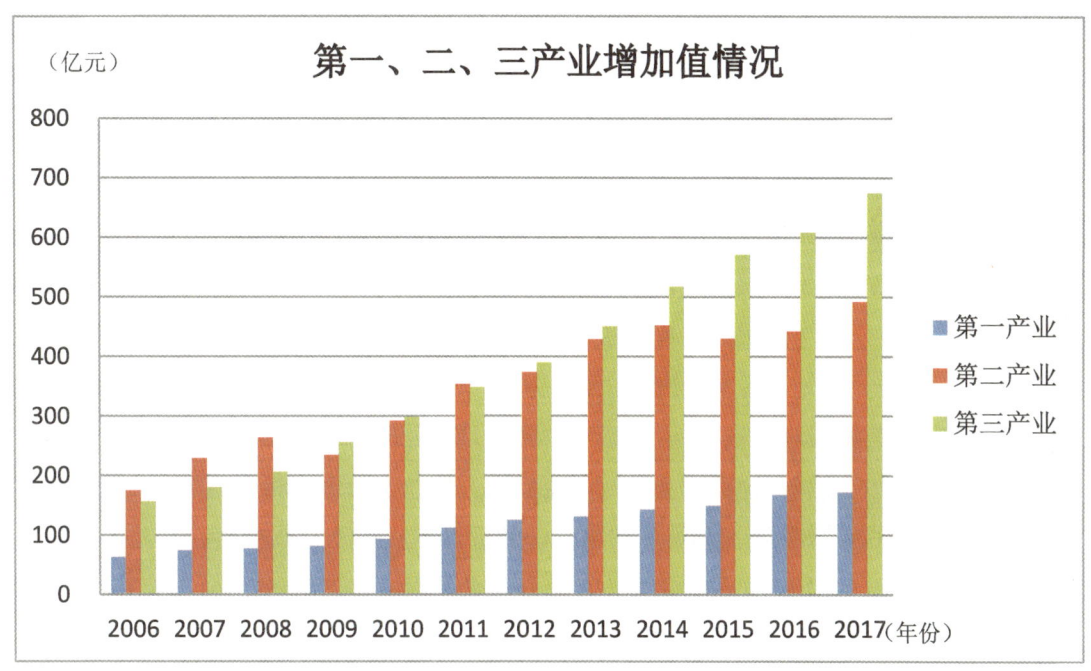

图1 韶关2006—2017年第一、二、三产业增加值情况

数据来源：广东省人民政府网。

调整文化产业结构，加大科技投入。大力发展新型文化业态下的农业、工业和服务业，实现一、二、三产业融合、联动发展，是韶关市加快文化产业发展的必由之路，也是信息化时代对韶关市文化产业发展提出的必然要求。韶关新型文化业态发展刚刚起步，当地政府可以从以下几个方面着手：一是大力发展新型文化业态。在发展文化产业过程中，要处理好新、旧文化产业的关系，要在做好传统文化旅游的基础上，提高现代新型文化业态比重，提升文化产品科技含量，让传统产业向新型文化业态过渡。特别是以现代传媒产业、节庆会展产业、文化演艺业、影视动漫业等为代表的新型文化业态，有着十分广阔的发展空间和巨大的市场潜力。二是通过制定相应的政策法规，加大力度，鼓励支持新型产业的发展，提高其在文化产业中的比重。三是加快新技术的开发与运用，提高自主创新能力。文化产业的兴起，特别是新型文化业态的发展与高科技的应用是密不可分的。通过相应的制度设计，支持和鼓励新技术的有机运用，提高产品的技术含量，促进技术与文化紧密结合。

3. 以中心城区为核心，辐射周边县市

（1）以中心城区为核心

中心城区是文化产业发展的核心区，大力发展文化核心领域产品，以南华寺为依托，利用文化佛教的方式弘扬人间佛教，把香客经济转变为游客经济。积极整合文化旅游资源，以打造"大南华"品牌为依托，不断延伸禅宗文化旅游产业链，将韶关建设成为"国家旅游产业集聚区""广东休闲度假祈福首选地"。重点打造城市历史街区和滨水景观：①历史街区改造。以历史文化为基础，调查了解历史文化街区在城市中承载的功能，进行有效的规划设计和建筑设计。中心城区历史街区的改造首先是广富新街，广富新街毗邻商业区域，拥有优质的基础设施和商业资源，区位优势明显。广富新街的规划，一是要以历史文化为基础，对街区的历史文化及发展脉络进行深入研究，包括街区在不同时期所承载的功能属性、空间形态的演进、在街区中所发生的有历史性的事件及有社会影响力的人物等方面的研究。二是调查了解历史文化街区在城市中承载的功能、街区功能属性、古树古井、建筑造型、构筑物及其周围自然环境、非物质文化遗产、人们对街区历史记忆等。三是进行有效的规划设计和建筑设计。保护传统街巷空间格局及特色，控制改造后建筑的高度，把握建筑造型。四是优化周边区域功能。对街区周边片区进行相应的设计，同时能够形成商业网络，增强经济活力，历史文化街区的功能属性往往比较单一，如果对其进行保护、再设计，甚至是旅游开发，就可将其周围片区同时进行再设计，将街区承载不下的功能分担到周围片区，形成街区文化中心，提供一些公共的服务设施，扩大公共绿地。减少街区周边高楼对其过渡的围合。给外来者留下韶关印象、韶关风情、韶关历史记忆和韶关文化积淀的体验。既能让当地居民幸福居住、乐享生活，又能让外地游客体会到韶关的魅力。②滨水景观打造。以广州珠江两岸为例，以珠江水系为脉，按照建设美丽宜居花城、活力全球城市要求。以全球城市的视角，紧扣"一江两岸三带"，对标国内外一流城市，把广州规划建设成为国际一流城市，构建云山珠水相望的景观视廊，彰显珠江文化魅力。打造"大美珠江"，塑造花城如诗、珠水如画的世界级滨水区，实现精品珠江三十公里大开放。珠江两岸规划从公共空间、滨江街区、文化遗产、滨江形象、水系统、自然系统、道路可达性、滨江活动8个方面开展专项设计，形成22条景观详细规划导则，以指导后续实施项目详细设计。城市滨水景观作为城市组成的一部分，其具体功能有防洪、交通和景观等。浈江、武江、北江流经韶关市中心，是珠江水系北江干流的上游段，韶关可以三江六岸景观建设为核心，打造类似广州的一江两岸风景线。一是倡导多模式出行的畅通三江、贯通滨江慢行路径，借助岸线提升两岸慢行联系，实现滨江品质整体"大提升"。塑造滨江桥梁风貌，以"一桥一景"为目标，以"微改造"为策略，针对武江大桥、西河大桥等桥梁，逐一确定优化策略与主题定位，提升桥梁风貌特色、慢行空间及景观设施，打造赏心悦目的城市夜景。二是建设开放绿色多元的品质三江，增加三江六岸公共空间，注重通江廊道的通视性和可达性，创造丰富多元的活力堤岸，提升滨江绿地活力与品质，打造精致有活力的建筑场地。优化水绿交融的健康三江，增加滨江绿化覆盖率，保护三江的生态环境。三是传承韶关历史底蕴的文化三江，精雕细琢延续近现代沿江建筑文脉，重塑具有历史记忆的特色场所，汇聚韶关生活方式的活力三江，展现地区主题文化，普及推广公共艺术。四是营造创新集聚的繁荣三江，建设沿江创新产业集聚区和商业区，将小岛片区打造成类似广州的上下九、北京路商业中心。

（2）辐射周边县市

韶关发展文化产业要充分利用周边所具备的丰富资源，挖掘整合优质资源，全力打造丹霞地质文化、客家文化、兰花文化、红色文化、姓氏文化等富有特色的文化。建立具有独特风格的文化产业精品项目：①翁源县：一是建设兰花特色小镇，依托花卉、蔬果、围屋等特色资源，以全域旅游、融合发展为先导，突出国兰主题，全力打造集农业观光、客家文化、生态度假、休闲娱乐、健康养生于一体的旅游名镇。二是依托兰花打造兰韵之城，将兰花元素融入城市建设，兰花产业与城市同步发展壮大，打造兰花特色小区，所有建筑都采用兰花元素，种植兰花、街道以兰花命名，以兰花的文化强化兰花的教化作用。三是可借助"翁源兰博会"的契机，大力建设兰花文化创意产业园，走集约化发展道路，发挥集聚效应，加快文化产业园区发展。②仁化县：一是建设以"大丹霞"为主体的丹霞系列地理标志产品，包括丹霞茶叶、丹霞蜜柚、丹霞米酒、丹霞豆腐，等等。二是依托丹霞地质文化，在旅游产品开发上下功夫，在展演民俗文化上做文章，在凸显特色优势上求突破，大力发展民俗旅游、特色旅游，提高旅游业的文化含量和市场竞争力。三是将丹霞山人文景观与自然景观相结合，突出人文景观，体现出政治、宗教、民俗三者合一的鲜明特色。发展仁化县文化产业必须首先打响"丹霞山"这个金字招牌，结合丹霞山旅游，努力打造富有地域特色的丹霞品牌。四是仁化拥有广东唯一以长征为主题的大型纪念馆"红军长征粤北纪念馆"，红色文化积淀深厚，因此要积极开发革命文化和红色旅游资源，为仁化经济发展注入强大的精神动力。③南雄市：一是建设以"大珠玑"为主体的古朴清悠的古镇风貌和丰富独特的人文景观，激发人们旅游、观瞻、怀旧、思乡、祭祖的热情。二是整合农村生态旅游、手工艺品加工生产、民俗活动展示、民间游艺展演等农村文化资源，发展农村文化创意产业。④乳源县：一是建设以"大南岭"为龙头，借力"世界过山瑶之乡"少数民族风情，以及特色小镇、西京古道和乡村田园综合体建设，引领"大南岭、大峡谷、大云门、大瑶寨、大南湖"五大景区发展，将乳源建设成为国内乃至国际著名的全域旅游目的地。二是依托生态资源优势，着力培植发展创意文化、休闲文化、影视文化，进一步丰富乳源县生态文化的内涵，提升生态文化的品位，促进生态文明建设。⑤始兴县：一是将历史人物、传说、文物古迹、民俗等注入当代精神的价值要素，使之成为具有完整市场吸引力的商品和具有极大市场潜力的文化产业项目，从而增强民俗文化产业的竞争力。二是借助客家满堂大围、东湖坪客家民宿文化村等客家文化资源，打造具有客家文化特色的旅游项目。三是依托始兴县在全省独具特色的文具制笔资源，以中国制笔研发制造基地为基础，着力打造全省唯一、全国知名办公文具制笔产业园。⑥乐昌市：一是借助张溪香芋、北乡马蹄、沿溪山白毛尖茶等特色农产品，通过提高产品附加值实现产业转型，促进一二三产业融合发展。二是积极开发五山梯田、古佛洞天、金鸡岭等特色旅游资源，将乐昌建设成为国内乃至国际著名的旅游目的地。⑦新丰县：一是利用新丰县茶叶资源的独特优势，打造集"生产+加工+科技+营销（品牌）"为一体的全产业链体系，推动一二三产融合发展，发挥资金最大效益，促进农业增效、农民增收。二是借助云天海温泉原始森林度假村、森涞大丰茶叶庄园、乐萄萄葡萄园、华瑞百香果基地等旅游资源，打造独具特色的乡村旅游新模式。

（三）操作维度：包括人才培养与资金投入、文化积淀与品牌建设

人才是发展文化产业的第一要素。韶关市文化产业人才总量偏少，整体素质不高，创新性不强，制约了文化产业的快速发展。文化产业基础薄弱，一些县（市、区）虽然有丰富的旅游资源，但由于基础设施落后、政府投入不足等原因，发展较为缓慢。珠三角城市是文化娱乐度假的发达地区，人口众多，文化消费能力较强，适合开展大规模的主题公园和度假城。韶关经济和人口处于弱势，珠三角发展模式在韶关不一定适用，因此不建议搞大规模的豪华、高档休闲娱乐场所，而应多挖掘传统文化内涵发展特色文化产业。文化产业园区建设还没有真正形成集群化，园区集聚发展条件还不成熟，文化产业园区建设不快，发展不平衡。要加快文化产业的发展，必须完善人才培养机制，优化人才引进策略，吸引人才来韶关，为韶关的发展贡献力量。打造文化品牌，加快文化基础设施与产业园区建设，形成集聚效应，资源共享，在基础设施、信息交换、经营管理、产业链配套、文化资源等方面节约成本。

1. 完善人才培养机制，加大资金投入

（1）完善人才培养机制

文化产业具有高投入、高收益、高风险的特点，文化生产投资巨大，文化产品销售具有极大的不确定性，这使得在技术、人才等方面都不占优势的一般经营者很难把握，生存困难。根据韶关文化产业发展的需要，培养高层次、高素质人才，同时在全国甚至世界范围内吸引一批杰出人才加入到韶关的文化

产业建设中来。一是与当地的高校联合培养。韶关本地拥有韶关学院和广东松山职业技术学院,都是经教育部批准的公办全日制普通高等学校,师资力量雄厚,办学条件优越。目前两所高校开设的文化产业类相关专业较少,建议充分发挥高等院校培养人才的优势,多设立文化产业类相关专业和建立文化产业研究机构,力求培养一支高层次、高素质的文化人才队伍。二是要加强国内外文化交流。可邀请国内外有关专家来韶关的高校进行交流或培训,也可选派优秀学生去国外进行交流学习,以开阔视野。三是与当地的培训机构联合培养。韶关当地拥有多家互联网、体育、传媒类培训机构,企业可与其进行短期的培训合作,加强对在职人员的培训。根据实际需要进行有针对性的培训和学习,是了解最新的业界动态,不断提高自身素质,提高专业水平和规避风险的能力的一种有效方式。四是要建立符合市场规律的价值评价机制、劳动分配机制。创造有利于人才脱颖而出的良好环境,形成公平、平等、竞争、择优的选拔任用机制。五是建立文化产业人才信息管理系统,加强人才存储结构分析、人才流量流向分析、人才资源储量分析、人才需求预测分析、人才战略和政策研究。

(2) 加大资金投入

韶关市应积极完善文化产业投融资体制机制,为文化产业的发展提供足够的资金支持。一是认真落实国家和省政府支持文化产业发展的各项财税金融政策。例如,入选广东省现代农业产业园名单的园区每个会资助 5000 万经费,市政府也要出台符合本地文化产业发展的财政扶持、税收优惠、金融贷款贴息等优惠政策,拓宽融资渠道。二是把文化产业重点建设项目纳入全市重点项目予以优先扶持,通过财政拨款、企业赞助、社会捐助或设立专门的建设发展基金予以保障。三是引导金融机构加大对发展前景好的文化企业的支持力度,有效解决文化企业国有资产担保抵押问题,积极发展各种文化相关保险服务。四是运用各种形式广泛吸纳社会资本进入文化产业,根据投资项目和投资领域情况,使它们最大限度地享受与国有文化企业同等的待遇。加大财政对文化事业的经常性投入,增加基础性、公益性文化投资。鼓励商贸、餐饮、运输、建筑、制造等产业围绕培育企业文化、树立文化品牌塑造形象,扩大文化投入,策划文化活动,发展相关文化产业。五是积极探索、拓展利用国际资本的方式和空间,在符合国家规定并且条件允许的情况下,努力与世界跨国文化产业集团开展多种合作,引进技术和人才,积极发展中外合资文化企业。六是建立人才激励机制,靠政策留人、待遇留人、环境留人,对有突出贡献的文化人才要提高待遇并予以重奖。

2. 文化积淀与品牌建设

(1) 文化基础设施建设

抓好重点文化设施建设,按照高起点、高标准、适度超前和投资多元化的要求,集中力量在全市改建和新建一批特色鲜明、功能完备的重要文化设施,使之成为韶关文化产业加快发展的重要基础。一是加快建设标志性城市建筑。例如,翁源建设以兰花为主题的科技馆、博物馆、艺术馆和体育馆等文化设施。二是加快韶州文化广场建设,重点扶持始兴、新丰、乳源等经济欠发达县的文化设施建设,加强农村文化基础设施建设。三是大力推进文化信息化建设,城市文化资源数字化建设,建立和完善文化信息网络服务体系,推动文化信息资源共享工程建设。四是文化普及和精品生产,以及扶持文化产业发展重点项目。一些基础性的文化设施建设,如大型剧场、博物馆、艺术中心、培训机构、会展中心必须以政府投入为主,着眼于降低公众消费文化产品的代价,让后来的私人投资者可以从此起步。五是着力建设好一批与韶关城市性质相匹配,惠及广大群众的基础性公共文化设施和特色文化活动阵地,基本形成布局合理、设施完善、功能健全，公益性与经营性文化设施有机结合、和谐发展的覆盖全市城乡的公共文化设施网络。

(2) **文化产业园区建设**

韶关文化创意产业园区建设已初具规模，提升文化创意产业园区品质，关键是走集约化发展道路。文化产业园区建设的发展经验表明，发展区域文化产业的重要途径就是建立城市文化产业园区。一是实施文化产业园区建设工程，促进文化产业集聚，充分发挥产业集群效应，从而全面提升城市文化产业竞争力。省级特色小镇培育入库名单（第二批）有南雄珠玑文化小镇、浈江商贸物联网小镇、始兴文笔小镇、仁化城口历史文化小镇。二是建设公共服务平台，建立健全产业服务平台，收集和发布行业发展信息，构建文化创意行业的服务和沟通平台，建立健全产业支持平台，为园内文化企业提供人才交流、信息沟通、风险投资和业务拓展等服务。三是建立健全行政服务平台，开设专门的行政通道，简化政务手续，为文化企业提供优质的行政服务；建立健全创业扶持平台，为有理想、有才华的创意人才提供创意基金和政策扶持；建立健全科技孵化平台，发挥创意园区"孵化器"的作用，通过资金扶持、配套服务等手段培育中小企业成长。依据国家统计局出台的文化产业分类标准，文化相关领域包括文化装备生产和文化消费终端生产，目前韶关始兴县东湖坪文化制造业的文笔特色小镇、翁源县兰花种植与文化旅游业相结合的特色小镇、仁化县智能木业玩具研发设计与制造发展的产业园均属初具雏形，今后上台阶、上规模、上水平更需政府有关部门的指导和引导。例如翁源兰花产业园，可走一、二、三产业融合发展之路。

一是建设兰花特色小镇。2017年8月，韶关市翁源江尾兰花小镇成功申报广东省特色小镇创建工作示范点。小镇以国兰为核心，以兰花科技种植为主导产业，大力发展兰花科技研发、兰花文化体验等产业环节，大力挖掘兰花特有的文化、旅游元素，并向旅游休闲文化体验延伸，构建现代兰花产业生态圈。二是依托兰花打造兰韵之城。借第28届中国兰花博览会举办的契机，翁源县将兰文化融入城市建设的方方面面，全力打造"兰韵之城"。将兰花元素融入城市建设，兰花产业与城市同步发展壮大，打造兰花特色小区。所有建筑都采用兰花元素，种植兰花、街道以兰花命名，以兰花的文化强化兰花的教化作用。建设兰花广场、兰花酒店、兰花主题公园等满足市民休闲、运动、娱乐、文化、休憩等需要。三是成立兰花研究院。选定位置后与中国兰花博览会、中国兰花协会联合，同广东省农科院兰花花卉研究所共同成立创办兰花学院培养当地的人才。研究领域包括兰花新品种的研发、推广、销售、展示等。四是打造兰花品牌。目前翁源兰花经销商知道兰花是在翁源种植的，但购买兰花的却不一定知道。文化是软实力，把兰花文化元素、名人的描绘融入到品牌建设之中，让人们一想到兰花就想到翁源。把兰花打造成翁源县县花，建设智慧兰花、生态兰花、幸福兰花，实现百年兰花梦想。

(3) **文化品牌建设**

发展文化旅游业成为促进韶关文化产业发展的门路，有利于加强韶关同外地的人文交流，有利于引进信息、资金、技术和人才，带动和促进第三产业发展，从而促进韶关整个对外开放进程。发展文化旅游业的一个重要原则是突出鲜明"个性"，在"独"和"特"两个字上下功夫，充分发挥自身优势。立足国内客源，积极争取港澳台客源，重视外国客源。依据国家统计局出台的文化产业分类标准，文化核心领域包括文化投资运营和文化娱乐休闲服务，目前韶关的文化旅游四大品牌有更大的挖掘潜力。根据现状与问题分析，我们给出的建设意见如下：①大丹霞：以丹霞山世界地质公园为依托，以现有的长老峰景区、锦江画廊景区、巴寨景区、阳元石景区等历史文化景观和自然景观为主，进行综合布局，整体开发，提升档次，形成全国一流、世界知名的人文和自然相互交融的文化旅游风景区。一是全力以赴保护好丹霞山的绿水青山，加大丹霞山的执法巡查力度。二是全力以赴构建景区与村民和谐相处的良好氛围。三是全力以赴支持配合做大做强大丹霞旅游文化产业。四是大力拓宽发展空间，夯实景区发展潜力。按照"打通南门，联通北门"的规划建设思路，加快推进南门及相关旅游配套设施建设。五是深挖文化内涵，增强景区文化品位；六是丰富旅游产品，增强景区吸引力，积极适应现代旅游发展新模式，大力开发各类休闲体验和旅游探险项目。②大南华：以"禅宗祖庭"南华禅寺为中心进行综合布局，重点建设大南华文化创意产业园，带动周边地区发展。建成集旅游、饮食、休闲、娱乐、购物于一体的佛教文化旅游创意产业园，打造主题鲜明、特色突出、基础完善、服务优良的区域性旅游服务中心和生态旅游目的地。一是抓好南华寺自身建设，提升南华寺的影响力。二是坚持市场导向，尊重企业主体，实行市场运作。三是坚持"点线面"相结合，打造精品旅游线路。四是注重"玩花样、搞新鲜"，解决"一天到晚"的问题。五是加快出台有力的政策措施，在项目用地、规划、设计、报批、工程建设等方面予以政策扶持。③大南岭：以南岭为主进行整体布局，包括乳源各大旅游景区景点，打造"大南岭、大峡谷、大云门、大瑶寨、大南湖"五大特色旅游名片和产业格局。重点围绕南岭国家森林公园做文章，形成高品位的生态旅游目的地。处理好开发与保护的关系，同时政府也需在经济上、政策上对保护区工作给予一定的照顾。建设瑶族文化纪念馆、客家历史纪念馆、文化作品展览馆等，开发西京古道，形成独具特色的旅游展示中心。一是建立高效、良好、多形式的协作机制，韶关政府要与郴州政府共同建设。二是实现大南岭旅游一体化建设，广东、湖南大南岭景区一票通和两地旅游规划一体化，共同编制大南岭的旅游规划，加强旅游合作。三是建立旅游利益分享机制，追求利润最大化。④大珠玑：以珠玑巷为主体，打造以姓氏文化旅游为主的"大珠玑"旅游，带动南雄全域旅游发展。开发以广府文化、寻根问祖、姓氏渊源等为主要内容的传统文化，建设成为世界广府人寻根拜祖的圣地。一是抓好珠玑文化小镇培育发展，发展以姓氏文化为底蕴、创意文化为特色，可供寻根问祖、民间艺术、文化创意、游览观光的国家旅游产业集聚区和国家 5A 级旅游景区。二是培育独具特色的差异化旅游产品，从自身实际和游客消费需求出发，另辟蹊径。三是精准定位，以市场需求为导向优化旅游产业结构。

【参考文献】

[1] 崔玉范. 赫哲族传统文化与民族文化旅游可持续发展研究. 济南：山东大学，2009.

[2] 扶蓉. 湖南少数民族民俗旅游深度开发研究. 长沙：中南林业科技大学，2006.

[3] 覃物. 黔东南州少数民族民俗文化旅游开发研究. 武汉：华中师范大学，2015.

[4] 郑小艺. 潍坊乡村文化旅游产品开发创新研究. 济南：山东师范大学，2015.

[5] 武艳蓉. 文化旅游古镇建设规划研究. 咸阳：西北农林科技大学，2013.

[6] 厉建梅. 文旅融合下文化遗产与旅游品牌建设研究. 济南：山东大学，2016.

[7] 王萍. 湘西民俗文化旅游产品开发研究. 吉首：吉首大学，2012.

[8] 刘冰. 扬州晋商文化旅游产品开发研究. 扬州：扬州大学，2011.

[9] 职雪菲. 云南省文化产业与旅游产业融合发展研究. 昆明：云南民族大学. 2017.

[10] 赵宁. 城市边缘区世界自然遗产地保护规划研究. 北京：北京建筑大学. 2013.

[11] 彭燕. 丹霞山世界地质公园科普旅游发展调查. 长沙：湖南师范大学, 2016.

[12] 李豫. 丹霞山世界自然遗产地与当地农村社区发展互动关系研究. 广州：仲恺农业工程学院, 2013.

[13] 余长勇. 公益林生态效益补偿实证研究. 广州：仲恺农业工程学院, 2013.

[14] 刘美玲. 广东丹霞山生态旅游发展研究. 广州：仲恺农业工程学院, 2016.

[15] 叶志琴. 广东省仁化县丹霞山景区周边乡村旅游发展研究. 广州：仲恺农业工程学院, 2016.

[16] 王芸. 丹霞山区域旅游产业集群研究. 广州：仲恺农业工程学院, 2013.

[17] 陈薇. 旅游地"三农"问题研究. 广州：暨南大学, 2006.

[18] 彭颖睿. 明末清初丹霞山的开发与文化景观的形成. 广州：华南理工大学, 2016.

[19] 刘跃亭. 加快郑州市文化产业发展的对策研究. 天津：天津大学, 2006.

[20] 王明星. 文化旅游：经营·体验·方式. 天津：南开大学出版社, 2008.

[21] 刘为民. 文化与旅游融合发展报告. 山东：山东大学出版社, 2011.

[22] Bob McKercher, Hilary du Cros. 文化旅游与文化遗产管理. 天津：南开大学出版社, 2005.

[23] 谢元鲁. 旅游文化学. 北京：北京大学出版社, 2007.

[24] 保继刚, 彭华. 韶关市旅游发展规划研究. 广州：广东省地图出版社, 1996.

[25] 彭少麟, 廖文波等. 广东丹霞山动植物资源综合科学考察. 北京：科学出版社, 2011.

[26] 何礼荪. 点评中国山水名胜. 北京：中国旅游出版社, 2011.

[27] 李光跃. 休闲农业与乡村旅游概论. 成都：四川科学技术出版社, 2014.

[28] 邢照华. 广州文化创意产业. 北京：光明日报出版社, 2016.

[29] 郭梅君. 创意转型——创意产业发展与中国经济转型的互动研究. 北京：中国经济出版社, 2011.

[30] 王慧敏, 刘平. 文化创意产业发展实践——转型·规划·策略. 上海：上海人民出版社, 2013.

[31] 王慧敏. 文化创意产业发展路径——创新·集聚·融合. 上海：上海人民出版社, 2013.

[32] 张岩松, 陈百君. 创意产业案例教程. 北京：清华大学出版社, 北京交通大学出版社, 2013.

[33] 周丽. 文化创意产业与三次产业的融合发展研究. 北京：企业管理出版社, 2014.

[34] 叶辛, 蒯大申. 创意上海. 北京：社会科学文献出版社, 2006.

[35] 胡惠林, 陈昕. 中国文化产业评论. 上海：上海人民出版社, 2010.

[36] 叶取源, 王永章, 陈昕. 中国文化产业评论. 上海：上海人民出版社, 2005.

[37] 胡惠林, 陈昕. 中国文化产业评论. 上海：上海人民出版社, 2012.

[38] 李思屈, 李涛. 文化产业概论. 杭州：浙江大学出版社, 2007.

[39] 顾江. 文化产业研究. 南京：南京大学出版社, 2006.

[40] 多米尼克·鲍尔, 艾伦·J. 斯科特. 文化产业与文化生产. 上海：上海财经大学出版社, 2016.

[41] 韩骏伟, 胡晓明. 文化产业概论. 广州：中山大学出版社, 2014.

[42] 欧阳友权. 文化产业概论. 长沙：湖南人民出版社, 2007.

[43] 宋金萍. 加快淄博市文化产业发展的对策建议. 新西部（理论版），2014（10）：62-63.
[44] 赵迎芳. 山东加快文化创意产业发展的对策研究. 济南职业学院学报，2008（1）：45-49.
[45] 王向明. 加快江阴文化产业发展的对策. 经济导刊，2011（7）：34-35.
[46] 赵瑞涛. 加快大庆市文化产业发展的对策思路. 边疆经济与文化，2006（4）：10-11.
[47] 苗萌. 韶关市加快文化产业发展对策研究. 经济研究导刊，2014（7）：61-62.
[48] 吕光. 平顶山市文化产业发展对策. 中国经贸导刊，2015（23）：15-17.
[49] 张凤莲. 山东加快文化产业发展的对策研究. 东岳论丛，2006（5）：181-184.
[50] 林聪，吕连菊. 江西文化产业的发展对策. 科学咨询（科技·管理），2018.
[51] 王萍. 湘西民俗文化旅游产品开发研究. 吉首：吉首大学，2012.
[52] 张东辉. 长春市文化产业发展研究. 长春：长春理工大学，2012.
[53] 秦海明. 基于SWOT分析的朝阳市文化产业发展对策研究. 大连：大连理工大学，2012.
[54] 郑少云. 陕西省文化创意产业发展研究. 西安：西北大学，2009.
[55] 刘凤霞. 韶关市文化产业发展研究. 天津：天津大学，2007.
[56] 张静辉. 唐山市文化产业发展现状分析及对策研究. 大连：辽宁师范大学，2010.
[57] 王丽岩. 黑龙江省文化产业发展中的问题与对策. 哈尔滨：黑龙江大学，2010.
[58] 赵鸿颇. 河北省文化产业发展对策研究. 天津：天津大学，2009.
[59] 郑朝灿. 昆明市文化产业发展的问题与对策研究. 昆明：云南大学，2014.
[60] 丁辉. 韶关市文化产业发展存在的问题及对策分析. 青岛：中国海洋大学，2011.
[61] 谭博. 中国文化产业发展对策研究. 大连：大连海事大学，2008.
[62] 欧小芳. 长株潭两型社会建设中的文化产业研究. 长沙：中南大学，2009.
[63] 王志平. 江西非物质文化遗产保护利用与产业发展研究. 南昌：南昌大学，2013.
[64] 杨壮. 吉林省文化产业发展现状及对策研究. 长春：吉林农业大学，2013.
[65] 姜雅瑞. 我国文化贸易发展的现状、影响因素及对策研究. 南昌：南昌大学，2012.
[66] 王春妍. 萍乡市芦溪镇文化产业发展对策研究. 长沙：中南林业科技大学，2013.
[67] 修远. 中国东北地区文化产业发展研究. 长春：吉林大学，2012.
[68] 方纯洁. 安徽省对外文化贸易现状及发展对策研究. 合肥：安徽大学，2014.
[69] 徐婵娟. 新世纪湖南文化产业及其发展战略研究. 长沙：中南大学，2005.
[70] 刘彩琴. 优化山西文化产业对策研究. 太原：山西财经大学，2008.
[71] 觉继，学愚. 人间佛教的理论与实践. 北京：中华书局，2007.
[72] 辛欣. 文化产业与旅游产业融合研究：机理，路径与模式. 济南：山东大学，2013.
[73] 马群杰. 台湾地区文化产业与文化营销. 北京：科学出版社，2011.
[74] 胡晓明，殷亚丽. 文化产业案例. 广州：中山大学出版社，2011.

广东省乡村休闲产业"十四五"规划[①]

课题组[②]

前　言

如今,乡村不再是单一从事农业的地方,还有重要的生态涵养功能、令人向往的休闲观光功能、独具魅力的文化体验功能。乡村休闲产业,是农业功能拓展、乡村价值发掘、业态类型创新,横跨一二三产业、兼容乡村生产生活生态、融通工农城乡的综合性产业体系,包括发掘生态涵养产品,培育乡村文化产品,打造乡宿、乡游、乡食、乡购、乡娱等乡村休闲体验产品以及发展关联支撑产业。为构建乡村休闲产业体系、优化乡村休闲旅游产品体系,根据《全国乡村产业发展规划(2020—2025年)》《农业农村部关于拓展农业多种功能促进乡村产业高质量发展的指导意见》《广东省推进农业农村现代化"十四五"规划》等省相关专项规划,制定本规划。本规划是当前和今后一个时期指导全省乡村休闲产业发展的主要依据。规划期限是2021—2025年,并对2035年远景目标进行展望。

第一章　发展形势

第一节　发展成就

广东省乡村休闲产业资源丰富,消费群体潜力巨大,乡村基础设施发达。"十三五"期间,全省各地围绕地方自然及特色农业资源,拓宽加深农业多种功能开发,乡村休闲产业"美丽"基础坚实、业态类型丰富、品牌效应凸显,呈现蓬勃发展的态势,对促进农村一二三产融合增加农民收入、改善生产生活生态助力"绿色"发展、丰富城镇居民休闲方式发挥显著作用,成为富裕农民、提升农业、美化乡村,发展"美丽经济"的重要途径。

美丽基础坚实。持续推进省级新农村连片示范工程、"千村示范、万村整治"、美丽乡村风貌带等建设,农村面貌焕然一新,基础设施和公共服务逐步提升,为乡村休闲产业发展打下了坚实基础。各地大力打造乡村振兴示范带,全省累计建成肇庆封开等5条省际廊道,打造了广州"花漾年华"、佛山"百里芳华"、茂名"精彩100里"、汕尾"蚝情万丈"和陆丰"滨海走廊"等200多条美丽乡村风貌带、570多条美丽乡村精品线路。全力构建现代乡村产业体系,全省累计创建14个国家级、161个省级、55个市级现代农业产业园,扶持2201个村发展农业特色产业,建成1322个专业村和200个专业镇,"一县一园、一镇一业、一村一品"现代农业产业体系初步建立。

[①] 广东省农业农村厅委托项目。主持人:王明星。
[②] 课题组成员:王明星、刘少和、秦学。项目参与人:倪根金、刘红斌、郭丽冰、陈平、文龙振、陈俊桦等。

业态类型丰富。乡村休闲产业多样化、多元化发展趋势明显，涌现出农业公园、田园综合体、特色小镇及其他休闲农业园区模式。省出台《广东农业公园建设标准及评价指标体系》，推动省级农业公园规范建设，各地市支持创建市级农业公园。茂名市茂南区"好心湖畔"田园综合体项目作为我省首个国家级试点项目，打造"农业+艺术"模式，创建为国家3A级旅游景区。全省建设20多个以农为主的特色小镇，辐射带动农村共享发展。其他农业企业、家庭农场、返乡入乡创新创业实体等乡村休闲产业经营主体，发展休闲观光、研学教育、美食康养、精品民宿等业态。2020年，全省休闲农业经营主体8013个，从业人数为57.89万人，接待人数1.24亿人次，营业收入143.7亿元。

品牌效应凸显。部级层面，全省共有全国休闲农业与乡村旅游示范县（区）10个，中国美丽休闲乡村32个，中国重要农业文化遗产5项，向全国推介24条乡村休闲精品线路。省级层面，持续开展省级休闲农业与乡村旅游示范镇示范点创建活动，全省共创建休闲农业与乡村旅游示范镇147个、示范点407个，认定50家广东农业公园。省推广使用"粤休闲农业"微信和支付宝版小程序，引导乡村休闲产业经营主体上云，展示推介乡村休闲精品线路，拓宽营销渠道。省连续举办"广东十大美丽乡村""广东省美丽乡村精品线路""广东特色名村"系列评选发布活动，全面、深度宣传美丽乡村。

第二节 发展机遇

宏观政策支撑强。2015年以来的中央1号文件都对发展休闲农业和乡村旅游作出部署。近年出台的《中华人民共和国乡村振兴促进法》《国务院关于促进乡村产业振兴的指导意见》《全国乡村产业发展规划（2020—2025年）》《农业农村部关于拓展农业多种功能 促进乡村产业高质量发展的指导意见》等政策文件，持续把乡村休闲产业作为农村三产融合的典型业态、推进农业供给侧结构性改革实现产业兴旺的重要抓手。《中共广东省委广东省人民政府关于全面推进乡村振兴加快农业农村现代化的实施意见》《广东省推进农业农村现代化"十四五"规划》及推进实施的农村违法乱占耕地建房整治攻坚行动、农村生活污水治理攻坚行动、农村供水保障攻坚行动、村内道路建设攻坚行动、美丽圩镇建设攻坚行动、渔港建设攻坚行动等"九大行动"，聚力加快发展乡村美丽经济。

消费市场潜力大。广东毗邻港澳，人口1.26亿，其中粤港澳大湾区8617万人，消费群体巨大，且高端消费群体占比高。到2025年，全省常住人口城镇化率达到77%，城镇常住人口10150万人，乡村休闲需求旺盛。广东是全国华侨大省，祖籍广东的华侨、华人占总量三分之二左右，华侨基于故土亲情同家乡保持着密切联系，回乡投资、消费意愿积极。全省在校生2600万人，劳动实践教育为必修课，研学实践、劳动实验体验产品市场前景广阔。全省气候优势明显，四季均适宜出游，"景美人少、休闲放松、车程短、开销低"的周边游、乡村休闲，成为生活在"水泥森林"中都市居民出游的普遍首选。

资本入乡投资热。省财政持续投入支持建设现代农业产业园、"一村一品、一镇一业"项目，省农业供给侧结构性改革基金、乡村产业振兴基金等合力撬动社会资本投资农业产业，农产品加工业、农业特色小镇、乡村民宿等乡村休闲产业受资本市场热捧。《广东省人民政府办公厅关于金融支持全面推进乡村振兴的实施意见》的出台、广东股权交易中心"乡村振兴板"的挂牌，引导更多金融资源投入"三农"领域。驻镇帮镇扶村、"万企兴万村"行动，以及吸引返乡入乡创新创业的举措，调动激发优质要素流向乡村，为乡村休闲产业赋能提速。

第三节 问题与挑战

"智"创资源供给不充分问题。乡村休闲产业发展理论政策供给不足，缺乏整体发展规划指引。院校培训机构开设乡村休闲产业输送专业人才不能满足需要，缺少懂农业、懂创意、善经营的复合型人才。乡村休闲产业行业标准、地方标准不完善。休闲农业与乡村旅游园区低层次多点开发导致主题不鲜明，重硬件打造轻软件提升，"专精特新"休闲产品开发不足。

"农"本资源发掘不充分问题。农业农村多功能拓展不足，满足人民"忆乡愁""归田园"需求的产品不多。农耕文化、滨海文化、民俗文化、华侨文化等岭南特色文化深挖和活化不够，同质化发展普遍。过度倚重已有山、水、名人古迹等特有资源，简单土洋结合、移花接木造景观，有的异化为"穿农业马甲"项目，对建设用地需求强、受"大棚房"清理整治和新冠疫情等情况冲击大。

"聚"集资源融合不深入问题。在点上，产业链短，缺乏融入创意和美学元素的深加工农产品，缺少号召力强的"链主"企业整合全产业链，将生态、生产、生活有机融合和淡旺季休闲产品衔接开发不足。在线上，打造主题鲜明、经营主体之间互补融合精品线路不多，跨县、跨地市、与相邻省区联合开发推介乡村休闲线路少。在面上，品牌培育、推介营销、集聚发展主要靠经营主体自发进行，组织化程度低。

第二章 总体要求

第一节 指导思想

以习近平新时代中国特色社会主义思想为指导，全面贯彻党的十九大和十九届历次全会精神，认真贯彻落实习近平总书记关于"三农"工作的重要论述，立足新发展阶段，完整、准确、全面贯彻新发展理念，构建新发展格局，落实高质量发展要求，围绕构建省"一核一带一区"区域发展格局，充分拓展农业多种功能和乡村多元重价值，以生态农业为基、田园风光为韵、村落民宅为形、农耕文化为魂，贯通产加销、融合农文旅，推进形成"四边三道两特一园"乡村休闲产业"4321"空间布局①，优化时令乡村休闲产业体系，提升基础配套设施、培强乡村休闲产业"三品一标"、创新融合发展模式、推进乡村休闲产业全产业链发展、培育人才队伍、创建乡村振兴示范带，推动乡村休闲产业"点、线、面"提档升级，发展壮大美丽经济，为更好满足城乡居民多元化、品质化乡村休闲旅游体验需求，推进全省农业农村现代化工作走在全国前列提供有力支撑。

第二节 基本原则

坚持立农为农。夯实农业的基础地位，挖掘乡间尘封的遗存，唤醒乡村沉睡的资源，拓展农业多种功能，促进农村一二三产业融合，延长产业链、提升价值链。强化联动带农，让农民成为乡村休闲产业的重要参与者、受益者。

坚持绿色引领。遵循乡村自身发展规律，适度开发、合理开发、科学开发，保护田园风光、保留原始风貌、保持乡土味道。倡导精细生产，高效利用农业资源，提供绿色优质产品和服务。

---

① "4321"空间布局：4为"四边"，即城边、景边、海边、村边；3为"三道"，即交通干道、碧（绿）道、南粤古驿道；2为"两特"，即少数民族特色居住区、古镇古村特色村落；1为"一园"，即农产品加工旅游园区。

坚持创新融合。积极发展创意农业，跨界配置农业与科技、文化、旅游、教育、康养、音乐、美术、信息等要素，使各要素交叉重组、渗透融合，催生新产业新业态新模式。

坚持统筹发展。统筹资源禀赋，建设特色鲜明、内涵丰富、差异发展的乡村休闲产业体系。促进乡村休闲经营主体差异竞争、错位发展。推广乡村休闲服务设施标准化，全面提升管理服务水平。打破行政区域界限，优化产品布局，开发推介"两日游""多日游"等乡村休闲精品线路。

第三节 发展目标

到2025年，全省乡村休闲产业发展成为城乡融合、产业融合的重要载体，整体发展水平走在全国前列，乡村休闲旅游人次达1.8亿。珠三角都市农业、水乡文化一体化发展，助力打造粤港澳大湾区休闲湾区、世界级旅游目的地；沿海两翼休闲渔业、滨海风情以及潮汕、雷琼传统村落联动发展，打造乡村休闲旅游产业带；北部生态发展区休闲产业生态化、农业生态产业化同步发展，客家文化、少数民族风情特色凸显，打造粤北生态旅游圈。

乡村休闲产业体系优化。促进"4321"区域关联乡村休闲经营主体产业协作、产业融合，提高资源配置效益。开发推介乡村休闲精品线路100条，建设农产品加工业观光工厂100个。

乡村休闲产品品牌响亮。持续开展乡村休闲旅游精品创建、推介活动，使休闲农业重点县、休闲农业与乡村旅游示范镇、中国美丽休闲乡村、广东农业公园、休闲农业与乡村旅游示范点品牌系列影响力显著提升。

具体发展主要指标见表1：

表1 "十四五"期间全省乡村休闲产业发展主要指标

序号	指　标	单位	2020年	2025年	指标属性
1	休闲农业重点县	个	10	30	预期性
2	休闲农业与乡村旅游示范镇	个	147	200	预期性
3	中国美丽休闲乡村	个	32	80	预期性
4	广东省农业公园（田园综合体）	个	52	80	预期性
5	休闲农业与乡村旅游示范点	个	407	600	预期性
6	农产品加工业观光工厂	个	22	100	预期性
7	乡村休闲旅游精品线路	条	24	100	预期性
8	年接待乡村休闲旅游客数量	亿人次	1.2	1.8	预期性

展望2035年，全省乡村休闲产业打造成千亿规模美丽经济产业集群，年接待休闲观光游客3亿人次以上，建成1~2个有世界知名度和影响力的休闲农业重点县。乡村休闲产业高质量发展上新台阶，农业与科技创新、文化创意、信息要素、生物技术等融合更深，生态环境更加优美、岭南特色更加凸显、管理服务更加精细。

第三章 构建"4321"空间布局

第一节 建设"四边"乡村休闲区（带）

城边：在城市周边发展都市农业业态。充分利用区位优势和乡村自然人文景观，借力已建成的典型乡村休闲旅游区、风貌示范带，发展都市农业观光采摘、郊区农事体验、农业科普研学、休闲农庄、美丽观光牧场、创意农业和乡村夜经济等产业。

景边：在名胜景区周边发展配套乡村休闲业态。省内著名景区周边乡村地区与景区共建共享、共管共治，环山、环水发展特色美食、乡村民宿、度假康养、运动休闲、民族风情体验等产业，做到景区农区、公园田园、游客村民和谐共生，共同打造农文旅体养教综合休闲目的地。

海边：在海（岛）边发展休闲渔业。打造"海洋休闲渔业发展带"，联动"海岸—海洋—海岛"共同发展，挖掘海上丝绸之路文化内涵，发展渔家乐、海洋牧场、深远海养殖、渔旅融合，以及渔港渔村特色产业。

村边：在传统农区发展岭南农耕文化产业。依托稻田、花海、果园、梯田、茶园、养殖水面等资源，发展景观农业、农业科技、特色动植物观赏、农事农家生活体验、休闲垂钓、民族民俗文化等产业。

专栏1："四边"乡村休闲区（带）重点区域

聚焦五大现代化都市圈建设城边乡村休闲产业带

1. 广州都市圈范围包括广州、佛山全域，肇庆端州区、鼎湖区（含新区）、高要区、高新区、四会市，清远清城区、清新区、佛冈县，辐射清远英德市和云浮、韶关都市区。
2. 深圳都市圈范围包括深圳、东莞、惠州全域和深汕特别合作区，辐射河源都市区和汕尾都市区、海丰县、陆丰市。
3. 珠江口西岸都市圈范围包括珠海、中山、江门、阳江四市。
4. 汕潮揭都市圈范围包括汕头、潮州、揭阳三市全域，梅州都市区为联动发展区。
5. 湛茂都市圈范围包括湛江、茂名两市。

依托省内自然风景名胜区周边建设乡村休闲带

1. 广州市：天河区华南植物园，白云区白云山，黄埔区南海神庙、岭南印象园，花都区九龙湖、石头记矿物园，番禺区莲花山、宝墨园、百万葵园，南沙区滨海湿地、天后宫，从化区碧水湾，增城区白水寨、石门国家森林公园等。
2. 深圳市：福田区观澜湖，盐田区东部华侨城，宝安区西部海上田园，龙华区观澜山水田园农庄，光明区光明农场大观园等。
3. 珠海市：东澳岛，外伶仃岛等。
4. 汕头市：澄海区莲华乡村旅游区、隆都镇前美古村，潮阳区莲花峰风景区，濠江区礐石风景区，南澳岛等。
5. 佛山市：南海区西樵山、梦里水乡、南海湾森林生态园，三水区荷花世界、三水森林公园，顺德区长鹿旅游休博园、陈村花卉世界，高明区皂幕山、盈香生态园等。

续表

专栏1："四边"乡村休闲区（带）重点区域

6. 韶关市：乐昌市古佛洞天景区，仁化县丹霞山，翁源县东华山，始兴县满堂客家大围景区，新丰县云天海原始森林，乳源县南岭国家森林公园、广东大峡谷、云门山。

7. 河源市：东源县万绿湖、东江，和平县九连山，龙川县霍山等。

8. 梅州市：梅江区客天下，梅县区雁南飞茶田、叶剑英故居，兴宁市神光山、熙和湾，平远县五指石，蕉岭县长潭镇，大埔县张弼士故居，五华县热矿泥温泉、"球王"李惠堂故居等。

9. 惠州市：惠阳区大亚湾、叶挺故居，惠东县巽寮湾，博罗县罗浮山，龙门县南昆山等。

10. 汕尾市：红海湾，陆丰市玄武山，海丰县莲花山、彭湃故居等。

11. 东莞市：谢岗镇银瓶山，大朗镇松山湖，大岭山镇东江纵队旧址，樟木头镇观音山等。

12. 中山市：孙中山故居，詹园景区等。

13. 江门市：新会区圭峰山、古兜山，开平碉楼，鹤山市大雁山，恩平市锦江等。

14. 阳江市：阳春市凌霄岩、春湾，海陵岛大角湾海上丝路等。

15. 湛江市：三岭山，麻章区湖光岩等。

16. 茂名市：茂南区森林公园，电白区冼太夫人故里，高州市仙人洞等。

17. 肇庆市：端州区七星岩鼎湖山，四会市奇石河景区，德庆县龙母祖庙、盘龙峡，封开县龙山景区等。

18. 清远市：清城区黄腾峡、狮子湖，清新区玄真古洞、古龙峡，连州市地下河、湟川三峡，连南县南岗千年瑶寨，英德市英西峰林，连山县金子山，阳山县广东第一峰等。

19. 潮州市：潮安区东山湖，饶平县绿岛山庄等。

20. 揭阳市：揭东区望天湖，揭西县黄满寨瀑布等。

21. 云浮市：新兴县国恩寺、天露山等。

依托五大海岛群发展乡村休闲产业带

1. 珠江口岛群：深圳东部沿岸岛区、狮子洋岛区、伶仃洋岛区、万山群岛区、磨刀门—鸡啼门沿岸岛区、高栏岛区6个岛区，重点发展滨海休闲、休闲渔业。

2. 大亚湾岛群：虎头门以北沿岸岛区、虎头门—大亚湾口岛区、平海湾沿岸岛区、沱泞列岛区、考洲洋岛区5个岛区，重点发展休闲渔业、滨海休闲。

3. 川岛岛群：川山群岛区、大襟岛区、台山沿岸岛区3个岛区，重点发展滨海休闲、现代海洋渔业。

4. 粤东岛群：南澳岛区、柘林湾岛区、达濠岛区、海门湾—神泉港沿岸岛区、甲子港—碣石湾沿岸岛区、红海湾岛区、东沙群岛区等7个岛区，重点发展现代海洋渔业、海洋生态休闲。

5. 粤西岛群：南鹏列岛区、阳江沿岸岛区、茂名沿岸岛区、吴川沿岸岛区、湛江湾岛区、新寮岛区、外罗港—安铺港沿岸岛区7个岛区，重点发展现代海洋渔业、滨海休闲。

依托"一村一品、一镇一业"优势特色产业发展乡村休闲产业

1. 广州市：从化区太平镇（荔枝）、鳌头镇黄茅村（甜竹笋）、鳌头镇务丰村（蛋鸡）、温泉镇南平村（双壳槐枝），花都区赤坭镇瑞岭村（盆景苗木）、梯面镇（休闲旅游），增城区正果镇（荔枝）、小楼镇西境村（增城菜心），番禺区石楼镇（渔港综合体），南沙区万顷沙镇（现代渔业、生态资源）。

续表

专栏1："四边"乡村休闲区（带）重点区域
2. 珠海市：斗门区白蕉镇（海鲈）、莲州镇石龙村（石龙苗木）、乾务镇湾口村（鳗鱼）。
3. 汕头市：潮南区雷岭镇（荔枝）、陇田镇东华村（葡萄），澄海区溪南镇（火龙果），南澳县深澳镇后花园村（宋茶、南澳紫菜），潮阳区金灶镇（橄榄）。
4. 佛山市：高明区明城镇芹水村（水稻），三水区西南街道青岐村（水产），顺德区勒流街道稔海村（鳗鱼）。
5. 韶关市：始兴县马市镇（水稻）、澄江镇暖田村（有机蔬菜）、罗坝镇燎原村（蚕茧），仁化县黄坑镇（丹霞贡柑）、红山镇渔皇村（丹霞红红茶）、大桥镇长坝村（沙田柚），乳源县大桥镇（油茶），乐昌市北乡镇（北乡马蹄）、九峰镇（黄金奈李、油桃），南雄市珠玑镇（水稻），新丰县黄磜镇（佛手瓜）。
6. 河源市：东源县船塘镇（板栗）、上莞镇（茶叶）、顺天镇（柠檬），紫金县龙窝镇（茶叶）、南岭镇庄田村（绿茶），和平县贝墩镇（豆制品）、东水镇增坑畲族村（皇茶）、下车镇云峰村（猕猴桃），连平县高莞镇二联村（花生）、上坪镇（鹰嘴蜜桃）、忠信镇上坣村（忠信花灯），龙川县义都镇桂林村（茶叶）。
7. 梅州市：大埔县湖寮镇（蜜柚）、百侯镇侯北村（蜜柚）、枫朗镇和村（梅妃蜜柚）、高陂镇福员村（王山玉露），五华县河东镇（水稻）、棉洋镇（红茶），平远县石正镇（南药梅片）、长田镇官仁村（油茶），梅江区西阳镇（茶叶），丰顺县龙岗镇马图村（马山绿茶），蕉岭县南磜镇金山村（白及），新铺镇黄坑村（茶叶），梅县区石扇镇、桃尧镇、松口镇大黄村（金柚）、雁洋镇长教村（茶叶），兴宁市龙田镇（肉鸽）、径南镇浊水村（乌龙茶）。
8. 惠州市：龙门县龙田镇（丝苗米）、麻榨镇下龙村（杨桃），博罗县柏塘镇（绿茶）、石坝镇乌坭湖村（三黄胡须鸡），惠东县稔山镇竹园村（马铃薯），惠阳区镇隆镇（荔枝）、秋长街道（吉他）。
9. 汕尾市：海丰县可塘镇（油占米）、河口镇田墘村（油柑）、城东镇北平村（蔬菜）、赤坑镇岗头村（荔枝）、黄羌镇虎噉村（金针菜），陆河县南万镇万全村（白叶单丛茶），陆丰市甲西镇博社村（麒麟西瓜）、博美镇赤坑村（萝卜）。
10. 东莞市：大岭山镇（荔枝）。
11. 中山市：东升镇（脆肉鲩）、黄圃镇（广式腊味）、神湾镇（菠萝）、横栏镇（花木）、三角镇（生鱼）。
12. 江门市：台山市斗山镇（水稻）、冲蒌镇（冲蒌黑皮冬瓜）、海宴镇五丰村（菜心），开平市金鸡镇（畜禽）、马冈镇（肉鹅），新会区大鳌镇（南美白对虾）、双水镇桥美村（甘蔗），恩平市牛江镇（马铃薯）、沙湖镇（沙湖大米）。
13. 阳江市：阳东区大八镇（南药益智）、大沟镇（对虾）、塘坪镇北甘村（荔枝）、雅韶镇柳西村（荔枝），阳西县程村镇（程村蚝）、沙扒镇渡头村（海水鱼苗）、儒洞镇（荔枝），阳春市岗美镇（澳洲坚果）。
14. 湛江市：遂溪县北坡镇（甘蔗）、河头镇油塘村（罗非鱼），雷州市乌石镇那毛村（番薯），廉江市长山镇（茗皇茶）、良垌镇（荔枝），徐闻县曲界镇（菠萝）。

续表

专栏1："四边"乡村休闲区（带）重点区域
15. 茂名市：高州市根子镇（荔枝），化州市平定镇（化橘红），茂南区公馆镇（罗非鱼），信宜市钱排镇（银妃三华李）、洪冠镇（南药），电白区沙琅镇（沉香、龟鳖、萝卜）、旦场镇（正红鸭蛋）、水东镇（芥菜），滨海新区博贺镇（海洋捕捞）。
16. 肇庆市：怀集县诗洞镇（生猪）、冷坑镇（蔬菜）、梁村镇（西瓜）、坳仔镇（茶杆竹）、汶朗镇汶朗村（汶浪蜜柚），广宁县潭布镇（番薯）、南街镇（肉鸽）、赤坑镇（砂仁），德庆县马圩镇（贡柑）、官圩镇（茶叶）、莫村镇（四季茶花），高要区活道镇仙洞村（粉葛）、河台镇（黄金菊），四会市黄田镇燕崀村（柑橘）、石狗镇程村村（兰花）、江谷镇（三角梅），封开县杏花镇（杏花鸡）、江口镇（竹荪）。
17. 清远市：连州市东陂镇（腊肉）、龙坪镇孔围村（水晶梨）、西岸镇冲口村（连州菜心），英德市英红镇（红茶）、西牛镇（麻竹笋）、横石塘镇（红茶）、东华镇（红茶），阳山县七拱镇（丝苗米、淮山），清新区山塘镇（水稻、桂花鱼）、太和镇坑口村（红茶、绿茶、白茶），连南县三江镇（大叶茶）、大坪镇（稻田鱼），连山县太保镇（丝苗米）。
18. 潮州市：潮安区凤凰镇（茶叶），饶平县钱东镇（鸡）、新圩镇（青梅）、汫洲镇（大蚝）。
19. 揭阳市：普宁市高埔镇（青梅）、洪阳镇宝镜院村（太空花卉），揭东区埔田镇（竹笋），惠来县葵潭镇（菠萝），揭东区玉湖镇坪上村（茶叶），揭西县五经富镇五新村（茶叶）。
20. 云浮市：新兴县簕竹镇（鸡、猪）、太平镇（茶叶、青梅）、天堂镇（水稻），罗定市㕛滨镇（肉桂）、泗纶镇（蒸笼）、龙湾镇棠棣村（南药）、苹塘镇良官村（海惠蔬菜），云安区石城镇（肉牛）、白石镇石底村（花卉苗木），郁南县建城镇（无核黄皮）、宝珠镇庞寨村（黑叶荔枝）、东坝镇思磊村（蚕茧），云城区前锋镇（发财树）。

第二节 建设"三道"乡村休闲带

交通干道：以省内国省道、"四好农村公路"公路网络沿线为重点，利用自然地理条件和农业生产特点，发展汽（房）车营地、乡村特色民宿、特色餐饮购物中心等旅游产品，打造省内各主干道沿线休闲农业"自驾游"产业带。支持开通乡村旅游客运专线（直通车）、公交旅游线路。开发农产品"后备箱""伴手礼"等休闲产品。

碧（绿）道：以绿道、碧道为发展轴，促进水陆联动发展，串联沿线田园、村落、自然风景和历史文化等资源，探索推进"碧（绿）道+乡村振兴"产业发展新模式，发展研学教育、生态观光、水上旅游、桑基鱼塘观光、赏荷、采摘、垂钓、花田体验等业态，举办荔枝节、水乡节、茶艺节等节庆民俗活动，开发深度体验旅游、农家乐、美食探寻和乡野美食等产品。

南粤古驿道：活化利用古驿道资源，提质发展沿线"一村一品、一镇一业"特色产业，实现地产地销、就地加工，提高农产品附加值，发展农家乐、乡村民宿、农耕体验、户外拓展等业态，开发农业+体育、民风民俗和民间技艺展演等产品。

专栏2："三道"乡村休闲带重点区域

沿交通干道发展乡村休闲产业带

1. 粤港澳大湾区联系沿海经济带东西两翼核心通道：由沈海高速、汕湛高速构成。

2. 粤港澳大湾区联系北部生态发展区：由京港澳高速、乐广高速等构成核心通道，由广河—长深高速、广佛肇云高速构成重要通道。由粤赣高速、武深高速、河惠莞高速等构成东部重要通道，二广高速等为西部重要通道。

3. 广州联系北部生态发展区的重要通道：主要由许广高速、广连高速等构成。

沿碧（绿）道发展乡村休闲产业带

重点推动珠江活力都会碧道、深圳现代都市示范碧道、环湾滨海碧道、岭南田园水乡碧道、潭江侨乡碧道、东江饮水思源生态长廊、西江大河风光黄金水道、北江南岭山水画廊、韩江潮客文化长廊、鉴江画廊魅力蓝湾等10条廊道建设。到"十四五"期末，全省建成7800公里碧道。

加大精品线路开发推介力度，提升肇庆市封开总长38公里贺江碧道画廊、全长26公里四会古邑贺江碧道画廊品牌知名度。

聚焦19条重点线路建设南粤古驿道沿线乡村休闲产业带

1. 梅关古道（韶关南雄）：全长47.9公里，沿线有5个特色乡村。

2. 乌迳古道（韶关南雄）：全长24.7公里，沿线有3个特色乡村。

3. 西京古道（韶关乐昌、乳源、英德）：全长274.42公里，其中乐昌段72.19公里，沿线有华南教育历史研学基地（坪石）、1个特色乡村；乳源段110.4公里，沿线有4个特色乡村；英德段91.83公里，沿线有2个特色乡村。

4. 秦汉古道（清远连州、阳山）：全长82.68公里，其中连州段24.1公里，沿线有1个特色乡村；阳山段58.58公里，沿线有1个特色乡村。

5. 湘粤古道（清远连州）：全长29公里，沿线有华南教育历史研学基地（东陂镇）、3个特色乡村。

6. 粤赣古道（河源和平、连平、东源；梅州平远、兴宁）：全长432.25公里，其中河源和平段47公里，沿线有3个特色乡村；河源连平段49公里，沿线有2个特色乡村；河源东源段88公里，沿线有3个特色乡村；梅州平远段124.35公里，沿线有21个特色乡村；梅州兴宁69.5公里，沿线有4个特色乡村。

7. 潮梅古道（梅州大埔、潮州饶平）：全长77.4公里，其中梅州大埔三河坝段54.4公里，沿线有2个特色乡村；潮州饶平麒麟岭段23公里，沿线有2个特色乡村。

8. 潮惠古道（汕尾海丰、陆河；惠州惠东）：全长165公里，其中汕尾羊蹄岭段104.8公里，沿线有6个特色乡村；汕尾陆河段45公里，沿线有3个特色乡村；惠州惠东段15.2公里，沿线有2个特色乡村。

9. 潇贺古道（肇庆封开）：全长25公里，沿线有16个特色乡村。

10. 南江古水道（云浮郁南）：全长29.8公里，沿线有6个特色乡村。

11. 肇雷古道（茂名信宜）：全长47.2公里，沿线有1个特色乡村。

12. 双鱼城海防古道（阳江阳西）：全长6公里。

13. 罗浮山古道（惠州博罗）：全长18.9公里，沿线有4个特色乡村。

续表

专栏2："三道"乡村休闲带重点区域
14. 广韶古道（广州从化）：全长17.5公里，沿线有4个特色乡村。
15. 岐澳古道（珠海、中山）：全长44.8公里，沿线有5个特色乡村。
16. 东澳岛海关古道（珠海万山）：全长13.5公里。
17. 香山古道（珠海凤凰山）：全长13公里。
18. 南粤"左联"之旅（潮州潮安）：全长16.2公里，沿线有2个特色乡村。
19. 中央红色交通线（梅州大埔段）：全长45公里，沿线有3个特色乡村。

第三节 建设"二特"乡村休闲区

少数民族特色居住区：少数民族县乡依托民族文化底蕴、民俗节庆活动、民族特色美食和民族服饰，发展民族风情游、民俗体验游、村寨风光游等业态，开发传统工艺、民族服饰、民族歌舞艺术等产品。

古镇古村特色村落：注重连片保护好广府、客家、潮汕和雷州四大民系传统村落、传统建筑、文物古迹、农业遗迹、灌溉工程等农业物质遗产，提炼传统村落文化遗产的价值特色，形成可持续利用产业支撑。推进以休闲农业为主导产业的"一村一品、一镇一业"提质扩面，发展"一村一品、一镇一韵"乡村休闲，建设"四小园"小生态板块，培育乡村休闲聚集区。开发文化体验、乡食乡宿、研学示范、写生摄影等产品。

专栏3："二特"乡村休闲重点区域
少数民族特色居住区 　　韶关乳源瑶族自治县、清远连山壮族瑶族自治县、清远连南瑶族自治县，怀集县下帅壮族瑶族乡、始兴县深渡水瑶族乡、东源县漳溪畲族乡、龙门县蓝田瑶族乡、连州市瑶安瑶族乡、连州市三水瑶族乡、阳山县秤架瑶族乡。
古镇古村特色村落 　　中国历史文化名镇：广州市番禺区沙湾镇，珠海市唐家湾镇，珠海市斗门区斗门镇，佛山市南海区西樵镇，梅州市梅县区松口镇，梅州市大埔县百侯镇、茶阳镇、三河镇，惠州市惠阳区秋长镇，陆丰市碣石镇，东莞市石龙镇，中山市黄圃镇，开平市赤坎镇，吴川市吴阳镇，普宁市洪阳镇。 　　中国历史文化名村：广州市番禺区石楼镇大岭村、都区炭步镇塱头村，深圳市龙岗区大鹏镇鹏城村，汕头市澄海区隆都镇前美村、莲下镇程洋冈村，佛山市顺德区北滘镇碧江村、南海区西樵镇松塘村、三水区乐平镇大旗头村，仁化县石塘镇石塘村，和平县林寨镇林寨村，梅州市梅县区水车镇茶山村、蕉岭县南磜镇石寨村，陆丰市大安镇石寨村，东莞市茶山镇南社村、石排镇塘尾村，中山市南朗镇翠亨村，江门市蓬江区棠下镇良溪村、开平市塘口镇自力村、恩平市圣堂镇歇马村、台山市斗山镇浮石村，遂溪县建新镇苏二村，佛冈县龙山镇上岳古围村，郁南县大湾镇五星村，连南瑶族自治县三排镇南岗古排村，云浮市云城区腰古镇水东村。

第四节　建设"一园"农产品加工业旅游园区

农产品加工观光工厂：以省级以上现代农业产业园为依托，以重点农业龙头企业加工园区为平台，发掘农产品加工业旅游资源，展示农业现代化创新发展成效。发展代表先进生产工艺设备的农产品精深加工过程、加工业发展历史、发展成就、产业形态、企业文化等与加工业相关联的，具有交流、考察学习、教育、宣传等功能的农产品加工业品牌文化展示项目，讲好企业发展故事，创新丰富企业文化内涵，扩大品牌影响力。开发休闲食品、预制菜等高附加值产品。

专栏4：全省农产品加工观光工厂资源

广州市：黄埔区燕塘乳业透明智慧工厂、广东省凉茶博物馆，天河区风行牛奶探"鲜"科普基地，番禺区广州酒家集团利口福食品有限公司，海珠区陈李济中药文化园。

深圳市：坪山区好茶仓投资发展有限公司茶仓游。

珠海市：斗门区白蕉海鲈博物馆。

汕头市：龙湖区广东唯诺冠动漫食品股份有限公司，龙湖区酱腌菜文化馆。

佛山市：广东顺德酒厂有限公司，南海区九江双蒸博物馆、南海丝厂有限公司蚕桑丝织文化技艺研学基地，高明区海天娅米的阳光城堡。

韶关市：翁源县蚕桑现代农业产业园，乳源瑶族自治县瑶山王茶仙谷，南雄市非遗旋木技艺传承创意工业游，曲江区亚北农副产品有限公司农副产品冷链配送特色产业园区。

河源市：高新区客家味道奇妙乐园。

梅州市：平远县华清园南药梅片特色工业旅游区。

惠州市：博罗罗浮山润心食品有限公司客家婆景区。

东莞市：厚街镇永益食品有限公司调味品生产车间、厚街镇鑫源食品文化体验区、厚街镇太粮米业有限公司米饭探知馆，横沥镇万好食品有限公司稻香饮食文化中心。

中山市：火炬开发区厨邦酱油文化博览馆、咀香园健康食品（中山）有限公司，黄圃镇得福肉食制品有限公司，沙溪镇沙溪凉茶文化馆，小榄镇菊城酒厂有限公司。

江门市：新会区丽宫农业开发有限公司陈皮古道。

湛江市：麻章区广东金辉煌食品有限公司现代化食品生产安全展示基地。

肇庆市：广宁县康帝绿色生物科技有限公司油茶文化博览园，端州区香满源酱油坊景区。

清远市：英德市英九庄园数字智能茶场、上茗轩红茶博物馆。

云浮市：罗定市天谷农业科技有限公司有机寻味旅游，新兴县翔顺象窝禅意茶旅体验游。

第四章 优化时令乡村休闲产品体系

第一节 突出特色 设计季节性主题产品

春季突出"播种、赏花、踏青"主题。结合春耕播种等农事活动，依托农田劳作、候鸟迁徙、梯田、花海、茶园等资源，开发劳作体验、湿地观鸟、稻田景观、花卉观赏、茶叶采制等产品。重点推介赏桃花、李花、樱花、油菜花，品菠萝、春茶，春游踏青等主题精品线路。

夏季突出"'双抢'、亲水、纳凉"主题。依托抢收抢种，瓜果盛产，滨海沙滩、岭南水乡、粤北避暑、峡谷漂流、红色传统等资源，开发亲子游、农事研学、鱼稻共生、赏荷，以及赛龙舟、海上观光垂钓、海岛休闲等产品。重点推介端午节庆、暑假研学、水上漂流、休闲渔业及红色旅游等主题精品线路。

秋季突出"丰收、采摘、登高"主题。依托开渔、晚稻收割，农民丰收节，重阳节，田园风光、名山胜景、秋果秋色等资源，开发渔家乐、采摘观光、运动健身、探秘、野营、赏秋等产品。重点推介田园观光、海岛渔乐、行山登高、富氧洗肺等主题精品线路。

冬季突出"民俗、温泉、赏雪"主题。依托广府、客家、潮汕和少数民族民俗，温泉、冬雪、乡村民宿、晒腊味、砂糖桔、贡柑、沙田柚等资源，开发年例、飘色民俗体验，温泉养生、团建年会等产品。重点推介乡村民宿、粤北高山赏雪、冬果采摘等主题精品线路。

发展时令乡村美食产品体系。挖掘培育优质乡村特色食材和康养饮食资源，打造岭南药膳房等地方特色品牌。推进乡村休闲美食点和精品线路建设，支持粤菜师傅开发特色民间菜品，推广时令道地乡村美食。支持农产品加工企业研发特色休闲食品。结合"粤菜寻踪"文化旅游活动，推介乡村美食休闲精品。

第二节 拓展功能 开发农业生产季节休闲产品

推进农田、果园、茶园、牧场变公园。全面清理整治农业生产区域垃圾杂物、乱搭乱建窝棚、小散乱畜禽养殖场等。引导美丽田园，高标准农田，高标准示范果园、茶园，美丽观光牧场增加旅游休闲功能，开发生产季节自然课堂产品，展示田园美、生态美。

推进劳作变体验。结合劳作实践，深入挖掘农技专家、种养能手、荔枝种植匠、制茶能手等乡村人力资源，开发乡村农耕、农事、农活技艺体验活动、学农集训营等产品，展示产业美、劳动美。

做大做优农事节庆活动。创新策划特色农事节庆活动，开发时令乡食、科普实践教育等体验性休闲旅游产品，展示文化美、丰收美。加大节庆活动营销力度，推介农事节庆专题研学教育线路。推行预约服务，提升服务品质，增强游客体验感。

第三节 发掘价值 开发农闲季乡村休闲产品

培育乡村体育休闲产品。突出农耕体验、民俗体验、"土""野"的特点，开发趣味性、健身性、参与性、观赏性、特色性强的乡村赛事产品。依托乡村振兴示范带，发展乡村趣味运动会、户外登山、攀岩探险、徒步健身等乡村户外运动业态。

培育农产品加工旅游休闲产品。支持农业龙头企业建设大型多功能冷库，收储农产品原料，多元化开发、多层次利用，发展体验店、博物馆等业态，开发果皮等废弃物为原料的文创产品。发掘非遗传承人、乡村工匠、民间艺人资源，开设工坊、工作室、驿站等场所，活态传承制陶、竹编、香云纱等民俗文化、传统手工艺。

推进闲置设施复合利用。农闲期间，根据农业耕种轮作特点，选种具有观赏、游玩、采摘、摄影价值的物种，与主导产业形成互补。利用传统和现代农机装备、农业科技实验室、农业信息化转变为教学设备、科普体验设施，开发复合利用功能，发展农业科普、农事体验、乡村振兴讲解员比武、趣味运动会、乡村大讲堂等业态。

促进区域联动发展。支持各类休闲旅游主体融合发展、抱团发展，集聚乡村风貌、民俗特色、历史文化等元素，打造区域特色鲜明、文化底蕴厚重、乡土气息浓厚的乡村休闲旅游精品景点，形成"两日游""三日游""五日游"等精品路线。

加强宣传推介。通过电视宣传、新媒体推广、视频直播等手段，瞄准粤港澳大湾区消费市场推送乡村休闲信息，多维度宣传乡村休闲产品，吸引更多城镇居民到乡村"望山看水忆乡愁"。鼓励各级工会组织会员到乡村疗休养。支持经营主体发展共享业态，促进农产品现货变期货。

专栏5：全省主要农事节庆活动资源

广州市：广府庙会，天后诞，端午龙舟节，花都区赤坭镇盆景艺术节，花都赤坭镇桑果节，增城荔枝文化节，乞巧文化节。

深圳市：南澳龙舟赛。

珠海市：开渔节、白蕉海鲈节，斗门水稻收割节。

汕头市：潮南雷岭荔枝节，澄海薄壳美食节、狮头鹅节，濠江区桃花节。

佛山市：高明濑粉节，三水芦苞北江腊味美食节。

韶关市：始兴蚕桑文化节，南雄银杏文化旅游节，乳源稻田鱼文化节。

河源市：万绿湖打鱼节。

梅州市：大埔坪山梯田油菜花节、蜜柚名茶节，梅县金柚开采节，梅县区金柚飘香文化节，脐橙文化节，客天下赴圩节，兴宁花灯文化节。

惠州市：妈祖文化旅游节、东坡荔枝文化节、晒秋民俗文化旅游节，梅菜文化节，博罗福田菜心节。

汕尾市：开渔节、海胆美食节，晨洲蚝美食文化节，陆河梅花节。

东莞市：莞香文化节，荔枝文化节。

中山市：小榄菊花会、荷花节，神湾菠萝文化旅游周，东升脆肉鲩美食节，黄圃腊味美食文化节，中国（中山）花木产业大会。

江门市：棠下牛肉节，新会崖门古兜甜水萝卜节，鹤山双合粉葛节，杜阮羊肉美食节、凉瓜节。

阳江市：开渔节、春砂仁文化节。

湛江市：开渔节、端午龙舟文化节，坡头荷花文化节，茂德公菠萝蜜节，徐闻菠萝文化节。

茂名市：中国荔枝产业大会、高州荔枝文化节、博贺开渔节，新安镇水果文化节。

肇庆市：四会柑橘节、兰花文化节，怀集燕子节，高要回龙茶果节，德庆贡柑开摘节、荔枝节。

清远市：佛冈豆腐节、竹山粉葛节，瑶族盘王节，连山壮族牛王诞，排瑶开耕节，"三月三"壮族歌墟节，"七月香"壮家云上戏水节，清远鸡美食节，连州菜心节，英德红茶头采节。

潮州市：凤凰单丛茶文化节、杨梅文化节、工夫茶文化节。

揭阳市：惠来开渔节，普宁梅花节。

云浮市：无核黄皮文化节、番薯节、稻米节，乡村旅游季。

第五章 主要任务

第一节 夯"基"完善配套设施

统筹规划重要市政公用设施向城市郊区乡村和规模较大中心镇延伸。推进"四好农村路"提档升级，推动农村公路建设向田间地头延伸。推进村庄整治和庭院整治，编制村容村貌提升导则，优化村庄生产生活生态空间。突出乡土特色和地域特点，加强村庄风貌引导。鼓励村民充分利用荒地、废墟、边角地因地制宜打造小菜园、小果园、小花园、小公园"四小园"小生态板块。推动村庄清洁行动向屋内庭院延伸、村庄周边拓展，建设"美丽家园""美丽田园""美丽河湖""美丽园区""美丽廊道"。推动数字乡村建设，推进乡村休闲产业数字化，激发产业发展新动能。鼓励驻镇帮镇扶村项目培育镇域乡村休闲产业综合体。

专栏6："十四五"乡村休闲产业基础提升工程

提升乡村交通基础设施。选择沿海、江、山、林等典型路段，结合特色旅游路、风景道的打造，开展美丽国省道、美丽农村路创建示范工程，全省每个乡镇至少建设1条原则上里程不低于5公里美丽农村路，共6000公里。推进915公里滨海旅游公路及其支线建设项目，以及南岭生态旅游公路的旅游连接公路、红色旅游公路、水文化承接公路、古驿道连接公路、重要农村公路的特色改造。推动文旅融合发展，开通乡村特色旅游客运线路。

开展水美乡村建设。实施水系联通及水美乡村建设试点建设项目和面上农村水系综合整治项目。

农村人居环境"五美"工程。加强农村电力线、通信线、广播电视线"三线"梳理整治，到2025年底，所有行政村完成"三线"整治。持续推进田园窝棚整治，培育美丽田园网红打卡点。开展美丽庭院、星级"四小园"评比。

驻镇帮镇扶村工程。对全省1127个乡镇，全面实施"党政机关+企事业单位+科研力量"组团式帮扶，提升镇村公共基础设施水平和镇域公共服务能力，推进镇村同建同治同美。

第二节 创"品"培强"三品一标"

丰富业态品种：发掘生态涵养产品。依托山水林田湖等自然资源，引导开发森林人家、林间步道、健康氧吧、温泉水疗、水上漂流、滑草冲浪、星空露营等产品，创设一批农事生产、节气物候、自然课堂、健康养生等科普教程。培育乡村文化产品。深入发掘民间艺术、戏曲曲艺、手工技艺、特色农事节庆活动等活态文化，发展历史赋能、独具特色、还原传统的乡村民宿经济。弘扬革命文化，发展红色教育经济。制作乡村戏剧、曲艺等文创产品。打造乡村休闲体验产品。依托乡村资源，引导差异开发"看乡景""品乡味""享乡俗""忆乡愁"等主题鲜明的乡宿、乡游、乡食、乡购、乡娱等综合体验项目。串点成链，开发"4321"区域乡村休闲精品线路。

提升产品品质：鼓励支持休闲农业园区规范经营管理、完善安全设施、美化内外环境、明确主题定位、提升文化内涵、增加休闲体验，实施"小、微、巧、软"改造，实现提档升级。运用现代高新技术，加大创意设计，支持发展科技型、文化型、功能型、生态型、服务型创意农业，开发一批充满艺术创造力、想象力和感染力的创意景观、产品和服务，提升产业素质。推行乡村休闲产业园区标准化、个性化、精细化服务，满足多元消费需求。

培育品牌体系：申创一批全国休闲农业重点县、中国美丽休闲乡村、主导产业为休闲农业的全国"一村一品"示范村镇、田园综合体等国家级品牌。创建一批休闲农业与乡村旅游重点县、示范镇、示范点、农业公园、十大美丽乡村等省级品牌。支持各地因地制宜培育地方特色品牌，打造一批乡村休闲精品。培育一支乡村休闲形象大使、发言人、网红等品牌推介队伍。

健全标准体系：将现代管理模式和理念引入乡村，研究制修订乡村休闲服务规程和标准，用标准创响品牌，以标准促进服务质量提升。指导和鼓励各地根据实际情况制定地方行业相关标准，推进管理规范化和服务标准化。加强行业发展统计监测。

专栏7："十四五"乡村休闲产业"三品一标"工程

建设休闲农业重点县。创建30个省级和国家级休闲农业与乡村旅游重点县，打造乡村休闲新高地。

推介乡村休闲典型。举办乡村休闲产业高质量发展论坛，推介60个中国美丽休闲乡村，累计创建600个省级休闲农业与乡村旅游示范镇（点），并实施动态监测。

推介乡村休闲旅游精品景点线路。重点推介30条休闲农业与乡村旅游精品景点线路。编制广东乡村休闲"一张图"。

制定休闲农业行业服务指南。推进出台乡村休闲行业标准。

第三节 促"融"创新发展模式

促进"农业+文化"。发掘重要农业文化遗产，保护并利用好科学价值和社会功能。改造建设一批农耕文化博物馆，打造一批具有较强影响力的特色农事节庆品牌。加强岭南特色、少数民族特色的传统村落民居和历史文化名村名镇保护，积极推进传统村落挂牌保护，建立动态管理机制。发布乡村特色产品和乡土手工艺能人名录，打造"乡字号""土字号"特色产业招牌。

促进"农业+教育"。依托农业文化遗产、现代农业产业园、农业科技园区、农业公园等条件成熟的地方，遴选建设一批安全适宜、主题鲜明、体验丰富的"中小学生研学旅行教育基地"。以基地为重要依托，推动实践教育资源共享和区域合作，开发一批中国农民丰收节等农事节庆专题研学教育线路。

促进"农产品加工业+文化"。鼓励和引导农业龙头企业改造或新建具有收藏、保护、研究、展示和宣传企业发展历程、农产品加工全过程等功能的场馆，宣传和传播企业文化，探索开展研学、游学服务。打造农产品加工业旅游新生力量和企业文化展示载体。鼓励乡村休闲经营主体利用省级农产品加工技术研发中试公共服务平台开发休闲食品，开展成果转化对接活动。

促进"乡村+"。引导发展"乡村+民宿"业态，鼓励农村集体经济组织以出租、合作、入股等方式盘活利用空闲农房、宅基地，按照规划要求和用地标准改造建设民宿、创意办公、拓展培训、乡村旅游等乡村体验活动场所。鼓励各地举办民宿招商推介会，支持引导乡村民宿业发展。支持乡村休闲经营主体发展"乡村+康养"业态，添建健康教育、康复疗养、名医工作室等设施场所，举办适合老年人特点的健身活动，开发旅居养老产品。引导发展"乡村+体育"业态，结合花卉观赏、水果采摘季，举办乡村马拉松赛事、美丽乡村健康跑活动，开发农耕农趣农味体育活动产品；鼓励与体育器材生产厂家共建体验基地。

> **专栏8："十四五"乡村休闲产业融合提升工程**
>
> 开展全省农业文化遗产摸底普查，遴选省重点农业文化遗产项目。组织全省农业文化遗产工作培训，推动全球重要农业文化遗产候选项目申报。加大农业文化遗产展示宣传推介力度，弘扬广东岭南优秀农耕文化。支持农牧渔业大县建设一批农产品加工园。引导100家农产品加工企业申报广东省工业旅游培育资源库。
>
> 在大中小学设立劳动教育必修课程和劳动周。加强劳动教育基地建设，积极开发现代农业产业园、农业公园等场地，实现劳动实践教育价值。

第四节 强"链"推进全产业链发展

做优基本"面"。结合建设"精美农村"并全域实施岭南特色乡村建设行动，把精美村庄、精美家园、精美景观等资源禀赋转化成为发展乡村休闲产业的广阔空间。鼓励各地充分利用农业基底的田园风光和生态资源，推动"农文旅教体养"多业态融合落地发展，引导形成一批乡村休闲产业集聚区，构建乡村休闲产业新体系，实现"美丽乡村"向"美丽经济"转化。

做亮精品"点"。提升和丰富乡村休闲经营主体的品质感和体验感，拓展线上云端、乡村夜经济、沉浸式体验、认养认种、共享经济等消费场景。深度挖掘当地农业和文化等特色资源，突出慢、野、土、文等"乡"味、"农"味，提升一批农业公园、田园综合体、特色小镇和休闲农业园区；建设改造一批红色教育基地、乡村民宿、研学农园、摄影基地、渔人码头、垂钓基地等；孵化一批乡村非遗工坊、艺术街区、文创集市等。

贯通产业"链"。产业链前端稳固食品保障功能，促进投入品减量化、生产清洁化、废弃物资源化、产业模式生态化精细生产；支持发展农产品深加工和特色加工，突出开发特色传统食品、休闲食品、功能性食品；生产、服务"两手抓""两手硬"。中端引导培育美丽乡村建设、园林景观设计施工、乡村文化旅游配套设施、康养旅居产业、集成房屋、房车露营装备制造等供应商，催生产业规模效应。末端整合省内高等院校、科研机构、规划设计单位、咨询策划机构，以及乡村运营、数字乡村、投融资机构、融媒体营销推广、产业展销论坛、专项赛事等服务组织，赋能产业高质量发展。

> **专栏9："十四五"乡村休闲产业全产业链发展工程**
>
> 开展美丽乡村示范县、美丽宜居村庄和美丽庭院创建工作，支持建设1000个整治提升类、保护修复类、地域特色类的风貌提升样板村庄。
>
> 支持大型企业集团作为"链主"企业带动荔枝、菠萝、金柚、油茶、丝苗米等一批优势农业全产业链升级，结合跨县集群项目，开发休闲旅游精品线路。
>
> 支持行业协会等组织举办乡村休闲产业展览展销活动，组织乡村休闲资源、投运营机构、休闲设备和产品设计制造、乡村休闲管理智慧系统等参展。
>
> 推进建设全省乡村休闲产业信息平台。
>
> 推进构建乡村休闲产业"12221"市场营销体系。

第五节 引"智"培育人才队伍

强化乡村休闲发展智力支撑。鼓励省内涉农院校开设乡村休闲产业人才培养专业；发挥开放大学体系办学网络覆盖城乡的优势，加大乡村休闲产业精品培训内容供给。建立乡村休闲产业发展智库，建设乡村休闲服务驿站，鼓励智库和省乡村旅游协会等专业社会团体与乡村休闲园区结对辅导，帮扶提升发展和经营管理水平。通过技能培训、实践锻炼等多种教育培训方式，突出乡村美学培训内容，分层、分类组织休闲农业管理人员和服务人员培训。引导文化、艺术、设计专业人员以技术、资金、信息入股等形式，与乡村休闲产业经营主体结成利益共同体，加速产业提档升级。支持乡村休闲园区创设"粤菜师傅"培训点、名厨工作室，创新"粤菜师傅+"培训方式，利用当地食材创新制作特色美食。鼓励粤菜师傅返乡入乡创业，发展"粤菜师傅+乡村休闲"业态。实施"乡村工匠工程"，推广田间课堂培训方式、乡村振兴解说员培训内容，鼓励乡村休闲从业人员申报乡村工匠职称评定。

专栏10："十四五"乡村休闲产业人才培育工程
挖掘民间菜品传承人。依托"粤菜师傅"技能大师、名厨工作室，培养一批具有行业影响力的"粤菜师傅"，推动规范开展"粤菜师傅"技能竞赛、创业大赛、名厨名店名菜评选等主题活动。 挖掘"田秀才""土专家"等乡村工匠。推进乡村工匠职称评价，畅通职业发展通道。 认定一批广东乡村休闲推荐官。组织休闲农业经营主体公众号营销队伍培训。举办休闲农业业务管理人员培训。

第六节 建"带"引领示范发展

推动乡村产业发展和乡村建设有机融合，以中心村为节点、圩镇为枢纽，串点成线，连线成片，集片成带，打造"内在美"和"外在美"相统一的乡村振兴示范带。鼓励市县统筹省级涉农资金，通过以奖代补、贴息方式，补贴支持依照统一风貌指引积极申报新建、改造农房项目，鼓励地方政府新增债券优先用于符合条件的乡村建设项目。结合"万企兴万村"行动、"6·30"消费帮扶活动资源和平台，广泛发动企业和社会资本参与乡村风貌提升行动，引导整县整镇整村提升乡村风貌。结合现代农业产业园、"四好农村路"、南粤古驿道、万里碧道等建设，系统推进山水林田湖草一体整治提升，优先在城乡接合部、人口聚集度高、产业发展基础好的区域建设乡村振兴示范带。2025年前实现每年每个涉农县（市、区）连线成片启动建设1条以上乡村振兴示范带。

第六章 保障措施

第一节 加强组织协调

围绕"4321"布局，打好文化、产业、科技、市场四张牌，按照"一条线路、一个团队、一套方案"思路，建立统筹协调、多方参与、分工协作的推进机制，聚焦休闲主题、聚集资源要素，促进规划、政策、标准等有效衔接，加强项目扶持、示范带动、推介宣传，形成品牌线路。促进省内乡村休闲线路与香港、澳门和周边省区协同联动。推动成立数量充足、素质优良、结构合理的广东乡村休闲产业发展智库，发挥决策咨询、社会服务及桥梁纽带作用。鼓励发展行业协会等组织，团结自律发展。加强乡村休闲产业行业数据采集、市场调查、运行分析和信息发布。

第二节 强化联农带农

支持开展闲置宅基地和闲置农房盘活利用，推广契约型、分红型、股权型等联农带农模式，增加农民财产性收入。涉农资金优先支持联农带农紧密的农村一二三产业融合项目。支持休闲农业经营主体设置当地特色农产品展示展销区，举办"农墟""村晚"等节事活动，辐射带动农产品地产地销，增加当地农民经营性收入。鼓励乡村休闲经营主体采用就近用工、共享用工等方式，吸纳农民灵活就业、兼业就业，带动就业增收。支持乡村休闲产业智库与乡村休闲示范村镇结对辅导，壮大集体经济，夯实共富基础。健全机制，防止乡村休闲产业非粮化、非农化等项目异化以及排挤农民等现象。完善标识，加强宣传，引导爱护环境和公共设施、尊重民族民俗和传统等文明休闲风尚。

第三节 推进重点突破

把发展乡村民宿作为美丽乡村转化美丽经济的重要抓手，以规划引导乡村民宿集群式、组团式发展，以标准化引领乡村民宿高质量发展。结合驻镇帮镇扶村工作和美丽圩镇建设攻坚行动，整合资源、合力促进镇域一二三产业融合。抓好乡村振兴示范带建设，实现"颜值"和"气质"相互统一、休闲产业和乡村建设有机融合。持续开展乡村休闲典型示范创建，定期举办主题乡村休闲精品推介活动，支持在大城市地铁专列推介乡村休闲精品线路。推进构建乡村休闲产业"12221"市场营销体系。

第四节 优化要素保障

引导乡村休闲产业项目纳入农村一二三产业融合发展重点项目，予以用地优先保障支持。深化宅基地"三权分置"改革，鼓励村民小组或村委会统一盘活闲置宅基地、农房、村集体仓库和学校等资源发展休闲产业。拓展"互联网+"模式乡村休闲业务管理和经营人才培训；引导乡村休闲创意、规划、经营、管理人才下乡；建立广东乡村休闲推荐官队伍。加大对乡村公共基础设施和公共服务设施的财政投入，鼓励通过先建后补、以奖代补的方式对乡村休闲发展典型予以奖补，整合广东农业供给侧结构性改革基金、社会资本、金融资金等资源参与乡村休闲产业项目建设，支持乡村休闲产业经营主体在广东股权交易中心"乡村振兴板"挂牌展示。推动农业区块链、大数据、人工智能在乡村休闲产业的应用与创新，整合乡村休闲产业服务、营销平台以提供精准服务。

肇庆市文化产业发展规划（2012—2020年）[①]

课题组[②]

一、肇庆发展文化产业的形势研判

肇庆是国家级历史文化名城，曾是中原文化与岭南文化、西方文明与中国文明交汇最早的地区之一，也是西江流域的政治、经济、文化的中心。改革开放以来，市委、市政府十分重视文化建设；进入21世纪以来，肇庆市的文化产业得到长足的发展，但离国民经济支柱性产业的要求还有不小的距离。最近十年，是肇庆大力实施《珠江三角洲地区改革发展规划（2008—2020年）》，加快转变经济发展方式，实现"把肇庆建设成为未来广东发展的新增长极、成为能够代表广东科学发展成果的城市"发展目标的关键时期，也是加快文化建设促进文化大发展大繁荣的重要阶段。而文化产业是社会主义市场经济条件下，满足人民多样化精神文化需求的重要途径，是促进社会主义文化大发展大繁荣的重要载体，是国民经济中具有先导性、战略性和支柱性的新兴朝阳产业，是推动中华文化走出去的主导力量，是推动经济结构战略性调整的重要支点和转变经济发展方式的重要着力点。为落实《广东省建设文化强省规划纲要（2011—2020年）》对珠三角地区和全省文化建设提出的任务，实现经济社会发展的重要转型，实现从"文化名市"向"文化强市"的重大跨越，推动文化产业及早成为肇庆市国民经济的支柱性产业，特决定编制《肇庆市文化产业发展规划（2012—2020年）》。

在编制规划的过程中，遵循和依据《中共中央关于深化文化体制改革推动社会主义文化大发展大繁荣若干重大问题的决定》、《中华人民共和国国民经济和社会发展第十二个五年规划纲要》、《国家"十二五"时期文化改革发展规划纲要》、《文化部"十二五"时期文化产业倍增计划》和广东省的《珠江三角洲地区改革发展规划（2008—2020年）》、《广东省建设文化强省规划纲要（2011—2020年）》、《粤港澳三地共建优质生活圈专项规划》以及《肇庆市建设文化强市规划大纲（2011—2020年）》等国家及省、市相关规划编制，充分反映肇庆市文化资源与产业的优势和特色，体现全球性、战略性、前瞻性、系统性、政策性和可操作性；体现新理念、新体制、新模式、新要求和大文化、大市场、大产业、大发展的特点。

（一）"十一五"期间肇庆市文化强市发展回顾

第一，文化体制机制深化改革取得明显实效。体现为：完成全省第二批文化体制改革综合试点市的体制改革，组建了市、县（市、区）两级文化广电新闻出版局（文广新局），市、县（市、区）两级文化市场综合执法队；市电影公司、市文物商店顺利完成转制，市图书馆、市群众艺术馆、市博物馆完成

[①] 肇庆市政府、市委宣传部委托项目。主持人：王明星。
[②] 课题组成员：林柳琳、刘少和、牛冬梅、初昌雄等。

了内部机制改革。

第二，公共文化基础设施建设获得重大突破。体现为：市、县、镇、村四级公共文化基础设施网络基本建成；建成了集无线、有线、卫星等多种方式于一体的全市广播电视传输覆盖网；建立了市、县（市、区）两级有线电视网络安全播出预警发布系统。

第三，群众文化生活质量不断提高。体现为：大力实施"文化信息资源共享工程""乡镇综合文化站建设工程""广播电视村村通工程""农村电影放映工程""农家书屋工程"等五大文化惠民工程；积极开展肇庆读书节、肇庆市少儿艺术花会、肇庆市民间艺术大巡游、文化"三送"活动、公共图书馆服务周、全市流动演出、博物馆免费开放等系列文化活动，大大丰富了城乡群众的文化生活。

第四，文化遗产保护成果可观。体现为：开展了第三次全国文物普查；编制了《肇庆府城保护与复兴修建性详细规划》；"肇庆古宋城保护与开发利用项目"被列入 2008 年的"广东省新十项工程"；完成了全市非物质文化遗产普查。

第五，文化产业得以高速发展。体现为：文化旅游业、工艺美术业、文化创意业等新兴文化产业呈现出良好的发展势头。肇庆市成为全省三个年接待游客量达 1000 万人次以上的城市之一，年旅游收入达到近 100 亿元，位居广东前十位；端砚、玉器等工艺美术业年产值超 21 亿元；传媒信息业年产值超 5 亿元；鼎丰纸业、华声吉他、创科镭射、天龙油墨等文化用品制造业年产值超 15 亿元；休闲娱乐业日益兴旺，消费额高达 2 亿元。从而初步形成了文化旅游，端砚、玉器等工艺美术品加工销售，吉他、钢琴、光盘、纸浆、油墨、现代印刷等文化用品生产制造，以及传媒信息、养生休闲等五大产业基地。

应该看到，在全市文化事业和产业取得较快发展的同时，还存在不少问题和不足。主要是：公共文化、体育基础设施建设还不够完善，财政投入尽管加大，但与居民与游客需求相比还明显不足；文化产业数量少、规模小，集聚、集群程度弱，整体发展水平不高；文化产品生产和文化服务能力不强，不能满足人民群众日益增长的文化生活需求；文化产业高端人才特别是创意策划、运营管理人才匮乏；文化与旅游融合发展的业态创新不够，经济拉动效应不够明显等。以上诸多问题均需要在"十二五"期间重点关注和解决。

（二）"十二五"期间及未来肇庆市文化产业的发展机遇

政策机遇。体现为三个层面。一是国家层面。从党的十七大到党的十七届六中全会都明确提出：要积极发展公益性文化事业，大力发展文化产业，激发全民族文化创造活力，更加自觉、更加主动地推动文化大发展大繁荣；在国内一些区域和一些城市，要将文化产业尽早尽快建成当地的支柱性产业。这为肇庆市文化产业发展指明了方向。国务院《文化产业振兴规划》指出，我国文化产业是推动社会主义文化大发展大繁荣的重要引擎和经济发展新的增长点，可以为"保增长、扩内需、调结构、促改革、惠民生"做出贡献。《国家"十二五"时期文化改革发展规划纲要》指出国家"十二五"时期乃至 2020 年文化产业发展的主要目标：现代文化产业体系和文化市场体系基本建立，文化产业增加值占国民经济比重显著提升，文化产业推动经济发展方式转变的作用明显增强，逐步成长为国民经济支柱性产业；形成以民族文化为主体、吸收外来有益文化、推动中华文化走向世界的文化开放格局；全民族文明素质明显提高，国家的文化软实力和国际竞争力显著提升。文化部《"十二五"时期文化产业倍增计划》指出我国"十二五"时期文化产业的主要目标："十二五"期间，文化部门管理的文化产业增加值年平均现价增长速度高于 20%，2015 年比 2010 年至少翻一番，实现倍增。二是省级层面。2012 年 5 月召开的广东省第十一次党代会明确指出，今后五年全省工作总体要求的核心内容是加快转型升级，建设幸福广东；突出文化引领的导向作用，大力发展健康服务、节能环保、休闲旅游、文化创意等幸福导向型产业，引导转型升级发展的方向。之前，广东省委、省政府发布的《广东省建设文化强省规划纲要（2011—2020年）》提出，力争用10年左右时间，达到与广东经济社会发展相适应的文化发展水平，把广东建设成为在全国具有重要影响力的区域文化中心、发展社会主义先进文化的排头兵、提升我国文化软实力的主力省、中国文化"走出去"的生力军及率先探索中国特色社会主义文化发展道路的示范区。广东省文化厅《关于加快珠江三角洲地区文化创意产业发展的指导意见》进一步明确：要以广州、深圳市为核心，珠三角地区其他7个地级市为支点，以若干文化产业集群、文化产业园区（基地）和重大项目为支撑，构建珠三角地区文化创意产业带，形成区域布局合理、产业特色鲜明、科技水平先进、集聚效应显著、经济效益高、国际竞争力强的产业发展新格局。2012年6月25日，粤、港、澳三地公布《粤港澳三地共建优质生活圈专项规划》，明确在环境生态、低碳发展、文化民生、优化区域土地利用及绿色交通组织等五个主要领域制定长远合作方向和发展目标。三是市级层面。2011年11月召开的肇庆市第十一次党代会明确今后五年全市工作新的历史使命是把肇庆打造成为珠三角科学发展试验区、广东新型工业化基地、中国宜居文化名城、国际知名旅游会展胜地；新的发展战略是大力实施"两区引领两化"战略，以肇庆高新区引领新型工业化，以肇庆新区引领新型城市化。《肇庆新区总体规划纲要》明确新区的城市职能是广东省科学发展观引领的集中实验区，珠三角以枢纽物流为核心的新兴产业基地，广佛肇展现现代岭南风貌的宜居家园，肇庆市启动旅游复兴的休闲旅游中心。

交通机遇。文化产业的业态更多体现为服务业和休闲消费产业，因此，交通便利对于消费者非常重要。肇庆整体纳入珠三角，成为国家重点发展区域和广佛肇经济圈重要成员，战略地位空前提升。肇庆具有区位、资源、文化、生态等方面的比较优势和后发优势，以及尤其是位于珠三角的区位交通优势。具体体现：一是依托珠三角外环高速公路、广梧高速公路、广贺高速公路、G321和G324国道以及广佛肇轻轨，融入珠三角交通主干网络。二是依托广梧高速公路、广贺高速公路、G321国道、南广铁路、贵广铁路以及西江航道，形成多条面向大西南的交通干线。三是以肇庆新港为核心，以高要、四会、德庆、封开、大旺、三榕等港区为基础，积极疏通西江航道，扩大西江航道的通航能力，形成布局合理、功能完善的水路运输系统。四是充分利用广肇和广花高速链接新白云机场的优势，发展航空运输。交通枢纽的规划建设是基础设施建设中尤为重要的一项，是发挥肇庆区位优势的前提条件。在今后"两区引领两化"的建设过程中，要充分利用以上优势，加强大枢纽在肇庆新区通道建设的作用，体现肇庆新区新型城市化——休闲、旅游两大产业的功能作用，合理规划布局，在相关城区和城镇建设各类客运、货运枢纽和站场，融入广州半小时经济圈，实现"广佛肇"一体化以及成为珠三角西部的门户。以此，吸引更多的文化产业业态和人才迁移到肇庆。

市场机遇。按照世界各国经验，当人均GDP超过3000美元时，文化消费会快速增长；接近或超过5000美元时，文化消费则会井喷。随着我国东部沿海地区与内陆大中城市进入工业化乃至后工业化时期，休闲文化消费时代（人均GDP达到3000~5000美元）已经来临，广东省和国内其他省份已分别在2006年、2008年人均GDP超过3000美元，而肇庆市、珠三角地区人均GDP早已超过3000美元，国民特别是渐成消费主流群体的"70后""80后"日益增长的文化消费需求愈来愈强烈，文化产业处于爆发性成长的前夜。转变观念，将珠三角及港澳地区的高端消费群对休闲旅游的弹性消费观念转变为保健养生的刚性消费。作为珠三角后花园、大西南进入珠三角门户的肇庆更是游客云集的国际化旅游休闲城市,旅游、休闲、养生等各类文化消费前景不可估量。

二、肇庆发展文化产业的指导思想、发展目标与发展战略

(一)指导思想

以邓小平理论和"三个代表"重要思想为指导,深入贯彻落实科学发展观,牢牢把握社会主义先进文化的前进方向,按照党的十七届六中全会关于推动社会主义文化大发展大繁荣、兴起社会主义文化建设新高潮的要求,以满足人民精神文化需求为出发点和落脚点,从提升肇庆市文化软实力、建设文化强市,调整产业结构、转变经济发展方式的战略高度,充分发挥地方文化资源、产业资源、人才资源优势,加大力度实施"重点文化工程"和"文化惠民工程",大力提高公共文化服务水平,推动文化产业快速发展,不断满足人民群众日益增长的精神文化需求,全力打造"岭南宜居文化名城",充实和完善"国际化旅游休闲之都",为建设"幸福肇庆"提供强有力的文化支撑。

(二)战略定位与总体目标

战略定位:紧紧抓住建设"文化强省"的重大战略机遇,注重"文化强市"建设与公共文化设施建设、历史文化继承发展、旅游休闲发展、现代产业体系构建、广佛肇都市文化圈打造相结合。到2020年,形成与肇庆经济社会发展相适应或适度超前的文化产业发展水平,把肇庆市建设成为广东"文化强省"建设的重要城市、公共文化服务体系建设的创新城市、展示岭南特色文化重点城市、探索社会主义先进文化发展的先行城市、能够代表广东科学发展成果的城市,以及具有岭南特别是广府风情的宜游、宜业、宜居"文化名城"。

总体目标:按照结构合理、发展均衡、网络健全、运行有效、惠及全民的原则,以政府为主导,以公益性文化单位为骨干,鼓励全社会积极参与,努力建设以公共文化产品与服务生产供给、设施网络、资金人才技术保障、组织支撑和运行评估为基本框架的,覆盖全社会的公共文化服务体系,文化的服务功能显著增强,文化事业发展水平明显提高;积极培育具有肇庆地方特色的文化产业群,文化的创新能力和产业综合实力大大增强,文化产品更加丰富,对外文化交流活动不断增多,努力实现"依托文化事业、发展文化产业、建设文化强市"目标,将肇庆市建设成为广东省公共文化服务体系的创新区、文化产业发展的重点示范区,以及岭南特色文化的展示区。

到2020年文化产业发展的重点目标:

公共文化基础设施建设基本完善,公共文化服务体系更加健全完善,公共文化活动阵地更加巩固,城乡人民群众基本文化权益得到保障。市、县(市、区)、乡镇、村(社区)文化场馆建设达到国家一级建设标准,基本建成"城市十分钟文化圈"和"农村十里文化圈",人均各项文化建设主要指标居全省前列。

文化产业发展活力和综合实力明显增强,初步形成以资源型产业为主、文化创意产业为辅的特色文化产业群。到2015年文化产业成为肇庆市新的经济增长点与重要产业乃至支柱产业,占GDP比重达到5%以上;到2020年文化产业占GDP比重达到8%以上。

文化体制机制改革进一步深入,形成有效的宏观文化管理体制,以及文化生产和服务的微观运行机制,文化资源配置更加优化、布局更加合理、效益更加明显。文化创新能力进一步提升,不断创作生产

出既有思想内容，又有市场价值和肇庆特色的文化精品，形成一批具有省内外影响力和竞争力的文化产品品牌。

（三）发展战略

城市景观凸显战略。在做好城市规划和城市标志性景观建设的基础上，进一步完善"中国历史文化名城"和"中国砚都"等特色城市元素、城市形象、人文精神，在经济社会生活中全方位彰显肇庆独特的文化个性，增强肇庆地域文化的凝聚力、感染力和表现力。

中心城区引领与辐射战略。在保障基本公共文化服务均等的前提下，加强文化中心区的文化事业与文化产业建设，促进文化产业集聚发展，最终实现文化中心区对文化边缘区的引领与辐射，包括肇庆市区对各县（市）、各县（市）城区对乡镇的引领与辐射。

金融引导资源配置战略。金融引导资源配置、调节经济运行、服务经济社会，对促进全市文化产业快速发展具有重要作用。要建立健全多元化、多层次、多渠道的文化产业投融资体系。促进文化产业与金融业全面对接，鼓励各类金融机构创新金融产品，改善提升文化产业金融服务。

重大项目带动战略。选择具有较长产业链条或地方特色的文化项目，以文化企业为主体，加大政策扶植和招商引资力度，充分调动社会各方力量，加快建设一批具有重大示范效应与产业拉动作用的重大项目。

产业融合集聚战略。建设一批区域特色鲜明、集聚效应明显、融合关联度高、具有较大示范效应的文化产业集聚区或园区，进一步完善中国（肇庆）端砚、四会玉器、广宁竹等特色文化产业集聚园区，以及中（中国）巴（巴西）软件园、华南智慧城等文化产业园区（基地）的基础设施与公共平台建设。以产业园区（基地）为主要载体，构建产业融合、孵化与互动的良好环境。

政产学研合作战略。充分发挥政府、业界、学界、研究机构的力量，建设"产学研"合作平台，大力推动"文化创意+科技创新"的发展之路，推动现代科技在文化产业中的运用，促进文化与科技的高度融合，大力发展科技含量与附加值高的文化创意产业，促进文化产业与产品结构的优化升级。

特色品牌建设战略。充分利用与发挥各县（市、区）的特色文化资源优势，大力发展一批实力大、竞争力强的文化企业，培育一批品牌产品、品牌企业、品牌园区与品牌会展。

人才培养发展战略。加快培养各类文化人才，积极引进高层次、高素质的领军人才，加强与高（职）校的"产学研"合作，着力培养文化产业研究开发与经营管理人才队伍，建立健全培养文化产业人才的激励与评价机制。

三、肇庆发展文化产业的重点产业、空间布局和结构优化

（一）重点产业

文化旅游业。 加强对市域内国家和省重点文化保护单位、历史文化名镇（村、街区）、国家级与省级非物质文化遗产的保护利用。基于地方特色，大力发展旅游购物商品。加快文化发展、旅游休闲和城市建设的融合，在城市规划中要充分体现肇庆特色文化元素，打造"一城两廊"文化旅游带，重点抓好肇庆市中心城区"山、湖、城、江"城市格局保护、规划和建设，完善城市文化旅游配套，加强牌坊广场、星湖、鼎湖山景区的文化环境营造与升级，做好旧城（宋城及两广总督府）、新城（旅游休闲商务区）核

心区的规划与开发建设,增强和逐步完善两极中心城区作为休闲旅游景区的开放度;加快开发建设以端砚文化、广信文化(广府文化"寻根之旅")、包公文化、龙母文化为代表的西江文化走廊,以红色文化、六祖文化、玉器文化、竹文化、金燕文化为代表的绥江文化走廊;完成梅庵、阅江楼、崇禧塔、宋城四大历史文化景区的保护和开发建设;加快省、市际绿道网,以及岩前村临湖酒吧街、城中路、正东路骑楼街的规划建设,重点开发以突出人文元素、内容创意和山水风光相结合的休闲文化旅游项目,建设基于"博物馆+展览馆+研究创意中心+产业实体+旅游休闲配套"模式的文化旅游产业园区(如端州砚文化旅游区、广府文化城、四会玉文化旅游区、广宁竹文化旅游园区、德庆龙母和孔庙文化旅游产业园区),积极实施国民旅游休闲计划,充实和完善"国际化旅游休闲之都"的内涵。

休闲养生业。以中国最美绿道(环星湖、北岭绿道及鼎湖天然大氧吧等内容为业态)、鼎湖砚洲岛(以小型邮轮、马术和航空俱乐部健生等内容为业态)、德庆盘龙峡(以森林度假和香草赏析等内容为业态)、广宁竹乡(以竹博园和竹海大观等内容为业态)、怀集燕峰、蓝钟温泉和六祖禅文化园(以温泉度假和禅宗养生等内容为业态)等优质自然生态为载体,大力发展居住养生、生态养生、美食养生、运动养生、保健养生等特色鲜明的文化休闲养生项目。与广州陈李济制药公司、白云和记黄埔制药公司等大型药业公司沟通合作,在肇庆市打造南药保健养生基地。转变观念,将珠三角及港澳地区高端消费群对休闲旅游的弹性消费观念转变为保健养生的刚性消费。充分依托肇庆星湖国家水上运动训练基地、广东国际赛车场、省市绿道网等场馆设施和自然资源,承办国内外龙舟、皮划艇、赛车等专项体育赛事;发展攀岩、漂流、登山、越野等运动休闲业。

工艺美术业。规范和利用端砚协会、工艺美术行业协会等资源平台,重点开发端砚、玉器、竹雕、木雕、根雕等传统工艺品种,与省内著名高校和市属大中专院校合作,扶持培养高端工艺美术人才,提升肇庆市工艺美术产业知名度和影响力。以文房四宝产业、玉器珠宝金饰产业、竹文化产业发展为龙头,积极开发和培育艺术产品、旅游商品、装饰产品、礼品产品、收藏产品五大工艺美术市场,规划和建立端砚、古玩、玉器、黄金饰物、竹制品、木雕、奇石等一批工艺美术专业销售街区,形成集设计、加工、包装、销售、拍卖、鉴定、收藏、会展于一体的特色文化产业集群。

文化会展业。发展与引进一批具有影响力的专业文化会展,培育和扶持一批文化会展企业,打造一批肇庆特色的文化会展品牌活动,为全市文化产业发展搭建1~3个展示、交易和信息平台。加快肇庆国际会展中心规划建设,提升端砚展览馆、四会玉器博览城、广宁竹制品展览馆、广东国际赛车场等会展场馆建设水平;支持举办中国砚都文房四宝暨岭南书法绘画博览交易会、中国四会玉器珠宝文化博览会、广东大旺国际赛车展、广东竹文化产品博览交易会等会展活动。

文化用品制造业。推动传统文化产业转型升级,发挥高新区文化创意企业、天龙油墨、广宁林浆纸一体化产业集群升级示范区的带头作用,重点发展广宁鼎丰纸业、江南纸业、中盛纸业、中顺纸业、四会华声乐器等文化用品制造企业,大力发展玩具、办公文化用品、体育休闲用品、商务礼品等文化用品制造业。

创意设计业。大力发展工业设计、软件设计、广告设计、建筑设计、平面设计、工艺美术设计等创意设计产业,加强政府、企业、高校互动结合,大力引进各类设计企业,充分整合穗深肇三地设计资源,鼓励发展专业化的创意设计公司和高等级的研发机构,大力发展各类设计中介服务。重点建设肇庆市文化创意大厦、华南智慧城及广府文化城、中巴软件园等产业园区,吸引有影响力的设计企业和机构聚集,引进和培养一批知名设计大师，建立工作室和创意产业基地以及广东省设计类大学生创业就业基地。

广播影视演艺业。全面推进广播影视数字化网络化，加快推进有线电视数字化整体转换和双向化改造，加快全市电信网、互联网和广播电视网"三网"融合。建设鼎湖砚洲岛影视基地、高要黎槎古村影视基地、封开封川古城影视基地，努力打造粤港影视制作基地，积极培育影视制作、发行、播映和后续衍生产品开发等影视产业链。以建设肇庆大剧院为重点，建造一批满足不同层次消费需求、服务优质、管理先进的剧院群，充分利用我市高（职）校的资源优势，大力发展一批艺术职业培训机构；鼓励和支持社会力量兴办艺术培训机构，培育一批艺术培训品牌连锁机构；鼓励与支持符合条件的公民、法人和其他组织依法开办演出经纪机构，结合市属院剧团的改革，组建市场化的演艺公司，设立演出场所；培育具有较强竞争力与影响力的演出经营实体和品牌。

动漫网游业。以肇庆市文化创意大厦、华南智慧城、中巴软件园等产业基地为载体，构建产业孵化、展示交流、技术支持等公共服务平台，大力培养与引进动漫网游创作、研发、服务等机构，培育一批实力强、发展潜力大的中小型动漫网游企业，引进一批国内外大型动漫网游企业落户肇庆。通过重点扶持，打造一批有规模、有竞争力的知名企业、品牌产品。

印刷复制业。在端州和四会大力发展高新技术印刷、特色印刷和光盘复制业，推动出版物印刷、包装装潢印刷等企业发展壮大，承接广佛印刷业的转移，与广州的新闻出版报业集团合作，在四会组建建成若干个各具特色、技术先进的印刷产业基地。

其他新兴业态。大力促进文化产业与其他产业（如农业、加工业、高新技术业、商业、服务业、旅游休闲业等）的融合，大力发展文化产业新业态，推动文化产业升级；支持主要媒体发展移动多媒体广播电视、网络广播电视、手机广播电视、手机网站、手机报刊，开发移动文化信息服务、数字娱乐产品等增值服务。

（二）空间布局

基于肇庆市各地文化资源优势及其关联产业（如高新技术产业、制造业、商业、旅游业）优势，根据《肇庆新区总体规划纲要（2012—2030）》和市对各相关规划对城市功能的定位，肇庆市文化发展总体布局可以概括为"一心三辐射方向、一圈三文化廊道、一带三示范基地（园区）、一区三对接目标"。

以肇庆新、老城区为市域文化中心和省域广府文化次中心，以一江两岸、东扩南联为发展方向，以北岭山、西江、斧柯山为三条发展廊道，沿着三大方向辐射区内，即向西江北、南辐射四会市、高要区，沿西江西上辐射德庆县、封开县，沿绥江流域辐射四会市、广宁县、怀集县。市区（端州区、鼎湖区）要充分发挥公共文化设施建设示范和文化产业集聚带动辐射作用，重点建设一批标志性大型公共文化设施，建成一批设备、技术先进的公共文化数字化服务平台，保护和开发一批具有区内外影响力的岭南特别是广府文化旅游景区，发展一批竞争力强的特色文化产业和文化创意产业园区，努力打造拥有先进公共文化服务设施、超百亿元产值的文化产业集群和展示岭南特色文化的区域文化中心。由此，依托端州区、鼎湖区作为肇庆市区域地理与区域文化中心地位，加大文化建设特别是标志性文化基础设施建设；依托文化事业特别是文博事业，大力发展文化产业特别是文化创意产业，形成辐射区内、大西南的区域文化中心，增强文化向心力、吸引力。市区作为区域文化中心，要沿着三个方向引领和辐射周围县（市），即沿着三大方向辐射区内，即向西江北、南辐射四会市、高要区，沿西江西上辐射德庆县、封开县，沿绥江流域辐射四会市、广宁县、怀集县。

以长期形成的肇庆市千里环市公路旅游圈（又称"千里旅游走廊"）为中心，逐步建设和完善西江广府文化旅游，贺江寻根文化旅游，绥江生态文化、工艺文化、禅宗文化旅游三大通道。以市区（端州区、鼎湖区）为核心，封开县、怀集县为重点，肇庆千里旅游画廊为依托，构建三足鼎立的文化旅游产业圈，集中突出端州区端砚文化旅游与宋城文化旅游，鼎湖区休闲养生文化旅游，高要区乡村农业与养生生态文化，德庆龙母文化、孔圣学宫修学文化旅游，封开广信文化、寻根文化旅游，以及四会玉器文化旅游、广宁竹文化旅游、怀集禅文化与温泉文化旅游，形成沿西江与321国道、绥江与二广高速、贺江与266省道的文化旅游产业圈；并基于西江、贺江、绥江流域文化资源特色，建设西江广府文化，贺江寻根文化及绥江生态文化、禅宗文化、工艺文化等三江文化旅游通道，丰富肇庆千里旅游走廊的文化品位。

建设岭南特色工艺美术产业带，逐步形成市区端砚文化产业、四会玉器文化产业、广宁竹文化产业三大示范基地或园区。以端州、四会、广宁为重点，大力发展以端砚制作、玉石加工、竹器用品为代表的岭南特色工艺美术产业，力争形成全国最大的岭南特色工艺美术品及其相关衍生产品的产业带。加快中国砚都（肇庆）端砚特色文化产业集聚园区的建设，以及肇庆古宋城的保护开发建设，规划建成城中路骑楼文化街、十字路工艺精品仿宋街等历史文化街区，并联合端砚展览馆、四会玉器博览城、广宁竹博园等，形成集生产制作、鉴定、拍卖、展览、购物、体验、旅游观光、休闲娱乐等为一体的岭南特色工艺美术产业带；并重点打造市区端砚文化产业、四会玉器文化产业、广宁竹文化产业三大示范基地或园区，建设基于"博物馆+展览馆+研究创意中心+产业实体+旅游休闲配套"模式的文化旅游产业示范基地或园区。

建设西江两岸文化创意产业区，逐步与广佛、珠深、港澳台形成三个层次对接。以端州为中心，鼎湖、高要、四会、广宁、肇庆高新区位为支点，以时尚设计、广告设计、工业设计、建筑与景观设计、包装印刷等为新兴业态内容，与广佛、珠深、港澳台等地的相关产业对接，以重大项目为支撑，建成若干文化产业集群和文化产业园区（基地），逐步形成"西江两岸文化创意产业区"。重点支持端州区、鼎湖区等加快发展创意设计、动漫游戏、工艺美术、文化会展、文化经纪等高端与新兴文化创意产业；支持四会、高要、广宁与肇庆高新区等大力发展乐器、油墨、造纸、玩具、印刷设备等文化用品和文化设备生产为主的文化用品制造业，以及工艺品加工业。并与广佛、珠深、港澳台等三大各具特色的高端文化创意产业城市形成不同层次的有机对接、互动合作，主动承接一批新兴文化创意产业项目的转移和分支建设，提升文化产业发展水平与文化企业竞争力，形成布局合理、特色鲜明、技术先进、集聚发展、经济效益高、竞争力强的文化创意产业发展格局，逐步建设成为广东省"珠江西岸文化创意产业圈"重要的文化创意产业分中心。

（三）结构优化

优化原有五大重点文化产业结构，培植新兴文化产业，逐渐形成以文化旅游、休闲养生、工艺美术及文化用品制造为龙头行业，与地方特色文化产业相结合的关联产业融合发展的文化产业集群式发展模式。基于地方文化资源优势、文化创意空间、文化产业价值链、市场需求情况等标准选择情况下，通过相关产业（如高新技术产业、商贸流通业、旅游休闲业）融合集聚，发展已有重点文化产业（文化旅游业、休闲养生业、工艺美术业、文化会展业和文化用品制造业），形成龙头与品牌引领、带动产业集群发展。首先，在中心城区重点建设中国砚都（肇庆）端砚特色文化创意产业园区、华南智慧城广府文化产业园区、西江传媒文化创意产业园区、中（中国）巴（巴西）软件园等重点园区。然后，在依托四会市玉文化创意产业园区、广宁县竹文化创意产业园区等周围县（市）新兴文化产业园区的基础上，沿西江流域、绥江流域、贺江流域发展文化旅游与休闲养生产业带，重点建设高要区乡村农业文化产业园区（以休闲农业、古村落为载体）、德庆县龙母民俗文化园、封开县广信文化园、怀集六租禅文化园等园区，并通过基于绿道、风景道等"环市千里旅游廊道"的建设，构建肇庆市一体化的休闲文化旅游与休闲养生旅游产业圈。再后，联点（园区）成带，重点建设肇庆市广府文化旅游产业带、岭南特色工艺美术产业带、西江两岸文化创意产业带。不断延伸文化产业链条，将相关产业融合一体，形成休闲文化与休闲养生相结合的文化旅游产业群，工艺美术、文化用品制造和文化会展业相结合的文化用品产业群，创意设计、动漫网游、印刷复制和广播影视演艺相结合的文化创意产业群。

四、肇庆发展文化产业的重点基础设施与重点建设项目

（一）重点基础设施

肇庆市图书馆。按照国家一级图书馆的建设标准，到 2012 年底积极完成市图书馆新馆建设，完善相关配套设施，确保新图书馆建设达到藏书容量 100 万册，读者座位席 1000 个，日均可接待读者 6000 人次的要求。

肇庆市博物馆（广东·中国砚文化博物馆）。到 2014 年底积极完成市博物馆建设，总投资 1.98 亿元，总建筑面积 18000 平方米。以陈列、展示功能为主，利用数字化、智能化系统等现代的科技手段，兼备学术功能、教育功能、文物保护功能、文化交流功能，打造成集观光审美、参与休闲、文化娱乐等功能于一体的综合性博物馆，并使其成为中国砚文化的研究、制作、收藏、交流中心和对外交流基地，乃至中国文房四宝文化、国际书写文化交流中心，岭南特色文化展示区，广东肇庆文化产品精品区。

肇庆市文化馆。到 2014 年底积极完成市文化馆的建设，按照国家一级文化馆的建设标准，建成将辅导室、排练室、展览厅、演出剧场和培训楼等多种文化活动厅室融为一体的，具有学术交流、艺术培训、演艺欣赏和室外文化娱乐等功能的市级文化馆。

肇庆市文化艺术中心。加快推进市文化艺术中心建设，将市文化艺术中心建成集市群众艺术馆和市歌舞团排练演出、开展群众文化活动的综合性文化活动场所。

肇庆国际会展中心。依托大西南，面向大珠三角，按国际标准建设综合性国际会展中心和肇庆重要的地标性建筑。

肇庆大剧院。建成标志性文化设施，使之成为肇庆文化旅游、承接国内外大型文艺演出和大型会议的重要场所。

肇庆美术馆。在鼎湖新城区建成标志性文化设施，使之成为肇庆承接国内外大型美术和民间工艺展览的重要场所。

肇庆高新区科技文化艺术会展中心。建设集科技、文化、艺术、会展、娱乐等功能于一体的大型综合性科技文化活动场馆。

（二）重点建设项目（见表1）

表1 肇庆市"十二五"期间各县（市、区）重点文化项目一览表

行政区	项目名称	性质	建设规模	建设期	资金来源	总投资	备注
市区（端州区、鼎湖区）	肇庆市图书馆	新建	占地40亩，总建筑面积16500平方米	2012—2015年	财政	1.2亿元	
	肇庆市博物馆	新建	总建筑面积20000平方米	2012—2015年	财政	2.1亿元	
	肇庆市文化馆	新建	占地40亩，总建筑面积20000平方米	2012—2015年	财政	1.5亿元	
	肇庆市文化艺术中心	新建		2012—2015年	财政		
	肇庆市国际会展中心	新建		2012—2015年	财政		
	肇庆市大剧院	新建		2012—2015年	财政		
	端砚文化特色创意产业集聚园	续建	以端砚文化村、砚洲岛、羚羊峡、紫云谷为主体，涵盖其他区内项目（如标志性文化广场、中国端砚展览馆、端砚工艺品文化用品交易展览中心、中国砚文化主题公园、端砚文化创意园、休闲商业区、工艺美术大师村、端砚文化精品酒店群与酒吧街、端砚历史名人雕塑群、名人墨宝碑林、砚村作坊群、端砚名人故居等）	2006—2015年	自筹	40亿元	2010年省重点项目
	其中：中国砚都端砚文化旅游村	续建	在白石村原有家庭作坊基础上，建设以端砚为主题的文化产业基地与文化旅游项目	2006—2011年	财政自筹	2.5亿元	

续表

行政区	项目名称	性质	建设规模	建设期	资金来源	总投资	备注
市区（端州区、鼎湖区）	其中：鼎湖砚洲岛生态文化创意园	续建	景点修复，旅游基础设施与休闲配套设施建设	2008—2013年	银行信贷企业自筹	15亿元	
	其中：鼎湖羚羊峡端砚文化谷	续建	峡谷观光、文化休闲、餐饮、娱乐为主的综合性旅游休闲开发	2006—2018年	银行信贷企业自筹	3亿元	省十大项目产业园
	西江传媒文化创意产业园	新建	西江日报社与南方报业传媒集团合作建设传媒文化创意产业园，分为产业开发、会展商务、事业发展、综合配套、低碳休闲等功能区，包括报业传媒、文化博览、产业研发、创意制作、专业发展、业务培训、专家论坛、现代信息、影视动漫、广告设计、策划推介、观光休闲及其其他相关产业与综合服务配套等内容	2012—2015年	自筹		
	中（国）巴（西）软件园	新建	软件技术公共服务平台，发展信息科技、音乐制作、动漫游戏、现代传媒、服装设计、工业设计、广告设计等文化创意产业	2012—2015年	自筹		
	肇庆古宋城保护与开发	续建	规划面积61.82公顷，打造以梅庵、阅江楼、崇禧塔、宋城墙、包公府衙、两广总督等为主体的岭南特色文化展示核心区	2011—2020年	财政	100亿元	

续表

行政区	项目名称	性质	建设规模	建设期	资金来源	总投资	备注
市区（端州区、鼎湖区）	星湖"印象或梦幻"肇庆山水实景剧	新建	利用七星岩景区现有山水实景资源，结合肇庆历史人文，打造一台以现代多媒体高科技为手段的大型演出	2012—2015年	自筹		
	华南智慧城	新建	占地总面积380亩，建筑总面积66万平方米，涉及科技研发、软件开发、服务外包、金融服务、文化创意、物联网、工业设计、孵化中介服务平台、教育培训中心、物流指挥中心、广府文化旅游休闲园等主业	2012—2015年	自筹	10亿元	
	鼎湖山水国际文化风情园	新建	位于羚羊峡，占地3970亩，包含鼎湖山水国际会所、文化旅游展示中心、后岭南西江水上丝绸之路滨水休闲带，中华端砚文化系列体验等主题功能	2012—2015年		40亿元	
	广东国际赛车场	续建	F3赛车场、汽车市场及其相关配套设施	2009—2010年	自筹	20亿元	2010年省重点项目
高新区	高新区科技文化艺术会展中心	新建	设科技文化展览厅、图书馆、电影院等功能，建设科技、文化、艺术、会展、娱乐于一体的大型综合性科技文化活动场馆	2012—2015年	财政		

续表

行政区	项目名称	性质	建设规模	建设期	资金来源	总投资	备注
高要区	广府乡村农业文化产业园	新建	可依托八卦古村、搓塘古村、黎搓古村、雄才故里以及广新农业园、高尔夫球度假村，建设广府农业文化博物馆、农业体验园、农产品生产加工园等，打造高要区广府乡村农业文化产业园	2012—2020年	自筹		
	石洞养生文化旅游产业园	新建	温泉SPA、养生文化、中医中药、高尔夫球等，占地7600亩，其中水面1200亩	2010—2015年	自筹	50亿元	
	高要端砚文化谷	新建	建设斧柯山为端砚文化谷的相关项目	2010—2015年	自筹	15亿元	
德庆县	悦城龙母民俗文化园	新建	建设用地42亩，建设综合服务区、休闲养生区、民俗风情区、文化创意体验区等四大功能，依托龙母庙，建设龙韵广场、龙图腾广场、旅游购物街、滨水餐饮中心、修心养生堂、古玩展览、龙文化民俗展览、龙母文化体验园、龙母故事园	2010—2013年	独资	0.8亿元	
	孔圣文化园	续建	围绕孔子学宫，集聚文化资源，配套旅游休闲设施，发展修学旅游	2011—2015年	财政		

续表

行政区	项目名称	性质	建设规模	建设期	资金来源	总投资	备注
封开县	广信文化园	续建	围绕广信塔、广信文化广场，集聚文化资源如博物馆、图书馆，配套旅游休闲设施，发展文化旅游	2011—2015年	财政自筹		
	广府文化寻根之旅	新建	沿着贺江与266省道建设绿道、自驾游风景道，串联文化景点，形成文化旅游廊道	2012—2015年	财政		
四会市	玉器文化产业创意园	新建	建设博物馆、拍卖场、研发中心、加工区、商贸居住区、休闲区，占地面积550亩	2010—2015年	自筹	15亿元	
广宁县	竹艺文化产业创意园	新建	围绕宝锭山景区与竹海大观，建设广东乃至全国最大的竹艺品、竹制品产业实体园	2012—2020年	财政自筹		
怀集县	六祖禅宗文化园	新建	占地1379.3亩，包括六祖殿、大雄宝殿、禅宗博物馆、园林景观等	2010—2013年	自筹	12亿元	2010年省重点项目

五、肇庆文化产业在区域经济中的竞争分析

（一）珠三角区域文化产业发展定位和竞争优势分析

《中华人民共和国国民经济和社会发展第十二个五年规划纲要》就"粤港澳合作"专门提到："支持港澳增强产业创新能力，加快培育新的经济增长点，推动经济社会协调发展。支持香港环保、医疗服务、教育服务、检测和认证、创新科技、文化创意等优势产业发展，拓展合作领域和服务范围。支持澳门推动经济适度多元化，加快发展休闲旅游、会展商务、中医药、教育服务、文化创意等产业。支持澳门建设世界旅游休闲中心，加快建设中国与葡语国家商贸合作服务平台。"《广东省国民经济和社会发展第十

二个五年规划纲要》就"加强泛珠三角等区域合作"内容，明确提出要"树立'泛珠'区域合作品牌，提升区域综合竞争力和国际影响力"，"推进文化、物流、金融、旅游、教育、劳务、社会保障等方面的合作，建设区域合作平台和公共服务合作体系"。广东省政府《关于加快珠江三角洲地区文化创意产业发展的指导意见》中就"珠三角文化产业区域发展目标与布局"明确指出："以广州、深圳市为核心，珠三角地区其他7个地级市为支点，以若干文化产业集群、文化产业园区（基地）和重大项目为支撑，构建珠三角地区文化创意产业带，形成区域布局合理、产业特色鲜明、科技水平先进、集聚效应显著、经济效益高、国际竞争力强的产业发展新格局，把珠三角地区建设成为拉动全省、辐射全国的文化创意产业中心。支持佛山、肇庆市结合本地历史、人文、自然资源、产业优势，发展文化旅游、工艺美术、工业设计等特色文化产业。加强粤港澳台合作，打造'珠江两岸文化创意产业圈'。到2020年，珠三角地区文化创意及相关产业增加值占区域生产总值的比重达到10%以上，成为重要的战略性新兴产业、国民经济的带动性产业，成为经济结构优化的重要推动力、经济发展的重要增长点。"从地理分布看，珠三角地区将逐步形成穗、深、港、澳为中心，向周围辐射的城市文化经济产业群，并成为全国具有较强区域竞争力的文化产业城市群。珠三角文化产业区域发展不平衡的现象有所缓解，粤、港、澳三地文化产业特色发展和互补发展的格局正在形成。粤港澳三地和大珠三角各城市具体的文化产业定位和竞争优势体现为：

香港。作为一个相对独立的经济体，在国际贸易、金融服务、国际航运、市场自由度等都拥有竞争优势。首先是其拥有一大批与文化产业相关的金融、保险、文化、商贸、咨询、设计、法律等方面的精英人士，这些人士的双语程度和国际工作能力都非常强；二是香港的法制健全，对专利、版权、商标、产品设计等知识产权有较完善的保障制度；三是香港社会多元化，资讯自由流通，创作空间相对自由等；四是香港与内地文化相近，随着内地文化市场的进一步开放，为香港文化人大展身手提供了新的机会。根据《香港创意产业基线研究报告》，作为香港经济的一个重要组成部分，香港的文化及创意产业已经形成了一个相对完整的产业群，在2011年的增加值达到665.1亿港币，占本地生产总值的4.1%。长期以来的中西文化交汇提供了香港创意产业成长的土壤，在良好的外部条件环境下，香港文化创意产业蓬勃发展，相继在电影、音乐、出版、建筑、广告和各类设计、数码娱乐等领域开辟了庞大的区内外市场，在国际上树立起了"香港制造"的品牌。2008年特区行政长官曾荫权提出要发展"六大优势产业"，而文化及创意产业就是其中之一。前任行政长官梁振英在政纲中，亦高度重视文化产业，并提出增设文化局，负责制订及推动文化政策，鼓励民间参与，加强政府角色，居中协调，促进本地文化业界与国际、与民间交流，推动文化产业持续发展及壮大。可见，文化产业在特区政府的经济棋局上已经摆在了显著的位置。虽然香港作为一个经济外向程度非常高，以服务业为主的国际化大都市，但是香港文化及创意产业很容易受到国际市场变化的影响，同时，香港文化及创意产业与整体经济发展的关联度很大，它把大量的文化及创意附加值提供给其他产业，在与其他产业的共同发展中获得自己的回报。由于香港地产和劳动力价格很高，所以，香港的服务业（包括文化及创意产业）不得不集中力量发展产业的高端，而把生产和销售的低端部分扩散到其他地区，而珠三角恰恰是地理上最贴近，文化上最相通、经济上最便利的地区。因而，香港与珠三角的合作是势在必行的。

澳门。回归十多年来，澳门特区经济虽突飞猛进，却也陷入博彩业一业独大的困扰，在一定程度上出现"经济越发展越依赖博彩业"的怪圈。因此，澳门各界社会人士普遍希望在实现经济腾飞的同时能推动经济转型，向多元化的经济发展转变。这个思路和意见得到了中央政府的高度肯定和认同，在这种背景下，"经济适度多元化"成为澳门特区政府各项经济政策的指导精神。从第一、二届特区政府推进"经济适度多元"进程的施政实践来看，在巩固博彩业发展的同时，重点培育和发展的产业包括会展业、文化创意产业以及中医药产业等。第三届特区政府上任以来，兑现了崔世安特首的参选政纲中"传承创新共建和谐"的承诺，既传承了第二届特区政府"经济适度多元"的基本理念，即"巩固博彩业的同时发展其他产业"，又在如何实现"经济适度多元"的策略上进行了一定的创新。新一届政府在首份施政报告中便明确定位，"文化创意产业为推动本澳经济多元的重要一环"，承诺研究设立文化创意产业专项基金，并成立"文化产业委员会"，同时在文化局设立"文化创意产业促进厅"。编制澳门文化创意产业发展规划。其中五年短期目标是制订扶助政策、措施，扶助中小企业，形成本地文化创意产业雏形；十年中期目标是透过中长期规划，建设硬件设施，配合横琴新开发区、新城填海契机，打稳、扩大文化创意中小企业根基，同时在行政、法制上确立营商环境；长期目标则是提升本地文化创意基础教育，确保学生能从小接受文艺、创意思维教育，打好可持续发展基础，提升国际竞争力。未来澳门文化创意产业发展的重点环节：第一，澳门发展文化创意产业的关键和重心在于做好文化与旅游的结合，切实形成文化创意与旅游的融合发展。以当前澳门发展得最为成熟和最为成功的旅游博彩业带动文化创意产业的发展，是澳门发展文化创意产业的一个较为可行的策略。第二，文化创意项目是澳门文化创意产业发展的突破口。当前，特区政府以"有基础、有特色、有前途"为标准，文化局于2010年8月公布了文化创意产业发展蓝图及短、中、长期目标，已经确定了重点发展的八大创意发展方向，即视觉艺术、设计、电影录像、流行音乐、表演艺术、出版、服装及动漫。其中，以视觉艺术和设计先行先施。第三，加强并融入区域合作，是澳门文化创意产业发展的依托。当前，文化创意产业在中国内地正蓬勃发展，珠江三角洲的文化创意产业更是具有雄厚的实力。特别是在最近广东省推出"文化强省"政策后，澳门文化创意产业的发展无疑迎来了千载难逢的历史机遇。在这种有利时机下，澳门需要充分利用区位的优势来促进创意产业的发展，和广东省及内地其他兄弟省市开展优势互补、互惠互利的合作，一方面通过和内地的合作带动澳门文化创意产业的发展，另一方面也为内地相关企业走向国际市场创造机会和发展平台。

广州。随着广州城市定位从2000年提出的"国际性区域中心城市"向"国家中心城市""面向世界、服务全国的国际大都市"的高端化转型，必将充分发挥广州"岭南文化中心地"所具有的深厚文化底蕴优势和区域特色地位优势。《广州建设文化强市培育世界文化名城规划纲要（2011—2020年）》明确规定，广州市未来发展目标为到2020年，城市文化开放度、集聚度、知名度显著提升，文化软实力、创造力、传播力显著增强，把广州培育建设成为具有深厚历史内涵、浓郁地域特色、强烈时代特征、鲜明文化品格、高度创新精神、国际化程度较高的世界文化名城。围绕建设"世界历史文化名城"的总目标，以文化体制创新为动力，构建现代文化产业体系，完善文化市场主体的功能性作用，着力提供大批健康、优质的文化产品和文化服务，不断提高文化产业发展的竞争力和带动力，把广州建设成为华南乃至全国重要的文化产业中心。广州在未来文化产业发展方向上，将基本建成空间布局合理、区域特色鲜明、高端文化企业和文化品牌不断涌现、文化市场繁荣有序的现代文化产业体系。到2015年，文化及相关产业增加值占全市生产总值比重达到10%以上，到2020年占全市生产总值比重达到12%以上，文化产业成为广州的重要支柱产业和战略新兴产业，把广州培育建设成为文化产业跨越发展的"创意之都"。广州通过依托国家级工业设计产业化示范基地，大力发展品牌策划、时尚设计、广告营销、工业设计、建筑设计等产业，推动产业与创意融合发展。加快建设国家软件产业基地和网游动漫产业基地，扩大网游动漫产品的国内外市场份额。加快发展文化数字内容和数字传播产业，培育文化创意龙头企业和知名品牌。加强规划引导和功能分区，促进各类文化创意产业园区（基地）协调发展，完善推动创意产业化的服务链，及早成功打造区域创意之都。目前广州现有的文化创意园区有：广州天鹿湖玛莎罗动漫旅游产业基地、广州北岸文化码头、广州 TIT 纺织服装创意园、从化动漫产业园、国家音乐创意产业基地、广东国家数字出版基地、番禺金山谷创意产业基地、珠影文化创意园、太古仓、1850 创意园、南沙国际影视城、广东文化创意产业园、广州包装印刷文化创意产业园、珠江钢琴乐器文化产业园、小洲影视文化产业园等。另外，在文化旅游产业上，广州推进旅游业品牌化发展，打造具有广州特色的"山、水、城、花"优势旅游品牌，高起点、高标准、组团式开发旅游片区，重点发展历史文化、商务、购物休闲、山水文化休闲、都市景观、乡村风情和生态绿道游等旅游品牌，积极拓展游艇、邮轮和马术运动等新兴旅游方式。整合区域商业、文化、生态旅游资源，共同打造区域旅游品牌。完善国际化宣传促销网络体系和与国际接轨的旅游标准化体系，推动旅游业成为战略性支柱产业，进一步完善城市旅游功能，建设国际旅游中心城市。广州文化产业发展的重点为做大做强新闻出版发行、文化会展、文化旅游、文化设备制造、广告等优势产业，培育发展创意设计、电子出版、文化博览、动漫游戏、影视后期制作等新兴文化产业，推动规模化、集团化和品牌化经营，培植文化产业新的增长极。强化金融对文化产业的支持力度，培养和引进文化产业发展专业人才，推动新技术与文化产业深度融合发展，拓展新型文化产品。

深圳。未来发展定位方向为到 2015 年，形成与深圳经济特区经济社会发展相适应、与国家创新型城市、全国经济中心城市和现代化国际化先进城市相匹配的文化发展水平，把深圳建设成为全国公共文化服务示范区、文化创意产业发展领头羊、深化文化体制改革排头兵、更具国际影响力的"创意之城"和"时尚之都"，城市文化品位和影响力大幅提升。深圳将以建设国家创新型城市为契机，充分发挥深圳对外的桥梁和纽带作用，打造珠三角对外文化开放的桥头堡。积极推进外向发展战略，加强与珠三角、泛珠三角地区的文化产业合作，借助文博会等平台，吸引国内外的文化资源集聚珠三角，增强文化产业在国际文化产业格局中的影响力。培育城市文化品牌，大力推进"两城一都一基地"建设，做大做强龙头文化企业，鼓励文化创新，努力建设文化产业中心城市和先锋城市，提升城市软实力。深圳在产业发展方向上瞄准文化创意和科技创新两大主攻方向，以"高、新、软、优"为切入点，重点发展十大重点行业：创意设计业、文化软件业、动漫游戏业、新媒体及文化信息服务业、数字出版业、影视演艺业、文化旅游业、非物质文化遗产开发、高端印刷业与高端工艺美术业。并且将加速产业集聚，加强文化产业公共技术、服务、信息平台建设，形成新的文化产业集群。推进文化产业与高新技术产业的深度融合，实现文化资源数字化、文化管理网络化、文化事业信息化、文化产业市场化。

珠海。其定位为立足珠中江、珠深穗、珠港澳台，以创建"文化特区"为载体，通过文化建设突出文化创新体系的建立、文化传播能力的增强和文化产业领域的拓展，尽快形成与生态文明新特区、科学发展示范市、珠江西岸核心城市相匹配的文化软实力和综合影响力，基本建成布局合理、特色明显、功能互补的文化产业体系，使珠海文化产业在广东建设文化强省中占有重要地位，文化产业整体水平和综合竞争力在珠三角地区名列前茅，并走在全省乃至全国文化发展前列。珠海的文化产业优势表现为毗邻港澳的地缘优势、大学园区的人才优势、自然生态的环境优势、相对充裕的土地资源优势，集中全力整合、集聚、打造、提升、发展珠海城区若干文化产业基地的建设，做大做强航空航展、海岛休闲旅游、影视制作与发行、数字内容制作等优势产业。充分发挥横琴岛境内关外的政策优势，充分考虑横琴在粤港澳开发文化创意产业时的文化品位、行业地位和功能定位，重点发展数字媒体产业、创意设计产业和对外文化出口贸易，与澳门合作，将横琴创建成具有国际影响力和区域示范能力的现代高端前沿文化产业示范园区，提升、带动珠海新一轮的发展。在"十二五"期间，珠海市突出以产业链构建来选择产业，实现全产业链的深度整合。重点发展以数字内容产业为中心的数字影视产业、动漫网游产业、现代传媒产业，同时大力推动文化内容出口，发展文化旅游产业，形成以产业链为形态的产业布局。

佛山。其发展定位为到2020年，初步建成具有创新活力、优势规模、品牌集群和"增长极"效应的文化产业特色城市，进一步实现"岭南文化传承重镇、创意经济集聚高地、现代产业服务中心、休闲娱乐魅力家园"的战略目标。佛山地处中国经济发展最活跃的珠江三角洲腹地，毗邻广州，便于共享广佛经济圈的交通网络、金融资源、人才资源和信息资源，实现产业联动和功能互补，具有发展文化产业的区位优势。在推进广佛同城化和珠三角经济一体化、建设现代产业体系的进程中，佛山大力发展文化产业，并向周边地区输送文化产品和服务，发挥中心城市的辐射功能。另外，改革开放以来，佛山经济快速稳步增长。形成了以家用电器、机械装备、金属材料加工及制造、陶瓷及其建材、电子信息等十大优势行业和产业集群为主体的格局。同时，以金融、物流、会展、商贸、旅游等为主的现代服务业稳步发展。人民收入水平的提高和消费结构的逐步升级，迫切要求文化产业提供大量设计、创意、媒体、艺术、娱乐、休闲等文化产品和文化服务。在文化资源上，佛山是国家历史文化名城、岭南文化的重要发源地之一，孕育了粤剧、醒狮、龙舟、陶塑、秋色、剪纸等独具魅力的民间艺术和民俗文化，拥有13项国家级、19项省级非物质文化遗产保护名录项目和308处文物保护单位（其中全国重点文物保护单位4处、省级文物保护单位44处），在岭南文化中独树一帜。改革开放以来，佛山以内源型经济和外源型经济"双轮驱动"，在产业集群、产业名都、产业名镇、产业名牌的建设中，形成了大量的工业文化资源。在此基础上，佛山文化产业将打造"两城三基地"（国际家居文化之城、广府文化旅游之城、岭南文化创新基地、科技型文化产品用品制造和流通基地与文化产品和文化服务国际贸易基地）为重心，形成合理的功能定位，发挥文化产业中心城市的作用，并且在整合、开发现有资源的基础上，根据本区的产业发展特色，各区选择不同的重点产业门类错位发展，以点带面，拉动全局：形成创意禅城（佛山文化创意中心）、服务南海（佛山文化服务中心）、研发顺德（佛山工业设计中心）、生态高明（佛山生态文化中心）与休闲三水（佛山休闲旅游中心）的发展布局。

中山。发展定位为围绕建设"三个适宜"城市的发展目标，努力构建珠三角地区特色产业文化发展基地。根据"簇群"经济的特点，通过文化创意为传统产业注入文化内涵，提升传统产业文化附加值，构建富于现代城市经济发展特色的传统工业文化带；着重发展游戏游艺产业、初步形成"一镇一品"的镇级文化产业集群，并承担粤台文化交流的重任。中山产业发展规划方向为深入挖掘以中山文化为重点的名人、名城文化内涵，突出文化内容产品的创意特色和时代文化精神，进一步优化文化产业结构，重点发展创意设计、动漫游戏游艺、印刷复制、文化旅游四大产业，加快发展广播影视、会展广告、出版发行、演艺娱乐、艺术品交易和其他文化产业，推动产业向集约化、集团化、规模化方向发展。中山以包装印刷、游戏游艺生产、文化旅游为主的文化产业集群已初步形成，效益凸显。截至2010年，全市印刷工业总产值172亿元，游戏游艺业总产值20亿元，旅游业总收入125.17亿元。2009年组建了全省第一个跨地区的文化产业集群——广东动漫游戏游艺产业集群，自2008年以来，连续三年成功举办中国（中山）国际游戏游艺博览会交易会。小榄镇文化艺术品产业基地规模不断扩大，聚集了大批文化艺术企业。2009年中山翠亨文化艺术创作基地成立，填补了广东省当代原创艺术园区的空白。并且，中山作为广东产业集群最密集的城市之一，全市已拥有14个专业镇、26个国家级产业基地，文化与产业互动发展的趋势十分明显。目前，具有区域特色的灯饰、古典家具、食品、服装、游戏游艺、视听设备、园林园艺等产业已初具规模，文化内涵丰富，并已成为广东省文化创新和文化产业发展的重要领域，凸显了文化在推动产业发展中的特殊作用。

江门。发展的定位为发挥华侨文化资源丰富的优势，建设幸福侨乡。未来发展重点为华侨文化旅游、印刷创意和古典红木家具产业，建设开平碉楼文化展示区，打造国家级华侨文化生态保护区。深入挖掘台山海洋文化旅游资源，建设现代意义的"海上丝绸之路"大型景观城，开发海洋工艺美术品制造业、销售业、海洋美食业和海滨会展中心。江门发展优势在于拥有优厚的文化资源，历史上就有陈白沙、梁启超等诸多文化名人，还有开平碉楼、宋代古炮台遗址、白沙公园、潮连古祠堂等文化旅游胜地，创建全国碉楼文化研究中心，建立世界文化遗产科研基地，深化碉楼文化、华侨文化的研究，充分发挥开平碉楼与岭南村落"科学研究、文化教育、展示游览"的功能。近年来，创意文化、影视基地等相继落户江门，文化产业在江门显示出蓬勃的活力和巨大的发展潜力。

东莞。发展定位为用10年左右的时间，把东莞打造成为全国公共文化建设名城、国家历史文化名城、全国现代文化产业名城和岭南文化精品名城。以新兴文化产业助推传统产业转型升级为重点，培育一批为传统产业转型升级服务的高品质、高规格的广告设计、建筑设计、时装设计、家具设计、动漫原创等文化创意产业。东莞立足制造业发达的优势和产业结构转型升级的需求，搭建文化创意产业与制造业的对接平台，大力推进创意设计、动漫等产业与制造业相互融合，引导、鼓励、支持有条件、有实力的制造业企业进军文化领域、投资文化产业，带动传统制造产业升级发展。以广播影视、新闻出版、新媒体产业为依托，延伸传统产业链建设。加强文化产业园区的功能整合，提升园区的品牌影响力和功能辐射力。充分开发利用虎门鸦片战争遗址、可园博物馆等人文历史资源，培育文化产业新的增长点。发挥中国国际影视动漫版权保护与贸易博览会和中国（广东）国际印刷技术博览会两个展会的功能，为全省版权交易与印刷业转型升级提供服务。在未来发展中，将突出发展创意设计、动漫游戏、影视制作、现代传媒等高创意附加值、高知识附加值、高技术附加值的创意文化产业项目，着力培养战略性新兴文化产业，不断提升东莞文化产业的核心竞争力，力争把东莞打造成全国知名的文化创意产业聚集区。不断提高广电传媒、印刷出版、艺术演出、文化旅游、文化会展、体育休闲、网络资讯等类别的文化产业发展水平，增强东莞文化产业的整体竞争力。

惠州。发展定位放在新闻传媒业、出版复制业、文化旅游业、文化产品制造业、文化创意业以及文化会展业六个方向上。力争到2015年惠州文化产业增加值占全市GDP比重达5.8%以上，文化产业总体实力和核心竞争力大大增强，把惠州建设成为广东乃至粤港澳地区文化产业新兴区和重要文化区域。惠州未来发展重点为打造一批文化产业带，建设一批文化产业园，培育一批文化产业专业镇等。如：惠城区——打造成为全市综合性的文化产业发展核心，重点加快广东（惠州）粤港澳台影视拍摄基地、新华文化广场等一批文化产业基地建设发展，重点引进以创意为内容的电子信息创意产业项目，将惠南大道两侧打造成为惠州市重要文化产业带。惠阳区——建设叶挺故里文化旅游产业带、以珠宝礼品为主的高端工艺品产业带、视听设备产业带、淡水娱乐休闲文化产业带，努力形成一批有较高竞争力的文化产业集群。惠东县——加大平海古城、高潭中洞等旅游开发力度，加快建设天后宫岭南民俗文化街，打造红色旅游产业带和滨海旅游产业带，并努力将吉隆、黄埠打造成女鞋制造创意设计、印刷包装专业镇。博罗县——以罗浮山为中心，充分挖掘道教文化、中草药文化和养生文化，打造宗教文化产业带，把博罗县打造成为粤港澳地区有重要影响力的休闲度假旅游基地。龙门县——以构建三十里特色文化旅游长廊为着力点，打造集中展示龙门农民画文化、瑶寨文化、客家文化的特色产业带，推进以南昆山为中心的温泉休闲生态文化旅游产业带建设。大亚湾经济技术开发区——结合打造世界级石油化工产业基地，加强对全球石化产品展览展销会、澳头龙舟（国际）邀请赛、东升村渔家风俗表演等文化活动的营销策划，打造滨海休闲文化产业带。

（二）肇庆文化产业竞争要素分析

伴随改革开放不断深化，肇庆文化产业的发展已由探索、起步、培育的初级阶段，进入了快速发展和转型升级的新时期，并不断显现出发展的新活力。党的十七届六中全会的召开以及"文化强国"概念的提出，助推包括肇庆等9个珠三角城市文化产业发展高潮的到来。发展趋势进一步表明，肇庆已经成为推动珠三角区域文化产业发展壮大的新动力，文化产业在肇庆经济转型和产业结构优化升级的战略中发挥了带动作用，它的发展在珠三角地区乃至广东全省都占有了一定地位。肇庆应突出以传统优势产业为文化产业助力、文化产业推进传统产业转型升级为重点目标，整合资源，形成与珠三角区域各个城市间文化产业错位发展、产业结构重点突出、文化内容特色鲜明、文化生产多业并举的集聚发展格局。但是，相对于珠江三角洲其他经济区而言，肇庆文化市场需求在珠三角地区范围内仍属偏弱。肇庆文化产业虽然门类齐全，但许多业态或领域仍处于"小、弱、散"的状态。表2反映了珠三角9市文化产业在各自经济中的比重，2010年肇庆的文化产业仅仅占到GDP的3.24%，在珠三角9市中是最低的。肇庆无论从文化产业规模，还是从经济总量中的比重来看，全市文化产业发展相对滞后。肇庆在文化产业发展过程中，技术的进步虽然发挥了重要的作用，但仍然还没出现文化与科技相互交融的态势，对于利用先进的数字与信息化技术对各类创意素材进行研发、加工、传输以及播放展示的方式还不成熟；对于应用数字技术、信息技术与动漫、游戏、影视等文化创意产业广泛结合，肇庆相对于珠江三角洲其他城市仍然较为落后，并且把新型软件开发成果应用于文化产品的设计和制作，仍是少之又少；三网融合、3G移动通信技术的应用在扩展文化产业的内容形态和传播方式所发挥出应用的作用还不明显。

目前，珠江三角洲区域文化经济已趋向于一体化，这有利于打破条块分割、地区封锁、行业垄断和城乡分离的产业格局，实现区域内产业的科学布局、错位互补性发展，避免同质化的恶性竞争；有利于文化产业链的打造延伸和文化消费市场腹地的拓展，加速区域内文化产业板块的集聚和互动，形成以珠三角区域为中心，辐射全省，面向国内外的统一、开放、竞争、有序的现代文化产业市场。相对于广州、深圳等其他8个珠三角区域的城市而言，肇庆要充分利用国家"粤港澳合作发展"、"建立滇桂连接东盟西南大通道"和省内"广佛肇同城一体化经济圈"的发展契机，按照第十一次党代会提出的肇庆城市发展定位——"珠三角科学发展实验区、广东新型工业化基地、中国宜居文化名城、国际知名旅游会展胜地"，借助大力实施"以肇庆高新区引领新型工业化，以肇庆新区引领新型城市化"的"两区引领两化战略"，以"大力发展生产要素交易市场、现代物流、金融保险、文化创意、商务会展等现代服务业"为发展思路，以"历史文化、生态休闲、健康养生为主题，打造国际化旅游休闲之都"为推动力，整合文化资源，扩大文化景区，提升文化品位，打造文化特色，做大文化产业。未来5~10年，逐渐形成与珠三角区域其他城市错位发展的，以文化旅游、休闲养生、工艺美术、文化制造、会展商务产业一体化发展的产业集群、产业集聚发展模式，逐渐凸显肇庆文化产业在整个珠三角区域的竞争能力。

表2 珠三角9市文化产业增加值占地区国民产值比重表（单位：%）

地 区	2009 年	2010 年
珠三角	5.4	5.86
广州市	7.87	7.93
深圳市	6.47	6.7
珠海市	5.1	5.47
佛山市	4.07	4.1
惠州市	5.5	5.7
东莞市	4.03	4.21
中山市	5.2	5.5
江门市	4.93	6.24
肇庆市	3.15	3.24

六、肇庆发展文化产业的政策引导

坚持和完善党委统一领导、党政齐抓共管、宣传部门组织协调、有关部门分工负责、社会力量积极参与的工作体制和工作格局，形成推进文化改革发展强大合力。具体体现在五项政策领域：

（一）财政税收政策

充分发挥文化产业发展专项资金的引导作用。专项资金采取贴息、补助、奖励等方式，专项用于引导扶持符合我市文化产业发展规划和相关政策的文化产业重点项目建设、培育骨干文化企业、扶持重点转制文化企业发展等。有条件的县市财政也应安排文化产业发展专项资金。

鼓励相关政府资金向文化产业倾斜。市级财政安排的高新技术产业发展、信息产业发展、中小企业发展等专项资金，应按照资金管理办法，向文化企业和文化产业集聚区倾斜，形成支持文化产业发展的合力。

继续执行中央关于支持文化单位转企改制及其发展文化产业的优惠扶持政策。确保转制文化企业享受增值税、所得税、营业税、出口文化产品退税等各项优惠待遇落实到位。对从事数字广播影视、网络传输、数字出版、动漫游戏、文化创意等文化创新型企业、高新技术文化企业或高新技术项目，按规定给予行政性收费减免。对文化企业从事文化产业技术转让、技术开发及其相关的技术咨询、技术服务取得的收入，免征营业税。制定和落实鼓励社会组织、机构和个人捐赠以及兴办公益性文化事业的税收优惠政策，促进企业及民间对文化的投入明显增加。

（二）土地政策

文化产业重点项目用地应优先纳入各级土地利用总体规划和土地利用年度计划，优先保障项目用地计划指标，并可分期缴纳土地出让金。文化产业重点项目涉及占用耕地，因耕地后备资源有限，在项目所在县域范围内无法完成耕地占补平衡的，可按有关规定，由市土地行政主管部门组织市内易地补充。对文化产业重点项目用地，经市县政府同意，可按国家有关规定分期缴纳土地出让金，全部土地出让金可在2年内缴清。所缴纳土地出让金，按照"收支两条线"办法管理，并通过预算支出安排，优先用于所在区域的基础设施建设。

按照"项目带土地"原则，对地方经济发展具有较大带动作用的文化产业重点项目，可以多种方式供地。对原土地使用者利用已取得的非经营性用地兴办文化产业的，经市县政府批准，可以协议出让、作价出资、租赁等方式供地；对经市政府批准立项的文化产业重点项目，可采取招标方式供地，出让底价可按不低于该项目土地取得费、土地前期开发成本和规定应收取的相关费用之和确定；对国有企业将划拨土地用于文化产业项目的，可以作价出资或者授权经营方式处置其划拨土地使用权。依法取得的文化产业项目用地，未经批准，不得擅自改变用途。

（三）贸易促进政策

推动文化产品和服务出口。根据"政府引导、企业主体、市场化运作"的原则，充分发挥政府的引导作用和服务职能，大力推动对外文化交流与对外文化贸易促进工作的有机结合，支持代表中华优秀民族文化、具有自主知识产权和品牌的文化企业和产品进入国际市场，重点扶持具有民族特色的演艺、动漫、游戏、艺术品、工艺美术、网络文化等领域产品和服务的出口。

扩大文化企业对外投资和跨国经营。鼓励文化企业通过独资、合资、控股、参股等多种形式在境外兴办文化实体、设立分支机构，实现文化企业在境外的落地经营。加强对海外文化产业、市场的深度分析，建立国际文化市场的信息收集、编辑、研究和发布机制，协助企业了解国际市场动态，扩大海外营销网络。

加强国际文化产业交流合作。吸收外资进入法律法规许可的文化产业领域。鼓励文化企业同国外有实力的文化机构进行项目合作，鼓励引进适合肇庆市场需求的国外优秀文化产品，丰富肇庆文化市场，同时积极学习国外先进的制作技术和管理经验，不断提升肇庆文化产业面向国际市场的综合能力。

（四）市场准入政策

鼓励非公有资本和外资进入政策允许的文化产业领域。凡参与文艺表演团体、演出场所等国有文化单位公司制改造的，非公有资本可以控股。鼓励非公有资本通过产权交易、收购兼并、股份制改造、经营权有期限转让、政府特许经营权拍卖等多种形式，参与政策允许的文化市场竞争。非国有文化企业在项目审批、核准、备案和资质认定、融资等方面，享受与国有文化企业同等待遇。

鼓励原有文化企业特别是改制文化企业引进战略投资者，进行资源整合和企业重组。对采取整体改制、分立、合并等方式进行的，简化工商登记手续。对原有企业取得的特许经营范围，由改制后的企业继续承接。原文化事业单位改制为企业或原非公司类企业法人改制为公司类企业法人的，允许在原名称基础上直接加"有限公司"或"股份有限公司"字样，以保留原有单位品牌价值，提高改制后企业的市场知名度。

放宽文化企业出资方式限制。支持、鼓励投资者用股权、债权和商标、专利等知识产权作为出资，拓宽文化企业出资渠道，鼓励文化企业做大做强。国有文化企业整体改制为公司的，可以原企业净资产作为注册资本出资，提供经当地国有文化资产管理部门审查的审计报告即可，不必再提交验资报告。

（五）人才培养引进政策

建立文化事业和文化产业发展顾问制度。聘请国内外著名艺术家、优秀文化企业家、担任过国家文化行业的部级领导等担任顾问，为肇庆文化建设和文化产业发展提供咨询。

加强各类文化产业人才的培训与教育。以培养高素质文化产业经营管理人才为重点，建设文化产业人才教育培训机构，完善在职人员培训制度，开展任职培训、岗位培训、业务培训、技能培训；鼓励高等院校开设文化产业相关专业，支持举办高级研修班、EMBA班、在职进修班，全面提高文化产业人才队伍的整体素质，为文化产业发展提供强有力的人才支持。积极探索政府、高校、院所、企业合作培养机制，建立文化产业人才培养基地和文化产业创业园、孵化器，促进产学研一体化。

加大各类文化产业人才引进力度。大力引进海内外高层次人才，健全人才使用、流动、激励、保障机制，采取签约、项目合作、知识产权入股等多种方式集聚文化人才。加大对民营文化企业优秀人才的政策支持，解决落户、住房、医疗和子女教育等实际问题。

进一步完善各类文化人才评估和奖励制度。吸引财经、金融、科技等优秀人才进入文化产业领域，对各级各类文化产业人才，不分单位所有制，在评优（推优）文艺作品、表彰奖励先进、职称评定等方面，享受同等待遇。

七、肇庆发展文化产业的投融资机制

文化产业快速发展迫切需要金融业的大力支持。金融是现代经济的核心，在全面建设小康社会、加快现代化建设的进程中，引导和鼓励社会资本投入文化产业，促进肇庆市文化产业实现又好又快发展。

（一）加大政府对文化产业的投入力度

建立健全同肇庆市经济实力相匹配、同人民群众文化需求相适应的政府投入保障机制。保证公共财政对文化建设投入的增长幅度高于财政经常性收入增长幅度，提高文化支出占财政支出比例，充分发挥财政资金杠杆作用，推动文化产业跨越式发展。

增加公共文化服务体系建设资金和经费保障投入。以农村基层和贫困地区为重点，优先安排涉及广大人民群众切身利益的文化项目，重点保障基层公共文化机构正常运转和开展基本公共文化服务活动所需经费，扶持公共文化机构的技术改造和设备投入。依法保障公共文化设施用地。设立农村文化建设专项资金用于乡镇和村文化建设。

创新政府投入方式，通过政府购买服务、项目补贴、以奖代补等方式，鼓励和引导社会力量提供公共文化产品和服务，促进文化产业发展。扩大肇庆市文化产业发展专项资金规模，设立肇庆市文化产业投资基金，合理确定支持方向，提高文化产业发展专项资金的使用效率。鼓励和支持有条件的地方设立文化产业投资引导基金，努力探索以政府投入为引导，动员社会参与的新型文化产业投入模式。

（二）推进金融业全面支持文化产业

推动多元化、多层次的信贷产品开发和创新。对于处于成熟期、经营模式稳定、经济效益较好的文化企业，要优先给予信贷支持。积极开展对上下游企业的供应链融资，支持企业开展并购融资，促进产业链整合。对于具有稳定物流和现金流的企业，可发放应收账款质押、仓单质押贷款。对于租赁相关设备的企业，可发放融资租赁贷款。建立文化企业无形资产评估体系，为金融机构处置文化类无形资产提供保障。对于具有优质商标权、专利权、著作权的企业，可通过权利质押贷款等方式，逐步扩大收益权质押贷款的适用范围。

积极探索适合文化产业项目的多种贷款模式。对于融资规模较大、项目较多的文化企业，鼓励商业银行以银团贷款等方式提供金融支持。探索和完善银团贷款的风险分担机制，加强金融机构之间的合作，有效降低单个金融机构的信贷风险。对处于产业集群或产业链中的中小文化企业，鼓励商业银行探索联保联贷等方式提供金融支持。

完善利率定价机制，合理确定贷款期限和利率。各金融机构应在风险可控、商业可持续原则的基础上，根据不同文化企业的实际情况，建立符合监管要求的灵活的差别化定价机制。针对部分文化产业项目周期特点和风险特征，金融机构可根据项目周期的资金需求和现金流分布状况，科学合理确定贷款期限。对于列入肇庆市规划重点支持的文化产业项目或企业，金融机构在有效防范风险的基础上可适当延长贷款期限。

鼓励和引导民间资本、商业银行对中小文化企业的信贷资金的需求。通过发起设立小额贷款公司和社区金融机构的形式，加强对中小文化企业的资金支持，满足本地中小文化企业的信贷资金的需求。

进一步改进和完善对文化企业的金融服务。各金融机构要增强服务意识，设立专家团队和专门的服务部门，主动向文化企业提供优质的金融服务。对于重点文化企业和项目，要优化简化审批流程，提高贷款审批效率。在满足金融机构授信客户准入标准的前提下，可对举办培训的企业和接受培训的人员予以信贷支持。银行业金融机构与非银行金融机构应积极加强合作，综合利用多种金融业务和金融产品，推出信贷、债券、信托、基金、保险等多种工具相融合的一揽子金融服务，做好文化企业从初创期到成熟期各发展阶段的融资方式衔接。

积极开发文化消费信贷产品，为文化消费提供便利的支付结算服务。各金融机构应积极培育文化产业消费信贷市场，通过消费信贷产品创新，不断满足文化产业多层次的消费信贷需求。可通过开发分期付款等消费信贷品种，扩大对演艺娱乐、会展旅游、艺术品和工艺品、动漫游戏、数字产品、创意设计，图书、报刊、音像制品、电子出版物、网络出版、数字出版等出版产品与服务、印刷、复制、发行，高清电视、付费广播电视、移动多媒体广播电视、电影产品等综合消费信贷投放。加强网上银行业务推广，提高软件、网络及计算机服务，设计服务和休闲娱乐等行业的网络支付应用水平。

（三）大力发展多层次资本市场，扩大文化企业的直接融资规模

推动符合条件的文化企业上市融资。支持处于成熟期、经营较为稳定的文化企业在主板市场上市。探索建立宣传文化部门与证券监管部门的项目信息合作机制，加强适合于创业板市场的中小文化企业项目的筛选和储备，支持其中符合条件的企业上市。

支持文化企业通过债券市场融资。支持符合条件的文化企业通过发行企业债、集合债和公司债等方式融资。积极发挥专业机构的作用，为中小文化企业通过发行短期融资券、中期票据、集合票据等方式融资提供便利。对符合国家政策规定的中小文化企业发行直接债务融资工具的，鼓励中介机构适当降低收费，减轻文化企业的融资成本负担。对于运作比较成熟、未来现金流比较稳定的文化产业项目，可以以优质文化资产的未来现金流、收益权等为基础，探索开展文化产业项目的资产证券化试点。

鼓励多元资金支持文化产业发展。鼓励引导各类社会资本投入文化产业，培育文化产业领域战略投资者。在国家许可范围内，引导社会资本以多种形式投资文化产业，参与国有经营性文化单位转企改制，参与重大文化产业项目实施和文化产业园区建设。适当放宽准入条件，鼓励风险投资基金、私募股权基金等风险偏好型投资者积极进入处于初创阶段、市场前景广阔的新兴文化业态。

（四）积极培育和发展文化产业保险市场

进一步加强和完善保险服务。在现有工作基础上，各保险机构应根据文化企业的特点，积极开发适合文化企业需要的保险产品，并按照收益覆盖风险的原则合理确定保险费率。对于重点扶持的文化企业和文化产业项目，应建立承保和理赔的便捷通道，对于信誉好、风险低的，可适当降低费率。加快培育和完善文化产业保险市场，提高保险在文化产业中的覆盖面和渗透度，有效分散文化产业的项目运作风险。

推动保险产品和服务方式创新。各保险机构应在现有保险产品的基础上，探索开展知识产权侵权险，演艺、会展、动漫、游戏、各类出版物的印刷、复制、发行和广播影视产品完工险、损失险，团体意外伤害保险等适合文化企业特点和需要的新型险种和各种保险业务。鼓励保险公司探索开展信用保险业务，弥补现行信用担保体制在支持服务业融资方面的不足。进一步加强和完善针对文化出口企业的保险服务，鼓励和促进文化企业积极参与国际竞争。

（五）建立健全文化产业投融资的配套机制

推进文化企业建立现代企业制度，完善公司治理结构。按照创新体制、转换机制、面向市场、增强活力的原则，推动文化企业建立现代企业制度，引入现代公司治理机制和现代企业财务会计制度，规范会计和审计流程，提高信息披露透明度，增强财务管理能力，为金融支持文化产业发展奠定良好的制度基础。

市财政可通过文化产业发展专项资金等，对符合条件的文化企业给予贷款贴息和保费补贴。支持设立文化产业投资基金，由财政注资引导，鼓励金融资本依法参与。

建立多层次的贷款风险分担和补偿机制。鼓励各类担保机构对文化产业提供融资担保，通过再担保、联合担保以及担保与保险相结合等方式多渠道分散风险。研究建立企业信用担保基金和再担保机构，以参股、委托运作和提供风险补偿等方式支持担保机构的设立与发展，服务文化产业融资需求。探索设立文化企业贷款风险补偿基金，合理分散承贷银行的信贷风险。

探索完善文化类无形资产确权、评估、质押、流转体系，抓紧制定和完善相关的管理办法。加强信贷政策和产业政策的协调。制定并定期完善《文化产业投资指导目录》，发布更新文化产业发展的项目信息，为文化企业提供专业化、综合性的投融资服务。加大对符合产业政策导向的文化企业的信贷支持，对纳入《文化产业投资指导目录》"鼓励类"的文化产业项目，金融机构优先予以信贷支持，对"限制类"的文化产业项目要从严审查和审批贷款。

建立多部门信息沟通机制，搭建文化产业投融资服务平台。建立文化企业投融资优质项目数据库，通过组织论坛、研讨会、洽谈会等形式，加强文化项目和金融产品的宣传、推介，促进银、政、企合作，对纳入数据库并获得宣传文化部门推荐的优质项目，金融机构应重点支持。

总之，要加大财政资金支持力度，建立多元化投融资机制。落实国家《关于金融支持文化产业振兴和发展繁荣的指导意见》，建立健全多元化、多层次、多渠道的文化产业投融资体系。促进文化产业与金融业全面对接，鼓励各类金融机构创新金融产品，改善提升文化产业金融服务，引导和鼓励社会资本投入文化产业。落实国家对文化产业发展的现行税收优惠等政策，研究制订支持肇庆市文化产业发展的配套经济政策。落实金融机构对文化产业的信贷支持政策，创新贷款融资方式、信贷产品和服务方式，在国家允许的贷款利率浮动幅度范围内给予一定利率优惠。畅通政府资金引导、银行贷款筹资、民间资本投资、上市融资等多元化投资渠道。要运用文化产业发展专项资金等，支持文化创意产业发展，对符合国家和省及市重点支持方向的文化产业重大项目、产业创意产品和服务加大扶持力度。基于股权形式吸引社会资金建立文化产业发展基金，支持文化产业发展。加快发展文化产业，必须毫不动摇地支持和壮大国有或国有控股文化企业，毫不动摇地鼓励和引导各种非公有制文化企业健康发展，形成公有制为主体、多种所有制共同发展的文化产业格局，塑造培育文化市场主体，提高文化产业活力和竞争力，促进各类文化企业协调发展。

八、肇庆文化产业"十三五"远景展望

2011年3月5日，温家宝总理在第十一届全国人民代表大会第四次会议上作的《政府工作报告》中，将"十二五"期间国民经济年增率设定为7%，并指出到2015年我国国内生产总值将超过55万亿元。根据这一数字，如果到2015年我们要将文化产业发展为支柱产业，达到国内生产总值的5%，总量应是2.75万亿元。按照这个数字计算，从2010年到2015年，全国文化产业的年增率是每年大约24%。如此，肇庆市文化产业在"十二五"期末和"十三五"期间的纵向发展规模，以2011年肇庆GDP总量为1323.3亿元为基础推算，分别以肇庆市2012—2020年GDP年均增长率为7%、10%、13%、16%的发展速度，文化产业产值达到GDP总值的5%、8%、10%为例，具体推算出以下一组相关数据（见表3、表4、表5）：

表3 肇庆市2012—2020年GDP总量推算表（单位：亿元）

年均增长率/%	2012年	2013年	2014年	2015年	2016年	2017年	2018年	2019年	2020年
7	1415.93	1515.05	1621.10	1734.58	1856.00	1985.92	2124.93	2273.68	2432.83
10%	1455.63	1601.19	1761.31	1937.44	2131.19	2344.31	2578.74	2836.61	3120.27
13%	1495.33	1689.72	1909.39	2157.61	2438.09	2755.05	3113.20	3517.92	3975.25
16%	1535.03	1780.63	2065.53	2396.02	2779.38	3224.08	3739.94	4338.33	5032.46

表4 肇庆市2011—2020年文化产业产值占GDP比重推算表（单位：亿元）

年均增长率为7%时，肇庆文化产业产值的推估算量									
比例	2012年	2013年	2014年	2015年	2016年	2017年	2018年	2019年	2020年
5%	70.80	75.75	81.05	86.73	92.80	99.30	106.25	113.68	121.64
8%	113.27	121.20	129.69	138.77	148.48	158.87	169.99	181.89	194.63
10%	141.59	151.50	162.11	173.46	185.60	198.59	212.49	227.37	243.28

年均增长率为10%时,肇庆文化产业产值的推估算量									
比例	2012年	2013年	2014年	2015年	2016年	2017年	2018年	2019年	2020年
5%	72.78	80.06	88.07	96.87	106.56	117.22	128.94	141.83	156.01
8%	116.45	128.10	140.90	155.00	170.50	187.54	206.30	226.93	249.62
10%	145.56	160.12	176.13	193.74	213.12	234.43	257.87	283.66	312.03
年均增长率为13%时,肇庆文化产业产值的推估算量									
比例	2012年	2013年	2014年	2015年	2016年	2017年	2018年	2019年	2020年
5%	74.77	84.49	95.47	107.88	121.90	137.75	155.66	175.90	198.76
8%	119.63	135.18	152.75	172.61	195.05	220.40	249.06	281.43	318.02
10%	149.53	168.97	190.94	215.76	243.81	275.50	311.32	351.79	397.52
年均增长率为16%时,肇庆文化产业产值的推估算量									
比例	2012年	2013年	2014年	2015年	2016年	2017年	2018年	2019年	2020年
5%	76.75	89.03	103.28	119.80	138.97	161.20	187.00	216.92	251.62
8%	122.80	142.45	165.24	191.68	222.35	257.93	299.19	347.07	402.60
10%	153.50	178.06	206.55	239.60	277.94	322.41	373.99	433.83	503.25

表5 按2011年肇庆文化产业值42.92亿元来计算(单位:亿元)

增长比例	2012年	2013年	2014年	2015年	2016年	2017年	2018年	2019年	2020年
20%	51.50	61.80	74.17	89.00	106.80	128.16	153.79	184.55	221.46
25%	53.65	67.06	83.83	104.79	130.98	163.73	204.66	255.82	319.78
30%	55.80	72.53	94.30	122.58	159.36	207.17	269.32	350.11	455.15
35%	57.94	78.22	105.60	142.56	192.45	259.81	350.75	473.51	639.24
40%	60.09	84.12	117.77	164.88	230.83	323.17	452.43	633.41	886.77

依据权威中国社会科学院文化研究中心发布的《2011年中国文化产业发展报告》,我国"十二五"期间文化产业的发展空间体现在五个方面:一是居民文化消费需求的充分释放,是我国文化产业大发展的基本依据;二是参与国民经济结构的战略性调整,是我国文化产业大发展的主攻方向;三是培育新型文化业态,是我国文化产业大发展的重大机遇;四是发展新型城市文化经济,促进区域协调和错位发展,是我国文化产业大发展的独特优势;五是发展文化贸易,优化对外贸易结构,提升国家文化软实力,是我国文化产业发展的新天地。有如此好的发展空间,肇庆市文化产业在"十二五"期末和"十三五"期间的横向发展水平,具体应体现为:建成肇庆市图书馆、肇庆市博物馆、肇庆市文化馆、肇庆市文化艺术中心、肇庆国际会展中心、肇庆大剧院和肇庆高新区科技文化艺术会展中心七大基础文化设施,以及端砚文化特色创意产业集聚园区、西江传媒文化创意产业园区、中(国)巴(西)软件园区、大旺广东

国际赛车场、华南智慧城和小湘广府文化创意产业园区、四会玉文化产业园区、广宁竹文化创意产业园区、德庆龙母和孔庙文化旅游产业园区、怀集六祖禅宗文化旅游园区等一批文化产业园区；通过积极联合有关部门，实施一批带有全局性、引导性、公共性、基础性、示范性的重大工程，增强政府引导调控和公共服务能力，加强内容引导示范。

总之，在"十二五"期末，国内通过诸多努力改善了消费者的文化消费条件，已培育出大批消费者的文化消费习惯，在促进文化产品消费升级的基础上，推动文化产业结构调整，提升文化生产的品质和效益，基本转变完成文化产业转型升级和发展方式，提高文化产业规模化、集约化、专业化水平，加快由注重数量扩张的规模增长转变到更加注重质量效益的内涵提高。加强引导调控，促进产业融合，挖掘各地特色文化资源，通过规划引导、政策扶持、典型示范等办法，引导特色文化产业有序聚集。全国各省市均发展壮大了一批特色明显、集聚度高的特色文化产业基地，肇庆市也要根据"政府引导、企业主体、市场化运作"的原则，充分发挥政府的引导作用和服务职能，鼓励各地积极发展依托文化遗产的旅游及相关产业，打造一批特色文化产品和文化品牌，培育一批文化旅游、工艺美术等区域性特色文化产业集群，着力推进有岭南广府特色的文化产业重大项目，增强特色文化产业集群发展的聚集力、辐射力和竞争力。同时，大力推动对外文化交流与对外文化贸易促进工作的有机结合，积极推动肇庆市文化企业和文化产品走向国际市场，培育一批具有国际竞争力的外向型文化企业和中介机构，打造几个国际知名文化品牌，增强肇庆文化在国内外的感召力和影响力。

四会市乡村振兴战略规划（2018—2022年）[①]

课题组[②]

前　言

实施乡村振兴战略，是党的十九大作出的重大决策部署，是决胜全面建成小康社会、全面建设社会主义现代化强国的重大历史任务，是中国特色社会主义进入新时代"三农"工作的总抓手。习近平总书记强调，乡村振兴是一盘大棋，要沿着正确方向把这盘大棋走好，必须规划先行，科学制定乡村振兴战略规划，切实增强规划的前瞻性、约束性、指导性和可操作性。贯彻落实习近平总书记"三农"思想的总要求，是四会市深入实施乡村振兴战略，推动乡村经济持续发展和全市经济高质量发展的根本之策。

党的十九大以来，四会市坚持以习近平新时代中国特色社会主义思想为指导，深入贯彻落实习近平总书记关于粤港澳大湾区建设重要论述和对广东工作重要指示批示精神，以前所未有的政治高度、工作强度、投入力度，把握新机遇，举全市之力推进乡村振兴，为实施乡村振兴战略打下了良好的基础。但与此同时，当前四会市发展不平衡不充分问题仍然存在，主要表现在超三分之一（约35%）的常住人口生活在农村，农村常住人口收入与城镇常住居民收入相比还存在较大差距。为此，实施乡村振兴战略，探索和建设一条符合四会市实际、具有四会特色的乡村振兴道路，是解决发展不平衡不充分问题、推进全面建成小康社会的必然要求，是推动全市实现高质量发展的重大机遇。

本规划立足乡村全面发展、优先发展、融合发展、创新发展、分类有序发展，坚持党管农村、农民主体、多方投入、共建共享，按照产业兴旺、生态宜居、乡风文明、治理有效、生活富裕的总要求，统筹提出今后五年四会市乡村振兴的总体目标和具体目标，以推进乡村产业振兴、生态振兴、文化振兴、组织振兴、人才振兴等"五个振兴"以及补齐乡村基础设施短板和公共服务短板、实现高质量稳定脱贫为重点任务，为全市实施乡村振兴战略作出总体设计和阶段谋划，部署了一批重大工程、重大行动和重大计划，明确了时间表、路线图、任务书，确保四会市乡村振兴战略有效实施，扎实推进，功在当代，利在千秋。

第一章　规划背景

第一节　基本情况

四会市位于广东省中部偏西，西、北、绥三江下游，因境内"四水会流"而得名。全市总面积1166.38平方公里，下辖龙甫、地豆、威整、罗源、迳口、大沙、石狗、黄田、江谷、下茆10个镇和城

[①] 四会市政府委托课题。主持人：王明星。
[②] 撰写人：王明星、赵鑫、王亚琼。课题参加人员：盛革、翁礼成、杨杰、钟国庆、牛冬梅、侯兵、陈晓文、冯瀚玄、王韵、汤洁等。

中、东城、贞山3个街道办事处,设有113个村委会,44个社区居委会,2251个村民小组。国道321线、省道263线、省道118线、广(州)茂(名)铁路贯通全市。按照"一河两岸,三组团"的城市建设规划,已基本构建起城市的发展框架,集中建设区面积约28.13平方公里,以四会大道为中轴线的新城区正在形成。

一、人口情况

截至2017年底,四会市常住人口49.43万人,比上年增长0.6%。其中,城镇人口比重为63.80%,比上年提高0.77个百分点。户籍人口42.70万人,比上年增加102人。其中城区三个街道户籍人口17.77万人,比上年增加1462人。10个镇户籍人口24.93万人,比上年减少1360人。全市人口出生率14.81‰,死亡率6.92‰,自然增长率7.88‰。

二、地貌与气候

四会市境内地形平面似竖立的桑叶,地势由西北向东南倾斜,东西宽约30公里,南北长约45公里。北部和西部多为山地,占总面积的44.3%;中部多为丘陵与河谷盆地,占总面积的31.2%;南部和东南部多为冲积平原,占总面积的24.5%。最高山峰是三桂山,海拔888米。四会市地处北回归线以南,属于亚热带季风气候,雨量充沛,日照充足,气温较高,夏长冬短。

三、社会经济

2017年,四会市实现地区生产总值(GDP)375.21亿元,比上年增长5.0%。其中,第一产业增加值50.04亿元,比上年下降0.4%;第二产业增加值123.07亿元,比上年增长5.3%;第三产业增加值202.09亿元,比上年增长6.3%。2017年全市人均GDP为77623元(折约11277美元),比上年增长4.3%。从图1和图2可以看出,近五年来,尽管四会市经济增长速度出现放缓趋势,但地区生产总值和第三产业增加值呈逐年增长趋势,经济结构调整取得了积极进展,经济运行质量得到逐步改善。

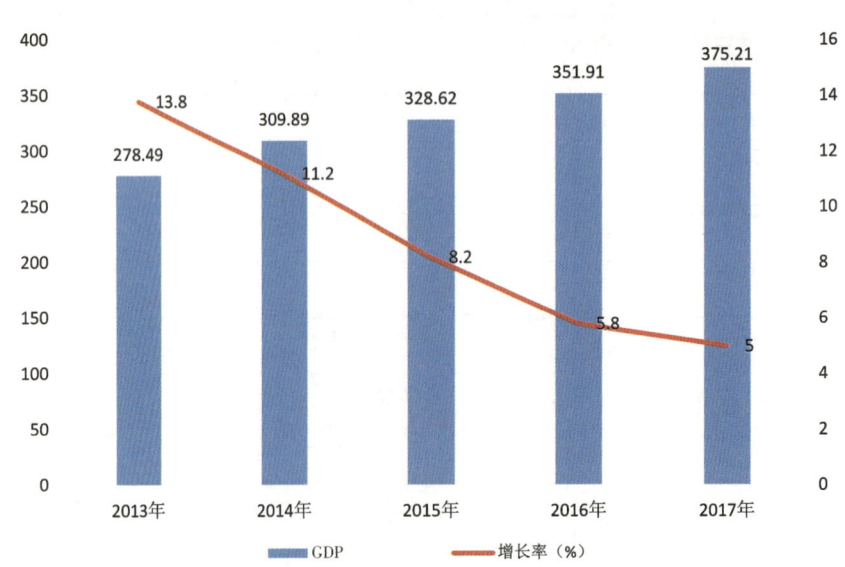

图1 四会市2013—2017年地区生产总值(GDP)和增长率情况

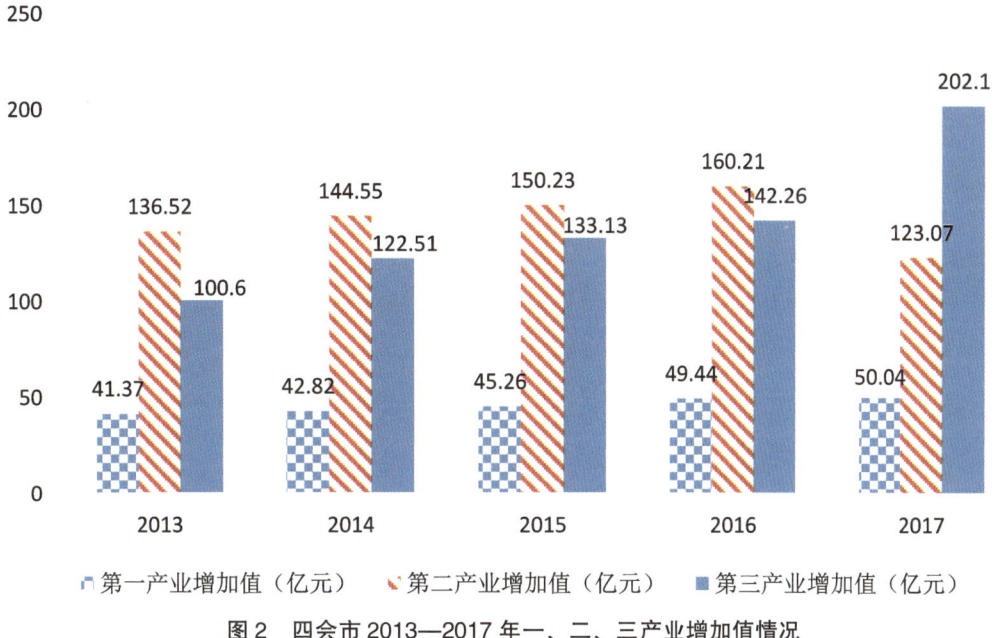

图2 四会市2013—2017年一、二、三产业增加值情况

四、产业状况

2017年，全市完成农林牧渔业总产值78.67亿元，比上年下降1.0%，其中种植业产值24.49亿元，比上年下降3.2%；林业产值4.48亿元，比上年增长4.7%；牧业产值31.75亿元，比上年下降2.4%；渔业产值17.5亿元，比上年增长3.8%。全年生猪出栏量123.40万头，家禽出栏量1792.53万只。全年粮食作物播种面积30.31万亩。蔬菜种植面积11.65万亩，比上年增长1.8%；水果种植面积10.76万亩，比上年下降6.3%，其中柑橘橙6.23万亩，比上年下降11.4%。全年粮食产量18.53万吨，比上年下降3.0%；蔬菜产量22.83万吨，比上年增长2.5%；水果产量10.31万吨，比上年下降6.6%，其中柑橘橙5.19万吨；肉类总产量13.02万吨，比上年下降3.6%，其中猪肉10.41万吨，比上年下降5.2%；禽蛋产量0.95万吨；水产品产量14.16万吨，比上年增长7.0%。2017年，全市实现规模以上工业增加值102.1亿元，比上年增长6.0%。全年规模以上工业完成总产值539.99亿元，比上年增长4.9%。资质等级以上建筑企业10个，完成建筑业总产值8.32亿元，比上年增长22.5%，实现增加值3.55亿元，比上年增长11.2%，实现利润总额1651万元，比上年增长30.0%；全年完成竣工产值4.90亿元，比上年增长81.5%。

第二节 形势研判

一、国家层面

党的十九大提出实施乡村振兴战略，是以习近平同志为核心的党中央着眼党和国家事业全局，深刻把握现代化建设规律和城乡关系变化特征，顺应亿万农民对美好生活的向往，对"三农"工作作出的重大决策部署，是决胜全面建成小康社会、全面建设社会主义现代化国家的重大历史任务，是新时代做好"三农"工作的总抓手。从党的十九大到二十大，是"两个一百年"奋斗目标的历史交汇期，既要全面建成小康社会、实现第一个百年奋斗目标，又要乘势而上开启全面建设社会主义现代化国家新征程，向第二个百年奋斗目标进军。为贯彻落实党的十九大、国民经济和社会发展第十三个五年规划、2018年中央经济工作会议和中央农村工作会议精神要求，必须描绘好战略蓝图，强化规划引领，科学有序推动乡村产业、人才、文化、生态和组织振兴。2018年中央一号文件《中共中央国务院关于实施乡村振兴战略的意见》和2019年中央一号文件《中共中央国务院关于坚持农业农村优先发展做好"三农"工作的若干意见》，为乡村振兴战略实施定方向、定思路、定任务、定政策，明确长远方向，搭建起乡村振兴的"四梁八柱"。中央农村工作领导小组办公室发布的《国家乡村振兴战略规划（2018—2022年）》，为各地各部门有序分类推进乡村振兴战略提供了具体指引。

二、广东省层面

2018年10月22日至25日，习近平总书记先后来到珠海、清远、深圳、广州等地，深入到企业、高校、乡村、社区，就贯彻落实党的十九大精神、深化改革开放、推动经济高质量发展等进行调研，并提出四个方面的工作要求：一是深化改革开放，二是推动高质量发展，三是提高发展平衡性和协调性，四是加强党的领导和党的建设。为落实总书记重要指示精神，2018年5月30日，中共广东省委、广东省人民政府发布《关于推进乡村振兴战略的实施意见》，要求全省上下要切实增强责任感、使命感、紧迫感，以更大的决心、更明确的目标、更有力的举措，推动农业全面升级、农村全面进步、农民全面发展，高质量推动广东省乡村全面振兴。同时要求各省直部门编制乡村振兴专项方案，最终形成一个总体实施意见、一个总体规划、多个专项规划的"1+1+N"全省乡村振兴战略规划体系。广东省委、省政府发布的《广东省实施乡村振兴战略规划（2018—2022年）》提出，按照"四个走在全国前列"、当好"两个重要窗口"的要求，着力打造农业农村经济高质量发展的先行区、农村基层治理的示范区、农村综合改革的试验区，力争3年取得重大进展、5年见到显著成效、10年实现根本改变，在全国率先基本实现农业农村现代化。

三、肇庆市层面

肇庆市属于珠三角9个地市之一，历史上属于农业大市。广州、佛山、肇庆是山水相连的城市，由广佛同城化催生的广佛肇一体化经济圈开创了广东经济发展的新实践。随着粤港澳大湾区发展战略的开展，广佛肇经济圈建设向纵深推进。肇庆在大力实施乡村振兴战略进程中，坚持党建引领，把党建全面贯穿于农村精准扶贫、农业产业发展、美丽乡村建设、乡村旅游规划等各项工作，让党员干部成为引领乡村振兴发展的主力军，基层党组织成为引领乡村振兴的先锋队。《粤港澳大湾区发展规划纲要》指出，肇庆作为一个后发城市，要走新型城市的道路，为此，要着重在生态文明建设、绿色生活等方面做好文章，为大湾区其他城市提供差异化服务，并从中获得自己的发展机遇。充分发挥自身优势，深化改革创新，增强城市综合实力，形成特色鲜明、功能互补、具有竞争力的大湾区重要节点城市。《中共肇庆市委、肇庆市人民政府关于推进乡村振兴战略的实施意见》中提出，加快建设粤港澳大湾区面向大西南枢纽门户城市、为广东实现"四个走在全国前列"作出肇庆担当和更大贡献。《肇庆市实施乡村振兴战略规划（2018—2022年）》指出，当前肇庆发展不平衡不充分问题在乡村最突出，肇庆市超一半人口生活在农村，实施乡村振兴战略，是解决发展不平衡不充分问题、全面建成小康社会的必然要求，是推动全市实现高质量发展的重大机遇。增强发展的协调性，强化与中心城市的互动合作，带动周边特色城镇发展，共同提升城市群发展质量。

四、四会市层面

2017年，四会市实现地区生产总值375.21亿元，相比较肇庆市其他县（市、区）来说，经济较为发达。但拥有良好条件的同时，也存在以下几个问题：

第一，农业一二三产业融合度不高。农业仍以传统的种植业为主，辅之以简单的初加工。由于农业生产、农产品加工和销售、餐饮、休闲以及其他服务业有机地整合度不高，三大产业之间缺乏联动性与集聚性，阻碍了资本、技术以及资源要素的跨界集约化配置，导致农业产业链的延伸以及农民收入增长缓慢。

第二，交通和生态优势未转换为产业优势。四会市拥有便利的交通条件、优越的生态环境和丰富的自然资源。但是，目前四会市的大部分景区（贞山景区、六祖寺、山湖水上乐园、奇石河景区等）普遍存在景区规模小、功能配套（餐饮、停车位等）不齐全、游客体验感差、旅游景区主题缺乏地方特色等特点。

第三，农村人才短缺，农村劳动力结构性问题最为突出。镇村两级从事农业的专业人才短缺，特长不突出。因地理位置处于珠三角边缘，农村青壮年劳动力外流现象严重，加剧了农村地区人口的老龄化、空心化程度，延缓了"三农"问题的解决。

第三节 规划范畴

一、规划时间

2018—2022年，基期为2017年。规划目标任务分别明确至2020年和2022年。

二、规划范围

四会市全域，含3个街道（东城、城中、贞山），10个镇（龙甫、地豆、威整、罗源、迳口、大沙、石狗、黄田、下茆、江谷），113个村民委员会和44个社区居委会，总面积约1166.38平方公里。(见图3)

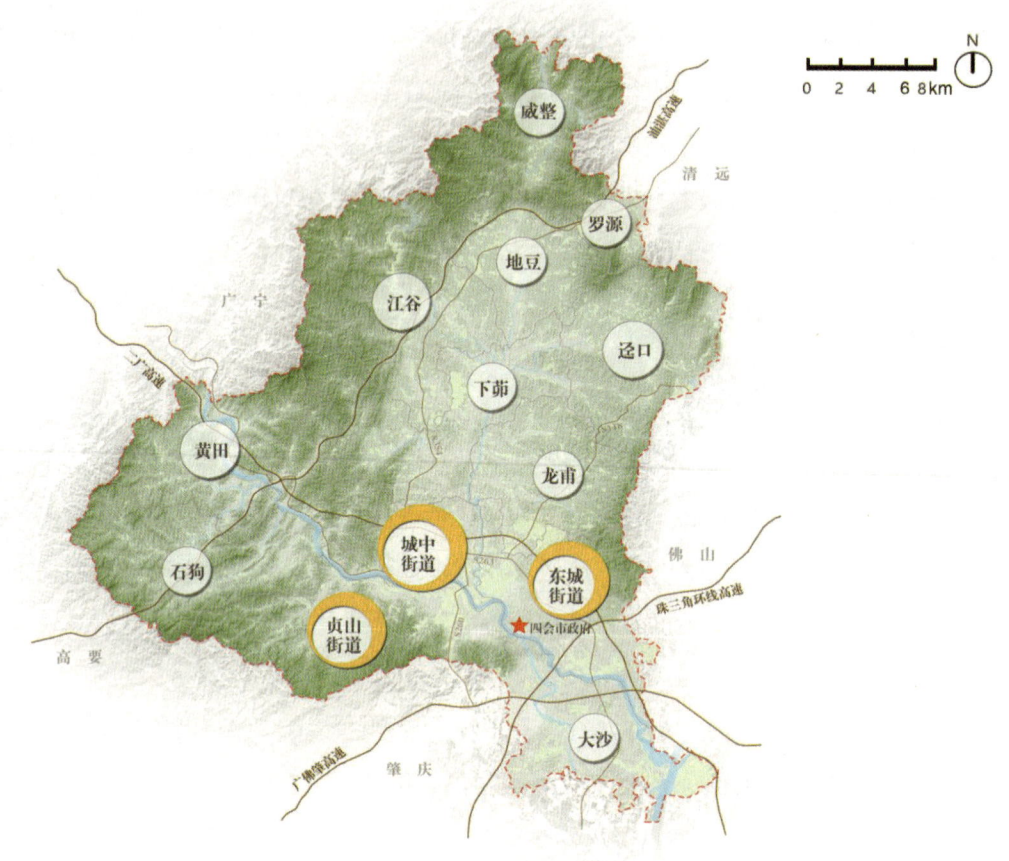

图 3　规划范围图

第四节　规划依据

1. 《中共中央国务院关于实施乡村振兴战略的意见》

2. 《中共中央国务院关于坚持农业农村优先发展做好"三农"工作的若干意见》

3. 《国家乡村振兴战略规划（2018—2022 年）》

4. 《粤港澳大湾区发展规划纲要》

5. 《中共广东省委　广东省人民政府关于推进乡村振兴战略的实施意见》

6. 《中共广东省委　广东省人民政府关于全面推进社会主义新农村建设的实施方案》

7. 《中共广东省委　广东省人民政府关于全域推进农村人居环境整治建设生态宜居美丽乡村的实施方案》

8. 《中共广东省委　广东省人民政府关于加强乡镇政府服务能力建设的实施意见》

9. 《中共广东省委农村工作领导小组关于加快农村人居环境综合整治建设美丽乡村三年行动计划》

10. 《广东省全面推进拆旧复垦促进美丽乡村建设工作方案》

11. 《广东省实施乡村振兴战略规划（2018—2022 年）》

12. 《肇庆市实施乡村振兴战略规划（2018—2022 年）》

13. 《肇庆市关于加快农村人居环境综合整治建设美丽乡村三年行动计划》
14. 《中共中共肇庆市委肇庆市人民政府关于推进乡村振兴战略的实施意见》
15. 《肇庆市实施共建共治共享文明乡村建设工程三年（2018—2020年）行动方案》
16. 《肇庆市实施农村基层党建"头雁"工程三年（2018—2020年）行动工作方案》
17. 《肇庆市实施"百村示范、千村整治"工程三年（2018—2020年）行动方案》
18. 《肇庆市推进四会全域社会主义新农村示范县建设工作方案》
19. 《肇庆市推进农业科技园区建设发展实施方案》
20. 《肇庆实施乡村振兴"六大工程"行动计划》
21. 《四会市城市总体规划（2011—2035年）》
22. 《四会市现代农业产业发展规划（2018—2027年）》
23. 《四会市全域旅游发展规划》
24. 《四会市环境保护和生态建设"十三五"规划（2016—2020年）》
25. 《四会市生态文明建设规划（2017—2030年）》
26. 《中共四会市委　四会市人民政府关于推进乡村振兴战略的工作意见》
27. 《四会市创建省全域推进社会主义新农村建设示范县实施方案》
28. 《四会市加快农村人居环境综合整治建设美丽乡村三年行动计划实施方案》
29. 《四会市实施"百村示范、千村整治"工程三年（2018—2020年）行动方案》
30. 《四会市实施农村基层党建"头雁"工程三年（2018—2020年）行动工作方案》
31. 《四会市农村集体产权制度改革试点方案》
32. 《四会市创建省级农村职业教育和成人教育示范县实施方案》
33. 《四会市推进村民理事会建设工作方案》

第二章　总体要求

第一节　指导思想

全面贯彻党的十九大精神，以习近平新时代中国特色社会主义思想为指导，加强党对"三农"工作的领导，坚持稳中求进的工作总基调，牢固树立新发展理念，落实高质量发展的要求，紧紧围绕统筹推进"五位一体"总体布局和协调推进"四个全面"战略布局，坚持把解决好"三农"问题作为全市工作重中之重，坚持农业农村优先发展，按照产业兴旺、生态宜居、乡风文明、治理有效、生活富裕的总要求，建立健全城乡融合发展体制机制和政策体系，全力推动乡村产业振兴、人才振兴、文化振兴、生态振兴、组织振兴，加快推进乡村治理体系和治理能力现代化，打造生产美产业强、生态美环境优、生活美家园好"三生三美"融合发展的乡村振兴的"四会样板"，为肇庆加快建设成为粤港澳大湾区面向大西南枢纽门户城市，为广东实现"四个走在全国前列"贡献出四会智慧和四会力量。

第二节 基本原则

坚持乡村全面振兴原则。准确把握乡村振兴的科学内涵，挖掘乡村多种功能和价值，释放农业农村发展潜力，统筹推进农村经济建设、政治建设、文化建设、社会建设、生态文明建设和党的建设，注重协同性、关联性，整体部署，协调推进。

坚持党管农村工作原则。毫不动摇地坚持和加强党对农村工作的领导，健全党管农村工作领导体制机制，加强党在农村的基层组织，确保党在农村工作中始终总揽全局、协调各方，为乡村振兴提供坚强有力的政治保障。

坚持农业农村优先发展原则。把实现乡村振兴作为全党的共同意志、共同行动，在干部配备上优先考虑，在要素配置上优先满足，在资金投入上优先保障，在公共服务上优先安排，补齐农业农村短板。

坚持农民主体地位原则。切实发挥农民在乡村振兴中的主体作用，调动农民的积极性、主动性、创造性，把维护农民群众的根本利益、促进农民共同富裕作为出发点和落脚点，不断提升农民的获得感、幸福感、安全感。

坚持城乡融合发展原则。使市场在资源配置中起决定性作用，更好发挥政府作用，推动城乡要素自由流动、平等交换，发挥新型城镇化对乡村振兴的辐射带动作用，加快形成工农互促、城乡互补、全面融合、共同繁荣的新型工农城乡关系。

坚持人与自然和谐共生原则。牢固树立和践行绿水青山就是金山银山的理念，落实节约优先、保护优先、自然恢复为主的方针，统筹山水林田湖草系统治理，严守生态保护红线，推行绿色发展方式和生活方式，促进生产生活生态相协调。

坚持因地制宜、循序渐进原则。科学把握乡村的多样性、差异性、区域性特征，注重规划先行、精准施策、分类推进，不搞一刀切，不搞统一模式。既尽力而为，又量力而行，合理设定阶段性目标任务，久久为功，扎实推进。

第三节 发展目标

明确以党的十九大以来乡村振兴的系列文件精神和习近平总书记的一系列重要讲话精神为指导，建立乡村振兴规划的总体愿景与阶段目标，依据四会市实际，探索出一条以产业振兴为首要任务，多方面、多层次相结合的振兴路径。

一、总体愿景

坚持统筹生产、生活、生态一体布局，按照"3年取得重大进展、5年见到显著成效、10年实现根本改变"要求，全面实施乡村振兴战略，为2035年乡村振兴取得决定性进展、2050年实现全面振兴奠定坚实基础，实现生产美产业强、生态美环境优、生活美家园好"三生三美"融合发展的乡村振兴的"四会样板"。

二、阶段目标

到2020年，乡村振兴取得重大进展。城乡融合发展体制机制初步建立；农业综合生产能力逐步提升；

对人才引进和吸引力度逐步增强；乡风文明明显改观；农村人居环境整治持续推进；党的基层组织建设基本完善；脱贫攻坚任务全面完成，现行标准下农村相对贫困人口全部实现脱贫；农民增收渠道进一步拓宽，农村居民人均可支配收入达到2.8万元左右，农村与城市同步全面建成小康社会。

到2022年，乡村振兴见到显著成效。城乡融合发展体制机制进一步完善；农业综合生产能力进一步提升，农村居民人均可支配收入达到3万元左右；对人才引进和吸引力度进一步增强；乡风文明持续改善；农村生态环境进一步改善，美丽宜居乡村成效凸显，垃圾污水处理、无害化卫生户厕等基础设施基本实现自然村全覆盖，80%以上行政村建有污水处理设施；党的基层组织建设进一步健全；乡村治理能力进一步增强；农村基础设施和公共服务持续改善；一二三产业融合发展格局全面形成。

到2027年，乡村振兴实现根本改变。城乡融合发展体制机制趋于完善；农业综合生产能力显著提升，农村居民人均可支配收入达到3.9万元左右；对人才引进和吸引力度明显增强；乡风文明再上新台阶；农村生态环境根本好转，美丽宜居乡村扎实推进，农村落后面貌实现根本改变；党的执政基础全面巩固；农民就业质量显著提高，相对贫困进一步缓解。

到2035年，乡村振兴取得决定性进展。城乡基本公共服务均等化基本实现；农业综合生产能力实现新跨越；农村高素质人才数量进一步增加；乡风文明达到新高度；农村生态环境自然优美，美丽宜居乡村基本实现；党的执政基础全面强化；农业农村现代化基本实现。

到2050年，乡村实现全面振兴。农业强、农村美、农民富全面实现。

四会市乡村振兴战略规划主要目标指标见表1：

表1 四会市乡村振兴战略规划主要目标指标

分类	序号	主要指标	单位	2017年基准值	2020年目标值	2022年目标值	责任单位	属性
产业兴旺	1	粮食综合生产能力	万吨	12.20	12.21	12.23	市农业农村局	约束性
	2	高标准农田面积	万亩	11.4497	13.1097	13.1097	市农业农村局、市资源局	约束性
	3	农业科技进步贡献率	%	61	65	70	市农业农村局	预期性
	4	农业劳动生产率	万元/人	3.1	4.53	4.9	市农业农村局	预期性
	5	农业土地产出率	万元/亩	0.82	0.83	0.83	市农业农村局	预期性
	6	农产品加工业产值与农业总产值比	%	2.05	2.5	2.52	市农业农村局	预期性
	7	"三品一标"产品数	个	10	16	30	市农业农村局	预期性

续表

分类	序号	主要指标	单位	2017年基准值	2020年目标值	2022年目标值	责任单位	属性
产业兴旺	8	水产品产值	万元/吨	1.21	1.28	1.33	市农业农村局	预期性
	9	花卉产业产值	万元/亩	0.91	1.02	1.09	市农业农村局	预期性
	10	康养产业产值	万元/人次	3.3	3.6	4.0	市民政局	预期性
	11	休闲农业和乡村旅游接待人次	万人次	279.08	322.59	341.95	市文广旅体局	预期性
生态宜居	12	美丽宜居村达标率	%	—	60	80	市委农办	预期性
	13	农村生活垃圾有效治理率	%	90	95	97	市城管局	预期性
	14	畜禽粪污综合利用率	%	60	75	80	市农业农村局	约束性
	15	农村无害化卫生户厕普及率	%	93	96	98	市农业农村局	预期性
乡风文明	16	农村综合性文化服务中心覆盖率	%	100	100	100	市文广旅体局	预期性
	17	四会市级以上文明村和乡镇占比	%	85	95	100	市委宣传部	预期性
	18	农村初中专任教师本科以上学历占比	%	93.75	93.80	94	市教育局	预期性
治理有效	19	全市村两委班子成员45岁以下人数占比	%	43.01	30	30	市委组织部	预期性
	20	两委班子成员高中和中专学历占比	%	52.20	60	60	市委组织部	预期性
	21	"民主法治村"覆盖率	%	56.41	100	100	市司法局	预期性
	22	建有党群服务中心的占比	%	100	100	100	市委组织部	预期性
	23	示范性乡镇公共法律服务站	%	—	30	50	市司法局	预期性
	24	村庄规划覆盖率	%	—	100	100	市资源局	预期性

续表

分类	序号	主要指标	单位	2017年基准值	2020年目标值	2022年目标值	责任单位	属性
生活富裕	25	城乡居民收入比	—	1.44	1.36	1.3	市统计局	预期性
	26	农村居民人均可支配收入	万元	21482	28000	30040	市统计局	预期性
	27	农村自来水普及率	%	91.5	93	95	市水利局	预期性
	28	开通光纤入户行政村覆盖率	%	100	100	100	市工信局	预期性
	29	具备通行条件的建制村通客车率	%	91	100	100	市交通局	约束性

第三章 构建城乡融合发展新格局

坚持乡村振兴与新型城镇化双轮驱动，充分发挥城镇和乡村各自的资源禀赋优势，引导资金、人才、信息和产业合理流向农村，推进农村产品和服务走向城镇，促进城乡产业和要素融合，实现城乡要素的合理流动。严格遵守《四会市城市总体规划（2011—2035年）》明确的"三区三线"划定和管辖思路，统筹城乡发展格局，提升城区发展质量，优化乡村生产、生活、生态空间，协调有序推进乡村发展，构建城乡发展新格局。

第一节 构建城乡融合发展体系

推进乡村振兴，坚持城乡融合发展，既要推动城镇基础设施向乡村延伸、城镇公共服务向乡村拓展，也要尊重乡村文化、传承农耕文明，通过以城带乡、功能互补、有机衔接，实现城市经济和乡村经济融合互联、协同发展，城市文明和乡村文明共存共荣、互促互进。健全城乡发展一体化体制机制，逐步达到城乡要素平等交换、合理配置和基本公共服务均等化，形成城乡一体的新型城乡公共文化互相补充和促进关系。

一、规划城乡空间策略

按照"一核一轴一廊"的发展战略部署（见图4），坚持统筹谋划、一体布局、分类引导、分阶段推进的原则，进一步优化城乡空间布局，合理布局城乡发展定位，加快区域协同、城乡统筹以及基础设施互联互通，生态环境共治共保，重大公共服务设施统筹配置，加强城乡空间开发保护，实现城乡产业新型化、城乡建设集约化、农村发展社区化、基础设施网络化、公共设施标准化、人居环境生态化。

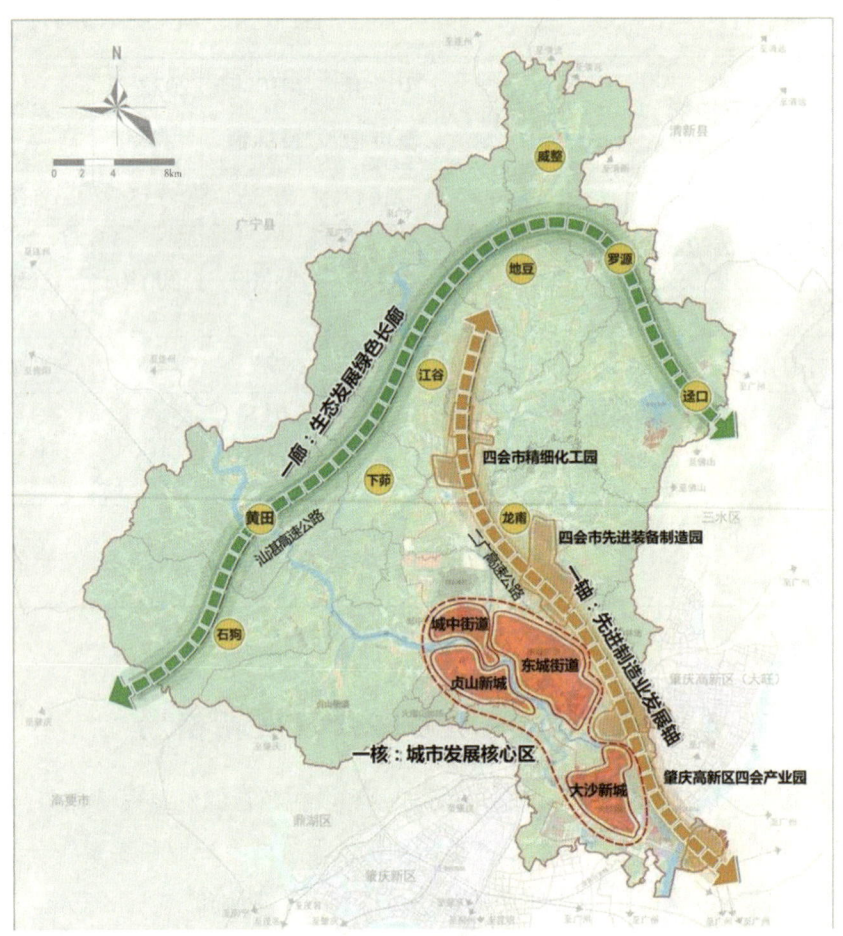

图 4 四会 "一核一轴一廊" 图

一核：大力抓好城市发展核心区建设，推动中心城区向东拓展，加快推进城区扩容提质，以东城、城中为核心的中心商务区联合贞山新城、大沙新城建设城市发展核心区，着力建设广佛肇科教新城、贞山新城、玉器文化小镇、大沙新城等4大城市发展平台。推进绥江"一河两岸"城市规划建设，提升城市公共设施，打造体育中心等城市"新地标"，重点发展总部经济、现代商贸、科技金融和文化旅游等现代服务业，建设粤港澳大湾区现代化高品质城市，提升城市整体竞争力和吸引力。

一轴：以二广高速为主线，串联肇庆高新区四会产业园（包括南江工业园和大沙片区）、四会市先进制造业基地（包括龙甫循环经济金属产业基地和龙甫电镀产业园）、四会市精细化工工业园（包括国际化妆品产业城）等主导产业园区重要节点，打造四会先进制造业发展轴，辐射带动大沙、东城、城中、龙甫、下茆、江谷、迳口等镇（街道）产业集聚板块优化提升。大力实施工业发展"366"工程，着力推进"三个年"活动，加快发展先进装备制造、精细化工、生物制药、金属深加工、智能家居、数字经济等现代产业，促进产业升级和科技创新，打造高质量现代制造业基地。

一廊：以汕湛高速沿线的罗源、威整、地豆、黄田、石狗镇，以及迳口、江谷、下茆镇的山区地带，构成生态发展绿色长廊，深入抓好特色花卉、高值水产、优质蔬果、生态休闲等现代农业产业发展，挖掘乡村历史文化底蕴和自然风光，发展高端生态旅游等乡村新业态，打造一批特色乡村，引领推动乡村全面振兴。

二、合理规划城乡用地

在城乡空间规划布局的指引下，调整各类用地总体布局，促进要素聚集，优势资源向重点发展核心集中，促进人口向中心镇、农村社区集中，通过镇村规模组团，建立"核心县城+田园社区+特色小镇+美丽乡村"的空间格局，引导资源有效流动，构建现代乡村发展体系。尊重自然规律和发展规律，统筹自然资源开发利用、保护和修复，推动主体功能区战略格局在四会市精准落地，健全不同主体功能区差异化协同发展长效机制，实现山水林田湖泊整体保护、系统修复、综合治理。坚持农业发展优先、生态保护优先，在确保农产品供给和生态安全的前提下，集约高效有序布局各类开发建设活动，控制开发强度，引导人口分布、产业布局等与当地水土资源、生态环境承载能力相适应。按照不同主体功能定位，开展资源环境承载能力和国土空间开发适宜性评价。注重生态、农业、城镇三类空间（即三区）和生态保护红线、永久基本农田保护红线、城镇开发边界（即三线）合一。

三、完善村庄整体规划，科学推进城乡规划一体化

按照"生产空间设施完善、生活空间方便宜居、生态空间一体整治"的原则，顺应乡村人口流动和村庄变化趋势，遵循传统肌理和空间格局，科学确定村庄布局，修编完善村庄建设规划。以建设生活圈、完善服务圈和繁荣商业圈为重点，统筹安排乡村基础设施和公共服务设施建设，规划实施水、电、路、通讯、防灾、垃圾治理等基础设施建设，加强教育、医疗和商业等公共服务设施功能配置。按特色保护、城郊融合、整治提升的方式推进乡村建设，促进生产空间集约高效、生活空间宜居适度、生态空间山清水秀，延续乡村和自然有机融合。

以《四会市城市总体规划（2011—2035年）》为基础统筹各类专项规划，推进城乡基础设施、产业发展、公共服务、资源能源、生态环境保护等一体化进程。将村庄规划纳入"多规合一"规划信息管理平台，统一管理，实现全域空间开发数字化管控和项目审批核准并联运行。强化市域空间规划和各类专项规划引导约束作用，科学安排市域乡村布局、资源利用、设施配置和村庄整治，推动村庄规划管理全覆盖。综合考虑村庄演变规律、集聚特点和现状分布，结合农民生产生活半径，合理确定市域村庄布局和规模，避免随意撤并村庄搞大社区、违背农民意愿大拆大建。统筹考虑乡村建筑布局、特色风貌、产业发展、设施建设、生态保护、文化传承等因素，积极吸引规划、建筑、园林、景观、艺术设计、文化策划等专业人员参与美丽乡村规划建设，提升美丽乡村建设水平。

第二节　优化生产生活生态空间

按照生产空间集约高效、生活空间宜居适度、生态空间山清水秀的总体要求，坚持人口资源环境相均衡、经济社会生态效益相统一，营造平等共享的乡村生产生活生态空间。

一、繁荣生产发展空间

将乡村生产逐步融入区域性产业链和生产网络，引导乡村产业集聚集约高效发展，第二产业重点向工业区、重点乡镇及产业园区集中。推动土地细碎化经营向多种形式适度规模化经营，扶持家庭农场、

合作社、龙头企业等新型农业经营主体，发展农业生产性服务业，鼓励开展市场化和专业化服务。建设标准化、规模化原料生产基地，布局农产品集散中心、物流配送中心和展销中心，创建农业产业化示范基地和现代农业示范区，形成相对完善的乡村产业发展体系。

二、优化生活舒适空间

合理确定乡村生活设施用地位置、规模和建设标准，着力完善供水、供电、通信、污水垃圾处理、公共服务等配套设施，适当增加旅游、休闲等服务设施，建立健全长效管护机制，努力满足乡村发展需要。加强资源整合，强化空间发展的人性化、多样化，规划建设农村社区党群服务中心、文体活动广场、村级办公场所、公园、停车场等村落公共生活空间；配套完善乡村菜市场、快餐店、配送站等大众化服务网点，加快建设乡村电子商务服务体系，发展一批多功能的城镇商贸中心，充分满足农民休闲、娱乐、消费等多方面需求。

三、打造生态宜居空间

严守生态保护红线，加强山水林田湖草系统治理，划定并保护好饮用水源地，重视山体形貌维护、植被修复养护、水系岸线防护，慎砍树、禁挖山、不填湖、少拆房，不人为取直道路，不盲目改变河道流向。彰显四会市乡村生态特色，水系发达乡村体现水乡韵味，平原乡村营造田成方、林成网的平原美景，丘陵地区乡村打造山村风貌，充分体现具有山区、平原、水乡、海滨等不同地域特色的自然风貌。

第三节 打造"产城人文"有机结合的特色小镇

坚持用创新、协调、绿色、开放、共享新发展理念指导城乡建设，依托特色产业、历史文化、民族风情、生态环境，打造一批产城人文四位一体有机结合的特色小镇，推动产业之间、产城之间、城乡之间融合发展，提速农民就地城镇化进程，打造城乡统筹发展新样板。加强以乡镇政府驻地为中心的农民生活圈建设，完善城镇功能，补齐基础设施、公共服务、生态环境短板，以镇带村、以村促镇，推动镇村联动发展。建设生态宜居的美丽乡村，发挥多重功能，提供优质产品，传承乡村文化，留住乡愁记忆，满足四会人民日益增长的美好生活需要。

一、打造石狗兰花小镇

统筹空间布局，集聚资源要素，依托特色产业，加快推进石狗兰花小镇等特色农业小镇的培育。充分利用石狗镇作为四会唯一的兰花专业镇和珠三角地区最大的兰花种植基地的产业资源，大力挖掘兰花特有的文化、旅游元素，并向旅游休闲文化体验延伸。在开展全域推进社会主义新农村建设工作中，把兰花文化融入其中，将兰花元素融入城镇建设，兰花产业与城镇同步发展壮大。加快建设标志性兰花建筑，提高文化设施的覆盖率。建设以兰花为主题的科技馆、博物馆、艺术馆和体育馆等文化设施。打造兰花特色小区、兰花广场、兰花酒店、兰花民宿、兰花主题公园等满足市民休闲、运动、娱乐、文化、休憩等需要。以特色小镇建设作为发展休闲农业和乡村旅游的主要抓手和平台，打造集兰花种植、电商产业、旅游产业三产融合发展的珠三角最大的兰花文化旅游小镇。

二、打造玉器文化小镇（东城）

以高端翡翠玉器的交流、交易、文创、定制为基础，以"大师+匠人"的人才结构为核心竞争力，以玉文化主题的时尚休闲商业业态培育为亮点，以融合玉文化元素和传统岭南建筑文化于一体的建筑风貌为特色，以精致的岭南玉文化深度体验为吸引力，构建山水城景相融合的"翡翠项链"式空间格局，建设产业资源高端创新、生态环境优美的宜居小镇。

三、打造贞山禅意小镇

依托区域内优越的自然生态资源和人文景观，充分发扬和利用贞仙、六祖禅宗、千年造纸等资源优势，打造六祖禅宗文化产业园区。大力发展旅游休闲产业，增强对周边地区人流、物流和资金流的集聚能力，打造宜商宜居宜游的"贞山禅意小镇"。

四、打造江谷、地豆田园小镇

紧密结合省级新农村连片示范区建设，全面优化区域乡村环境、基础设施和公共服务，逐步恢复岭南传统乡村田园脉络、传统生活方式，创新活化岭南乡土文化元素及非遗文化，创新岭南田园生活体验，打造珠三角原乡风情下的精致岭南休闲农业田园生活体验区。

五、打造罗源温泉小镇

依托罗源岭南乡村田园之景，以岭南原乡田园温泉为卖点，打原乡田园温泉差异牌，积极主动地融入清新温泉旅游大格局中，打造清新温泉升级版，使罗源温泉小镇成为四会冬季旅游承载地。

六、打造黄田红色小镇

依托黄田镇深厚的革命历史文化及不可忽视的革命历史地位，以红色文化为主题，通过红色文化的展示教育及培训、红色文化的旅游化体验，融合百年古村深厚文化底蕴，依托上寨村原生村落环境，打造广东首个红色文化主题小镇。

七、打造大沙湿地小镇

依托大沙镇极具岭南水乡特色的水网、鱼塘、农田、渔村，打造集原真湿地风光、原味渔乡风情于一体的岭南原乡湿地小镇，是四会市生态文明建设的重点工程。

第四节 分类推进村庄建设

顺应村庄演变与发展趋势，依据不同村庄（自然村）发展现状与潜力，按照集聚提升、城效融合、特色保护、撤并消失的方式确定分类规则，以行政村为单位，分类推进村庄发展。具体分为搬迁撤并村、整治提升村、城郊融合村、特色精品村四种类型。（见表2）

表2 四会市村庄分类指引

类别	范围	推进措施
搬迁撤并村	包括确定迁村撤并的村庄、拟调整的空心村、纳入城市、镇规划区的行政村，以及地处偏远、经济欠发达地区的村庄；较为分散或规模较小的自然村（20户以下）。分布在生态敏感区的村庄，包括绥江沿岸及四会市西北部的江谷水库、壮坑水库、十二带自然保护区内的村庄。代表性村庄有大沙镇马房村。	对生态敏感区的村庄，制定村民搬迁政策，因地制宜复垦或还绿，增加生产生态空间；对具有旅游度假开发价值的空心村，在保护生态环境的前提下，通过招商引资或者组建农宅合作社，建设养老或休闲度假乡村民宿；对纳入城市规划的村，要结合新型城镇化进行改造，加快城市化进程，按照城镇的标准塑造城市景观，进一步促进人口集聚。完善"三旧"改造模式与制度，释放土地潜能，为城市功能提供高品质的空间。完善住房保障制度和社会保障制度，引导人口有序集聚。按照政府引导、市场主导模式推进城中村改造，完善公共服务体系和社会管理体系。但在改造中要注意保留村庄的自然和文化景观，如古树、山水环境、古桥、古庙、古井、古码头、有价值的古建筑等。对近期还不具备搬迁条件的村庄，要满足现居住村民基本生活要求，做好环境卫生的管理工作，对影响村民出行的村内道路进行硬化。
整治提升村	指的是具有一定基础和基本条件的村庄，以及其他仍将存续的一般村庄。主要分布在四会市中部和山前缓坡和山间平地。四会市大部分村庄属于这种类型，代表性村庄有龙甫镇芙蓉村、江谷镇旺塘村。	结合土地确权，固化村庄建设规模和边界，通过整体改造、宅基地置换、集体回购、城乡建设用地增减挂等多种途径解决空心村、闲置宅基地问题，或者因地制宜复垦或还绿。实行"三清三拆三整治"后的建设用地分别采取复垦、改建措施，或者以出租、合作等方式盘活宅基地，采取入股、联营等方式支持农村新产业新业态。新建房屋要符合四会市新农村建筑风貌指引，对自愿清拆复垦、还绿的村民进行一定的补偿。同时完善村基础设施建设，包括村道硬化和拓宽、改厕、污水处理、垃圾处理，以及水电、通讯、防灾减灾等，增设必要的服务设施，如活动广场、文化楼、停车场。
城郊融合村	指在四会市区近郊区以及镇所在地的村庄，具备成为城市后花园的优势，也具有向城市转型的条件，如东城街道、城中街道、贞山街道、大沙镇、龙甫镇、江谷镇、地豆镇镇区以及周边的村庄。	适应工业化、城镇化发展需要和村庄自身发展需要，在保留传统乡村风貌同时，"三清三拆三整治"后新建、改建的房屋具有岭南新农村风貌特征，基础设施和服务设施体现城市水平，如建设文化、运动休闲广场、文化活动楼、乡村公园绿地等，配套医疗、教育、商业等服务设施。

续表

类别	范围	推进措施
特色精品村	包括：一是特色资源突出，如自然景观、历史文化突出的村庄；二是区位条件优越，如地理位置、交通条件优越的村庄，具备农业产业特色的村庄；三是目前基本生活条件完善，已经达到美丽宜居村条件的村庄。如贞山街道扶利村、城中街道宁宅村、罗源镇石寨村和铁坑村、威整镇大洲村，以及已经具备美丽宜居村条件的城中街道白沙村、龙甫镇龙头村、地豆镇水车村、罗源镇乌石岗村等。	这类村庄按照特色精品村方向整治。要保持村庄历史风貌和文化的完整性、真实性和延续性，在保护村庄的自然生态环境同时进行活化利用。

第四章 乡村振兴之重：产业振兴

产业振兴是乡村振兴的重点。四会市依托不同类型村庄的现有自然生态、历史人文、景观风貌等特色资源，以乡村振兴战略为统领，以市场需求为导向，以特色强农、科技强农、品牌强农、质量强农、产业融合强农为手段，因地制宜发展乡村基础产业、优势产业、特色产业，积极发展新业态，提高农产品竞争力，延伸产业链，促进产业增效、农民增收，打造"一村一品，一镇一业"。到2020年，产业振兴取得重大进展，农业综合生产能力显著提升，现代化农业产业体系初步建立，农业供给体系质量明显提高，新型农业经营主体不断壮大。农民增收渠道进一步拓宽，农村居民年人均可支配收入达到2.8万元左右。到2022年，产业振兴见到显著成效，现代化农业产业体系、生产体系和经营体系全面构建，农村一二三产业融合发展格局全面形成。到2027年，产业振兴实现根本改变，现代化水平显著提升，农村居民年人均可支配收入达到3.9万元左右。到2035年，产业振兴取得决定性进展，农业综合生产能力实现新跨越。

第一节 构建现代农业产业体系

强化农业基础地位，优化和调整产业结构，用工业化的理念、产业化的手段、市场化的导向谋划发展农业，加快构建现代农业产业体系。建立农业投入稳定增长机制，确保投入只增不减，用财政资金撬动金融和社会资本投向农业，加大对农业的扶持力度。加快现代农业产业园和农业特色示范镇建设，以现代花卉果树园艺、高端水产养殖、康养休闲农业三大主导产业为主体，推动农产品精深加工，延伸产业链条。完善农产品质量安全体系建设，推进"三品一标"持续健康发展。健全农业预警系统，提高抗风险能力。

一、建立农业投入稳定增长机制

充分发挥财政政策导向功能和财政资金杠杆作用，鼓励和引导金融资本、工商资本更多投向农业农村。优化投入结构，向农业绿色发展的方向倾斜，支持开展农业环境突出问题治理、绿色生产模式创新、山水林田湖生态保护修复、农业废弃物资源化利用等工程试点。建立以绿色生态为导向的农业补贴制度，形成完善的政策体系，进一步提高农业补贴政策的指向性和精准性。落实对农民直接补贴制度，加大直接补贴力度，重点向种养大户倾斜。完善结构调整补助政策，继续支持粮改饲、粮豆轮作，加大畜禽水产标准化健康养殖支持力度。建立耕地轮作休耕补贴制度。完善农机购置补贴政策，重点支持绿色高效机具补贴力度。

二、加快现代农业产业园建设

抢抓省正在全力推进现代农业产业园创建工作的有利时机，以建设"智慧农业园区"为目标，大力发展数字农业、智慧农业，围绕粮食生产功能区、重要农产品保护区和特色农产品优势区建设，打造一批现代农业产业园和现代农业科技园。鼓励龙头企业、农民专业合作社、种养大户投资建设，引导农户以土地等生产要素入股形式参与现代农业产业园建设。在四会市砂糖桔省级现代农业产业园成功创建的基础上，全面启动以花卉、水产等产业为主体的现代农业产业园创建工作，力争到2020年规划建设1个以上省级农业科技园，2022年全市省级现代农业产业园达到2个以上。

三、推进"一村一品、一镇一业"项目建设

以"一村一品、一镇一业"项目为抓手，依托资源优势，打造新型农业专业特色村、镇（街道），力争实现生产标准化、特征标识化、产地身份化、营销品牌化。加大引导培育力度，力争每年组织5个行政村发展农业特色产业，到2020年，争取成功培育15个村发展农业特色产业。通过"一村一品、一镇一业"项目建设，形成四会市主导产业突出，区域特色优势明显，市场前景较好，组织化程度较高，农民增收效果显著的专业特色村、镇（街道）。促进地方特色产业由资源变产品、产品变商品、商品变名品，带动产品开发、产业发展，振兴乡村经济。到2022年，力争创建6~10个农业特色示范镇。

四、完善农产品质量安全体系建设

积极推进农产品质量安全市创建工作，加强政府、企业（市场）和社会共建共管共治，提升食用农产品质量安全治理能力和质量安全水平。积极推行减量化和清洁生产技术，规范生产行为，控制农药残留，净化产地环境，从源头提升农产品质量安全水平。加大对市级农产品检测工作经费的投入，充实市级农产品质量检测监控能力；加快推进镇级检测站实验室的建设，从源头上把好农产品质量安全关；扩大农产品质量安全监测品种及范围，强化农产品种植类生产基地监管。加强农产品质量的监管和监测，逐步将农产品监测品种扩大至贡柑、砂糖桔、蔬菜、百香果、油茶、山药、芒果、竹笋等，将已申报的无公害农产品、绿色食品、有机食品的种植类生产基地100%纳入抽检范围。加强与省、市科研院校等单位合作，学习先进技术。

五、健全农业预警系统，提高抗风险能力

健全农业预警系统，规避农业风险，提高农民的抗风险能力。建立信息公开发布制度，强化对农民

和新型经营主体的信息服务，提前预报对农业生产不利的状况，指导农民在预警系统下对农业生产做出调控，将灾害及损失减到最小。完善农业保险政策体系，推动农业保险提标、扩面、增品，积极开展水稻、玉米等主要粮食作物完全成本保险和收入保险试点，全面开展农业大灾、农机保险，鼓励开展天气指数保险、价格指数保险、贷款保证保险等试点。建立财政支持的农业保险大灾风险分散机制，落实农产品保费奖励机制。

第二节　完善现代农业生产体系

坚持最严格的耕地保护制度，坚守耕地红线，实施藏粮于地、藏粮于技战略，提高粮食产能，确保谷物基本自给、口粮绝对安全。稳定优质水稻生产，扩大玉米、红薯等优质杂粮基地，因地制宜发展花生、粉葛、南药等生产加工基地。推进高端水产主导产业链建设，做优水产养殖业。集聚兰花产业相关资源，构建兰花产业生态圈，做强兰花种植业。以"四会瓜果菜、绿色无公害"为目标，做好蔬菜种植业。

一、发展高端现代水产养殖业

改变过去粗放式养殖四大家鱼的局面，发展规范化、现代化、科学化的渔业养殖。调整渔业养殖格局，在保护环境的前提条件下，提高水产品产量和质量，实现渔业养殖经济的增长。提升养殖技术的同时，考虑深化水产品加工层次，提高水产养殖业第二产业比重。依托在农家乐上的品牌优势，进一步发展渔业，并与市场需求相结合，打破原有传统的单一模式，将渔业观赏、垂钓、旅游等多元项目结合为一体，形成地区特色，提高吸引力。整合大沙镇4万亩的鱼塘，进行景观改造，如增加景观果树和美化绿化树木花草，变成鱼塘湿地，种植莲藕、慈姑、肇实、茭白、菱角、睡莲、水稻等水生经济作物。推动发展澳洲淡水龙虾、加州鲈鱼、龟鳖等高端水产养殖，形成立体养殖种植模式，并配备休闲、餐饮设施，打造省内第一个以鱼塘为特色的国家公园，大幅度提升鱼塘的复合经济效益和知名度。

二、做强花卉种植业

依托石狗镇已有的兰花种植产业基础和品种繁育优势，以全域旅游、融合发展为先导，整合现有兰花产业。以兰花花海为核心打造四季花田，设立生产区、加工区、观赏区、体验区、销售区、电商区。大力挖掘兰花特有的文化、旅游元素，并向旅游休闲文化体验延伸。通过"互联网+兰花"模式，集聚兰花产业相关资源。构建以"兰花种植+电商平台打造+兰花观光旅游+兰花主题文化休闲体验+兰花主题旅游纪念品基地"五大产业链条的兰花产业生态圈。积极开展招商引资活动。以电子商务产业园为核心，现代物流园、绿色食品产业园为支撑，打造"三园一体""互联网+"综合服务体系产业链，加快兰花产业转型升级，通过兰花带动地区经济增长，带领村民脱贫致富。加强与省、肇庆市科研院校等单位合作，学习先进技术。围绕兰花新品种研发专题，组织多学科人员共同完成，实行学科交叉、渗透，边干边学培养人才。实现"一产带动三产、三产引领一产"的良性互动的叠加效应，把四会打造成集生产、交易、观光、生态于一体的"兰花之都"。到2020年，实现兰花种植面积超过4500亩，年销售产值2.7亿元以上，兰花企业达到50家。到2022年，实现兰花种植面积超过5000亩，年销售产值3.0亿元以上，兰花企业超过60家。

三、做好蔬菜种植业

以"四会瓜果菜、绿色无公害"为目标，做大蔬菜种植业。发挥城郊蔬菜生产优势，引导农户集中生产集中经营，以城市居民消费为目标市场，优先支持发展网上预订、物流配送式的标准化生产"社区+基地+农户"的发展模式。按照"抓龙头、带基地、树品牌、增效益"的发展战略，推进标准化生产基地的建设，积极开展无公害、绿色产品认证工作。立足产业基础和群众意愿，实行"一村一品、数村一品，一镇一业、数镇一业"政策，扶持发展优势产业，努力扩大特色产业规模，做好区域布局，从培养专业生产大户、专业村入手，实施规模化发展，绘制出一张多彩的四会"蔬菜地图"。到 2020 年建设 2 个 100 亩优质蔬菜核心基地，引进优良蔬菜品种 5 个，积极探索"公司+基地+农户+标准"的运作模式，发展订单农业、社区农业和智慧农业，打响绿色蔬菜品牌。主要建设蔬菜大棚，引进农业物联网监控设备，完善排灌系统，重点加强引水渠、排水沟等建设，实施测土配方施肥、自动化喷灌、水肥一体化等现代化农业设施设备建设投入，提高农业生产效率和现有土地产出。到 2022 年建设 5 个优质蔬菜加工示范基地，重点建设蔬菜贮藏室、分拣、清洗加工包装、质检化验、净菜贮藏等厂房。

四、提高粮食综合生产能力，保证粮食安全

以"肇庆粮安工程"建设为指导，提高农业综合生产能力，保障粮食安全和重要农产品有效供给，建立健全粮食安全保障体系。加大良种繁育、农机农艺融合等绿色增产技术模式攻关，推广旱作节水农业技术，开展测土配方施肥，促进粮食综合生产能力提升。强化地方行政领导负责制，完善监督考核机制，全面落实在粮食生产、流通、地方储备、维护市场秩序等方面的责任。健全粮食现代物流体系，发展粮食物流散装、散卸、散储、散运，积极推进现代化粮食仓储物流基础设施和大型综合粮食物流园区建设，构建安全高效、一体化运作的粮食物流基础设施网络。

五、持续推进农田、水利设施建设

突出抓好整镇连片、高产高效现代粮食示范基地建设，争创全国"优质粮食工程"示范市。严守耕地红线，全面落实永久基本农田特殊保护政策措施，确保 20.905 万亩永久基本农田数量不减少，扎实开展耕地质量保护与提升行动，确保质量不断提升。实施耕地提质改造工程，将集中连片、适宜规模化开垦的地块优先纳入水田垦造计划。制定农村水利治理规划，完善农田灌排工程体系。大力推进江大灌区等中型灌区节水配套项目建设，到 2022 年改善灌区面积 8 万亩。实施中小河流治理，到 2022 年完成整治任务 21.3 公里。

第三节 健全现代农业经营体系

坚持党的领导、群众自愿、利益共享，鼓励创办新型农业经营主体，农民以家庭承包土地经营权入股、村集体以集体资产入股、社会资本以资金入股，深入实施新型农业经营主体培育工程，加快培育壮大农业龙头企业、农民专业合作社、种养大户、家庭农场这 4 类经营主体。出台扶持新型农业经营主体的政策性文件，鼓励多种形式的适度规模经营。构建乡村助农服务体系，建立健全新型农业经营主体与农户的利益联结机制。鼓励企业、合作社建设品牌专卖店、连锁店，或与大型连锁超市、电商、餐饮对接，拓展销售渠道。发展新型农村集体经济，拓宽农村集体经济收入渠道。

一、培育新型农业经营主体

实施新型农业经营主体培育工程，支持新型农业经营主体成为建设现代农业的骨干力量，重点培育农业龙头企业、农民专业合作社、种养大户、家庭农场这 4 类经营主体。鼓励他们通过土地经营权流转、股份合作、代耕代种、土地托管等多种形式，开展适度规模经营。推动金融、人才等资源要素向农村配置，在返乡大学生、退伍军人和大学生村官等重点人群中，培育一批生产经营型、专业技能型、社会服务型职业农民和职业经理人。加快建立新型经营主体支持政策体系，加大财政、税收、土地信贷、保险等政策对新型经营主体的支持力度，扩大新型经营主体承担涉农项目规模。到 2022 年力争全市新增肇庆市级以上农业龙头企业 10 家，省级农民合作社示范社 4 家、肇庆市级农民合作社示范社 8 家，家庭农场 50 家。

二、鼓励多种形式的适度规模经营

鼓励新型农业经营主体、现代农业园区及为新型农业经营主体服务的经济组织和社会组织，通过在农村土地确权登记的基础上，有序引导有条件的乡镇村庄发展土地经营权流转、股份合作、代耕代种、土地托管等多种形式的适度规模经营。构建以农户为基础、新型经营主体为骨干、其他组织形式为补充的现代农业经营体系。扶持种养业向农民合作社、家庭农场和种养大户集中，扶持社会化生产服务体系发展，降低服务成本。设置专项资金支持标准化水禽、淡水水产养殖场建设，鼓励大型养殖企业开展一体化经营，加强养殖与加工、冷链物流各环节的协调发展。

三、构建乡村助农服务体系

加快发展农业专业化、社会化服务组织，发挥市场在资源配置中的决定性作用。支持龙头企业牵头兴办专业服务组织，投入更多资金，将服务网络板块引入各个重点乡镇的"三农"服务中心，打造更多功能、更多元的为农服务体系，提升新型合作社发展活力。到 2020 年，建设 1 个市级助农服务综合平台和 4 个镇村助农服务中心，到 2022 年，助农服务综合平台和服务中心经营服务覆盖全市涉农村庄。建立健全新型农业经营主体与农户的利益联结机制，形成以龙头企业为基础、各类服务组织为骨干的市场化服务网络，有效解决农民的实际困难。到 2022 年，参与新型主体利益联结机制的农户覆盖率达到 50% 以上，到 2027 年达到 80% 以上。

四、壮大培育发展本地特色农业名牌

充分调动新型农业经营主体的积极性，以培育高品质的农产品为核心，以精准化的品牌推介为依托，培育一批名牌农产品。新增引入品牌专业机构，加强农业企业品牌策划、包装、开发，借助农业博览会、推介会、展会等平台，做大做强特色农产品，提高四会特色农产品影响力和竞争力。打造一批具有文化底蕴、地域特色的特色品牌，推动其不断提升知名度和美誉度。鼓励企业、合作社建设品牌专卖店、连锁店，或与大型连锁超市、电商、餐饮对接，拓展销售渠道。大力开展"三品一标"创建活动，重点抓好四会砂糖桔、四会贡柑、白沙竹笋等区域农产品品质的提升，出台和颁布无公害、绿色食品和有机食品奖励政策，推动其逐步由卖产品向卖技术、卖标准、卖苗木、卖服务转变，实现提质增效。到 2020 年新增国家地理标志产品和无公害农产品、绿色食品、有机农产品 6 个，农业类省级名牌产品 2 个。

五、发展新型农村集体经济

分类登记经营性资产、公益性资产和资源性资产。深入推进农村集体产权制度改革，全面加强农村集体资金资产资源监督管理，积极开展成员身份界定、集体股份设置、股份权能赋予、集体经济实现形式、发展壮大集体经济路径等"五个探索"，2022年基本完成农村集体产权制度改革。拓宽农村集体经济收入渠道，鼓励农村集体经济组织以自主开发、合资合作、出租入股等方式，盘活利用未承包到户的集体荒山、荒沟、荒丘、荒滩（"四荒"地）、果园、养殖水面，以及生态环境、人文历史、各类房产设施、集体建设用地等资产资源，发展现代农业、休闲农业、乡村旅游、社区养老、物业租赁等项目。充分利用闲置的各类房产设施和集体建设用地，探索农村集体组织以自主开发、出租、合作等方式，增加集体和农民收入。2020年初步建立村级集体经济收入稳定增长机制，有集体经营性收入的村达到40%以上，其中超过5万元的村达到20%以上。

第四节　加快农村三产融合发展

稳定基础产业、强化优势产业、提升特色产业、做强关联产业，着力延伸产业链、打造创新链、完善组织链、优化资金链、强化安全链、提升政府服务链，逐步形成支撑四会一二三产业融合的主框架。积极培育农村新产业新业态，推动农产品精深加工，壮大电商经营主体，发展休闲农业和乡村旅游。以市场需求为导向，以完善利益联结机制为核心，以制度、技术和商业模式创新为动力，确保农村产业绿色发展，创新发展。紧抓粤港澳大湾区建设机遇，构建农业对外开放新格局，促进农业增效、农民增收和农村繁荣。

一、积极培育农村新产业新业态

推动农产品精深加工，提高产品附加值。促进传统产业向新型文化业态转型发展，重点扶持水果、蔬菜、花卉、水产等加工企业转型升级，引进和培育一批优势农产品精深加工大型龙头企业，建设农产品精深加工集聚区，引领发展都市精品农业。建设电子商务产业园，与京东商城、阿里巴巴等大型电商平台合作，培育壮大电商经营主体。积极探索大宗农产品电子商务直配、品牌农产品社区宅配、区域特色农产品电商体验馆等新试点，打造一批优质农村电商品牌，提升农副产品电商营销水平，促进农业农村电商产业发展。

二、发展休闲农业和乡村旅游

以乡村环境和生态综合整治为契机，结合美丽乡村和特色小镇建设，依托农村绿水青山、生态田园、玉文化、六祖禅宗文化、柑桔文化、水文化等独特的优势资源，开发农业农村新功能，推动田园变公园、产区变景区、劳作变体验、农房变客房，大力发展"乡村+文创""乡村+演艺""乡村+节庆"等模式，推动乡村旅游创新创业。依托罗源省级新农村连片示范建设工程和威整奇石河景区、迳口天海湖旅游区、老泗塘乡村旅游片区、下茆镇桔子小镇、地豆森林公园等乡村特色生态休闲景点，通过整合"一核一轴一廊"中的"一廊"里的相关镇打造以农业体验、果蔬采摘、休闲观光、森林人家等为主题的精品乡村旅游线路，重点打造邓村古法造纸村、石狗兰花、黄田柑桔、龙甫富田谷民宿区等一批乡村旅游示范区，将之加快建设成为全省知名的乡村旅游目的地。实施旅游精品民宿策略，不断创建特色农家乐，健全民宿准入条例、星级农家乐管理办法，扶持引导精品民宿、农家乐发展。加强乡村旅游配套设施建设，通过向上争取和各方统筹资金，完善各类旅游交通标识标牌和通景道路，同时积极探索智慧旅游模式，提升乡村旅游的管理、服务和营销水平。发挥四会市区位优势、交通优势、资源优势，改善环境，盘活资源，导入产业，高水平建设一批"生态生产生活同步、一二三产业融合、农业休闲旅游一体"的生态旅游村庄，按照规划提升、基础设施提升、生态环境提升、产业提升、旅游产品提升和运营管理提升这6个提升为指引，实现乡村经济效益、社会效益、生态效益。到2021年，全市打造2条以上省级精品乡村旅游线路，建成6~8个乡村旅游特色村、3个以上的乡村旅游景区，3家乡村旅游特色民宿和10家肇庆市星级农家乐。到2022年，乡村旅游接待人数达200万人次以上，乡村旅游综合收入达到10亿元以上。

三、推动一二三产业融合发展

积极创建国家农村一二三产业融合发展先导区。第一产业上，大力发展"一镇一业、一村一品"。培育产业生产基地，建立完善产业标准体系，促进特色产业集聚发展，扩大规模效应。因地制宜发展林下经济、山地特色种养产业，开发高附加值深加工技术和产品，为承接二、三产业创造基础。第二产业上，配合第一产业的资源，发展加工物流业，建设快速便捷的农产品冷链物流配送网络。合理布局食品加工、新型建材、玉器加工等新型工业化产业格局，逐步形成乡镇经济支柱，发挥各个乡镇优势项目支撑和辐射带动作用，为融合发展提供资金基础和综合实力保障。第三产业上，注重整合资源和部署开发计划，重点打造3~4个具有乡土特色的优势景点，满足不断增长的城乡居民健康生活需求。推动条件好的村庄从门票经济向产业经济转变，从旅游企业单打独享向社会共建共享转变，推进四会乡村旅游业由单一观光型产品向多元化综合型产品的转型，承接第一产业和第二产业。

第五章 乡村振兴支撑：人才振兴

人才振兴是乡村振兴的支撑。坚定不移地实施人才强农战略，着力解决农村发展中专业人才缺乏、人口老龄化、空心村等问题。利用国家新型职业农民培育项目，加大对现有农村劳动力的培育力度，提高农民就业创业质量。同时吸引外地人才和本地外出务工人员、高校毕业生、复转军人、乡贤等返乡参与建设。到2020年，人才建设取得重大进展，全市基本构建起乡村人才振兴的政策框架，创新引才、用才、育才体制机制，制定一系列不同人才评价标准和激励政策，形成人才返乡的良好氛围。到2022年，人才建设见到显著成效，初步建立起一套完整的人才培养成长机制、管理服务机制和激励机制，初步形成一批科技人才、新乡贤、创业人才。到2027年，人才建设实现根本改变，建立一批人才返乡创业孵化基地，吸引和造就一大批稳定的创新创业的社会人才，基本实现55岁以下农业从业人员全员培训，建立起完善的培训制度体系。到2035年，人才建设取得决定性进展，农村高素质人才数量进一步增加，全市人才培养工作形成上下贯通、协同配合的良好格局。

第一节 培养乡村本土人才

研究制定乡村人才振兴行动计划，充分用好乡村本土人才，加大现代高效农业人才培养力度，建立市域专业人才统筹使用制度，引导各类人才资源向农村流动。加快培养新型职业农民、培养农村实用人才、培养乡村巾帼人才，着力打造一支数量充足、结构合理、留得住、能战斗的人才队伍。

一、培养新型职业农民

全面建立培养培训、认定管理、生产经营、社会保障、退休养老等新型职业农民制度体系,把回乡务农创业的大学生、青壮年农民工和退役军人等作为当前农业后继者的培养重点,培育各类农业职业经理人、合作社管理人员、家庭农场主、经纪人和创业致富带头人,加快构建一支爱农业、懂技术、善经营的新型职业农民队伍。积极开展农民职业教育培训,发挥四会市职业教育优势,联合各类职业培训机构、农业企业等,通过集中培训、送教下乡等形式,积极开展农民职业技能培训,力争用3~5年时间,基本实现50岁以下从业人员全面培训。

二、培养农村实用人才

实施分类培养,突出带动致富,围绕休闲农业、乡村旅游、特色产业、文化传承等,开发一批富有工匠精神的乡土人才和能工巧匠,围绕畜牧兽医、渔业渔政、农村卫生、乡村教育、乡风文明、农村事务管理、农村法治、环境整治、改厕节水等,建设一批扎根农村的农村专业化技能人才队伍。注重对农村事务管理人才的培养,建立健全农民合作社辅导人员制度,开展理事长、经营管理人员、财会人员等培训,使其了解掌握现代农业新业态。建立农民合作社带头人人才库,为农民创收、农业发展提供指导性帮助。建立市域专业人才统筹使用制度,制定服务乡村基层人员职业上升保障政策,按照上级部署做好乡村振兴公职人员专项招录,鼓励和引导乡村工匠等各类乡村专业人才积极申报职称,实现职业技能与专业技术互认互通。

三、培养乡村巾帼人才

妇女是乡村振兴的享有者、受益者,更是推动者、建设者。全力推动"乡村振兴巾帼行动"在四会落地生根,重点在思想政治领域、"美丽家园"建设、弘扬好家风乡风、巾帼脱贫行动、农村弱势群体关爱等方面集中用力,鼓励广大妇女同志在农村广阔天地建功立业,彰显风采。鼓励妇女致富带头人、妇女种植户、妇女手艺人、妇女文艺带头人在村镇对农村妇女进行培训、惠民政策咨询宣传、巾帼创业就业推广、开设实用的手艺培训课等,吸引、团结广大妇女积极投身乡村振兴战略,为四会新时代乡村全面振兴贡献巾帼力量。

第二节 引进优秀社会人才

建立有效的激励机制,增强乡村对人才的吸引力、向心力、凝聚力,促进各类人才到农村创新创业,特别是要发挥新乡贤在乡村治理中的积极作用。

一、吸引各类人才返乡参与建设

支持和鼓励事业单位专业技术人员到乡村合作社、家庭农场及企业挂职、兼职和离岗创新创业,保障其在职称评定、工资福利、社会保障等方面的权益。支持各级科研院所对接农业生产基地,指导农业生产,培育农村科技致富带头人。利用各种优惠政策,吸引在外工作的科技人员回乡发展。统筹开展乡土人才评价认定,认定一批带动能力强、有一技之长的"土专家""田秀才",培养一批技艺精湛、扎根农村、热爱乡土的非遗传承人、乡村工匠、文化能人、乡村游向导等。贯彻落实省乡村工匠培训和职称评定办法，鼓励支持本地工匠依规承建乡村小微工程。大力弘扬工匠精神，通过开展职业技能竞赛和技术能手评选活动，发现培养优秀技能人才。

二、培育农业农村领域的西江创客精英

在肇庆市西江人才计划"1+10+N"政策框架下，围绕四会市农业发展和农业农村重点领域的需求，引进一批结构合理、层次鲜明的创新创业团队与领军人才。运用股权投资、贴息贷款和后补助等金融服务手段，多元化支持领军人才或团队创新创业。到 2020 年，培育农业农村领域的创客精英约 300 名，引进和培育农业农村领域创新创业团队 1 个，农业农村领域创新创业领军人才 1~5 名。加大对农村劳动力创业的辅导，建设创业孵化基地和创业学院，加强孵化载体建设和创业导师队伍建设，推动众创、众包、众扶、众筹空间等新型创业模式和平台建设。到 2020 年，力争成立 1 家市级返乡创业孵化基地。

三、培育壮大新乡贤队伍

积极发挥乡土情怀的作用，正确引导和发挥新乡贤在乡村振兴中的积极作用，支持新乡贤积极参与乡村治理、乡村规划、引资引智、志愿服务、投资兴业、行医办学、捐资捐物等，服务乡村。积极开展乡贤聚会，引导和服务乡贤回乡创业创新，以乡贤文化促进乡村文明，推动乡村发展。鼓励依法依规成立乡贤理事会，建立健全沟通联络机制。

第三节 营造留住人才的发展环境

完善人才培养、引进、使用、激励等方面的政策措施，加强基本公共服务配套和完善，提升乡村生产生活环境，营造良好环境，促进人才向农村集聚。

一、创新人才培养机制

探索多样化人才培养模式，加大对现有人才的培养力度，吸引四会籍各类人才柔性回归乡村，建立自主培养与人才引进相结合，学历教育、技能培训、实践锻炼等多措并举的农村人力资源开发机制。制定农村人才培养和评价标准，因材施教进行课程设定，开展人才评价与认定工作。运用移动互联网等信息化手段，创新在线培训、手机客户端管理考核等新型服务方式。启动"卓越农林人才"培养计划，鼓励高等院校、中等职业学校和技工院校开设涉农专业，灵活设置专业方向，为乡村振兴培养专业化人才。参照近年来培养公费师范生、医学生的政策，在试点开展对本科以上就读农业类专业的学生进行奖励。深入推进高校毕业生"三支一扶"等计划，鼓励引导高校毕业生特别是农科类毕业生到基层工作。开展创业培训辅导，探索设立创业孵化基地和创业学院，邀请或聘请创业导师，以提高科技素质、职业技能、规避创业风险和经营能力为核心开展创新创业培训，鼓励新型职业农民、返乡农民工等整合本地优势资源，发展家庭工场、手工作坊、乡村车间等乡村特色产业，打造特色产业项目，振兴四会传统工艺，打造"粤菜师傅"工程等具有四会产业特色、文化特色的产业项目。

二、完善人才管理机制

支持市级人才储备中心建立四会市人才数据库，建立开放型、智能化西江人才网络服务平台，整合各部门门户网站资源，实现职能部门人才工作信息共享和西江人才计划各类项目"一网化"申报。支持

乡镇分级设置人才"一站式"服务窗口，为乡村人才提供政策咨询、项目申报、融资对接、业务办理等服务。引导符合条件的新型职业农民参加城镇职工基本养老保险、职工基本医疗保险等社会保障制度。支持乡村医生按规定参加当地企业职工基本养老保险。全面落实乡村教师享受乡镇工作补贴、交通补助、教师体检、乡村特困教师资助等政策。鼓励有条件的乡镇、村（社区），建设乡村人才公寓。开展"一镇一高校"结对共建行动，联系省内高等院校结对共建，在结对高校中评选优秀人才开展校外拓展实习，深入基层与村民"同吃、同住、同行"，通过亲身感受乡土文化，建立情感联系，激发大学生建设社会主义新农村的热情。加大媒体宣传力度，正向引导社会舆论。借助报纸、广播、自媒体等多种传播媒介，多角度、全方位、立体化解读四会市乡村人才振兴的政策方针、建设思路、资源条件，充分发挥优秀乡村人才先进事迹的典型示范作用，营造尊重、关心、爱护乡村人才的社会氛围，创造激发人才活力的舆论条件。

三、健全人才激励机制

研究制定鼓励四会市专业人才参与乡村振兴的政策。完善高等院校、科研院所等事业单位专业技术人员到乡村和农业企业挂职、兼职和离岗创新创业等配套制度，吸引更多人才到我市支农建设。推进人才发展体制机制改革，落实好基层专业技术人才职称评聘、创业扶持、待遇保障等政策措施。健全农业科技领域科研人员以知识产权明晰为基础、以知识价值为导向的分配政策。探索公益性和经营性农技推广融合发展机制，允许农技人员通过提供增值服务合理取酬。建立城乡、区域、校地之间人才培养合作与交流机制。实施返乡创业农民工创业扶持，完善创业发展专项资金管理办法，对农村创业资金分配上予以倾斜。落实扶持补贴、创业担保贷款贴息以及税收减免、行政事业性收费减免等政策，将正常营业6个月以上的返乡创业农民工纳入一次性创业补贴范围。探索成立返乡创业担保贷款基金，推广"政府+银行+保险"融资模式。

第六章 乡村振兴之魂：文化振兴

文化振兴是乡村振兴的灵魂。坚持社会主义核心价值观，以传承发展中华优秀传统文化为核心，以乡村公共文化服务体系建设为载体，以文化建设振兴乡村生态和乡村产业，培育文明乡风、良好家风、淳朴民风，建设邻里守望、诚信重礼、勤俭节约的文明乡村，推动乡村文化振兴。立足岭南优秀传统文化，深入挖掘农耕文化蕴含的优秀思想观念、人文精神、道德规范，结合时代要求在保护传承的基础上创造性转化、创新性发展。加强农村公共文化建设，推进移风易俗，积极培育文明乡风、良好家风、淳朴民风，提升农村精神风貌和乡村社会文明程度，通过筹办集体活动，稳步推进乡村文化振兴。注重通过原生态景观旅游的开发、特色生态产品内涵挖掘，传承和弘扬四会村民淳朴勤劳、热情好客、敬老爱幼、和睦相处的广府乡村传统文化，让乡村文化获得具体化载体，让本地人留得住乡愁记忆。到2020年，文化建设取得重大进展，全市建立起完善的公共文化设施体系，强化古村落、古建筑、文化遗产等保护，打造一批具有较强影响力的特色文化村。到2022年，文化建设成效显著，全市建立起充足的公共文化产品与服务供给体系，阅读、电影、演出、文化展览等活动基本满足村民需求。到2027年，文化建设实现根本改变，建成一批文化精品，特色文化资源得到有效保护和合理利用，基本建立特色鲜明、重点突出、布局合理、链条完整、效益显著的乡村文化旅游发展格局。到2035年，文化建设取得决定性进展，优秀传统文化传承发展体系基本形成，具有四会特色的文化产品更加丰富，形成一批具有核心竞争力的乡村文化旅游产品和品牌。

第一节　持续开展乡村文明行动

坚持不懈用习近平新时代中国特色社会主义思想武装教育农村干部群众，以社会主义核心价值观为引领，以培育时代新农民为着力点，突出思想道德内涵，组织实施"铸魂强农"工程，积极推进新时代文明实践中心（所、站）建设，弘扬时代新风，凝聚起乡村振兴的强大精神力量。

一、全面提升农民文明素养

加强农村思想道德建设，深化中国特色社会主义和中国梦教育，以城中街道白沙村彭泽居故居、黄田镇江头乡农会旧址等为爱国主义教育基地，广泛开展爱国主义、集体主义、社会主义教育，组织形势政策宣传教育，引导农村干部群众坚定走中国特色社会主义道路、实现中国梦的理想信念。全面推进初心堂建设，大力宣传党的路线方针政策，普及社会主义核心价值观基本内容和公民道德规范，推动习近平新时代中国特色社会主义思想进村进户。深化诚信主题宣传教育，在各媒体、网站大力宣传推广群众身边的守信践诺之举、诚实守信典型，形成"守信光荣、失信可耻"的强大舆论氛围。加强社会公德、职业道德、家庭美德、个人品德教育，引导农民民自觉履行法定义务、社会责任、家庭责任。加强农村中小学的中华优秀传统文化教育，培育青少年一代的文化自信。建设学习型社会，大力推进全民阅读，提升农民科学文化素养。推进农村诚信建设，强化农民社会责任意识、规则意识、集体意识和主人翁意识。建立健全农村信用体系，依托全市信用信息平台，落实信用联合奖惩措施，开展诚信户、诚信企业创建。

二、倡导树立乡村文明新风

深化乡风民风建设，组织开展乡风民风评议，注重家庭家风家教，引导广大农民由"要我文明"向"我要文明"转变。充分发挥村规民约的道德自律作用，以培育和践行社会主义核心观为根本，修订完善村规民约，推动移风易俗，弘扬时代新风。探索制定乡风文明建设评价体系，设立乡风文明榜，形成德业相劝、过失相规、守望相助、患难相恤的社会风尚。深入开展移风易俗行动，改造传统礼俗，整治天价彩礼、大操大办、厚葬薄养，推动红白理事会工作制度化、规范化。充分发挥群众组织的积极作用，建立健全村民理事会、道德评议会、红白理事会、禁毒禁赌协会等群众自治组织，共同营造安全稳定、健康文明的社会环境。

三、广泛开展文明创建活动

深入实施四德工程，突出"孝诚爱仁"主要内容，普及善行义举榜建设，综合运用各类平台宣传先进事迹，让更多的好人好事上榜。广泛开展身边好人、"最美四会人"等选树活动，完善四会好人、道德模范逐级提升的选树链条，不断扩大榜样模范群体力量。深化文明村镇创建，加强动态管理，总结推广经验，树立一批文明村镇典型。开展"最美家庭""星级文明户"等评创活动，更好发挥文明家庭示范引领作用。

第二节　强化乡村公共文化服务

推动城镇公共文化服务向农村延伸，使更多资源向农村和农民倾斜，继续实施"文化惠民、服务群众"办实事工程,强化文化惠民项目与农民群众文化需求的对接。

一、加强乡村公共文化载体建设

坚持"一院多能、一室多用"原则统筹建设各类乡村公共文化活动场所。推进乡村综合性公共文化服务中心建设,制定建设标准,打造资源充足、设备齐全、服务规范、群众满意度较高的基层综合性公共文化设施和场所。加强文化礼堂、乡风家风馆、农家书屋、文体广场等文化阵地建设,推动贞山街道扶利村、城中街道白沙村、地豆镇水车村等中心村适度超前规划建设农民文化乐园。开展文化扶贫,推动资金、项目、政策向贫困地区倾斜,2020年实现全市基层综合性文化服务中心全覆盖。建立稳定规范的财政投入机制,吸引社会资金投入农村文化设施建设,形成政府主导、社会参与、多元投入的发展格局。

二、提高文化产品和服务供给质量

开展形式多样、接地气的文化活动,活跃繁荣农村文化市场。结合"深入生活、扎根人民"主题实践活动,充分运用文化科技卫生"三下乡"、文化进万家、送欢乐下基层、文艺志愿服务、"一村一年一场戏"免费送戏活动等平台载体,把更多优秀的电影、广播电视、戏曲、书刊、科普活动、文艺演出、全民健身活动送到农民中间。创新公共文化服务供给方式,制定公共文化服务目录清单,提供"菜单式""订单式"服务,探索建设公共文化服务云平台,推动公共文化服务实现精准化。推广政府购买的公共文化服务,在充分发挥文化企业供给作用的基础上,探索运用市场机制、社会捐助等多种形式,引导社会力量参与,增加农村文化资源总量,提高服务水平和效率。支持"三农"题材文艺创作生产,不断推出反映农民生产生活尤其是移风易俗方面的优秀文艺作品。

三、培育壮大乡村文化队伍

提升乡镇文化站组织管理人员素质能力,扶持发展农村广场舞队、庄户剧团等民间文艺社团和业余文化队伍,培育挖掘乡土文化人才,增强农村基层文化的自我发展能力。加大对农村文体团队的投入,组织文化专业人才、文化能人、民间艺人、非物质文化遗产传承人等开展文物保护法普及、展览等活动策划培训辅导,以及四会玉雕、四会民歌、贞仙诞、白赤马庙会等非物质文化遗产知识普及活动,提高农村文化骨干专业技能。扶持壮大文化志愿者和群众文化活动积极分子队伍,组织广大文艺工作者下乡,吸引优秀高校毕业生从事基层公共文化服务。

第三节 弘扬乡村优秀传统文化

充分发挥四会传统文化底蕴和红色文化基因的优势,创造性转化、创新性发展乡村传统文化,以现代理念、优秀文化引领乡村振兴。

一、传承发展乡村文化

传承和发展武术、醒狮、龙舟等民间传统体育,广泛开展形式多样的中国农民丰收节农民运动会,包括:拔河、徒步等农民群众性体育活动。鼓励开展巡游、赛龙舟等群众性节日民俗活动,支持文化志愿者深入农村开展丰富多彩的文化志愿服务活动。活跃繁荣农村文化市场,推动农村文化市场转型升级,加强农村文化市场监管。深入挖掘四会市江头乡农会旧址、白沙彭泽民故居等丰富的革命历史和文化资源，深化红色精神内涵研究，发掘红色文化资源，加强革命历史文化教育基地建设，推动红色文化遗存和革命遗址挂牌立碑工作。支持举办贞仙诞、白赤马庙会等乡村节庆活动，激活乡村经济，提升乡村发展魅力，传承古法造纸、四会民歌、四会玉雕、贞仙诞、佛爷诞、白赤马庙会。抓好玉文化、六祖禅宗文化、柑桔文化、水文化等主流特色文化，深入挖掘文化内涵及其展现形式。

二、保护传承文化遗产

加强四会市文化研究阐释工作，搜集四会市特色的思想体系、学术体系和方言体系。实施四会市文化资源普查工程，构建准确权威、开放共享的文化资源公共数据平台。建设四会市文物资源目录和大数据库，实施四会市古籍保护工程。完善非物质文化遗产、馆藏革命文物普查建档制度。秉承"修旧如旧，保护开发"的原则，修缮名人名居古迹，修复古村落古驿道，彰显古镇的历史文脉和人文精神。

第四节 大力发展乡村文化产业

加强规划引导、典型示范，挖掘培养乡土文化本土人才，建设一批特色鲜明、优势突出的农耕文化产业示范区，创建一批特色文化产业乡镇、文化产业特色村和文化产业群。

一、大力发展乡土文创产业

把地域景观、地方文化融入土特产品生产、包装、销售整个环境。设立文化产业发展专项扶持资金，组建宣讲队伍，用通俗易懂的语言和接地气的事例宣传挖掘乡村的自然生态、地理环境、农业生产和历史文化资源，有针对性地为老百姓解疑释惑，让人们增强自豪感、凝聚共识。继续办好"中国农民丰收节"，讲好六祖禅宗和玉器文化故事，重点展示美丽乡村建设成果、特色农（副）产品、年轻人回乡创业成果大力发展乡创、文创产业，建设2~3个乡创基地，包括民宿、电商、物流、农副产品产销一体化、艺术工作坊、农家乐等，采取奖励、租金补助、房租或者水电补贴引进文创企业、示范文创工作室入驻，吸引各类社会资本、企业投资文创产业，吸引国内外知名文化创意人才、企业或研发中心入驻。

二、重视抓好古村落保护

改变单一保护或者盲目开发的路径，加大资金力度，引导规划、建筑、园林、景观、艺术设计、文化策划等方面的设计大师、优秀团队下乡，发挥乡村能工巧匠的作用，体现传统的岭南水乡特色，从根本上保障和提升乡村规划建设水平。在保护石寨村、大洲村、岗塔岜村、铁坑村这些传统村落的同时，适度开发民宿旅游、文化创意街区、手工作坊、特色餐饮、书吧茶室等。积极探索陈列展示、文创产业、旅游景区、教育基地等有效可行的文物建筑合理利用模式，鼓励推广"业主托管+社会资金""政府统租+业主分成""社会组织+业主参与"等形式多样的传统民居合理利用运作方式。加大文博单位创意产品开发力度，推出一批具有四会地方文化特色、种类丰富多样、艺术性与实用性紧密结合、价格亲民的文化产品，打造良好的文博文化产品品牌。

第七章 乡村振兴之体：生态振兴

生态振兴是乡村振兴的体现。牢固树立和践行绿水青山就是金山银山的"两山"理念，坚持尊重自然、顺应自然、保护自然，统筹山水林田湖塘系统治理，加快转变生产生活方式，推动四会市乡村生态振兴，建设生活环境整洁优美、生态系统稳定健康、人与自然和谐共生的生态宜居美丽乡村。深入实施农村人居环境整治行动，以农村生活垃圾污水治理、改厕和村容村貌提升为重点，着力补齐短板，全面提升美丽乡村建设水平；推进农业绿色发展，以实现资源利用效益最大化为目标，遵循"减量化、再利用、资源化"原则，推动产前投入品安全、产中农业废弃物收集处理与产后资源化利用，大力推广农业清洁生产技术，鼓励发展种植养殖有机结合的循环农业模式，从源头加强农村面源污染治理；强化乡村生态保护与修复，推进农业生态重建，注重在全域规划中彰显农业生态服务价值，加强生态涵养、生态景观保护与绿色屏障建设，促进乡村自然生态系统功能和稳定性全面提升。到2020年，生态建设取得重大进展，完成全市"三清三拆三整治"环境整治任务，80%以上村庄达到干净整洁村标准，全市乡村建设规划逐步落地。到2022年，农村人居环境见到显著成效，生态环境进一步改善，美丽宜居乡村成效凸显，垃圾污水处理、无害化卫生户厕等基础设施基本实现自然村全覆盖，80%以上行政村建有污水处理设施。到2027年，农村生态环境实现根本改变，美丽宜居乡村扎实推进，农村落后面貌实现根本改变。到2035年，生态建设取得决定性进展，农业资源保护永续利用水平明显提高，基本实现农业灌溉用水总量不增加，化肥、农药使用量零增长，畜禽粪便、农作物秸秆、农膜资源化利用率不断提高，生态文明建设取得明显进展。

第一节 持续改善农村人居环境

立足四会市现有条件，区分轻重缓急，实施农村人居环境整治行动，以垃圾污水治理、改厕和村容村貌提升为重点，着力补齐短板，加快建设美丽乡村。

一、农村垃圾分类处理

推进生活垃圾处置体系全覆盖，深入推广"户分类、村收集、镇转运、集中处理"模式，推行垃圾就地分类和资源化利用。以推进市场化运营为试点，引入优秀企业作为市场主体，参与农村生活垃圾收运处理工作中来，逐步建立完善农村生活垃圾收集处理的市场化运作模式，以提高农村生活垃圾收运处置能力。加快餐厨垃圾综合处理厂建设，健全村庄保洁体系，实现垃圾处理设施设备齐全、治理技术成熟、保洁队伍稳定、资金保障长效、监管制度完善。自然村按标准配备垃圾收集点和保洁员，配套建设垃圾分类收集设施。推进生活垃圾分类减量工作，强化农村生活垃圾资源回收，确保到2020年底前，全市自然村的保洁覆盖面和行政村垃圾无害化处理率达到100%，农村生活垃圾分类减量比例达到35%，垃圾资源化利用率达20%。到2022年底前，实现自然村生活垃圾处理设施全覆盖。

二、生活污水综合治理

按照高效耐用、简便适用原则，统筹规划、建设城乡生活污水处理设施。分类制定农村生活污水治理排放标准，因地制宜采用多种方式和工艺处理农村生活污水。按照城（厂）边接、就近联建、鼓励独建的原则，将靠近城市周边村镇的污水纳入城市污水处理系统集中处理；靠近工业区园区的村镇的污水纳入工业园区污水处理设施处理；人口规模较大的村庄优先建设集中式污水处理设施；位置偏远、人口规模较小的农村采用小型分散式污水处理设施，鼓励采用生态处理工艺（如人工湿地），建设经济实用的污水处理设施。加强贞山水厂、四会水厂水源保护区等生态敏感区域周边乡镇、村庄生活污水的排放监管力度。力争到 2020 年，全市建成农村污水处理设施 241 座。自然村基本实现雨污分流、污水排放管道收集或暗渠化，村庄生活污水治理率达到 40% 以上。到 2022 年，80% 以上的行政村建有污水处理设施，村庄生活污水治理率达到 60% 以上。

三、加快推进"厕所革命"

按照群众接受、经济适用、维护方便、不污染公共水体的要求，合理选择改厕模式，普及不同水平的卫生厕所，鼓励建设农村公共厕所。聚焦加快建立并运行农村改厕管护长效机制，坚持建管并重，把"管"放到更加突出的位置，推广市场化运作模式。以乡镇为单位，鼓励企业或个人成立农村厕所管护服务站，扎实做好厕具维护、故障维修、粪液收运等服务工作，让群众用得放心、省心、舒心，确保把好事办好。到 2020 年底前，重点乡村旅游区等公共场所建设（含新建和改建）A 级以上厕所 20 个，每个自然村按实际需求建设标准化公厕，农村无害化卫生户厕普及率达 96%，厕所粪污基本得到有效处理或资源化利用。到 2022 年，农村无害化卫生户厕普及率达 98%。

四、促进村庄美化绿化

拆除村内老旧、无人居住房屋、乱搭乱建房屋以及影响村落风貌和环境卫生的禽畜笼舍，支持有条件的村庄率先创建一批特色精品村。实行"一户一宅基地"，开展被拆除农户的具体信息登记造册工作。按照传统风貌特征修缮石板巷道、庭院、室外地坪，以及风水塘。保护村内村外的山体、古树、溪流、湖塘等，增加村内绿化数量，按照生态设计要求建设乡村小公园，保护利用原有树木、植被，增植乡土植物和经济花木。以建好"四好"农村路为目标，对入村道路进行硬化和拓宽、根据村发展需要增加村道。实施城乡供水水质提升工程，加快推进城镇供水管网向农村延伸，逐步实现城乡供水同网、同源、同质。建设乡村休闲公园，实现道路绿化、河道绿化、房前屋后绿化和庭院绿化，充分利用原有的后山树林、风水林、古树林，建成乡村休闲空间。对鱼塘、祠堂、文化遗迹等进行重点绿化。绿化树种选用乡土树种，果树、地被、花木选用乡土植物，地面铺装选用具有四会特色的石料、砖料。限制对环境有负面影响的企业、工厂入驻，监测与防控现工业区的污染，加强管控。到 2020 年底，乡村落后面貌得到根本性改变，全面建成美丽整洁村。到 2022 年，美丽宜居乡村达标率为 80%。

第二节 加快促进农业绿色发展

以绿色发展为导向，推进投入品减量化、生产清洁化、废弃物资源化、产业模式生态化，走出一条产出高效、产品安全、资源节约、环境友好的可持续发展道路。

一、强化农业资源保护与节约利用

建立农业节水体系，完善农业节水工程措施，优先推进粮食主产区和生态环境脆弱地区节水灌溉发展，提高田间灌溉水利用率。在重点水源地汇水区内，大力提倡使用有机肥，加快实施环水有机农业。切实保护耕地资源，坚持耕地占补平衡数量与质量并重，降低耕地开发利用强度。在重点水源地汇水区内强化节水意识，大力推广喷灌和管道输水灌溉技术。在水稻主产区大力发展管道输水与喷灌，在蔬菜、果树、设施农业广泛推广应用水肥一体化技术模式，在黄田、石狗等乡镇探索水肥一体化示范模式。

二、推进农业清洁生产

转变农业产业化方式，组织开展绿色增效行动，实施农药化肥零增长计划，推广有机肥以及物理防治和生物防治技术。全市推进畜禽粪污资源化利用，改造完善粪污收集、处理、利用等整套粪污处理设施，大力推广畜禽粪便堆肥发酵还田、好氧发酵制有机肥、沼气生产与渣液还田等资源化利用技术，逐步推行畜禽沼气工程技术，探索建立"企业主体、政府推动、市场运作、保险联动"的病死畜禽专业无害化处理厂和收集体系运行模式。以农作物秸秆和果林废枝综合利用为目标，大力推进农作物秸秆还田、秸秆养畜、秸秆菌棒生产、秸秆有机肥，以及果林废枝能源化和新型材料开发。实施化肥、农药减量增效行动，全面推广测土配方施肥技术，强化化肥、农药、兽药、饲料添加剂等投入品使用管理，推进病虫害统防统治和绿色防控。在果品和蔬菜优势产区大力推广水肥药一体化、增施有机肥、新型肥料替代等技术措施，减少化肥和农药施用量；抓好剧毒高毒农药的全程监管，扩大高效低毒生物农药补贴项目实施范围，加快高效低毒农药品种的筛选、登记和推广应用，深入推进专业化统防统治，推广大型施药器械和航空植保机械，提高农药利用率。推进专业化统防统治与绿色防控融合，建设"三品一标"农产品生产基地、建设绿色防控示范区。到2022年全市畜禽粪污综合利用率达到80%，规模养殖场粪污处理设施装备配套率达到100%。

三、集中治理农业环境突出问题

加强农业面源污染治理，实施源头控制、过程拦截、末端治理与循环利用相结合的综合防治。开展农用地土壤污染状况详查，着力解决土壤酸化问题，继续开展重金属污染耕地修复及种植结构调整试点。加强渔业养殖污染治理，探索实施渔业养殖总量控制制度，全面清理开放性湖泊、饮用水源地网围网箱养殖。推广生态养殖模式，加强养殖尾水排放监管，池塘和工厂化养殖实行达标排放。

四、强化生态循环农业示范

坚持以"循环经济、立体农业、生态环保"为核心，积极推动农业主产区黄田镇发展生态循环农业，推广"猪—沼—果"、"禽—鱼—树"、林下养殖（林下养鸡、林下养蜂等）、林下种植（如林下种菌、林下种花以及林下种药等）、池塘立体种养（鱼虾+水草、鱼+鸭等）生态模式，以构建循环性的农业生产系统，有效实现废弃物减量化和资源节约化的生态目标。同时，注重在全市培养"有文化、懂技术、会经营"的新型农民，推动全市现代生态循环农业发展，为建设美丽乡村添砖加瓦。

第三节　保护与修复乡村生态

深入实施乡村山水林田湖草生态保护和修复工程，完善生态系统保护制度，促进乡村自然生态系统功能和稳定性全面提升，持续改善生态环境质量。

一、建设健康稳定田园生态系统

坚持系统性、整体性原则，深入贯彻"山水林田湖草是一个生命共同体"的理念，更加注重生态保育。坚持宜农则农、宜渔则渔、宜林则林，打造种养结合、生态循环、环境优美的田园生态系统。加强农业生态基础设施建设，修复自然生态系统、涵养水源、保持水土、净化水质、保护生物多样性等功能。

保护和改善农田生态系统，大力发展有机生态农业。实施湿地修复工程，对集中连片、破碎化严重、功能退化的自然湿地进行修复和综合整治，有效遏制自然湿地萎缩和河湖生态功能下降趋势。推进荒山、荒沟、荒滩整治修复。强化农业防灾减灾能力建设，提高抵御洪涝灾害、气象灾害等应急处置水平。

二、构建生态环境安全格局

严格限制生态保护红线区域（绥江沿岸及我市西北部的江谷水库、壮坑水库、十二带自然保护区、广东贞山森林公园、广东四会绥江国家湿地公园、绥江贞山水厂和四会水厂饮用水源保护区等）的开发与建设，加快制定四会市生态保护红线区管理具体细则和准入负面清单，建立完善生态保护红线备案、调整机制，将生态红线保护纳入党政领导干部绩效考核工作。按照保护需要和开发利用现状，将生态保护红线落实到地块，形成生态保护红线全区域"一张图"。保护罗源石寨村人面子古树林、贞山街道扶利村海红豆古树等940株古树名木。充分发挥自然条件优越、林木生长速度快、林产品生产成本低效益高的优势，积极开展植树造林，增强林业生态功能，加强天然林资源保护特别是公益林建设和后备森林资源培育。全力构建"一屏一江三网多点"生态环境安全格局："一屏"是指以四会市十二带自然保护区为核心的山体生态屏障；"一江"是指打造贯穿全市的绥江重要生态廊道，保护水质安全，提高生态多样性，形成具有四会特色的湿地生态景观；"三网"是指依托全市道路网、支流水系网和绿道网三网，形成遍布全市范围的绿色通道，连接各个重要的生态节点；"多点是指"依托市域范围内现有和在建的各级自然保护区、森林公园、风景名胜区、湿地公园和地质公园，建设一批集生态保护、科学研究、环保宣教和生态利用于一体的重点生态保护区，形成多点开花的生态区域建设格局。同时坚持最严格的耕地保护制度，将永久基本农田保护纳入政府耕地保护目标责任考核和领导干部自然资源资产离任审计，确保20.905万亩永久基本农田数量不减少。

第八章 乡村振兴之本：组织振兴

组织振兴是乡村振兴的保障，也是实现乡村有效治理的有力抓手。在实施乡村振兴战略中，基层党组织是"主心骨"，必须抓紧抓实基层党组织建设，全面提升基层党组织领导力、凝聚力、战斗力。完善制度和落实保障，带动促进村级各类组织全面发展壮大，提升乡镇和乡村为农服务能力，加快补齐乡村治理短板弱项，助推实现乡村治理体系和治理能力现代化。建立健全党委领导、政府负责、社会协同、公众参与、法治保障的现代乡村社会治理体制，坚持自治、法治、德治相结合，确保乡村社会充满活力、和谐有序。按照《四会市实施农村基层党建"头雁"工程三年（2018—2020年）行动工作方案》的要求，到2020年，组织振兴取得重大进展，以党组织为核心的农村基层组织建设全面加强，农村人才队伍进一步壮大，自治、法治、德治相结合的乡村治理体系基本建立。到2022年，组织振兴见到显著成效，农村基层组织规范化建设进一步加强，党的农村工作领导体制机制进一步健全，乡村振兴战略领导责任制全面落实、全面巩固。到2027年，组织振兴实现根本改变，党的执政基础全面巩固，乡风文明再上新台阶，乡村治理体系更加完善，农业农村现代化、基层治理体系和治理能力现代化基本实现。到2035年，组织振兴取得决定性进展，制约乡村组织振兴的突出问题得到有效解决，构建起乡村振兴的组织体系和政策框架，形成领导有力、运转有序、治理有效的乡村组织振兴制度机制。

第一节 加强农村基层党组织建设

农村基层党组织是党在农村全部工作的基础，是党联系广大农民群众的桥梁和纽带，其执政能力的强弱直接关系到农村改革、发展和稳定,关系到党在农村基层执政地位的巩固,关系到乡村振兴能否实现。

一、强化农村基层党组织领导核心地位

落实好全面从严治党要求,扎实推进抓党建促乡村振兴,突出政治功能,提升组织力,打造坚强的农村基层党组织,培养优秀的党组织书记,发挥农村基层党组织战斗堡垒作用,为乡村振兴提供坚强的政治保证和组织保证。创新基层党组织领导体制、运行机制、活动载体和工作方法,发挥党的政治优势,坚持和健全重大事项、重要问题、重要工作由党组织讨论决定的机制,完善党组织实施有效领导、其他各类组织按照法律和各自章程开展工作的运行机制,建立基层党组织统筹实施惠民政策的机制。完善农村党组织对重大事项的领导决策机制,完善在党组织领导下对村级事务进行民主决策的基本工作程序,建立农村各类经济组织、社会组织向党组织报告工作、负责人向党组织述职制度,落实村(社区)党组织和其他组织小微权力清单。强化街道社区党组织领导社区建设、服务、治理的职能,构建区域统筹、条块协同、上下联动、共建共享的城市基层党建新格局。健全抓基层党建领导机制。建立健全党组会议专题研究基层党建工作制度,强化党组对本单位党建工作的领导,把机关党建责任落到实处。在机构改革中,同步健全党的组织,同步配齐党务力量,同步推进党的工作。

二、加强基层党员队伍建设

基层党员队伍建设关乎执政党的执政之基和力量之源。拓宽农村发展党员视野,注重从各类组织负责人、专业大户、农村实用人才、青年农民、村医村教、外出务工经商人员、返乡创业人员、高校毕业生、退役军人等人员中发展党员。加大在青年农民中发展党员的力度,推进"两学一做"教育常态化制度化,开展"不忘初心、牢记使命"主题教育。充分发挥农村党员先锋模范作用,组织开展"亮身份、亮职责、亮承诺"活动,推行农村党员评星定级量化管理,拓宽党员发挥作用的路径,强化每位党员履行党员权利义务的自觉性。实施先进典型选树工程,深入开展"七一"表彰活动,对在脱贫攻坚和乡村振兴工作中表现突出的党员进行表彰。

三、实施"头雁"工程与"雏雁计划"

选优配强农村基础党组织带头人,实施村党组织带头人整体优化提升行动。坚持强化管理、强化培训、强化储备相结合,选优配强农村基层党组织带头人队伍。实施"农村党员人才回乡计划"和农村基层党组织书记"雏雁计划",完善"村推镇选市备案"培养选拔机制,建立村党组织书记储备人选库。建立健全农村基层党组织书记培训制度,抓好农村党组织书记年度轮训,每年轮训不少于5天或40学时。

四、推进基层党组织制度和作风建设

健全"三会一课"、组织生活会、民主评议党员、谈心谈话等基本制度,全面推行主题党日,提高基层党组织生活质量。加快"肇庆智慧党建"综合平台应用,切实发挥信息技术对推进农村基层党组织标准化、规范化建设,提升农村党建水平的作用。认真落实《中国共产党党务公开条例(试行)》,积极推进党务村务财务公开,及时回应党员和群众关切,以公开促落实、促监督、促改进。严格落实按"四议两公开"程序决策村级重大事项制度,促进村级事务运行健康有序。

五、持续精准整顿软弱涣散党组织

开展农村基层党组织建设情况摸查，全面推进农村基层党组织标准化规范化建设。持续精准整顿软弱涣散村党组织。对全市的农村党组织进行抽查，不定比例认定软弱涣散村党组织，对软弱涣散村党组织实行动态管理，建立"挂点书记+第一书记+驻村工作队"帮扶责任机制，市镇两级书记挂点联系，组建驻村工作队、选派第一书记开展"一村一策"精准整顿，建立整顿工作台账和档案，实行验收销号制度。

第二节 完善乡村自治制度

坚持自治为基，加强农村群众性自治组织建设，推动乡村治理重心下移，尽可能把资源、服务、管理下放到基层，健全和创新村党组织领导的充满活力的村民自治机制。

一、深化村民自治实践

强化农民主人翁意识，提高农民参与村庄公共事务的积极性和主动性，依托村民会议、村民代表会议、村民议事会、村民理事会、村民监督会等，发挥农民参与村务管理的作用。严格依法实行民主选举，选出群众拥护的讲政治、守规矩、重品行、有本事、敢担当的村委会班子。推动村党组织书记通过选举担任村委会主任。严格落实村民会议和村民代表会议制度。抓好村（农村社区）协商示范点建设，推动社区协商制度化、规范化和程序化，发挥村民自治章程、村规民约的积极作用。推进村务监督委员会建设，规范职责权限、监督内容、工作方式，提高村务监督工作的水平和实效。

二、推进基层管理服务创新

积极稳妥地推动多村一社区体制改革，依法有序撤销合并社区内原行政村村民委员会，设立一个村民委员会。积极推进相关配套政策改革，取消以原行政村为单位的财政补助体制，建立以社区、人口为依据的财政扶持政策，让社区成为农村社会治理服务基本单元。创新基层管理体制机制，整合优化公共服务和行政审批职责，打造"一门式办理""一站式服务"的综合服务平台。在村庄普遍建立网上服务站点，逐步形成完善的乡村便民服务体系。集中清理上级对村级组织考核评比多、创建达标多、检查督查多等突出问题。探索研发村庄管理信息系统，将自然村的基础数据和整治信息纳入平台管理，提升基层自治能力及建设水平。

三、发展农村各类合作组织

以提高农民组织化程度为重点，积极培育合作经济组织，带动农民发展特色优势产业，促进农民增收，壮大集体经济。厘清村民委员会、农村集体经济组织权责边界，维护村民委员会、农村集体经济组织、农村合作经济组织的特别法人地位和权利。积极发展农村各类中介组织，为农民群众提供市场信息、决策咨询等中介服务，畅通农产品流通渠道。逐步建立和完善优势产业的行业协会，引导农民在自愿的基础上，发展新型合作组织和农民经纪人队伍。大力培育服务性、公益性、互助性农村社会组织，积极发展农村社会工作和志愿服务，着力满足农民个性化、多样化需求。

第三节　推动乡村法治建设

坚持法治为本，树立依法治理理念，完善乡村法律服务体系，强化法律在维护农民权益、规范市场运行、农业支持保护、生态环境治理、化解农村社会矛盾等方面的权威地位。

一、深入开展农村法治宣传教育

组织实施"七五"普法规划，开展"法律进乡村（社区）"活动，广泛宣传土地管理法、农村土地承包法、村民委员会组织法、婚姻法等与乡村群众生产生活密切相关的法律知识，不断增强农村基层干部群众的法治观念和依法维权意识，在乡村形成办事依法、遇事找法、解决问题用法、化解矛盾靠法的良好法治环境。坚持学用结合、普治并举，推进"民主法治示范村（社区）"创建活动。加强法治宣传一条街、法治书屋、远程教育等法治宣传阵地建设，大力开展法治文化活动，构建覆盖市乡村的法治文化体系。

二、增强基层依法办事能力

增强基层干部法治为民意识，将政府涉农各项工作纳入法治化轨道。深入推进综合行政执法改革向基层延伸，推动执法队伍整合、执法力量下沉，探索建立乡镇（街道）综合执法平台，加大农村的执法力度。进一步完善执法标准规范，改进执法方式方法，加强执法监督，把执法目的与手段、执法过程与结果统一起来，切实做到严格规范公正文明执法。健全农村公共法律服务体系，抓好村（社区）法律顾问工作，落实"一村一法律顾问"，加强对农民的法律援助和司法救助，降低法律援助门槛，扩大法律援助范围，抓好困难群众法律援助工作。建立健全乡村调解、仲裁、司法保障的农村土地承包经营纠纷调处机制。

三、全面推进平安智慧乡村建设

加强治安突出问题排查整治，深入开展扫黑除恶专项斗争，严厉打击农村黑恶势力、宗族恶势力，严厉打击黄赌毒盗拐骗等违法犯罪。依法加大对农村非法宗教活动和境外渗透活动打击力度，依法制止利用宗教干预农村公共事务。借鉴推广浙江"枫桥经验"，创新群众工作方法，健全完善村居、社区人民调解组织网络，全面推行智慧民调系统，善于运用法治思维和法治方式解决涉及群众切身利益的矛盾和问题。落实社区服刑人员、刑满释放人员管理制度，健全政府主导、社会参与、家庭扶持的帮扶机制，使其尽快融入社会，预防重新违法犯罪。加强反邪教、社区戒毒、严重精神障碍患者服务管理工作，对乡村留守老人、妇女儿童等强化服务教育，提高其自我防范意识和能力。强化网格化管理，深入实施"雪亮工程"，继续深化平安智慧村庄（社区）创建活动，构建人防、技防、物防深度融合的农村治安防控体系。强化乡村安全生产监管，防范各类事故发生。

第四节　提升乡村德治水平

坚持德治为先，传承弘扬农耕文明精华，以德治滋养法治精神，让德治贯穿乡村治理全过程。

一、强化道德教化作用

发挥中华传统文化、伦理道德的教化滋养作用，大力弘扬社会主义核心价值观，把社会和谐稳定建立在较高的道德水准上。深入挖掘乡村熟人社会蕴含的道德规范，结合时代要求进行创新，通过完善村规民约、居民公约等，培育规则意识、契约精神、诚信观念，引导农民向上向善、孝老爱亲、重义守信、勤俭持家。建立道德激励约束机制，引导农民自我管理、自我教育、自我服务、自我提高，实现家庭和睦、邻里和谐、干群融洽。深入宣传道德模范、身边好人的典型事迹，鼓励见义勇为，弘扬真善美，传递正能量。

二、加强乡村德治建设

深入挖掘和阐发中华优秀传统文化讲仁爱、重民本、守诚信、崇正义、尚和合、求大同的时代价值，开展优秀传统文化传播，立家训家规、传家风家教，倡文明树新风、革除陈规陋习等活动，推进家风建设、文明创建、诚信建设、依法治理、道德评议等行动，实现乡村德治与自治良性互动。注重微博、微信等网络社交媒体的广泛应用，引导群众性自治组织规范发展，发挥其植根群众、联系群众、服务群众的优势，形成群众问题由群众解决的新机制。推广建立"两代表一委员"接待室、"五老人员"调解工作室、安丘景芝公开听证法等化解矛盾做法，形成全民参与社会治理的共建共享共治格局。

三、培养健康社会心态

加强社会心理服务体系建设，将社会心理咨询服务场所建设纳入各级特别是基层综治中心标准化建设管理范畴。在全市二级以上综合医院普遍设置心理科，重点临床科室配备专兼职心理咨询师，乡镇卫生院和社区卫生服务中心设置心理咨询室，专业化开展精神卫生和心理抚慰工作。聘请专业社会工作者或心理辅导人员、志愿者，开展心理健康宣传教育和心理疏导。充分利用现代信息技术，做好流浪乞讨、服刑、刑满释放、社区矫正、社会戒毒人员和孤寡老人、留守儿童妇女及易肇事肇祸严重精神障碍患者等的人文关怀、心理疏导和危机干预。

第九章 保障措施：制度保障与基本建设

立足四会市实际，建立健全工作推进机制，营造良好发展环境，凝聚政府、市场和社会三者合力，推动乡村振兴战略顺利实施。坚持农业农村优先发展，改善农村生产生活条件，加快建立覆盖农村、均等分享的公共服务保障体系，切实增强农民群众的获得感，形成乡村生活富裕新格局。各镇（街道）市直机关单位按照四会市《关于新时期精准扶贫精准脱贫实施方案》责任分工要求，认真抓好1+N扶贫政策措施落实，确保2020年高质量全面建成小康社会。

第一节 保障措施之一：制度保障

实施乡村振兴战略，必须把制度保障贯穿其中。科学配置资源，鼓励创新创造，强化责任落实，广泛动员全社会力量，切实形成乡村振兴的强大合力，以规划引领乡村振兴产业发展，保障乡村振兴战略顺利实施。

一、制度创新保障

创新用人制度方面，建立新型职业农民和农业经营管理人才培训的长效机制，全面提高农业劳动者素质和经营管理水平。探索建立职业农民制度，锁定对象、精准培育，扶持培养一批农业职业经理人、经纪人、乡村工匠等基层人才；创新社会保障制度方面，加强有关部门之间的协作，探索建立和完善对新型职业农民参加社保的制度设计和补贴办法。政府要坚持做好整合资源的角色，联动多方力量投入，成立专业化管护队伍，积极探索建立由政府引导下的、以农民为主体、社会资本有效参与、村集体经济适当补贴相结合的社会保障制度；创新土地制度改革方面，结合我市实际，出台农村宅基地管理办法，严格实行农村住房建设规划许可管理，依法整治处理农村历史违法用地和违建，到 2022 年基本化解农村"两违"历史遗留问题。加强农村集体"三资"管理，深化农村集体经营性资产股份合作制改革，到 2022 年基本实现行政村级农村集体经营性资产股份合作制改革全覆盖。鼓励开展农村土地拆旧复垦工作，用好用活城乡建设用地增减挂钩政策，力争到 2022 年完成农村旧住宅、废弃宅基地、空心村等闲置建设用地的拆旧复垦。

二、人才支撑保障

人才返乡建设方面，鼓励引导有志于在农村发展的大学生、外出务工人员等回乡创业，引导社会资本参与农村创新创业，加强村两委成员、合作社带头人、农业大户的创新创业培训，打造一支强大的乡村振兴人才队伍。传统农民转现代农民方面，大力实施新型职业农民培育工程，着力培育有文化、懂技术、会经营的新型职业农民队伍。乡贤文化建设方面，开展最美乡贤评选活动，培育富有地方特色和时代精神的新乡贤文化。分级抓好村党组织书记、村委会主任集中培训，提高村干部的政治素质和工作能力。进一步激发和调动干部队伍活力，鼓励和引导更多优秀干部在推进乡村振兴战略实践中建功立业、历练成长，对在实施乡村振兴战略中表现优秀、实绩突出的基层干部，让他们工作有责任、待遇有保障、出路有奔头、干好有激励。

三、资金落实保障

建立乡村振兴投入保障体系，完善财政投入持续增长机制，确保财政投入与乡村振兴目标任务相适应。加快建立财政涉农资金统筹整合长效机制，加强乡村振兴的财政资金使用管理，精简优化审批流程。加大特色产业和文化旅游招商引资力度，以大型农业综合体、现代农业产业园等为载体，探索 PPP 模式，引入社会资本，精准打造具有地方特色的产品。用好两个市场和两种资源，加大农业招商引资力度，加强与邻近区域（港澳台，深圳、广州）和外省的农业合作交流。探索以财政性资金为先导，设立现代农业产业发展基金。按照财政撬动、金融主导、社会参与的思路，创新产业融合投融资机制，破解农业项目融资难、融资贵、期限短的难题。

四、政策扶持保障

抓好扶持政策和行业标准制定，建立乡村规划理事会制度，积极引导将规划成果纳入村规民约，为乡村振兴规划建设提供有力保障。参考国家、广东省、肇庆市推动乡村振兴发展的有关政策，加快制定具有本地特色的产业发展鼓励政策，完善四会市农业招商引资优惠政策（试行）、外来人才返乡计划、财税优惠等支持政策，优化创新创业环境，激励、引导各类人才在乡村振兴的生动实践中施展才华、建功立业。加强农村集体"三资"管理，结合四会市实际，探索农村宅基地管理新机制，建立乡村报建协管员制度。制定出合健全农村发展用地保障政策，切实保障乡村振兴用地需求。积极整合已有资源和现实基础，以提供高规格行业服务为目标，建立健全农产品、旅游产品的准入政策及卫生细则等标准体系。

五、组织有效保障

强化四会市人民政府的责任，严格按照《四会市乡村振兴战略规划（2018—2022年）》的目标任务、工作重点和政策举措落实相关工作。围绕规划目标，制定相应的配套政策和措施，搭建乡村组织作用发挥的平台载体。充分发挥党的组织优势和群众工作优势，扎实做好组织群众、宣传群众、凝聚群众、服务群众的工作。乡镇对照市域规划更新完善镇村规划体系、镇总体规划和详细规划。推动建立健全乡村治理相关公用设施的运行和管护长效机制，确保有制度、有资金、有人员；推动各项产业规划与乡村振兴建设深度融合，实现资源的有效开发。全面统筹发改、商务、水务、交通、林业等职能部门，加强对重点建设项目的支持力度。

六、考核监督保障

贯彻落实《广东省推进乡村振兴战略实绩考核工作办法》与《2018年广东省推进乡村振兴战略实绩考核工作方案》，推动乡村振兴从部门行为向党政统筹推进转变，创新督查考核方式，引入第三方对乡村振兴建设成效进行考核评估，确保责任落实到位、工作推进到位。组织各级人大、政协开展联动监督，各有关部门开展专项检查，按照"季度通报、半年督查、年度考核"，定期评估督查各地各部门建设进度和资金落实等情况，定期发布乡村振兴战略实施动态。及时向社会公布规划实施进展状况，主动接受社会、媒体参与规划实施的监督。

第二节 保障措施之二：基本建设

乡村振兴，生活富裕是根本。坚持在发展中保障和改善农村民生，围绕农民群众最关心、最直接、最现实的利益问题，加快补齐农村民生短板，满足农民群众日益增长的民生需要，把乡村建设成为幸福美丽新家园，让农民群众有更多实实在在的获得感、幸福感。

一、推动农业人口市民化转移

全面放开城镇区域落户限制，降低落户门槛，实施更加灵活的迁移政策，实现有能力在城镇稳定就业和生活的常住人口市民化。优先解决农村学生升学和参军进入城镇的人口、在城镇就业居住5年以上和举家迁徙的农业转移人口以及新生代农民工落户问题，重点解决符合条件的普通劳动者落户问题。把进城落户农民完全纳入城镇社会保障体系，在农村参加的养老保险和医疗保险规范接入城镇社会保障体系，把进城落户居民完全纳入城镇住房保障体系，对符合条件的采取多种方式满足基本住房需求。

二、优先发展农村职业教育

均衡配置办学资源，实施边远乡村薄弱学校改造工程，每个乡镇补足配齐1所以上规范化公办幼儿园，鼓励和扶持有条件的乡镇建立小学，相邻镇村可联合建设中学，并实行寄宿制。加大对农村新型职业农民的培育，优先发展农村职业教育，全面落实资助政策，真正做到资助政策"应享尽享"。探索成立"职业农民之家"，为职业农民提供固定的学习、交流、活动场所，在"职业农民之家"定期开展分享成功经验的学习交流会、专家讲座等活动。

三、加强农村基础设施建设

以国省县道和旅游景区道路为重点，推进"四好农村路"（建好、管好、护好、运营好）建设。推进四会大桥、省道260和263改线、商业大道东西沿线、振兴大道、广佛肇城轨连接线等重点交通基础设施项目建设，以交通先行促进产城融合、形成互动。实施农村饮水安全巩固提升工程，推动城区供水设施向周边农村延伸；加快农村电网改造升级，着力解决动力电不足问题；加快农村宽带网络和第四代移动通信网络覆盖步伐，推进农村基层政务信息化应用；科学有序推进重大水利工程建设，推进农田水利设施提质升级，开展大中型灌区续建配套节水改造与现代化建设；加快推进生物质热电联产、生物质供热、规模化生物质天然气和规模化大型沼气等燃料清洁化工程；推进自然灾害高风险区危房与土坯房改造，提升农村住房设防水平；全面深化森林火灾防控治理，加强社区救灾应急物资储备和志愿者队伍建设。

四、推进乡村卫生健康建设

进一步完善健康扶贫"四道保障线"，建立科学可控的运行机制，及时将新增贫困人口纳入保障范围，确保贫困患者住院"先诊疗、后付费"和"一卡通"即时结算，自负费用比例控制在10%以内。每个镇（街道）建有标准化卫生院，加强健康扶贫政策落实监管工作，遏制冒名医疗、过度医疗等乱象。加强以全科医生为重点的基层医疗卫生队伍建设，继续实施为市镇招聘医学类本科生，确保每个乡镇至少有1名全科医生。

五、打好精准脱贫攻坚战役

一是坚持开发式"造血"扶贫，加大产业就业扶贫力度。因地制宜加快发展对贫困户增收带动作用明显的种植养殖业、农产品加工业、特色手工业、设施农业、电商、休闲农业和乡村旅游等农村二、三产业，积极培育和推广有市场、有品牌、有效益的特色产品。全力推进就业扶贫，促进贫困户依靠自主能力实现稳步增收脱贫。二是统筹推进保障性扶贫，全面落实政策兜底脱贫。聚焦贫困人口，建立区域动态兜底保障标准，通过最低生活保障、特困人员救助供养、补贴补助等方式予以救助。以落实政策性兜底保障为归宿，全面保障贫困户基本生活、教育、医疗和住房需求。加速对贫困户子女教育生活补助的建档立卡，坚决杜绝因学、因病致贫或返贫。三是落实脱贫攻坚责任制，强化脱贫攻坚监控。落实市负总责、部门联动、市镇村共同抓落实的工作机制。落实各行业部门、乡镇帮扶工作组、村居干部的脱贫攻坚工作职责，压实帮扶单位和帮扶责任人帮扶责任。对脱贫攻坚工作实施动态监测、分析和评价，切实减轻基层工作负担，确实保障一线扶贫干部有充足的时间和精力全力打好打赢脱贫攻坚战。

河源市连平县元善镇乡村振兴总体规划（2021—2035 年）

课题组[①]

一、规划概况

（一）政策背景

国家层面：出台多项政策并立法，全面推进乡村振兴

2017 年 10 月，中共十九大提出实施乡村振兴战略。提出坚持农业农村优先发展，按照"产业兴旺、生态宜居、乡风文明、治理有效、生活富裕"的总要求，建立健全城乡融合发展体制机制和政策体系，加快推进农业农村现代化。

2018 年 9 月，中共中央国务院印发《乡村振兴战略规划（2018—2022 年）》，对实施乡村振兴战略作出阶段性谋划，细化实化工作重点和政策措施，部署重大工程、重大计划、重大行动，确保乡村振兴战略落实落地，是指导各地区各部门分类有序推进乡村振兴的重要依据。

2020 年 12 月，《中共中央国务院关于实现巩固拓展脱贫攻坚成果同乡村振兴有效衔接的意见》明确，脱贫攻坚目标任务完成后，设立 5 年过渡期。强调过渡期内严格落实"四个不摘"要求，建立健全巩固拓展脱贫攻坚成果长效机制，健全农村低收入人口常态化帮扶机制，聚力做好脱贫地区巩固拓展脱贫攻坚成果同乡村振兴有效衔接重点工作。

2021 年 1 月，中央一号文件《中共中央国务院关于全面推进乡村振兴加快农业农村现代化的意见》提出全面推进乡村振兴，到 2025 年，农业农村现代化取得重要进展，农业基础设施现代化迈上新台阶，农村生活设施便利化初步实现，城乡基本公共服务均等化水平明显提高。

2021 年 6 月，《中华人民共和国乡村振兴促进法》正式实施。该法是我国第一部直接以"乡村振兴"命名的法律，也是一部全面指导和促进乡村振兴的法律，为乡村振兴提供了全局性、系统性的法律保障，具有深远的历史和现实意义。

广东省层面：制定帮扶方案，统筹各方力量多层次推进镇村融合发展，全域全覆盖全面推进乡村振兴

为贯彻落实 2021 年中央一号文件关于促进巩固拓展脱贫攻坚成果同乡村振兴有效衔接的重要部署，加快推进广东省乡村振兴战略实施，省委、省政府于 2021 年 6 月印发了《广东省乡村振兴驻镇帮镇扶村工作方案》（以下简称《方案》）。同年 8 月，广东省乡村振兴局出台《全省乡村振兴驻镇帮镇扶村工作手册》。

《方案》提出将分阶段、分类分级帮扶全省 1127 个乡镇，统筹整合"万企兴万村"、农村科技特派员

[①] 课题组成员：华南农业大学农文旅研究刘红斌团队，广东国地规划科技股份有限公司刘海团队。

等，深入开展"党政机关+企事业单位+科技力量+志愿者+金融助理"组团结对帮扶；加强规划引领，系统谋划、科学编制镇域乡村振兴规划，集中资源力量全域全覆盖全面推进乡村振兴，促进各镇形成长效可持续的乡村振兴内生发展动力，锚定未来5年镇域社会经济发展和帮扶工作计划。

河源市层面：明确实施引擎，确立帮扶重点，稳步推进乡村振兴工作

2021年6月，中共河源市委、河源市人民政府印发《河源市全面推进乡村振兴加快农业农村现代化的实施方案》，提出到2025年，全市农业农村现代化取得重大进展。结合"一区四带"（即灯塔盆地核心示范区，沿东江画廊示范带、沿省际边界示范带、沿赣深高铁示范带、沿高速公路示范带）规划建设，打造河源乡村振兴新引擎。

元善镇所在的沿省际边界示范带将围绕"河源客家文化和苏区特色文化"主线，结合省际边界镇村资源禀赋、发展水平和群众需求，在完善公共基础设施建设、改善农村人居环境的基础上，加强县域、镇域和村域直接的生态、产业、文化等要素联通，连线打造省际生态廊道。

2021年7月，中共河源市委办公室、河源市人民政府办公室印发《河源市乡村振兴驻镇帮镇扶村工作方案》，提出结合实施乡村建设行动，开展驻镇帮扶、分类分级帮扶、组团帮扶，全域推进乡村全面振兴。加快灯塔盆地率先振兴，对省际边界、少数民族地区、重点老区苏区所辖乡镇予以重点支持。元善镇为河源市重点帮扶乡镇，将由深圳市结对帮扶。

2021年9月，河源市乡村振兴局发布《关于做好我市县级巩固拓展脱贫攻坚成果和乡村振兴项目库建设管理工作的通知》（河乡振〔2021〕20号），提出各县（区）组织各乡镇开展年度县级项目库编制工作，围绕"三农"领域"九大攻坚"行动、乡村振兴年度重点工作任务，结合本地区乡村振兴规划和资源禀赋，聚焦问题短板弱项，谋划一些成熟度高、连农益农、有良好社会效益的项目。

连平县层面：推动乡村振兴由"点上出彩"向"全面开花"转变

2021年7月，连平县委、县政府印发了《关于建立实施乡村振兴战略长效管理机制的意见》的通知，并出台《连平县乡村振兴实绩考核办法（试行）》《连平县乡村振兴工作队伍管理规定（试行）》《连平县构建党组织领导乡村治理体系的指导意见（试行）》《连平县乡村振兴项目管理办法（试行）》《连平县乡村振兴项目评选办法（试行）》，构建完善"1+5+N"乡村振兴长效管理机制。

2021年8月，连平县委、县政府印发《连平县全面推进乡村振兴加快农业农村现代化的实施方案》，提出加快推进农业现代化，大力实施乡村建设行动，提升现代乡村综合治理水平，加快完善城乡融合发展的体制机制和制度体系。加快推进南部片区乡村振兴示范带、大广高速（连平）美丽乡村示范带、粤赣省界连平县乡村振兴示范带建设。

（二）工作要求

基于乡村振兴要求构建指标评价体系，构建"美丽圩镇+美丽乡村"的"十个一"乡村振兴指数评价体系。根据全省实施"三农"领域突出短板"九大攻坚"行动中的工作目标和重点任务要求，围绕乡村振兴和美丽圩镇建设内涵，借鉴《浙江省美丽城镇建设评价标准（试行）》和《肇庆市实施乡村振兴战略示范镇工作考评指标表》，构建了包括"一个党政阵地""一个鲜明的主导产业"等9个圩镇指标以及"一批美丽宜居乡村群"等1个美丽宜居村评价指标，形成"美丽圩镇+美丽乡村"的元善镇乡村振兴评价指标体系。

乡村振兴指数评价指标体系中指标有10大项34中项74小项，每个"一"均有100分，整个指标体系共1000分。通过对镇乡村振兴办、村委、村民进行访谈，形成详实的镇村建设现状评估数据。元善镇整体乡村振兴工作在"十个一"中基本达标3项，尚未达标7项。

按照元善镇乡村振兴评价指标体系对全镇总体情况进行评价，满分900分，元善镇自评669分。自评得分基本达到要求，但在鲜明的主导产业、星级农产品批发市场、教育服务网以及镇村生活圈等4个方面还有较大的提升空间。

参考浙江省对于美丽宜居村建设的考核标准，对各行政村乡村建设进行评价，满分100分；按照项目组测评和各村测评，平均得分76分。自评得分基本达到要求。根据以下评分表可知，各村在乡风文明、厕所改造等方面表现较好，但在基础设施的污水处理、建立发展机制的促进农民增收等2个方面还有较大的提升空间。

（三）工作目标

1. 明方向

制定适合元善的乡村振兴方向和思路，为各行政村指明发展方向。

2. 定蓝图

统筹全镇整体空间资源，科学保护和利用，促进地方可持续发展。

3. 寻路径

统筹推进产业发展与人居环境提升项目，促进共同富裕；尽快树立典型标杆示范，带动全域发展；高效组织，统筹资金、人才调配及缺口。

（四）技术框架

技术框架可概括为"6个梳理+1大统筹+5类提升+N个保障"（见图1）。

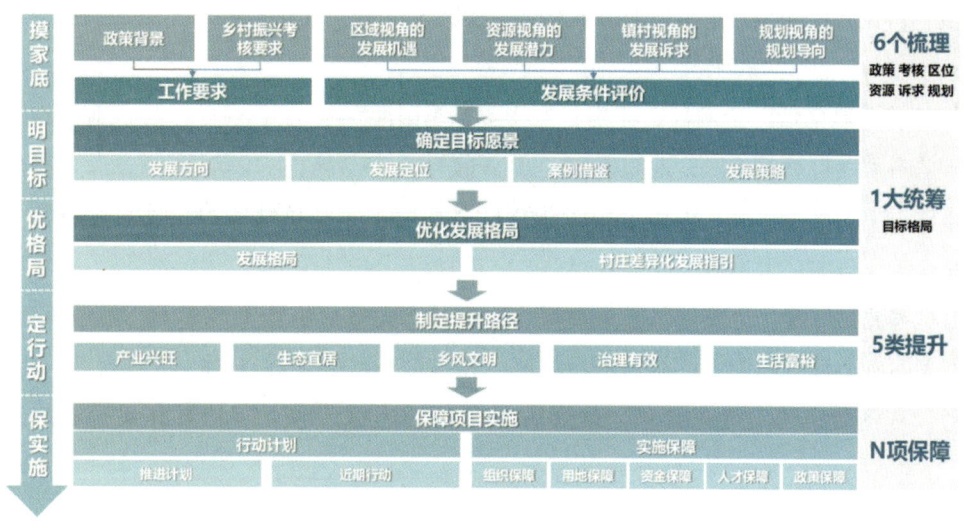

图1 技术框架

二、基础评估

（一）元善概况

第一印象是山水风光秀美。元善镇位于九连山脉，全境群山环抱，峰峦叠嶂，连绵起伏；元善镇属于东江流域，山水相映，水城相连，水质清澈。第二印象是区位优势明显。元善镇位于粤赣交界，为连平县人民政府机关驻地镇；辖区内大广高速、汕昆高速形成"十"字对外交通骨架，4个高速出入口包围城区。第三印象是农业基础良好。元善镇现有4个林场、15个果场、32个农场、9个种养场；辖区内现有鹰嘴桃、警雄三华李、大埠村甲鱼（龟苓膏）、坳肚山茶等名优特产。

1. 规划范围及期限

本次规划范围为元善镇行政辖区，包括5个社区、15个行政村、4个林场，总面积334.96平方公里。本次规划期限为2021—2035年，近期规划至2025年，远期展望至2035年。

2. 社会经济概况

近10年元善镇常住人口呈下降趋势，人口老龄化程度进一步加深，部分山区村呈现空心化趋势；全镇农业总产值稳步增长，但过半行政村农村集体经济收入水平较低，收入来源较为单一。

（二）区域视角的发展机遇

立足粤北，推进"融湾""融深"大市场，打造粤港澳湾区后花园。在广东省层面实现"四个走在全国前列"；在河源市层面以"融湾""融深"为牵引，全力打造生态经济发展新标杆；连平县层面打造生态旅游新城、粤港澳湾区后花园。元善镇作为连平县政治、经济、文化和旅游中心，全力支持连平县省级全域旅游示范区创建工作，推进"乡村振兴+文旅"发展模式，打造生态旅游新城，实现县域经济的破题。

"十"字对外交通网络，融湾融深交通区位优势明显。铁路方面规划"十"字高铁路网；高速公路方面"2+4"高速路网覆盖；公路方面形成国、县道为主，农村公路为辅的公路路网。

（三）资源视角的发展潜力

根据第三次全国国土调查统计，元善镇镇域国土面积33496.05公顷，林地、耕地占比较高，林地28920.37公顷，占比86.34%，耕地1704.75公顷，占比5.09%；现状地类总体资源特征呈现九山半水半分田格局。

1. 元善镇地势北高南低，全境群山环抱，生物资源基因库

九连山脉是国家级自然保护区，地貌复杂，山势险峻，沟壑纵横，溪涧回绕。保存有较大面积的原生性常绿阔叶林，中间贯穿河流、瀑布与切割很深的高崖陡坡，动植物资源丰富，是我国亚热带东部森林生态系统保存较完整的典型地区。

黄牛石山是粤北第一峰，也是连平县最高峰，原生状态完好，生物资源丰富。北高南低，山峰连绵，山场广阔，覆盖两省边境。南面属广东，怪石嶙峋，植被较少。北坡在江西，浓郁葱葱，原生状态完好。山上竹木茂密，有飞禽走兽，奇花异草，食用山果和各种药材，地下有甘泉和矿产，是连平八大景观之一。

2. 五大水系贯穿全境，水库遍布，水质清澈

元善镇域范围内有麻陂河、连平河、大席河、密溪河、松头河五大水系。水系呈网状分布；水库众多，主要分布在镇域北侧；共有2个一级饮用水源保护区，分别是连平县鹤湖河饮用水源保护区、连平县密溪河饮用水水源保护区。

3. 原始森林，天然氧吧，古树古香

镇域范围内森林覆盖率高达到86%，具备林下经济发展条件。镇域范围内森林资源丰富，境内林地28922.04公顷（43.38万亩），占镇域面积的86.34%，主要为乔木林地，分布在镇域北部及南部。具备发展林下经济条件，林下种植：林茶、林果、林草、林菌等；林下养殖：肉鸡养殖；林下旅游：旅游观光、休闲度假、康复疗养。生态条件优越，共有2个森林自然公园，4个自然保护区，公益林占比58.20%。

4. 耕地集中连片，农特产品经济具备发展基础

耕地主要分布在县城中心周边村庄，较连片。2021年元善镇粮食播种面积24333亩，粮食总产量8964吨，占连平县粮食总产量的10.05%；大埔村的连平县大自然养殖专业合作社为元善镇"一村一品"产业，被评为"河源菜篮子基地"。元善镇目前有4个水果种植基地：世外桃源鹰嘴蜜桃种植产业基地、醒狮山百香果产业基地、警雄内莞径三华李产业基地、前锋火龙果产业基地。

5. 文化底蕴丰富多元，文化史迹丰富，遗存众多

元善镇建制于1634年（明崇祯七年），向为州治、县治所在地。镇域内文化资源多样，主要包括历史遗迹、古树名木、美食工艺等物质文化，历史名人、节庆、戏剧、民俗等非物质文化。各类文化相互渗透融合，交相辉映，沉淀成为了元善镇独特的文化基底。

元善镇文物资源主要有1个历史街区：元善镇；1个省级文物保护单位：黄潭寺遗址；3个市级文物保护单位：文节书院、东山塔、颜伯泰墓；8个县级文物保护单位：河帅第、练恕墓、吉水庙、刘观汉夫妇合葬墓、仙塔遗踪、光下卓屋、步云桥、西山瀑布；34个文化史迹：老井头井、颜容穆墓、九峰庵遗址等。

6. 连平八景分布，粤赣古驿道途经

连平新八景分布在元善镇的是黄牛仙峰、西山瀑布；连平古八景分布在元善镇的是西山瀑布、丹灶虬松、梧峰樵唱、仙塔遗踪、南楼野眺。粤赣古驿道经元善镇的是陂头镇段。

7. 农业基础好，农产品加工业蓄势待发，旅游资源特色足、开发潜力大

第一产业传统农业：专业合作社73个，市级4个；果场15个、农场32个、种养场9个；省级示范家庭农场1个，市级示范家庭农场2个。新龙村的贡柑为2020年全国名誉特色产品。大埔村被评为"河源菜篮子基地"、"省级水产健康示范场"和"国家级水产健康养殖示范场"等。

第二产业绿色工业：连平县云舒飞茶业发展有限公司茶加工；2个矿泉水加工厂（1个已停产）。农产品加工业蓄势待发。

第三产业现代服务业：2020年，全镇服务业增加值12.53亿元。部分村庄已建有民宿、农庄等设施；黄牛石风景名胜区已建成，百里席水画廊正在建设万里碧道。

8. 城沿河带状布局，村依山傍水而居

元善镇形成山、田、水、城、村的景观格局。

城——连平县政治、经济、文化的中心；县级行政中心，连平县县城所在地，城镇建设用地377.77公顷，占镇域总面积的1.13%，主要分布在5大社区：邓村村、新龙村、东联村、东河村。2个公园+2个广场：市政广场、文化广场、南山公园、洲龙山公园。

村——择水而栖、临田而住。山、村、水层层递进，村庄与山水相依，人闲逸而自在，山静穆而高远，展现出元善镇居民的诗意田园生活。村庄建设用地约456.45公顷，占镇域总面积的1.36%。村庄类型多元，有传统村庄、城郊村庄、森林村庄。

9. 驻镇帮扶队伍强，多元资金投入足

元善镇为河源市重点帮扶乡镇，由深圳市应急管理局、南方电网深圳供电局、南方科技大学、华南

247

农业大学等单位组团帮扶。与深圳市南山区结对帮扶。

广东省乡村振兴驻镇帮镇扶村政策红利明显每年按 2000 万元的标准筹集资金，作为帮镇扶村的主要资金保障，用于支持和巩固拓展脱贫攻坚成果和推进乡村振兴、发展富民兴村产业、提升镇村公共基础设施水平和公共服务能力。

（四）镇村视角的发展诉求

1. 发展诉求（见图 2 和表 1）

图 2　发展诉求

表1 乡村诉求一览表

村名	基础和公共服务配套设施诉求									村庄环境提升诉求					产业发展诉求		
	村道/巷道硬化	村道/巷道亮化	村道/巷道拓宽	污水处理设施	供水、灌溉设施	垃圾收集设施优化	桥梁修缮/修建码头	停车场	活动广场（绿化公园、球场、宣传栏）	综合服务中心	河涌整治/周边景观提升	河堤护栏	房屋外立面提升	三线下地	文物古迹保护	新兴产业	休闲旅游	传统产业
东河村	√		√							√						√		√
石龙村									√							√		√
邓村村				√					√								√	
大埠村																	√	√
留潭村					√												√	
江面村									√							√		
醒狮村	√	√		√					√	√						√		
前锋村	√	√	√	√					√	√								√
警雄村	√	√	√						√								√	
新龙村											√	√				√	√	
鹤湖村									√								√	
东联村									√	√	√		√				√	
密溪村	√								√								√	
增坝村	√	√	√	√					√									√
河坝村									√		√							

2. 存在问题

产业竞争不强。未形成完整产业链条。农业方面仍以种植—销售农产品的模式为主,缺少对产品进行再加工的环节与能力,一二三产之间联动不足,附加值较低;"食住行游购娱"全链条尚未打通,难以满足游客的综合需求。产业规模化水平不高。规模化种植覆盖不足,产品产量、质量难以保障,旅游线路分散,连片发展程度不高,农文旅产业融合度低。缺少龙头企业带动。镇域范围内龙头企业数量较少,截至2020年,农林方面的省级龙头企业仅有广东雄达事业发展有限公司(连平分公司)、连平康之顺油茶科技有限公司2家,带动引领协同作用较弱。品牌效应弱。缺少整体营销规划与统筹,特色品牌IP尚未打造;市场宣传形式单一、渠道不广、力度不大,品牌认知度偏低。

人居环境不美。在建设品质方面,现有建设水平尚未能满足美丽圩镇的建设要求,存在数量不足、质量不高的情况,镇村容貌有待进一步提升。在治理水平方面,各地人居环境整治水平参差不齐,工作机制落实不到位。

配套设施不足。在旅游服务配套方面,星级酒店数量较少、等级不高,民宿发展处于初期,旅游接待能力不足;缺少停车场、充电桩等设施,吸引力不足;公共厕所数量难以满足需求;缺少专业旅游机构,知名度不高。在道路交通方面,步道与非机动车道、碧道、景观道等慢行系统建设水平较低。在公共服务设施方面,人口外流使得原有教育设施被闲置;体育设施日常使用效率不高;日常管理维护水平不高。在市政基础方面,环卫设施、污水处理设施建设水平不高,缺少遮蔽,卫生条件不佳。

资源转化不高。农林资源虽有特色但价值未完全转化。元善镇土地资源主要以林地、耕地、园地为主,其中林地占比接近九成,但大部分林地属于生态林,缺少转化契机,无法实现经济效益。作物种植以玉米、番薯、生姜等低附加值为主,贡柑、砂糖桔等特色物种种植机械化、规模化程度不高。山水资源开发处于初期。目前大部分停留在观光层面,缺少露营、采摘、垂钓等互动单元的设计;部分水资源设施缺少稳定运转机制,受外部因素影响较大;相关设施配套尚未建设完全,存在功能缺位的情况。文化资源活化力度不足。深入挖掘开发及保护力度不足,各村、社区对自有区域的规划局部零碎,未能在整体上统筹差异、互补、衔接,整个文旅产横向和纵向未形成优质的配套衔接体系。旅游景点管理不善。现状旅游设施呈点状分布,缺少整体规划规划与统筹,尚未成体系;部分设施运行低效甚至停摆,造成资源浪费。

人才机制不全。人才培养机制不完善。特色农技培训体系有待完善,人才培养效果不明显;对农村"土专家""田秀才"的挖掘、激励力度不高,"传帮带"作用未能充分体现。人才引进效果不明显。人才引进政策力度不够,无法"引人来";人才引进方式单一,传播度不够。人才管理模式需创新。缺少人才评价体系、人才后续培养体系未建立,难以"留住人"。

文化特色不显。保护意识欠缺。牟侯祠、文节书院等历史文化建筑保护措施不完善,存在各类生活设施共存的现象,历史文化的厚重感、庄严感缺失。资源利用不足。颜氏廉洁文化是元善的重要文化资源,连平县博物馆更是以此建立教育基地,但目前仍以参观学习为主,形式多样化缺失,流传推广效果不佳。

(五)规划视角的发展导向

河源市层面相关规划文件分别是《河源市城市总体规划(2009—2020)》《河源市全域旅游发展规划(2018—2035)》。

《河源市城市总体规划（2009—2020）》发展目标：大力发展高新技术产业和先进制造业、发展乡村生态旅游和现代生态农业等特色产业，实现"活力城乡"。发展格局：打造两纵两横"井"字型发展轴带。发展指引：元善镇位于其中一横一纵发展主、次轴交汇点，规划形成15.5万人口的小城市；作为三级城镇中心体系中的地方性主中心，应充分发挥综合服务功能，依托县域丰富的矿产、旅游、交通资源，建设成为以资源深加工、外向型加工业、旅游服务业和商贸流通业为主的现代化生态型城市。

《河源市全域旅游发展规划（2018—2035）》发展格局：构建"一核两带六片区"空间格局，元善镇涉及"一带"（九连山生态旅游产业带）、"一片区"（G105走廊九连山全域旅游片区），是河源市全域旅游布局的重要一环。发展指引：以九连山黄牛石风景名胜区、国家森林公园为核心，与九连山原始森林度假村、元善官第群、西山瀑布等资源联动发展生态旅游，实现连片开发；依托连平县城，建成县级旅游集散服务中心及省级边界商贸商旅小镇，打造九连山走廊全域旅游产业示范片区。

连平县层面相关规划文件分别是《连平县国民经济和社会发展第十四个五年规划和二〇三五年远景目标纲要》、《连平县实施乡村振兴战略规划（2018—2022年）》、《连平县城市总体规划（2017—2035）》、《连平县国土空间总体规划（2020—2035年）》（在编）、《连平县乡村振兴+全域旅游总体规划》（初稿）。发展指引：优化农业布局，扩大农产品优势；挖掘生态和文化资源发展全域旅游。

上述规划总结：

连平县未来将成为河源市落实全面融入珠三角战略的践行者。重点发展旅游服务业、商贸流通业和生产性服务业，主动对接珠三角，承接产业转移、提供综合服务功能，形成分工合理、优势互补、互利共赢的产业协作体系。

将元善镇建设成为连平县生态旅游的综合服务中心。元善镇是连平的行政、交通、文化、科教、旅游服务中心。以元善镇为核心，向外辐射各组团，推动连平县成为广东省一流的生态旅游休闲度假目的地。

打造乡村振兴的典范。大力发展综合性服务业、生态农业以及旅游业；依托农业资源优势打造东江上游产业经济带，打造"果香麻陂"品牌，建设特色畜牧业优势产业区，实现产业振兴。

（六）SWOT分析

优势：连平县城驻地，区位条件优越，是连平发展全域旅游的综合服务配套中心；自然、人文、农业资源禀赋优良，具有发展潜力；林、果、茶等特色产品具有一定知名度。

劣势：资源利用不充分，转化率低，传统农业种植产业链短，附加值低，配套设施配置不足；人居环境品质不高，公共活动空间不足，基础设施配套尚有短板；人才机制未健全，培养计划、奖励机制等尚有完善空间。

机遇：广东全面实施乡村振兴的重要区域；深圳南山区对口帮扶，助推产品高端化转型；华南农业大学的支持，有利于高新生态技术的植入；河源发展生态乡村旅游的重要节点。

挑战：周边区域资源条件相似，乡村旅游景点间竞争激烈，同质化严重；周边旅游景区知名度大（万绿湖等），乡村新建景点短时间内规模及影响力较小，难以获得较大成效。

三、目标定位

(一) 发展方向研判

结合资源禀赋、规划要求、村庄发展三大方向，研判未来发展方向。（见图3）

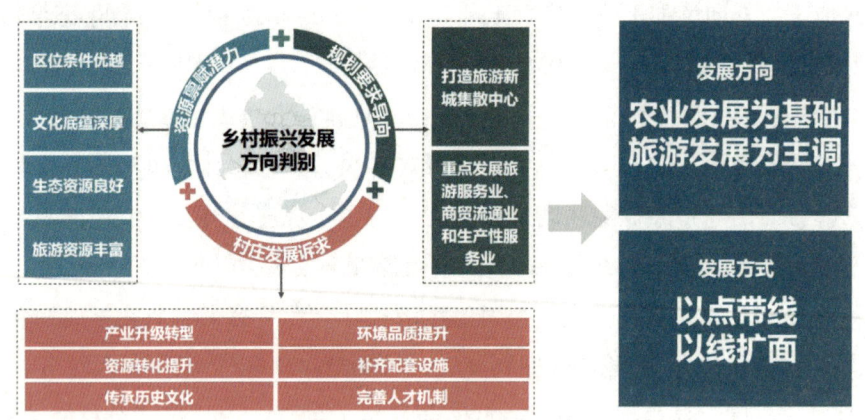

图3 未来发展方向研判

(二) 发展定位

打造"四客归元·九连首善"，以慢生活、轻度假，生态康乐典范为目标的三产联动发展。建设成为广东省的乡村振兴示范镇、湾区的绿色农产供应站、河源市的全域旅游必经点、连平县的城乡融合先行区。

(三) 案例借鉴

1. 浙江省湖州市安吉县余村

注重生态环境整治修复。关停矿山水泥厂等灰色经济产业，开展生态环境整治修复，注重村容村貌整治，公共基础设施提升，极大地改善乡村环境。

发展"以山养山"生态产业。利用本土生态资源发展生态农业和生态旅游，打造油菜花海，发展高端的毛竹产业和安吉白茶产业，从"靠山吃山"的灰色经济转变为"养山富山"的绿色经济模式，逐步实现从"卖资源"向"卖风景"的业态转变。

2. 广东省梅州市雁洋镇红色文化小镇

"旅游+"联动打造文旅发展新高地。依托丰富的旅游资源，促进旅游与农业、体育、文化、商贸、美食等产业融合发展，大力发展农事体验、农耕文化展示、果园采摘、特色农业观光、特色农家乐等乡村旅游业态，积极培育新型农业经营主体，扶持特色民宿和特色农家乐，高质量实施"粤菜（客家菜）师傅"工程，实现生态保护和经济发展的互利共赢。

建设美丽乡村精品游线。投资1500多万元全面建成石窟河沿线（雁洋段）美丽乡村精品游线，以点带面、连线成片，补齐沿线村庄基础设施短板，加快乡村风貌提升，打造富有"世界客都·长寿梅州"特色的精美农村。

3. 广东省广州市从化罗洞工匠小镇

推行民主议事制度：所有村里的决策都要经过执行"四议两公开"的程序，才可以出台实施，达到高度的村民自治、民主议事。

建立"十个员"管理制度。针对乡村治理，成立了村级社会组织，建立"十个员"管理制度，即保洁员、公厕管护员、污水处理巡检员、绿化养护员、公共安全管理员、志愿服务员等村职岗位，由村委出资聘请家庭困难的村民担任。

村企合作经营模式。引进龙头企业以出资租用当地村民的房屋发展产业，聘请当地村民参与场馆建设、参与小镇管理的方式带动当地村民就业，提高村民收入，发展集体经济。

(四) 发展策略

1. 产业发展方面

提升竞争力。纵向延伸产业链：基于现有产业，植入加工、科研、电商等产业，延长产业链、提升价值链、完善利益链，扩大市场影响力。横向转型升级发展：引进高技术、新设备、技术员，转型升级现有产业，提高产业质量，推动产业高质量发展。

规模化发展。一二三产联动：着力打破产业壁垒、打破行业界限、打通融合渠道，由一产向二产连接、向三产开发，打造新的经济增长点。推动土地流转：出台鼓励政策，探索政府统租统管土地管理模式，引导村集体以土地入股，鼓励农民参与合作，推动土地规模化、机械化高效利用。

塑造龙头企业。培育本地企业：培育和扶持本地企业，鼓励本地企业转型升级，植入新技术、引进先进人才，推动企业高质量可持续发展。引进知名企业：合理挖掘利用社会资源，引进高新企业、知名企业，以点带面、以线扩面，带动全域经济发展。

强化市场营销。打造主题IP：挖掘本地资源特色，打造独特且具有代表性的主题IP，形成区域文旅融合项目核心吸引力。加强宣传推广：结合电视、广播、互联网、自媒体等媒介，利用网红效应，吸引流量，扩大品牌知名度，推动农业、旅游业发展。

2. 人居环境方面

制定建筑风貌与要求。明确居民点新建建筑的选址、高度、面积等控制性内容，对建筑风格、色彩、屋顶形式等提出建设指引，提供标准户型。

针对各要素优化人居环境。针对人居环境问题，对建筑、基础设施、服务设施、绿化景观等要素提出优化提升策略。

重塑重要节点空间。按照乡村景观通用导则，对滨水空间、村庄节点进行详细设计，提升人居环境品质。

3. 配套设施方面

构建"两级生活圈"。根据乡村和城镇不同层次的服务需求，科学规划确定生活圈半径规模，打造两级生活圈。协调确定两级生活圈的服务设施要素，基础保障类设施必须配置，品质提升型设施适当配置。

统筹布局配套设施。以适宜的"乡村生活圈"为依据，合理规划配置公共服务设施和基础设施，统筹配置教育、医疗、商业、文体等公共服务设施。

科学合理选址落地。因地制宜确定村庄供水、污水和垃圾治理、道路、电力、通讯、防灾等各类基础设施的规模、建设标准和选址意向。

4. 文化传承方面

保护历史文化。挖掘和培育地方文化，提炼文化要素与精髓；落实历史文物和重点历史遗迹的保护，制定不可移动文物名录，定点落位，划定保护范围，推动不可移动文物保护单位的保护和利用；着力做好非物质文化遗产保护工作，鼓励文化遗产传承，适度转化非物质文化遗产价值，推动特色文化的保护与利用。

建设文化设施。建设综合文化服务中心、多功能文体活动室、展览馆、文体广场等文化交流空间；将文化特色融于民宿、创意产业园等公共空间，大力发展休闲旅游、现代农业等新业态。

弘扬文化传统。培养一支懂文艺爱农村爱农民、专兼职相结合的农村文化工作队伍，增强历史文化宣传，提高居民对本地文化认同的自豪感和文化传承的使命感；围绕客家文化、廉政文化、红色文化策划文化活动，增加知名度，鼓励各村打造文化产业品牌。

5. 资源转换方面

农林资源：深入挖掘特色农产，通过土地流转等方式，促进农业机械化、规模化发展；在保护山林资源的基础上，合理开发生态旅游观光。同时利用林下空间，推动林业空间价值转换。

自然山水：基于现有山水资源优势，积极引入知名企业，投资发展生态旅游业，提高地方收益；建设旅游服务配套设施，打造体验丰富，功能完善的旅游空间。

历史文化：鼓励乡土文化旅游转化，推动文化事业产业创新发展，促进文化旅游深度融合；将文化资源转化为文化创意产品以及民间艺术、民俗表演等服务供给，大力发展休闲旅游、农业科普、现代民宿等旅游业。

旅游景点：统筹规划旅游路线，串联现有散布景点，做大做强旅游品牌；加强旅游景点管理，增强旅游业综合竞争力，推动配套服务升级，维持景区正常运营。

6. 组织人才方面

科学培育乡村振兴人才。培养壮大农业教师、乡村医生、农技推广员、养老服务员、乡村工匠、非遗传承人等专业人才队伍，实施"粤菜师傅"、"广东技工"、"南粤家政""农村电商"、"乡村工匠"和"高素质农民"培育等实用人才培训工程，开展创业致富带头人、电商人才等创业就业培训，有针对性地开展政策宣传和就业服务，切实有效推动乡村振兴。

有效利用社会组织及专业人才。有效利用科技特派员、驻镇帮扶工作队、驻村规划师等社会资源，围绕服务本地主要产业、特色产业发展，促进产业投资，加快产业园建设，开展先进实用技术成果转移转化和示范推广应用服务，推动产业高质量发展。

健全乡村人才激励机制。实施高校毕业生"三支一扶"计划，制定积极政策吸纳留住优秀人才服务农村基层，研究制定完善相关政策措施和管理办法，引导科技人才下乡、新乡贤返乡，鼓励社会人才投身乡村建设，接续支持当地龙头企业带动就近就业，鼓励支持在粤务工的脱贫劳动力回乡创业。

四、空间格局

（一）发展格局

基于各社区、村庄资源禀赋，结合发展潜力及规划要求，依托城镇发展及乡村振兴辐射方向，确定发展轴线，形成"一核两轴五区"的发展格局。

一核：城镇发展核。包含城东、城西、城南、城北及南湖社区，以城镇发展为核心，鼓励促进人才、资本、技术向乡村流动，助推乡村振兴。

两轴：城乡融合示范轴：依托国道105，发挥镇区辐射带动能力，带动沿线乡村发展；农旅联动发展轴：依托现有资源禀赋，推动一二三产融合发展，促进乡村全面振兴。

五区：①乡野山林观光区：充分发挥现有资源优势，做大做强种养业，植入休闲康养、农业观光功能，打造乡野休闲森林氧吧；②农家休闲体验区：依托现有农家乐，植入科普、研学等功能，打造农旅体验目的地；③城乡融合发展区：充分考虑未来城镇服务需求，为镇区拓展发展提供空间载体；④绿色农业生产区：推动荒废土地集中连片改造，优化提升农田效率，发展现代农业，助推乡村振兴，打造现代农业生产示范区；⑤自然生态度假区：基于现有河流、山林等优质生态资源，重点发展生态观光、康养度假、艺术培训等功能，打造高端度假旅游胜地。

图4　乡村振兴发展格局图

1. 城镇发展核

涉及社区：城东社区、城西社区、城北社区、城南社区、南湖社区。

目标：打造成为现代化城市核心区。

主要功能：综合服务、经济发展。

发展重点：充分发挥城市发展辐射能力，促进人才、资本、信息等要素向乡村流动；高效合理利用回留地，创新集体收益，反哺于社区建设，改善人居环境，提高城市服务质量。

发展产业：商业+服务业。

发展模式：鼓励以"村集体+社区"的发展模式，推动城乡融合发展，构建元素流动良性循环，促进乡村全面振兴。

2. 田园林场生产区

涉及村：醒狮村、前锋村、警雄村、新龙村。

目标：打造成为连平县的"米袋子、菜篮子"。

主要功能：农业生产、林业生产、生态保护。

发展重点：依托现有特色谷物、果蔬等特色产品，规模化、机械化、科技化发展种植业；在生态保护的基础上，优化植被结构，科学种植，合理利用林下空间，增加收益。

发展产业：农业+林业。

发展模式：以"村集体+企业+农户"的合作模式，提升农业发展质量，提高农业生产效率，切实提高农户收益，助推乡村振兴。

3. 城乡融合发展区

涉及村（社区）：东河村、邓村村、石龙村，5大社区。

目标：打造成为城市东拓主战场。

主要功能：综合服务、商业娱乐。

发展重点：推动城市外拓发展，补齐城市服务功能，落实"四馆一园一中心"建设要求；优化提升人居环境，植入商业服务业，为居民、白领提供日常休闲、交流空间。

发展产业：商业+服务业。

发展模式：以"政府+村集体+企业"的发展模式，借力城市拓展发展需求，紧抓机遇，推动城乡融合，提升乡村品质。

4. 特色乡村休闲区

涉及村：密溪村、东联村、增坝村、河坝村、河湖村。

目标：打造成为连平后花园。

主要功能：休闲娱乐、乡村旅游。

发展重点：挖掘各村现有资源优势，结合未来发展诉求，为市民提供旅游、休闲、研学等服务；科学化、高精化发展农业种植业，提升农业收益的同时，为游客提供观光及科普的乡村旅游服务。

发展产业：农业+旅游业。

发展模式：以"龙头企业+村集体"的发展模式，发挥各村现有资源禀赋，以点带线、以线扩面，推动乡村旅游发展。

5. 自然生态观光区

涉及村：江面村、留潭村、大埠村。

目标：打造成为生态观光目的地。

主要功能：生态保护、旅游观光。

发展重点：在生态保护的基础上，挖掘自然生态资源，合理开发，串联重要节点，打造自然观光旅游动线；引进知名企业，完善旅游配套设施，增加游客停留时间，带动旅游经济消费。

发展产业：商业+服务业。

发展模式：以"政府+村集体+企业"的发展模式，挖掘市场、社会、企业的潜力，促进生态旅游业的快速稳步发展，激发地块活力。

（二）村庄差异化发展指引

村庄分类共五类，分别是：

产业发展型：警雄村、前锋村、醒狮村、邓村村、东河村。现有农业产业具有特色，初步形成"一村一品"，农业生产聚集、农业规模经营、农业产业链条不断延伸，产业带动效果明显；地理区位良好，交通可达性高，与城市拓展方向一致，商业服务业发展潜力高。

生态保护型：大埔村、留潭村。主要是在生态优美、环境污染少的地区，自然条件优越，水资源和森林资源丰富，生态环境优势明显，生态环境价值转换潜力大，适宜发展生态旅游。

文化传承型：城东、城西、城南、城北、南湖社区。具有特殊人文景观，乡村文化资源丰富，包括古树名木以及传统文化，具有优秀民俗文化以及非物质文化，文化展示和传承的潜力大。

环境整治型：增坝村、河坝村、石龙村、江面村、东联村。主要指人居环境待改善的村庄，其特点是农村环境基础设施建设相对滞后，当地村民对环境整治的意愿高、反应强烈。

休闲旅游型：新龙村、密溪村、鹤湖村——休闲旅游型美丽乡村模式主要是在适宜发展乡村旅游的地区，具有传统的田园风光和乡村特色，配套设施较完善，交通便捷，距离城市较近，适合休闲度假，发展乡村旅游潜力大。

五、要素提升

（一）产业兴旺

1. 产业发展思路

三大驱动：农业基础+文化载体+外部契机；六次产业：一二三产融合发展。（见图5）

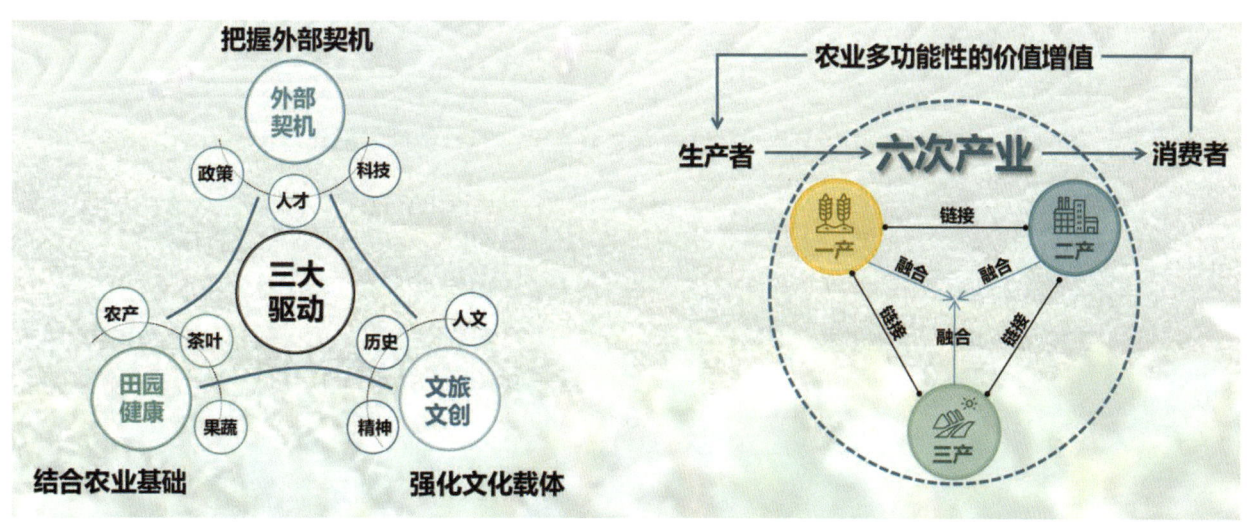

图5　产业发展思路

基于现有资源特色、产业现状及未来发展机遇，构建全要素产业体系，联动食、宿、行、游、购、娱等方面，促进农业生产、村民生活和旅游相结合，推动乡村产业兴旺，助推区域经济发展。

2. 一产发展思路及发展项目

农业发展实现由传统农业以生产型为主导向现代农业以经营型为主导转变，经过农业经营的适度规模化、体验化、科技化，实现农业的提质增效。

一产发展项目依据各村现有特色农产，结合未来发展方向，制定差异化农产发展方向，避免千村一面，竞争加剧。在深入调研各村现有特色农产的基础上，规划建设农产示范区、种植基地、试验区，推动特色农产发展，助推乡村振兴。

3. 二产发展思路及发展项目

大力扶持农业专业合作社和知名工业企业合作，以农产品深加工带动相关配套产业和支撑产业形成农产品加工产业集群，推进特色农产生加工业发展。加强招商引资选资，引进关联度高的上下游企业等。

二产发展项目基于现有农产特色、未来发展需求，延伸产业链，发展第二产业。

4. 三产发展思路及发展项目

以生态休闲农业为核心，游憩娱乐先行，构筑"慢生活生态后花园"，融"生产、生活、生态"于一体，打造全年龄段产品。

三产发展项目以全季相节庆体验、全时段活动策划、全区域项目布置、全类型游线组织及全特色营销推广进行打造。

（二）生态宜居

1. 道路交通设施提升

改善对外交通通行能力，推动与周边镇街互联互通；完善客运交通设施和城乡公交体系，加强城乡道路衔接；结合滨水道、古驿道、旅游公路构筑6类慢行系统。

2. 公共服务设施完善

建立邻里中心及镇村生活圈体系。按照《乡村公共服务设施规划标准》（CECS354：2013）、《社区生活圈规划技术指南》（TD/T1062-2021），构建城镇、村两个社区生活圈层级，强化县域与乡村层面对农村基本公共服务供给的统筹。

3. 基础设施提升

补齐农村基础设施短板，促进城乡基础设施互联互通，推动农村基础设施建设提档升级。

4. 风貌提升

为保证风貌的引导控制普遍适用于镇域范围内的各个村庄，并避免村庄风貌趋于雷同，将乡村风貌营造的具体元素提炼形成村庄风貌提升的九大核心控制要素——山、水、田、路、林、街、宅、园、场。

规划通过对各要素的整治与梳理，演绎"九连九美"，共同塑造元善客家山区村落的迷人风貌。（见图6）

图 6 提升村庄风貌的"九连九美"

(三) 乡风文明

总体提升目标是"党建引领+历史文化+人文风俗",形成健康、联动、相互促进的乡村文化新业态。具体做法如下:

党建引领,筑牢乡村思想文化阵地。农村工作是全党工作的重中之重。深入实施乡村振兴战略,培育文明乡风,必须坚持和加强党对农村工作的全面领导,提高党的农村基层组织建设质量,发挥好党建引领作用。守住底线,做好文化资源保护。历史文化要素分级分类保护,加强对不可移动文物的保护,推动文保单位申报工作,加强历史建筑、古树名木普查登记与挂牌保护。

多元联动,打造"文化+"新业态。"文化+"联动打造乡村振兴的亮眼"名片":廉善文化+客家文化+非遗文化+红色文化+农耕文化。以文塑旅,以旅彰文。依托丰富的文化资源,积极探索"文化+历史""文化+生态""文化+生活"等"文化+"新业态,用文化的力量推动多村旅游,将单一、散点式的文化资源与绿色资源及周边资源整合起来,产生聚合链条效应,构建文化产业和乡村经济多元化发展新格局,让文化资源的融入释放规模化、品牌化魅力,打造乡村振兴的亮眼"名片"。

多元传承,引四客归元。探索"非遗+校园""非遗+文创""非遗+电商""非遗+旅游""互联网+"等"非遗+"的跨领域融合形式,活化乡村非物质文化。

多元活化,挖掘古驿道价值。发展"古驿道+"新业态,加强古驿道与旅游、体育、文化、教育、农业等关联产业的融合,培育"粤赣古驿道"综合品牌效益,优化整合沿线的食、行、住、游、购、娱等资源要素,加强配套设施建设、交通接驳和运营管理,带动文化旅游、体育运动、科普教育、文化创意等相关产业发展。

善韵传承,做好"廉"文章。以颜氏文化为底蕴,对元善镇"廉""善"文化相关的故居、坟墓、遗物、祠堂等加以保护,紧扣"吏不畏吾严而畏吾廉,民不服吾能而服吾公;廉则吏不敢慢,公则民不敢欺;公生明,廉生威"三十六字官箴这条主线,深入挖掘"廉""善"文化传承、践行的史实名人故事。紧抓三大环节:传承、践行、宣讲,将"廉""善"文化植入元善镇的各业态领域,积极打造"廉""善"文化品牌。

移风易俗,传播现代精神文明。加强宣传引导,出台红白事操办准则。加强领导,转变观念,落实责任。

(四) 治理有效

做好规划衔接。本项目向上衔接市县级国土空间规划总体规划和镇级国土空间规划，向下衔接乡村规划及控制性详细规划，平行衔接土地综合整治与生态修复专项规划、综合交通专项规划、旅游专项规划等。

发展红线不能逾越。本项目需衔接国土空间规划对城镇开发边界、永久基本农田、生态保护红线提出的要求，并通过指导村庄规划对三线要求落地实施。

健全"三治合一"的乡村治理体系。以自治增加活力，以德治扬正气，以法治增强保障。

(五) 生活富裕

增加农民收入，完善基础设施，提升服务供给。

六、行动计划

(一) 整体计划

分近、中、远期三期进行实施，循序渐进。前期由农旅结合发展，中远期由旅游反哺农业，实现强旅精农发展格局。（见图7）

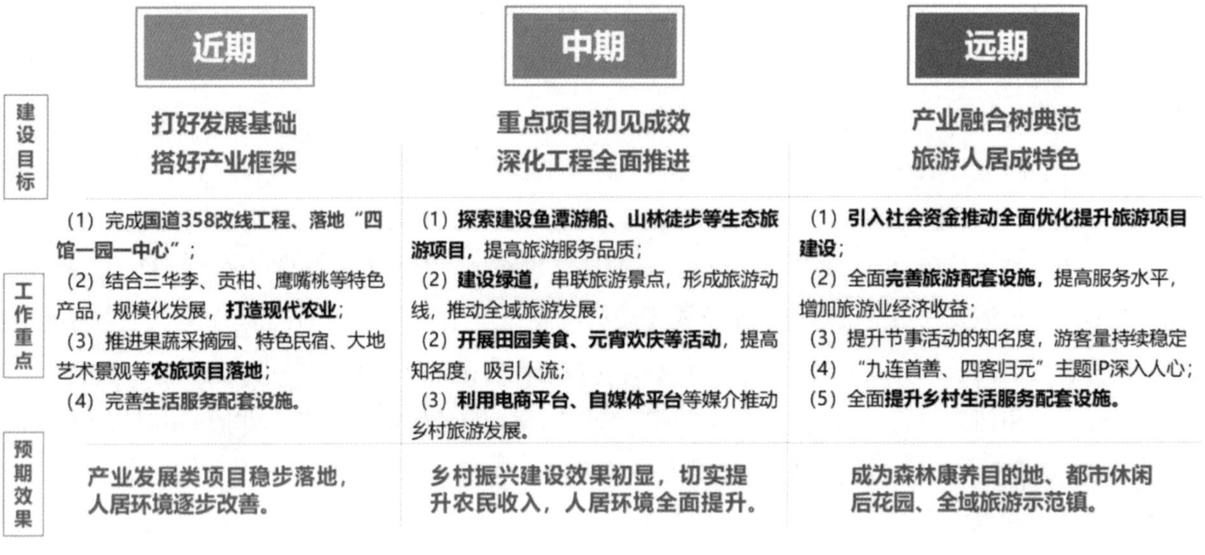

	近期	中期	远期
建设目标	打好发展基础 搭好产业框架	重点项目初见成效 深化工程全面推进	产业融合树典范 旅游人居成特色
工作重点	(1) 完成国道358改线工程、落地"四馆一园一中心"； (2) 结合三华李、贡柑、鹰嘴桃等特色产品，规模化发展，**打造现代农业**； (3) 推进果蔬采摘园、特色民宿、大地艺术景观等**农旅项目落地**； (4) 完善生活服务配套设施。	(1) 探索建设鱼潭游船、山林徒步等生态旅游项目，提高旅游服务品质； (2) 建设绿道，串联旅游景点，形成旅游动线，推动全域旅游发展； (2) **开展田园美食、元宵欢庆等活动**，提高知名度，吸引人流； (3) **利用电商平台、自媒体平台**等媒介推动乡村旅游发展。	(1) **引入社会资金推动全面优化提升旅游项目建设**； (2) 全面**完善旅游配套设施**，提高服务水平，增加旅游业经济收益； (3) 提升节事活动的知名度，游客量持续稳定； (4) "九连首善、四客归元" 主题IP深入人心； (5) 全面**提升乡村生活服务配套设施**。
预期效果	产业发展类项目稳步落地，人居环境逐步改善。	乡村振兴建设效果初显，切实提升农民收入，人居环境全面提升。	成为森林康养目的地、都市休闲后花园、全域旅游示范镇。

图7 三期整体计划

（二）项目汇总表（见表2）

表2　项目汇总表

序号	项目类型	项目名称	位置	建设内容	投资主体	时序	诉求/策划
1	产业兴旺	砂糖橘主题农场	醒狮村	依托特色产品发展文旅产业	企业、村集体	近期	策划
2		农业科普基地	前锋村	提供科普教育场所	县乡村振兴局、村集体	中期	策划
3		冷链物流场		延伸产业链，提高产品质量	县乡村振兴局、农业农村局	中期	策划
4		大地艺术景观	警雄村	增加旅游打卡点，激发地块活力	村集体	近期	策划
5		三华李、鹰嘴桃种植示范基地		基于特有产品，打造农产品牌	村集体	近期	策划
6		三华李加工厂		延伸三华李产业链，提高附加值	企业	中期	策划
7		美食特产商业街		提供休闲娱乐场所，吸引周边居民	企业	中期	诉求
8		温泉康养客栈		利用现有温泉，发展康养度假产业	企业	中期	诉求
9		康养疗养中心	南湖社区	基于靠近医院优势，连平发展康养产业	南湖社区	中期	诉求
10		大棚种植基地	密溪村	以大棚种植为切入点，发展旅游业	村集体	近期	诉求
11		山林徒步		借力山林自然优势，打造徒步空间	县文旅局	近期	策划
12		稻田花香		打造网红打卡点，吸引人流	村集体	近期	策划
13		农产综合物流园	东河村	借交通优势，发展物流业	村集体	近期	诉求
14		田园宴会厅	东联村	推广乡村美食，推动村民收入	企业	近期	策划
15		特色农家乐		提供乡村生活体验空间	企业	近期	策划
16		休闲商业街	邓村村	基于错落肌理，塑造商业休闲空间	县文旅局、村集体	近期	诉求
17		文创作坊		植入文创元素，吸引游客	县文旅局、村集体	近期	诉求
18		特色民宿		发展生态康养特色民宿，促进过夜经济	企业、村集体	中期	策划
19		甲鱼科研基地	大埠村	基于现有甲鱼养殖，植入科研功能	企业	中期	诉求
20		饮用水加工厂		利用现有加工厂，完善升级产品，推动产业发展	企业	中期	完善
21		圳肚茶加工厂		利用现有加工厂，完善升级产品，推动产业发展	企业	中期	完善
22		鱼潭游船	留潭村	充分利用河道景观，发展游船项目	企业、村集体	近期	诉求
23		红薯种植基地		依托特有红薯产品，推动种植业发展	企业、村集体	近期	诉求
24		艺术培训基地		依托现有乡村景观，提供艺术培训空间	村集体	远期	策划

续表

序号	项目类型	项目名称	位置	建设内容	投资主体	时序	诉求/策划
25	产业兴旺	户外拓展	增坝村	利用空闲用地,提供户外拓展空间	企业、村集体	远期	策划
26		南姜种植试验区		引入新种植产品,推动村民增收益	村集体	中期	诉求
27		客家娘酿酒厂		发展特色酒酿,推动乡村旅游业发展	企业、村集体	远期	策划
28		高标准农田种植基地	河坝村	整治农用地,提高农用地品质	村集体	中期	诉求
29		矮子山茶加工厂	新龙村	基于现有特色山茶,发展茶叶加工业	村集体	中期	完善
30		贡柑加工厂		依托现有特有贡柑产品,延伸加工业	企业、村集体	中期	策划
31		有机肥加工厂	石龙村	基于现有养猪场,延伸产业链,发展有机肥加工	企业、村集体	远期	策划
32		果蔬种植产学研示范基地	鹤湖村	提供务农学习科普空间,助推乡村旅游发展	村集体	中期	诉求
33		绿道服务中心	江面村	在绿道始末站,建设服务中心,提供游览服务	县文旅局	中期	策划
34	生态宜居	滨河绿道建设	鹤湖村、东联村、密溪村、石龙村、江面村、邓村村	滨河绿道建设,提升休闲娱乐空间	县住建局	近期	诉求
35		公园广场建设	增坝村、江面村、警雄村、石龙村、邓村村	增设村内公园广场,提供公共活动空间	县乡村振兴局	近期	诉求
36		公共停车场	密溪村、鹤湖村、江面村、石龙村、留潭村、大埠村	增设停车场,助推旅游业发展	县乡村振兴局	中期	策划
37		供水灌溉设施	留潭村、醒狮村、前锋村、增坝村	完善供水设施,解决饮用水、灌溉水问题	县住建局	中期	诉求
38		光伏发电基地	醒狮村	利用空闲空地,打造光伏发电基地	企业	远期	诉求
39		污水处理设施	邓村村、前锋村、警雄村、增坝村	构建污水处理网络,提升人居环境	县乡村振兴局	远期	诉求
40		村道亮化建设	增坝村、河坝村	增设路灯,亮化村道	县乡村振兴局	近期	诉求
41		村道品质提升	石龙村、醒狮村、前锋村、警雄村、密溪村、河坝村	硬化、亮化村道,提升公共交通可达性	县乡村振兴局	远期	诉求
42		矿山修复	密溪村、大埠村	采石场生态修复	县自然资源局	远期	策划

续表

序号	项目类型	项目名称	位置	建设内容	投资主体	时序	诉求/策划
43	乡风文明	宗祠博物馆	密溪村	依托村内现有文保单位,建设博物馆	县文旅局	近期	策划
44		颜氏文化观光区	城西、城北社区	基于颜氏文化宗祠,联动周边区域发展观光区	县文旅局	近期	策划
45		客家文化园	留潭村	植入客家文化要素,建设公共活动空间	村集体	中期	策划
46		红色文化教育基地	鹤湖村	基于叶剑英战斗指挥部遗址,建设红色文化基地	村集体	远期	策划
47		党群服务中心	鹤湖村	搬迁新址,更好管理行政村	县政府或驻镇帮扶工作队	近期	诉求
48		黄潭寺遗址	新龙村	保护与修缮作为科普、观光空间	县文旅局	中期	策划
49		东山塔	石龙村	保护及合理利用,吸引人流	县文旅局	中期	策划
50		文节书院	城北社区	合理利用文保单位,提供科普空间	县文旅局	中期	策划
51		颜伯焘墓	新龙村	保护与修缮历史文保单位	县文旅局	中期	策划
52		古驿道修复	大埔村、鹤湖村、密溪村	修缮现有驿道,提供日常休闲空间	县文旅局	中期	策划
53		祠堂建设	增坝村、石龙村	增设祠堂,提供祭祀交流空间	乡贤	中期	策划

七、保障措施

(一)组织保障

优化干部队伍,配强乡村振兴"领头羊",夯实基层基础,筑牢乡村振兴战斗堡垒,强化人才支撑,打造乡村振兴过硬"生力军",建立智慧组织平台,强化组织管理。

(二)用地保障

用好土地政策。增减挂钩指标重点保障集中居住用地,统筹安排乡村振兴项目建设用地专项计划指标,将乡村振兴建设用地纳入预留城乡建设用地规模的使用范畴。

做好潜力挖潜。立足存量挖潜,拓展更为开阔的用地空间,结合用地现状,探索更为灵活的用途管制,大力发展民宿产业。

(三)资金保障

通过政策资金、社会资金与拆旧复垦、增减挂等指标收益的投入,优先保障乡目建设,达到滚动开发的目的,同时积极引入社会资金,完善项目资金保障。为了探索建立涉农资金统筹整合长效机制,解决涉农资金管理体制机制问题,促进涉农资金使用由分散到集中、由低效到高效转变,2019年河源市人民政府发布了《河源市涉农资金统筹整合实施方案(试行)》,切实提升财政支农政策效果和支农资金使用效益。

（四）人才保障

引导大学生人才流向乡村基层，加大本土人才培育力度，培养"本土能人"，想方设法创造条件，培养造就新型职业农民队伍，推进科技人才下乡，支持新乡贤服务乡村。

（五）政策环境

借助国家推进碳普惠和碳交易制度的发展契机，探索将元善镇设立为全市生态系统生产总值（GEP）核酸评估先行区，争取设立元善镇为河源市碳交易试点镇。通过广东省关于土地要素市场化、农村集体经营性建设用地入市等乡村振兴系列改革和政策创新工作，率先将元善镇设立成为土地素市场化、集体经营性建设用地试点，加快探索实践"地票""林票"等各类乡村振兴项目政策保障和金融帮扶政策，确保乡村振兴系列工作有效推进。

（六）考核监督

2021年6月1日《中华人民共和国乡村振兴促进法》正式实施，文中明确指出："各级人民政府应当将乡村振兴促进工作纳入国民经济和社会发展规划，并建立乡村振兴考核评价制度、工作年度报告和监督检查制度。"元善镇应结合自身实际，积极构建乡村振兴评价指标体系，采取定期评价与随机抽查的方式进行调查，持续完善元善镇乡村振兴战略实绩考核第三方评估制度。全面加强元善镇党委对"三农"工作的领导，压紧压实驻镇帮镇以及驻村扶村队员的工作职责，建立健全与乡村振兴工作相适应的责任体系、政策体系、投入体系和监督考核体系。

连山壮族瑶族自治县永梅古村农文旅融合发展规划（2018—2030年）[①]

刘少和　桂拉旦

一、规划总则

1. 规划缘起

连山壮瑶自治县是全国唯一集壮族、瑶族两个少数民族聚居的自治县，是国家重点生态保护区，民族文化和生态产业资源丰富。近年来，连山提出了"4483"发展思路，立足生态发展功能区定位，持续推进经济社会发展。

"4483"发展思路：坚持"生态文明、经济发展、民族和谐、宜居宜游"四个发展定位，实行"生态立县、旅游富县、农业稳县、文化兴县"四大发展战略，实施全域性旅游发展计划、特色农业发展计划、生态建设提质增效计划、基础设施大投入计划、城乡面貌大变样计划、民生改善大提升计划、文化产业大发展计划、创新驱动计划等八大发展计划，实现"小而美、小而富、小而强"三大发展目标。

2017年，永梅村被国家民族事务委员会（简称"民委"）命名为第二批中国少数民族特色村寨。在国家政策支持下，永梅村发展空间巨大。

2. 规划范围及期限

范围：规划范围约为19.7平方公里，包括日落更、蒙峒村、松木岭三个自然村。该项目依托国家民委、财政部《关于做好少数民族特色村寨保护与发展试点工作的指导意见》，以及连山县争创省级全域旅游示范县政策指导下所进行的项目具体规划。

期限：2018—2030年。其中近期（2018—2020），中期（2021—2025），远期（2026—2030）。

3. 规划理念

（1）"全景""全时""全民""全业"理念

"全景"理念，就是将永梅村作为一个大景区来谋划，通过各类资源、要素的再优化、再配置，点、线、面统筹推进，使整个永梅村既宜居又宜游，处处皆风景，处处可旅游。

"全时"理念，就是一年四季皆可游，春天有春天的看点，夏天有夏天的玩处，秋天有秋天的景观，冬天有冬天的情趣，不再有淡季、旺季之分。

"全民"理念，就是全民共商共建共享。既要让建设方、管理方参与其中，也要使广大游客、本土居民共同参与；既要让广大游客游得顺心、放心、开心，也要让当地村民生活得更方便、更舒心、更美好。

"全业"理念，就是以旅游业为优势主导产业，其他行业、产业协同并深度融合发展，做到"产业围

[①] 乡村振兴公益项目。主持人：刘少和教授、桂拉旦副教授。项目参与人：曹乐博士，黄家仕、黄炎山、梁伟国规划师，蒙美芹、黄岳城、张逸、黎锦硕士生。

绕旅游转、产品围绕旅游造、结构围绕旅游调、功能围绕旅游配、民生围绕旅游兴",建立一个全新的发展新业态。

(2) 乡村旅游体验式社区营造

"生态+生产+生活+生命健康体验"四位一体；

"游览观光+休闲度假+康养乡居+文化创意"四位一体。

(3) "农旅文体康教"多业融合

4. 规划思路

特色村落+旅游观光，如日落更、蒙峒村、松木岭；

农业林业+旅游体验，如山楂、鹰嘴桃、水稻、菜园、森林；

壮族文化+旅游体验。道路交通+旅游体验，如"十里壮锦花廊"；

旅游景区+产业，如蒙峒谷景区+度假配套。

5. 规划原则

独特个性原则：中国少数民族（壮族）文化特色村。

市场需要原则：根据市场需求，向个性化、多样化、参与性强的方向发展。

综合效益原则：弘扬民族精神，保护资源和生态建设相结合，实现社会效益和经济效益相统一。

绿色生态原则：在资源原貌和环境不受损害的情况下发展。

统筹发展原则：围绕重点项目，挖掘潜力，逐步形成系列产品和配套服务。

区域合作原则：内部三个村落联动，与连山其他景区联动。

二、条件解读

1. 基本概况

(1) 地理区位（见图1）

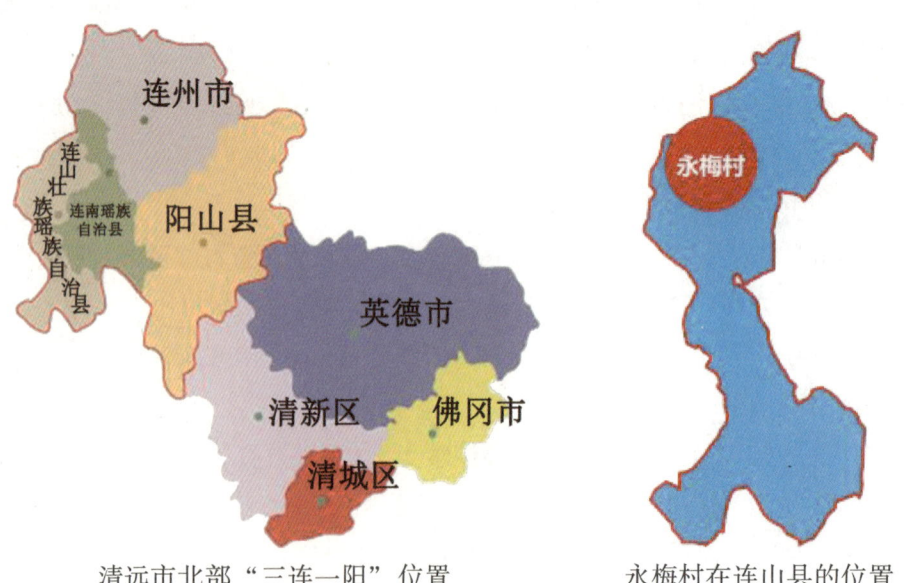

清远市北部"三连一阳"位置　　永梅村在连山县的位置

图1　连山县永梅村地理区位图

清远市，位于广东省的中北部，北江中游、南岭山脉南侧与珠江三角洲的结合带上。全境位于北纬 23°26′56″~25°11′40″、东经 111°55′17″~113°55′34″之间，南连广州和佛山市，北接湖南省和广西壮族自治区，东及东北部和韶关市交界，西及西南部与肇庆市为邻；南北相距 190 公里，东西相隔约 230 公里，边界线长 1200 余公里。清远市土地总面积 1.9 万平方公里，约占全省陆地总面积的 10.6%，是广东省陆地面积最大的地级市。是广东省少数民族人口（壮、瑶）主要聚居区。

连山县，位广东省西北隅，南岭山脉西南麓，东连连南瑶族自治县，西接广西壮族自治区贺州市八步区，南毗怀集县，北邻湖南省江华瑶族自治县。总面积 1265 平方公里，其中 87%属山地，河流、小溪和耕地约各占地 6.5%，是"九山半水半分田"的山区，壮、瑶、汉等民族长期居住地。县城吉田镇东出鹿鸣关沿 G323 线到韶关市 240 公里、沿 G323 线与清连高一级公路到清远市 210 公里，南沿省道 263 线经怀集、四会到广州 319 公里。

永和镇，位于县境西北部，距县城 9 公里，东邻太保镇，南毗吉田镇，西、西北接广西贺州市八步区桂岭镇、大宁镇，北靠禾洞镇。全镇总面积 197.26 平方公里，山地面积 19.8 万亩，323 国道贯穿全镇，西可通广西贺州，东南经县城可到清远、广州。2005 年总人口 22549 人。

永梅村位于南岭明渚岭余脉南端，连山县城的北部，永和镇东边，距镇中心 9 公里，紧靠粤、桂、湘三省交界处。国道 323 贯穿永和镇，南引至县城二广高速入口，西接广西贺州，北邻湖南江华。四面环山。对外交通：永梅村位于永和镇，距离清远市 206.3 公里，距离广州 256 公里，距正在兴建的连州机场约 63 公里。内部交通：主干道 323 国道，从乡道走距离永和镇 323 国道 6.2 公里。林地及耕地分析：全村土地面积 7861 亩，耕地面积 893 亩。以红壤土为主。

（2）交通区位

机场：现有白云机场、在建连州机场。

高铁：贵广高铁贺州站，渝广高铁、韶柳铁路（未来）。

高速：二广高速、清连—岳临高速、韶贺高速、连贺高速。

国道：G323。

省道：S263。

县道：X399。

（3）壮族文化

壮族文化活动：壮家习俗、风俗具有浓郁的壮族特色。

农业生产：按照二十四节令的规律安排生产，成为习惯，农耕文化浓郁。

传统节日：春节、二月二、四月八、七月七、七月半、九月九、冬至、除夕。

壮族歌舞：春牛舞、丰收舞、竹竿舞、迎春牛、打春堂、泼春泥、播春种。

壮族饮食：五色饭、南瓜饭、壮家酥鸡、连山蜡鸭、腊肠。

壮族小吃：糯米糍粑、驼背粽、油团、米糕、五色饭、汤圆等。

2. 基础条件

区域自然环境良好，生态植被丰富，森林茂密，四季明显。已建文化广场、停车场、民族特色桥 1 座、蒙峒古村山庄、瑶胞娇客栈、百亩葵园。

3. 资环评价

资源：日落更村（牌坊、梁氏宗祠、古民居、溪谷、宝塔山）、蒙峒古村（铜鼓图腾广场、前门楼、东门楼、石板路巷、蒙氏宗祠、古民居）、松木岭村（古民居），十里壮锦花廊、蒙峒河、蒙峒溪谷、大岭冲溪谷、蒙峒古驿道，大果山楂与鹰嘴桃等休闲农业，土特产，蒙氏宗族文化，壮族民俗文化。环境：山间溪谷，生态农业，壮族文化。（见图2）

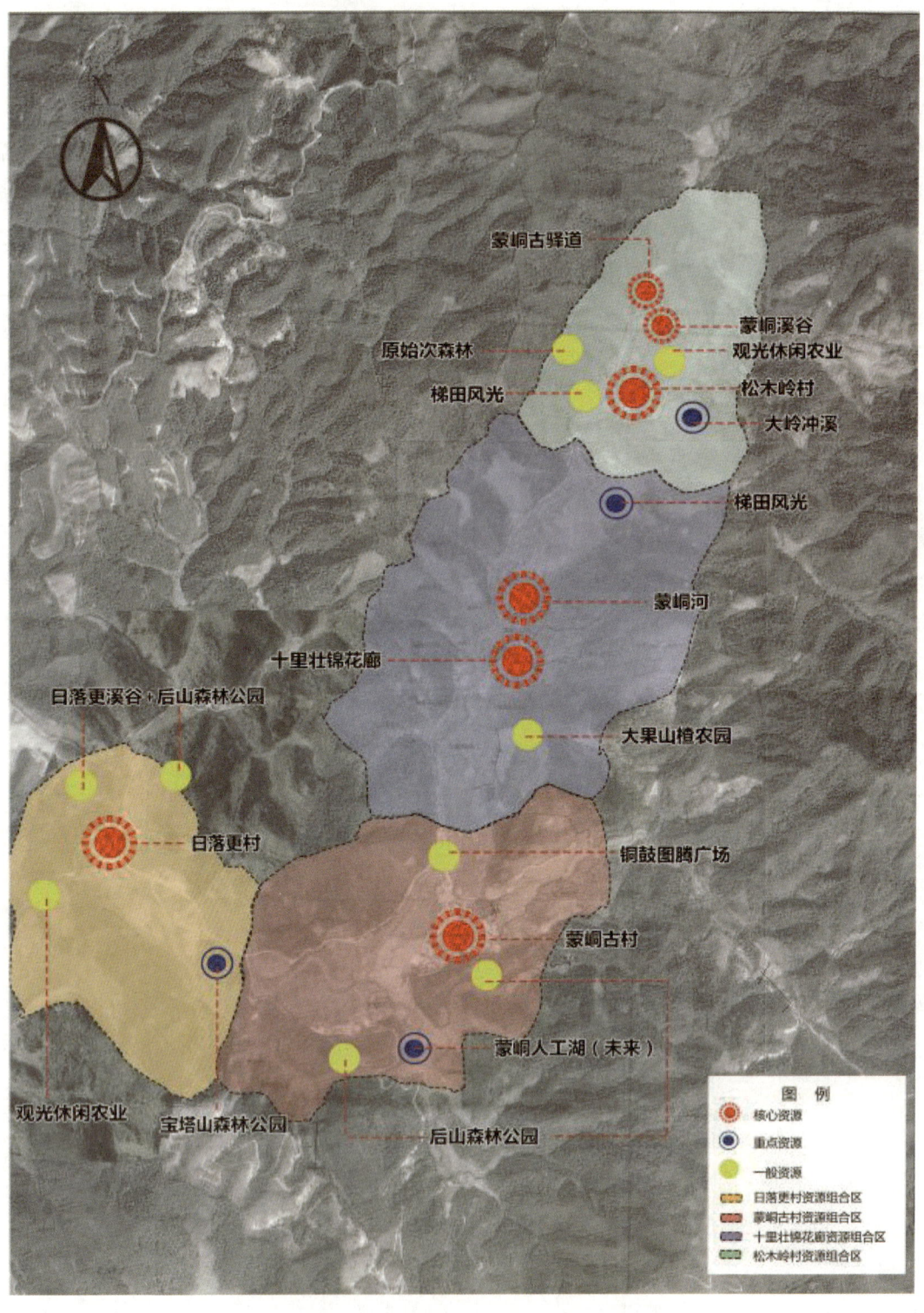

资源组合区	核心资源	重点资源	一般资源
1. 日落更村资源组合区	日落更村（牌坊、古民居、梁氏宗祠）	宝塔山森林公园	日落更溪谷+后山森林公园，观光休闲农业
2. 蒙峒古村资源组合区	蒙峒古村（铜鼓图腾广场、前门楼、东门楼、石板路巷、蒙氏宗祠、古民居）	蒙峒人工湖（未来）	后山森林公园
3. 十里壮锦花廊资源组合区	十里壮锦花廊、蒙峒河	梯田风光	大果山楂与鹰嘴桃等农作物
4 松木岭村资源组合区	松木岭村（古民居）、蒙峒溪谷及古驿道	大岭冲溪瀑	观光休闲农业、原始次森林、梯田风光

图2 连山县永梅村资源分布和资源组合图

4. 案例借鉴

德国乡村赤脚公园+森林学校、成都花溪农场森林学校、台湾南投县桃米村、广州从化区溪头村、陕西"关中印象体验地"——袁家村。

三、概念导入及吸引物构建

1. 主题概念提炼

梅花精神；花果壮乡；蒙氏家园；十里壮锦花廊——田园花果世界；蒙峒日夜漂游；铜鼓图腾广场、青蛙图腾餐厅；僚峒桃源（连山秘境）、稻园+竹林峒庄（水稻那文化博物园）；乡村骑行公园（乡村营地公园+大果山楂农业公园）；溪谷森林氧吧（森林康养中心）。

2. 核心吸引物构建（核心吸引力：壮族文化）

蒙峒古村：蒙氏家园；中国第一壮锦花廊、蒙峒河日夜漂游；蒙峒谷生态景区（蒙峒谷稻园+竹林峒庄度假区、蒙峒谷溯溪探险、蒙峒谷古驿道）；松木岭壮艺文创度假小镇；乡村骑行公园（含乡村营地公园、大果山楂农业公园）。

3. 重点吸引物构建

宝塔山森林公园；蒙峒人工湖（未来蒙峒古村两后山公园之间筑坝造湖养鱼造景）；铜鼓图腾广场；乡村营地公园（汽车帐篷营地+赤脚公园+森林学校）；壮瑶花果人家（山楂盆景餐厅）及驿站+壮锦驿亭、风雨桥；大果山楂农业公园（大果山楂+鹰嘴桃等）；松木岭村连山黑米酒坊；壮锦花廊花婆豆腐坊；农耕研学体验基地；壮瑶连婚秀、壮乡山歌秀、竹竿舞；岭南民族民俗博物馆（壮族、瑶族、黎族、苗族、侗族等，以及客家、潮汕、广府民系）；水车群（铜鼓图腾广场景观水车、壮锦花廊娱乐水车）；四合院精品民宿（蒙峒古村到松木岭乡道沿线一些溪谷口）、农家民宿。

四、发展定位及目标

1. 永梅乡村旅游区发展定位：中国少数民族（壮族）文化特色村、广东壮族旅游第一村、广东旅游

特色村、"天人合一+花人合一"的民族生态村——永梅古村落旅游区、连山壮瑶之乡名片

（1）村落发展定位：壮锦花廊游憩区——后现代壮族风，日落更——现代壮族风，蒙峒——历史壮族风，松木岭——原始壮族风

日落更自然村：旅游窗口形象（主色调：黑青色—穿衣戴帽、红色—壮族木棉图腾树）—现代风格壮乡（现代建筑、黑青色调、现代驿站、现代科技农业）

蒙峒古村：蒙氏家园（主色调：蓝青色—穿衣戴帽、红色—永梅梅花精神树）—历史风格壮乡（古村古巷、古门楼古建筑、古宗祠古名人）

松木岭自然村：壮艺文创度假小镇（主色调：棕黄色—穿衣戴帽、红色—壮族枫树图腾树）—原始风格壮乡（蒙峒谷稻园+竹林峒庄度假区——森林木屋+水稻那文化博物园+森林康养中心+青蛙图腾餐厅+原始手工艺+蒙峒谷原始森林游憩）

（2）景区发展定位：壮锦花廊游憩区后现代→蒙峒谷原生态

壮锦花廊游憩区——中国第一壮锦花廊——后现代主题风格（白天"花果世界、花样人生"，晚上"星光世界、梦幻人生"——夜漂、萤火虫营地、露天电影、露天歌舞）

蒙峒谷生态景区——国家3A级景区——原生态主题风格（文化古驿道、自然溯溪道、森林氧吧谷）

2. 永梅乡村旅游产业发展定位："农文旅体教养"六位一体，多业融合

文旅融合，如蒙峒古村；

农旅融合，如大果山楂、鹰嘴桃农业公园；

林旅融合，如稻园+竹林峒庄；

康旅融合，如森林康养中心；

教旅融合，如研学旅舍体验式教育；

体旅融合，如乡村骑行公园、户外游憩、山地运动。

3. 永梅乡村旅游品牌形象定位：一个神秘、精致、文艺、浪漫、休闲的壮族之乡

中国少数民族（壮族）文化特色村、广东壮族旅游第一村、广东5A旅游特色村观光游览；

中国第一壮锦花廊、广东乡村骑行公园（含乡村营地公园+大果山楂农业公园）——休闲游憩；

岭南僚峒世外桃源（秘境山庄度假——森林木屋）、连山壮瑶花果人家（壮瑶民宿度假）——乡村度假。

4. 永梅乡村旅游目标市场定位

（1）地理空间角度

1）基础市场：

"三连一阳"地区（阳山、连州、连南、连山）；

邻近地区（清远市、韶关市、肇庆市、贺州市、永州市）。

2）核心市场：

粤港澳大湾区，特别是广佛、深莞港澳；

珠三角西部、珠三角东部。

3）拓展市场

二广高速、清连—岳临高速沿线：湖南、湖北；

G323 沿线：江西、广西。

4）机会市场：

省内外；

海外（以现有白云机场及在建连州机场连接的国内外市场）。

（2）游客人群角度

家庭亲子敬老市场（周末节假自驾游、亲子游）；

单位骑行步行健身户外拓展市场（周末团队游）；

大中小学生研学旅游市场（寒假暑假，研学游）；

老年康养市场（非周末，康养游）；

妇女赏花市场（非周末，观光游）；

各种圈子聚会市场（周末节假、团队游）。

5. 永梅乡村旅游发展目标：壮族文化活化+生态资源利用+特色农业品牌→特色乡村旅游→民族乡村振兴——"三部曲"：观光游览、观光休闲，度假旅居，康养乡居

（1）近期（2018—2020 年）："+观光游览、观光休闲"→乡村观光游览区（蒙峒古村、十里壮锦花廊）——3 万人次，300 万元旅游收入；

（2）中期（2021—2025 年）："+度假旅居休闲、文化创意体验"（研学、户外游憩、农事体验、民俗工艺文创、农业产品文创、原木玩具文创）→乡村度假游憩区、乡村文创体验区（民宿、精品民宿、森林木屋、露营地、研学旅舍、文创小镇）——广东 4A 旅游特色村——5 万人次，500 万元旅游收入；

（3）远期（2026—2030 年）："+乡居康养休闲"（养生养老：富硒康养、自然康养、森林康养）→乡村康养区——广东 5A 旅游特色村、国家 3A 景区——10 万，1000 万元旅游收入；

（4）未来（2031 年后）："+自治"→乡村自治示范区（行业协会自治、村民社区自治）。

五、 空间布局及功能分区（见图 3）

1. 空间布局："二心六站，二廊四区"

（1）二心：蒙峒古村旅游集散服务中心、松木岭山居度假游憩服务中心；

（2）六站：日落更、宝塔山公园、蒙峒古村、营地公园、花果人家、大岭冲驿站；

（3）二廊：自驾+骑行乡道景观廊、十里壮锦花廊；

（4）四区：四区一体。

2. 功能分区：四区一体

日落更村旅游窗口形象区；

蒙峒古村蒙氏家园观光游览区；

十里壮锦花廊休闲游憩区；

松木岭山居度假游憩区。

3. 节点设置：服务中心、驿站、驿亭观景台

蒙峒古村旅游集散服务中心、松木岭山居度假游憩服务中心 2 个；

日落更、宝塔山公园、蒙峒古村、营地公园、花果人家、大岭冲驿站 6 个；

十里壮锦花廊、蒙峒古驿道、蒙峒溪谷、大岭冲溪谷沿途驿亭观景台若干。

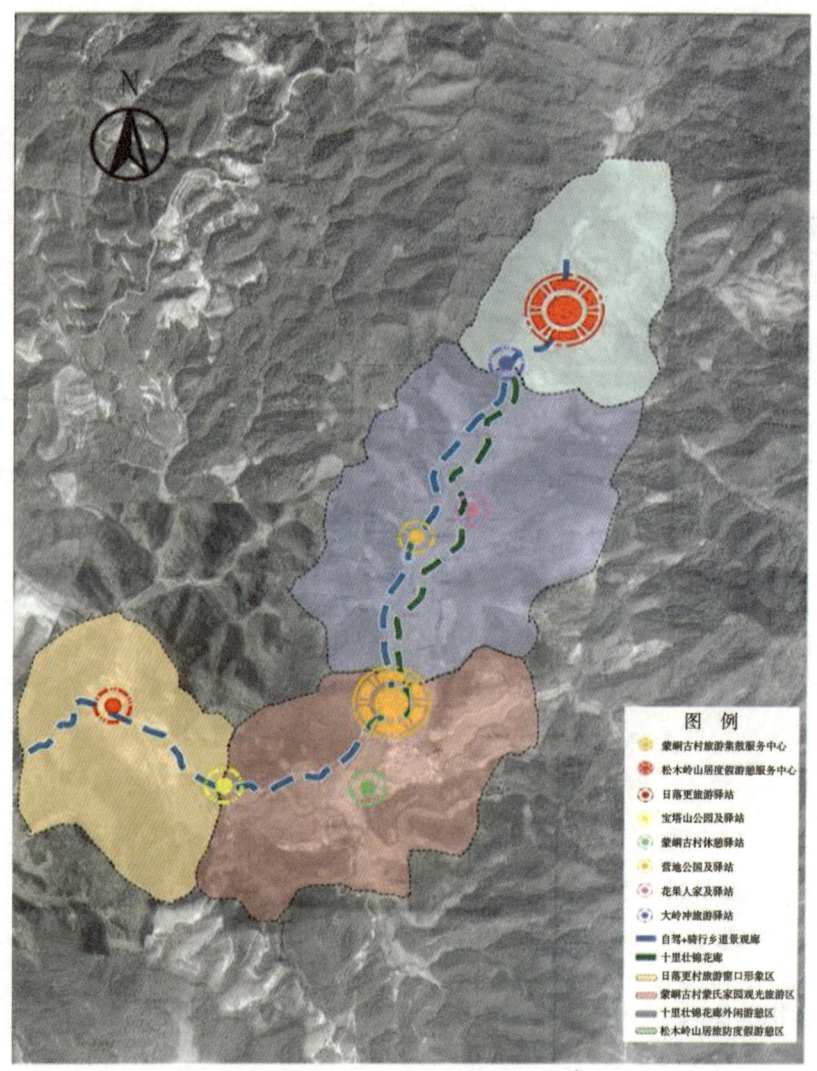

图3 连山县永梅村总体布局+功能分区图

4. 动线联结

自驾车道：778、776乡道；

骑行绿道：环蒙峒河道、环蒙峒古村及村野道、环宝塔山道；

步道栈道：蒙峒古驿道、蒙峒溪谷道、大岭冲溪谷道；

漂游道：蒙峒河日夜漂游道。

六、分区规划及项目策划

1. 日落更旅游窗口形象区

（1）空间布局："二站一环三区"

2个驿站（牌坊附近日落更驿站、宝塔山驿站）；

1个游环：环宝塔山森林公园骑行环；

3个分区：日落更聚落观光区、日落径后山森林公园区、观光农业区。

(2) 建设项目

公共项目：※日落更村穿衣戴帽（黑青主调），※日落更牌坊（已建）+驿站+驿亭（已建），村落绿化美化（村口木棉树、屋后枇杷树、屋前枣树），日落径后山森林公园+溪谷游憩道；

产业项目：观光农业。

(3) 规划要点

778乡道与溪谷游憩道交叉处建设驿站；

修建日落径游憩步道栈道建设后山森林公园，以为村民、游客活动空间；

沿776乡道与蒙峒河岸形成环宝塔山森林公园骑行环；

发展观光农业构建窗口形象，丰富土特产品。

2. 蒙峒古村蒙氏家园观光游览区

(1) 空间布局：一心二站，二环五区

1个旅游服务中心：活动广场、旅游咨询、生态停车场、骑行单车场、旅游厕所、购物店、蒙家乐或壮家乐餐饮小吃、岭南民族民俗体验馆+研学旅舍、入村壮锦风雨桥、景观水车；

2个休憩驿站：蒙峒古村休憩驿站、宝塔山驿站；

2条环村游廊：环蒙峒古村骑行步行游廊、环蒙峒村野骑行步行游廊；

5个分区：蒙峒古村游览区（一环—环村游廊，多巷—青石板巷，多节点—前门楼、东门楼、后山公园出入口驿亭、蒙氏书院+蒙氏宗祠+村史族史馆、古村休憩驿站、村民活动中心或邻里中心）、观光休闲农业区、农耕体验区、后山森林公园区、蒙峒湖区。

(2) 建设项目

公共项目：778乡道景观廊道，※乡村旅游集散服务中心，※蒙峒古村游步道（环村游廊+青石板巷+环村野游廊），村民活动广场或邻里中心，古村休憩驿站，※蒙氏书院+蒙氏宗祠+村史族史馆，后山森林公园，※蒙峒古村穿衣戴帽工程（蓝青主调），民俗古食街；

产业项目：※壮乡研学营地（岭南民族民俗体验馆+研学旅舍）+农业文创馆（如山楂、鹰嘴桃），观光—休闲—创意农业+农耕体验，※蒙峒湖游乐，蒙家乐或壮家乐餐饮小吃。

(3) 规划要点

以本地树种如泡桐绿化美化778乡道；

按国家3-4A景区标准建设壮族风格的旅游服务中心，其中小车停车位约50台，大巴约5台；

岭南民族民俗体验馆+研学旅舍+农业文创馆融为一体（下馆上舍），选址村委另侧；

以环古村游廊及特色青石板巷联结各节点，并在路边、屋前屋后广种本土树木花草（建议道边种梅花、屋后种枇杷、屋前种枣树），形成迷宫、花园般的蒙氏家园；

以环村野游廊联结古村、后山森林公园、蒙峒人工湖、宝塔山森林公园，以为骑行步行游道；

在村前大力发展观光—休闲—创意农业，丰富土特产；

青石板民俗古食街（蒙峒古村前门楼—宗祠书院）。

3. 十里壮锦花廊休闲游憩区

(1) 空间布局：三站一环三廊四区

3个驿站：花果人家、营地公园、大岭冲驿站；

1个游环：环蒙峒河骑行环；

3条廊道：十里壮锦花廊（1个花果人家驿站，花童、花年、花娘花郎、花姨花叔、花奶花爷5段故事、五个壮锦花亭、五段花廊）、蒙峒河漂游亲水廊（5个游憩码头、3座风雨桥，另侧种柳树）、776乡道自驾+骑行游廊（营地公园、大岭冲2个驿站，外侧种本地景观树）；

4个分区：环蒙峒河游憩区（骑行、漂游、营地）、大果山楂农业公园区、梯田农业观光区、外围山地溪谷游憩区。

（2）建设项目

公共项目：花童、花年、花娘花郎、花姨花叔、花婆花爷5个壮锦花亭，※十里壮锦花廊，※776乡道骑行廊，※大果山楂农业公园（大果山楂、鹰嘴桃等）；

产业项目：※蒙峒河日夜漂游（动线+码头），※壮瑶花果人家（山楂盆景餐厅）及驿站+娱乐水车+花婆豆腐坊，※乡村营地公园及驿站（帐篷营地+赤脚公园+森林学校）。

（3）规划要点

十里壮锦花廊分花童、花年、花娘花郎、花姨花叔、花奶花爷五段故事讲述，与漂游亲水廊、776乡道骑行廊构成回环，打造成乡村赏景健身长廊，构建乡村骑行公园核心区。

花果人家及驿站融合，并与河对面营地公园及驿站一体化建设，风雨桥联结，以便集中管理。

乡村农园区尽量片区主题化，选择具有观赏体验性又挂果农作物种植，如大果山楂、鹰嘴桃。

周围山地溪谷可发展步行游憩区。

4. 松木岭山居度假游憩区

（1）空间布局：一心一站二环五区

1个服务中心：蒙峒谷度假游憩服务中心；

1个服务驿站：大岭冲服务驿站（松木岭与大岭冲交叉地带村口：小型停车场、骑行单车场、旅游厕所、购物店、旅游咨询）；

2个游憩环：环大岭冲溪瀑游憩道、环蒙峒谷生态游憩道；

5个分区：松木岭文创度假小镇、蒙峒谷稻园+竹林峒庄度假区度假区（森林木屋），大岭冲田园农家乐区、大岭冲溪瀑游憩区（步道栈道）、蒙峒谷生态景区。

（2）建设项目

公共项目：※松木岭村落穿衣戴帽工程（棕黄主调），※大岭冲驿站+村口枫木林形象区，※大岭冲溪瀑游憩区（步道栈道），度假游憩服务中心，※蒙峒溪谷步道栈道+古驿道；

产业项目：※松木岭文创度假小镇，※蒙峒谷稻园+竹林峒庄度假区（森林木屋+水稻那文化博物园+森林康养中心+青蛙图腾餐厅+连山黑米酒庄+度假游憩服务中心），大岭冲田园农家乐，蒙峒谷生态景区内收费性、特色性、挑战性休闲体验项目。

（3）规划要点

在村口建设驿站，有机联结松木岭文创度假小镇、稻园+竹林峒庄，大岭冲田园农家乐、大岭冲溪瀑游憩区。

松木岭以壮艺文创、壮风民宿、壮乡小吃为特色，打造文创度假小镇；另侧大岭冲聚落可发展田园农家乐。

松木岭村落对面梯田中建设吊脚楼森林木屋——稻园+竹林峒庄，并融入水稻文化，打造壮族水稻文化博物园度假山庄、森林康养中心；其中青蛙图腾餐厅放到蒙峒谷对面，并以壮锦风雨桥联结。

以步道栈道将松木岭及大岭冲两处村落聚落后山之溪瀑联为一体，形成大岭冲溪瀑游憩区。

建设度假游憩服务中心，将蒙峒谷生态景区与稻园+竹林峒庄度假区融为一体。

将蒙峒溪谷步道栈道+古驿道有机联结，形成回环。

七、产业链条及业态组合

1. 文化旅游产业链：壮族、瑶族、汉族文化

文化展示观赏，如蒙氏家园村落、壮族水稻文化、壮瑶歌舞表演；

文化创意休闲，如壮族瑶族手工艺。

2. 休闲农业产业链：大果山楂与鹰嘴桃、水稻、花草等

农业种植养殖，如水稻；

农副产品加工，如山楂系列产品——苗盆景、果食品饮品（如冰糖葫芦）、文创衍生品；

农业旅游观光、农业参与体验、农业文化创意。

3. 森林旅游产业链：林下经济、林木加工品，如竹木

森林保育、林下种植放养，如菇类；

林木加工：森林木屋、家居、玩具；

森林人家、森林徒步、森林吸氧。

4. 旅游休闲产业链：食、住、行、游、购、娱、教、养

食：蒙家乐或壮家乐餐饮小吃、蒙峒村小吃街、壮瑶花果人家（山楂盆景餐厅）+壮瑶花婆豆腐坊、壮乡青蛙图腾餐厅+连山黑米酒庄，松木岭田园农家乐。

住：大众中低端民宿–蒙峒古村+松木岭农家民宿（家文化主题）；中高端精品民宿蒙峒古村到松木岭乡道沿线溪谷口系列四合院精品民宿；中高端度假山庄或村——松木岭稻园+竹林峒庄；专业特色住宿——研学旅舍，营地公园。

行：单车骑行、漂游皮筏、森林徒步。

游：蒙氏家园、十里壮锦花廊、蒙峒谷生态景区、大岭冲溪瀑游憩区（步道栈道）。

购：服务中心、驿站。

娱：蒙峒河日夜漂游、农事体验。

教：壮族文化、农耕文化。

养：稻园+竹林峒庄森林康养、森林徒步、单车骑行。

5. 业态融合："农旅文体康教"六位一体，多业融合

文旅融合；

农旅融合；

林旅融合；

康旅融合；

教旅融合；

体旅融合。

八、民族文化融入及系列展示

1. 壮族文化融入及展示——核心吸引力、竞争力

壮族历史、民俗文化：蒙氏书院；

壮族宗族文化：蒙氏宗祠村史馆+族史馆；

壮族聚落文化、建筑文化：日落更、蒙峒村、松木岭，稻园+竹林峒庄、壮瑶花果人家，各服务中心+壮艺驿站+壮锦驿亭+壮锦风雨桥；

壮族图腾文化：铜鼓图腾广场、青蛙图腾餐厅；

壮族织锦文化：十里壮锦花廊（以驿站、驿亭、风雨桥为载体）；

壮族手工文化：壮艺文创小镇（松木岭）；

壮族稻作文化：稻园+竹林峒庄（"那"文化主题酒店）→壮族水稻博物园式森林木屋度假山庄；

壮族医养文化：稻园+竹林峒庄（"那"文化主题酒店）→森林康养中心；

壮族小吃文化：蒙峒古村、壮艺文创小镇（松木岭）、各服务中心及驿站；

壮族食品（菜品饮品）文化（如五色糯米饭、花糯米饭、竹筒饭、蕉叶糍、焖田螺、猪红肠）：特色餐厅、花婆豆腐坊；

壮族茶酒文化：松木岭村连山黑米酒坊、稻园+竹林峒庄；

壮族名人文化：铜鼓图腾广场（含本村名人）；

壮族婚俗文化：壮瑶连婚秀（十里壮锦花廊+铜鼓图腾广场）；

壮族歌舞文化：壮瑶山歌秀、竹竿舞；

壮族节庆文化：每月节庆活动；

壮族花婆文化（花王是壮族生育女神和儿童守护神，壮族始祖——母六甲在农历二月初二诞生，专管赐花送子之事。花婆赐给生育妇女白花就生男孩；赐给红花就生女孩。故在村边或山下修筑花王庙）：十里壮锦花廊—展示壮族"花人合一"哲学（壮族人信仰人人都是花投胎的）—花样人生长廊（花童→花年→花娘花郎→花姨花叔→花婆花爷等五段人生、五个驿亭、五段花廊），再配合"流水人生"漫漂返回（"返老还童"）；

壮族农耕文化：研学旅游基地。

2. 瑶族文化融入及展示

瑶族婚俗文化：壮瑶连婚秀；

瑶族美食文化：瑶族竹筒饭、烟熏腊肉。

3. 汉族文化融入及展示

梅花精神：梅树品格；

村落精神：族训家训（参见《安定郡·连山蒙氏族谱》之蒙氏族训）。

4. 现代文化融入及展示

现代乡村艺术；现代乡村音乐。

5. 知青文化融入及展示

五四茶场约3000亩：茶文化+知青文化。

九、道路游线及服务设施

1. 自驾游线及服务设施

G323+乡道（卢屋寨村—大富村—永梅村）：借大富到永梅乡道改建工程，配套骑行、驿站、景观树，建设乡村旅游景观廊道；

蒙峒村旅游集散服务中心、松木岭山居度假游憩服务中心；

服务中心生态停车场。

2. 田园骑行绿道及服务设施

环宝塔山骑行游道：776乡道+沿蒙峒河田园游道及驿站驿亭（日落更驿站、宝塔山驿站、宝塔山驿亭观景台+壮风塔）；

环蒙峒村野骑行游道：776乡道+环古村游道及驿站驿亭（蒙峒乡村旅游服务中心、蒙峒古村游客休憩驿站）；

环蒙峒河骑行游道：十里壮锦花廊+蒙峒村到松木岭村乡道及驿站驿亭（蒙峒乡村旅游服务中心，花果人家驿站驿亭+风雨桥、大岭冲驿站、壮锦花廊沿线5个花亭）。

3. 步道栈道及服务设施

大岭冲溪瀑游憩区（登山步道、溪谷栈道）；

蒙峒谷生态游憩区（古驿道、登山步道、溪谷栈道）。

4. 水上漂游道

蒙峒漂游河道及码头（5个游憩码头）。

十、景观设计及标识标牌

1. 村落穿衣戴帽工程

日落更：黑青主色调；

蒙峒村：蓝青主色调；

松木岭：棕黄主色调。

2. 旅游区绿化美化工程

日落更：壮族图腾树—木棉树（村口）、庭院寓意树（枇杷晓翠）—枇杷（屋后）、庭院寓意树（早生贵子）—枣树（屋前）；

蒙峒村：壮族图腾树—大榕树（村口）、永梅村精神树—梅花（环村步行道侧）、庭院寓意树（枇杷晓翠）—枇杷（屋后）、庭院寓意树（早生贵子）—枣树（屋前）；蒙氏图腾草—女萝即菟丝草（村广场）；

松木岭：壮族图腾树—枫树（村口）、壮族图腾树—桂花树（稻园+竹林峒庄周围）、壮族农作物—水稻（稻园+竹林峒庄之吊脚楼下）、庭院寓意树（枇杷晓翠）—枇杷（屋后）、庭院寓意树（早生贵子）—枣树（屋前）。

十里壮锦花廊：蔷薇、月季、玫瑰等。

3. 灯光亮化工程

铜鼓图腾广场；

花廊夜游、蒙峒夜漂；

帐篷营地；

稻园+竹林峒庄。

4. 民宿内装工程——反映壮族图腾信仰、生活审美

壮锦纹饰风格，如各种图腾物纹路；

铜鼓纹饰风格，如铜鼓上之太阳、云雷、翔鹭、羽人船、圆涡等纹饰

5. 标识标牌工程（见图4）

永梅古村

蒙峒古村

产品LOGO

图4　村落品牌LOGO图

（1）村落标识：壮族符号标志（牛头、绣球、青蛙、铜鼓）+村落符号标志（梅花、蒙姓图腾）

永梅村：铜鼓实物标志（红梅绣在铜鼓心，青蛙饰在铜鼓边，铜鼓架在牛头上——铜鼓架立于蒙峒村铜鼓图腾广场）+Logo符号标志（花王送子：花王+红白梅花，左手送白梅生男孩寓纯洁坚毅，右手送红梅生女孩寓高洁孤傲；花娘花郎抛接绣球）；

蒙峒古村：蒙姓图腾彩旗（幌子）。

（2）永梅村乡道自驾标识（目的地+距离+指示+LOGO）：卢屋寨、大富村交叉路口标出永梅村，日落更村口标出蒙峒村、松木岭，蒙峒村村口标出松木岭

场所公共标识：参照国标标准。

景区导览标识：永梅村导览图（蒙峒村旅游集散服务中心、松木岭山居度假服务中心）、日落更村导

览图（日落更驿站、宝塔山驿站），蒙峒古村导览图（蒙峒村旅游集散服务中心、蒙峒古村休憩驿站）、松木岭山居度假小镇导览图（大岭冲驿站、松木岭山居度假服务中心）、蒙峒谷生态景区导览图（松木岭山居度假服务中心）。

十一、品牌构建及营销推广

1. 客源市场预测

（1）天预测

周末2天：平均200人次/天——家庭休闲游客（中年人+小孩+老人），骑行步行健身游客（青年）；

非周末5天：平均50人次/天——退休老年团客；

寒假暑假：平均100人次/天——中小学生研学游客。

（2）周预测：650人次。

（3）年预测：35000人次。

2. 品牌形象宣传

中国少数民族（壮族）文化特色村寨；

广东壮族旅游第一村；

中国第一壮锦花廊；

乡村骑行公园；

僚峒世外桃源。

3. 节事活动策划：壮族节庆——"一月一节"（见表1）

表1 壮族节庆表

序号	节日名称	时间	内容
1	壮族春节	大年三十至正月初一、初二	壮族春节，观赏壮族舞蹈、舞狮子
2	壮族陀螺节	大年除夕至正月十六	体育盛会
3	花婆节（又称花王节、花王圣节）	二月二	祭祀村寨保护神、生育保护神、儿童保护神
4	山歌节	三月三	以歌会友，举行歌友会
5	王诞	四月八	为耕牛祈福，洗澡搓背，举行宴会
6	端午节	五月五	设粽子宴，驱邪避瘟
7	尝新节	六月六	做五色糯米饭，进行祭祀活动
8	中元节	七月十四至十六	举行祭拜祖先仪式，热闹聚餐
9	中秋节	八月十五	举行月下歌舞觅偶晚会
10	重阳节	九月九	到山上祭拜山神，户外野餐
11	丰收节	十月十	穿新衣，做糯米糍粑，举行篝火晚会

续表

序号	节日名称	时间	内容
12	壮年节	十二月十九	会亲饮宴，对歌作乐，对歌择偶，喜迎新
13	冬至、除夕	十二月	蒸糯米饭、煮汤圆，勒歌舞宴

4. 营销推广策划

（1）品牌营销

中国少数民族（壮族）旅游文化特色村寨。

（2）网络营销

与相关互联网企业及微信公众号运营方合作，如携程、途牛、小猪，以及暴走团等，利用抖音、快手等短视频APP进行软传播，内部通过自有网站及微信公众号的方式进行品牌营销。

（3）体验营销

"每月一节"，农家乐服务，租售民族特色服装，壮族斗笠、竹篮、背篓的编织体验，电瓶车租赁，本地伴手礼。

（4）渠道营销

借助连山、三连一阳、清远官方文旅平台、教育平台，以及国家级、省级文旅展览平台，展销永梅古村形象及产品。

（5）公益营销

充分利用社会公益组织推广壮族文化、特色古村、美食小吃、地方土产，如广东财经大学MBA志愿者协会、自驾公益协会。

十二、运营管理

1. 运营管理模式

（1）乡村公共项目

健全乡村旅游公共服务管理机构，如村支部、村委会，村议事会+理事会+监事会等，能及时处理游客投诉、展开应急管理等公共事务。

（2）引资产业项目

例如，研学旅舍、营地公园、蒙峒河日夜漂游、稻园+竹林峒庄度假区、蒙峒谷景区，实行股份公司化运营。

（3）村落集体项目

例如，土地租赁收入、物业租赁收入（购物店点）、古村门票收入（收纪念性门票并送小吃或纪念品）等由永梅村合作社或旅游开发公司经营。

（4）个体户项目

例如，民宿、农家乐、购物店点实现行业联盟经营，统一标准、品牌、营销。

（5）行业协会自治

例如，旅游行业、农业行业协会协调行业事务，实现行业自治。

2. 营收管理建议（见表2）

表2　连山县永梅村营收管理建议表

项目性质	项目举例	收费标准	建议价位区间	备注
观光游览项目	蒙峒古村	可开放免费，也可收停车费	5-10元/人	
	十里壮锦花廊	开放免费		
	蒙峒谷景区	按人次封闭收费	10-50元/人	住稻园+竹林峒庄可优惠
娱乐体验项目	骑行车辆	按时间、人次收费	10-50元/人	
	漂游皮筏竹筏	按时间、人次收费	50-100元/人	必须买保险
住宿项目	蒙峒谷稻园+竹林峒庄度假区	按床位、档次收费	300-500元/晚	周末节假日不打折，平时半价
	壮家民宿	按床位、档次收费	150-250元/晚	
	帐篷营地	按租赁帐篷等设施设备多少收费	100-150元/晚	
	研学旅舍	按时长、床位、档次收费	50-100元/晚	
餐饮项目	青蛙图腾餐厅	按场景、饮食品、服务质量收费	50-100元/人	
	壮瑶花果人家（山楂盆景餐厅）			
	大岭冲田园农家乐			
	古村蒙家乐			
购物项目	购物店点	按品质收费		

十三、保障措施

1. 开发主体

乡村旅游公共项目："党支部+村委会"（领导）+"乡贤议事会（共商）+能人理事会（共建）+老人监事会（共享）"。平台公司：永梅村合作社或永梅村旅游开发股份公司（物业租赁收入、公共事务运营、村民社会福利）。

乡村旅游产业项目：永梅村旅游开发股份公司+外来投资者。

2. 建设分期

近期：基础旅游公共设施，如景观道路、停车场、厕所；投资小、见效快、提人气项目，如漂流漂游+营地公园、壮族瑶族歌舞秀、民宿+农家乐等。——第一期重点项目：蒙峒河漂游+营地公园+壮瑶花果人家（最好1个老板，确定用地红线范围后可以招商，属产业项目）。

中期：附属旅游公共设施，如驿站、驿亭、观景台；投资大、见效快、提人气项目，如蒙峒谷度假山庄（森林木屋）、四合院精品民宿（蒙峒古村到松木岭乡道沿线一些溪谷口）。——第二期重点项目：蒙峒谷度假山庄+蒙峒谷生态旅游景区（最好1个老板，确定用地红线范围后可招商，属产业项目）。

远期：特色旅游公共设施，如村落文化体育活动场所；投资大、见效慢项目，如蒙峒谷生态景区。——第三期重点项目：蒙峒书院+研学旅舍（最好1个老板，确定用地红线范围后可招商，前者属公益项目，可申请文化部门资金支助，后者属产业项目，可招商）。

3. 投资融资

国家、省、市、县对口部门资金：如民委、文旅部门——乡村旅游公共服务设施项目（"十小工程"）；

产业资本：乡村旅游大型产业项目，如研学旅舍、营地公园、蒙峒河日夜漂游、蒙峒谷度假山庄、蒙峒谷生态景区项目；

村落资本：乡村旅游小型产业项目，如四合院精品民宿、农家民宿、农家乐、购物店。

4. 人力资源

引进管理人员；

培训服务人员：体验式学习培训；

培训本地村民：体验式学习培训。

5. 资环保育

（1）**底线保护——关注六线**

村落边界线：聚族而居（黄线）；

农田保护线（红线）；

生态保护线（绿线）；

水体保护线（蓝线）；

文物保护线（紫线）；

建筑天际线（视线）：从下而上、从前而后依次递增。

（2）**分类保护**

古村文物：永梅村——日落更（古民居、梁氏宗祠）、蒙峒古村（蒙氏宗祠、古民居、前门楼、东门楼、青石板）、松木岭（古民居）等；

生态景观：蒙峒河干流支流溪谷、河岸、森林；日落更、蒙峒村后山森林公园；蒙峒溪谷、大岭冲溪谷等；

水源保育：污水处理、白色垃圾，植被覆盖、鱼虾保育；

森林保育：防止乱砍乱伐、野火山火；

土地保育：防止化肥过度、开挖过度。

6. 有效治理：五位一体

政治领导：党小组、村委会领导——村支书、村长及各委员。

村落自治：乡贤议事会（共商）、能人理事会（共建）、老人监事会（共享），如公序良俗（族规家规→村规民约），主客分享、社区共享。

村落经济："能人经济""分享经济""合作经济"——乡村旅游开发公司（集体）、农业开发公司

（合伙）、个体户联盟如民宿、农家乐。

生态保育：宜居宜旅居，如河长→溪长+湖塘长—村长、村小组长负责制；

体验社区：居民互动、主客互动。

村落价值精神：

村落使命愿景：弘扬壮族文化，建设美丽家园。

村落价值取向：壮族"花人合一"（生活美学）、"天人合一"（生态美学）信仰，投资商、游客、村民分享，村民集体共享。

村落文化精神：坚韧不拔的梅花精神、公益+互助的集体精神、勤俭仁教的蒙氏族训。

7. 制度设计→盘活资源（土地资源、旅游资源）：行政村平台（合作社或股份公司）→镇平台（土地信托银行—土地确权证成为农户支票）

(1) 农地：确权确利、集中流转、集约经营

所有权：永梅村集体→村集体合作社或村股份合作公司——中介平台公司——统筹农地增信；

承包权（户口资格权）：农户——可少部分自种（自耕区）、大部分流转（流转区——租赁价归农户可变股份以贷款，经营价归公司可集约化经营）、一些机动区（以便引进优质农旅项目）；

经营权：集约化投资经营者——可本村，可外来投资者。

(2) 宅基地（空置宅基地）：确权确界、中介租赁、联盟（协会或平台公司）经营；

所有权：永梅村集体→村集体合作社或村股份合作公司——中介平台公司——统筹宅基地增信；

户口资格权：农户——可自住、可经营（自营民宿，与外来投资者合营民宿，给外来投资者租赁经营民宿——最好成片区成规模）；

经营权：投资经营者——可本村，可外来投资者。

(3) 林地：确权确利、集中流转、集约经营（但生态功能区如水源林、风水林、公园林宜归集体公有，观光游憩化保育）

所有权：永梅村集体→村集体合作社或村股份合作公司——中介平台公司——统筹林地增信；

承包权（户口资格权）：农户——可部分自种、部分流转（租赁价归农户可变股份以贷款，经营价归公司可集约化经营）；

经营权：投资经营者——可本村，可外来投资者。

下篇 区域发展专题研究

下篇提要

区域发展专题研究实际上是指：中国乡村现代化进程中涉及的方方面面，这里面有不同的学科、方向和领域，可以从文化学、经济学、管理学、社会学、人类学、旅游学等诸多的学科进行不同角度的研究。而在本篇中，我们收集了 7 篇相关专家学者的专题研究，他们从不同的专业领域对中国乡村现代化，尤其是目前乡村的农文旅产业融合发展进行了一些针对性的研究。

广东财经大学岭南旅游研究院的刘少和、孟颖、高浩杰进行了《广东省休闲农业与乡村旅游质量等级认证现状及规范管理研究》的专题研究。他认为：由于广东省休闲农业与乡村旅游行业企业及产品、服务的地域性特征，当然也可以申请 ISO 认证，但更需要因地制宜建立本行业产品及服务质量等级标准。其从广东省有关休闲农业与乡村旅游授牌名号的基本情况、存在的问题进行阐述，提出了规范管理的针对性措施：一是建立行业平台，提供认证服务；二是梳理各类名号，合并同类项目；三是增设特色名号，引导新兴业态。四是制定认证标准，规范评定流程；五是明确各方责任，严肃巡查考评；六是实施动态管理，确保有进有出；七是鼓励试点示范，引领产业发展。民宿是休闲农业与乡村旅游的一个重要载体，是旅游消费的一个刚性消费，广东财经大学文化旅游与地理学院的秦学进行了《广东省民宿发展的现状及对策研究》的专题研究。他首先是对目前国内民宿的情况概述；其次是对广东省民宿的基本情况进行系统的阐述；第三是对广东省目前民宿市场的现状以及需求进行分析并预测；第四是总结广东民宿经营模式和特色；第五是对广东省的民宿产业综合效益进行总结分析；第六则是对广东民宿发展现存的问题进行分析；最后是对广东民宿产业高质量发展存在的问题提出对策和建议。

我们知道休闲农业的一个非常重要的领域，就是要把农产品销售出去，这就涉及到旅游电子商务。番禺职业技术学院旅游商务学院的余艳、郭盛晖进行了《旅游电子商务助力乡村振兴的思考》的专题研究。研究认为：旅游电子商务在一定程度上，较好地解决了乡村旅游产品同质化、缺乏品牌、营销困难等问题，但乡村旅游电商人才紧缺，急需配套的人才培养机制和优质的教学资源。要想获得休闲农业与乡村旅游的高质量发展，就必须进行"旅游+"多种业态融合发展，其中"旅游+体育"便是一种形式。肇庆市鼎湖区教师发展中心的曾小云、肇庆学院体育学院的张新安进行了《南粤古驿道定向大赛与乡村振兴》的专题研究。南粤古驿道是指古代岭南地区用于传递文书、运输物资、人员往来的通路，包括水路和陆路的官道及民间古道。他们分别从南粤古驿道的历史概况、南粤古驿道定向大赛的背景、南粤古驿道定向大赛的赛制、南粤古驿道定向大赛的乡村振兴功能进行了深入阐述。广东省南粤古驿道定向大赛应以"体育+"为支点，撬动沿线古驿道的乡村旅游、文化、经济、生态的发展，使古驿道沿线各地历史文化得以传承。乡村旅游一定有乡村的文化振兴，那么文化的振兴是需要去挖掘的，这就需要"旅游+研学"的发展业态。中科科普（广州）教育科技有限公司的李艺、广东环境保护工程职业学院的赵鑫进行了《广东省乡村研学旅行现状及发展对策研究》的专题研究。他们分别从我国研学旅行概况、广东省研学旅行概况、广东省研学旅行的优秀案例（类型）、广东省研学旅行发展存在的问题、广东省研学旅行高质量发展对策建议、对广东省研学旅行发展的展望六个方面对广东省研学旅行进行了深入的研究阐述。历史悠久的古村落是游客进行乡村旅游的目的地之一，如何挖掘和发挥古村落的文旅价值，使其焕发新的生命力，是古村落可持续发展的关键路径。由此，仲恺农业工程学院的杨智文、广州市荔湾区文旅融合发展中心的黄勇进行了《泮塘五约古村落的历史及其现代化改造》的专题研究。他们以广州市泮塘村为研究对象，分别对泮塘古村的历史演变、古村保护的调查与规划、历史文化遗产的保护情况三个方面进行的深入研究，分析了泮塘古村微改造的成功经验和取得的成果，研究认为充分平衡商业开发与原生态保护是泮塘古村能够成为网红旅游打卡点的关键。陕西袁家村作为乡村旅游中农文旅产业融合发展的一个典范，已经在全国旅游学术界和旅游业界引起了巨大的轰动和反响。一个只有200多人，几十户人家的小村庄，竟然可以年收入几亿元，几百万游客进入。那么背后的原因和奥妙是什么？仲恺农业工程学院经贸学院的关晶博士进行了《农村基层干部主导下的新型乡村集体经济发展模式探析-以陕西袁家村为例》的专题研究。他分别从袁家村的发展历程、农村集体经济的内涵与意义、袁家村集体经济模式解读、袁家村新型集体经济发展模式的启示五个方面对农村基层干部主导下的新型乡村集体经济发展模式进行了深入探析。他的研究结论：一是乡村集体经济的发展必须有村民认可的带头人；二是发展集体经济是实现乡村振兴的重要路径。

广东省休闲农业与乡村旅游质量等级认证现状及规范管理研究[①]

刘少和[1] 孟 颖[2] 高浩杰[3]

（1. 广东财经大学岭南旅游研究院教授；2、3. 广东财经大学岭南旅游研究院硕士研究生）

前 言

行业企业质量管理体系认证及产品、服务质量等级认证是一个行业企业健康发展的基础，有利于行业企业规范管理、开拓市场、对外交流、发展合作，其中最有名的质量管理体系认证为国际标准化组织及其技术委员会的 ISO9000 质量管理体系及系列标准、ISO14000 环境安全管理体系及系列标准、ISO2001 信息安全管理体系及系列标准、ISO22000 食品安全管理体系及系列标准等，以及世界卫生组织（WHO）的食品生产安全管理体系及系列标准（HACCP，危害分析及关键控制点），药品生产安全管理体系及系列标准（GMP，药品生产管理规范）等。

休闲农业与乡村旅游行业企业及产品、服务由于其地域性特征，当然也可以申请 ISO 认证，但更需要因地制宜建立本行业产品及服务质量等级标准，包括行业评价标准、政府认定标准，对农文旅融合发展而形成的单项产品、线路产品，以及区域整体产品进行分等定级，推动试点尝试、示范引领，授予牌匾名号，实施标准化、品牌化管理，如国—省—市级农文旅融合特色村镇、国—省级休闲农业与乡村旅游示范区（县、镇、点），以及 A 级景区、星级民宿等，从而引领行业企业高质量发展，形成"示范"经济、"帽子"经济。

二、广东省有关休闲农业与乡村旅游授牌名号的基本情况

由于休闲农业与乡村旅游的地域性特征，其产品及服务质量等级认证既有全国统一的认证，也有各省、各市的地方认证，还有行业认证，形成众多有关休闲农业与乡村旅游质量等级认证的授牌名号，其中主要涉及四大类。一是有关全域农文旅方面的质量等级认证授牌名号，如全国休闲农业与乡村旅游示范县（市、区）、广东省休闲农业与乡村旅游示范镇（点）、国家—省级全域旅游示范区，分属农业农村部门、文旅部门管理，已授予多批，在有序展开。二是乡村旅游景区、游憩公园方面的质量等级认证授牌名号，如 1-5A 级旅游景区、国家—省级旅游度假区、国家—省级文旅融合发展示范区，国家—省—市—县（市、区）—乡镇级森林公园、国家—省级湿地公园、国家地质公园，主要分属文旅部门、林草部门、地质部门，其中以 A 级旅游景区质量等级认证最具有影响力，森林公园次之。三是有关休闲农业方面的质量等级认证授牌名号，如国家—省级—市农业公园、国家田园综合体，其中农业公园质量等级认证授牌名号广受认同，不仅有国家、省级、市级农业公园，广东省农业公园还划分了 3-5A 级。四是有关

[①] 本文是广州市哲学社会科学一般课题《广州推进乡村振兴，推动城乡融合发展研究：基于农文旅融合创新视觉》（20222GZYB05）研究成果。

文旅特色村镇方面的质量等级认证授牌名号，如广东省旅游风情小镇，全国乡村旅游重点村、广东省文旅特色村、中国美丽休闲乡村、广东省美丽乡村，国家—省级少数民族特色村寨，分属文旅部门、农业农村部门、民宗部门，其中涉及村落的质量等级认证授牌名号众多，主要以各级政府选拔性认定为主，并没有像旅游发达省份一样制定村落A级或某些特色星级标准展开评定，如海南椰级村落（以椰子为文化符号）。五是有关旅游服务八大要素（食、住、行、游、购、娱、教、养）方面的质量等级认证授牌名号，如旅游星级民宿、旅游星级厕所、星级农家乐、乡村研学旅行基地营地等，分属文旅部门、教育部门，其中以星级民宿最受认同。（见表1）

表1 广东省休闲农业与乡村旅游有关质量等级认证授牌名号一览表

涉及领域	授牌名号	国家级	省级	市级	授牌机构	备注
全域旅游	全国休闲农业与乡村旅游示范县（市/区）	10个			国家农业农村部	建议建立进退机制，创建合一
	广东省休闲农业与乡村旅游示范镇、点		63个 246个		省农业农村厅	
	全域旅游示范区	168家	47家		国家文旅部、省文旅厅	
乡村景区公园	1-5A级旅游景区	5A级14家			国家文旅部、省文旅厅、市文旅局	截至2021年3月计497家建议进退机制
	旅游度假区	2家	13家		国家文旅部、省文旅厅	建议进退机制
	文旅融合发展示范区		25家		省文旅厅	建议进退机制
	森林公园	24家	79家	569家	国家、省、市（县、区）、乡镇林草部门	截至2016年
	湿地公园	27家	6家		国家、省林草部门	截至2021年
	地质公园	9家			国家地矿部门	截至2020年
	营地公园（1-5C级）				各级文旅体部门	建议当下增设
休闲农业	农业公园	2家	50家	如广州市	省农业农村厅	国—省—市三级建议进退机制
	田园综合体	2家			国家农业农村部	
	休闲农业园区					建议与农业公园合并
	一二三产融合发展示范区或农文旅融合示范区（国家—省级）				农业农村部门	建议未来增设

续表

涉及领域	授牌名号	级别及数量（家或个）			授牌机构	备注
		国家级	省级	市级		
文旅特色镇村	广东省旅游风情小镇		50家		省文化和旅游厅	建议完善为农文旅特色镇
	全国乡村旅游重点村	32家			国家文化和旅游部	建议完善
	广东省文旅特色村		202家	如广州市	省文化和旅游厅（广州市：旅游文化特色村）	建议完善为农文旅特色村，增设3-5A级
	中国美丽休闲乡村	24家			国家农办、农业农村部	建议与农文旅特色村合并
	广东省美丽乡村特色村		50家		省农办、农业农村厅	建议与农文旅特色村合并
	少数民族特色村寨	19家	28家		国家、省民宗局（第一批）	建议与农文旅特色村合并
旅游服务八大要素	星级民宿	甲乙丙级		广州红棉星级	文化和旅游部门 农业农村部门	建议以省市为范围统一标准及认证
	民宿集聚区或度假区（省级）		√		农业农村部门 文化和旅游部门	建议当下增设
	旅游星级厕所				文化和旅游部门 环卫部门	建议完善
	星级农家乐				文化和旅游部门 农业农村部门	建议升级
	餐饮名店（市、县级）			√	文化和旅游部门 农业农村部门 卫生部门	考虑增设
	乡村旅游精品线路（乡村旅游风景道，省、市、县级）		√	√	文化和旅游部门 农业农村部门 交通部门	考虑增设
	农文商旅产业综合体（甲乙丙级）				农业农村部门	考虑未来增设
	乡村研学旅行基地营地（国、省、市级）	√	√	√	文化和旅游部门 农业农村部门 教育部门	建议完善

资料来源：依据各个部门资料整理及作者体验思考。

三、广东省休闲农业与乡村旅游授牌名号存在的问题

1. 各种名号众多，权威认同存疑

据统计，与休闲农业与乡村旅游质量等级认证有关的授牌名号多达几十种，常常是同一产品及服务，如乡村旅游就有各级各个政府部门授予的多种名号，如全国乡村旅游重点村、广东省文旅特色村、中国美丽休闲乡村、广东省美丽乡村特色村、少数民族特色村寨等，这样一方面使行政村落及行业企业疲于应付，另一方面也使消费者难以辨识，影响质量等级认证权威，进而影响产品品牌信誉，可以考虑合并为一个质量等级授牌名号——国家级、省级、市级农文旅融合特色村。

2. 全由部门领衔，协会学会缺位

如上这些质量等级授牌名号几乎都是由政府部门制定认定标准、评定标准，并组织认定、评定，既是运动员也是裁判员，缺少行业协会、专业协会，特别是有关研究学会参与。官方色彩浓厚，行业自治不足，学界辅导不足。

3. 融合协同不足，管理规范不够

针对同一产品及服务如文旅特色村、镇，不仅各个部门有不同牌匾名号，而且各级政府牌匾名号也不一样。各级政府各个部门缺乏协同，导致质量等级认证名号不一，影响游客认知，也带来管理上的麻烦，使基层及企业无所适从。如全国乡村旅游重点村、广东省文旅特色村、中国美丽休闲乡村、广东省美丽乡村特色村、少数民族特色村寨等。

4. 市场关联不强，品牌形象难立

各质量等级认证授牌名号设立除按行政级别形成"国家级—省级—市级"等级标准进行认定外，也有被市场广泛认可认同的质量等级认证标准，如旅游景区A级、酒店民宿星级、商务写字楼甲乙丙级。但一些新兴业态产品及服务质量等级认证标准制定及等级设立应该与传统质量等级产生关联，否则顾客难以认知认同，不便于树立服务品牌。如广东森林公园的星级制应该为A级制较好，国家星级民宿甲乙丙级制应该为星级制较好。

5. 普特兼顾不力，实践指导不足

从所授予质量等级认证名号之认定标准、评定标准内容来看，尽管有依据当前政策要求实行增减分制，甚至一票否决制，但总体而言，针对农文旅产业产品特色、地域特色、市场需求，鼓励因地制宜、创意创新不足，因地制宜、创意创新及新兴业态没有成为重要关注点。如星级民宿就应该体现地域生态景观，以及地方历史、民俗、产业、社会文化特色。

6. 产业平台不足，新兴业态缺失

通过这些质量等级认证牌匾名号授予，目的在于加强规范管理，提升产品质量，塑造品牌形象，打造产业平台，引领产业升级。但在认定办法、评定标准创建过程中，过分关注旅游体验服务，而对产业平台服务包括农产品、手工品、文创品等的销售服务，农文旅信息服务，地方品牌形象宣传服务，行业中介服务，科创文创服务，知识、能力培训服务等关注不足，没有借此推动地方农文旅融合创新集聚集群产业平台建设；同时对乡村新兴产业业态产品质量等级认证重视不够，如营地公园、乡村民宿集聚区、三产融合示范区等，建议增设。

四、休闲农业与乡村旅游授牌名号的规范管理

1. 建立行业平台，提供认证服务

建立省、市、县（农业县）农文旅融合发展资源共享与行业服务综合平台，如产业联盟、行业协会、学会智库，积极提供调查研究、政策建议、产业规划、项目策划、发展咨询、营销推广、人才培训、参观交流，以及质量等级认证（质量等级标准制定、质量等级评定或认定、质量等级巡查）等业务。一是组织行业企业、事业单位建立健全"休闲农业与乡村旅游（或农文旅融合发展）产业联盟或行业协会"，负责有关业务特别是质量等级认证的组织工作，承接政府外包业务；二是依托高等院校、职业院校特别是农业院校建立健全"农文旅融合创新学会"，打造休闲农业与乡村旅游产业研究智库，提供智力服务；三是各级政府农业农村与文旅部门（产业司、处、科、股）具体负责监管并提供财政支持，如不同产品及服务质量等级授牌、监管，以保证休闲农业与乡村旅游各类产品及服务质量等级认证的权威。这样，就形成了由联盟或协会组织、学会智库、部门监管所构成的三权（研究决策、组织执行、监督管理）分立与制衡的运作机制，以保证有效运行。（见图1）

图1 农文旅融合发展资源共享与行业服务综合平台

2. 梳理各类名号，合并同类项目

对现有休闲农业与乡村旅游有关质量等级认证牌匾名号进行梳理，各级政府各个部门协同统一同类产品及服务的认证名号，方便顾客识别，也减少基层及企业负担。一是就全域整体产品及服务而言，推动休闲农业与乡村旅游示范县（市区）、示范镇与全域旅游示范区创建合一，打造全域农文旅融合发展示范区；二是就休闲农业产品及服务而言，推动农业公园、休闲农业园区、田园综合体等协同发展，打造休闲农园；三是就村、镇整体产品及服务而言，推动旅游风情小镇与"一镇一业"示范镇、美丽休闲乡村与"一村一品"示范村及文旅特色村融合发展，打造农文旅融合特色镇、特色村；四是就民宿产品及服务而言，以省或市为范围推动民宿星级标准及认证统一。（见表2）

表2 建议合并质量等级认证牌匾名号一览表

对象	原质量等级认证名号	新质量等级认证名号	认证等级	认证平台	备注
全域整体	全国休闲农业与乡村旅游示范县（市、区）	全域农文旅融合发展示范区	国家级、省级	农业农村与文旅部门+产业联盟或行业协会+学会	创建、认证合一
	广东省休闲农业与乡村旅游示范镇				
	全域旅游示范区				

续表

对象	原质量等级认证名号	新质量等级认证名号	认证等级	认证平台	备注
休闲农业	农业公园	休闲农园	国家级、省级、市级	农业农村部门+产业联盟或行业协会+学会	创建、认证合一
	休闲农业园区				
	田园综合体				
特色镇	旅游风情小镇	农文旅融合发展特色镇	国家、省级	农业农村与文旅部门+产业联盟或行业协会+学会	创建、认证合一
	"一镇一业"示范镇				
特色村	全国乡村旅游重点村	农文旅融合发展特色村	国家级、省级、市级	农业农村与文旅部门+产业联盟或行业协会+学会	创建、认证合一
	广东省文旅特色村				
	中国美丽休闲乡村				
	广东省美丽乡村特色村				
	"一村一品"示范村				

资料来源：依据各个部门资料整理及作者体验思考。

3. 增设特色名号，引导新兴业态

针对农文旅新兴业态产品及服务，为加强规范管理，提升服务质量，树立品牌形象，促进产业发展，建议增设有关认证牌匾名号。首先，针对乡村旅居、乡村度假发展趋势，打造乡村振兴产业平台，引导乡村民宿产业集聚发展，推动省级、市级民宿集聚区（或度假区）质量等级认证标准制定及认定；其次，针对城市居民特别是青少年户外游憩、自然教育需求，引导乡村营地公园健康发展，推动1或3-5C（Camp）级营地公园质量认证标准制定及评定；再次，待未来条件成熟时，可以考虑国家级、省级一二三产或农文旅融合发展示范区质量认证标准制定及认定，以及农文商旅产业综合体甲乙丙级质量认证标准制定及评定。（见表3）

表3 建议增设质量等级认证名号一览表

对象	质量等级认证名号	等级	认证平台	认证方式	备注
乡村民宿产业集群	民宿集聚区（或度假区）	省级、市级	农业农村与文旅部门+产业联盟或行业协会+学会	认定	当下
乡村营地	营地公园	1或3-5C（Camp）级	农业农村与文旅体部门+产业联盟或行业协会+学会	评定	当下
三产融合	一二三产或农文旅融合发展示范区	国家级、省级	农业农村部门+产业联盟或行业协会+学会	认定	未来

续表

对象	质量等级认证名号	等级	认证平台	认证方式	备注
农文商旅综合体	产业综合体	甲乙丙级	农业农村与文旅部门+产业联盟或行业协会+学会	评定	未来

资料来源：依据各个部门资料整理及作者体验思考。

4. 制定认证标准，规范评定流程

以行政区级别为质量等级的区域线路、区域整体农文旅产品及服务质量等级划分确定，建议在行业专家辅导下制定认定办法，如农文旅特色村、农文旅特色镇认定办法，实行政府部门分级负责、层层选拔；以标志符号为质量等级的单项农文旅产品及服务质量等级划分确定，建议在行业专家辅导下制定评定标准，如《旅游民宿基本要求与评价》（LB/T 065—2019）、《旅游厕所质量等级的划分与评定》（GB/T 18973-2003）。像 A 级旅游景区、星级酒店民宿、C 级营地公园（Camppark），实行行业协会联动研究学会具体负责，申请评定。

5. 明确各方责任，严肃巡查考评

依据认定、评定程序，在明确政府主管部门、行业组织责任下，匿名抽签组织专家认真考查、严格评分，评选出各个质量等级产品，以取信于顾客及行业，推动地方、行业企业产品及服务优化升级，树立精益求精的"服务工匠"精神。

6. 实施动态管理，确保有进有出

对各质量等级特别是高级别质量等级产品及服务牌匾名号实施动态管理，三年或五年一复评，有上有下、有进有出，以激励地方、企业不断维持并改进产品及服务质量。

7. 鼓励试点示范，引领产业发展

对获得质量等级牌匾名号的产品及服务项目，各级政府不能仅局限于质量等级名号的精神奖励，还要进一步在公共服务方面给予适当倾斜，如区域营销宣传、公共设施配置、游览线路联动，甚至实施一定的经济奖励或补贴，以通过试点尝试、示范引领项目或产品，引领行业产业高质量发展。

广东省民宿发展的现状及对策研究

秦 学

(广东财经大学文化旅游与地理学院教授,博士)

前　言

随着经济的不断发展,人们对旅游的需求从简单的观光游览转变为更进一步的休闲体验,从表层的视觉享受转变为深层次的文化情感需求。民宿作为蕴含当地特色风俗文化人文风情的旅游住宿设施,逐渐受到旅游者的欢迎。民宿首先在国外发展起来,起源于乡村,首先是以英国的B&B模式出现,即只提供床铺和早餐的模式,之后,德国、法国、日本都逐步发展起来。

自2010年以来,我国不断发展民宿行业。2019年7月,我国文化和旅游部发布的《旅游民宿基本要求与评价》中将"民宿"定义为:"利用当地民居等相关闲置资源,经营用客房不超过4层、建筑面积不超过800 m^2,主人参与接待,为游客提供体验当地自然、文化与生产生活方式的小型住宿设施。"

此次广东省民宿发展状况的研究主要从7个方面来进行:第一是对目前国内民宿的情况概述;第二是对广东省民宿的基本情况进行系统的阐述;第三是对广东省目前民宿市场的现状以及需求进行分析并预测;第四是总结广东民宿经营模式和特色;第五是对广东省的民宿产业综合效益进行总结分析;第六则是对广东民宿发展现存的问题进行分析;第七是对广东民宿产业高质量发展存在的问题提出对策和建议。

一、国内民宿概况

乡村旅游是我国旅游消费的重点领域,民宿作为乡村旅游发展的重点内容和热点是推进全域旅游发展的重要抓手,同时发展民宿是我国实施乡村振兴战略与美丽中国建设的重要举措。目前旅游业快速发展,为民宿行业的发展奠定了良好的基础。

2015年,国务院网站发布的《国务院办公厅关于加快发展生活性服务业促进消费结构升级的指导意见》中提到"积极发展客栈民宿、短租公寓等细分业态",同时推动了民宿合法化。2016年,国家发展改革委等部门相继出台了一系列支持政策,鼓励个人闲置资源有效利用,同时支持发展特色小镇,并对贫困地区给予优先的资金支持。2016年1月,《中共中央、国务院关于落实发展新理念加快农业现代化实现全面小康目标的若干意见》中明确指出要大力发展休闲农业和乡村旅游,有规划地开发休闲农庄、乡村酒店、特色民宿、自驾露营、户外运动等乡村休闲度假产品。2017年,民宿服务(代码6130)及露营地服务(代码6140)正式纳入到国民经济行业中;同年8月15日,原国家旅游局发布了《旅游民宿基本要求与评价》(LB/T065-2017)行业标准。2018年以后,全域旅游成为一大热点,伴随着乡村振兴,作为乡村旅游的重要内容的乡村民宿成为推动乡村全域旅游发展,助力乡村振兴战略的实施的一大重要渠道。2019年7月19日，国家文化和旅游部发布了旅游行业标准《旅游民宿基本要求与评价》（LB/T 065—2019），新的行业标准中明确了丙级、乙级、甲级旅游民宿的划分条件。

2018年国内旅游市场持续平稳增长，入境旅游市场稳步进入缓慢回升通道，出境旅游市场快速发展，2018年全年国内旅游人数55.39亿人次，比上年同期增长14.7%，全年实现旅游总收入5.97万亿元，同比增长10.5%。旅游业的增长速度为民宿业的发展奠定了基础。2020年由于受到疫情的影响，旅游业的发展陷入低谷期。2020年上半年全民居家抗疫，旅游人数骤降，但下半年有所回升。总体来看，2020年旅游人数及旅游业总收入在下半年恢复至2019年的33%左右。

民宿方面，《中国旅游民宿发展报告（2019）》（下称"蓝皮书"）数据显示，截至2019年9月，中国大陆民宿（客栈）数量达到16.98万家。从房源数量总数来看，中国的民宿从2016年的59万套增长至2019年的160万套以上，2019年的线上交易额和2016年相比增长了4倍。其中，国内主要平台房源数量约68.4万套，民宿占住宿市场规模由2018年的18.97%上升至2019年的24.77%。在中国旅游与民宿发展协会公布的《2020年度中国民宿行业发展研究报告》中的数据显示，2020年国内民宿房源总量已经突破300万套、乡村民宿房源总量达到38万套。

从地域分布来看，中国境内民宿主要分布在华北、华东地区，东北地区较少；空间上主要聚集在环渤海、长三角、珠三角、川渝经济区及云南地区。截至2019年9月30日，中国境内各省民宿客栈数量前十的省（市、自治区）分别为浙江省（20676家）、广东省（13815家）、四川省（11361家）、云南省（11319家）、山东省（10639家）、河北省（8362家）、江苏省（7168家）、福建省（6867家）、湖南省（6704家）、广西壮族自治区（6314家）。在民宿的消费者和经营者方面，蓝皮书显示，消费者群体在年龄结构方面，30岁及以下、31~35岁、36~40岁用户占比较大，分别为59.9%、23.1%、14.6%；"80后""90后"群体占大部分，同时消费水平偏于中低等、中等水平。在民宿经营者方面，民宿业主女性多于男性，且以"80后"为主。另外，《2020年度中国民宿行业发展研究报告》显示，虽然2020年旅游业受到疫情重创，但在民宿方面，在线房东的数量相较于2019年有所增加，增加了16.5%。

二、广东省民宿的基本情况

广东的民宿发展走在各省市民宿发展的前列，广东民宿产业的发展拥有较好的基础。广东省经济发展较快，资金力量雄厚，再加上广东省人口众多，拥有庞大的旅游消费群体，民宿发展迅速。

2015年深圳发布了全国第一份地方民宿发展白皮书——《深圳市大鹏新区民宿发展白皮书（2015）》，建立了第一个区级民宿协会。2016年又创办了全国高校第一个文创旅游民宿专业。2019年，广东省人民政府发布《广东省民宿管理暂行办法》（粤府令第260号）（以下简称《办法》）并于2019年9月起施行，《办法》中明确了民宿的定义并对广东省民宿的客房规模、选址、建筑、消防、治安管理、卫生、排污、登记制度等方面进行了具体的要求。在乡村民宿方面，2020年6月24日，广东省市场监督管理局在发布的《乡村振兴民宿服务规范》中，要求民宿在建筑设计、空间布局、装修装饰、服务内容和方式等方面，须体现岭南地域、历史、民族或乡土特色的文化内涵。同时自2016年起，广东省各地也在积极响应国家、省各部门的号召，对民宿的发展提供鼓励、支持政策，颁布相应的民宿管理办法，制定相关的规划和标准。如《韶关市民宿管理暂行办法（征求意见稿）》《韶关市民宿发展扶持办（征求意见稿）》《仁化县农村民宿管理办法（试行）》《南雄市民宿发展管理与扶持暂行办法》等。

根据《2018年全国民宿产业发展研究报告》，截至2018年11月23日，广东省民宿客栈数量为18441家。根据《中国旅游民宿发展报告（2019）》，截至2019年9月30日，广东省民宿客栈数量为13815家。广东省民宿在2019年至2020年快速发展，在2021年4月正式发布的《广东省乡村民宿发展白皮书（2020年完整版）》中提到，截至2020年12月，广东省民宿客栈的总数位44999家，其中62.5%的广东省民宿分布在村镇，25%分布在远离人群的海岛、山林等区域，12.5%分布在城市。在广东省的各市级单位中，广州、深圳、惠州三地的民宿发展较快，根据《广东省乡村民宿发展白皮书（2020年完整版）》对去哪儿网客栈民宿的数量统计，截至2021年5月，广东省各市中，客栈民宿数量从高至低分别是广州市（14551家）、深圳市（8110家）、惠州市（7863家）、珠海市（2863家）、清远市（2478家）、佛山市（2389家）、阳江市（1984家）、东莞市（1570家）、汕头市（1480家）、中山市（1028家）、湛江市（716家）、江门市（709家）、韶关市（686家）、潮州市（676家）、汕尾市（604家）、肇庆市（571家）、河源市（506家）、梅州市（272家）、揭阳市（234家）、茂名市（150家）、云浮市（59家）。（见图1）

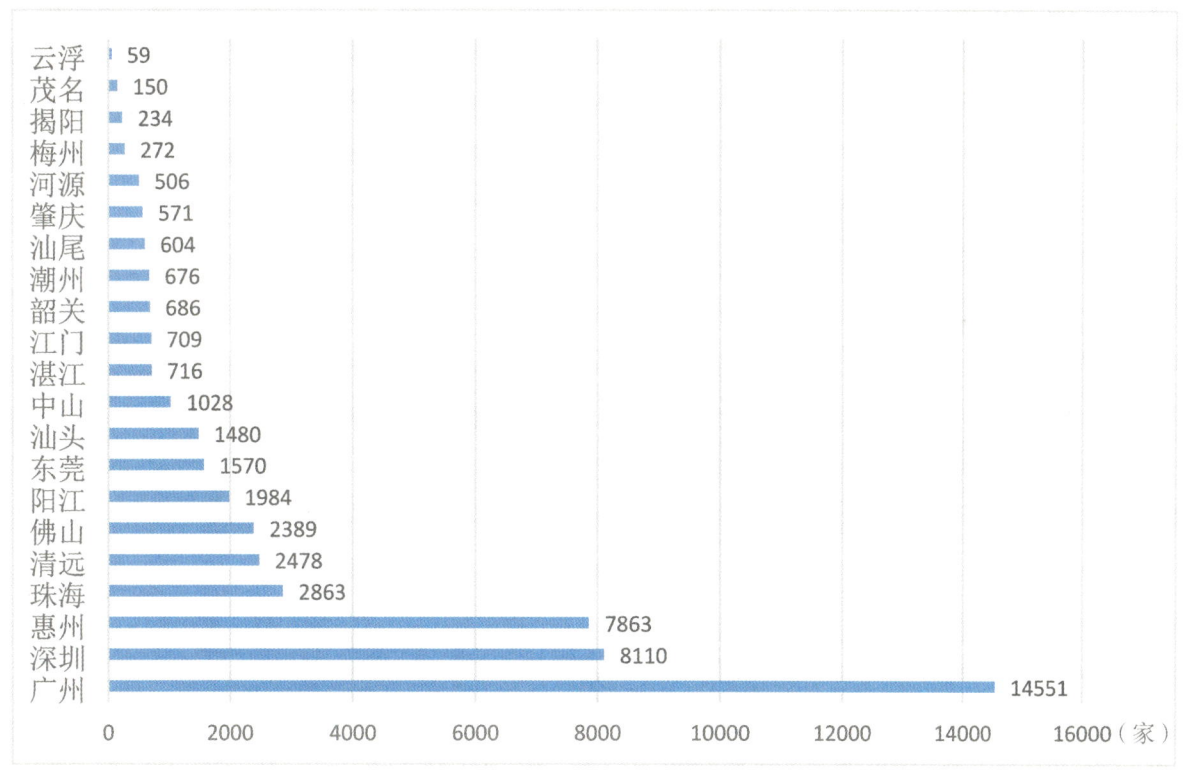

图1　广东省22个市级单位民宿客栈数量排行

另外，在由广东省旅游协会民宿分会和广东民宿发展研究院联合发布的《广东省民宿发展白皮书（2019）》显示，广东省已经形成了六个民宿集群，包括深圳大鹏半岛民宿群、仁化丹霞山民宿群、增城"万家旅舍"民宿群、从化米埗民宿群、清远"清新人家"民宿群、惠州罗浮山—南昆山民宿群。2020年，广东省民宿集群化发展趋势愈发明显，现已形成十大民宿集群，除上述提到的六大民宿集群外，新增了潮州古城、河源万绿湖、肇庆星湖、梅州梅县等十大民宿集群。

三、广东民宿市场现状及需求预测

（一）供给市场现状

目前广东省十大民宿集群区业已形成，形成8个市县区级区域民宿公共品牌。广东省各市县区重视区域民宿公共品牌的发展，目前已经形成广州市"花城人家"、广州市增城区"万家旅舍"、广州市从化区"流溪人家"、潮州市"潮州人家"、惠州市龙门县南昆山"龙门客栈"、梅州市梅县区"梅县客栈"、清远市清新区"清新人家"、深圳市大鹏新区"大鹏民宿"等8大区域民宿公共品牌。

在广东省的民宿的档次方面，图2为广东省22个市级单位的民宿所处的档次类型占该地民宿总数的百分比示意图。由图2可知，目前广东省各市民宿实惠型民宿占大多数，其次是舒适型民宿，高档型民宿和豪华型民宿数量较少，甚至在部分市级单位没有豪华型民宿，豪华型民宿主要集中在广州、深圳、惠州三地。

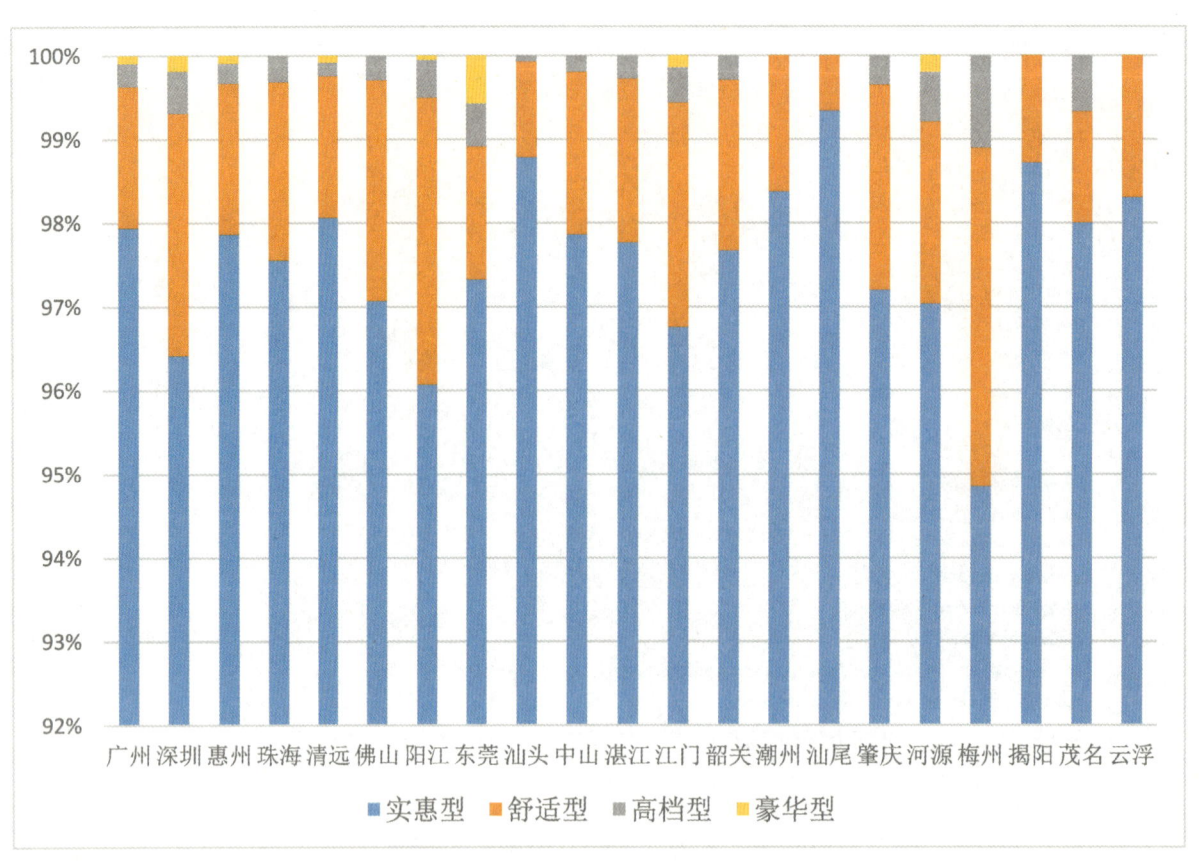

图2　广东省22个市级单位的民宿所处的档次类型

（二）消费者群体现状

广东省经济基础雄厚，旅游民宿发展具有经济保障。2021年3月，广东省统计局、国家统计局广东调查总队发布的《2020年广东省国民经济和社会发展统计公报》显示，2020年广东实现地区生产总值110760.94亿元，相较于2019年增长2.3%，其中第三产业增加值62540.78亿元，增长2.5%，对地区生产总值增长的贡献率为59.9%；全省接待入境过夜游客421.86万人次，国内过夜游客2.26亿人次；国际旅游外汇收入 23.48 亿美元。国内旅游收入 4524.85 亿元。由此可见，广东省经济基础雄厚，经济发展稳定，同时旅游业不断发展。

广东省人口众多，拥有庞大消费者群体。在 2020 年 4 月，广东省统计局发布的《2019 年广东人口发展状况分析》中显示，2019 年全省常住人口 11521.00 万人，比 2018 年增加 175.00 万人，增长 1.54%，增幅同比回落 0.04 个百分点。其中，男性 6022.03 万人、女性 5498.97 万人，性别比（女性为 100）109.51。受户籍人口基数较大以及规模庞大的外来人口影响，广东常住人口总量在未来一段时间内仍将继续保持增长态势。在空间分布上，常住人口进一步向珠三角都市圈集聚，珠三角核心区 6446.89 万人、沿海经济带 3379.11 万人、北部生态发展区 1695.00 万人，分别占全省人口总量的 55.96%、29.33% 和 14.71%，其中，广州、深圳两个超级大城市的人口分别比上年净增 40.15 万人和 41.22 万人，占同期全省以及珠三角核心区常住人口增量的 46.50% 和 55.73%。在教育方面，广东省人口文化素质普遍得到提高，根据教育部门资料显示，截至 2018 年底，广东省推进教育现代化先进县（市、区）111 个。新增本科高校 3 所（新设 1 所，升格 2 所），新增高职院校 1 所；全省博士、硕士、本专科招生计划分别比上年增长 12.60%、8.50% 和 7.30%，增量和增幅均为历年之最，全省高等教育毛入学率达 42.43%，提升约 4 个百分点。

（三）民宿需求预测

1. 智能化民宿的需求增大

科学技术的不断发展促使游客对于智能化设施设备的需求增大。智能门锁、智能摄像头、智能音箱、投影仪、远程智能控制是民宿行业需求最旺盛的几个关键节点。刷脸开门、智能调节房间温度、远程控制家电、等智能家居设置，方便了游客的使用，提升了游客体验感。同时，在另一方面，远程操控、管理民宿的智能设备也方便了房东的管理。AI 技术的不断发展，使 AI 技术逐渐运用到酒店住宿行业，而 AR、VR 等设备也表现出了快速增长的势头，并不断有新的"黑科技"参与进来。

2. 中高端品牌民宿需求逐渐增大

广东省的经济基础较为雄厚，且随着经济的进一步发展，人们收入水平提升，游客对旅游住宿的需求并不只是单纯的满足住宿需求，而是希望在旅游住宿方面获得更高的体验感。发展中高端民宿品牌，打造部分高档型、豪华型民宿有利于满足这一部分旅游者的需求。

3. 文化特色个性化民宿受到更多人的推崇

随着消费者消费观念的不断转变，越来越多人关注的并非民宿的表象，而是其内涵、个性特色，以及在此基础上衍生出的用户体验。民宿作为一个能够承载地方特色、地方风俗文化以及民宿主个人特色的住宿设施，能够在一定程度上让游客感受到当地文化，满足游客对文化的需求和给予游客家的感觉。在同质化较为严重的民宿行业，个性化具有文化特色的民宿在众多民宿中脱颖而出，受到更多的消费者推崇。

四、广东民宿产业模式与经营管理

（一）产业形态和产品供给方面

广东省民宿产业链条发展日趋完善。广东省已形成民宿资源、精品民宿品牌、民宿投资、民宿供应、民宿规划设计、民宿咨询研究、民宿营销等日趋完善的产业链条。

民宿资源：景点民宿中的古村落文化体验民宿、景观特色民宿、城市民宿、精品客栈、精品文化酒店。未开发的古村落、传统村落、传统民居、山水、林地等资源引资建设。

民宿规划设计：广东文旅民宿与乡村旅游研究有限公司等民宿专业规划设计公司；广东省众多旅游规划设计公司、景观设计公司、室内设计公司等。

民宿咨询研究：广东民宿发展研究院、深圳新旅民宿客栈发展研究中心有限公司、各地民宿行业协会等民宿行业资讯研究机构。

民宿文创：文艺演出机构、活动策划执行机构、文化创意产品。古法养生的针灸、推拿、火罐、艾灸、太极，以及传统养生器材。

民宿软装及酒店布草：民宿设计建造的建筑设计、室内设计、景观设计、设计院及建造施工机构。

民宿家居：陶瓷、仿古摆设品、古董家具、仿古家具、茶空间、禅意用品、家庭影院、智能设备、数字化管理设备、健身器材。

民宿建造材料：仿古类建材、艺术陶瓷卫浴、集成房屋及配套设备、暖通制冷设备、弱电工设备、泳池桑拿设备、水处理系统。

民宿景观：名贵树木花草、露天休闲设施、藤艺竹艺、休闲庭台、湿地步道桥梁、喷泉水景与鱼池泳池、户外休闲家具、户外景观照明、仿真植物。

艺术展区：民宿饮食文化的地方特色饮食、传统药膳食材、茶文化、酒文化；非物质文化遗产的中华刺绣、民间绘画、民间歌谣、民间舞蹈、民间曲艺、民间工艺品。

（二）经营模式与机制方面

广东民宿经过多年的发展，形成了国内领先的广东特色经营模式与机制，主要有：

自然景观依托型民宿发展模式，即在环境优美、景观独特的旅游景区附近，村民在自家住宅改造基础上自发建造、经营以景区客源为市场的民宿，主要吸引观光游览的游客前来住宿体验、娱乐消费。

古村落与特色民居型民宿发展模式，以具有地方特色文化（如客家居住文化、潮汕渔民生活、粤北瑶族村寨、珠三角水乡古村）的古村落、民居建筑为原材料，进行装修装饰，融入现代生活元素，辅之以乡野风光和静谧环境，吸引城市居民，尤其是中青年前往居住、体验。

产业与民俗活动主导型民宿发展模式，这类民宿的发展主要是以乡村的农业生产和民俗生活（活动）为主导，如农家乐、农业生产体验、农村民俗文化（传统节日、乡村礼仪）参与、红色文化体验等，吸引城市居民和外来游客在开展休闲农业与乡村旅游，配套建设经济适用的民宿，满足游客住宿的需要。

（三）经营运作与营销保障方面

民宿投资：政府扶持资金、旅游投资机构、保险资产评估融资。

精品民宿品牌：丹霞印象、客家明珠、禾肚里、爱树、米社、归觅、涟岸、泊云心舍、宛若故里、天天惦记、你是我的虚荣、慕吉、其光、桃花壹号、壹品寒舍、巢里巢外、美舍、52赫兹、乌有·同金寨、循美等众多精品民宿品牌。

营销渠道：旅游OTA在线预定平台、旅行社、行业协会旅游机构，利用微信、微博等自媒体平台进行营销推广。

连锁加盟：品牌运营机构加盟，酒店管理机构加盟，民宿短租托管机构、民宿聚落开发基地加盟。

人才保障：深圳市大鹏新区民宿协会、清远市旅游协会等与广东南华工商职业学院合作办学（粤宿学院），针对民宿从业人员开展民宿专业教育。

五、广东民宿发展存在问题

（一）缺乏战略规划和长远大计

广东省民宿行业飞速发展，各地积极推动民宿行业发展，但对于如何发展民宿缺乏战略规划和长远大计，对于民宿的功能定位、发展目标、区位分布、实施路径等未有明确的发展方向，在民宿发展资源配置、管理模式、资金投入、市场营销等方面存在较大的随意性。市场导向的民宿发展模式，在经济风险日益加大的今天，容易导致无序发展、各自为战，全省民宿整体上方向不明确。实际调研中，很多民宿主体对该行业的前景颇感迷茫。

（二）法律法规制度尚不健全

各地根据当地地方特色制定了相关的法律规定，但缺少全国性的法律法规，各地对于全国性标准以及地方标准的执行质量参差不齐。由于法律法规的不健全，多地民宿监管主体缺失，相关的奖惩机制不健全，民宿主违法经营的现象仍然存在。对民宿行业的管理主要采取"运动型"整治方式，治标不治本。民宿经营主体的合法性确认机制不完善，由于民宿行业自身的特殊性，其经营者的资质存在多种形式，导致各主体经营执行的标准无法可依，服务质量不可保障。同时，民宿行业依托第三方平台进行预订宣传等活动，第三方平台掌握大量民宿经营者和游客的信息，但目前对于第三方平台的打造监管等的相关法律有所缺失。

（三）产品单一且同质化严重

由于民宿自身定位不同，民宿的档次和经营模式等不同，民宿经营者提供的服务产品的质量和水平有所差异，少数民宿参照了高端酒店的经营模式，装修豪华、装饰精美、服务设施齐全，同时价格昂贵。然而大多数民宿，目前仍停留在最基础的住宿服务或"吃+住"服务，在民宿设计、服务、体验上缺乏竞争力，未能突出民宿自身的特色。

一是缺乏个性化。由于民宿多为房屋产权人或承租人将自住或租来的房屋用来经营，民宿经营者们大多关心自身经营情况，对于民宿市场整体的经营情况以及市场需求缺乏清晰的认识，导致在民宿建造包装过程中盲目跟风模仿建造，失去了自身风格，在市场竞争中缺乏优势。

二是缺乏文化特色。广东省文化资源丰富，并且各地文化都有其地方特色。广东本土的广府文化、客家文化、岭南文化等在建筑、园林、绘画、工艺美术、美食、音乐曲艺、民俗节庆等方面均具有自身特色。但目前广东省的民宿整体缺乏广东本土文化内涵和特色，未能突出广东的特有文化。

（四）资金和土地问题比较突出

随着国内民宿行业的快速发展，越来越多的社会资本进入民宿行业中，但由于大部分民宿体量、规模较小，经营分散，且非常缺乏职业经理人，大多数民宿在融资、营销方面面临较大困难。加上民宿基本上分布在农村地区，受土地和农业产业政策影响，民宿要扩大经营规模、扩建建筑面积，受到诸多政策障碍，也面临着很大的经济风险。

（五）服务层次服务质量有待提升

在经营和服务方面，由于一部分民宿的经营者服务意识和服务能力较为薄弱，缺乏管理服务方面的专业知识、技能和经验，大多数民宿仅仅是提供给游客住宿，对"民宿+"的开发较少，即对民宿餐饮、民宿文创、民宿活动等相关产品较少开发。因而大部分民宿的收入来源单一，且营业收入不高。同时由于缺乏规范，从业人员文化水平参差不齐，对旅游和服务的了解不足，使广东省大多数民宿提供的服务产品质量和水平不高。

（六）保障性措施不完善

民宿行业门槛较低，由于管理规章制度和相关的法律法规缺失，在民宿经营的过程中容易出现一系列问题。一方面是要保障设施设备方面的问题。对于大多数依托于乡村的民宿，虽然近年来随着美丽乡村不断建设，很多乡村的基础设施和环境大大改善，但距离旅游对基础设施的要求仍然相差甚远。随着民宿的发展、游客量的不断增加，很多乡村将难以同时满足游客和当地居民对道路、给排水、电力、网络等基础配套设施的需求。另一方面是缺少消防部门、公安部门以及环保部门的监管。民宿经营者安全意识薄弱、安全防范投入少、安全设施简陋，存在消防隐患。同时，民宿在经营过程中存在各种污染环境浪费资源等情况，如临水区域民宿随意排放废水、随意处理垃圾等，导致水、大气和土壤污染。

六、广东民宿产业高质量发展对策建议

（一）科学规划，引导广东民宿健康发展

目前广州市已出台关于民宿发展的专项规划——《广州市民宿旅游发展专项规划（2018—2035）》，建议其他各市根据自身情况科学规划当地民宿行业发展布局。对现有的民宿的基本情况进行了解，根据各地地域人文、资源环境景观特色、村庄条件、基础设施状况等，绘制相应的民宿发展规划图，并明确重点发展区域，充分考虑产业布局、人口集聚、土地利用、生态环境保护、社区建设等内容。要借鉴各国各地的经验，通过有效的规划更加凸显地方特色。

整合一批民宿行业研究专家。多方邀请民宿行业内的专家，构建广东民宿产业发展智囊团，扶持民宿专业研究机构的发展。通过优惠政策鼓励支持民宿专业研究咨询机构的建立和发展，为广东省各级政府、企业提供民宿行业研究、咨询、规划等服务。

（二）完善法律法规，规范民宿市场

一方面，广东省各地要制定各地方的民宿标准。现已出台广东省民宿行业标准，各市应加快制定民宿标准，以标准对各个区的民宿发展做出引导。另一方面，广东省需制定好民宿的法律规范，对民宿打造建设和经营过程中的行为活动进行规范，另外各市也应出台关于民宿的相关规范，实施具有灵活性的管理法规。民宿需接受一系列标准法规的管理，促进其个性化、品质化发展；在经营用房、消防安全、治安管理、卫生安全、环境保障、食品安全等方面的管理法规，需具备一定的灵活性。

（三）加入文化元素，增加民宿特色

民宿要想在竞争激烈的市场上占有一席之地，一定要有自己的文化底蕴。文化是民宿的核心和灵魂。在民宿发展过程中，各地的文化、传统、风俗等各不相同，人们在选择和建造自己的房屋时，都会受到这些因素的影响和熏陶。与此同时，民宿在选址、规模、设计、体量、朝向、用料、装饰等方面也各不相同，展示了民宿的个性，融入了民宿主人对文化的理解与追求从而打造民宿的个性化。

充分挖掘当地的历史文化、民俗文化、建筑文化、美食文化、农业文化、姓氏文化、家风文化等文

化内涵，将其融入到民宿的设计、度假生活理念、餐饮、旅游体验活动、文化创意商品开发之中，将民宿与当地乡村生活、生态环境融为一体，使各地民宿独具当地文化特色，构建当地的特色民宿品牌。

（四）打造高品质民宿，引领广东民宿整体升级

目前广东省民宿的档次主要为实惠型和舒适型，高档型以及豪华型民宿较少；同时，目前广东省民宿品质参差不齐，服务水平和质量有待提升。提升民宿的品质，推动广东省民宿品质化发展。一是提升服务品质，按照当地服务特质提供相应的服务，如乡村民宿的服务特质为质朴，在前期规划设计中凸显乡村民宿质朴天然的特色，在运营中注重民宿特色的凸显，展现民宿主人人文关怀；二是强化服务意识，加强对服务人员在主人精神、职业修养、职业习惯、沟通协作、专业技能等方面的培训；三是完善设施设备，完善道路、停车场、网络、厕所等公共服务设施的建设，加强餐厅、客房等主要营业场所的设施建设，开展"三改一整"工程，打造智慧民宿。

同时，当地政府可以通过优惠政策引入精品民宿品牌入驻，也可以引入民宿品牌集群组织，实现精品民宿集群化发展。民宿在经营过程中应丰富其个性化的休闲娱乐活动，用高品质的民宿设计和度假生活理念，保持持续的游客吸引力，从而获得稳定的客源市场、较高的游客满意度、较多的回头客等。

（五）创新"民宿+"，实现跨界融合

随着我国民宿行业的迅速发展，"民宿+文化""民宿+农业""民宿+户外运动""民宿+汽车"等多行业融合的"民宿+"经济正日趋完善。根据民宿自身优势、所在环境及人文等条件与其他业态等进行融合，是大部分民宿经营者的必然选择。通过创新"民宿+"，将民宿产业从最初的单一住宿产品发展，延伸到食、住、行、游、购、娱配套产业的发展，实现"民宿+餐饮""民宿+购物""民宿+交通""民宿+景点""民宿+活动"的旅游全要素发展。通过"民宿+"，打造民宿微旅游目的地，构建"一座村庄，一种生活方式"的乡村度假旅游目的地。

（六）创新模式，实现民宿产业多方共赢

目前，民宿的开发模式有自发型、协会型、政府主导型、企业主导型等四种运作模式。自发型开发模式是指房屋所有者自发开发民宿或个人通过租赁居民房屋开发民宿；协会型开发模式是指业主（村委会）成立民宿协会，居民以服务入股，进行统一运作；政府主导型开发模式是指政府统一引导，当地居民改造自家房屋开发民宿；企业主导型开发模式是指企业租赁或购买的形式实现对住宅的所有权或使用权，进行整体运营。

在创新模式方面，一是创新开发模式，依托民宿周边景区、度假区，将乡村民宿作为景区的支撑和延伸；突出乡村禀赋，打造居住体验游；突出民宿设计，以感人至深的故事、风格鲜明的设计、引人入胜的体验活动等，打造主题式的乡村民宿。二是创新经营模式。可以借鉴在农业产业化实践中出现的合作制、合同制、股份合作制、股份制、利润返还等方式，吸纳村民参与到乡村民宿产业发展中。三是创新产品类型。一方面在最基本的住宿、餐饮服务中进行产品创新开发，结合当地餐饮特色及生活习惯提供基本的产品服务；另一方面增加新的产品，如结合当地及周边资源开展的体验活动（如采摘、观光等）。

旅游电子商务助力乡村振兴的思考

余 艳 郭盛晖

(广州番禺职业技术学院旅游商务学院教师)

2015年中央一号文件《中共中央、国务院关于加大改革创新力度加快农业现代化建设的若干意见》提出,要积极开发农业多种功能,挖掘乡村生态休闲、旅游观光、文化教育价值。2016年中央一号文件《中共中央、国务院关于落实发展新理念加快农业现代化实现全面小康目标的若干意见》强调,大力发展休闲农业和乡村旅游。强化规划引导,采取以奖代补、先建后补、财政贴息、设立产业投资基金等方式扶持休闲农业与乡村旅游业发展。近年来,国家大力推进乡村旅游促进乡村振兴,乡村旅游得到快速发展。

一、乡村旅游推进乡村振兴成果显著

国内外学者对"乡村旅游"还没有统一的定义。一般而言,乡村旅游是指以具有乡村性的自然和人文客体为旅游吸引物,依托农村区域的优美景观、自然环境、建筑和文化等资源,在传统农村休闲游和农业体验游的基础上,拓展开发会务度假、休闲娱乐等项目的新兴旅游方式。

政府政策导向以及消费升级带动,城市微旅游市场崛起,乡村旅游逐渐成为中国国民旅游的常态。艾媒数据显示,2020年1—8月,中国休闲农业与乡村旅游接待人数达12.07亿人,休闲农业与乡村旅游收入达到5925亿元。2011—2020年,乡村旅游人数逐年增长,如图1。

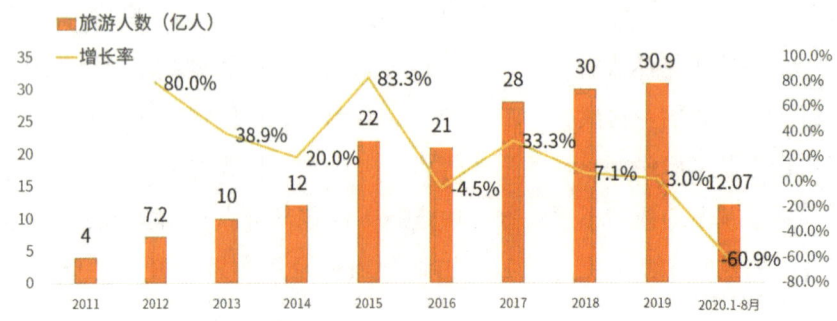

图1 2011—2020年中国休闲农业与乡村旅游接待人数及增长率

从乡村旅游发展的形态来看，逐步趋于多元化。乡村旅游开发主要以农业观光和休闲农业为主，逐步向以观光、考察、学习、参与、康体、休闲、度假、娱乐等为一体的综合型发展。从全国各地乡村旅游发展的模式来看，呈现"旅游+产业""旅游+农业""旅游+文化"的旅游业态，以及"村集体+企业+村民"的三方联结机制、全员创业的多种经营模式。

总体来看，乡村旅游发展，促进了农民就业创业，在一定范围内实现了富民兴农；改善了农村环境，有利于保护原生态文化；带动了当地农村特色产业的发展，逐渐改变了单打独斗式的家庭农业方式，增强了农民自我发展能力，从而带动农业产业升级，促进城乡融合。乡村旅游在推进乡村振兴中起着重要的作用，与此同时，在纵深发展过程中也面临一些急需解决的问题。

二、乡村旅游面临持续发展问题

各级地方政府把乡村旅游纳入旅游产业发展的总体规划，作为旅游业全新的增长点着力扶持和培育，各地大力发展乡村旅游的同时，出现类型化、同质化问题，极大地影响了乡村旅游的可持续化发展。

（一）乡村旅游类型化、产品同质化

目前，乡村旅游基本类型大致包括：以绿色景观和田园风光为主题的观光型乡村旅游；以农庄或农场旅游为主，体现休闲、娱乐和增长见识为主题的乡村旅游；以乡村民俗、民族风情以及传统文化、民族文化和乡土文化为主题的乡村旅游；以康体疗养和健身娱乐为主题的康乐型乡村旅游。与国外乡村旅游相比，类型不不够丰富和多元。国内外乡村旅游类型比较，如图2。

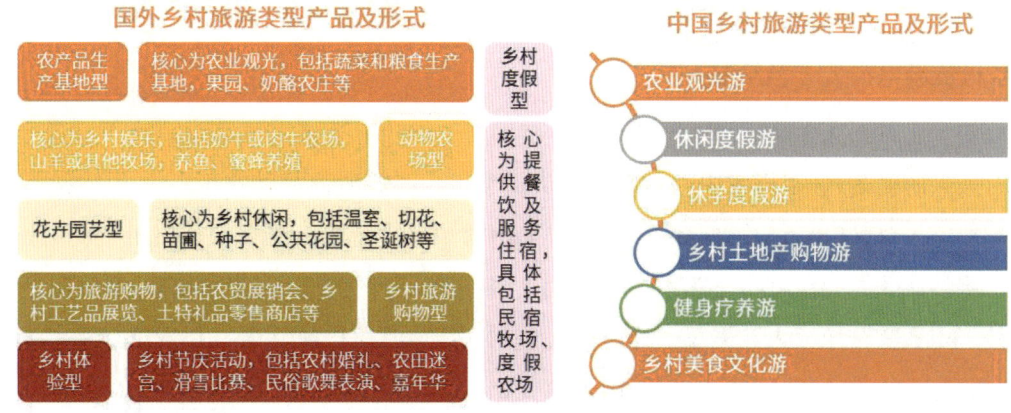

图2 国内外乡村旅游类型产品及形式比较

当下乡村旅游产品同质化严重，以当地农产品为主，产品大同小异。游客感觉缺乏新意而难以保持故地重游的热情。

(二) 乡村旅游产品缺乏品牌力和影响力

乡村旅游发展虽然其规模以及范围正在逐步加大，但是其自身所拥有的主要旅游品牌并不突出，自身并不具备较强的影响力。乡村旅游的运营模式单一，乡村旅游产品的销售渠道匮乏、单一，管理方式存在碎片化、不系统和不规范等问题。乡村旅游资源虽然优质，但是这些资源还未有效地传播出去，难以持续为地方经济发展带来充足的推进力量。只有将乡村旅游资源以及品牌产品借助互联网等手段传递到外界，才能逐步打造旅游品牌、扩大影响力，吸引更多的游客。

三、旅游电子商务助力乡村振兴

我国是典型的农业大国，乡村地区幅员辽阔，旅游资源十分丰富，近几年乡村地区的电子商务产业也得到快速发展。旅游电子商务是乡村振兴的绿色之路，已成为新时代发展新业态的新手段，能在较大程度上解决通过乡村旅游推进乡村振兴面临的问题。

(一) 旅游电子商务大力推进乡村振兴

旅游电子商务在乡村旅游中的应用，主要表现在以下几个方面。其一，借助网络平台有效宣传当前的乡村旅游资源，在网络上建设一条完整的产品线，吸引旅游者；其二，利用网络平台推广家禽、猪肉等各种农副产品，有效降低其销售过程中存在的难题；其三，通过互联网手段，拓宽营销渠道，获得更大的收益；其四，推广当地特色产品，打造本地旅游特色产业，吸引厂商前来投资或者采购，全方位打开销售市场。

发展乡村旅游电子商务，可节省乡村旅游经营者大量人力、物力的开支；可以打造乡村旅游特色产业，实现乡村产业兴旺，促进乡村旅游品牌建设、产业融合；可以实现乡村旅游的深度营销，强化当前乡村旅游区域的知名度，打造出乡村旅游品牌和优质平台。乡村旅游电子商务也是转变农业发展方式的重要手段，使农业规模化更具效益，对克服和解决农业生产规模小、分散经营具有重要意义。

(二) 乡村旅游电商人才紧缺

在全国政协十三届五次会议期间，全国政协常委、九三学社中央常委黄宗洪提交了《关于推进乡村旅游助力乡村振兴的提案》。在提案中，黄宗洪委员提出：乡村旅游商品档次低，大多是农户自产自销，没有进行精选加工，缺乏包装和形象设计，缺乏文化内涵和地方特色；严重缺乏旅游资源的挖掘、旅游市场的开拓、旅游产品的创意设计等旅游电商人才。

据网经社"电数宝"电商大数据库，2019年，中国在线旅游用户规模达4.13亿人，在线旅游市场交易规模约10059亿元；全国乡村旅游总人次为30.9亿次，乡村旅游总收入1.81万亿元。旅游业电子商务的蓬勃发展，带来了对旅游电商人才的旺盛市场需求，乡村旅游电商人才的求人倍率远远高于技能劳动者1.5∶1这个均值。然而，总体来看，乡村旅游电子商务早期经营者大多为当地村民，开展旅游服务和营销推广的业务能力较低。

乡村旅游电商人才的培养成为乡村旅游发展的重要因素。一方面，可引进优秀的旅游电商人才；另一方面，则是培养乡村旅游电商人才，创新旅游电子商务人才培养和培训的模式。

四、乡村旅游电子商务人才培养急需优质教学资源

旅游电商人才既要熟悉电商，又要熟悉旅游市场，既要有电子商务运营的技能，又要有旅游专业知识，属于复合型人才。具有一单向技能的人才往往在短期内难以胜任旅游电商的岗位需求。

各高校、培训单位等应根据旅游电子商务专业特性，采用"政府+企业+学校"融合互动模式，开设适合各类乡村旅游从业人员的课程，建立实训教学体系，实施进阶式的应用型人才培养模式改革，实践培训和理论教育两不误。各高校、各级培训机构借助自身师资力量与实践资源优势，落实乡村旅游电商实践培训和理论教育，构建教学资源库和教师信息库，逐步形成基础知识培训任务。

乡村旅游电商人才的培养，急需优质的教学资源。课证融通、线上线下融合，简单实用，操作性强。模块化、进阶式的教学资源，以及具有旅游电商从业经验尤其是乡村旅游电子商务从业经验的师资，是乡村旅游电商人才培养的首选。目前，已有政府机构、旅游行业企业，以及一批高职院校，认识到旅游电子商务的重要性，基于旅游电商领域运营专员、推广专员、内容创作、客服等主要岗位工作任务，联合开发了旅游电子商务课程等优质教学资源，面向全国社会人员、旅游从业人员以及职业院校学生免费开放，获得较好评价。乡村旅游电子商务从业人员，或未来将致力于乡村旅游电子商务、乡村旅游者，都可以通过自主学习，提升旅游电子商务的基本技能，为乡村旅游发展、乡村振兴做出贡献。

【参考文献】

[1] 邰子君等. 推动乡村休闲旅游升级助力乡村振兴取得新进展. 中国旅游报，2022-2-24（1）.

[2] 何佼阳等. 发展乡村旅游助力乡村振兴. 贵州政协报，2022-3-9（2）.

[3] 艾媒产业生活与出行研究中心. 2020年中国乡村旅游发展现状及旅游用户分析报告，https：//www.iimedia.cn/c400/75106.html，2020.11.6.

[4] 孙杰. "旅游电子商务+"背景下乡村旅游与精准扶贫融合发展对策探究. 全国流通经济，2019（11）：138-139.

[5] 程军锋. 电子商务在乡村旅游助力精准扶贫中的应用研究. 电子商务，2019（7）：22-23.

南粤古驿道定向大赛与乡村振兴

曾小云[1] 张新安[2]

(1. 肇庆市鼎湖区教师发展中心教师;2. 肇庆学院体育学院教授)

一、南粤古驿道的历史概况

南粤古驿道是指古代岭南地区用于传递文书、运输物资、人员往来的通路,包括水路和陆路的官道及民间古道。它们是历史上岭南地区对外经济往来、文化交流的重要通道,是军事之路、商旅之路,也是民族迁徙、融合之路,更是广东历史发展的重要缩影和文化脉络的延续。

截至2018年,广东省发现的古驿道遗址233处,其中,秦汉时期古道遗存共32条,总长139.94公里;隋唐时期古道遗存共7条,总长30.204公里;宋元时期古道遗存共7条,总长5.329公里;明清时期古道遗存共187条,总长534.967公里。按照线路走向区分,全省古驿道典型线路共6条,包括粤北秦汉古驿道线路、北江—珠江口古驿道线路、东江—韩江古驿道线路、潮惠古驿道线路、西江古驿道线路、肇雷古驿道线路等。同时,结合广东作为海上丝绸之路起源地的历史文化特征,重点推动4个海上丝绸之路重要出海口纪念地,包括广州黄埔古港、汕头樟林古港、台山海口埠和徐闻海丝始发港。

二、南粤古驿道定向大赛的背景

南粤古驿道定向大赛是广东省为贯彻《国务院关于加快发展体育产业促进体育消费的若干意见》精神,进一步落实《广东省人民政府关于加快发展体育产业促进体育消费的实施意见》,推动体育与旅游融合发展,开发沿绿道、沿海、沿山的体育休闲运动线路和体育旅游项目。

2017年,广东省住建厅、文化厅、省体育局等政府职能部门联合印发了《广东省南粤古驿道线路保护与利用总体规划》,广东省政府把它作为指导和推动南粤古驿道保护利用工作的行动纲领,同时还是开展南粤古驿道线路规划建设的政策性依据。随后广东省省委、省政府又印发了《广东省实施乡村振兴战略规划(2018—2022年)》,并发出通知要求全省各地、各部门结合实际认真贯彻落实。文件的出台,为南粤古驿道定向大赛的举办注入强劲的推动力,经过5年的办赛和发展,南粤古驿道定向大赛成为广东省"体育+"著名品牌赛事,省委、省政府将全民健身、精准扶贫、乡村振兴、旅游、文化与南粤古驿道定向大赛融合发展,通过南粤古驿道定向大赛系列活动,促进了南粤古驿道沿线古村落、古码头和红色遗迹等历史文化遗产的活化利用,特别是定向越野,能够很好地把传统村落和体育赛事跨界融合。通过品牌赛事搭台,把定向越野,与传统村落自然生态资源、乡村经济、文化和旅游资源等结合起来,拓宽传统村落的发展路径,从多方面挖掘和激发了乡村历史文化价值、乡村旅游和休闲体育价值,突破传统村落经济单一结构，带动农村经济全面发展，对落实精准扶贫和改善农村人居环境，实现促进传统村落全面振兴有重要意义。

三、南粤古驿道定向大赛的赛制

（一）办赛单位

2016年赛事创办初期，南粤古驿道定向大赛的主办单位是广东省体育局，指导单位分别是省住房和城乡建设厅、省委农办、省文化厅、省旅游局、省地方志办、广东工程勘测设计协会。2017年后，国家体育总局航空无线电模型运动管理中心、中国无线电和定向运动协会等项目主管单位也参与大赛的主办，同时把"世界定向排位赛"和"定向世界杯决赛"引入"南粤古驿道定向大赛"同场进行，实现了"定向世界杯赛"首次落地中国举办。大赛指导单位也从6个增加到16个，其范围遍及政府各职能部门，极大地发挥了其宏观调控和组织协调作用，在交通、安保、医疗、宣传、通信、后勤等各方面对比赛给予了极大的支持，赛事的质量进一步得到保障和提升。

（二）保障机制

广东省政府从政策支持、财政支持以及制度保障三个方面推动了该项赛事与古驿道文化旅游的有机融合。政策支持方面，广东省政府接连出台古驿道保护利用专门文件，要求省体育局、住房和城乡建设厅、省户外运动协会以及各地市级以上人民政府合力开发古驿道，举办古驿道体育赛事。财政支持方面，政府投入体育彩票公益金用于赛事宣传、运作、营销等环节，为赛事运转提供了资金保障。制度保障方面，赛事举办形成专业的系统，由专门的户外运动运营公司管理，从大赛报名到成绩公布都制定了完备的制度。除此之外，此次政府还制定了多部门合作机制，既有涉及体育、城乡建设、文化、旅游的单独行政部门，又有能整体协调的地级市以上人民政府。

（三）项目和组别设置

在项目设置上，除正规定向赛事必设的短距离定向赛、团队定向赛，还在青少年群体中增加无线电测向项目。根据举办站点的实际条件，还选择性增设中距离定向赛、沿径定向赛、夜间定向赛、古驿道研学定向赛、短距离接力定向赛、自行车定向赛、汽车定向赛、航空定向赛等多种类型的定向形式，从而达到体现定向比赛趣味性、观赏性以及挑战性的目的。

在组别设置上，大赛最大限度地覆盖各类群众，既有为普通群众和村民准备的公开组、体验组、村民组，又有为体育竞技专业人士准备的专业组。为体现赛事规范性、专业性，南粤古驿道定向大赛执行中国无线电和定向运动协会最新审定的《中国徒步定向竞赛规则》和国际定向运动联合会最新审定的沿径定向规则，设少儿组（8岁、10岁、12岁、14岁、16岁）、专业组（18岁、21岁）等以大、中、小学生为主要参赛对象的学生体育赛事年龄组别，也设有成年组（35岁、40岁、45岁、50岁）及普通大众皆可参与的体验组。以运动项目推广为目的，丰富参赛人群，拓宽比赛受众，让参与者感受到高水平定向赛事的竞技氛围。

四、南粤古驿道定向大赛的乡村振兴功能

根据广东省《关于印发"新时期相对贫困村定点扶贫工作方案"的通知》中确定的贫困村数目，通

过一系列筛选，南粤古驿道线路两侧各5公里范围覆盖的贫困村数量约为1310个，占全省2277个贫困村总数的约60%。

2016年以来，广东率先将古驿道的保护利用与全民健身、乡村振兴工作相结合，创新性地举办了南粤古驿道定向大赛。通过体育赛事触发、产业转型升级、文化品牌建立、政策叠加引导、公益活动助力等多种方式，进行乡村振兴实践，探索具有广东特点的乡村振兴之路。具体体现如下：

（一）宜居兴村

为贯彻振兴乡村战略，建设美丽乡村，南粤古驿道定向大赛推动了乡村旅游和休闲农业，整治了农村环境、村庄绿化美化、饮水安全和污水治理，厕所改造、产业发展等。这全面提升了农村地区生态环境建设水平、基础设施建设水平、公共服务水平等，大大改善了农村人居环境，满足了人民群众日益增长的美好生活环境需要，给乡亲们造福。

自从2016年广东省政府将南粤古驿道保护利用工作列入政府工作报告以来，推进完成覆盖18个地市31个县（市、区）共18条总长1200多公里的南粤古驿道重点线路网络，修缮驿亭、驿站、古桥等重要历史遗存272个，新建停车场、厕所、休憩节点等服务配套设施1559个，完成沿线43处地质灾害隐患点治理和1500多公里古驿道排水设施修复，唤醒"沉睡"的公共存量自然历史人文空间5000多公顷。

河源粤赣古道、韶关梅关古道2条古驿道重点线路已入选广东省首批自然教育基地，韶关梅关古道、汕头西堤公园获国家人居环境范例奖，汕头樟林古港、台山海口埠获省级宜居环境范例奖。

（二）文化兴村

根据省委、省政府的工作要求，挖掘古驿道历史文物，把古驿道建设成为开放式和体验式的自然历史"博物馆"。突出文化建设，讲好广东故事，把地质、植物方面等自然知识及历史足迹、红色故事告诉每一位参与者，全面提升古驿道的文化意义和价值。

1. 传统文化

南粤古驿道定向大赛注重突出"一站一特色"，大赛举办的同时会组织当地的特色文化展演，代表参演的既有当地的优秀文艺团体，也有艺术名师大家。比如粤北地区的韶关乳源是广东省瑶族人的聚集地，南粤古驿道定向大赛把乳源站打造成瑶族文化的传播舞台，在开幕式中上演瑶族传统歌舞《圣祖祭》，并在其他的游客参与活动中展演《西京古道》。在惠州惠东站的开幕式上，参赛选手、领导嘉宾、当地村民、游客近万人前往皇思扬村观看比赛，领略了独具韵味的客家舞蹈《客家情》和客家山歌《惠东人民奔小康》等文艺表演。河源连平站的开幕式上，独具韵味的连平本土原创歌曲《我的家乡多么美》《客家汉子》等让现场上万人领略了浓浓的客家风情和文化。在肇庆德庆站上，具有特色的非物质文化遗产"雄鸡舞和荷花龙"在现场展示，在媒体与政府的大力宣传下这些民俗也得到了传承与推广，与之同期举行的德庆学宫"开笔礼"代表了中国传统儒家文化的"尊师重道"，这也是文化传承的重要体现。赛前特色文艺展演既丰富了赛事的文化性，扩大了赛事的吸引力，又推动了乡村文化的发展，使古驿道沿线村落文化重新出现在大众的视线，并得到推广。

2. 红色文化

南粤古驿道在红色革命文化时期沉淀了无数英雄的红色故事，留下革命烈士的足迹，涌现了杨鲍安、阮啸仙及东江纵队等无数可歌可泣的革命英烈爱国事迹。众多红色遗址，遍布南粤古驿道沿线。

平远县是广东省梅州市下辖的中央苏区县，位于广东省东北部，粤赣闽三省交界处。平远的八尺古驿道是红色政权传播之路，该古驿道与赣相交，从角坑、排下两村入粤，互相连通，共20多公里，沿线历史文化内涵丰富，还保留有革命烈士故居、革命烈士纪念碑、战斗遗址、地下交通联络站等多处革命遗址。

南粤古驿道定向大赛推动了这些历史的挖掘和遗迹的修复，打造了广东省历史文化游径、粤港澳大湾区文化遗产游径，规划建设了韩江南粤"左联"之旅、华南教育历史研学基地等红色线路。让民众了解祖国的过去，认识祖国的现在，展望祖国的未来。深知祖国壮丽河山、悠久历史、灿烂文明和中华民族对世界人类的巨大贡献，促进广大人民群众的道路自信、理论自信、制度自信、文化自信，激发奋发图强和报效祖国的爱国主义情怀。

（三）旅游兴村

2017年，广东省选取8处古驿道进行示范段打造。示范段建设以古驿道本体及其沿线周边5公里区域为发展载体，整合区域丰富资源，发展体育、文化、旅游、生态农业等产业，采用多种形式，让古驿道焕发生命力，促进县域经济，特别是沿线乡村地区的振兴发展。

省政府大力打造古驿道示范段，使得古驿道旅游资源得以保护和活化利用。南粤古驿道定向大赛的开展全面推动了沿线古驿道的旅游发展。

以西京古道为例，西京古道位于广东省乳源瑶族自治县大桥镇，始建于西汉建元六年（公元前135年），是汉武帝时期岭南各地通往京都的必经之道。西京古道"逢山开道，遇水搭桥"，沿途村庄密集，古桥梁、古凉亭、古村宅、民居今仍存在。乳源独特的民族风情、深厚的古驿道文化底蕴和南水湖优美的环境优势，朝着打造更高规格的户外体育运动品牌赛事的方向努力，努力打造民族体育"精品"项目。通过与当地一系列的文化、旅游、农业、经贸等活动紧密结合，促进体育产业和其他产业的融合发展，着力把乳源打造成为全国优秀旅游目的地、户外运动基地，助推韶关加快建设成为"广东户外运动天堂"。

以春湾镇高村为例，春湾镇高村拥有几百年历史，村落三面环山、环境优美，村内祠堂数间，有新石器时代遗址、500多年历史的古村落、春砂仁、十里梅廊、古树林栈道，等等。古驿道活化利用的综合效能有助于推动阳春的社会发展，促进文体旅融合。高村内的风车花田、七彩村道、牛窿山、古春墙屋胜迹等乡村旅游风光，让慕名而来的游客们领略了当地的生态美景，感受到乡土文化。利用南粤古驿道定向大赛的契机改造农村，优化生态环境，依托高村现有资源禀赋、生态环境、特色产业，培育发展更多乡村旅游点，并把文化、体育和旅游等产业充分融合，助推阳江阳春旅游业的发展。

（四）生态兴村

生态环境保护工作，特别是生态文明建设，是党的十八大以后，以及党的十九大所提出的习近平新时代中国特色社会主义思想的重要内容。习近平总书记也在多次重要讲话中，提出了"生态兴则文明兴，生态衰则文明衰""绿水清山就是金山银山""坚持人与自然和谐共处"等一系列新理念、新思想、新战略。南粤古驿道保护利用工作对广东省生态保护的促进体现在三个方面：一是理念的传播，二是行动的示范，三是项目的带动。

2018年以来，广东集中打造11条南粤古驿道重点线路，共约700公里，要求合力改善沿线农村人居环境，包括结合水田垦造，打造古驿道沿线特色农业景观，扶持当地培育特色农产品，申报国家农产品地理标志；通过省级新农村示范片建设、农村连片整治、农村危房改造等工作，持续推动农村环境综合整治；科学配置公共服务和旅游设施，整治公共卫生，扶持特色民宿民居建设；开展古水道治污工程；

促进沿线村庄建筑风貌的改善。

目前已完成古驿道沿线160多个生物栖息地打造,在粤北地区构建了500多公里的古驿道生态廊道。

(五)经济兴村

南粤古驿道大赛以省定贫困村分布为依据设站布点,走遍了全省2000多公里的古道旧巷,到访粤东西北和珠三角地区48个古道乡镇、66个古村落、5个古港码头、2个岛屿,共举行49站、71场赛事,其中引入"世界定向排位赛"和"定向世界杯决赛"与"南粤古驿道定向大赛"同场进行,吸引了37个国家及地区超500万人次、5000多个村民家庭参与体验赛事活动,极大地推动了古驿道沿线周边古镇、古村落的社会经济发展。据不完全统计,大赛为贫困村、古村、古镇创造了直接经济产值30多亿元。

南粤古驿道沿线多以农业生产为主。以农兴村,即在沿线村庄发展特色农业,提高特色农产品的生产水平,盘活农村土地资源,实现沿线乡村的产业兴旺。

以惠州市博罗旭日村为例,旭日村位于惠州市,属惠州—龙川古驿道段,是一个有着400多年历史的清代古村落,被考察专家学者誉为"岭南古民居建筑之典范"。得益于南粤古驿道连片带动效应,村民自发让出自留地和古屋老宅配合政府活化利用工作,建成一批农家乐、民宿,部分旧宅通过修缮提升了几十倍的价值,极大地带动了村里的收入。村里专门设立了农特产品专卖区——"阿婆街",规定75岁以上的老人摆摊无须支付摊档费。节假日期间,全村的特色鸡蛋、萝卜粄、豆腐花等热门手信销售额比平时增长780%,住宿营业额比平时增长约350%。

以韶关市仁化石塘村为例,通过南粤古驿道建设带动,石塘村恢复了在光绪年间广为流传的石塘米酒,创办多个酿酒作坊,吸引20多位年轻人返乡创业,26家堆花米酒酒坊创收6万元,其余农副产品创收1.5万元,石塘米酒产业化已初显成效。2017年,南粤古驿道定向大赛跑进石塘村,进一步扩大了"石塘堆花米酒"的品牌影响力和知名度,产生了良好的经济和社会效应。

(六)人才兴村

广东省以规划师、建筑师、工程师为代表的"三师"专业志愿者深入广大农村,走遍了南粤古驿道,助力1200多公里重点线路、588个重要节点建设。从"点对点"技术帮扶到"多对一"技术指导,从"专业咨询"到"文化探索",从"落在乡村"到"走在道上",不遗余力地推动南粤乡村物质文化遗产的保护利用和非物质文化遗产的创新孵化,推动规划建设品质和文化自信的提升。多年来,"三师"专业志愿者队伍不断发展壮大,随着南粤古驿道定向大赛、文创大赛以及"驿道三师·美丽宜居乡村行动"的持续深入开展,"三师"的"三"不再是数字"3",已成为多的象征。除了规划师、建筑师、工程师,还有不少设计师、教师、历史学者、体育规划师、艺术家等也纷纷加入了"三师"队伍。"三师"的引领、示范,为美丽宜居乡村建设注入更丰富的内涵,引领广东建设更多更高水平、更高质量的美丽宜居乡村。

除了"三师"对乡村振兴有巨大影响,各种支教活动更是激活了农村落后地区的课堂。在梅州平远站大赛活动当天,众多梅州籍足球名宿来到比赛现场进行支教活动,包括梅州五华足球俱乐部总经理曹阳、广东女子足球队原主教练钟杰章、梅县富力足球学校副校长郭亿军、广东明星足球俱乐部CEO王惠良、国奥足球队原队员李玉展、梅州辉骏足球俱乐部领队何伟文、梅州女足主教练游绍东。广东省人民政府许瑞生副省长、广东省足球协会叶细权主席和这些足球名宿为八尺镇中心小学赠送足球,并与孩子们互动,以及对他们进行技术训练指导。广州从化站,世界非遗项目潮州音乐传承人、潮乐大师王培瑜、中阮演奏家谢声驿，中国音乐艺术研究专家古筝演奏家陈浚辉，青年古筝演奏家蔡一熊分别作了现场演奏，现场支教嘉宾为中国著名琵琶演奏家、当代五弦琵琶代表人物方锦龙大师和世界太极拳冠军陈娟，他们分别为孩子们讲授了中华国乐传承和中华武术传承的相关内容。体育支教、音乐支教借助定向大赛这个大平台持续关爱乡村留守儿童，拓宽基础教育相对落后地区的孩子体育艺术视野，为孩子们传承体育艺术文化播下种子。

五、小结

广东省南粤古驿道定向大赛以"体育+"为支点，撬动沿线古驿道乡村旅游、文化、经济、生态的发展，使古驿道沿线各地历史文化得以传承，乡镇面貌焕然一新，人居环境不断改善，全域旅游持续发展，经济收入大幅提高，切实做到体育与"乡村振兴"的融合发展，打造了广东南粤古驿道"体育+"品牌，为全国发展"体育+"提供了广东案例。

【参考文献】

[1] 唐曦文，梅欣，叶青．探寻南粤文明复兴之路——《广东省南粤古驿道线路保护与利用总体规划》简介．南方建筑，2017（06）：5-12.

[2] 吴林森．广东省南粤古驿道定向大赛赛事研究．云南师范大学，2020．DOI：10.27459/d.cnki.gynfc.2020.001239.

[3] 张新安，马昊东，谢萧曼．传统村落振兴研究：以南粤古驿道定向大赛为途径．肇庆学院学报，2021，42（05）：88-91.

[4] 肖宇，蔡穗虹，邱衍庆，张砚婷．探索"以道兴村"的广东模式——南粤古驿道推动乡村振兴之实践．中国勘察设计，2018（07）：36-39.

[5] 王长在，柴娇．南粤古驿道定向大赛与乡村文化旅游的融合发展．体育学刊，2018，25（04）：53-57．DOI：10.16237/j.cnki.cn44-1404/g8.2018.04.008.

[6] 龙宇．南粤古驿道定向大赛品牌研究．华南理工大学，2020.

[7] 广东省扶贫开发领导小组．关于印发《新时期相对贫困村定点扶贫工作方案》的通知．2016-04-06.

[8] 广东省体育局，广东省户外运动协会．南粤古驿道定向赛五周年画册．

广东省乡村研学旅行现状及发展对策研究

李 艺[1] 赵 鑫[2]

(1. 广东中科科普有限公司执行董事；2. 广东环境保护工程职业学院辅导员)

随着我国经济的不断发展，传统的"吃、住、行、娱、购、游"式旅游，已满足不了人们的旅游需求，体验式、参与式旅游需求不断扩大。"研学旅行"正是随旅游业的发展而逐渐兴起的，其概念最早出现于2013年2月国务院办公厅印发的《国民旅游休闲纲要（2013—2020年）》，是指由学校根据区域特色、学生年龄特点和各学科教学内容需要，组织学生通过集体旅行、集中食宿的方式走出校园，在与平常不同的生活中拓展视野、丰富知识，加深与自然和文化的亲近感，增加对集体生活方式和社会公共道德的体验。

"研学旅行"是国家鼓励和支持的素质教育方向之一，是一个朝阳行业。近年来，该行业一直稳步发展、升级迭代，形成了更丰富的教育内容体系和更优质的服务生态。2021年7月下旬，中共中央办公厅、国务院办公厅正式印发《关于进一步减轻义务教育阶段学生作业负担和校外培训负担的意见》（简称"双减"政策），有一些其他领域的企业也涌入研学旅行行业，在加大竞争的同时，也为该行业引入一些新的元素，实现不同领域的跨界合作，诞生一些新的商业形态，甚至相关职业，比如泛营地教育、研学旅行指导师等。广东省拥有大规模、高品质发展研学旅行的自然条件、区位条件、经济条件、市场条件和政策条件，发展研学旅行具备了"天时、地利、人和"。

一、我国研学旅行概况

（一）我国研学旅行发展历程与相关政策

我国真正的研学旅行经历了三个阶段。第一阶段：精英国培阶段。建国初期，国家为了培养顶尖人才，开展具有奖励性质的公派游学，只有少数优秀大学生才能参加，属于精英国培型。第二阶段：旅行阶段。20世纪90年代，大众旅游时代到来，以学校作为组织主体，全员参与型研学旅游互动开始兴起，目的地主要以区域内政府公建的自然、人文、历史景点为主，活动内容重观光、轻教育，以游览、讲解模式的单项教育为主。第三阶段：研学旅行阶段。21世纪以来，研学旅游进入快速发展时期，学校、旅行社、培训机构与留学中介之间开始实现跨界融合。双向互动式教育模式兴起。更加注重学生的参与度。目的地的选择也呈现出多样化的特点。开发主体逐渐由政府主导转向企业主导，地产商、教育教团、文旅企业开始发挥重要作用。

近年来，国家出台了一些相关政策支持研学旅行行业的发展。如2013年国务院印发的《国民旅游休闲纲要（2013—2020年）》中首次明确提出要"逐步推行中小学生研学旅行"，2014年国务院提出要"积极开展研学旅行"，并明确教育部负责"加强对研学旅行的管理"，2015年再次提出要"支持研学旅行发展"。落地方面，2012年以来，安徽、江苏、陕西、上海、河北等8个省（市）先后开展了研学旅行试点工作，并确定天津滨海新区、广东省等12个地区为全国中小学生研学旅行实验区，至2014年底，试点地区约574所学校、60多万名学生参加了研学旅行。2016年，教育部等11部门印发了《关于推进中小学生研学旅行的意见》，要求各地积极推进研学旅行，服务于青少年的成长教育。2017年教育部印发的《中小学综合实践活动课程指导纲要》就指出，以优秀传统文化、革命传统教育、国情教育、国防科工、自然生态等五大板块为主题，打造研学旅行精品课程。2020年以来，由于疫情，整个研学旅行行业经历了前所未有的考验。

（二）我国研学旅行行业格局与参与主体分析

中国研学旅行与营地教育行业巨大的市场挖掘空间和资源整合度低的特点，决定了整个市场仍然远未进入一个充分竞争的行业格局，或会在未来10年里长期处于市场参与主体共同摸索前行的一片蓝海中。这也导致整体行业的行业集中度极低，格局分散，头部优势机构（仅针对泛游学与营地教育业务部分）的市场占有率水平约在1%~2%。所有市场参与主体预计能达到几千家，但其中营收规模在千万级以下的中小型机构占了绝大多数。通过综合考虑发展进度、营收规模、品牌影响力、融资和上市情况以及产品服务研发情况等指标，大致可将机构划分为四重梯队。第一梯队：新东方国际研学游学等泛游学与营地教育领域的营收过亿的头部机构。第二梯队：以新三板上市的研学游学与营地教育为主，营收在千万级水平以上的机构。第三梯队：受到资本市场长期关注的小型精品机构为主，营收在千万级别以下。第四梯队：大量跟随政策利好进入行业的小微型机构或服务工作室，营收规模小，数量多。

中国研学旅行参与主体包括专业研学机构（目前这类企业主要通过新三板进行资本化）、旅行社（开辟专线或者独立运营团队的旅行社）、语言培训机构、相关营地基地机构、亲子教育机构、留学中介机构和教育行政部门下属的单位。我国研学旅行行业的首个行业发展白皮书——《中国研学旅行发展白皮书2019》数据显示，据不完全统计，2019年主要参与研学旅行业务的企业有7300多家。截至2020年8月末，全国中小学生研学实践教育基地超过1600个，全国中小学生研学实践教育营地有177个。

（三）我国研学旅行产品价格与市场规模分析

根据《中国研学旅行发展白皮书2019》，家长对于研学旅行产品的品质意识有了明显提高，特别在一、二线城市的家长，更愿意为有品质保障的研学旅行产品付出相应的合理费用。对于中长途研学旅行产品费用，60%的家长可以接受的区间是3000~5000元，15%的家长可以接受的区间是5000~10000元。从市场平均水平来看，研学旅行批发业务类产品单价在2100元上下，零售端产品均价在3000~4500元；海外研学项目单价更高，均价达到1.2万元。

根据2019年家长对研学旅行的费用接受情况、研学旅行市场各项目均价水平以及2019年研学旅行各类公开信息数据，包括学校组织学生进行研学旅行情况、研学旅行相关企业机构接待人数情况等，测算出2019年研学旅行市场上，研学旅行批发业务类产品占比70%左右；研学旅行零售端产品占比20%左右，海外研学项目占比10%左右，进而取这三类项目价格的加权平均数，得到2019年研学旅行总体单价在3420元/次左右。最后根据2019年我国研学旅行参与人数，测算出2019年我国研学旅行市场规模约为164亿元。

（四）研究小结

从我国研学旅行所处的阶段和发展情况来看，研学旅行已经被列入义务教育和普通高中必修课，其学校渗透率会迅速提升，市场规模有望达到千亿。中国营地教育企业格局分为头部企业、中型企业、小微企业，虽然少量研学旅行企业已经实现盈利，但大部分企业仍处于市场开拓前期，前期研发和市场投入增加，亏损较严重。为了建设有中国特色的研学旅行，在其道路的选择上，可以与"一带一路"相结合，在开拓学生国际视野的同时，还能让学生更深刻地理解中国文化，增强他们的爱国主义情怀。

二、广东省研学旅行概况

（一）广东省研学旅行发展背景

广东省作为改革开放的"排头兵"和"试验区",在研学旅行的开展和实践方面也一直走在全国前列,引领着全国研学旅行事业的理念创新和实践发展。在国家研学旅行政策文件的指导下,近5年来广东研学旅行行业潜力逐渐释放,2017年广东省研学旅行协会成立,成为全国第一家研学旅行行业协会。2018年,广东省教育厅等12部门联合印发《关于推进中小学生研学旅行的实施意见》(以下简称《意见》),提出要将研学旅行纳入学校教育教学计划,确保每位中小学生在每个学段参加有效的研学旅行;提出注重因地制宜,突出广东特色;实现"寓教于游""寓学于游"。截至2018年底,全省有近二十家单位入选教育部公示的第一批、第二批"全国中小学生研学实践教育基地"。广东省研学旅行协会、广东省景区行业协会、南方日报社公布2019年广东省"十佳研学旅行目的地"10项、"最具人气研学旅行目的地"5项、"优秀研学旅行目的地"名单17项。2020年7月,广东省教育厅根据《关于开展"广东省中小学研学实践教育基(营)地"推荐工作的通知》,经初审、专家会议评审、专家组实地考察,拟认定97家省级中小学研学实践基地,6家省级中小学研学实践营地。在推进粤港澳大湾区建设中,广东积极推广港澳学生研学活动,孙中山故居纪念馆等3家单位入选原国家旅游局认定的"港澳学生游学基地"。

（二）从研学实践基（营）地看研学旅行发展

根据广东省研旅教育研究院统计数据,广东省下辖的21个地级市全部有至少2家基(营地)上榜"省级以上研学实践基地"。其中,广州市以24家单位上榜的绝对优势拔得头筹,深圳市、韶关市以9家单位上榜紧随其后,东莞、珠海分别以8家单位上榜,并列排名第三。统计数据显示,潮州、河源、揭阳、汕头、汕尾、云浮上榜的单位最少。珠三角地区上榜单位最多的城市为广州,共计23家;粤北地区上榜单位最多的城市为韶关,共计9家;粤西地区上榜单位最多的城市为湛江,共计7家;粤东地区各城市上榜单位普遍较少,各城市都只有2家单位上榜。

广东省各区域中,珠三角地区上榜单位数量最多,共计75家单位上榜,占据全省上榜单位数量的60%,反映出该地区优质研学实践基(营)地资源极其丰富,统计结果与该地区经济发展情况、教育质量水平、开放发展程度成正相关;粤东地区上榜单位数量最小,共计8家单位上榜,占据全省上榜单位数量的6%,反映出该区域优质研学实践基(营)地资源的稀缺。

广东省各类型研学实践基地中数量最多的是优秀传统文化类研学实践基地,上榜单位有68家,其次为自然生态类和劳动实践教育类基地,各有48家和42家上榜。统计数据显示,革命传统教育类和国防科工类上榜的研学实践基地最少,分别各有28家。

数据反映出广东省的优质研学实践基(营)地主要由传统文化旅游风景区或自然生态风景区转型而来,数量上占据绝大主体;大部分专门从事研学实践教育的基(营)地均可划分为劳动实践教育类基(营)地,这42家劳动实践教育类基(营)地成为我省开展专业研学实践教育的中坚力量;目前上榜的革命传统教育类和国防科工类研学实践基地数量较少,反映出广东省这两类研学资源的稀缺,然而革命传统教育和国防科工教育类基地却是市场需求较高的两类基地类型,学校或其他事业单位普遍需要采购革命传统教育类基地;中小学生普遍对高新科学技术感兴趣,对国防科技类基地需求旺盛。

（三）研究小结

广东省研学旅行发展较早,但目前的研学政策大多仍停留在纸面上,质量监控和评价体系缺失,大多数研学旅行在本质上还是"多游少学""只游不学"的旅游产品,教育属性不强,质量水平不高,总体呈现"野蛮发展"态势,发展规范程度和教育效果无法适应新时代需求。从研学实践基(营)的数量和类型来分析其发展状况,获得省级以上研学旅行基地最多还是以广州为代表的珠三角地区,粤东西北地区的优质研学实践基(营)地资源稀缺,虽然与经济发展水平有一定关联,但同时也暴露出教育资源呈现出的不平衡状况。

三、广东省研学旅行的优秀案例(类型)

(一)自然生态型——广东韶关丹霞山

"色若渥丹,灿如明霞。"丹霞山,是丹霞地貌的命名地,是广东唯一的世界自然遗产、世界地质公园,同时丹霞山也是国家级自然保护区、国家5A景区,也是全国首批中小学生研学基地,环境优美,物种丰富,文化底蕴深厚,而且交通便利,吃住方便,科普氛围浓厚,研学课程丰富多彩,涉及植物、昆虫、鸟类、人文历史、古村落、非遗手工等,非常适合开展中小学生的研学活动。

丹霞山研学实践基地建设了功能齐备实用的丹霞山博物馆(5个展厅、1个展室、1个科研图书室和4个多媒体教室),开辟了多条研学实线路,设置了完善的科普解说系统和导览导赏系统,研发了各类课程共计200多个,培育了1支研学实践导师队伍,可以满足不同年级研学实践教学要求。2019年,丹霞山总共接待过上百个学校的中小学研学,范围覆盖了广东、江西、湖南、福建等省份的中小学生。年接待旅游者300多万人次,其中参加科普活动的达40万人次。丹霞山成为名副其实的研学胜地。(见图1)

图1 各地中小学生在丹霞山研学

(二) 国防科工型——广州市花都区气象天文科普馆

广州市花都区气象天文科普馆是依托花都区新国家气象综合观测站进行建设的公益性基础设施。场馆主要突出公共气象、安全气象、资源气象的理念；介绍花都气象五十年的建设与发展，展现全球气候事件和气候变化对人类的影响等热点，展现气象在防灾减灾、应对气候变化及开发利用气候资源上的重要作用，展现人类在气候监测预测的发展和探索，展现现代气象科技发展成果；普及天文科普知识，提高人们对气象、天文领域的关注。

气象天文科普馆遵循"科学性、知识性、趣味性、互动性、实用性、可持续性"的现代科普设计理念，内容以气象、天文、防灾减灾、气候变化、绿色低碳等为主要架构；将深奥的科学知识提炼演化为生动有趣的科普互动产品，利用现LED、LCD、3D投影、环幕、交互展示等声光电手段吸引观众，形成一个融科普教育、气象宣传为一体的新型展馆。(见图2)

图2 花都区气象天文科普馆研学活动

中小学生通过观看视频和聆听讲解，深入了解长征系列运载火箭的发展历史和功能本领，学习中国航天进入空间站时代的重要意义，回眸中国航天所走过的不平凡历程，感受航天科技成就的背后所蕴藏的中国航天精神。小朋友们利用废弃的饮料瓶做出动力舱、箭体、箭头、尾翼等水火箭部件，将所学知识融会贯通，体验式学习火箭发射的科学原理。(见图3)

图3 孩子们积极参与研学活动

(三)优秀传统文化型——广东中医药博物馆

广东中医药博物馆是直属于广州中医药大学的综合性高校博物馆,坐落于风景秀丽的广州大学城东隅。前身为广州中医药大学1956年建设的中药标本室、药圃及1996年建设的医史馆,2001年整合为"中国传统医药文化博物馆",2006年为落实广东省建设"中医药强省"战略,正式更名为"广东中医药博物馆"。现为国家二级博物馆、全国中医药文化宣传教育基地、全国科普教育基地、广东省中医药文化养生旅游示范基地、广东省首批国民旅游休闲示范单位、广东省科普教育基地、广东省青少年科技教育基地、广东省中华文化传承基地、广东省非物质文化遗产研究基地、广州滨海金游廊示范景区等。

医史馆以中国医药发展史为线索、医史文物展览为主题,展示原始社会至现代的医史文物和文献2000余件,分为医药创始、体系形成、晋唐医学、宋金元医学、明清医学、近代医学、现代中医药以及岭南医学发展八大部分,展现中医药学发展历史轨迹和岭南医学的独特成就。中药馆主要展出常用中药、道地药材、珍稀中药、岭南中草药、海洋药及常用中药剂型等标本2000余件,介绍药材真伪鉴别、中药防病治病等应用知识和中药的历史文化。亲近中医实景实物,获得感官收获,更是一场寓教于行,行中施教的人文体验。学生们亲手制作中药香包,并了解香包中每种中药的药用价值,近距离实践中医国粹的博大精深,感受中医药的文化魅力。(见图4)

图4 广东中医药博物馆展示及香包制作(图片来源:广州途乐国际旅行社)

(四)国防科工型——广东科学中心

广东科学中心是以"自然、人类、科学、文明"为主题的一个不以营利为目的的社会公益性事业机构。广东科学中心具有科普教育、科技成果展示、国际学术交流和科普旅游四大功能,是全国乃至亚洲规模最大的科普教育基地之一、我国绿色建筑代表工程、广东省科技成果展示的重要窗口和广州市的城市名片。

广东科学中心设有12个常设主题展馆,510多套展品,拥有5座科技影院(IMAX巨幕影院、4D影院、三维影院、球幕影院、虚拟航行动感影院),以及融自然、科技和艺术为一体的室外科学探索乐园,拥有8万平方米生态湖、2000多种岭南特色植物和几十个室外展项。广东科学中心获得"全国科普教育基地""国家AAAA级旅游景区""全国科普教育先进集体""广东省科普教育基地"等荣誉称号近100项,是第一批全国中小学生研学实践教育基地。(见图5)

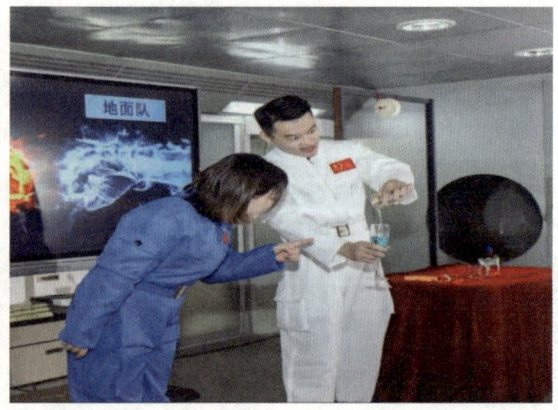

图 5　广东科学中心研学实践教育

"人体的奥秘"是观众参与充满乐趣的人体之旅，展示人体身体结构和功能的知识，揭示各器官和系统是如何协同工作的。"科技与健康"展示人类如何利用医学科技如基因技术、影像诊断技术、数字人技术等，及其在保障和促进健康方面。（见图6）

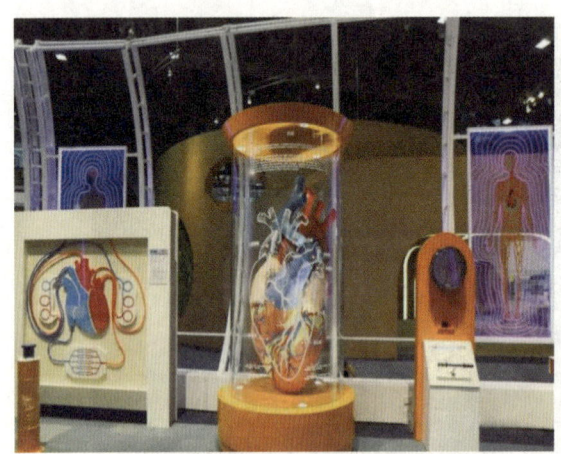

图 6　"人体的奥秘"和"科技与健康"（图片来源：广州途乐国际旅行社）

展馆以儿童的视角，通过"动手做"科学探究系列展品，对儿童进行科学探索的启蒙教育，让他们亲历科学探索与发明的过程，从而发挥其想象力，锻炼其动手能力，培养其探索与创新精神。在"交通世界"，人们探寻汽车技术、轨道交通和船舶技术，了解各种交通工具的基本原理与技术发展，以及未来智能交通给生活带来的变化。（见图7）

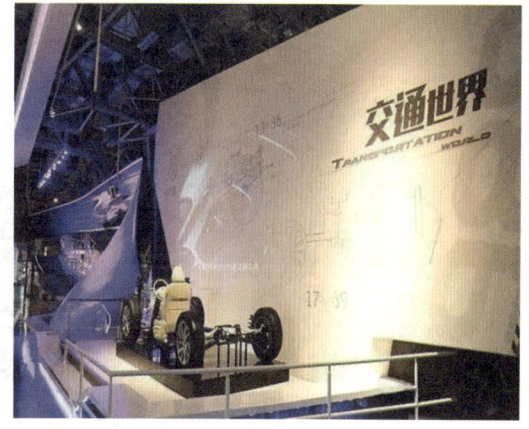

图7 "动手做"展区和"交通世界"（图片来源：广州途乐国际旅行社）

（五）优秀传统文化型——广州番禺沙湾古镇

沙湾古镇，位于广东省广州市，始建于南宋，是一个有着800多年历史的岭南文化古镇，历史文化资源丰富，民间艺术饮誉南国。先后获授"中国民间艺术之乡""中国历史文化名镇""中国兰花名镇""全国文明镇""国家卫生镇"等荣誉称号。2017年6月，获评国家4A级旅游景区。在800多年的发展历史中，沙湾古镇形成并保留了以传统历史文化和民间文化为主体的岭南文化，是以珠江三角洲为核心的广府文化的杰出代表。物质文化遗产和非物质文化遗产资源丰富，大量祠堂、庙宇等古建筑和商业遗址、民居遗址保存完好，广东音乐、飘色、龙狮、兰花、饮食等民间艺术和民俗文化长盛不衰。（见图8）

图8 沙湾古镇保留的民居遗址和古建筑

岭南建筑。这里的建筑颇具岭南特色，里面有许多关于工程、关于技术、关于材料、关于人文的学问。游客探访当地人家，看看他们的老宅，细赏保存完好的天井，嗅嗅兰花的清香，和台阶上晒太阳的猫咪打个招呼，感受古镇人家的生活。（见图9）

图9　沙湾古镇的岭南建筑

四、广东省研学旅行发展存在的问题

（一）学生安全保障难度大

研学旅行参与学生数量大，组织方的安全保障压力很大，这也是很多学校校长和教师不愿意组织研学旅行活动的原因。饮食、住宿、交通以及各种参观考察活动，都可能出现意外情况，一旦出现安全问题，学校就要面临来自家长、教育行政部门以及社会的多方压力和责难。尽管认同研学旅行的价值，但出于对学生安全问题的担忧和对安全责任的考虑，学校会"因噎废食"。

（二）研学旅行产品设计难度大

虽然研学旅行活动纳入了教学计划，专业人员匮乏，符合教育部"初心"的研学旅游产品少之又少。由学校开发的课程因为太赋教育目的而使之难落地；由社会机构开发的课程又因为不理解教育目标达不到预期的效果。设计一门课程往往要花费大量的时间和精力，在推行的过程中也会因为对象的不同而要进行诸多调整，很多服务机构望而却步。

（三）缺乏教学评估机制

研学旅行是"行走的课堂"，对于课堂教学，必然有教学评价。今天，对于产品、服务以实施后的效果无权威的评估体系，基本上仍停留在从业机构内部对于整体运营的评估、调整。研学旅行结束后，学生回到学校交一份评价表或总结汇报就算完成任务了。目前研学旅行组织机构几乎全部从体量上进行展示和宣传，而动辄成百上千的学生，没有评价反馈如何保证教育效果呢？

（四）游而不学，流于形式

研学旅行旨在培养学生研究性学习思维，旅行是形式，研学才是本质。但目前"游而不学"现象严重。虽然学生参观游览的地方并不少，但是所掌握的知识只是皮毛，反而会因为要去的地方太多，增加出行成本。另外，目前市场上很多研学旅行机构仅将原来的初秋游、冬夏令营旅游项目重新包装，让中小学生的研学旅行流于形式。研学旅行不是简单的参观、游览，而是要让学生走出校园，在亲近社会和自然的实践活动中得到体验式成长。

（五）教学机制未落到实处

就全国来看，现在以教育厅为主导的相关部门极力推进中小学生研学旅行，研学政策一片利好，但事实上，很多研学旅行政策因缺乏明确的实施指向或因为推进的困难仍未推动，如专业研学导师至今没有权威认证，社会认可度低。一方面，是因为相关职能部门无经验可循，不知道如何开展；另一方面，也许是"小吏不敢放粮"的权责担当，大家都不愿承担学生的安全责任。

（六）研学旅行专业人员匮乏

根据《意见》，研学旅行在师资配备上，要求有计划地培养一批研学旅行专业人员。现在迫切需要既懂教育又懂旅游的专业跨界人才，即研学导师。很多组织机构（旅行社为主）因找不到专业人才，一方面让传统导游转型学习教育学知识，另一方面，招聘持有中小学教师资格证的人员，补充教育功能，二者配合来弥补在研学导师专业人员上的缺失，但因磨合度低，导致质量不达标，满意度差强人意，长此下去势必会增加旅行社的人力成本。目前来看，持有研学旅行策划与管理职业技能等级证书的专业人士较少，全国1.42亿中小学生的研学需求将爆发，按照教育部的教学计划，需要专职研学老师35.5万人，这将是一个很大的缺口。

（七）参与主体了解程度低

研学旅行的参与主体为中小学生。目前在我国大力宣传研学旅行，各学校都在极力开展研学旅行活动的背景下，作为参与主体的中小学生对研学旅行的内涵了解反而较少。

有学者对太原市中学生研学旅行市场进行问卷调查，仅有4.16%的学生对研学旅行活动非常了解，大部分学生不清楚研学旅行的意义。

此外，在整个研学旅行实施过程中，并未能很好地发挥参与主体的参与度，学生只能按照既定的活动安排路线行动，没有充分发挥研学旅行对学生能力以及素质方面的培养效果。

（八）准入门槛低，缺乏相应标准

研学旅行被认为是一项具有教育性、公益性的实践活动，该活动不应以盈利为目的。因此，从事研学旅行的旅行社资质各不相同，相应的保障机制也并不完善，所推出的研学旅行产品质量参差不齐。旅行社工作人员还存在流动性大、定位水平低等特点。同时，对研学导师缺乏相应的从业准则和硬性的行业标准，监管力度不强，研学导师没有专业的知识背景支撑，导致目前研学旅行浮于表面，出现了"游而不学，学而不研"的局面。

（九）缺乏健全的监督机制

目前，缺乏对研学旅行过程性活动的监督和效果评价体系，也缺乏研学旅行活动的规范性标准。众多学校并不具备独立组织研学旅行的能力与条件，在实际操作中，出于各种因素的限制，不得不将研学活动的组织交与旅行社或其他第三方机构。因政府及相关学校没有对第三方机构以及研学旅行过程的监督保障机制，致使研学旅行实际效果与预期目标相差甚远。

五、广东省研学旅行高质量发展对策建议

研学旅行在开阔视野、增长见识、增强情感体验、完善人格等方面具有重要意义。当前，研学旅行过程中存在一些问题，下文针对这些问题提出了具体的优化策略。

（一）优化人才培养，多方位发掘人力资源

人才短缺严重制约了研学旅行的质量发展。研学导师是实施研学旅行"寓教于乐"计划的关键人物，

目前研学导师作为一项新兴职业，供不应求，因此应加大对研学导师的培养，这需要政策指导、协会支持和研学组织机构配合。研学基地和部分景区、文博展馆等也应培养一批定点的研学导师。此外，部分学校尤其是师范类学校也肩负着培养研学旅行人才的责任。组织机构需要结合研学旅行主体的年龄特点、素质教育的不同需求，结合旅行资源的特点，制定出符合学校特色的研学旅行课程计划。课程的开发人才可遇而不可求，未来要大力培养这方面的人才。为了解决这方面的人才短缺，还可以通过购买或服务外包的形式去弥补。

（二）完善组织管理体制，确保出行有保障

在教学管理上，由当地教育部门与旅游部门配合，联动其他相关部门共同开发研学旅行参考教材，学校可根据自身教育目标进行创新改进。配备符合资质的研学导师，合理分配带队人员的工作任务。在出行组织上，教育部门层面要建立科学的责任界定制、安全事故处理与落实机制，学校层面要建立一套完备的活动方案以及应急处理预案，制定活动方案时要与家长沟通，取得家长的支持，选择有资质、信誉好的企业或者委托机构组织出行，做好行前教育，做到活动有方案、行前有备案、应急有预案，落实安全保险机制。在经费保障上，要保证研学旅行能够普及全体学生。相关单位和部门通过多形式、多渠道筹措中小学生研学旅行经费，财政部门为发展研学旅行设置专项基金，设置专项奖励经费来扶持旅行社及教育机构进行小学生研学旅行产品的开发。此外，还要考虑到贫困地区和特殊群体学生的实际问题，真正让学生"一个都不能少"地享受到研学旅行带来的教育意义。

（三）建立评价体系，回归研学旅行的本质

建立一套科学有效的研学旅行质量评价体系和质量监控体系，保障研学旅行的过程质量，防止"游而不学，组织松散"等问题。在质量评价体系上，形成学生评价、教师评价、家长或社会评价的全面机制。学生可以对研学过程进行评价，也可对施教人员的工作进行评价。研学导师要对学生做出客观的评价，填写工作日志，客观记录学生参与研学活动的具体情况，包括参与的活动、承担的角色、完成任务的情况，保留活动照片、学生作品等，从而形成对学生评价的依据。中小学研学旅行是一个连续的过程，每个学期一次研学旅行，一直将延续到学生的高中，在这个过程中教师可以将学生每次研学旅行的代表性活动、典型的事迹材料都记录、编排、汇总、归档，形成每一个学生自己的研学旅行成长档案袋，并纳入学生的综合素质档案。要对家长回访，了解家长对研学旅行的满意度。在质量监控上，可以开发研学旅行质量监管App，建立以教育行政管理部门、学校、服务机构、研学基地、学生及家长多主体互动的研学旅行服务平台，对全过程进行实时监控。营造讨论社区，完善投诉与反馈机制，以评价促发展，让研学旅行回归其本质。

（四）研学旅游需与地域发展特色相适应

研学旅游在未来的发展中，需与当地的特色产业相结合，在适应当地特色的情况下实现旅游业的发展。中国幅员辽阔，各个地区都具有各自不同的风俗特点，因此旅游产品的开发需要根据不同地区的特点开发有关的旅游产品，让旅游者不仅可以观赏当地的特色风光，还可以对当地的风土人文等有所了解。

（五）研学旅游需与体验旅游项目相融合

研学旅游能极大程度地提高我国出入境旅游的发展速度。就我国来说，研学旅游加强了内地与港澳台等地区的亲密度，形成了一个联系紧密的整体，从而让"全域旅游"理念具有更大的发展空间。因此，

开展研学旅游不只可以很好地促进人们走出国门，还可以吸引更多的国外游客到我国旅游。

（六）注重宣传，增强学生对研学旅行活动的认知度

"互联网+"时代，学生获取信息的渠道越来越多元化。在众多渠道中，新媒体无疑是比较受到学生青睐的一种宣传方式。在宣传过程中，要着重发挥如朋友圈、微博、抖音等多种新媒体的功效，通过这些新媒体宣传研学旅行活动的内涵及功能，让学生深入了解，提升学生对研学旅行活动的认知度。通过学生在研学旅行过程中"主人翁意识"的树立，通过探索、亲近大自然，真正发挥学生研学旅行的主体地位。此外，教育管理部门和各级学校也应充分认识研学旅行对扩展学生知识、培养学生创新思维、提升学生素质等方面的重要意义，通过政府相关部门对研学旅行互动的宣传与扶持，形成"政府积极引导、学校认真组织、学生自愿参与"的研学旅行活动机制，充分发挥研学旅行的功效。

（七）多方互动，重视研学旅行产品质量

研学旅行产品的顺利实施需要多方面的配合与互动。在研学过程中，学生的安全问题至关重要。因此，学校应加强与旅行社、各保险公司的合作力度，分散旅游风险，通过多方有力互动，保障研学旅行产品的顺利实施。旅行社由于对参与主体即中小学生的性格、学习行为、学习特点等均不了解，在产品设计方面存在脱节的现象，因此，在研学旅行产品的设计方面，应加大学校的参与力度，发挥学校及老师的主观能动性，充分听取教师及学生主体的意见，针对学校参与研学旅行的不同动机，开发设计出目标明确、活动合理、符合学校要求的双向性研学旅行产品。

（八）家长应予以支持，构建研学旅行的家校联动机制

家长应更新教育观念，顺应时代潮流，认识到研学活动的重要性与必要性，积极鼓励学生参加研学旅行活动。一是家长要对学生参加学校研学旅行活动提供支持与帮助；二是家长要利用好闲暇时间，主动带领孩子参加研学活动，从而实现学校研学旅行与家庭研学旅行的有机结合、互相补充。

（九）加大投入，加快研学机构的开发建设

探索建立政府、学校、社会、家长共同承担的多元化经费筹措机制，实现国家公益金扶持下的国家级营地健康、可持续发展，按照教育部战略部署发挥国家级营地应有的育人作用。一是各级政府应适当投入专项资金，为研学机构（基地、营地）开展有深度的研学活动和为课程开发提供政策和资金支持。二是加强和完善研学机构的基础设施建设，满足中小学校开展研学活动需求。三是研学机构要充分发挥主观能动性，不能只依靠国家专项公益金开展活动，要千方百计促使研学旅行的价值得到最大化发挥与体现。四是鼓励企业、个人、社会开发研学营地、基地，促进研学机构基础设施的完善及申报工作。

六、对广东省研学旅行的展望

新时代研学旅行必须坚持国之大者的战略导向，万不可只是将其当作一门生意来做，也不可任由资本的意志和市场的力量把研学旅行导入无锚之境。研学旅行能和泛素质教育形成良好的融合，随之而来的还有更加广阔的泛营地教育领域。国家"双减"政策的实施，大量校外培训机构涌入了泛素质教育赛道，竞争是不可避免的。可以看到，新的市场主体和元素进来后，对整个行业的发展也有积极的价值。同时，在广东省研学旅行与泛营地教育、泛素质教育互动融合的进程中，整个研学旅行行业的产业链将进一步优化升级，分工更加精细，服务更加优质。

总而言之，广东推广研学旅行要充分利用当代文化、科技和教育资源，让外来游客尤其是散客和亲子旅游者能够自然而然地融入到本地的品质生活，并有更多的机会与本地人交往和互动。动员已有力量构建联动体是广东省研学旅行发展的必然趋势，由政府为研学机构和中小学校提供政策指导并加以监管，家长为研学旅行提供精神及物质支持，中小学校为研学旅行搭建实践平台，社会行业机构为中小学校提供丰富的研学资源。政府、中小学校、行业机构和家长应共同努力，使研学旅行产品的开发和实施过程成为一个互动、开放的有机整体，将研学旅行的实施阻力降至最小，齐心协力，共赢互促，开创广东研学旅行新局面。随着研学旅行教育的不断深入，其价值一定能够得到全社会的认可，届时研学旅行教育也必将进入新的阶段。

泮塘五约古村落的历史及其现代化改造

杨智文[1] 黄勇[2]

(1. 仲恺农业工程学院讲师；2. 广州市荔湾区文化旅游融合发展中心文博馆员)

前 言

位于广州市区西面的泮塘村是一个拥有数百年历史的古村落。自明代以后，村民们在广州城西郊这一片半水半陆的土地上繁衍生息，逐渐形成了以"约"来命名的五个定居区域，首约、二约、三约已经因为城市建设的发展而被拆迁改造，只有四约和五约仍然得以保存，其中尤以五约的村落形态最为完整。泮塘五约古村落位于今天荔湾区逢源大街—荔湾湖历史文化街区（北至中山八路，西至黄沙大道，东至泮塘路、逢源路，南至逢源中约、涌边一马路）之内，村里至今仍保存着多处不可移动文物、历史建筑、传统风貌建筑等，蕴藏着丰富的历史文化资源。自2017年被列入住建部老旧小区改造试点项目之后，泮塘五约的微改造工程不断推进，最终将这个历史悠久的古村落打造成为广州重要的文旅目的地。尽管成为了网红打卡点，但泮塘五约的原住民仍能在此安居乐业，能充分平衡商业开发与原生态保护，让泮塘微改造成为了古村改造项目中新的标杆。

一、泮塘古村的历史演变

泮塘作为一个地名，最早出现在南宋王象之的《舆地纪胜》："刘王花坞，乃刘氏华林园，又名西御苑。在郡治六里名泮塘者，有桃、梅、莲、菱之属。"[①] 王象之所说的"刘王花坞"，指的是五代十国时期割据岭南的南汉小朝廷在广州城西面所建的离宫。按照王象之的说法，"泮塘"地名的出现可追溯至南汉时期。但南汉时期的"泮塘"不一定就是指今天泮塘古村所在的区域。曾任番禺县尉且跟王象之同时代的方信孺在《南海百咏》中提及："浮丘即罗山，朱明之门户。先在水中，若丘陵之浮。今山之四面篙浪宛然，有陈崇义者，年一百一十二岁，说为儿时犹见山根贼船数千。今山去海边三、四里，尽为人烟井肆之地。"[②] 此处提及的浮丘山位于今天中山七路西门口附近，在宋代尚为海中岛屿，而泮塘古村所处区域位于浮丘山以西区域，成陆的可能性极低。

泮塘地区的成陆当在明代。明代万历时期的《南海县志》提及南海县恩州堡区域内有15个村落，泮塘村正是其中之一。[③] 泮塘地区之所以在明代由海成陆，与珠江下游水系的变迁密切相关。编撰于康熙年间的《南海县志》记载称："考北江抵省故道，初由胥江、卢包抵石门，尚未与郁水合。迨芦包淤塞，下由西南潭趋石门，始会郁水合流。后西南潭口再淤，今由小塘、紫洞入王借冈沙口趋佛山、神安，南注

---

① （宋）王象之：《舆地纪胜》卷八九，《续修四库全书》第584册，上海古籍出版社，2002，第710页。
② （宋）方信孺：《南海百咏·浮丘山》，《丛书集成初编》第3113册，商务印书馆，1936年，第10页。
③ （明）刘廷元修，王学曾纂：《（万历）南海县志》卷一，岭南美术出版社，2007，第19页。

三山入海，而江流之经省会者无几矣。"① 根据康熙《南海县志》，在芦苞涌淤塞之前，岭北人士可取道北江由芦苞涌入广州城；芦苞涌淤塞后，可从北江经西南涌入广州。芦苞涌、西南涌都淤塞后，北江绕道佛山涌与西江汇合，导致珠江西航道逐渐淤浅收窄，泮塘村所在区域的陆地面积因此不断扩大。当然，这个成陆的过程非常漫长，生活在明末清初的屈大均在《广东新语》中描述当时泮塘地区的地貌形态称："广州郊西，自浮丘以至西场，自龙津桥以至蚬涌，周回廿余里，多是池塘，故其地名曰'半塘'。"② 在屈大均眼中，泮塘地区依然是半水半陆的区域。

伴随着人口的繁衍，泮塘村开始形成了以"约"为基本单位的聚居区域。相关研究指出，"约"指的是乡约，为管理地方基层社会的组织。至清代由于士绅权力的扩展，乡约发展成为维护地方治安的重要组织。伴随着乡约组织重要性的强化，广东省内"约"字地名的数量也不断增加。③ 最迟至清初，泮塘村内已经出现了"约"，刻制于康熙十七年（1678年）的"北帝香灯祭业碑"（原碑今收藏于泮塘路仁威庙内），主要记述泮塘村民为仁威庙捐赠"税地"之事，其中提及"第四约""第五约""各约乡老"等，说明在清康熙年间，"约"已经成为泮塘村内组织的基本单位，且各"约"均有所谓的"乡老"来具体负责事务。五个约虽然各有专属的地理范围，但相互之间的界限并不分明，据年老村民回忆，当时四约、五约之间以仁威庙西侧的一棵榕树作为两个约之间的分界点，当时村民们将榕树所在的位置称之为"狗屎社"。

从明、清至民国，泮塘村内实行土地私有制，土地可以自由买卖。今天矗立在上西关涌边上刻制于光绪九年（1883年）的题为《禁在风水基内填筑示》的碑刻，就提及一位名为梁亚保的乡人在仁威庙前至风水基之间的区域购得一块面积约为1亩的塘地，准备填塞该塘地以建"高楼大厦，转售他人"。只是他的计划最终因村内父老的反对而作罢。除了个人之外，泮塘村土地的所有者也可以是宗祠或庙宇。"北帝香灯祭业碑"就提及仁威庙名下有村民们捐赠的"税地"。仁威庙名下的土地由"值理"来经营，1918年《广东公报》载广东财政厅布告第一百零号令，其中提及"泮塘仁威庙值理梁衣德等，以应废照契霸占叶德谦价承黄沙坦地及如意坊官地藕塘"④ 的事情。根据村内年老村民的回忆，在1949年以前，泮塘村拥有的土地分布面积非常广阔，除了泮塘村周边区域之外，远至今天石围塘茶叶城一带、大坦沙、罗冲围、同德围等区域，都有泮塘村民的土地。

中华人民共和国成立后，广州市政府用了3个半月的时间在广州市郊开展土地改革，彻底消灭了地主阶级和封建土地剥削制度，建立和巩固了党在农村的政权。⑤ 位于广州西郊的泮塘古村也是土地改革工作开展的重点区域。在土改过程中，政府根据实际需要，将距离泮塘村较远的田地分给周边无地或少地的民众。另外，仁威庙名下的土地也被人民政府没收，加以重新分配。土地改革完成后，泮塘村又在国家政策的引领下开展农业生产合作化运动，经历了从农业生产合作社到高级农业生产合作社，再到人民公社发展的过程，根据《广州市荔湾区志》，1959年4月30日，西区的农业社加入郊区三元里公社，改称"西郊大队"；至1960年7月10日，中共广州市西区石井人民公社委员会成立，接管石井人民公社7个大队和三元里公社5个大队。⑥ 原泮塘村民的土地划归石井人民公社西郊大队泮塘第三生产大队管理。

---

① （清）郭尔𢽾，（清）胡云客纂修，（清）王赞修，（清）关必登纂：《（康熙）南海县志》卷一，书目文献出版社，1992，第38页。
② （清）屈大均著，李中育等：《广东新语注》卷27，广东人民出版社，1991，第615页。
③ 王一娜：《明清广东的"约"字地名与社会控制》，《学术研究》2019年第5期，第132-139页。
④ 载《广东公报》1919年第1723期，第7-8页。
⑤ 广州市地方志编纂委员会编：《广州市志卷》——《地方组织卷》，广州出版社，2000，第78页。
⑥ 广州市荔湾区地方志编纂委员会编：《广州市荔湾区志》，广东人民出版社，1998，第37页。

由于城市建设的需要，西郊大队管理的土地不断被征用，1973年广州市郊区革命委员会对西郊大队的调查报告中提及，西郊大队在合作化初期有耕地5000多亩，到了1973年只剩下2200多亩。[①] 其中最大规模的一次征用发生在20世纪50年代末，当时广州市政府为改善荔湾地区居住生活环境，保护生态平衡，防洪防涝，减轻西关水患，遂征用西郊大队泮塘第三生产大队的耕地开挖荔湾湖。荔湾湖东至龙津西路，南至上西关涌，西至黄沙大道，北接中山八路。按规划，荔湾湖总面积30公顷，其中水面22公顷，占总面积73%，陆地8公顷，占总面积27%。荔湾湖的开挖对泮塘村的生态环境产生了非常重要的影响。

改革开放后，西郊大队执行国家政策，实施家庭联产承包责任制。根据相关报道，推行家庭联产承包责任制后，西郊大队的生产力得到解放，不但完成了国家分配的农业任务，还改善了队员的经济状况。[②] 至20世纪80年代末，在城市化和商业化的双重冲击下，西郊大队转营为西郊经济发展公司，采用股份制，以原来西郊大队的成员作为股东。新成立的公司在原来西郊大队的耕地上建起了包括荔湖大厦、西郊大厦、白马西郊商场在内的一批物业，其业务也从原来的农业耕作变成物业出租与管理。用一位泮塘老村民的话来总结，那就是"从耕田到耕楼"的转变。

在"从耕田到耕楼"的转变中，为了追逐商业利益，泮塘村内的生态空间发生了巨大变化。原来村内水网纵横，后来基本上被覆盖变成街道；民居被改建或加建，原有的公共空间也被压缩或占用，以为仓储之用。荔湾湖公园的用地与泮塘五约之间建起了围墙作为分隔，围墙之下成了容易被人遗忘的卫生死角。2001年，有人大代表提出征收泮塘五约的用地以扩建荔湾湖公园。至2007年，荔湾区政府决定拟扩征泮塘五约地块3.5万平方米来扩建荔湾湖公园，泮塘五约范围内启动了大规模的征拆。但由于种种原因，征拆工作后来陷入停顿，公园扩建工程搁浅，大量已被征收房屋也因此空置，泮塘五约陷入荒凉破败的境地。有村民回忆当时的情况："有很多'西关大屋'因年久失修未能显现它的文化风貌，道路破旧、不连贯，文化古迹被'埋没'，我们没有真正感受到'宜商宜居'。"[③] 泮塘微改造的项目正是在这样背景下开展的。

二、泮塘古村保护的调查与规划

2016年至2018年，广州市政府先后下发了《广州市老旧小区微改造实施方案》《广州市老旧小区微改造"三线"整治实施方案和技术指引（试行）》《广州市老旧小区微改造三年（2018—2020）行动计划》《广州市老旧小区微改造设计导则》等政策文件，不但明确了微改造目标、对象及内容，也制定了项目推进的时间表及推进过程中需要遵守的规则、标准、技术指引等。[④] 泮塘五约的改造项目也由此展开。

虽然在微改造开展之前，因为多轮的拆迁，泮塘五约内有不少建筑已经空置，原住民数量也已经减少。但在微改造开展之初，村内仍有大量住宅属私人所有，且由西郊大队转化而来的西郊经济发展公司依然影响着五约的经济活动。因此原住民的理解与支持是微改造项目能够顺利开展的前提条件。在微改造的过程中，原住民的看法与建议始终得到尊重。参与泮塘五约微改造的象城建筑规划设计公司在2017年即派遣社区规划师，对五约原住民进行采访，重点搜集有关五约内传统建筑或公共场所的历史记忆，

---

① 中共广东省委员会宣传部、广东省革命委员会农林水政治部编：《广东省农业学大寨经验选编第1辑》，广东人民出版社，1973，第12-16页。
② 梁兆明：《二十多年来坚持按照合同向国家交售蔬菜，广州西郊大队菜农尽职讲风格》，载《人民日报》1982年3月13日，第3版。
③ 详见孙九霞：《旅游社区的社会空间再生产》，中山大学出版社，2020，第238页。
④ 杨景胜：《城镇微更新与乡村振兴的探索与实践》，中国城市出版社，2020，第60页。

在此基础上绘制《泮塘五约记忆场所历史复原地图》（详见图1）。

图1　泮塘五约记忆场所历史复原地图①

《泮塘五约记忆场所历史复原地图》的制作对微改造的推进有非同寻常的意义。首先，该图展示了过去泮塘五约内的水网分布。如今泮塘五约内已经难觅这些水道的踪迹，但这些水道却曾与村民的社会生活息息相关。五约内的水道可以直通珠江，每年端午泮塘健儿划龙舟前往盐步拜访，基本都从五约内出发。其次，该图展示了五约内原有的一些重要的社会空间。这些社会空间有的仍然存在，如睥睨书舍位于泮塘五约七巷21号，今天已经被公布为荔湾区登记保护文物单位；有的已经不复存在，如本为泮塘李氏族人宗祠的光远堂，其位置今天已经被并入荔湾湖公园之内；有的建筑主体虽然仍然存在，但功能早已发生改变，如三官古庙在1949年后已被改建为石井人民公社，即西郊大队泮塘第三生产大队队部所在，至今队部内仍保留有刻制于清代的《重修三官古庙碑记》，提醒我们该处建筑经历过的历史变迁。

这些今天已经被埋在街道之下的水道或已经消失的社会空间，承载着很多五约原村民的共同记忆。根据村民的记忆，自来水的使用还没普及时，村民们的日常饮用水就来自这些水道。有村民经常在水道里游泳，能在水中见到俗称"蟛蜞"的水生动物，钓"蟛蜞"因此成为他们日常重要的消遣之一。又如复原图中标示的社稷庙（又被村民们称为"社公庙"），"社稷"是管理农业耕作之神，在农耕时代具有非同寻常的意义。尽管原来的社稷庙已经不存在，但五约村民每逢节庆醒狮绕村迅游，都会把社稷庙的旧址作为必经的去处，路过时舞狮者会舞着醒狮向社稷旧址叩拜致意。通过绘制《泮塘五约记忆场所历史复原地图》，我们能更直观地了解五约原村民的记忆，从而最大限度地与他们共情。

除了绘制复原地图外，项目推进方还积极搜集村民们最关切的诉求，形成微改造心愿清单。② 这份清

---

① 摘自广州市荔湾区文化商旅发展中心委托广州象城建筑设计咨询有限公司撰写的项目报告《荔枝湾区域文化资源梳理及文化保护利用策略研究》。

② 何姗：《"最广州"慢行道之泮塘五约：广州首个先征求居民意见再做设计的微改造》，https：//mp. weixin. qq. com/s? ＿ ＿ biz = MjM5OTYwODE4Nw = = &mid = 2650220113&idx = 1&sn = 65b3f9a71ee244bc131f885ae1a71e1f&chksm = bf3b6c45884ce55309193dd22c1a27d0525ab476c26ae13bf534de3e0e9b5c9f8e076f5d3312&scene = 21#wechat＿ redirect.

单中，有相当一部分与村民、居民们的日常生活密切相关，如拆除五约与荔湾湖公园之间的部分围墙、建菜市场、老人活动中心、长者饭堂与便民公厕等。但村民们关注的除了生活之外，还有文化的传承。有村民提及："我们希望微改造能够恢复一些原来的古村风貌，让世人望一望，哪些是我们的特色，也很希望延续这里的传统文化。这些是文旅景区体现不了的。"还有村民提出诉求："希望泮塘能表达真正的在地文化，接地气，不是非原生文化，我们要有自己的特色。这些是我们村民真正的心声。"由此可见，微改造的目的不仅仅是改善村民、居民的生活，还要重新激活泮塘古村本身具有的历史文化遗产。

三、泮塘历史文化遗产的保护情况

从存在形态来看，泮塘五约内的历史文化遗产可以划分为物质与非物质两大类。物质文化遗产包括各种遗址、旧址、墓葬、建筑、石刻等。我们可以通过表1来了解泮塘五约内的物质文化遗产。

表1 泮塘五约物质文化遗产列表

类型	名称	位置
旧址	"石井人民公社西郊大队泮塘第三生产大队"旧址	荔湾区昌华街泮塘路三官庙前街11号
墓葬	大明李氏墓	荔湾区昌华街泮塘路泮塘五约七巷18号旁
建筑	皞遐书舍	泮塘五约七巷21号
建筑	泮塘五约直街41号民居	荔湾区昌华街道泮塘路泮塘五约直街41号
建筑	李氏敦本堂	荔湾区昌华街泮塘路泮塘五约七巷18号
建筑	泮塘五约三巷20号民居	荔湾区昌华街泮塘路泮塘五约三巷20号
建筑	泮塘五约南横巷6号民居	荔湾区昌华街泮塘路泮塘五约南横巷6号
建筑	泮塘五约涌边街10号民居	荔湾区昌华街泮塘路泮塘五约涌边街10号
建筑	泮塘五约直街118号民居	荔湾区昌华街泮塘路泮塘五约直街118号
建筑	三官庙前街15号民居	荔湾区昌华街泮塘路三官庙前街15号
建筑	三官庙前街17号民居	荔湾区昌华街泮塘路三官庙前街17号
建筑	三官庙前街19号民居	荔湾区昌华街泮塘路三官庙前街19号
建筑	泮塘五约三巷19号民居	荔湾区昌华街泮塘路泮塘五约三巷19号
建筑	泮溪五约亭	龙津西路泮塘五约直街
石刻	《重修三官古庙碑记》	"石井人民公社西郊大队泮塘第三生产大队"旧址之内

上表中提及的传统建筑，有不少已经得到维修与利用。但有部分建筑因为陷入"私产难以公用"的困境而迟迟无法得到修缮与利用。比如说前文提及的皞遐书舍，本是五约村民读书的地方，后来变成私宅，原业主去世后，享有继承权的人共有8名，导致无法办理继承，产权置换更是无从谈起。因为年久失修，"皞遐书舍"石额的门廊顶也已坍塌。问题的解决还有待社会公众的持续关注与投入。

非物质文化遗产则包括村内农业生产文化、传统宗教活动或节庆活动等。在泮塘村民的回忆中，节庆仪式或活动是他们日常生活的重要组成部分。诸如北帝诞、万佛诞、乞巧节等，都是泮塘村内极其重视的节庆。泮塘古村的北帝诞在每年农历三月初三，根据村民回忆，主要活动有舞狮巡游及放炮庆祝（放炮的地方就在《泮塘五约记忆场所历史复原地图》标示的"烧炮土丘"上，该土丘早已被铲平）。因为有仁威庙作为依托，相关节庆仪式已经被列入广州市非物质文化遗产名录。至于万佛诞，则以三官庙为依托，在每年农历四月初八举行。根据村民的回忆，每逢万佛诞，周边村民都会凑钱在三官庙前堆砌包山。这种包山与香港在太平清醮时堆砌的包山是类似的，只是香港的包山在太平清醮结束后是由大家抢的，而五约的包山在万佛诞之后则是主动分配给村民们。如今三官庙已经被改造为"石井人民公社西郊大队泮塘第三生产大队"旧址，恢复万佛诞的节庆活动自然无从谈起。乞巧节，则是泮塘女性们独有的节日。根据村民们的回忆，其拜七姐的仪式与珠村有相似之处，但也有所不同——珠村村民在拜七姐时需要制作乞巧公仔，而泮塘的女性们则是以糯米来作底部，在上面用米、谷、瓜子等来摆砌美丽好看的花朵。如今珠村的乞巧文化已经拥有了广泛的知名度，而泮塘的乞巧仪式仍然有待挖掘与继承。

在农业文化方面，包括莲藕、马蹄、菱角、茭笋、茨菇在内的"泮塘五秀"是泮塘古村具有极高标识度的文化名片。有村民提及，20世纪50年代征地开挖荔湾湖时，有不少原属西郊大队泮塘第三生产队的成员被安排到小洲村或今天白云机场周边进行耕作。村民们平时掌握的都是种植五秀或通心菜等水生作物的方法，到了小洲村或今天白云机场周边，这些方法全都派不上用场。泮塘村民种植的五秀，被广泛运用于粤菜的烹调之中。例如，成熟的菱角可以用来煮菱角粥（不少村民都提及煲菱角粥时，加入柴鱼、花生、咸猪骨，滋味无穷），或用菱角焖猪肉、烧肉、排骨、鸡、鹅等；茭笋可以用来制作蚝油茭笋、虾子茭笋、豉油工茭笋、鱼肉酿茭笋、肉类炒茭笋丝或片等；茨菇可以切片用来焖猪肉、烧肉，或者用来制作茨菇饼。五秀得以在泮塘村种植，主要是因为历史上的泮塘村有大量半水半陆的区域。随着城市化的发展，如今泮塘村已经失去了大面积种植五秀的条件。有在泮塘村周边销售马蹄粉的店家向我们介绍，如今制作马蹄粉所需的马蹄基本上都是从南沙运来的。无法大面积种植五秀，也就为泮塘村农业文化的保护与传承带来了困难。

四、结语

2022年，世界建筑杂志社正式公布"2020WA中国建筑奖"，《泮塘五约微改造项目》从102项参评作品中脱颖而出，成为"WA城市贡献奖"10个入围项目之一。荣誉的背后见证了泮塘五约微改造的成功，取得成功的关键是践行了习近平总书记有关城市规划和建设的讲话精神，摒弃了原来大拆大建的思路，采用了"微改造"这种"绣花"功夫，让泮塘村留下了记忆，记住了乡愁。泮塘五约之所以能采用"绣花"功夫进行改造，前提条件是项目推进方能采用多种方式与居民们进行有效沟通，让居民们的记忆与意见在改造过程中得到尊重与反馈。这种思路值得国内其他城市改造项目借鉴与学习。当然，在肯定成绩的同时，我们也得看到美中不足的地方。由于种种原因，如何保护并传承泮塘村独有的历史文化依然是一个需要我们继续探讨、解决的问题。

农村基层干部主导下的新型乡村集体经济发展模式探析——以陕西袁家村为例

关 晶

(仲恺农业工程学院经贸学院博士)

一、袁家村简介

袁家村位于陕西省咸阳市礼泉县烟霞镇，距离省会西安市约60公里，距咸阳国际机场约50公里，距昭陵约10公里，107省道、关中环线及昭陵旅游专线途经附近。袁家村现有村民62户268人。这个地处关中平原、渭河之北的普通村庄，历史上是个"点灯没油、耕地没牛、干活选不出头"的"烂杆村"。

20世纪70年代，袁家村党支部书记郭裕禄带领村民艰苦奋斗，打井找水，积肥改土，粮棉产量跃居全省前列，甩掉了贫困帽子。80年代，袁家村抓住改革开放机遇，大力发展村办企业，改善村民生活，壮大集体经济，民富村强，成为陕西著名的"富裕村""小康村"。90年代后期，随着国家产业政策调整，淘汰落后产能，高耗能、高污染的村办小企业陆续破产倒闭。2000年以后，集体经济萎缩，村民收入下降，袁家村逐渐沦为一个空心村。2007年新选出的党支部书记郭占武同志大胆创新，紧密结合国家政策，提出打造关中民俗文化体验地，以乡村旅游带动产业发展的新思路。

经过十年艰苦奋斗，这个在昔日的荒沟荒地和旧厂区废墟上建成的"关中民俗体验地"，已经成为陕西省乃至全国乡村旅游发展的闪亮新星。目前，袁家村已获得国家特色景观旅游名村、最具魅力休闲乡村、全国十大美丽乡村、乡村旅游研究基地、国家4A级旅游景区、乡村旅游创客示范基地等荣誉称号。2022年，袁家村接待游客600多万，全村旅游总收入达5亿元，村民人均收入10万元以上。目前，袁家村有1500多人开店创业，带动周边2万多农民增收。袁家村的平日客流量维持在1万人以上，节假日客流量最高可达到20万人，餐饮日营业额超过200万元。

二、袁家村发展历程

袁家村的每一段发展历程都是我国以农业为主的乡村地区进化与发展的缩影，同时也是新时期乡村地区对接外部市场、迈进现代化的代表案例。袁家村从一个一穷二白的贫瘠村庄发展为年收入超2亿元的中国乡村旅游样板，主要经历了三次转型升级，其发展历程大致可以划分为三个阶段。

(一) 传统农业发展阶段 (1958—1977年)

从"烂杆村"到"温饱村"。20世纪70年代以前，袁家村自然、生产、居住条件极其恶劣，这里缺田少水，土壤贫瘠，可谓"地无三尺平，砂石到处见"，在方圆数十公里内都是有名的"烂杆村""叫花子村"。当时全村37户人，大都居住在破旧、低矮的土坯房里，其中有15户住在低洼潮湿的地坑窑里。由于过度贫穷，袁家村打破了乡村干部由公社任命的常规方式，而是被迫采用村内投票的形式，由村民轮流担任队长，但是每一任队长都无法摆脱贫穷的魔咒，因此导致12年间连续换了35任生产队长。

1970年，24岁的郭裕禄奉命于危难之间，担任第36任队长。在他的带领下，全村上下艰苦创业，大力发展粮食生产，全体村民齐心协力挖坡填沟，平整土地，打井积肥，凭着誓要甩掉贫穷的一腔热血，最终硬是把503亩靠天吃饭的坡地、小块地变成了平展整齐、旱涝保收的水浇地。与此同时，袁家村的粮食亩产也逐步上升，从1970年的160斤，逐年提高到246斤、504斤……1650斤，最终不仅拔掉了穷根，解决了温饱问题，而且还户户有余粮。袁家村这种"不等、不靠、不要"的自力更生精神，一举成为陕西省乃至全国农业战线的一面旗帜。作为袁家村社会主义农村战线上的优秀开拓者和奠基人，郭裕禄书记荣任党的十一大代表，并受到党和国家领导人的接见和赞扬。

（二）乡镇企业发展阶段（1978—2006年）

从"农"村到"工"村。十一届三中全会以后，中国实行"对内改革、对外开放"的政策，中国的"对内改革"首先从"分田到户，自负盈亏"的家庭联产承包责任制（大包干）拉开序幕。同时，改革开放以后，随着农村经济体制的重大变革，乡镇企业在我国很多乡村地区开始蓬勃发展，乡镇办企业、村办企业等以农民为主体的中小企业雨后春笋般地出现，从而开启了乡村工业化的进程。

在时代的急剧变革浪潮中，袁家村的村集体抓住改革开放的就业，紧扣时代脉络、紧跟时代步伐，在党支部书记郭裕禄同志的带领下开始把发展思路转换到工业化上。这一时期，袁家村建设了石灰窑、砖瓦厂、水泥厂、硅铁厂、预制厂等村办企业，并涉足房地产和影视业，实现了从"农业兴村"向"工业富村"的成功转型，村民生活得到极大改善，集体经济稳步壮大，袁家村一举成为陕西著名的"富裕村""小康村"。

鉴于在工业发展、农村建设、农民增收方面取得的巨大成就，袁家村开始受到更多人的关注，高层领导对袁家村集体经济的辉煌发展给予了高度评价。在这一期间，郭裕禄书记继续荣任党的十二大和十四大代表。郭裕禄书记这种不甘落后、敢为人先、自力更生、开拓进取的精神已经成为袁家村人的宝贵精神财富，这为袁家村的二次创业、转型发展提供了强大的精神动力和力量源泉。

1990年之后，随着硅铁厂、印刷厂的建设完成，袁家村的空间建设达到该阶段的顶峰。但是，自90年代后期开始，在实施可持续发展战略的背景下，国家出台了治理污染、保护环境、关闭"五小"及"十五小"企业的若干政策规定，并对产量小、污染大的乡镇企业施行限制发展政策，袁家村的乡镇企业受到较大冲击。2000年以后，袁家村的村办企业举步维艰，昔日繁荣的生产场景不复存在，集体经济萎缩，村民收入下降，袁家村遇到了前所未有的压力和挑战，袁家村开始失去往日的辉煌，并逐渐走向没落。同时，随着企业陆续关停、村庄人口急速流失，袁家村与中国许许多多的偏僻乡村一样，成为了一个"空心村"（见图1）。

图 1 2006 年的袁家村

（三）乡村旅游发展阶段（2007 年至今）

从"工"村到"旅"村。 面对村子的衰败，袁家村需要调整发展思路，重新冲向社会变革的浪潮之中。老书记郭裕禄同志不甘落后、自力更生、开拓进取的精神再次点燃了袁家村人的梦想。2007 年，新选出的党支部领导班子在新任书记郭占武同志的带领下，义无反顾地担当起二次创业、振兴袁家村的历史使命和责任。团结一致，一心为民的袁家村党支部顺应时代潮流、紧密结合党的各项政策，积极调整发展思路。

袁家村的带头人再次抓住了时代的机遇，积极响应上级部门的号召，并迅速付诸行动。在新任村支书郭占武书记的带领下，村子通过支部引领、党员示范、群众参与等形式，集体投资 2000 多万元，建成了占地 110 亩的康庄老街、保宁寺以及 53 家农家乐。2009 年，建成小吃一条街。2011 年，袁家村又积极响应礼泉县第十五次党代会提出的"旅游兴县""建设大唐旅游文化名县"的号召，建成了康庄北街（酒吧文化一条街）以及关中古镇。近年来，袁家村以小吃街为中心，陆续建成酒吧街、艺术长廊、祠堂街、回民街、书院街等多个富有地域特色的主体街道。

在郭占武书记及村两委的带领下，经过十年的发展，袁家村已经成为一个年接待游客量超过 400 万人，集吃、住、行、购于一体，生态、民俗、文物资源有机结合，多层次、多品味的关中印象体验胜地。袁家村再次成功转型，村庄发展又现奇迹，乡村经济再次腾飞。目前，袁家村的村民人均年收入超过 10 万元，远远超过 9396 元的陕西农民人均可支配收入额。

袁家村凭借活态的关中乡土文化、浓郁的乡村生活氛围以及诚信朴实的经营理念，成为闻名遐迩的旅游首选地，吸引着越来越多的游客。这个在荒地和废弃厂房上建起来的小而美、小而富、小而活的传统村落，被誉为西部 NO.1 文化旅游项目、西北版的清明上河图、中国十大美丽乡村……袁家村模式已成为全国乡村旅游发展的典范，并被不断学习模仿（见图 2）。

图2 2022年袁家村成为全国乡村旅游发展典范

袁家村以村民为发展主体，把恢复关中民俗、重建乡村生活作为旅游吸引核，打造出具有独特性和唯一性的乡村度假旅游地，成功解决了资源匮乏的乡村如何吸引游客的问题，并在不断满足市场需求和推进产业化的过程中，逐步解决村民收入分配和共同富裕问题。袁家村在郭占武的带领下实现了乡村振兴，并最终形成了袁家村的超级IP和知名品牌。经过十多年的发展，这个在昔日的荒沟荒地和旧厂废墟上建成的"关中民俗体验地"，已经成为陕西省乃至全国乡村旅游发展的闪亮新星。

袁家村以集体经济实现乡村振兴的思路和经验，引起社会各界的广泛关注和充分肯定，在全省乃至全国范围内产生了越来越大的影响。前来参观、考察和学习者络绎不绝。据不完全统计，2018年有多达29个省、市（自治区）的各级党政领导和部门计2000多批次到访，开发区、特色小镇、田园综合体、旅游景区、文旅企业、高校和科研机构，以及乡镇村组考察团更是不计其数，成为中国农村近几十年罕见的独特现象。

三、农村集体经济的内涵与意义

集体经济是生产资料归一部分劳动者共同所有的一种公有制经济，其实质是合作经济。集体经济的实现形式是多样化的，市场经济条件下大多数的企业组织形式和经营方式都可以是集体经济的实现形式，如各种合作社等。"成员共有、民主管理、共享利益、形式多样"是我国集体经济的基本特征。农村集体经济是社会主义市场经济的重要组成部分，是提高农民组织化程度的重要载体，同时也是坚持和完善统分结合的双层经营体制的制度基础。农村集体经济的发展，不仅关系到农民的切身利益，也关系到农村改革和发展的大局。

党的十九大报告明确提出实施乡村振兴战略要"深化农村集体产权制度改革，保障农民财产权益，壮大集体经济"。这一指导思想集中反映了现阶段我国乡村经济发展和农村工作的主要思路。但是，自家庭联产承包责任制实施以来，农户成为农村经济的基本单元和经营主体，农村集体经济已经弱化，大多数的农村已经不存在实际意义上的集体经济。再加上城市化进程的加快及农村人口的流失，农民的积极性、主动性很难被调动起来，农村集体经济的道路也举步维艰。

中国农村的发展经验表明，把农民组织起来，调动农民积极性和创造性的村庄集体经济发展模式，是乡村发展壮大的必由之路。如发展历史较长的河南南街村、江苏华西村等以工业为主的村庄以及新兴的湖南省十八洞村、陕西省袁家村等以发展乡村旅游为主的村庄。其中，陕西省的袁家村，是基层干部带领群众以集体经济实现共同富裕的典型村庄，其在探索新型农村集体经济方面有很大创新，且积累了丰富的经验，发展模式亦较为成熟，具有一定的推广与借鉴意义。

四、袁家村集体经济模式解读

乡村集体经济的发展涉及两个重要问题，一是谁来组织，二是如何组织。复盘袁家村的集体经济发展路径可以发现，袁家村是在党支部书记郭占武的带领下，以合作社的方式实现了集体经济的发展。

（一）返乡创业带头人的出现

袁家村在20世纪80年代，抓住改革开放的机遇，发展村办企业，一度成为陕西著名的"富裕村""小康村"。但是，90年代后期，随着国家产业政策调整，淘汰落后产能，高耗能、高污染的村办小企业陆续破产倒闭。2000年以后，袁家村的经济开始萎缩，村民收入下降，青壮年外出打工，老弱妇女留守，袁家村逐渐沦为一个空心村。村子东西一条街，南北两排房，既没有绿水青山的美景，也没有古镇老村的风貌，搞旅游没有任何可资利用的先天资源和独特优势。2007年，在西安创业成功的优秀青年企业家郭占武响应党和政府的号召，毅然返乡，带领乡亲们二次创业，重新振兴袁家村。同年，郭占武当选为袁家村新一届党支部书记，他思路清晰、目标明确、心胸宽广、干事执着，其上任之初就代表党支部和村干部向全村村民郑重承诺和表态，要千方百计谋发展，带领乡亲们奔小康，绝不让一家一户掉队，并明确提出依托农村资源、依靠村民，自主发展村庄经济。

郭占武要求全体村干部不谋私利，以身作则，全心全意为群众服务，以实际行动取信于群众。他们没有"等、靠、要"，也不迷信、不幻想外部力量，始终坚持村民的主体地位，树立村民的主人翁意识，激发村民的积极性和主动性，并以集体经济的形式谋求村庄发展。

（二）合作社：袁家村发展集体经济的重要平台

1. 袁家村合作社出现的背景及初始情况

尽管现在的袁家村是以小吃街而出名，但袁家村并非由小吃街起步。2007年袁家村开始发展乡村旅游时，只有"东西一条街、南北两排房"的农家乐格局以及一条不到100米的康庄老街。袁家村小吃街是在农家乐及康庄老街广受游客欢迎、游客量激增以后所建造的。小吃街的出现主要是为了分流当时农家乐的客源，同时也是郭占武对当时农家乐同质化经营忧虑所采取的重要举措。

2011年小吃街建成以后即开始招商，依托于已经培养出来的客源市场，再加上袁家村对食品质量的严格把控，小吃街在短时间内即受到游客的认可与青睐。从小吃街生意火爆，商户开始有巨大收益以后，郭占武开始在小吃街推广合作社，力图借助于合作社调节收入分配，并让更多的村民能参与到小吃街的发展之中。虽然现在外人看到的袁家村村民及商户从合作社中都得到了巨大的实惠，并且进入合作社的门槛也越来越高，但在最初推行合作社的时候困难重重。主要是商户不愿意以合作社的形式分自己挣的钱，村民想获取收益但是又不愿意拿钱入股投资眼下不盈利的项目。首先，对当时已经盈利的商户来说，成立合作社让村民入股到自己的小吃店，等于是自己给村民打工挣钱，所以他们根本不愿意让袁家村的村民坐享其成。其次，对村民来说，对于那些看不到眼前利益的生意他们又不愿意投资入股。因此，在合作社推行的初期，郭占武面临很大的压力。

曹锦清教授在《黄河边的中国》一书中认为："农民的基本特点是他们无力在各自利益的基础上，通过平等协商的途径形成共同利益，缺乏共同利益的意识，也就不可能通过平等协商的途径建立共同的合作组织，并通过有约束力的章程与领导来解决自己的共同事务。或说，分散经营的农户在客观上存在共同利益，但在主观上无法形成共同利益的意识，这就决定了农民只能依赖别人来认识并代表他们的共同利益。"合作社成立过程中，由农民自发组织、协调的可能性微乎其微，通常必须由村庄有威望、有能力的人主动发起、坚决推进才能实现。尤其是在合作组织的创立和发起初期，这个角色起着非常重要的作用。另外，即便是农民有意愿成立合作组织来维护自身的利益，但囿于能力和经验，他们往往难以如愿以偿。所以，农民的合作必须要有一个"代表"出现。正如马克思所说："他们不能代表自己，一定要别人来代表他们。"① 曹锦清教授更是一针见血地指出："中国农民历来善分，分到家庭而后止，从来不善于在平等协商基础上进行各种形式的联合，除非出现一个能发现他们的共同利益并能全心全意代表他们共同利益的'带头人'，如南街村的王洪彬、巩义市竹林镇的赵明恩那样。"② 在袁家村的发展过程中，党支部郭占武无疑扮演了"带头人"的角色。

2. 袁家村合作社的发展与壮大

在乡村集体经济发展过程中，村民以何种途径进行联合，以及以何种方式分配其中的红利，应该成为乡村社会关系变动的重要研究视角。著名行为分析及博弈论专家罗伯特·阿克塞尔罗德在其经典之作《合作的进化》中指出："在什么条件下才能从没有集权的利益主义者中产生合作？这个问题已经困惑人们很长时间。大家都知道人不是天使，他们往往首先关心自己的利益。然而，合作现象四处可见，它是文明的基础。那么，在每一个人都有自私动机的情况下，怎样才能产生合作呢？"

对袁家村来说，村民开始有合作意识以及合作社的发展壮大，其实都与"利益"二字有关。村民看到实在的利益以后入股的积极性大大提高，分散的农民只有形成一个利益共识，才能在此基础上建立合作的平台。正如马克思所说："人们奋斗所争取的一切，都同他们的利益有关。"③ 袁家村的合作社是一个滚动发展的过程，任何一种业态的引入都会考虑以合作社的方式让商户和村民参与进来。分散、独立决策的农民没有对接旅游大市场的经验，在乡村旅游中往往难以适应市场的竞争。只要是商户及村民继续处在非组织的状态下，那么他们分散经营所取得的收益必定低于集体行动时可能取得的收益。但是依托于合作社这一经济组织，农民在心理上有了归属感，并有足够的信心融入乡村旅游的发展中。伴随收益的显现，村民开始以更积极的姿态入股加入合作社。

袁家村选择以合作社这一利益分配平台，是因为当时郭占武看到了经营过程中所出现的各种问题，因此必须以更为深刻的改革才能消除隐藏在乡村旅游中的弊病和隐患。费孝通先生在分析乡土社会变迁时候的论述，可以用来描述袁家村当时出现的情形："在新旧交替之际，不免有一个惶惑、无所师从的时期，在这个时期，心理上充满着紧张、犹豫和不安。这里发生了'文化英雄'，他提得出办法，有能力组织新的实验，能获得别人的信任。这种人可以支配跟从他的群众，发生了一种权力。"④ 袁家村合作社作为"新的实验"，在郭占武的主导下开始逐步推广。

3. 袁家村合作社的入股方式

以入股的形式成立各类合作社，已经成为袁家村发展过程中一个重要的组织和利益分配平台，同时

---

① 《马克思恩格斯文集》卷二，人民出版社，2009，第567页。
② 曹锦清：《黄河边的中国》，上海文艺出版社，2000。
③ 《马克思恩格斯全集》卷一，人民出版社，1956，第82页。
④ 费孝通：《乡土中国》，生活·读书·新知三联书店，2013。

也是袁家村经营和管理乡村旅游的重要形式（见图3）。袁家村的股份结构多元化，充分考虑了农村和农民的实际情况。袁家村合作社的入股方式主要有以下几个方面：

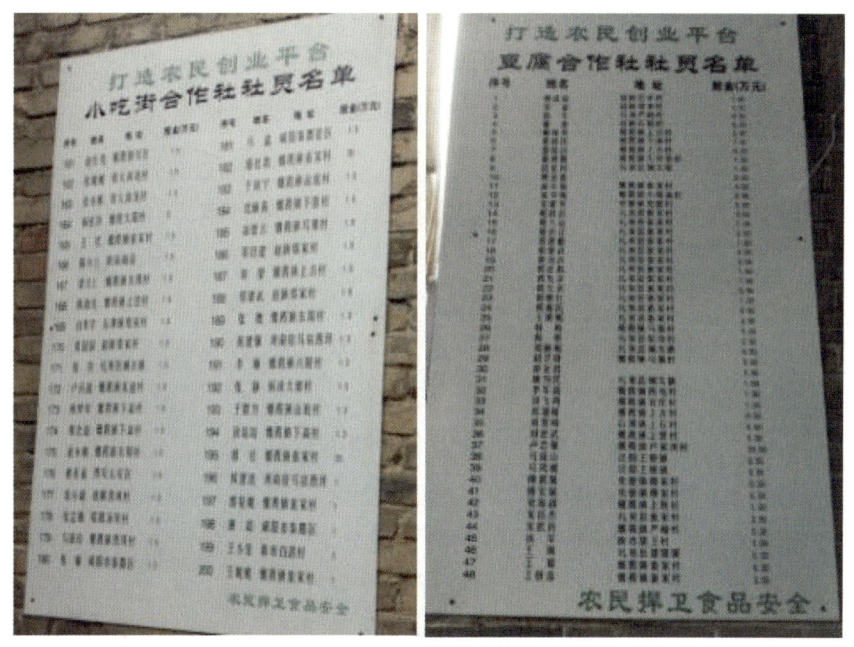

图3 袁家村合作社社员名单

一是基本股。将村集体的建设用地盘活，变为资产，按比例直接分配到每户村民名下，即对应每户村民的可记名、可量化、可分配的股权。在所有权、承包权不变的基础上，村民自愿将土地经营权流转给村集体，用于经济合作组织，并获得相应的股权。外来投资和经营项目，凡占用袁家村集体资源的，这部分集体资源就作为股份（一般为20%）进入项目，所得股份分工收益作为村民集体收入，除用于必要的公共事业支出外，全部、直接分配给每户村民。袁家村将原来闲置的固定资产、厂房和建设用地等进行股份制改造，集体保留38%，其余62%量化到户，每户20万元。无现金的以土地按每亩4万元折股，或将其经营性房产按10%入股，共计入股62户，1240万元。

二是交叉股。袁家村现有20多家经济合作组织，都是农民自发、自愿，以土地经营权和现金入股的形式成立的，也有周边其他村的，已经打破了村的界限。村民同时还享有自己的土地经营权流转，加入合作社获得的股份红利。袁家村先后成立酸奶、粉条、辣椒、豆腐、酿醋等20多家股份合作社，入股金额达8036万元，入股群众2305户（包括周边村庄村民）。

三是混合股。袁家村每一个商户、每一家农户的持股结构都不一样，既有资本入股、也有土地入股，还有技术入股，管理入股等，形成了混合持股的结构。其中资本入股4926万元，土地入股1240万元，管理入股1870万元。

四是调节股。针对经营户收入高低不均的现实，村上将盈利高的商户变为合作社，分出一部分股份给盈利低的商户；对于低盈利但不可缺少的商户（比如手工馒头、扁豆面等15户年收入不足10万元的商户，优先参股），村上还会给他们一定的补助，缩小他们与高收入商户之间的差距。

五是限制股。限制大股，照顾小股。在二次入股权益分配的过程中，对之前股金高的商户股权进行稀释，避免因股金比例失调而出现收益差距过大的情况。

袁家村现有的20多家经济合作组织，都是在郭占武和党支部的引导下，由农民自发、自愿，以土地经营权和现金入股的形式成立的。郭占武因事定策、因人施策，极具创造性地设计出一整套的符合乡村实际和农民特点的股份合作制度，极大促进了村民参与乡村旅游的积极性和主动性。这种股权制度独具特色、合情合理，既保证负责合作社经营的大股东的利益，又尽可能让更多的群众参与到股权分配之中。袁家村合作社秉承"全民参与、入股自愿，钱少先入、钱多少入，照顾小户、限制大户，风险共担、收益共享"的原则，各个项目互相参股，形成"你中有我、我中有你"的发展格局。通过合作社，调节了收入分配和再分配，避免了两极分化，实现了利益均衡，达到了共同富裕。另外，袁家村合作社的普遍推广，也有效改善了村民和外来商户之间的关系。外来商户逐渐意识到尽管实行合作社以后挣钱比以前要少很多，但是自己在村子中的地位开始提升，并且能够安心做生意，不用担心因"赚钱多"而激起村民的"相对剥夺感"。事实证明，郭占武富有远见的利益调整和制度安排，确保了袁家村在共同富裕的正确道路上能够平稳前行。这在中国农村发展史上，既是一次创新实践，也是一个重大突破，意义非凡而深远。

需要指出的是，袁家村在发展之初，属于村集体所有的资源只有20世纪八九十年代村办企业留下的一些集体建设用地，村庄并无其他任何优势资源。郭占武从实际出发、从村民利益出发，将资源变资产，即把属于村集体的建设用地盘活，变为资产，按比例直接分配到每户村民名下，即对应每户村民的可记名、可量化、可分配的股权，村民对自己持有的股权享有分红收益。在所有权、承包权不变的基础上，村民自愿将土地经营权流转给村集体，用于经济合作组织，并获得相应的股权，变为股东。

通过经济合作组织，袁家村实现了资源变资产、资金变股金、村民变股民的"三变"。"三变"后的袁家村集体经济，不是抽象的、模糊的、概念化的，更不是实际控制人或受托人任意支配的，而是装在每户村民腰包里的集体经济。村民看得见、摸得着、拿得到、可支配。袁家村的村民从集体经济的发展中得到实实在在的利益，所以村民关心集体经济、热爱集体经济，对入股合作社、发展集体经济抱有极大的热情和积极性，村庄有极强的凝聚力和集体意识。

（三）村民自组织：护航集体经济发展的利器

袁家村通过合作社保障了村民的利益，实现了共同富裕，但是在发展过程中依然会出现种种问题，并且很多村庄内部问题又无法诉诸于法律或者通过政府进行协调，这就必须由村庄自身根据乡土社会的规则进行处理。袁家村以道德讲堂、村民集体决议等形式的"自组织"管理方式解决了集体经济发展过程中村庄的内部问题。

1. 道德讲堂

集体经济的快速发展，使村民的收入在短时间内快速上升，农民"暴富"以后也带来了诸多不良社会现象，如心理膨胀、互相攀比，甚至不思进取等。在发展初期，郭占武就注意到了这一现象，因此要求村干部在道德讲堂上对相关村民进行思想教育，并进行忆苦思甜活动。通过抚今追昔的"自省"与"自醒"，明辨是非的"讲理"和"明理"，让富裕起来的村民再次认识到今天美好生活的来之不易，去除他们的骄傲情绪、攀比心理。通过持续不断地教育和引导，袁家村的村民和商户充分认识到彼此都是互相关联、互相依赖、互相影响、互相补充的大家庭中的一员，每家每户都是袁家村这个整体系统中的一分子，如果离开村集体，就一无所成，更不会有让人称羡的成绩，即"整体大于部分之和"。广大村民和商户由此提高了认识，从而更加热爱村集体，更加关心村集体。

2. 村民集体决议

在袁家村，村中事务无论巨细，都会摆到台面上由所有村民共同商议决定，村民或商户对村庄事务的参与几乎是全方位的，这充分发挥了基层党组织调动农民积极参与村庄事务的功能。集体决议保证了政策与制度在制定与推行过程中的透明化，打消了村民的种种顾虑。另外，村民集体决议给全体村民提供了发表意见的场合和机会，等于是给村庄的平稳运行安装了"安全阀门"，村中所出现的各种问题与矛盾都会通过民主渠道在公开场合得到有效的纾解。这种由村民自我寻求解决问题的方式，不仅没有给政府添麻烦，而且还有效促进了村民、商户之间的沟通与团结，同时也在一定程度上保证了村政决策的顺利执行。另外，今天的袁家村发展迅猛，人员陡增，传统的现场会议形式已无法满足村治理的需要。针对现实状况，袁家村与时俱进，充分利用互联网技术，在管理形式上既有线下的村民大会、股东会、座谈会和协商会等现场会议，同时还有线上的各种大大小小的以微信和QQ组成的"群"：工作群、实战群、合作社群、村民群、商户群、文创群、培训群、客栈群、进城群、出省群等有十几个之多。"群"已经成为袁家村进行组织管理、传达信息的重要平台。这种便捷高效的线上管理方式不仅有助于村干部传达各种上级精神和村庄事务安排，更充分保证了广大村民和商户能够及时获取信息，同时也为袁家村的各类群体提供了重要的意见表达渠道。袁家村的发展始终是以农民为主体，真正实现了"由民做主"，而不是"为民做主"，农民享有充分的村庄事务知情权、参与权与决策权。随着村庄发展速度加快、发展规模扩大，袁家村的农民非但没有被边缘化，其主体性地位反而越来越牢固、越来越突出。

五、袁家村新型集体经济发展模式的启示

（一）乡村集体经济的发展必须有村民认可的带头人

袁家村是农村基层干部带领农民致富的典型案例，袁家村之所以能够成为乡村旅游与新型集体经济发展中的一个奇迹，与党支部书记郭占武的引领与设计密不可分。在袁家村转型发展过程中，郭占武的超前眼光和广泛的社会关系给村民带来了巨大的利益，因此村民对郭占武非常尊敬，言谈之中都会流露出对郭占武的敬畏与尊重。在袁家村，郭占武与村民的关系是"传统农村庇护主义"的完美体现，即地位较高者往往会利用自己的影响力和资源向个人或者群体提供保护和支持，接受恩惠者则向地位较高者报以支持或服务，从而形成一种较为稳定并且能够持续维持的社会秩序。这种现象就是庇佑关系，构成庇佑关系的双方就是"庇护者"（patron）和"被庇护者"（client）。对于patron和client之间的关系，耶鲁大学政治学教授斯科特（Scott J. C.）曾作出如下的说明："patron-client"的关系是不同社会角色之间的一种交换关系，可以定义为一种主要以工具性友谊为基础的特殊的二人关系；在此关系中，具有较高的社会和经济地位的一方（patron）利用其影响和资源，为地位较低的一方（client）提供保护或利益，而后者，作为回报，则为前者提供一般性的支持和帮助，包括个人服务。"[1]

由此可以看出，庇护者与被庇护者之间的关系强调的是一种双方互利的关系。事实上，庇佑关系同样存在于当前的社会生活中，并以一种有别于传统庇佑的方式出现。庇佑关系对促进乡村发展以及持续性稳定起到了重要作用，在一定程度上已经成为正式制度的一种补充力量。由于农民自身的弱势地位以及长期以来所形成的对政府和领导者的依赖惯性，因此他们对乡村带头人有一种天然的依赖以及寻求庇护的心理。虽然中国乡村的政治制度和经济结构曾发生过巨大的变化，但是传统乡村的文化制度和农民观念，以及人们对待权力的态度、人们在社会交往中的基本方式与政治和经济变革之前的情况并没有实

---

[1] Scott J. C.: "Patron-Client Politics and Political Change in Southeast Asia," *American Political Science Review* 66, No. 1 (1972): 91–113.

质性的区别。尤其在乡村"熟人"社会中，村民之间以及村民与带头人之间的关系很难用制度或者规则的力量去维系，而需要一种"工具性友谊"去维持。

在乡村社会，由于农民社会地位的限制以及农民本身视野与思维的固化，导致农村很难出现跨越式发展或者短时间内的巨大变革。纵观农村经济发展较为突出的地区，往往都会有一个能人、精英或带头人在其中扮演着重要角色。乡村需要有一个具有超前意识、进取精神和有魄力的带头人去引领、庇护农民从事相关经营活动。在袁家村，郭占武作为"庇护者"，利用自己的影响力和经营策略带领村民和商户这些"被庇护者"在乡村旅游的大潮中稳步前进，从发展中获取到巨大利益的"被庇护者"以更为积极的姿态投身于各种业态的经营之中。在袁家村，郭占武及其他管理人员最为关心的是商户能否"赚到钱"，不会以虚无的说教去"教育"农民。袁家村这种以利益为导向的发展策略调动了农民参与集体经济的热情，即首先对农民进行"赋利"，农民在乡村旅游中获取到真正收益以后，再以各种形式对农民进行"赋权"，让农民在利益基础上实现自我组织和管理，"利"与"权"的结合与互相促进真正实现了以农民为中心的集体经济发展模式，并使村民对郭占武发自内心地产生了信任与忠诚。这种发展模式能够有效地把成员约束在村集体的管理体制之内，并使之自觉地服务于村集体的各项工作。

（二）发展集体经济是实现乡村振兴的重要路径

《乡村振兴战略规划（2018—2022年）》中指出："发展新型农村集体经济。深入推进农村集体产权制度改革，推动资源变资产、资金变股金、农民变股东，发展多种形式的股份合作。鼓励经济实力强的农村集体组织辐射带动周边村庄共同发展。发挥村党组织对集体经济组织的领导核心作用。"巩固和发展壮大村级集体经济是促进农村经济社会发展，实现农民共同富裕，加快农业和农村现代化建设的重要内容，是保障农村基层组织正常运转、巩固党在农村执政地位的重要物质基础，对于增强村级组织凝聚力、号召力和战斗力具有十分重要的意义。此外，发展壮大村集体经济，也有利于进一步增强农民的发展后劲，促进农村生产力的发展。

在郭占武的主导下，袁家村通过一系列创新实践，成功探索出一条破解"三农"难题、发展新型集体经济、实现乡村振兴的新路径。袁家村已经实现了《乡村振兴战略规划（2018—2022年）》中所提出的大部分战略目标，并在新型集体经济发展模式道路上，探索出了值得推广与学习的宝贵经验。袁家村的集体经济不同于传统意义上的"村庄集体经济"，袁家村在发展之初无集体经济基础，无村集体资本金，可谓"一无家底，二无资源"。袁家村之所以取得今天的成就，是郭占武摒弃"等、靠、要"思想，主动创新，并通过创建农民创业平台、培育和扶持优势项目、成立农民合作社等方式来实现。

袁家村探索出的新型集体经济，不仅能够有限激发村民的主动性和创造性，同时也对村民有较强的约束力，使之能够从分散到团结，在一定程度上巩固了基层党支部对村民的领导力。袁家村的"村集体+农户"的合作社发展模式，真正实现了"资源变资产、资金变股金、农民变股民"，使村民变成乡村发展的经营主体和自我组织主体，有效推动了农村由"裂变"转向"聚变"。以郭占武为核心的袁家村党支部一切立足于党的大政方针、立足于村庄实际、立足于村民利益，以党的政策保驾护航，以振兴乡村目标为前进动力，充分发挥基层党员干部在乡村振兴中把脉、引领、示范、后盾的作用，并营造出"前者呼，后者应，伛偻提携"的和谐发展局面。袁家村的新型集体经济是农村自主谋发展的先行者、探索者、实践者，同时也为中国乡村振兴提供了可供参考的生动样本。

附录一：国家近年发布的休闲农业与乡村旅游政策文件

时　间	文件名称	颁布机构	内容要点
2015年8月	《关于进一步促进旅游投资和消费的若干意见》	国务院办公厅	实施乡村旅游提升计划，开拓旅游消费空间。坚持乡村旅游个性化、特色化发展方向。立足当地资源特色和生态环境优势，突出乡村生活生产生态特点，深入挖掘乡村文化内涵。
2015年8月	《农业部等部门关于积极开发农业多种功能大力促进休闲农业发展的通知》	农业部、国家发展和改革委员会等11部门	支持农民发展农（林、牧、渔）家乐，鼓励发展以休闲农业为核心的一二三产业聚集村；鼓励在适宜区域发展以拓展农业功能、传承农耕文化为核心，兼顾度假体验的休闲农庄。
2016年1月	《关于落实发展新理念加快农业现代化实现全面小康目标的若干意见》（2016年中央一号文件）	中共中央、国务院	大力发展休闲农业和乡村旅游。大力发展休闲度假、旅游观光、养生养老、创意农业、农耕体验、乡村手工艺等，使之成为繁荣农村、富裕农民的新兴支柱产业。
2016年8月	《关于印发乡村旅游扶贫工程行动方案的通知》	国家旅游局等12部门	确定了乡村旅游扶贫工程的五大任务和提出了实施乡村旅游扶贫八大行动。
2016年8月	《关于大力发展休闲农业的指导意见》	农业部、国家发展和改革委员会等14部门。	实施休闲农业和乡村旅游提升工程。鼓励发展休闲农庄、乡村酒店、特色民宿、自驾车房车营地、户外运动等乡村休闲度假产品。探索农业主题公园、农业嘉年华、教育农园、摄影基地、特色小镇、渔人码头、运动垂钓示范基地等。
2016年11月	《全国农产品加工业与农村一二三产业融合发展规划（2016—2020年）》	农业部	加快发展休闲农业和乡村旅游，拓展农业多种功能，推进农业与休闲旅游、教育文化、健康养生等深度融合，发展观光农业、体验农业、创意农业等新业态。
2017年1月	《关于深入推进农业供给侧结构性改革加快培育农业农村发展新动能的若干意见》（2017年中央一号文件）	中共中央、国务院	充分发挥乡村各类物质与非物质资源富集的独特优势，利用"旅游+""生态+"等模式，推进农业、林业与旅游、教育、文化、康养等产业深度融合。

续表

时间	文件名称	颁布机构	内容要点
2017年5月	《关于推动落实休闲农业和乡村旅游发展政策的通知》	农业部	旨在促进引导休闲农业和乡村旅游持续健康发展，加快培育农业农村经济发展新动能，壮大新产业新业态新模式，推进农村一二三产业融合发展。
2018年1月	《关于实施乡村振兴战略的意见》（2018年中央一号文件）	中共中央、国务院	实施休闲农业和乡村旅游精品工程，建设一批设施完备、功能多样的休闲观光园区、森林人家、康养基地、乡村民宿、特色小镇。
2018年4月	《关于开展休闲农业和乡村旅游升级行动的通知》	农业农村部	鼓励各地因地制宜培育农业嘉年华、休闲农业特色村镇、农事节庆、星级农（林、牧、渔）家乐等形式多样、富有特色的品牌。
2018年9月	《乡村振兴战略规划（2018—2022年）》	中共中央、国务院	实施休闲农业和乡村旅游精品工程，发展乡村共享经济等新业态，推动科技、人文等元素融入农业。
2018年11月	《关于促进乡村旅游可持续发展的指导意见》	文化和旅游部等17部门	在保护的基础上，有效利用文物古迹、传统村落、民族村寨、传统建筑、农业遗迹、灌溉工程遗产、农业文化遗产、非物质文化遗产等，融入乡村旅游产品开发。
2019年2月	《关于坚持农业农村优先发展做好"三农"工作的若干意见》（2019年中央一号文件）	中共中央、国务院	实施数字乡村战略。充分发挥乡村资源、生态和文化优势，发展适应城乡居需要的休闲旅游、餐饮民宿、文化体验、健康养生、养老服务等产业。
2020年1月	《数字农业农村发展规划（2019—2025年）》	农业农村部、中央网络安全和信息化委员会办公室	鼓励发展智慧休闲农业平台，完善休闲农业数字地图，引导乡村旅游示范县、美丽休闲乡村（渔村、农庄）等开展在线经营，推广大众参与式评价、数字创意漫游、沉浸式体验等经营新模式。
2020年1月	《抓好"三农"领域重点工作确保如期实现全面小康的意见》（2020年中央一号文件）	中共中央、国务院	破解乡村发展用地难题，完善乡村产业发展用地政策体系，明确用地类型和供地方式，实行分类管理。

续表

时　间	文件名称	颁布机构	内容要点
2020年2月	《2020年乡村产业工作要点》	农业农村部办公厅	积极发展乡村休闲旅游，一是建设休闲农业重点县，二是培育休闲旅游精品，三是推介休闲旅游精品景点线路。
2020年7月	《全国乡村产业发展规划（2020—2025年）》	农业农村部	到2025年，乡村休闲旅游业优化升级。农业多种功能和乡村多重价值深度发掘，业态类型不断丰富，服务水平不断提升，年接待游客人数超过40亿人次，经营收入超过1.2万亿元。聚焦重点区域，建设城市周边乡村休闲旅游区，建设自然风景区周边乡村休闲旅游区，建设民俗民族风情乡村休闲旅游区，建设传统农区乡村休闲规旅游景点。
2020年10月	《中共中央关于制定国民经济和社会发展第十四个五年规划和二〇三五年远景目标的建议》	中国共产党第十九届中央委员会第五次全体会议通过	发展县域经济，推动农村一二三产业融合发展，丰富乡村经济业态，拓展农民增收空间。推动文化和旅游融合发展，建设一批富有文化底蕴的世界级旅游景区和度假区，打造一批文化特色鲜明的国家级旅游休闲城市和街区，发展红色旅游和乡村旅游。
2021年1月	《关于全面推进乡村振兴加快农业农村现代化的意见》（2021年中央一号文件）	中共中央、国务院	开发休闲农业和乡村旅游精品线路，完善配套设施。依托乡村特色优势资源，打造农业全产业链，把产业链主体留在县城，让农民更多分享产业增值收益。
2021年4月	《中华人民共和国乡村振兴促进法》	第十三届全国人民代表大会常务委员会第二十八次会议通过	各级人民政府应当发挥农村资源和生态优势，支持特色农业、休闲农业、现代农产品加工业、乡村手工业、绿色建材、红色旅游、乡村旅游、康养和乡村物流、电子商务等乡村产业的发展。
2021年6月	《"十四五"文化和旅游发展规划》	文化和旅游部	推动乡村旅游发展，推出乡村旅游重点村镇和精品线路。发展康养旅游，推动国家康养旅游示范基地建设。

续表

时间	文件名称	颁布机构	内容要点
2021年11月	《"十四五"推进农业农村现代化规划》	国务院	以农业农村资源为依托,以农民为主体,培育壮大现代种养业、乡村特色产业、农产品加工流通业、乡村休闲旅游业、乡村新型服务业、乡村信息产业等,形成特色鲜明、类型丰富、协同发展的乡村产业体系。以拓展二三产业为重点,纵向延伸产业链条,横向拓展产业功能,多向提升乡村价值。
2021年11月	《关于拓展农业多种功能促进乡村产业高质量发展的指导意见》	农业农村部	做精做优乡村休闲旅游业。大力推进"休闲农业+",突出绿水青山特色、做亮生态田园底色、守住乡土文化本色,彰显农村的"土气",巧用乡村的"老气",焕发农民的"生气",融入时代的"朝气",推动乡村休闲旅游业高质量发展。
2021年12月	《"十四五"旅游业发展规划》	国务院	深入挖掘、传承提升乡村优秀传统文化,带动乡村旅游发展。实施乡村旅游精品工程,优化乡村旅游产品结构,丰富产品供给。培育一批乡村旅游集聚区,构建全方位、多层次的乡村旅游品牌体系。
2022年1月	《关于做好2022年全面推进乡村振兴重点工作的意见》(2022年中央一号文件)	中共中央、国务院	持续推进农村一二三产业融合发展。实施乡村休闲旅游提升计划。支持农民直接经营或参与经营的乡村民宿、农家乐特色村(点)发展。将符合要求的乡村休闲旅游项目纳入科普基地和中小学学农劳动实践基地范围。

附录二：广东省近年发布的休闲农业与乡村旅游政策文件

时　间	文件名称	颁布机构	内容要点
2015年12月	《广东省人民政府关于促进旅游业改革发展的实施意见》	广东省人民政府	启动创建休闲农业与乡村旅游示范县（镇）、休闲农业示范点活动。实施"美丽乡村"旅游工程。开展乡村旅游相关品牌创建活动。
2016年5月	《广东省进一步促进旅游投资和消费实施方案的通知》	广东省人民政府办公厅	专门设置"促进乡村旅游提质增效"一个章节。从"引导乡村旅游特色化、智慧化发展""完善休闲农业和乡村旅游配套设施""积极推动乡村旅游创客行动""大力推进乡村旅游扶贫"等四个方面进行政策引导。
2017年10月	《广东省推进农业供给侧结构性改革实施方案》	广东省人民政府	推进农业、林业与旅游、教育、文化、康养等产业深度融合，加快发展趣味创意、农耕体验、森林康养、旅游观光等休闲农业，开展乡村旅游示范镇、示范点及美丽休闲乡村创建活动，建设一批农业公园、森林公园、湿地公园和海洋公园，推介休闲农业和乡村旅游精品线路。
2018年6月	《关于推进乡村振兴战略的实施意见》	中共广东省委、广东省人民政府	通过实施特色产业培育工程，发展"一村一品、一镇一业"，做强富民兴村产业。做大农产品加工、电子商务、休闲农业、田园综合体、乡村旅游等新产业新业态。
2018年7月	《关于印发广东省促进全域旅游发展实施方案的通知》	广东省人民政府办公厅	大力实施乡村旅游与休闲农业"四变工程"。推动产区变景区；推动田园变公园；推动劳作变体验；推动农房变客房。
2019年1月	《关于印发贯彻落实省委省政府工作部署实施乡村振兴战略若干用地政策措施（试行）的通知》	广东省自然资源厅、广东省农业农村厅	加大乡村旅游业用地支持力度。优化乡村旅游用地政策。鼓励各地探索以"点状"供地模式支持休闲农业和乡村旅游项目发展，推动全域旅游发展。
2019年3月	《广东农业公园建设标准及评价指标体系》	广东省农业农村厅	规定了广东省范围内的村庄、社区、乡镇，国有农场与美丽乡村建设、农业产业化相结合的乡村旅游景区，即广东农业公园的建设标准和评定的基本条件、评分方法、评定程序和管理。

续表

时间	文件名称	颁布机构	内容要点
2019年4月	《广东省"一村一品、一镇一业"建设工作方案》	广东省农业农村厅	充分发挥市场在资源配置中的决定性作用,遵循市场经济规律,选择既有地方特色又有市场前景的产业发展,吸引社会资本、金融资本投入"一村一品、一镇一业"。
2019年6月	《广东省民宿管理暂行办法》	广东省人民政府	支持在具有旅游资源的乡村发展民宿。鼓励农户、村集体经济组织和具有专业化经营能力的经济组织等,采用自主经营、租赁、联营等方式,参与乡村民宿经营管理。
2019年7月	《广东省实施乡村振兴战略规划(2018—2022年)》	广东省委、省政府	盘活利用未承包到户的集体"四荒地"、果园、养殖水面以及生态环境、人文历史、各类房产设施、集体建设用地等资产资源,发展现代农业、休闲农业和乡村旅游等项目。
2019年9月	《关于支持省级现代农业产业园建设政策措施的通知》	广东省人民政府办公厅	对利用存量建设用地建设农业产业园农副产品加工、食品饮料制造、农产品冷链、物流仓储、产地批发市场和小微企业、休闲农业、农村电商等项目的,省级将按照"三旧"改造政策标准予以建设用地指标奖励。
2019年12月	《关于推进现代农业高质量发展的指导意见》	广东省委实施乡村振兴战略领导小组	大力发展岭南特色优势产业、环保高效型畜牧业、农产品加工流通业、休闲农业和乡村旅游。
2020年3月	《关于加强乡村振兴重点工作决胜全面建成小康社会的实施意见》	中共广东省委、广东省人民政府	加快农村生态产业化、产业生态化,推进农业与休闲观光、教育培训、文化旅游、健康康养等产业深度融合。
2020年5月	《广东省贯彻落实〈数字乡村发展战略纲要〉的实施意见》	广东省委办公厅、省政府办公厅	推动互联网与特色农业深度融合,运用网络信息技术,发展精准农业、创意农业、认养农业、观光农业等新业态,促进游憩休闲、健康养生、创意民宿等新产业发展,规范有序发展乡村共享经济。

附　录

续表

时　间	文件名称	颁布机构	内容要点
2020年6月	《广东数字农业农村发展行动计划（2020—2025年）》	广东省农业农村厅	推动数字技术在休闲农业与乡村旅游的应用，鼓励支持建设设施完备和功能多样的数字休闲观光园区、乡村民宿和康养基地等，宣传农业科普知识，传承农耕文化，加快推动农村一二三产业融合发展。
2021年4月	《广东省国民经济和社会发展第十四个五年规划和2035年远景目标纲要》	广东省人民政府	大力发展特色优势产业。加快建设岭南特色现代农业产业体系。促进农业和旅游、教育、文化、医疗、体育等产业深度融合，因地制宜发展休闲观光、文化体验、健康养老、民宿旅游、创意农业等新产业新业态。
2021年8月	《广东省推进农业农村现代化"十四五"规划》	广东省人民政府	构建"跨县集群、一县一园、一镇一业、一村一品"的现代农业产业体系，打造一批跨县集群产业园，拓展一批特色产业园，创建一批功能性产业园，建设一批"一村一品、一镇一业"农业产业强镇、特色专业镇和农业特色专业村。
2021年11月	《广东省文化和旅游发展"十四五"规划》	广东省文化和旅游厅	深度挖掘乡村文化资源，推进"乡村+节庆""乡村+非遗""乡村+文创""乡村+演艺""乡村+游乐"等文化和旅游业态融合，推动传统村落、历史建筑、文物古迹、非物质文化遗产等文化资源融入乡村旅游产品及线路，进一步保护乡村文化生态。
2022年3月	《关于印发广东省乡村休闲产业"十四五"规划的通知》	广东省农业农村厅、广东省乡村振兴局	规划了广东省乡村休闲产业"4321"的空间布局。4为"四边"，即城边、景边、海边、村边；3为"三道"，即交通干道、碧（绿）道、南粤古驿道；2为"两特"，即少数民族特色居住区、古镇古村特色村落；1为"一园"，即农产品加工旅游园区。

附录三：广东省休闲农业与乡村旅游研究院简介

一、仲恺农业工程学院简介

仲恺农业工程学院是一所以农、工学科为优势，农、工、理、经、管、文、艺、法等多学科协调发展的省属本科大学。学校坐落在历史文化名城广州，有海珠、白云两个校区，校园总规划面积2484亩，现占地面积1765亩。校园集云山之神秀、汇珠水之灵气，是读书治学的理想园地。学校是1925年由近代民主革命先驱何香凝先生等提议、为纪念廖仲恺先生爱护农工的意愿而决定创办的仲恺农工学校。1984年，经教育部、农牧渔业部批准，学校升格为本科院校，定名为"仲恺农业技术学院"，国家副主席王震同志题写校名。2006年获得硕士学位授予权。2008年3月，经教育部批准，更名为"仲恺农业工程学院"。2021年获批博士学位授予立项建设单位。

学校设有二级学院（教学部）20个、博士后科研工作站1个、博士工作站1个和华南地区最大的雅思考点（IELTS）1个；拥有省部重点实验室4个、省厅级科研平台64个；省级重点学科4个、省"强特色"学科3个；国家一流专业2个、国家特色专业2个；硕士学位授权一级学科9个，硕士专业学位授权类别6个，本科专业64个。学校面向全国16个省市招生，全日制在校本科生、研究生27838人。教职员工1658人，具有博士学位专任教师比例为60.05%，具有高级职称专任教师比例为42.94%；现有俄罗斯自然科学院外籍院士1名、乌克兰工程院外籍院士1名、全国农业科研杰出人才1人、国务院特殊津贴专家2人、"十三五"国家重点研发计划首席科学家1人、广东省现代农业产业技术体系首席专家6名、珠江学者特聘教授1人、珠江科技新星5人、全国优秀教师1人、广东省教学名师4人、南粤优秀教师（教育工作者）17人、省级科技创新团队12个、柔性引进特聘院士10人、特聘教授（拔尖人才）42人、决策咨询专家11人。

二、研究院的成立

党的十九大提出实施乡村振兴战略，是以习近平同志为核心的党中央着眼党和国家事业全局，对"三农"工作作出的重大决策部署。而休闲农业和乡村旅游是把农业、乡村与旅游业结合在一起，利用农业景观和农村空间吸引游客前来观赏、游览、品尝、休闲、体验、购物的一种新型农业经营形态，拓展了农业生态涵养、休闲体验、文化传承等功能，凸显了乡村的经济、生态、社会和文化价值，在带动农民增收和促进乡村全面振兴方面发挥了越来越重要的作用。广东省休闲农业与乡村旅游产业资源丰富，消费群体潜力巨大，乡村基础设施发达，业态类型丰富，品牌效应凸显，但也面临着"智"创资源供给不充分、"农"本资源发掘不充分、"聚"集资源融合不深入等发展问题。在此背景下，广东省休闲农业与乡村旅游研究院于2022年1月29日，经广东省社会科学界联合会批准成立，并获批为广东省决策咨询研究基地。仲恺农业工程学院校长程萍教授任研究院院长，仲恺农业工程学院现代农业研究院院长、广东省休闲农业与乡村旅游产业联盟理事长王明星教授出任执行院长，并担任首席专家。

为调动广东省高校有关农业、文化、旅游等方面人力、物力、财力的资源，充分发挥高校农文旅人才智库作用，实现为应对广东省休闲农业与乡村旅游所面临的各种发展问题，提出研究院最优解决方案。本研究院由仲恺农业工程学院现代农业研究院牵头，联合华南农业大学中国农业历史遗产研究所、广东财经大学旅游管理与规划设计研究院等组成研究团队。团队成员涵盖了休闲农业、乡村旅游、农耕文化、旅游管理、区域经济、艺术设计等专业领域。成员职称、年龄、专业、学术结构合理，团队成员有深厚的理论功底与丰富的实验经验，长期从事相关理论研究及实践操作探索，承担过众多国家级省部级及厅局级区域和产业规划项目，并且很好地完成了相关规划任务，在广东省农业农村厅等相关政府管理部门和实践操作领域获得了较好的声誉。

三、研究院的定位、宗旨和特色

定位：以服务广东省休闲农业与乡村旅游高质量发展为使命，聚焦广东省休闲农业与乡村旅游发展问题，成为省委、省政府相关部门的重要智库；逐步打造成为广东省人文社科重点研究基地。

宗旨：凝心聚力，服务好广东休闲农业与乡村旅游发展。

特色：最大的特色就在于组建单位具有多元化，组建人员具有学科多样化。

四、研究院重点研究领域

研究领域1：休闲农业研究

休闲农业是20世纪末发展起来的一种新型农业业态形式，是农业发展的新途径。研究院立足广东现代农业产业园、"一镇一业"、"一村一品"、农业公园、休闲农业与乡村旅游示范镇村（景点）等，以开发具有旅游价值的农业资源和农产品为前提，利用农业自然资源、景观资源和农村人文资源，设计加入农业生产、农户生活、农耕文化及传统民俗庆典等环节，服务广东休闲农业。

研究领域2：乡村旅游研究

乡村旅游是发生在乡村地区（乡村或其周围），以乡村环境、乡村遗产、乡村生活、乡村活动为旅游吸引物，以城市居民为目标市场，满足其休闲度假、体验、观光、娱乐等需求且能给当地居民（村民）带来利益的一种旅游活动。研究院围绕市场需求、立足广府文化、潮汕文化、客家文化、雷琼文化，打造和设计农业+文化、农业+旅游、农业+教育、农业+康养等形式，服务广东乡村旅游。

研究领域3：岭南农耕文化研究

农耕文化是指人类在与其所处环境长期协同发展中创造并传承至今的独特农业生产系统。研究院立足研究岭南农耕文化的挖掘、保护、传承和利用，为提升广东农耕文化系统性保护的能力和水平，更好地服务广东乡村文化振兴。

五、研究院组织架构

研究院职务	姓名	所在单位及职务
院长	程萍	仲恺农业工程学院原校长，二级教授、博士生导师
执行院长	王明星	广东省休闲农业与乡村旅游产业联盟理事长 仲恺农业工程学院现代农业研究院原院长，教授、硕士生导师
执行副院长	倪根金	华南农业大学教授，中国农业历史遗产研究室主任
	刘少和	广东财经大学教授，岭南旅游研究院学术委员会主任

续表

研究院职务		姓名	所在单位及职务
学术委员会	主任委员	谭元亨	华南理工大学二级教授，客家文化研究所所长
	副主任委员	马波	青岛大学教授，博士生导师，中国区域旅游开发专业委员会主任委员
	副主任委员	梁明珠	暨南大学教授，博士生导师，校旅游规划设计研究院常务副院长
	委员	王明星	仲恺农业工程学院现代农业研究院院长
	委员	倪根金	华南农业大学中国农业历史遗产研究室主任
	委员	刘少和	广东财经大学岭南旅游研究院学术委员会主任
	委员	秦学	广东财经大学文化旅游与地理学院教授
	委员	刘红斌	华南农业大学艺术学院党委书记
办公室主任		肖衍章	仲恺农业工程学院现代农业研究院办公室主任

附录四：广东省休闲农业与乡村旅游研究院近年学术活动概述

一、"广东样板·发现牙象" 线上学术论坛

2021年7月17—18日，在中国区域科学学会区域旅游专业委员会的指导下，由广东省休闲农业与乡村旅游产业联盟、仲恺农业工程学院现代农业研究院、广东财经大学岭南旅游规划与研究院和茂名市好心湖畔田园综合体及牙象大地艺术公园的共同主办下，在广东钧明集团打造的粤西乡村振兴网红项目——好心湖畔田园综合体召开了"广东样板·发现牙象"线上学术论坛。参加本次论坛的高校和相关机构有青岛大学、仲恺农业工程学院、华南农业大学、广东财经大学、广州美术学院、广东省旅游景区行业协会、广东创旅城乡规划设计有限公司。到会专家有马波、王明星、梁红、熊强、刘红斌、倪根金、谭明祥、刘少和、秦学、吴宗建、周志红、陈平等。本次论坛的目的，旨在发现广东休闲农业与乡村休闲旅游发展的"样板模式"，探寻广东休闲农业与乡村旅游发展的"牙象之路"。旅游与规划、艺术和农业等相关领域的业内重量级专家在众多项目中选择了好心湖畔田园综合体项目进行调查研究，正是看中

了该项目的发展思路能够为广东现代休闲农业与乡村休闲旅游的高质量发展，提供独到的发展经验与发展路径。

7月17日，与会专家一行实地考察了好心湖畔田园综合体、牙象大地艺术公园等地。在茂名市委市政府的领导下，钧明集团深入贯彻乡村振兴战略，进行政企合作、以企带农、三产融合，引入城市工商资本和智力资本，挖掘当地的农耕文化、区域文化等文化旅游资源，对农田、村落等进行艺术景观的改造与升级。成功打造了粤西地区最大的田园综合体。7月18日，与会专家根据考察情况，就"广东样板·发象牙象"主题进行了热烈研讨。论坛由仲恺农业工程学院现代农业研究院院长王明星教授主持，茂名市农业农村局副局长李灵到会并致欢迎辞，民革茂名市专职副主委陈海到会祝贺。会前，广东省休闲农业与乡村产业联盟专家委员会主任刘红斌教授将"广东省休闲农业与乡村产业联盟常务理事单位"牌匾授予了"好心湖畔田园综合体"。首先，论坛由好心湖畔田园综合体·牙象大地艺术公园副总经理周钰对项目发展情况进行了详细介绍，让大家对该项目有一个全面的了解。随后，广东财经大学岭南旅游规划与研究院学术委员会主任刘少和教授做了题为"好心湖畔田园综合体：引流·创新·品牌·平台"的主题报告，刘教授结合好心湖畔田园综合体的具体实践，从引流、创新、品牌和平台四个方面，为好心湖畔的未来发展提出建议。再次，广东财经大学文化旅游与地理学院秦学教授从全域旅游的视角，深入分析好心湖畔田园综合体的发展现状，提出提高认知高度、融合多元渠道、加强资源整合和健全管理体系等四个发展对策。接下来，与会专家们分别进行了专题发言。来自中国区域科学学会区域旅游专业委员会理事长的马波教授对本次考察和论坛进行学术点评。马教授指出："本次论坛专家的学术组合具有旅游、艺术和农业学科领域的多元性。这一田园综合体起步不错，建设规模巨大，进展迅速。希望田园综合体在未来的发展中立'三面旗'（新农业、新乡民、新乡村）、干'新六产'（一产×二产×三产）。做好服务政府、服务社区、服务游客、服务集团四大服务工作。在未来的发展进程中应开设'乡村振兴培训学院'，成为区域现代农业的孵化器和粤西地区最大的休闲农业田园综合体。"最后，王明星教授对本次考察和学术论坛进行了总结，并宣告本次论坛成功举办，圆满结束。

二、"乡村振兴战略视野下的农旅融合发展路径" 大型学术研讨会

2021年10月29日，在佛山市三水区农业农村局的指导下，由广东省休闲农业与乡村旅游产业联盟、佛山市社会科学界联合会、佛山市农村经济学会共同主办，在佛山市三水区小农街召开了"乡村振兴战略视野下的农旅融合发展路径"大型学术研讨会。参加本次活动的专家领导有：三水区农业农村局副局长何永坤、佛山市农村经济学会会长刘波、佛山市农业产业联合会林浩、仲恺农业工程学院现代农业研究院院长王明星教授、华南农业大学艺术设计学院党委书记刘红斌教授、华南农业大学人文学院倪根金教授、华南农业大学林业与风景园林学院孟威博士、广东财经大学岭南旅游规划与研究院刘少和教授、广东财经大学文化旅游与地理学院秦学教授、广东农工商职业技术学院郭丽冰、广东省旅游景区行业协会秘书长周志红博士、广东创旅城乡规划设计有限公司总经理陈平、佛山天下渔业科技有限公司苏易藩等。本次活动旨在通过考察小农街，深入剖析广东省休闲农业与乡村旅游发展存在的现状、问题，探讨乡村振兴战略视野下的农旅融合发展路径，借鉴先进做法，寻找解决方案，共谱佛山乡村"百里芳华"美丽的新篇章。

附 录

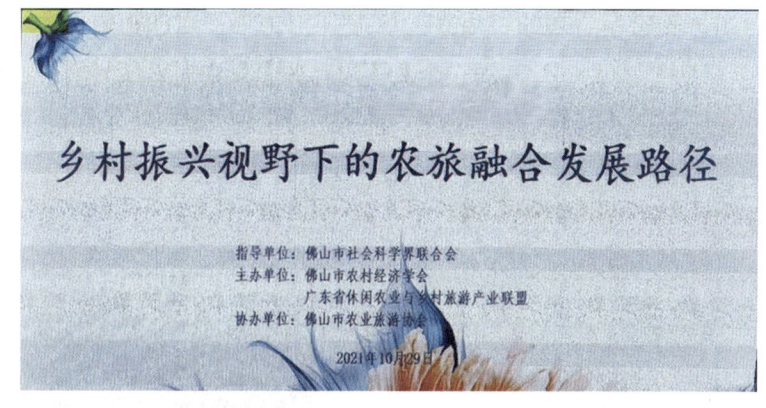

10月29日上午,与会领导专家一行实地考察了佛山市小农生态科技有限公司精心打造的小农街。小农街是佛山市十大农业公园之一、省级中小学研学实践基地,总面积有2000多亩,是以农业无公害生产为基础,以自然科普教育为核心,以乡村旅游为引领的农业一二三产业融合发展的综合体。与会专家先后参观了百果园、百菜园、百树园、南海区大沥嘉福学校教学农场、活字印刷术手工研学基地、中草药百草园等。

10月29日下午进行"乡村振兴战略视野下的农旅融合发展路径"学术研讨会。会上,刘波会长与王明星教授对参与人员进行简单介绍,随后刘波会长就活动主题发表他的看法,他鲜明地表达农旅融合过程中,农业必须作为主导,农业要注重发挥其产业价值,在此基础上,增加农业的休闲旅游等功能,才能使得农旅融合更好地长期发展下去。与会专家就广东省休闲农业和乡村旅游高质量发展、农文旅产业融合等问题进行了发言。会上,王明星教授回顾前些时间的调研情况,以及周边省乡村旅游的情况,认为随着疫情持续的影响,广东的城市旅游受到较大影响,而广东的乡村旅游相对落后,使得许多广东游客被迫引流到其他省份进行乡村旅游;认为打铁还需自身硬,农旅融合发展应符合"湾区引领,岭南特色,广东模式"理念;认为田园综合体是乡村旅游的重要模块,可以把田园综合体演变成农业主题公园,吸收城市主题公园的优秀经验,这是农旅融合发展的重要路径。

三、"同心同行　帮扶贵州省纳雍县乡村振兴三产融合发展" 研讨会

2022年8月27日下午，由民革广东省委会三农委员会、中共纳雍县委县政府、广东中洲农会产业发展有限公司、广东省休闲农业与乡村旅游研究院共同主办的"同心同行　帮扶贵州省纳雍县乡村振兴三产融合发展研讨会"在广州中洲农会举行。研讨会由民革广东省委会三农委员会主任、仲恺农业工程学院现代农业研究院院长、广东省休闲农业与乡村旅游研究院院长王明星教授主持。纳雍县委副书记张树洁、中洲农会董事长袁野以及专家、学者共30余人出席座谈。王明星教授代表民革广东省委会三农委员会对纳雍县委张树洁副书记一行及调研团队的到来表示由衷的感谢。

首先，张树洁副书记就纳雍县县情、产业发展、乡村振兴发展以及该县近年来主抓的新型工业化、新型城镇化，农业现代化和旅游产业化"四化建设"等情况进行了简要介绍。贵州金蟾大山生物科技有限公司董事长郭明、雍福集团公司副总经理周杰介绍了企业发展的情况和遇到的困难。中洲农会项目部经理杜显霞对纳雍县寨乐镇三产融合投资项目发展定位为纳雍县寨乐乡农文养+产学游全国乡村振兴示范村，一产做订单种植和家庭农场，二产打造特色精品手工坊产业，三产打造农旅康养和度假研学。

黄苇认为，纳雍县生产产品较难进行规模发展，希望纳雍县加强在产学研方面的建立与合作。陈海光教授认为，纳雍县应积极推动该县特色农产品进入粤港澳大湾区，拓宽销售市场，提高民众认识度。蔡丽君副主任依据农产品销售与宣传市场化、国际化、食品化、数据化的经验，指出纳雍县的农产品可以借鉴广东12221市场宣传体系，打造国际化品牌，开拓国际市场，延长产业链。刘红斌认为，纳雍县在

种植业和畜牧业方面有一定规模，应加强三产融合，争取打造全国休闲农业示范县。龙丽华认为，纳雍县食用菌、辣椒、滚山鸡、蘑菇等特色农产品，应积极择优、持续性打好区域品牌和企业品牌，扩大知名度。李荷认为，纳雍县有很好的养生护肤产品，如茶叶，应通过产学研挖掘价值，提高消费者喜爱度。倪根金指出，纳雍县特色农产品的市场宣传，应突出原生态性，做优区域品牌；加强农文旅深度融合，将纳雍丰富的民族文化融入产品生产；择优打造1~2个农特产品，将来申报中国重要农业文化遗产。刘少和认为，纳雍县农文旅产业的发展方向，应注重品牌化、数字化、体验化、链条化"四化建设"。陈俊彤认为，纳雍县应深入挖掘具有地域特征的农产品，择优打造地标农产品，加强招商引资，促进多方共赢。郭丽冰认为，纳雍县应加强人才培养，推动人才强县建设；积极开展就业招聘，促进县域经济发展。王明星教授针对纳雍县的发展思路指出，一是要加强湾区引领；二是要做好市场分析，注重品牌打造；三是要做好"同心特色产业"，打造纳雍模式。最后，张树洁副书记做总结发言。她对本次研讨会召集人王明星教授表示由衷的感谢。她认为，本次研讨会提出的意见建议都非常中肯，是对纳雍农业一个全方位的把脉问诊和建言献策，是一次含金量很高的研讨学习交流会，研讨会取得了圆满成功。纳雍县乡村振兴局局长王鑫、县投资促进局局长田维国、县乡村振兴局副局长朱林、纳雍县雍康文旅董事长郭娟、县委办杨淼锫，专家学者许平、鄢玲、高苏娟、司纪中、肖衍章、杨瑞雄、陈丽云、梁鹏云、徐民俊，中洲农会张志荣等出席研讨活动。

四、"领会中共二十大精神，纪念建校九十五周年——推进乡村现代化" 学术论坛

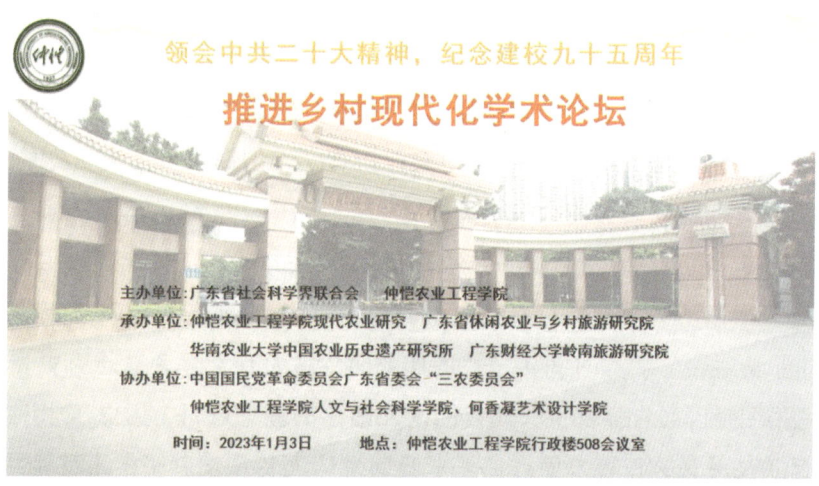

2023年1月3日，"领会中共二十大精神，纪念建校九十五周年——推进乡村现代化"学术论坛在仲恺农业工程学院以"线上+线下"方式举行。省社科联党组书记、主席张知干出席开幕式并致辞。受程萍校长委托，仲恺农业工程学院副校长肖更生教授代表主办方致欢迎词。南开大学历史学院博士生导师王先明教授，复旦大学历史学系博士生导师戴鞍钢教授，华南农业大学原校长、博士生导师骆世明教授，华南理工大学客家文化研究所所长、博士生导师谭元亨教授，中山大学经济与管理学部副主任、教育部"长江学者"特聘教授保继刚教授，暨南大学旅游研究所原所长、博士生导师梁明珠教授，广东财经大学岭南旅游研究院创院院长张伟强教授等相关领域的专家学者出席论坛并做了主旨学术报告。仲恺农业工程学院现代农业研究院原院长，广东省休闲农业与乡村旅游研究院院长，广东省休闲农业与乡村旅游产业联盟理事长王明星教授主持开幕式。

本场学术论坛由省社科联和仲恺农业工程学院共同主办，旨在深入交流探讨学习习近平新时代中国特色社会主义思想和党的二十大精神的体会，深刻领悟总书记在中央农村工作会议上的重要讲话精神，更好掌握习近平新时代中国特色社会主义思想的世界观和方法论，科学解答全面推进乡村振兴、加快建设农业强国的一系列重大理论和实践问题，努力为推进中国式现代化建设贡献务实良策。

开幕式上，肖更生副校长代表仲恺农业工程学院热烈欢迎来自全国的各位领导、各位专家学者们，并致以最美好的新年祝福和崇高的敬意。他表示，立足新起点，奋进新征程，仲恺农业工程学院将牢记国之大计、党之大计，深入学习贯彻党的二十大精神，充分发挥特长优势，坚定不移推动农业绿色与可持续发展，立足农业产业发展布局，促进乡村全面发展，把成果应用在实现农业农村现代化的伟大事业中，努力为广东省乡村全面振兴提供深厚的学理支撑和决策参考等科研成果。

张知干书记作了热情洋溢的视频致辞。他指出，贯彻落实党的二十大精神，是当前和今后一个时期的首要政治任务，是社科界全部工作的重心。仲恺农业工程学院把深入贯彻落实党的二十大精神作为纪念建校95周年的鲜明主题贯穿始终，传承铁心跟党走、齐心兴中华的红色基因，演绎奋进新征程、建功新时代的蓬勃朝气，诠释了高度的政治站位、强烈的使命担当、充沛的创造活力，令人钦佩，催人奋进。本场学术研讨会，是我们紧跟总书记、奋进新征程的有力体现，是我们立足新起点、担当新使命的主动作为，必定是一场思想的盛会、学术的盛宴。一是真诚期待广大专家学者贯通历史、现实、未来，讲清道理学理哲理，深刻阐明强国必先强农、农强方能国强蕴含的理论逻辑、历史逻辑、实践逻辑，助力全党全社会更好汇聚起强农兴农的磅礴力量；二是真诚期待广大专家学者坚定不移围绕中心、服务大局，忠实践行以人民为中心的研究导向，深入实际调查研究，着眼管用开展重大理论政策研究和决策咨询服务，不断提出真正解决问题的新理念新思路新办法，切实让学术赋能高质量发展更具张力、活力和塑造力；三是真诚期待广大专家学者顺应历史大势，把握历史主动，坚定学术自信，破除西方迷思，一刻不停推进知识创新、理论创新、方法创新，加快建构中国自主的农业农村现代化知识体系，持之以恒让富有中国特色、中国风格、中国气派的农业农村现代化知识体系赢得世界、造福世界，更好推动构建人类命运共同体。

张知干书记指出，习近平总书记最近在中央农村工作会议上强调"没有农业强国就没有整个现代化强国；没有农业农村现代化，社会主义现代化就是不全面的"，要求我们要铆足干劲，抓好以乡村振兴为重心的"三农"各项工作，大力推进农业农村现代化，为加快建设农业强国不懈奋斗。在这个伟大的奋斗征程中，广大涉农高校责无旁贷要发挥基础性、战略性支撑作用，切实把教育、科技、人才三位一体的最佳组合持续塑造成全面推进乡村振兴的新动能新优势。仲恺农业工程学院集云山之神秀、汇珠水之灵气，盛世谱华章，奋进正当时，当仁不让要走在最前列，贡献大智慧、铸就新辉煌。他表示，省社科联作为省委省政府联系广大社科工作者的桥梁纽带，竭诚为大家服务是他们的天职；只要是有利于高校社科事业高质量发展的事情，他们都会坚定支持、全力扶持，尽心竭力通过增进广大专家学者的成就感来体现社科联的存在感，共同为推动我省社科事业全面繁荣、走在前列做出新的更大贡献。

开幕式后，论坛进入主题演讲、学术报告环节。上午的论坛活动聚焦"农耕文化、乡村建设与变迁"主题展开。南开大学历史学院王先明教授围绕"中国现代化进程与'三农'困境的突破"，复旦大学历史学系戴鞍钢教授围绕"都市与乡村经济现代化的互动——近代上海的启示"，华南农业大学原校长骆世明教授围绕"农业文化遗产与农业生态转型"，华南理工大学客家文化研究所所长谭元亨教授围绕"历史的遗憾：从十三行谈起"作了主题演讲，分享了各自的研究成果，提出了意见建议。下午的论坛活动聚焦"农文旅融合创新、乡村休闲产业"主题展开。中山大学经济与管理学部副主任、教育部"长江学者"特聘教授保继刚围绕"阿者科计划与乡村旅游和乡村振兴"，暨南大学旅游研究所原所长、博士生导师梁明珠教授围绕"发展乡村休闲产业，推动乡村振兴"，广东财经大学岭南旅游研究院创院院长张伟强教授围绕"文旅融合与和美乡村"，四川大学旅游学院杨振之教授围绕"乡村旅游的未来：田园养生与旅游疗愈"，广州美术学院视觉艺术设计学院副院长陈少明教授围绕"乡村历史街区的文旅空间营造研究"，山水比德集团执行副总裁利征先生围绕"新山水·新城乡——乡村振兴的山水四策"，民革广东省委会"三农"委副主任、广州中洲国际会展有限公司董事长袁野围绕"农业'三产融合'与'三个转变'"，广州美术学院城市学院副院长吴宗建教授围绕"深化乡村风貌与产业融合发展的'一园一市'策略研究"，仲恺农业工程学院何香凝艺术设计学院副院长（主持工作）熊强副教授围绕"粤字号农产品区域品牌塑造探索"作了主题报告。仲恺农业工程学院现代农业研究院原院长王明星教授集合自身作为项目负责人的经历，作了题为"《广东省乡村休闲产业"十四五"规划》解读"的学术报告，注重从项目缘由与研究过程、项目背景、主要内容、产品体系与主要任务四个方面进行了详细阐述。

《广东社会科学》总编辑李振武研究员，青岛大学博士生导师、中国区域旅游开发专业委员会主任委员马波教授，华南农业大学中国农业历史遗产研究所所长倪根金教授，广东财经大学岭南旅游研究院刘少和教授等分别在相关环节对与会专家的报告进行了点评。线上、线下近3000名专家学者及各界同仁参与了论坛活动。

五、清远市"清新区农文旅产业融合高质量发展"研讨会

4月1日，由民革清远市基层委员会清新区支部主办的"清新区农文旅产业融合高质量发展研讨会"在太和镇召开，来自省内大学农业科研方面的专家学者，以及清新区有关职能部门负责人、企业代表等50余人齐聚一堂，共同为清新区农文旅产业融合高质量发展建言献策。

民革清远市基层委员会主委廖卫华、清新区支部主委谢道远在会上致辞。廖卫华强调，清新区旅游资源丰富，也有很好的农业产业基础，如果能将两者融合，必将有力推动当地农村一二三产业发展，实现乡村振兴工作高质量发展。谢道远表示，主办本次研讨会是清新区支部服务中心大局、助力清新高质量发展的举措，以此为契机，支部将进一步挖掘资源，广泛团结力量，助力清新区农文旅产业融合落地见效。

会上，民革广东省委会"三农"委员会主任、广东省休闲农业与乡村旅游研究院院长王明星，仲恺农业工程学院杜建军所长、肖海林博士、万小荣教授，广东药科大学李荷教授，分别就乡村休闲产业发展、化肥减量增效、双水双绿种养、丝苗米产业种业发展和南药产业发展作了专题报告。广州市"三农"委员会副主任、广州乡村振兴控股集团社会事业部总经理陈俊彤，广东省农业农村厅农业技术推广中心艾草工作站首席专家郑毅先，广东林中宝生物科技股份有限公司总裁王清，清远市农业农村局清新区分局"五大一深化"专班办公室别又才主任，清新区农业农村局成毅明副局长，分别就乡村农文旅产业融合发展投资实践、广东艾草产业研发与应用、林中宝生物科技股份有限公司发展历程、清远市现代农业五大产业的现状与趋势及清新区"2420"战略发展作了详细介绍。

王明星和杜建军还共同向民革清远市基层委员会、民革清新区支部、清新区农业农村局和清新区文广新局赠送图书《广东数字农业发展报告2021》。此次研讨会气氛热烈，内容丰富，指导性强，为清新区农文旅产业融合高质量发展提供了新的思路和发展方向。

附录五：华南农业大学中国农业历史遗产研究所简介

华南农业大学中国农业历史遗产研究所是我国科技史研究重镇，其源起可以追溯到上世纪20年代起国立中山大学有关农业史的研究。中国农业历史遗产研究室（以下简称"农史室"）特藏书库现拥有8万册藏书，是世界上古农书版本收藏最丰富的书库。1998年，倪根金接替荣退的周肇基担任农史室主任。进入21世纪后，大环境的改善和室内同仁的不断努力使农史室更加活跃并呈现欣欣向荣之势，主要表现在以下四个方面：第一，学科建设更上台阶，不仅在农史室基础上创立了国内农业大学唯一的历史系，而且建立自主设立的二级学科作物史博士点，同时组建了跨院系的农业文化与乡村旅游、岭南生态史等研究中心。第二，研究领域拓展且成果不断，近年来，农史学科承担了国家社科重大项目"岭南动植物农产史料集成汇考与综合研究"，国家社科基金、省部科研项目20多项，出版《救荒本草校注》等20多部论著，发表了300余篇论文，不仅巩固了原有研究阵地，而且开辟了农业生态史、乡村社会史、水利社会史、农业科技交流史等新领域。第三，学术交流更加频繁，举办了第十届东亚农业史国际学术研讨会、生物史与农史学术讨论会等近10次国际国内学术会议，学术的国际化程度大大加强。第四，资料建设更加齐全，农史室特藏书库经过几十年建设，现拥有8万册藏书，以丰富的古农书典藏闻名国内外，是世界上古农书版本收藏最丰富的书库。2016年5月，经学校领导批准，农史室更名为"中国农业历史遗产研究所"，倪根金任所长，王福昌、赵艳萍任副所长。同年6月，中国农业历史遗产研究所特藏书库被评为"广东省古籍重点保护单位"。

附录六：广东财经大学旅游管理与规划设计研究院简介

2008 年，广东财经大学成立旅游管理与规划设计研究所，2012 年升级为院；2018 年成立岭南旅游研究院，二院合署（以下统称为"研究院"），主要从事旅游科学研究、研究生培养、规划设计、专业培训、国际合作研究等业务；2019 年成立院士专家工作站。研究院组织架构是"两院、一站、二室"："两院"，即岭南旅游研究院与旅游管理与规划设计研究院合署一体；"一站"，即院士专家工作站；"二室"，即办公室和科研型实验室——行为与品牌应用实验室。

研究院现有专职科研人员 9 人，均拥有博士学位，其中教授 2 人、副教授 3 人、海归博士 2 人，硕导 6 人，兼职科研人员（包括港澳高校）10 人。

自 2006 年旅游管理获批硕士学位授予权、2007 年开始招生，2020 年现代服务管理获批硕士学位授予权、2021 年开始招生以来，迄今已招生 14 年 30 余人，毕业 9 届 20 余人，毕业学生分布在政府部门、高等院校、大型企业等单位，其中多人在厦门大学、华侨大学、华南理工大学、暨南大学攻读博士学位。

研究院发展定位是立足岭南、服务广东、放眼世界，打造岭南特色鲜明的旅游研究机构，是广东财经大学省级重点优势学科工商管理一级学科现代服务管理方向建设主体单位。以"两院"为基地、平台，以教授、博士、研究生导师为核心组成学术科研团队和规划设计团队，围绕旅游学科建设与应用的主题，实施"两轮驱动"发展战略，以项目促科学研究、促人才培养、促学科建设，形成岭南旅游研究理论与实践特色，现代服务管理高级人才"体验式教育"培养模式。

主要研究方向：文旅跨界融合管理；人工智能服务管理；服务品牌创新管理；乡村振兴服务管理。

附录七：仲恺农业工程学院岭南文化创意产业研发中心简介

仲恺农业工程学院岭南文化创意产业研发中心于 2012 年成立，负责人为王明星教授。研发中心依托校内经贸学院、园艺园林学院、何香凝艺术设计学院、人文与社会科学学院四个学院的相关师生组建而成。中心成立以后，完成的学术著作主要有：《寻味海珠：城市中央的文化景观》《寻味羊城：海上丝绸之路今昔》《羊城蝶变》《图说羊城：红色传承》《仲恺农业工程学院 90 周年校史图志》。完成的规划项目主要有：中共中央、农业农村部软科学课题《"十四五"时期培育壮大乡村特色文化产业研究》、广东省农业农村厅委托课题《广东省乡村休闲产业"十四五"规划》、广州市社科规划项目《广州"四地"文化资源产业化对策研究》、海珠区文化广电新闻出版局委托课题《海珠区文化产业发展规划（2011—2020 年）》、广州市科技和信息化局和广州市科学技术协会委托课题《广州市非物质文化遗产科普化的传播与推广研究》。

中心目前主要的工作人员有王明星教授、梁勇教授、熊强副教授、尧优生副教授、梁淑敏副教授、陈守明副教授、关晶博士等。

跋：中国式现代化、乡村现代化与文化重建

白驹过隙，时间如梭。经十余年酝酿和积淀，众多有缘之人共同努力完成的《园冶——乡村现代化暨休闲农业与乡村旅游研究辑刊》，经过长期的策划、编辑，终于出版了。我们虽然也长长地松了一口气，但觉得还有些话想在这里再啰嗦几句。

一

20世纪80年代初期，我刚从山西大学历史系毕业，被分配到太原师范学校任教一年有余，就被繁重的教学工作压倒而患病休养。一年后，在完成了《太原师范学校校史》编撰工作之后，正式加入新成立的山西经济管理学院任教。80年代中后期，国内学术界掀起了"中西文化优劣与比较"的学术讨论大潮。一次，在青岛召开的"中西文化比较"讨论大会上，诸多学术名家如张岱年、李泽厚、汪子嵩、张岂之、陈鼓应等高谈阔论，宏见迭出。会议结束时自由交流发言，我这初出茅庐、不知天高地厚的"毛头小子"也大胆地走上主席台，提了这样一个学术问题：

按照马克思社会进化发展的理论：人类社会是按照原始社会、奴隶社会、资本主义社会、社会主义社会、共产主义社会这样的历史发展阶段演进的。那么，社会主义社会应该是在资本主义发展的高级阶段或成熟阶段的某些国家首先出现的，但最早建立社会主义社会，并对整个世界产生重大影响的两个国家——苏联和中国却恰恰不是这样的，前者原是帝国主义在欧洲最薄弱的链条，后者原是一个落后的东方半殖民地半封建社会的国家。这是为什么？

显然这样的问题不是三言两语可以回答的。当时大家在交流意见中说了些什么，具体的内容随着时间的流逝，已记不大清楚了。现在看来，古老中国、古老中华文明的近代化乃至现代化，必然是一个长时段的发展历程。任何一个区域性文明，要想达到历史的高峰而辉煌，也必须借鉴其他区域文明的物质文明成果和精神文明成果。中国农耕文明举世罕见、高峰迭起，恰恰也证明了这一点。百年来的考古学发展史已经充分证明，华夏农业文明中最重要的粮食作物，除了水稻是在中国的长江、珠江流域慢慢演变发展并走向成熟的原生态作物，其他如小麦是从西亚引进的，玉米是从南美洲引进的。青铜器的冶炼也是从华夏域外引进的，佛教则从印度引进……当然中华文明在两汉、隋唐、两宋和明清均达到那个时代的高峰，不同朝代的京城都成为世界级的国际化大都市。然而，南宋以降，中华文明两次遭到外族的蹂躏，近代化的步伐或搁浅或停止，到了1840年的鸦片战争之后，中华社会才开始了一个新时代的启蒙，步履蹒跚地前进。

被民国学术界称为中国近代史研究执牛耳者，被政界赞誉为民国政坛最懂外交的蒋廷黻先生，在《中国近代史》的总论中，一开始就从人类文明的发展是一个整体的进化史观着眼，通过中西文明的对比，得出了西方世界已经具备了近代文化而东方世界仍滞留于"中古"的结论。由此出发，他抓住东

跋：中国式现代化、乡村现代化与文化重建

西方文化冲突的基本态势，关注先进的近代化和落后的中古状态在19世纪的相逢，进而构建对近代中国历史的分析框架：他把中国实现近代化（西洋化）作为渡过空前难关、摆脱中古状态的历史主题，把中国人能否接受科学、利用机械、能否接受民族观念以建设民族国家作为衡量中国能否实现近代化、赶上西方世界的三项主要指标。他说：

近百年的中华民族根本的问题就是：中国人能近代化吗？能赶上西洋人吗？能利用科学和机械吗？能废除我们家族和家乡观念而组织一个近代的民族国家吗？能的话，我们民族的前途是光明的；不能的话，我们这个民族是没有前途的。因为在世界上，一切国家能接受近代文化者必致富强，不能者必遭惨败，毫无例外。

蒋廷黻所说的"科学"，既指科学知识本身，又含有科学精神的内蕴，是与"作八股文、讲阴阳五行"的蒙昧主义相对的新的人文精神，属于近代文明的精神范畴；他所说的"利用机械"，是与仍保持唐、宋以来模样的自然经济相对的工业经济，属于近代文明的物质范畴；他所说的"民族国家"是与宗法制度下家族、家长制相对的政治体制，属于近代文明的制度范畴。他把这三对范畴作为衡量能否实现近代化（即西方化）以摆脱中古落后状态的价值评判体系，恰恰反映了20世纪二三十年代的中国社会仍处在政治、经济、思想文化急剧转型之中的现实。为因转型而失衡的社会寻找价值重建的良方，正是当时像蒋廷黻那样接受过西方高等教育和西潮影响的一代学人朝思夕虑之所在。

当代中国近代史研究大家陈旭麓先生在其学术著作《近代中国社会的新陈代谢》中提到：

和中国古代那种静态的、有很大凝固性的社会不同，中国近代是一个动态的、新陈代谢迅速的社会；和西方从中世纪到近代是通过自我更新的机制来实现社会变革也不一样，中国近代社会的新陈代谢在很大程度上是由于接踵而来的外力冲击，又通过独特的社会机制，由外来变为内在，推动民族冲突和阶级对抗，表现为一个又一个变革的浪头，迂回曲折地推陈出新（即推封建主义之陈而出民主主义之新）。

美国加利福尼亚大学尔湾分校历史系主任彭慕兰教授在21世纪初完成了一本重要的讨论东西方经济与社会发展比较的著作《大分流：欧洲、中国及现代世界经济的发展》，其中提到：

长期以来，"西欧中心论"和"冲击—回应"模式在中西比较史研究中占据主导地位，近年来反对这种观点的思潮兴起，提出了许多中西比较的新课题。本书讨论了各家的论点，详细考察了18世纪欧洲和东亚的社会经济状况，对欧洲的英格兰和中国的江南地区作了具体的比较，以新的论证方法提出了许多创新性见解。本书的基本观点是：1800年以前是一个多元的世界，没有一个经济中心，西方并没有任何明显的、完全为西方自己独有的内生优势；只是19世纪欧洲工业化充分发展以后，一个占支配地位的西欧中心才具有了实际意义。

曾任香港中文大学校长、著名历史学家金耀基先生在其撰写的《中国现代化与文明转型》文章中提到：

365

从清中叶到今天（2014年），时序上说，是自19世纪，历经20世纪，而进入21世纪的跨三个世纪的历史过程。这一百五十多年在中国的历史长河中虽是短暂的片段，但却是中国一场翻天覆地的历史巨变。它是涉及政治、经济、军事、教育、思想、文化等各个层面的社会的大转型（societal transformation）。

中国这个历史剧变，这个社会的大转型是清中叶时，西方帝国主义以武力叩关，打破天朝中国的"光荣孤立"而掀起的。晚清大臣李鸿章，目睹清王朝在西方列强坚船利炮的侵逼下，有大厦倾圮之危，因而有"中国三千年未有之变局"之言。李鸿章，这位屡签丧权辱国之约的大臣，事实上，可能是19世纪中国最大的政治家。他是认识到清王朝所面对的西方列强之挑战是中国历史上前所未有的，他之"中国三千年未有之变局"的说法是有历史识见的。当然，他未必能预见到中国将会是怎样的一个变局。

自鸦片战争迄今一百七十多年，中国的历史之路在前一百年可谓曲折崎岖，风雨连天。改革与革命交相迭替，内忧外患如影随形。国族的命运时沉时升，时明时暗，其间有壮丽的艳阳天，也有乌云蔽月的长夜，直到上世纪70年代后，中国的大地上才出现由点到线、由线到面的向上的发展机遇。中国台湾与香港地区固已与韩国、新加坡跃居亚洲"四小龙"，成为称誉一时的"新兴工业化区域"；中国大陆于1978年标举"改革与开放"的大旗，在"文化大革命"造成的荒墟上，开启了没有硝烟的新长征，自此国运翻转，换了新天。到了90年代，香港回归，中国大陆已是"世界工厂"；进入21世纪，加入WTO，中国融入世界，世界亦进入中国，今日中国更成为世界第二大经济体。诚然，今日中国虽问题重重，困难如山，但中国的历史之路已走到了一个满怀远景的新境地。在过去一百五十多年中，中国的历史之路充满挫折与伤痛。

正是这个一百五十多年的中国现代化运动，造成了中国的巨大的"社会转型"，而这个社会转型事实上是中国文明的转型，由一个前现代的农业文明转向一个现代的工业文明。这个中国现代的工业文明与三千年来传统的农业文明，在经济、政治、教育、学术文化等各个领域都出现了新的面貌。从长远的历史来看，这确是中国三千年未有之变局！

金耀基先生又在一本名为《中国现代化的终极愿景》的自选集中指出：

中国现代化的终极愿景，不止是寻求中国的富强，而更在构建一个中国的现代文明秩序。诚然，今天已经出现了一个中国的现代文明的基本形态，但它还处于转型的过程中，还不断在学习、提升、反思、完善、持续的试验中。如果再有三十到五十年的和平环境，在21世纪里，一个有别于"西方现代性"的中国的现代文明将可修成正果。对此，我是有所憧憬的。我也深信，这是中国人的历史共业。

美国普林斯顿大学历史学教授余英时先生，在《文史传统与文化重建》总序中谈道：

在世界上几个主要的古老文明中，中国的文明体系独以长期的持续性显其特色。这一点现在已为考古发现所证实，大致无可怀疑。所以仅就文字记载的历史而言，中国至少从商、周以来便形成了一个独特的文化传统，一直绵延到今天。在这三千多年间，变化起伏虽然大而且多，但中国史的连续性与欧洲史形成了十分鲜明的对比。雷海宗先生曾指出：欧洲自罗马帝国分裂以后，便再也没有第二个全面统一的帝国体制出现。但中国史在秦、汉的第一周期终结之后，接着便迎来了隋、唐以下的第二周期。雷先

跋：中国式现代化、乡村现代化与文化重建

生早年在美国专攻欧洲中古史，回国以后才转而研究中国史，他的观察在今天仍然有很高的启发性。所以中国与欧洲各自沿着自己的历史道路前进，无论从大处或小处看，本来应该是不成问题的。我们只要以此为基本预设，然后根据原始史料所透显的内在脉络，去研究中国史上任何时代的任何问题，其结果必然是直接呈现出中国史在某一方面的特殊面貌，因而间接加深我们对于中国文化传统特色的认识。

但在现代中国的史学界，建立这一基本预设是很困难的。这是因为从20世纪初年起，中国学人对于西方实证主义的社会理论（如斯宾塞的社会进化论）已崇拜至五体投地。严复译斯氏《群学肆言·序》(1903)已说："群学何？用科学之律令，察民群之变端，以明既往、测方来也。"可见他已深信西方社会学（"群学"）和自然科学一样已发现了社会进化的普遍"规律"。所以章炳麟、刘师培等都曾试图通过文字学来证实中国历史文化的进程，恰恰符合斯氏的"律令"。但当时西方社会学家笔下的"进化阶段"其实是以欧洲社会史为模式而建立起来的。因此与崇拜西方理论相偕而来的，便是把欧洲史进程的各阶段看成普世有效的典型，而将中国史一一遵欧洲史的阶段分期。从此以后，理论上的"西方中心论"和实践中的"西方典型论"构成了中国史研究中的主流意识。

自20世纪70年代以来，西方的人文、社会科学，包括史学在内，显然已开始转向，实证主义（以自然科学为范本）、文化一元论和西方中心论都在逐步退潮之中。相反地，多元文化（或文明）的观念已越来越受到肯定。以前提倡"现代化理论"的政治学家现在也不得不重新调整观点，转而高谈"文明的冲突"了。也许在不太遥远的未来，"中国文化是一个源远流长的独特传统"，终于会成为史学研究的基本预设之一。

让我借用杜牧"丸之走盘"的妙喻来说明我的想法。他说：

丸之走盘，横斜圆直，计于临时，不可尽知。其必可知者，是知丸之不能出于盘也。（《樊川文集》卷10《注孙子序》）

我们不妨把"盘"看做是传统的外在间架，"丸"则象征着传统内部的种种发展的动力。大体上看，18世纪以前，中国传统内部虽经历了大大小小各种变动，有时甚至是很激烈的，但始终没有突破传统的基本格局，正像"丸之不能出于盘"一样。我研究18世纪以前的中国史，重点往往放在各转型阶段的种种变动的方面，便是想观测"丸"走"盘"时，"横斜圆直"的种种动向。

但19世纪晚期以后，中国传统在内外力量交攻之下，很快进入了一个解体的过程。这次是"丸已出盘"，一般史学家和社会科学家都认为这是中国从"传统"走向"现代"的新阶段。我虽不研究19世纪以后的中国史，但"传统"在现代的归宿却自始便在我的视域之内。这里只能极其简略地提示两个相关的问题。第一是"传统"与"现代"（或"现代化"）之间的关系；第二是中国传统的价值系统在现代的处境。

自从韦伯（Max Weber）在他的历史社会学中提出"传统"与"现代"两大范畴以后，西方社会科学家一般都倾向于把"传统"看作是"现代化"的反面，"理性""进步""自由"等价值是"现代"的标帜，而"传统"则阻碍着这些价值的实现。这一看法的远源当然可以追溯到18世纪"启蒙时代"的思想家，但在20世纪50年代美国"现代化理论"（modernization theory）的思潮中却发挥到了极边尽限的地步。"传统"是"现代化"的主要障碍，必扫除一分"传统"才能推动一分"现代化"，在五六十年代几乎成为学术界人人接受的观点。这一观点自然也蔓延到中国近、现代史研究的领域。由于史学家一般将鸦片战争（1840）当作中国近代史的始点，这就造成了一个相当普遍的印象，认为中国的"现代化"是由西方势力一手逼出来的。当时美国史学家如费正清（John K. Fairbank）便是在这一理解下提出了"挑

367

战"与"回应"的理论（借自汤因比）以解释中国自19世纪中叶以来的历史进程。他的基本看法是：西方的文化力量（如"民主"与"科学"）代表了"现代"，向中国的"传统"进行"挑战"，但中国的"传统"一直未能作出适当的"回应"，所以一个多世纪来，中国的"现代化"都是失败的。这个"典范"（paradigm）在西方的中国史研究的领域中，支配了很长的一段时期，直到70年代，因为萨义德（Edward W. Said）《东方主义》（Orientalism）一书的出现，费氏门人中才开始对这一"典范"提出质疑的—但是我从来没有为"传统"与"现代"互不相容的理论所说服。在我看来，所谓"现代"即是"传统"的"现代化"；离开了"传统"这一主体，"现代化"根本无所附丽。文艺复兴是欧洲从中古转入近代的第一波，19世纪的史家大致都认为它已除中古"传统"之旧而开"现代"之新。但最近几十年来，无论是中古史或文艺复兴时代的研究都远比百年前为深透。所以现在史学界已不得不承认：文艺复兴的"现代性"因子大部分都可以在中古"传统"中找得到根源。不但如此，60年代末期社会学家研究印度的政治发展也发现：不但"传统"中涵有"现代"的成分，而且所谓"现代化"也并不全属现代，其中还有从"传统"移形换步而来的。所以"传统"与"现代化"之间存在着一种"辩证的"关系。我在《现代儒学的回顾与展望》（1994）的长文中，便从明清思想基调的转换，说明清末不少儒家学者为什么会对某些西方的观念与价值有"一见如故"的感觉。我不能完全接受"挑战"与"回应"的假定，因为这个假定最多只能适用于外交、军事的领域，不能充分解释社会、思想方面的变动。中国"传统"在明清时期发生了新的转向，"九"虽没有"出盘"，但已到了"盘"的边缘。所以在中国"现代化"的过程中，"传统"也曾发挥了主动的力量，并不仅仅是被动地"回应"西方的"挑战"而已。

关于传统的价值系统在现代的处境，我的预设大致如下：20世纪初中国"传统"的解体首先发生在"硬体"方面，最明显的如两千多年皇帝制度的废除。其他如社会、经济制度方面也有不少显而易见的变化。但价值系统是"传统"的"软体"部分，虽然"视之不见"、"听之不闻"、"搏之不得"，但确实是存在的，而且直接规范着人的思想和行为。1911年以后，"传统"的"硬体"是崩溃了，但作为价值系统的"软体"则进入了一种"死而不亡"的状态。表面上看，自谭嗣同撰《仁学》（1896），"三纲五常"第一次受到正面的攻击，"传统"的价值系统便开始摇摇欲坠。到了"五四"，这个系统的本身可以说已经"死"了。但"传统"中的个别价值和观念（包括正面的和负面的）从"传统"的系统中游离出来之后，并没有也不可能很快地消失。这便是所谓"死而不亡"。它们和许多"现代"的价值与观念不但相激相荡，而且也相辅相成，于是构成了20世纪中国文化史上十分紧要，然而也十分奇诡的一个向度。

二

1954年在维也纳召开世界造园联合会（IFLA）会议，英国造园学家杰利科（G. A. Jellicoe）致辞说，世界造园史中三大动力是古希腊、西亚和中国；并指出，中国造园艺术对日本和18世纪的欧洲都起过重大影响。

回到中国的造园之术，清华大学的陈志华教授在《中国造园艺术在欧洲的影响》中提到：

所谓中国造园艺术在欧洲的影响，其实是18世纪欧洲人对中国的哲学、文学、艺术、政治理想、伦理道德发生全面兴趣的一个表现。18世纪的欧洲，英国在资产阶级革命胜利之后正深入地进行着社会和上层建筑的改革，法国则正酝酿着更加剧烈的资产阶级革命。这个历史的大变动时期，在欧洲起着带头作用的英国和法国向东方寻求智慧，于是，传教士、商人、使节们把中国的社会、经济、政治、技艺、文化等大量介绍到了欧洲，其中也有造园艺术。欧洲人正是在这个关于中国的知识的总体的联系中了解中国造园艺术的。

欧洲的近代造园艺术，16世纪时在文艺复兴期的意大利兴起，到巴洛克时期而极盛。它的主要特征是循山坡的台阶式园林。随着意大利文化的传播，造园艺术也传到了法国、英国等国家。

17世纪下半叶，在法国，君主集权制度发展到最高峰，改造了从意大利传来的造园艺术，形成了古典主义造园艺术，以对称的几何形布局为基本特色。当时法国文化在欧洲居于领导地位，这种古典主义造园艺术就传遍了英国、德国、俄国，总之，整个欧洲，而以宫廷园林为代表。从此，它成了欧洲造园艺术的正宗。这种园林几乎图解了君主集权制度，以宫殿或府邸作为构图的中心，从它们延伸出强有力的轴线，统率整个园林。

到18世纪初年，法国的绝对君权已经衰落，古典主义的权威就不免动摇。同时，随着海外贸易的发展，欧洲有许多商人和耶稣会传教士来到中国。带回去的大量商品和书面报告，在欧洲人眼前展现了一个前所未知的、水平相当高的文化，十分新奇。于是在欧洲形成了"中国热"，带头的是法国人。是法国的来华传教士最早介绍了中国的造园艺术。

中国造园艺术首先在英国发生了实际的影响。18世纪上半叶，英国资产阶级牢固地掌握了政权之后，紧接着发生了工业革命。工业革命的带头产业之一是毛纺业，于是英国很快布满了草地牧场。于是，草地牧场的审美价值被认识到了，英国人便抛弃了法国古典主义式园林，兴起了一种新的园林，叫做自然风致园（Landscape Garden）。

18世纪下半叶，随着先浪漫主义潮流的发展，这种园林又进一步发展成图画式园（Picturesque Garden）。这两种园林的形成，都受到过中国造园艺术的推动。它们以庄园府邸的园林为代表。

18世纪中叶，法国酝酿着资产阶级革命。启蒙思想家一方面从中国借用伦理思想，甚至政治观念，掀起了更加深刻的"中国热"的新高潮；另一方面对已经进行了资产阶级政治革命，并且开始了产业革命的英国大为倾倒。因此，中国的造园艺术，主要通过英国的自然风致园和图画式园在法国流行起来。法国人把它叫做"中国式花园"（Jardin chinois），或者"英中式花园"（Jardin anglo-chinois）。

另一建筑学、园林学大家童寯，是近代研究中国园林的第一位学者，东南大学教授。他在其《论园》一书中提到：

造园意图，在东方是通过林亭丘壑，模拟自然而几临幻境；在西方，则是整理自然，使井井有条。两个世界各自通过物质手段企图满足精神上某种需求。

东西方哲学观点、风俗习惯，彼此径庭，而18世纪独在造园理论上完全吻合；即非如中、日的薪火相传，也很难说是纯出偶然。由英国开端的风景园，其中有和中国园林巧合的成分，也有被启发的成分，更有受直接影响的惟妙惟肖成分，东西方基本区别还是永久性的，偶成同调则是暂时的，中途不期而遇，就又分道扬镳。

同济大学陈从周先生在他的《园林随笔》一书中谈道：

"池馆已随人意改，遗篇犹逐水东流，漫盈清泪上高楼。"这是我前几年重到扬州，看到园林被破坏的情景，并怀念已故的梁思成、刘敦桢二前辈而写的几句词句，当时是有感触的。今续为说园，亦有所感而发，但心境各异。

陈从周先生在中国的传统园林遭到破坏、毁灭后，想到恩师的故去，使得"学道""术道"没能够继承和弘扬，由此产生了一种感伤和感怀。从中可以看出学术传承、"造园之术"冶构之艰难，甚至可以说是无望。好在时代不同了。

三

我们之所以不厌其烦，不怕篇幅之长，反复引证这些学术大家研究的成果、锦言妙句或是精彩的学术论断，旨在说明一个什么问题呢？日本著名的文学大师、国民作家渡边淳一写了《钝感力》这样一本书，书中有这样一个概念：

在人际关系方面，最为重要的就是钝感力。当受到领导批评，或者朋友之间意见不合，还有恋人或夫妻之间产生矛盾的时候，不要因为一些琐碎小事郁郁寡欢，而应该以积极开朗、从容淡定的态度对待生活。钝感力不仅限于精神方面，在身体方面也同样如此，要想不因些许感冒或伤痛等就败下阵来，就必须拥有这种能力。一个人谨小慎微，凡事看得过重的自寻烦恼的时代，应该宣告终结了。钝感虽然有时给人以迟钝、木讷的负面印象，但钝感力却是我们赢得美好生活的手段和智慧。

作为一名学者，近40年来，我孜孜不倦地在历史学、文化学、经济学、管理学、社会学以及旅游学等多种学科的学术海洋中进行探索和求知。在不断的自我鞭策和学术陶冶历练中，也成为了在文化产业、休闲农业、乡村旅游、区域发展等领域有点"作为"的所谓"专家"。从这个意义上来说，我对"中国式现代化"或者是对"乡村的现代化"，也有所谓的"钝感力"。我们现在把团队近10余年所做的一些学术的成果进行梳理与归纳，也正如"造园"一样，学术研究也需要不断的"冶"和"构"。这些成果，有我在仲恺农业工程学院经贸学院、都市农业研究院、现代农业研究院、岭南文化创意创意研发中心、广东省休闲农业与乡村旅游研究院等各单位工作积累的成果，也包含了有华南农业大学中国农业历史遗产研究所倪根金教授团队、广东财经大学旅游管理与规划设计研究院刘少和教授团队的学术成果以及国内多所著名高校，如复旦大学、南开大学、广州美术学院等具有深厚造诣的学术大家的成果和高见。这些学者和团队们共同给我们提供了精彩的学术"宝石"与"砖石"，构成了这本书的基本内容，也可以说是"乡村现代化"独特的"园林景观"。我们认为，如果说"中国式现代化"也是一个特殊的"园林"的话，这本专刊文集就是一个小的景观、一个小的园林。所以，我们不揣浅陋，把这些学术成果整理而系统化，作为一份历史的记录，希望能够为21世纪的中国人在完成中国式现代化、中国乡村的现代化和中华民族走向复兴征程的历史伟业中，做一块有用的"砖瓦"。

王明星
2023年8月26日于广州仲园